高等学校交通运输与工程类专业规划教材
高等学校应用型本科规划教材

公路工程试验检测

(第二版)

乔志琴　主　编
张万祥　副主编

内 容 提 要

本书根据高等学校土木工程专业、道路桥梁与渡河工程专业及其相关专业应用型本科层次的教学要求编写，系统介绍了公路工程各方面、各环节的试验检测技术，包括试验检测数据分析与处理、公路材料试验检测、路基土方工程试验检测、路面基层与底基层试验检测、水泥混凝土路面与沥青路面试验检测、路基路面工程现场检测技术、排水工程及砌体工程现场检测、桥涵工程试验检测、隧道工程试验检测、交通工程设施试验检测等内容。每章后均附有小结和思考题。

本书是高等学校交通运输与工程类专业规划教材、高等学校应用型本科规划教材，适合于应用型本科院校学生、继续教育学院本专科学生和高职高专院校专升本学生使用。本书可作为相关专业培训教材，也可供工程技术人员参考。

图书在版编目(CIP)数据

公路工程试验检测/乔志琴主编. —2 版. —北京：
人民交通出版社股份有限公司,2017.2
高等学校交通运输与工程类专业规划教材　高等学校
应用型本科规划教材
　ISBN 978-7-114-13575-0

Ⅰ.①公… Ⅱ.①乔… Ⅲ.①道路工程—试验—高等
学校—教材　Ⅳ.①U41

中国版本图书馆 CIP 数据核字(2017)第 000797 号

高等学校交通运输与工程类专业规划教材
高等学校应用型本科规划教材

书　　名：	公路工程试验检测(第二版)
著 作 者：	乔志琴　张万祥
责任编辑：	李　喆　李　晴
出版发行：	人民交通出版社股份有限公司
地　　址：	(100011)北京市朝阳区安定门外外馆斜街 3 号
网　　址：	http://www.ccpress.com.cn
销售电话：	(010)59757973
总 经 销：	人民交通出版社股份有限公司发行部
经　　销：	各地新华书店
印　　刷：	北京印匠彩色印刷有限公司
开　　本：	787×1092　1/16
印　　张：	30
字　　数：	718 千
版　　次：	2007 年 1 月　第 1 版　2017 年 2 月　第 2 版
印　　次：	2023 年 5 月　第 5 次印刷　总第 11 次印刷
书　　号：	ISBN 978-7-114-13575-0
定　　价：	55.00 元

(有印刷、装订质量问题的图书由本公司负责调换)

第二版前言

公路工程试验检测是工程质量管理的重要技术手段，贯穿于设计、施工、监理、验收、养护与维修等各个阶段，客观、准确、及时的试验检测数据，是指导、控制和评定工程质量的科学依据。公路工程试验检测是学习公路工程试验检测的基本原理、方法、程序的一门课程，本教材以我国现行的有关工程技术标准、规范为依据，全面系统地论述了公路工程各层次、各部位及各环节的试验检测技术，理论联系实际，注重实用性，并力求反映本学科领域的最新成果。

本教材根据高等学校土木工程专业、道路桥梁与渡河工程专业及其相关专业应用型本科层次的教学要求而编写，主要介绍公路工程及路用材料的质量检测与评定，并以数理统计基本知识为基础，讲述数据的分析处理方法。内容包括试验检测数据分析与处理、道路材料试验检测、路基土方工程试验检测、路面基层与底基层试验检测、水泥混凝土路面与沥青路面试验检测、路基路面工程现场检测技术、排水工程及砌体工程现场检测、桥涵工程试验检测、隧道工程试验检测、交通工程设施试验检测共十章。

本教材在《公路工程试验检测》第一版的基础上依据最新的相关标准、规范并吸纳行业领域内的新的研究成果和应用技术进行修订和补充，同时删减了一些现行规范中已经废止或取消的试验检测方法及内容，并对部分章节内容进行了整合和调整，使之更趋于完善、系统、科学。其中绪论、第一章、第二章、第五章由内蒙古大学乔志琴修订,第三章、第四章、第七章由内蒙古大学张万祥修订,第六章由内蒙古大学李艳丽修订,第八章、第九章、第十章由内蒙古大学王志强修订,全书由乔志琴担任主编,张万祥担任副主编。

由于编者水平所限,书中错误与不妥之处在所难免,敬请批评指正。

编　者

2016 年 8 月

第一版前言

公路工程试验检测是工程质量管理的重要技术手段，客观、准确的试验检测数据，是指导、控制和评定工程质量的科学依据。《公路工程试验检测》是学习公路工程试验检测的基本原理、方法、程序的一门课程，本教材以我国现行的有关工程技术标准、规范为依据，全面系统地论述了公路工程各层次、各部位及各环节的试验检测技术，注重实用性，理论联系实际，并力争反映本学科领域的最新成果。

本教材根据高等学校土木工程专业、道路桥梁与渡河工程专业及其相关专业应用型本科层次的教学要求而编写，主要介绍公路工程及路用材料的质量检测与评定，并以数理统计基本知识为基础，学习数据的分析处理方法。内容包括试验检测数据分析与处理、道路材料试验检测、路基土方工程试验检测、路面基层与底基层试验检测、水泥混凝土路面与沥青路面试验检测、路基路面工程现场检测技术、排水工程及砌石工程现场检测、桥涵工程试验检测、隧道工程试验检测、交通工程设施施工质量检测共十章。

本书绪论、第一章、第二章、第三章及第八章的第四节、第五节由内蒙古大学乔志琴编写；第四章、第六章由鲁东大学郭兰英编写；第五章、第九章由内蒙古大学张万祥编写；第七章、第十章及第八章的第一节、第二节、第三节由内蒙古大学王志强编写；全书由乔志琴担任主编，由山东交通学院朱霞主审。

由于编者水平所限，书中错误与不妥之处在所难免，敬请批评指正。

编　者
2006年12月

目录
CONTENTS

绪论 ··· 1
  思考题 ·· 10
第一章　试验检测数据分析与处理 ·· 11
  第一节　数据的修约规则 ·· 11
  第二节　数据的统计特征与分布 ··· 13
  第三节　特异数据的处理方法 ·· 21
  第四节　数据的表达方法与分析 ··· 24
  第五节　抽样检验 ··· 33
  第六节　误差分析 ··· 36
  本章小结 ··· 39
  思考题 ·· 40
第二章　道路材料试验检测 ··· 41
  第一节　岩石技术性质及其试验检测 ·· 41
  第二节　粗集料技术性质及其试验检测 ··· 56
  第三节　细集料技术性质及其试验检测 ··· 79
  第四节　石灰技术性质及其试验检测 ·· 92
  第五节　水泥技术性质及其试验检测 ·· 97
  第六节　沥青技术性质及其试验检测 ·· 112
  第七节　土工合成材料试验检测 ··· 128
  第八节　混凝土外加剂试验检测 ··· 132
  本章小结 ··· 136
  思考题 ·· 136
第三章　路基土方工程试验检测 ·· 138
  第一节　路基土方工程常规试验检测方法 ·· 139
  第二节　土的承载比（CBR）试验 ·· 161

第三节　土的回弹模量试验 …………………………………………… 166
　　第四节　土的直接剪切试验 …………………………………………… 169
　　第五节　土的三轴压缩试验 …………………………………………… 173
　　第六节　软土地基处治及检测技术 …………………………………… 182
　　本章小结 ………………………………………………………………… 185
　　思考题 …………………………………………………………………… 185

第四章　路面基层与底基层试验检测 ……………………………………… 186
　　第一节　概述 …………………………………………………………… 187
　　第二节　无机结合料稳定材料取样方法 ……………………………… 188
　　第三节　无机结合料稳定土的击实试验 ……………………………… 189
　　第四节　无机结合料稳定土中水泥或石灰剂量测定 ………………… 194
　　第五节　无机结合料稳定材料试件制作方法（圆柱形） ……………… 196
　　第六节　无机结合料稳定材料养生试验方法 ………………………… 199
　　第七节　无机结合料稳定材料无侧限抗压强度试验 ………………… 200
　　本章小结 ………………………………………………………………… 202
　　思考题 …………………………………………………………………… 202

第五章　水泥混凝土路面与沥青路面试验检测 …………………………… 203
　　第一节　水泥混凝土路面常规试验检测方法 ………………………… 204
　　第二节　沥青混合料路面试验检测方法 ……………………………… 222
　　本章小结 ………………………………………………………………… 243
　　思考题 …………………………………………………………………… 244

第六章　路基路面工程现场检测技术 ……………………………………… 245
　　第一节　路基路面现场测试选点（区）方法 …………………………… 245
　　第二节　路基路面几何尺寸检测 ……………………………………… 249
　　第三节　路面厚度检测 ………………………………………………… 252
　　第四节　压实度检测 …………………………………………………… 256
　　第五节　回弹弯沉检测 ………………………………………………… 266
　　第六节　强度和回弹模量检测 ………………………………………… 279
　　第七节　路面平整度检测 ……………………………………………… 292
　　第八节　路面抗滑性能检测方法 ……………………………………… 302
　　第九节　路面破损检测 ………………………………………………… 317
　　第十节　沥青路面渗水系数检测 ……………………………………… 326
　　第十一节　沥青路面离析及其检测 …………………………………… 328
　　本章小结 ………………………………………………………………… 329
　　思考题 …………………………………………………………………… 330

第七章　排水工程及砌石工程现场检测 …………………………………… 332
　　第一节　地面排水设施检测方法 ……………………………………… 334
　　第二节　地下排水设施检测方法 ……………………………………… 335
　　第三节　防护工程检测方法 …………………………………………… 339

  第四节 支挡工程检测方法 ·· 342
  第五节 砌筑砂浆配合比设计 ·· 349
  第六节 砌体工程砂浆强度检测 ·· 351
  本章小结 ·· 354
  思考题 ··· 354

第八章 桥涵工程试验检测 ··· 355
  第一节 地基承载力检测 ·· 355
  第二节 混凝土灌注桩检测 ·· 362
  第三节 桥涵混凝土与预应力混凝土结构试验检测 ····································· 377
  第四节 水泥混凝土结构无破损检测 ··· 388
  第五节 桥梁支座和伸缩装置检测 ·· 401
  本章小结 ·· 408
  思考题 ··· 409

第九章 隧道工程试验检测 ·· 410
  第一节 公路隧道检测内容 ·· 411
  第二节 开挖质量检测 ·· 413
  第三节 支护施工质量检测 ·· 416
  第四节 施工监控量测 ·· 420
  本章小结 ·· 427
  思考题 ··· 427

第十章 交通工程设施质量检测 ·· 428
  第一节 交通工程设施 ·· 428
  第二节 交通安全设施质量检验抽样及判定 ··· 432
  第三节 交通安全设施施工质量检测 ··· 438
  本章小结 ·· 454
  思考题 ··· 454

附录1 正态分布概率系数表 ·· 456
附录2 t分布概率系数表 ·· 458
附录3 相关系数检验表(γ_β) ·· 460
附录4 一般取样的随机数表 ·· 461

参考文献 ··· 467

绪论

公路是重要的公共基础设施,是国民经济的命脉。在公路建设中,任何一个部位、任何一个环节出现问题,都会影响工程的整体质量,从而影响到公路的使用品质与效益,因此,必须建立完善的质量管理监控体系,确保工程质量。公路工程试验检测是工程质量管理的重要技术手段,贯穿于设计、施工、监理、验收、养护、维修等各个阶段,客观、准确、及时的试验检测数据是指导、控制和评定工程质量的科学依据。公路工程试验检测是一门正在发展的新兴学科,融试验检测基本理论和测试操作技能及公路工程相关学科基础知识于一体,涉及公路工程试验检测的基本原理、方法、程序及公路工程各部位、各环节的试验检测技术。

一、我国公路工程试验检测的发展历程

我国公路工程试验检测起源于20世纪80年代,但当时试验检测设备简陋、相关标准规范也不完善。到20世纪90年代,国家经济进入快速发展期,基础设施建设投资规模急速增大,高等级公路建设快速发展,标准规范逐步完善,质量意识不断提高,公路工程试验检测数据成为工程验收评定的依据,试验检测工作在工程建设中的重要性日益显现,人们对试验检测工作的重视程度也不断提高。

为提高公路工程试验检测工作质量,实现检测数据对工程施工的质量控制和指导,原交通部工程质量监督局于1997年首次对公路试验检测做出管理规定,印发了《公路工程试验检测

机构资质管理暂行办法》，明确了从事公路试验检测的机构需取得相应的资质，并对资质等级以及设备、人员配置做出规定，之后又发布了《公路水运工程试验检测人员资质管理暂行办法》及《公路水运工程试验检测人员资质培训管理暂行办法》等规范性文件。这些管理规定的出台，初步建立了公路工程试验检测管理法规体系，这对于尚处于起步阶段的公路试验检测机构及人员的规范管理，起到了很好的指导作用，提高了人们对试验检测工作重要性的认识。

2005年，为贯彻《中华人民共和国行政许可法》和国务院有关转变管理方式的文件精神，同时也考虑到原来的管理方式已不适应当前的形势，需要创新管理模式，原交通部工程质量监督局经过大量的调查研究，广泛征求意见，依据相关法律法规，针对公路水运建设特点，制定了《公路水运工程试验检测管理办法》，建立了公路水运检测机构的等级评定制度，根据检测机构的能力水平实施等级管理，同时明确了能力等级划分原则。同时还印发了《公路水运工程试验检测机构等级标准》及《公路水运工程试验检测机构等级评定程序》。为加强对试验检测人员的管理，提高试验检测人员的素质，原交通部工程质量监督局依据《公路水运工程试验检测管理办法》的规定，于2007年又制定了《公路水运工程试验检测人员考试办法》，这些文件的印发实施，基本规范了试验检测工作的管理体制，使全国的试验检测市场得到进一步发展，具有公路水运工程试验检测等级证书的机构达到一定的规模，并培养了一批业务素质较高的队伍，为公路交通建设工程质量水平的提高夯实了基础。

目前，我国的公路工程试验检测正朝着健康有序的方向发展，在控制工程质量、加快施工进度、降低工程造价、促进公路工程施工技术进步等方面，发挥着积极有效的作用。

二、公路工程质量的意义及影响因素

公路建设的特点是线长面广、工程量大、投资多、影响因素复杂。公路建设是为工农业生产和人民生活服务的，确保公路构造物的设计、施工和养护质量具有十分重要的意义，特别是对于高等级公路，从线形的选定，到路基、路面、桥涵及其他构造物和附属设施修建完成，直至开通使用的一定时间内，都要求能在整体上保持正常的技术状况，保证行车畅通、安全、快速、舒适。按照商品使用的价值观，公路建设项目也表现出其商品属性，从投资与效益相平衡的观点出发，公路建设项目也应具有一般工业产品的质量目标，即适用性、可靠性、安全性、经济性、时间性和耐用性。

适用性是指新建或改建的公路在设计使用年限内，对于它实际担负的交通量的适应能力。公路的适用性，可从它的线形几何要素、路线上桥梁的荷载等级、路面宽度和路面类型等方面的技术指标体现出来。

可靠性表示已交付使用的路基、路面或桥梁等构造物对于保证车流正常畅通行驶的可靠程度，即指组成公路的各种构造物在使用过程中出现故障的概率大小。评价内容包括标志、标识是否容易损坏或失去作用，一定时间内边坡发生坍塌而引起交通中断的次数，路基路面遭受水毁破坏的频率等。

安全性是指公路设施的完善程度及其对于突发性事故的防御能力大小。评价内容包括公路线形立体组合对交通的适应性、路面的抗滑性能、高填方处警示桩和防撞护栏的性能、深挖方处边坡的稳定性、桥梁孔径的过洪能力及结构的抗震性等。

公路的经济性通常可从修建成本、养护成本和运输成本三个方面来分析。要提高公路的经济性，必须综合考虑修建投资、后续工程的难易、使用效益、养路费用等多方面因素。如果只片面考虑节省初期投资,而过多地降低使用效益,增加养护费用,或者大大增加二期工程费用,那么这项工程从总体上看就不一定是经济的。

时间性是考察一项工程能否按期交付使用。对于一条技术等级高、设备完善的公路,如果不能按规定时间完成而拖延竣工时间,不仅要延长投资的回收期,同时也相对降低了公路的使用价值。

耐用性一般以工程能正常使用年限的长短表示,或者指公路构造物在既定自然条件及某种交通荷载作用下的实际使用年限。

上述质量目标是针对公路的使用要求而言,是一种"狭义质量"的概念,称为工程质量。从全面质量管理的概念出发,既要考虑工程质量,也要考虑工作质量。工作质量是指为了保证产品质量及其实际应用,对各方面工作的水平和能力的表征。公路工程的质量不是通过检测得来的,而是通过设计、施工、养护等工作的具体实施而形成的。公路建设的质量主要取决于设计和施工阶段,其中施工阶段又是最重要的,因为高质量的设计必须由高质量的施工来实现。另外,公路施工质量的好坏,还将对养护工程有重要影响,如路基、桥梁工程施工中若留下质量隐患,则会成倍地增加养护工作量和养护成本。

影响公路工程质量的因素有人(Man)、原材料(Material)、设备(Machine)、方法(Method)和环境(Environment)五大要素,简称"4M1E"。

"4M1E"中的每一方面又都受到许多因素的影响,如"人"的方面又包含工程建设队伍人员的思想素质、技术素质、身体素质及人员结构组合等多方面的因素;"环境"的影响因素也极为复杂,包括气候、地质、土类以及施工现场和周围的社会环境(如征地拆迁遗留的矛盾、施工过程引起的纠纷等)。各种因素对"4M1E"五大要素影响的程度,又决定于在设计、施工阶段对这些因素的考虑和管理。

随着公路工程建设的飞速发展,对于大量新建及已建成的道路桥梁工程,如何通过建设过程中的质量控制和使用后期的质量检测,采集并分析数据的变化,确定科学的养护方法和养护时间,保证其使用期间的质量满足要求,达到设计使用寿命或延长使用寿命,节约资源,已成为试验检测工作面临的新课题。目前,我国进入全面建成小康社会的决胜阶段,工程建设管理水平不断提高,工程质量被赋予新的内涵,不仅关系到人民生命财产安全、人身健康、环境保护和其他公众利益,还与保护资源、节约投资、提高经济效益和社会效益紧密相关。

三、公路工程试验检测的目的及意义

在人类的各项生产活动和科学实验中,为了解和掌握整个过程的进展及其结果,经常需要对各种基本参数或物理量进行检查和测量,从而获得必要的信息,作为分析、判断和决策的基本依据。检测技术就是人们为了对被测对象所包含的信息进行定性的了解和定量的掌握所采取的一系列技术措施。随着信息技术的发展,以信息的获取、转换、显示和处理为主要内容的检测技术,已经发展成为一门完整的技术科学,在促进生产发展和科技进步的广阔领域内发挥着重要作用。

(1)试验检测是控制和评定公路工程质量的重要手段。

在公路工程建设中,试验检测是进行质量、进度、费用三大控制的重要手段。通过试验检测,可以获取真实可靠的试验数据,为正确指导、准确控制和客观评定公路工程质量提供科学的依据和手段,促进工程质量的提高。在传统检测技术基础上发展起来的主动检测技术,使检

测和生产施工同时进行,可以及时地用检测结果对施工过程进行主动控制,使之能适应生产条件的变化或自动调整到最佳状态。这样试验检测的作用已经不只是单纯地判断工程的质量状态,而是要分析和干预造成这些结果的原因,从而进入质量控制的领域。

(2)试验检测对提高工程质量、加快施工进度、降低工程造价、促进公路工程施工技术进步具有十分重要的作用。

通过试验检测,可以不断改进施工工艺,优化施工流程,验证施工与设计的一致性,及时发现、消除工程质量隐患,为保证工程质量奠定基础;可以促进当地原材料及新材料的应用,确定新材料的使用品质,推动新技术、新工艺的发展。试验检测工作是推进技术进步的先导,是加强质量管理的先行,是工程参数设计、施工质量控制、竣工验收评定、养护管理决策的主要依据。

四、公路工程试验检测工作方法

试验检测的结果是公路工程质量控制及验收评定的主要依据,其可靠性与准确性直接决定检测机构的工作质量。为确保检测数据准确可靠,要求检测人员在试验检测的全过程中必须严格遵守有关试验检测的规程,力求消除人为误差,提高试验检测精度。

1. 试验检测工作细则

进行试验检测时,每一项目均应根据国家或部委颁布的最新技术标准、规范及操作规程制订详细的实施细则,其内容包括:

①技术标准、规定要求、检测方法、操作规程等。
②抽样方法及样本大小。
③检测项目及被测参数允许变化范围。
④检测仪器设备的名称、型号、量程、准确度、分辨率。
⑤检测人员组成和检测系统框图。
⑥对检测仪器的检查标定项目和结果。
⑦对检测仪器、样品及试件的基本要求。
⑧对环境条件等的检查及从保证计量检测结果可靠性角度出发,对允许变化范围的规定。
⑨在检测过程中发生异常现象及意外事故的处理办法。
⑩检测结果计算整理分析方法。

凡要求对整体工程项目或新产品进行质量判断的检测项目,均应进行抽样检测。送样检测的产品,检测结果仅对样品负责,不能用其对整体产品质量作任何评价。

(1)样本大小的确定

凡产品技术标准中已规定样本大小的,按标准规定执行;凡产品技术标准中未明确规定样本大小的,按试验检测规程或相应技术标准中的方法确定,也可按百分比抽样方法进行,百分比抽样的抽样基数不得小于样本的5倍。在生产场所抽样时,当天产量不得小于均衡生产时的基本日均产量。

(2)抽样方法

确定样本大小后,一般由委托试验检测单位提供编号进行随机抽样。原则上抽样人不得与产品直接见面,样本应在生产单位或使用单位已经检测合格的基础上抽取。

(3)样本的保存

样本确定后,抽样人应以适当的方式封存,由样本所在部门以适当的方式运往检测部门。运输方式应保证不损坏样本的外观及性能,样品的包装也应满足上述要求。

(4)样本登记

抽样结束后,由抽样人填写样品登记表,登记表应包括以下内容:产品名称、型号、生产单位;样品中单件产品编号及封样的编号;抽样依据、样本大小、抽样基数、抽样地点、运输方式、抽样日期、抽样人姓名、封样人姓名等。

对于比较重要的检测项目,若采用专用检测设备,应通过试验确定其检测数据的重复性。对于某些比较简单的试验检测项目,如果标准规定很详细,能满足上述要求,可不制订实施细则。

2. 试验检测原始记录

原始记录是试验检测结果的如实记载,不允许随意更改、删减。

原始记录应印制成一定格式的记录表,其格式根据检测的要求不同可以有所不同。原始记录表主要包括:产品名称、型号、规格、编号、生产单位;检测项目、检测地点、温度、湿度;主要检测仪器名称、型号;检测原始记录数据、数据处理结果;检测人、复核人、试验日期等。

记录表中反映的信息应全面、准确,以便在必要时能够判断检测工作在哪个环节可能出现差错。同时应能根据原始记录所提供的信息,在一定准确度内重复所做的检测工作。

工程试验检测原始记录,一般不得用铅笔填写,内容应完整,应有试验检测人员和计算校核人员的签名。

原始记录若确需更改,则应将作废数据画两条水平线,更改后的数据填在其上方,并加盖更改人印章。原始记录应集中保管,保管期限一般不得少于两年。

原始数据的计算结果即检测结果必须有人校核,校核者须在本领域有 5 年以上工作经验,要认真核对检测数据,校核量不得少于所检测项目的 5%。校核者必须在试验检测记录和报告中签字,以示负责。

3. 试验检测结果处理

试验检测数据的处理是试验检测工作的一个重要环节。由于试验检测中得到的数值都是近似值,而且在运算过程中,还可能应用无理数构成的常数,因此,为了获得准确的试验检测结果,同时也为了减少运算工作量,节约时间,必须按误差理论的规定和数字修约规则截取所需要的数据。此外,误差表达方式能反映检测人员对试验检测结果的认识是否正确,也有利于用户对试验检测结果的正确理解。

数据处理应注意:检测数据有效位数的确定方法、检测数据异常值的判定方法、区分可剔除异常值与不可剔除异常值、整理后的数据应填入原始记录的相应部分。

检测数据的有效位数应与检测系统的准确度相适应,不足部分以"0"补齐,使测试数据位数相等。同一参数检测数据少于 3 个时,采用算术平均值;测试数据超过 3 个时,建议采用数理统计方法,求算代表值。测试数据异常值的判断,对于每一单元内检测结果中的异常值采用格拉布斯法,检测各试验室平均值中的异常值采用狄克逊法(详见第一章)。

需要强调的是,对比检测应使用 3 台与原检测仪器准确度相同的仪器,对检测项目进行重复性试验。若检测结果与原检测数据相符,则说明异常值是由产品性能波动造成的,若不相符,则说明异常值是由于仪器的原因造成的,可以剔除。

在工程质量检验评定中，由于所抽子样的数据都是随机变量，会产生一定波动，若看到数据有一些变化，或某检测数据低于技术标准的要求，就判断施工或产品质量有问题是不慎重的，也缺乏科学依据，很容易给施工带来损失。试验检测结果的整理和判断必须按照数理统计的方法进行。

五、公路工程质量检验评定方法

1. 公路工程质量检验与等级评定的依据

公路工程质量检验评定的目的在于判断已完成的工程是否满足设计图纸与施工规范规定的技术标准要求，并作为竣工质量验收和技术档案的一项重要内容。为了加强公路工程质量管理，统一公路工程质量检验和评定标准，保证工程质量，原交通部制订了《公路工程质量检验评定标准》(JTG F80/1—2004)，该标准适用于公路工程质量监督部门和有资质的检测机构对工程质量的检查鉴定、监理工程师对工程质量的检查认定、施工单位的自检和分项工程的交接验收，是公路工程竣工的质量评定依据，是对公路工程质量进行管理、监控和验收的法规性技术文件，是检验评定公路工程质量和等级的标准尺度。

《公路工程质量检验评定标准》主要针对四级及四级以上公路的新建和改建工程。对于大、中修工程，由于原交通部已专门制订了大、中修工程的质量检验评定标准，故不再要求其参照执行该标准。对特大桥梁、特长隧道工程，特殊的地域、土质、水文条件及技术的发展，或采用新材料、新结构、新工艺的工程，该标准缺乏适宜的技术规定时，在确保工程质量的前提下，可参照相关标准提出可行的解决办法，并按规定报主管部门批准。

根据建设任务、施工管理和质量检验评定的需要，在施工准备阶段将建设项目划分为单位工程、分部工程和分项工程。施工单位、工程监理单位和建设单位应按相同的工程项目划分进行工程质量的监控和管理。

(1) 单位工程

单位工程是在建设项目中，根据签订的合同，具有独立施工条件的工程。每个合同段范围内的路基工程、路面工程、交通安全设施分别作为一个单位工程；特大桥、大桥、中桥、隧道以每座作为一个单位工程(特大桥、大桥、特长隧道、长隧道分为多个合同段施工时，以每个合同段作为一个单位工程)；互通式立体交叉的路基、路面、交通安全设施按合同段纳入相应单位工程，桥梁工程按特大桥、大桥、中桥分别作为一个单位工程。

(2) 分部工程

在单位工程中，应按结构部位、路段长度及施工特点或施工任务划分若干个分部工程。每个合同段的路基土石方、排水、小桥、涵洞、支挡、路面面层、标志、防护栏等分别作为一个分部工程；桥梁上部、下部各作为一个分部工程；隧道衬砌、总体各作为一个分部工程。

(3) 分项工程

在分部工程中，应按不同的施工方法、材料、工序及路段长度等划分若干个分项工程。

建设项目单位工程、分部工程、分项工程的划分见表0-1。

一般建设项目的工程划分 表0-1

单位工程	分部工程	分项工程
路基工程(每10km或每标段)	路基土石方工程*(1~3km路段)	土方路基*,石方路基*,软土地基*,土工合成材料处治层*等
	排水工程(1~3km路段)	管节预制,管道基础及管节安装*,检查(雨水)井砌筑*,土沟,浆砌排水沟*,盲沟,跌水,急流槽*,排水泵站等
	小桥及符合小桥标准的通道*,人行天桥,渡槽(每座)	基础及下部构造*,上部构造预制、安装或浇筑*,桥面*,栏杆,人行道等
	涵洞、通道(1~3km路段)	基础及下部构造*,主要构件预制、安装或浇筑*,填土,总体等
	砌筑防护工程(1~3km路段)	挡土墙*,墙背填土*,抗滑桩*,锚喷防护*,锥护坡,导流工程,石笼防护等
	大型挡土墙*,组合式挡土墙*(每处)	基础*,墙身*,墙背填土,构件预制*,构件安装*,筋带,锚杆,拉杆,总体等
路面工程(每10km或每标段)	路面工程(1~3km路段)	底基层,基层*,面层*,垫层,联结层,路缘石,人行道,路肩,路面边缘排水系统等
桥梁工程(特大、大、中桥)	基础及下部构造*(每桥或每墩、台)	扩大基础,桩基*,地下连续墙*,承台,沉井*,桩的制作*,钢筋加工及安装,墩台身(砌体)浇筑*,墩台身安装,墩台帽*,组合桥台*,台背填土,支座垫石和挡块等
	上部构造预制和安装*	主要构件预制*,其他构件预制,钢筋加工安装,预应力筋的加工和张拉*,梁板安装,悬臂拼装,拱圈节段预制,拱的安装,钢管拱肋制作*,钢管拱肋安装*,钢梁制作*,钢梁安装,钢梁防护*等
	上部构造现场浇筑*	钢筋加工及安装,预应力筋的加工和张拉,主要构件浇筑*,其他构件浇筑,悬臂浇筑*,钢管混凝土拱*等
	总体,桥面系和附属工程	桥梁总体*,钢筋加工及安装,桥面防水层施工,桥面铺装,钢桥面铺装*,支座安装,大型伸缩缝安装*,混凝土护栏,人行道铺设,栏杆安装,灯柱安装等
	防护工程	护坡,护岸*,导流工程*,石笼防护,砌石工程*等
	引导工程	路基,路面*,挡土墙*,小桥,涵洞*,护栏等
隧道工程	总体	隧道总体*等
	明洞	明洞浇筑,明洞防水层,明洞回填*等
	洞口工程	洞口开挖,洞口边仰坡防护,洞门和翼墙的浇(砌)筑等
	洞身开挖	洞身开挖*(分段)等
	洞身衬砌	(钢纤维)喷射混凝土支护,锚杆支护,混凝土衬砌等
	防排水	防水层,止水带,排水沟等
交通安全设施(每20km或每标段)	标志*(5~10km路段)	标志*
	标线、突起路标(5~10km路段)	标线*,突起路标等
	护栏*、轮廓标(5~10km路段)	波形梁护栏*,缆索护栏*,混凝土护栏*,轮廓标等

续上表

单位工程	分部工程	分项工程
交通安全设施	防眩设施(5~10km路段)	防眩板、网等
	隔离栅、防落网(5~10km路段)	防离栅、防落网等

注:表内带"*"号的为主要工程,评分时给予2分的权值;不带"*"号的为一般工程,权值为1分。

2. 公路工程质量评定程序

施工单位在各分项工程完成后,应按评定标准所列基本要求,对实测项目和外观鉴定进行自检,提交真实、完整的自检资料,对工程质量进行自我评定。监理单位应按规定要求对工程质量进行独立抽检,对施工单位检评资料进行签认,对工程质量进行评定。建设单位根据对工程质量的检查及平时掌握的情况,对监理单位所做的工程质量评分及等级进行审定。质量监督部门、质量检测机构根据施工过程中的抽查资料对公路工程质量进行核查鉴定。

3. 公路工程质量评分方法

工程质量检验评分以分项工程为单元,采用百分制进行评分。在分项工程评分的基础上,逐级计算各相应分部工程、单位工程、合同段和建设项目评分值。

(1)分项工程质量评分方法

分项工程质量检验评定是建设项目质量评定的基础,其内容包括基本要求、实测项目、外观鉴定、质量保证资料四部分。只有在其使用原材料、半成品、成品及施工工艺符合基本要求的规定,且无严重外观缺陷和质量保证资料真实并基本齐全时,才能对分项工程质量进行检验评定。基本要求具有质量否决权,经检查基本要求不符合规定时,不得进行工程质量的检验与评定。

涉及结构安全和使用功能的重要实测项目为关键项目,如路基路面压实度、弯沉值、路面结构层厚度、水泥混凝土抗压强度和抗弯拉强度、半刚性材料的强度等,关键项目的合格率不得低于90%(属于工厂加工制造的桥梁金属构件不低于95%,机电工程为100%),且检测值不得超过规定极值,否则必须进行返工处理。规定极值指任一单个检测值都不能突破的极限值,不符合要求时该实测项目为不合格。

分项工程的评分值满分为100分,其得分值按实测项目采用加权平均法计算。分项工程评分为分项工程得分值减去外观缺陷减分和资料不全减分。

$$分项工程得分 = \frac{\sum(检查项目得分 \times 权值)}{\sum 检查项目权值}$$

分项工程评分值 = 分项工程得分 − 外观缺陷减分 − 资料不全减分

①基本要求检查

分项工程所列基本要求,对施工质量优劣具有关键影响,应按基本要求对工程进行认真检查,经检查不符合基本要求规定时,不得进行工程质量的检验和评定。

②实测项目计分

对规定检查项目采用现场抽样方法,按照规定频率和下列计分方法对分项工程的施工质量直接进行检测计分。检查项目除按数理统计方法评定的关键项目以外,均应按单点(组)测定值是否符合标准要求进行评定,并按合格率计分。

$$检查项目合格率 = \frac{检查合格的点(组)数}{该检查项目的全部检查点(组)数} \times 100\%$$

$$检查项目得分 = 检查项目合格率 \times 100$$

③外观缺陷减分

对工程外表状况应逐项进行全面检查,如发现外观缺陷,应进行减分。对于较严重的外观缺陷,施工单位须采取措施进行整修处理。

④资料不全减分

分项工程的施工资料和图表残缺、缺乏最基本的数据或有伪造涂改者,不予检验和评定。资料不全者应予减分,视资料不全情况每项减 1~3 分。

(2)分部工程和单位工程质量评分方法

分项工程和分部工程区分为一般工程与主要(主体)工程,一般工程权值取1,主体工程权值取2。进行分部工程和单位工程评分时,采用加权平均值计算法确定相应的评分值。

$$分部(单位)工程评分值 = \frac{\sum[分项(分部)工程评分值 \times 相应权值]}{\sum 分项(分部)工程权值}$$

(3)合同段和建设项目工程质量评分方法

合同段和建设项目工程质量评分值按《公路工程竣(交)工验收办法》计算。

(4)质量保证资料

施工单位应有完整的施工原始记录、试验数据、分项工程自查数据等质量保证资料,并进行整理分析,负责提交齐全、真实和系统的施工资料和图表。工程监理单位负责提交齐全、真实和系统的监理资料。质量保证资料应包括以下6方面内容:

①所用原材料、半成品和成品质量检验结果。
②材料配比、拌和加工控制检验和试验数据。
③地基处理、隐蔽工程施工记录和大桥、隧道施工监控资料。
④各项质量控制指标的试验记录和质量检验汇总图表。
⑤施工过程中遇到的非正常情况记录及其对工程质量影响分析。
⑥施工过程中如发生质量事故,经处理补救后,达到设计要求的认可证明文件。

4. 工程质量等级评定办法

工程质量评定等级分为合格与不合格,应按分项工程、分部工程、单位工程、合同段和建设项目逐级评定。

(1)分项工程质量等级评定

分项工程评分值不小于 75 分者为合格,小于 75 分者为不合格;机电工程、属于工厂加工制造的桥梁金属构件不小于 90 分者为合格,小于 90 分者为不合格。评定为不合格的分项工程,经加固、补强或返工、调测,满足设计要求后,可以重新评定其质量等级,但计算分部工程评分值时按其复评分值的 90% 计算。

(2)分部工程质量等级评定

所属各分项工程全部合格,则该分部工程评为合格;所属任一分项工程不合格,则该分部工程评为不合格。

(3)单位工程质量等级评定

所属各分部工程全部合格,则该单位工程评为合格;所属任一分部工程不合格,则该单位工程评为不合格。

(4)合同段和建设项目质量等级评定

合同段和建设项目所属单位工程全部合格,则其工程质量等级评为合格;所属任一单位工程不合格,则该合同段和建设项目评为不合格。

【思考题】

1. 简述公路工程试验检测的意义。
2. 什么是单位工程、分部工程和分项工程?
3. 分项工程质量检验的内容有哪些?
4. 如何进行分项工程质量评分?
5. 如何进行分部工程和单位工程质量评分?
6. 如何进行合同段和建设项目工程质量评分?
7. 如何进行工程质量等级的评定?
8. 质量保证资料主要包括哪些内容?

第一章
试验检测数据分析与处理

公路工程质量的评定要以试验检测数据为依据。通过试验检测最初采集得到的原始数据,类多量大,杂乱无章,并且存在误差,有时甚至会有错误,这些数据一般不能直接说明检测结果,更不能直接用于工程质量的评价。因此,必须对原始数据进行分析、处理,舍弃可疑的数据,并通过修正处理,找出检测对象中各参量之间的相互关系或变化规律,才能用其评定原材料或工程的质量。本章以数理统计基本知识为基础,介绍试验检测数据的分析处理方法。

第一节 数据的修约规则

一、概述

质量数据的来源,主要是施工过程中的各种试验检测,即材料检验、工序检验、竣工验收检验等。通过对这些试验数据的收集、分析和处理,才能做到对工程质量的了解、评价和控制。

试验数据就其本身的特性来说,可以分为计量值数据和计数值数据。

(1)计量值数据。计量值数据是可以连续取值的数据,如长度、厚度、直径、强度等质量特征,表现形式是连续型的,一般都可用检测工具和仪器进行测量或试验的,可表示大小和单位,一般都带有小数。

(2)计数值数据。有些质量数据不能用测量器具来度量,所以采用计数的办法,即用1、2、3…连续地数出个数或次数,如不合格品数、缺陷的点数等,这样的数据即为计数值数据。计数值数据的特点是不连续,它们一般没有单位,只有大小且只能用整数或百分数表示。一般来说,以判定方法得出的数据和以感觉性检验方法得出的数据大多属于计数值数据。

二、修约规则

数据修约是通过省略原数值的最后若干位数字,调整所保留的末位数字,使最后所得到的值最接近原数值的过程,经数据修约后的数值称为(原数值的)修约值。

1. 修约间隔

修约间隔是指确定修约保留位数的一种方式。修约间隔的数值一经确定,修约值即应为该数值的整数倍。例如,指定修约间隔为0.1,修约值即应在0.1的整数倍中选取,相当于将数值修约到一位小数。又如,指定修约间隔为100,修约值即应在100的整数倍中选取,相当于将数值修约到"百"数位。

0.5单位修约(半个单位修约)是指修约间隔为指定数位的0.5单位,即修约到指定数位的0.5单位;0.2单位修约是指修约间隔为指定数位的0.2单位,即修约到指定数位的0.2单位。

最基本的修约间隔为10^n(n为整数),它等同于确定修约到某数位。

2. 检测数据的修约规则

数据获得后,还涉及数据的定位问题,即出现了对规定精确程度范围之外的数字如何取舍的问题。在统计中一般常用的数值修约规则如下:

(1)拟舍去数字的最左一位数字小于5时,则舍去,即保留的各位数字不变。例如,将18.243 2修约到只保留一位小数时,最左一位数字是4,则应舍去,结果为18.2;将13.246 7修约成两位有效位数,得13。

(2)拟舍去的数字中,其最左面的数字大于5,则进1,即所保留的末位数字加1。如26.57修约到保留一位小数时,结果为26.6。

(3)拟舍去的数字中,其最左面的第一位数字等于5,而后面的数字并非全是0时,则进1,即将所保留的末位数字加1。如13.052 1修约到保留一位小数时为13.1。

(4)拟舍去的数字中,其最左边的第一位数等于5,而后面无数字或全部为0时,所保留的末位数字为奇数(1、3、5、7、9),则进1;为偶数(2、4、6、8、0)则舍去。

例:修约间隔为0.1(10^{-1}),2.050修约为2.0,0.150修约为0.2。修约间隔为1 000(10^3),4 500修约为$4×10^3$,5 500修约为$6×10^3$。

(5)负数修约时,先将它的绝对值按上述规定进行修约,然后在修约值前面加上负号。

例:将下列数字修约至"十"数位。

拟修约数值	修约值
−255	$−26×10$
−245	$−24×10$

(6)0.5单位修约时,将拟修约数值乘以2,按指定数位依照进舍规则修约,所得数值再除

以 2。

例：将下列数字修约到"个"数位的 0.5 单位（修约间隔为 0.5）。

拟修约数值 (A)	乘 2 ($2A$)	$2A$ 修约值 （修约间隔为 1）	A 修约值 （修约间隔为 0.5）
50.25	100.50	100	50.0
50.38	100.76	101	50.5
-50.75	-101.50	-102	-51.0

(7) 0.2 单位修约时，将拟修约数值乘以 5，按指定数位依照进舍规则修约，所得数值再除以 5。

例：将下列数字修约到"百"数位的 0.2 单位（修约间隔为 20）。

拟修约数值 (A)	乘 5 ($5A$)	$5A$ 修约值 （修约间隔为 100）	A 修约值 （修约间隔为 20）
830	4 150	4 200	840
842	4 210	4 200	840
-930	-4 650	-4 600	-920

(8) 拟舍去的数字并非单独的一个数字时，不得对该数值连续进行修约，应按拟舍去的数字中最左面的第一位数字的大小，照上述各条一次修约完成。例如：将 15.454 6 修约成整数时，不应按 15.454 6→15.455→15.46→15.5→16 进行，而应按 15.454 6→15 进行修约。

为了便于记忆，将上述规则总结成以下口诀：四舍六入五考虑，五后非零则进一，五后为零视奇偶，奇升偶舍要注意，修约一次要到位。

上述数值修约规则（奇升偶舍法）与常用的"四舍五入"的方法的区别在于，用"四舍五入"法对数值进行修约，从很多修约后的数值中得到的均值偏大。而用上述的修约规则，进舍的状况具有平衡性，进舍误差也具有平衡性，若干数值经过这种修约后，修约值之和变大的可能性与变小的可能性是一样的。

第二节　数据的统计特征与分布

工程质量的好坏会受到诸如原材料的质量、施工方法、人员素质、机具设备、环境条件等多方面因素的影响，而各方面的因素又很复杂，所以工程质量势必会产生一定的波动，质量数据就会表现出差异性。但是，尽管试验检测数据各不相同，但其变化有一定的范围或局限，遵循一定的规律，其中多数向某一数值集中，同时又分散在这个数值的两旁。因此质量数据既分散又集中，既有差异性又有规律性。数理统计是研究大量现象发生规律性的一门数学科学，它根据多次试验和观察的资料，进行统计分析和推断，以揭示整体的规律性。数理统计方法，就是运用统计规律，搜集、整理、分析和利用数据，从质量数据的差异性中寻找其规律性，作为判断、决策和解决质量问题的依据。

一、总体、个体和样本

在公路工程质量检验中，对无限总体中的个体，逐一考察其某个质量特征显然是不可能的;对有限总体,若所含个体数量虽不大,但考察方法往往是破坏性的,同样不能采用全数考察。所以,通过抽取总体中的一小部分个体加以检验,以了解和分析总体质量状况,是工程质量检验的主要方法。例如测定路基压实度时,我们不可能把一段路基的每一个点的压实度都进行测定,而只能按照要求的频率(如2 000m²测4点)来检测并收集部分数据。那么这部分数据能否反映整个路段的压实程度呢?根据数理统计方法,则首先需要了解研究对象的总体、个体和样本的概念以及它们之间的联系。

总体又称母体,是统计分析中所要研究对象的全体。组成总体的每个单元称为个体。如1km路基的压实度为总体,该段路基中的一个测点的压实度即为个体。

总体分为有限总体和无限总体,如果是一批产品,由于其数量有限,所以称其为有限总体;如果是一道工序,由于工序总在源源不断地生产出产品,有时是一个连续的整体,所以这样的总体称为无限总体。

从总体中抽取的部分个体的全体称为样本(又称子样)。组成样本的每一个个体叫做样品或试样,抽取样本的过程称为取样。样本中所含样品的数目称为样本的大小或样本容量,常用 n 表示。例如,一批沥青有100桶,从每一桶沥青中取两个试样,共抽取了200个试样做试验,则这200个试样就是样本,其中某一个试样就是该样本中的一个样品,样本容量 $n=200$。样本容量的大小,直接关系到判断结果的可靠性。一般来说,样本容量越大,可靠性越好,但检测所耗费的工作量亦愈大,成本也就愈高。样本容量与总体中所含个体的数量相等时,是一种极限情况,因此,全数检验是抽样检验的极限。

二、数据的统计特征量

用来表示统计数据分布及其某些特征的特征量分为两类:一类表示数据的集中位置,即表示其规律性,称为位置特征值,主要有算术平均值、中位数、加权平均值等;另一类表示数据的离散程度即差异性,称为离散特征值,主要有极差、标准偏差、变异系数等。

1. 位置特征值

位置特征值是分析计量数据的基本指标,它反映了统计数据的规律性,也表达了数据的集中位置或总体水平,具有相当的代表性和典型性。

(1)算术平均值

算术平均值是表示一组数据集中位置最有用的统计特征值,经常用样本的算术平均值来代表总体的平均水平。设 x_1、x_1、$\cdots$、x_n 代表样本数据,n 表示样本容量,则算术平均值为:

$$\bar{x} = \frac{x_1 + x_2 + \cdots + x_n}{n} = \frac{\sum x_i}{n} \tag{1-1}$$

(2)加权平均值

若对同一物理量用不同的方法测定或对同一物理量用不同的人去测定,测定的数据可能会受到某种因素的影响,这种影响的权重必须给予考虑。计算平均值时常对比较可靠的数值予以加权平均。如 x_1、x_1、$\cdots$、x_n 为各种观测值,W_1、W_2、$\cdots$、W_n 代表各观测值的对应权重,其加权平均值为:

$$W = \frac{W_1 x_1 + W_2 x_2 + \cdots + W_n x_n}{W_1 + W_2 + \cdots W_n} \tag{1-2}$$

各观测值的权重,在很多情况下是可以用经验来确定的。权重越大则说明对应的测定值越可信;反之则说明越不可信。

(3)中位数

在一组数据 x_1、x_1、$\cdots$、x_n 中,按其大小次序排序,以排在正中间的一个数表示总体的平均水平,称为中位数或中值,用 $\tilde{x}$ 表示。当该组数据为奇数时,正中间的数只有一个;当为偶数时,正中间的数有两个,取这两个数的平均值作为中位数。

【例1-1】 对某路段沥青混凝土面层进行抗滑性能检测,摩擦系数的检测值(共10个测点)分别为 58、56、60、53、48、54、50、61、57、55,求摩擦系数的算术平均值、中位数。

解:(1)算术平均值

$$\overline{F}_B = \frac{58+56+60+53+48+54+50+61+57+55}{10} = 55.2$$

(2)中位数

检测值按大小次序排列为 61、60、58、57、56、55、54、53、50、48,则中位数为:

$$F_B = \frac{F_{B(5)} + F_{B(6)}}{2} = \frac{56+55}{2} = 55.5$$

2. 离散特征值

离散特征值表示数据的离散性或波动程度,它反映了统计数据的差异性。以下为常用的离散特征值。

(1)极差

极差是一组数据中最大值与最小值之差,用 R 表示:

$$R = x_{\max} - x_{\min} \tag{1-3}$$

极差没有充分利用数据的信息,但计算十分简单,只适用于样本容量较小($n<10$)的情况。

(2)标准偏差

标准偏差也称为标准离差、标准差或均方差,它是衡量统计数据波动性(离散程度)的指标,其充分利用了所有数据提供的信息。在质量检验中,总体的标准偏差(σ)一般不易求得,因此常采用样本的标准偏差。样本的标准偏差(S)的计算公式为:

$$S = \sqrt{\frac{1}{n-1}\left(\sum_{i=1}^{n} x_i^2 - n\overline{x}^2\right)} \tag{1-4}$$

标准偏差所表示的是每个统计数据以其平均值为基准的偏差大小,S 越小,表示统计数据越均匀。

(3)变异系数

标准偏差反映样本数据的绝对波动情况,当测量较大的量值时(即 $\overline{x}$ 较大时),绝对误差一般较大;当测量较小的量值时(即 $\overline{x}$ 较小时),绝对误差一般较小。因此,用相对波动的大小更能精确地反映统计数据的波动性。变异系数是反映相对波动的指标,它是标准偏差与算术平均值的比值,其计算公式为:

$$C_v = \frac{\sigma}{\overline{x}} \times 100\% \tag{1-5}$$

【例1-2】 若甲路段沥青混凝土面层的摩擦系数测得摆值的算术平均值为55.2,标准偏差为 4.13;乙路段的摩擦系数测得摆值的算术平均值为 60.8,标准偏差为 4.27。则两路段的变异系数为：

甲路段：
$$C_v = \frac{4.13}{55.2} \times 100\% = 7.48\%$$

乙路段：
$$C_v = \frac{4.27}{60.8} \times 100\% = 7.02\%$$

从标准偏差看,$S_甲 < S_乙$。但从变异系数分析,$C_{v甲} > C_{v乙}$,说明甲路段的摩擦系数相对波动比乙路段的大,面层抗滑稳定性较差。

三、随机事件及其概率

1. 随机事件

在科学研究或工程质量管理中,经常要在相同条件下重复进行很多次试验,会遇到这样的情形:尽管试验是在相同条件下进行的,但各次试验结果却不一定相同,如多次用指定的测量器具量测路面结构层的厚度,由于种种因素的影响,各次所测得的数值就不一定相同。所谓随机试验就是指这样的试验,它可以在相同条件下重复试验,但每次试验的结果预先不能确定,表现出一定的偶然性。在随机试验中,可能出现、也可能不出现的事件称为随机事件。

相对随机事件而言,就有必然事件,如普通混凝土早期受冻,则其强度必然降低,这种情况就称为必然事件;而气硬性石灰不可能在水中硬化,这种情况称不可能事件。必然事件和不可能事件都是确定的事件,不是随机事件。但是,为了研究方便,可把它们看作是随机事件的特例。在习惯上,用 $A,B,\cdots$ 表示随机事件;用 U 表示必然事件;用 V 表示不可能事件。

2. 频数和频率

随机事件虽然是不确定的,但并不是没有规律的。例如钢筋的张拉力虽然每根相异,但观察大量的试验数据可以发现,它们总是围绕在某一个中心数值上下波动,这就是统计规律,是大量随机现象特有的一种规律性。

在 n 次重复试验中,事件 A 的出现次数 m 称为事件 A 的频数,比例 m/n 称为事件 A 的频率。

由于必然事件 U 在 n 次重复试验中每次都出现,即 $m = n$,所以必然事件的频率为 1;不可能事件 V 在 n 次重复试验中每次都不出现,即 $m = 0$,所以不可能事件的频率为 0。

而任一随机事件 A 在 n 次重复试验中出现的次数 m 必然大于 0 而小于 n,所以随机事件的频率 $W(A)$ 为:

$$0 < W(A) < 1$$

3. 随机事件概率

随机事件虽然有其偶然性的一面,即它在一次试验中,可能发生也可能不发生;但是在大量重复试验中,还是可以发现它是有内在规律的,即它出现的可能性的大小是可以"度量"的。概率就是表示随机事件 A 在试验中出现的可能性大小的数值。当重复试验次数足够多时,随机事件 A 的频率 $W(A)$ 在它的概率 $P(A)$ 附近波动。

随机事件的频率和概率是两个不同的概念。频率是一个统计量,表示随机事件在某一试验中出现的量,是变动的;概率则是描述随机事件在试验中出现的可能性大小的量,是客观存在的一个确定的数字。随机事件的频率可以看作是它的概率的随机表现。某些简单随机事件的概率可以通过直接计算求出,但在通常情况下,是通过大量重复试验,把其频率作为概率的近似值。

概率论与数理统计是研究大量随机现象统计规律的科学,但是它们之间又有区别。概率论着重对客观的随机现象提出各种不同的理想化的数学模型,并研究其内在性质与相互联系。数理统计是以概率论为基础,着重对统计资料进行分析研究,验证它是否符合某种数学模型,从而做出有用的推断。在质量管理中,数理统计是研究一定母体中所抽子样的某些特征数字,从而推断母体的统计特征。

四、统计数据的分布特征

试验检测数据属于随机变量,而随机变量具有一定的规律性或分布形式,这种分布形式一般用概率分布来反映。

1. 直方图

直方图即质量分布图,是把收集到的工序质量数据,用相等的组距进行分组,按要求进行频数(每组中出现数据的个数)统计,再在直角坐标系中以组界为顺序、组距为宽度在横坐标上描点,以各组的频数为高度在纵坐标上描点,然后画成长方形(柱状)连接图。下面结合实例说明绘制直方图的方法与步骤。

【例1-3】 某沥青混凝土拌和过程中,油石比的抽检结果列于表1-1中,试绘制检测结果的直方图。

油石比检测数据　　　　　　　表1-1

顺序	数据										最大	最小	极差
1	6.1	6.3	5.8	5.9	5.9	6.1	6.0	6.0	5.8	5.8	6.3	5.8	0.5
2	5.8	6.2	5.9	5.7	5.9	5.8	6.0	6.2	6.2	5.9	6.2	5.8	0.4
3	5.7	5.6	5.9	5.7	5.8	5.9	5.9	5.8	5.7	6.0	6.0	5.6	0.4
4	6.0	6.0	6.1	6.0	5.9	5.7	6.1	5.8	5.8	5.9	6.1	5.7	0.4
5	5.9	5.9	5.6	6.0	6.1	6.1	6.3	5.7	6.2	5.7	6.3	5.6	0.7
6	5.6	5.7	5.6	5.6	6.0	6.1	6.0	5.9	6.0	6.1	6.1	5.6	0.5
7	6.1	5.8	6.3	5.5	6.2	6.0	5.7	5.9	6.1	6.1	6.3	5.5	0.8
8	5.9	5.9	6.0	5.9	6.0	5.8	6.0	6.0	6.1	5.8	6.1	5.8	0.3
9	5.9	6.4	5.9	5.9	5.9	6.0	6.2	6.1	6.1	6.1	6.4	5.9	0.5
10	6.1	5.8	6.0	5.5	6.3	6.2	6.2	6.3	6.1	6.0	6.3	5.5	0.8

解:(1)收集数据

一般应不少于50个数据,本例取100个数据。

(2)数据分析与整理

从收集的数据中找出最大值与最小值,并计算其极差。

最大值:　　　　　　　　　$x_{max} = 6.4$

最小值:　　　　　　　　　$x_{min} = 5.5$

极差:　　　　　　$R = x_{max} - x_{min} = 6.4 - 5.5 = 0.9$

(3) 确定组数与组距

通常先定组数,后定组距。组数用 B 表示,应根据收集数据总数而定。当数据总数为 50 以下时,$B = 5 \sim 7$ 组;总数为 $50 \sim 100$ 时,$B = 6 \sim 10$ 组;总数为 $100 \sim 250$ 时,$B = 7 \sim 12$ 组;总数为 250 以下时,$B = 10 \sim 20$ 组。

组距用 h 表示,其计算公式为:

$$h = \frac{R}{B-1} \tag{1-6}$$

取组数 $B = 10$,则组距 $h = \dfrac{0.9}{10-1} = 0.1$。

(4) 确定组界值

为避免数据恰好落在组界上,组界值要比原数据的精度高一位。

第一组的下界值 $= X_{\min} - \dfrac{h}{2}$。

第一组的上界值 $= X_{\min} + \dfrac{h}{2}$。

第一组的上界值就是第二组的下界值,第二组的下界值加上组距 h 即为第二组的上界值,其余依次类推。

第一组的组界值为:

$$\left(5.5 - \frac{0.1}{2} \sim 5.5 + \frac{0.1}{2}\right) = 5.45 \sim 5.55$$

(5) 统计频数

组界值确定后按组号统计频数、频率(相对频数)。统计结果见表 1-2。

频 数 统 计 表 表 1-2

序号	分组区间	频数	相对频数	序号	分组区间	频数	相对频数
1	5.45~5.55	2	0.02	7	6.05~6.15	15	0.15
2	5.55~5.65	4	0.04	8	6.15~6.25	8	0.08
3	5.65~5.75	8	0.08	9	6.25~6.35	5	0.05
4	5.75~5.85	14	0.14	10	6.35~6.45	1	0.01
5	5.85~5.95	21	0.21		合计	100	1.00
6	5.95~6.05	22	0.22				

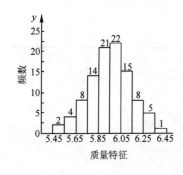

图 1-1 直方图

(6) 绘制直方图

以横坐标为质量特征,纵坐标为频数(或频率)作直方图,如图 1-1 所示。

由图 1-1 可知,如果收集的检测数据量越来越多,分组越来越细,直方图就转化为一条光滑的曲线,这条曲线称为概率分布曲线。概率分布曲线的形式很多,在公路工程质量检验与评价中,常用正态分布和 t 分布。

2. 正态分布

正态分布是应用最多、最广泛的一种概率分布曲线,是其

他概率分布的基础。凡是计量值数据,其概率分布都将服从正态分布。正态分布的数学表达式为:

$$f(x) = \frac{1}{\sigma\sqrt{2\pi}}e^{-\frac{(x-\mu)^2}{2\sigma^2}} \quad (1-7)$$

式中:$f(x)$——密度函数;
   π——圆周率($\pi \approx 3.14159$);
   e——自然对数的底($e \approx 2.71828$);
   μ——总体平均值;
   σ——总体标准偏差。

平均值 μ 是 $f(x)$ 曲线的位置参数,决定曲线最高点的横坐标;标准偏差 σ 是 $f(x)$ 曲线的形状参数,它的大小反映了曲线的宽窄程度。σ 越大,曲线越低而宽,随机变量在平均值 μ 附近出现的密度越小;σ 越小,曲线越高而窄,随机变量在平均值 μ 附近出现的密度越大。

已知平均值 μ 和标准偏差 σ 后,就可绘出正态分布曲线,如图 1-2 所示。

正态分布曲线具有以下特点:

(1)曲线以平均值为轴,左右两侧对称,即大于平均值与小于平均值的概率相等。

(2)当 $x = \mu$,曲线处于最高点,当 x 向左右偏离时,曲线逐渐降低,整个曲线呈中间高、两边低的形状。

(3)在 σ 值不变情况下,曲线形状不变,但曲线的位置随着 μ 值变化而左右移动。$\mu = 0$ 时,图形对称于 y 轴。

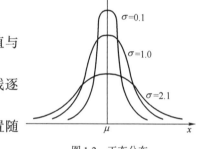

图 1-2 正态分布

(4)曲线与横坐标所围面的面积等于 1,即:

$$\int_{-\infty}^{-\infty} \frac{1}{2\sqrt{2\pi} \cdot \sigma} e^{-\frac{(x-\mu)^2}{2\sigma^2}} dx = 1 \quad (1-8)$$

一般地,随机变量 x 服从参数 μ 与 σ 的正态分布时,可记作 $x \sim N(\mu, \sigma)$。

特别地,当 $\mu = 0, \sigma = 1$ 时的正态分布,用 $N(0,1)$ 表示,它的概率密度函数为:

$$f(x) = \frac{1}{\sqrt{2\pi}} e^{-\frac{x^2}{2}} \quad (1-9)$$

对于正态分布 $N(\mu, \sigma)$,它的测量值落入区间 (a,b) 的概率记为 $P(a < x < b)$,其大小等于 $x_1 = a, x_2 = b$ 时横坐标与曲线所围成的面积,用下式表示:

$$P(a < x < b) = \int_a^b f(x) dx = \int_a^b \frac{1}{\sqrt{2\pi} \cdot \sigma} e^{-\frac{(x-\mu)^2}{2\sigma^2}} dx$$

作一次变换,令 $t = \frac{x-\mu}{\sigma}$,则:

$$P(a < x < b) = \int_{\frac{a-\mu}{\sigma}}^{\frac{b-\mu}{\sigma}} e^{-\frac{t^2}{2}} dt = \Phi\left(\frac{b-\mu}{\sigma}\right) - \Phi\left(\frac{a-\mu}{\sigma}\right) \quad (1-10)$$

式中积分变量的上下限由 a、b 分别变为 $\frac{a-\mu}{\sigma}$、$\frac{b-\mu}{\sigma}$,且令:

$$\Phi(t) = \frac{1}{\sqrt{2\pi}} \int_{\frac{a-\mu}{\sigma}}^{\frac{b-\mu}{\sigma}} e^{-\frac{t^2}{2}} dt \quad (1-11)$$

利用式(1-10),可以求得双边置信区间的几个重要数据(图1-3)。

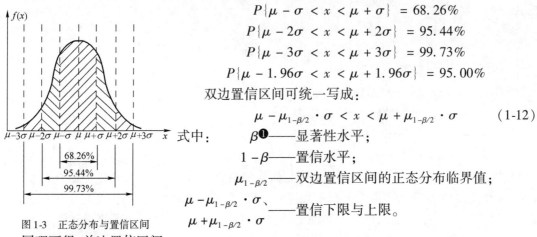

$$P\{\mu - \sigma < x < \mu + \sigma\} = 68.26\%$$
$$P\{\mu - 2\sigma < x < \mu + 2\sigma\} = 95.44\%$$
$$P\{\mu - 3\sigma < x < \mu + 3\sigma\} = 99.73\%$$
$$P\{\mu - 1.96\sigma < x < \mu + 1.96\sigma\} = 95.00\%$$

双边置信区间可统一写成:

$$\mu - \mu_{1-\beta/2} \cdot \sigma < x < \mu + \mu_{1-\beta/2} \cdot \sigma \quad (1\text{-}12)$$

式中: β❶——显著性水平;

$1 - \beta$——置信水平;

$\mu_{1-\beta/2}$——双边置信区间的正态分布临界值;

$\mu - \mu_{1-\beta/2} \cdot \sigma$、$\mu + \mu_{1-\beta/2} \cdot \sigma$——置信下限与上限。

图1-3 正态分布与置信区间

同理可得,单边置信区间:

$$P\{x < \mu + \sigma\} = P\{x > \mu - \sigma\} = 84.13\%$$
$$P\{x < \mu + 2\sigma\} = P\{x > \mu - 2\sigma\} = 97.72\%$$
$$P\{x < \mu + 3\sigma\} = P\{x > \mu - 3\sigma\} = 99.87\%$$
$$P\{x < \mu + 1.645\sigma\} = P\{x > \mu - 1.645\sigma\} = 95.00\%$$

其置信区间可表示为:

$$x < \mu + \mu_{1-\beta} \cdot \sigma \text{ 或 } x > \mu - \mu_{1-\beta} \cdot \sigma \quad (1\text{-}13)$$

式中:$\mu - \mu_{1-\beta} \cdot \sigma$、$\mu + \mu_{1-\beta} \cdot \sigma$——单边置信下限与上限。

在公路工程质量检验与评价中,把式(1-12)、式(1-13)中 μ 称为保证率系数(常用 Z_a 表示),其取值与公路等级有关,而且常常用样本的平均值 $\bar{x}$、标准偏差 S 分别代替上述公式中的 μ 与 σ。

3. t 分布

正态分布适用于样本较大的统计数据,对小样本统计数据,无法应用正态分布的理论来直接处理,需要用类似正态分布的 t 分布。t 分布的概率密度函数为:

$$t(x,n) = \frac{\Gamma\left(\dfrac{n+1}{2}\right)}{\Gamma\left(\dfrac{n}{2}\right)\sqrt{n\pi}} \left(1 + \frac{x^2}{n}\right)^{-(n+1)/2} \quad (1\text{-}14)$$

式中:x——随机变量;

n——样本容量,在数理统计中称自由度。

当随机变量 x 服从自由度为 n 的 t 分布时,记作 $x \sim t(n)$,其分布图形如图1-4所示。

可以证明:当 $n \to \infty$ 时,t 分布趋于正态。一般来说,当 $n > 30$ 时,t 分布与标准正态分布就非常接近了。但对较小的 n 值,t 分布与正态分布之间有较大的差异,且:

$$P\{|T| \geq t_0\} \geq P\{|x| \geq t_0\} \quad (1\text{-}15)$$

---

❶注:显著性水平一般用 α 表示,由于在公路工程中 α 用于表示保证率(即置信水平),为了便于区别,故改用 β 表示显著性水平,保证率 $\alpha = 1 - \beta$。

其中 $X \sim N(0,1)$，即在 t 分布的尾部比在标准正态分布的尾部有着更大的概率。

在施工质量评价中，常需要解决总体标准偏差 σ 未知时如何估计平均值置信区间的问题，为解决这一问题，可利用样本标准偏差 S 代替总体标准偏差 σ。

若 x_1、x_2、$\cdots$、x_n 是总体 $N(\mu,\sigma^2)$ 的样本，$\bar{x}$、S 分别是样本均值和样本方差，则有：

$$T = \frac{\bar{x} - \mu}{S/\sqrt{n}} \sim t(n-1) \quad (1-16)$$

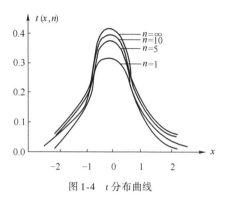

图 1-4 t 分布曲线

因此，根据给定的 β 和自由度 $n-1$，由分布概率系数表（附录2）查得 $t_{1-\beta/2}(n-1)$ 之值，由此得平均值 μ 的双边置信区间为：

$$\bar{x} - t_{1-\beta/2}(n-1)\frac{S}{\sqrt{n}} < \mu < \bar{x} + t_{1-\beta/2}(n-1)\frac{S}{\sqrt{n}} \quad (1-17)$$

同理，可得 μ 的单边置信区间为：

$$\bar{x} - t_{1-\beta}(n-1)\frac{S}{\sqrt{n}} < \mu < \bar{x} + t_{1-\beta}(n-1)\frac{S}{\sqrt{n}} \quad (1-18)$$

第三节 特异数据的处理方法

由于各种原因，工程质量常会发生波动，质量波动就会引起质量检测数据的参差不齐，有时还会发现一些明显过大或过小的数据，这些数据称为特异数据或可疑数据。特异数据出现的原因有多种，如试验条件变化、检测对象质量分布不均匀、测试操作者缺乏经验等。如果有特异数据混入整个检测数据之中，将可能导致对检测结果的分析判断得出完全不同的结论。因此，在进行数据分析之前，对于这些特异数据应该用数理统计的方法辨别其真伪，进行科学处理。

（1）首先检查是否有过失错误存在，即在测定过程中是否有读错、记错或写错的情况。如有，则在数据处理前就预先排除掉。

（2）如果条件允许，可在误差较大处增加测定次数，借以发现产生较大误差的原因。

（3）根据统计学原理建立某些判据和准则，对那些不服从统计规律的测定结果，待判别后作适当处理。

对量值 X 重复测定 N 次后，获得 $(X_1$、X_2、$\cdots$、$X_N)$ 样本，在各 X_i 中不可避免地存在误差，一般较大误差的出现是很小的概率事件，但毕竟不等于零，一旦存在后，用物理方法很难发现，更谈不上如何剔除了，有时甚至整个试验完毕后也不能确知哪一测定值是"坏值"。在这种情况下，可对那些不服从统计规律的测定结果予以剔除。剔除"坏值"的方法很多，但均基于统计观点，以正态分布为基础，判断出哪个数据不符合统计规律，则对其予以剔除。

下面介绍几种主要的判断方法。

一、拉依达准则（3S 准则）

当试验次数较多时，可简单地用 3 倍标准差（3S）作为确定可疑数据取舍的标准。根据随机变量的正态分布规律，在多次试验中，测量值落在 $\bar{x}-3S$ 与 $\bar{x}+3S$ 之间的概率为 99.73%，出现在此范围之外的概率只有 0.27%，也就是在近 400 次试验中才能遇到一次，这种事件为小概率事件，出现的可能性很小，因而在实际试验中，一旦出现，就可认为该测量数据不可靠，应将其舍弃。

拉依达法以 3 倍标准差作为判别标准，所以亦称 3 倍标准差法，简称 3S 法。

设 $x_1、x_2、x_k、\cdots、x_n$ 是从总体中抽取的样本，其中 x_k 为过大值或过小值。判断方法如下：

（1）计算数据的平均值 $\bar{x}$ 和标准偏差 σ，如总体标准偏差 σ 未知时，可求出样本标准偏差 S。

（2）计算 $|x_k-\bar{x}|$，如果 $|x_k-\bar{x}|>3S$，则将 x_k 剔除，否则保留。

另外，当测量值与平均值之差大于 2 倍标准偏差（$|x_k-\bar{x}|>2S$）时，该测量值应保留，但需存疑。如发现施工、试验过程中，有可疑的变异时，该测量值应予舍弃。

拉依达准则（3S 准则）的优点是计算方便、迅速，无须查阅数学表格，但也应当指出，3S 准则是相当粗糙的判据，在试验检测次数较多或要求不高时可以应用，当检测数据较少（如 $n<10$）时，在一组测量值中即使混有异常值，也无法舍弃。

二、肖维纳特准则

进行 n 次试验，其测量值服从正态分布，以概率 $1/(2n)$ 设定一判别范围，当偏差（测量值与其算术平均值之差）超出范围时，就意味着该测量值是可疑的，应予舍弃。

设 $x_1、x_2、x_k、\cdots、x_n$ 是从总体中抽取的样本，其中 x_k 为过大值或过小值。判断方法如下：

（1）计算数据的平均值 $\bar{x}$ 和标准偏差 σ，如总体标准偏差 σ 未知时，可求出样本标准偏差 S。

（2）计算 $|x_k-\bar{x}|$，如果 $|x_k-\bar{x}|>k_xS$，则可将 x_k 剔除，否则保留。

上式中 k_x 为肖维纳特系数，与试验次数 n 有关，见表 1-3。

肖维纳特准则 k_x 数值 表 1-3

n	k_x	n	k_x	n	k_x
3	1.38	17	2.18	50	2.58
4	1.53	18	2.20	60	2.64
5	1.65	19	2.22	70	2.69
6	1.73	20	2.24	80	2.73
7	1.79	21	2.26	90	2.78
8	1.86	22	2.28	100	2.81
9	1.92	23	2.30	150	2.93
10	1.96	24	2.31	185	3.00
11	2.00	25	2.33	200	3.02
12	2.03	26	2.34	250	3.11
13	2.07	27	2.36	500	3.20
14	2.10	28	2.37	1 000	3.48
15	2.13	30	2.39	2 000	3.66
16	2.16	40	2.49	5 000	3.89

三、格拉布斯准则

格拉布斯法假定测量结果服从正态分布,根据顺序统计量来确定可疑数据的取舍。

设 x_1、x_2、x_k、$\cdots$、x_n 是从总体中抽取的样本,其中 x_k 为过大值或过小值。判断方法如下:

(1)计算数据的平均值 $\bar{x}$,如总体标准偏差 σ 未知时,可求出样本标准偏差 S。

(2)计算 $|x_k - \bar{x}|$,如 $|x_k - \bar{x}| > g_{0(\alpha,n)}S$,可将 x_k 剔除,否则保留。

上式中 $g_{0(\alpha,n)}$ 是一个与样本容量 n 及给定的检验水平 α(即把不是可疑的数据错判为可疑数据而被剔除的概率)有关的系数。α 通常取 0.05 和 0.01,系数 $g_{0(\alpha,n)}$ 的值列于表 1-4 中。

格拉布斯准则 $g_{0(\alpha,n)}$ 数值　　　　　　　　　　　　　表 1-4

n	α		n	α		n	α	
	0.01	0.05		0.01	0.05		0.01	0.05
3	1.15	1.15	12	2.55	2.28	21	2.91	2.58
4	1.49	1.46	13	2.61	2.33	22	2.94	2.60
5	1.75	1.67	14	2.66	2.37	23	2.96	2.62
6	1.04	1.82	15	2.70	2.41	24	2.99	2.64
7	2.10	1.94	16	2.75	2.44	25	3.01	2.66
8	2.22	2.03	17	2.78	2.48	30	3.10	2.74
9	2.32	2.11	18	2.82	2.50	35	3.18	2.81
10	2.41	2.18	19	2.85	2.53	40	3.24	2.87
11	2.48	2.23	20	2.88	2.56	50	3.34	2.96

应用上述三种判断准则时应注意以下几点:

(1)剔除特异数据时,首先应对样本观测值中的最小值和最大值进行判断,因为这两个值极有可能是特异数据。

(2)特异数据每次只能剔除一个,然后按剩下的样本观测值,重新计算平均值 $\bar{x}$ 和标准偏差 S,再做第二次判断,如此逐个地剔除,直到所有剩下的值不再是特异数据为止。不允许一次同时剔除多个样本观测值。

(3)采用不同准则对特异数据判断时,可能会出现不同的结论,此时要对所选用准则的适用范围、给定的检验水平的合理性,以及产生特异数据的原因等作进一步的分析。

【例 1-4】 试验室内进行同配比的混凝土强度试验,取 15 个试样测试结果如下(单位:MPa):

　　　　　31.2　　　　33.1　　　　30.5　　　　31.0　　　　32.3
　　　　　31.2　　　　29.4　　　　24.0　　　　30.4　　　　33.0
　　　　　32.2　　　　31.0　　　　28.6　　　　30.3　　　　29.2

试分别用不同准则进行特异数据的判别。

解: (1)$3S$ 准则

$$n = 15, x_{\max} = 33.1, x_{\min} = 24.0$$

计算统计特征量得 $\bar{x} = 30.49, S = 2.23, 3S = 6.69$。

判断最小值 24.0，|24.0 − 30.49| = 6.49 < 3S，应予保留。
判断最大值 33.1，|33.1 − 30.49| = 2.61 < 3S，应予保留。
数据中无特异数据，均不能舍弃。

(2) 肖维纳特准则

由 $n = 15$，查表 1-3 得 $k_x = 2.13$，计算统计特征量：$\bar{x} = 30.49$，$S = 2.23$，$k_x S = 2.13 \times 2.23 = 4.75$

判断最小值 24.0，由于

$$|24.0 − 30.49| = 6.49 > k_x S$$

故 24.0 为特异数据应予剔除。

对剩下的 14 个样本观测值重新计算统计特征量得 $\bar{x}' = 30.96$，$S' = 1.37$，由 $n = 14$ 在表 1-3 中查出 $k_x = 2.10$，所以 $k_x S = 2.10 \times 1.37 = 2.88$

再对其中的最大值 33.1 和最小值 28.6 判断：

因为：|33.1 − 30.96| = 2.04 < 2.88
　　　|28.6 − 30.96| = 2.36 < 2.88

所以，33.1 和 28.6 均应予保留，数据中不再含有特异数据。

(3) 格拉布斯准则

计算统计特征量：$\bar{x} = 30.49$，$S = 2.23$

显著性水平 $\alpha = 0.05$，$n = 15$，查表 1-4 知：$g_{0(0.05,15)} = 2.41$，则有：

$$g_{0(\alpha,n)} S = 2.41 \times 2.23 = 5.37$$

判断最小值 24.0，|24.0 − 30.49| = 6.49 > $g_{0(\alpha,n)} S$，应予舍弃。
判断最大值 33.1，|33.1 − 30.49| = 2.61 < $g_{0(\alpha,n)} S$，应予保留。

第四节　数据的表达方法与分析

通过试验检测获得一系列数据，采用数学解析的方法，导出各参数之间的函数关系，这是数据处理的任务之一。检测数据的表达方法通常有表格表示法、图形表示法和数学公式法。下面介绍这三种方法，并重点介绍回归分析方法。

一、表格表示法

表格表示法(简称表格法)在自然科学和工程技术中用得特别多。在试验检测中一系列测量结果通常是先列成表格后，再进行分析。表格法简单方便，应用广泛，但也存在一些缺点：

(1)表格法不能清晰地反映出数据之间的关系。
(2)表格法不易看出自变量变化时函数的变化规律。
(3)表格法对试验数据不能进行数学解析。

因此，只有当自变量的函数关系无需获得或为了便于计算，才将数据列成表格，若要得出未测定的某个值时，可用内插法估计。列成表格是为了表示出测量结果或是为了以后的计算方便，同时它也是图形表示法和数学公式法的基础。

表格有两种：一种是试验检测数据记录表；另一种是试验检测结果表。

试验检测数据记录表是该项试验检测的原始记录表,它包括的内容有试验检测目的、内容摘要、试验日期、环境条件、检测仪器设备、原始数据、测量数据、结果分析以及试验检测人员和负责人等。

试验检测结果表只反映试验检测结果的最后结论,一般只有几个变量之间的对应关系。试验检测结果表应力求简明扼要,能说明问题。

二、图形表示法

函数图形是坐标系中一些试验数据点的轨迹,工程领域中把数据绘制成图形是一种普遍的重要的工具。如常用的直方图、控制图、因果图和相关图等。图形法的显著优点是明显醒目,极易从图形上看出函数的变化规律。但是,对图形进行解析也相当困难,同时想从图上得到某点的函数值时,误差常常会比较大。以下为图示法的基本要点:

(1)在直角坐标系中绘制测量数据的图形时,一般应以横坐标为自变量,纵坐标为对应的函数量。

(2)坐标纸的大小与分度的选择应与测量数据的精度相适应。分度过粗时,影响原始数据的有效数字,绘图精度将低于试验中参数测量的精度;分度过细时会高于原始数据的精度。坐标分度值不一定从零起,可用低于试验数据的某一数值作为起点和高于试验数据的某一数值作为终点,曲线以基本占满全幅坐标纸为宜。

(3)坐标轴应注明分度值的有效数字、名称和单位,必要时还要标明试验条件。坐标的文字书写方向应与该坐标轴平行,在同一图上表示不同数据时应该用不同的符号加以区别。

(4)测量数据往往是分散的,如果用短线连接各点得到的就不是光滑的曲线,而是折线,这需要对曲线进行平滑处理。由于每一个测点总存在误差,按带有误差的各数据所描绘的点不一定是真实值的正确位置。根据足够多的测量数据,完全可以作出一条光滑曲线,决定曲线的走向应考虑曲线尽可能通过或接近所有的点,但曲线不必强求通过所有的点,尤其是两端的点。当不可能时,则应移动曲线尺,使得曲线两边的点数接近相等。此时,所绘制的曲线与实测值之间误差的平方和最小。另外,还可以采用拟合曲线法或某些程序软件来平滑曲线。

三、数学公式法

试验检测数据不仅可用图形表示出函数之间的关系,而且可用与图形对应的一个公式来表达测量数据的函数关系。数学公式法就是利用试验数据,根据某种数学原理和原则建立回归方程即经验公式的方法。该法的优点是:

(1)结构紧凑,能用一个较简单的公式表达全部及尚未测定但在试验范围内的所有数据。

(2)凡在公式中所表示出的具有实际意义的自变量值,都可求得对应的函数值。

(3)利用该公式可进行必要的解析和计算,与理论公式具有同等的作用和效能。

根据一系列测量数据,如何建立函数关系式,建立怎样的函数关系式,是该方法中最基本的问题。建立函数关系式的基本步骤大致可以归纳如下:

(1)描绘曲线。以自变量为横坐标,函数量为纵坐标,将测量数据点绘在坐标纸上,并把数据点描绘成测量曲线。

(2)对所描绘的曲线进行分析,确定函数关系式的基本形式。

①如果数据点描绘的基本上是直线,则可用一元线性回归方法确定直线方程。

②如果数据点描绘的是曲线,则要根据曲线的特点判断曲线属于何种类型。判断时可参考现成的数学形状加以选择,对选择的曲线按一元非线性回归方法处理。

③如果曲线很难判断属于何种类型,则可按多项式回归处理。

(3)曲线化直。如果测量数据描绘的曲线被确定为某种类型的曲线,则可先将该曲线方程变换为直线方程,然后按一元线性回归方法处理。

(4)确定回归方程式中的常量。代表测量数据的直线方程或经过曲线化直后的直线方程的表达式为 $y = a + bx$,可根据一系列测量数据确定方程中的常量 a 和 b,其方法一般有图解法、端值法、平均法和最小二乘法。

(5)检验所确定公式的准确性,即将测量数据中的自变量值代入公式计算出函数值,看它与实际测量值是否一致,如果差别很大,说明所确定的公式基本形式可能有错误,则应建立另外形式的关系式。

四、相关图法

1. 相关图

相关图也称散布图或散点图,将有对应关系的两种数据点绘在一张坐标图上即可得到一张相关图,在相关图上,从点子的散布情况可以判断两种数据之间的关系特性。

在原因分析中,常常会遇到一些变量共处于一个统一体中,它们既相互联系,又相互制约,在一定条件下可相互转化。这些相互关联的变量可分为两种类型:第一类是两种以上变量之间存在着确定的关系,如圆面积与半径的关系 $S = \pi R^2$,在匀速直线运动中的距离 S、速度 v 和时间 t 三者之间关系可用 $S = vt$ 表示等;第二类是变量之间虽然有关系,但又不能由一个变量精确地求出另一个变量的值,如路基土的回弹模量 E_0 与土体的含水率 w 有关,对于同一种土,w 增大,E_0 变小,但这种关系不能用精确的公式准确地表示出来,对于这一类变量,如果将两种有关的数据列出,并用点子描绘在坐标纸上,观察两种变量之间的相互趋势,从而判断两种数据之间的关系特性,这种图就是相关图。

2. 相关图种类

相关图的类型很多,一般可大致归纳为如下几种形式(图1-5)。

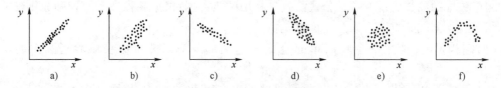

图 1-5 几种典型形状的相关图

(1)图 1-5a):强正相关,x 增加,y 随之增加,趋势显著。

(2)图 1-5b):弱正相关,x 增加,y 随之增加,有相关趋势。

(3)图 1-5c):强负相关,x 增加,y 随之减小,趋势显著。

(4)图 1-5d):弱负相关,x 增加,y 大致减小。

(5)图 1-5e):不相关,x 与 y 无任何关系。

(6)图1-5f):非线性相关,x与y之间存在非线性的相互关系。

3.相关图的作图方法

(1)数据收集与分组。将两组特性数据集中,对应分组(一般应在30组以上),填入表中。

(2)定坐标。在坐标纸上以原因作X轴,结果(特性)作Y轴,找出X、Y的最大值和最小值,以最大值与最小值的差确定坐标长度,并定出适当的坐标刻度。

(3)数据打点入座。将集中整理后的数据依次相应用"·"标出纵横坐标交点,当两个同样数据的交点重合时用"⊙"表示。

(4)注说明。在图中适当位置写明数据个数、采集时间、工程部位、制图人和制图日期等。

【例1-5】 某试验室在其他条件相同时,采用相同的水泥,以不同用量拌制水泥混凝土,其强度试验结果见表1-5。试绘制水泥用量与混凝土强度之间的相关图(图1-6)。

例 1-5 的 数 据　　　　　表1-5

编号	水泥用量(kg/m³)	混凝土强度(MPa)	编号	水泥用量(kg/m³)	混凝土强度(MPa)	编号	水泥用量(kg/m³)	混凝土强度(MPa)
1	275	17.6	11	256	16.2	21	285	17.7
2	280	17.7	12	300	19.0	22	286	18.4
3	256	15.6	13	295	19.0	23	281	18.1
4	271	17.4	14	295	18.8	24	276	17.9
5	255	16.6	15	250	15.3	25	271	17.3
6	281	18.1	16	275	17.2	26	267	17.0
7	270	17.8	17	275	17.2	27	267	17.0
8	257	17.1	18	292	18.0	28	265	17.1
9	248	14.9	19	290	18.9	29	263	17.0
10	251	16.0	20	287	18.5	30	263	16.3

【例1-6】 随水泥剂量变化,水泥稳定土7d无侧限抗压强度试验结果列于表1-6,试绘制相关图(图1-7)。

7d无侧限抗压强度试验结果　　　　　表1-6

水泥剂量(%)	1	4	5	7
水泥稳定土强度(MPa)	0.75	1.80	2.20	2.90

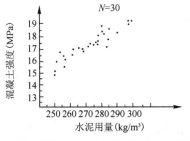

图1-6 混凝土强度随水泥用量变化的关系

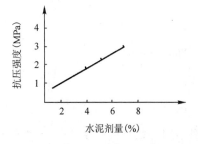

图1-7 水泥稳定土强度与水泥剂量的关系

在统计分析中,如果通过相关图表现随机变量X与Y之间相关关系,则还需进一步弄清它们之间能以数量表示的关系,即应求出回归方程。

五、回归分析法

若两个变量 x 和 y 之间存在一定的关系,通过试验获得 x 和 y 的一系列数据,并用数学处理的方法得出这两个变量之间的关系式,这就是回归分析,也就是工程上所说的拟合问题,所得关系式称为经验公式,也称作回归方程或拟合方程。

如果两变量 x 和 y 之间的关系是线性关系,就称为一元线性回归或直线拟合。

设两变量之间的关系为 $y=f(x)$,通过试验可以得到若干组对应数据 (x_1,y_1)、(x_2,y_2)、…、(x_n,y_n)。根据这些数据在平面坐标系中绘出相应的数据点,当点大致分布在一条直线附近时,说明两变量 x 和 y 之间存在线性关系,即可以用一条适当的直线来表示这两个变量的关系,此直线方程为:

$$y = a + bx \tag{1-19}$$

式中:a、b——回归系数。

1. 回归分析的目的

(1)找出给定变量之间合适的数字表达式(回归方程),进行相关显著性及其他项目的统计检验,确定变量之间是否存在相关关系以及这种关系的密切程度。

(2)利用回归方程,根据一个或几个变量的值,预测或控制另一个变量在一定概率要求下的取值。如果两个变量之间的相关程度很大,则对其中一个变量的直接观察可以代替对另一个变量的观察,从而达到简便或节约的目的。

(3)对多元回归分析进行因素分析,在多个自变量中找出对产品质量有着重要影响的因素以及这些因素之间的关系。

(4)根据预测和控制提出的要求,选择试验点,对试验进行设计。

2. 一元线性回归分析

1)线性回归分析

回归分析的任务是通过统计方法求出该直线方程的 a、b 值。

(1)整理数据:将 x、y 值对应列表。

(2)计算 L_{xx} 和 L_{xy}

$$L_{xx} = \sum_{i=1}^{n}(x_i - \bar{x})^2 = \sum_{i=1}^{n}x_i^2 - \frac{1}{n}\left(\sum_{i=1}^{n}x_i\right)^2 \tag{1-20}$$

$$L_{xy} = \sum_{i=1}^{n}(x_i - \bar{x})(y_i - \bar{y}) = \sum_{i=1}^{n}x_iy_i - \frac{1}{n}\left(\sum_{i=1}^{n}x_i\right)\left(\sum_{i=1}^{n}y_i\right) \tag{1-21}$$

(3)计算 b、a 值

$$b = \frac{L_{xy}}{L_{xx}} \tag{1-22}$$

$$a = \bar{y} - b\bar{x} \tag{1-23}$$

【例 1-7】 根据例 1-6 的试验结果进行回归分析,求水泥稳定土强度随水泥剂量变化的相关方程。

解:(1)设水泥剂量为 x,水泥稳定土相应的强度为 y。

(2)绘制相关图。分别将 x 和 y 对应点在坐标图上(图 1-7)。按式(1-20)、式(1-21)计算

L_{xx}、L_{xy}值(表1-7)。

一元线性回归计算　　　　　　　　　表1-7

组别	水泥剂量 (%)	水泥稳定土强度 (MPa)	xy	x^2	y^2
1	1	0.75	0.75	1	0.562 5
2	4	1.80	7.20	16	3.24
3	5	2.20	11.00	25	4.84
4	7	2.90	20.30	49	8.41
Σ	17	7.65	39.25	91	17.052 5

$\sum x_i = 17$　　　　　　　　$\sum y_i = 7.65$　　　　　　　　$\sum x_i y_i = 39.25$

$\bar{x} = 4.25$　　　　　　　　$\bar{y} = 1.912\,5$　　　　　　　　$(\sum x_i)(\sum y_i) = 17 \times 7.65$

$\sum x_i^2 = 91$　　　　　　　　$\sum y_i^2 = 17.052\,5$　　　　　　　　　　　　　　　$= 130.05$

$(\sum x_i)^2 = 289$　　　　　　$(\sum y_i)^2 = 58.522\,5$

$L_{xx} = \sum x_i^2 - \dfrac{(\sum x_i)^2}{n}$　　$L_{yy} = \sum y_i^2 - \dfrac{(\sum y_i)^2}{n}$　　$L_{xy} = (\sum x_i y_i) - \dfrac{(\sum x_i)(\sum y_i)}{n}$

$= 91 - \dfrac{289}{4}$　　　　　　$= 17.052\,5 - \dfrac{58.522\,5}{4}$　　　$= 39.25 - \dfrac{130.05}{4}$

$= 18.75$　　　　　　　　$= 2.421\,9$　　　　　　　　$= 6.737\,5$

(3)计算b、a值。

$$b = \frac{L_{xy}}{L_{xx}} = \frac{6.737\,5}{18.75} = 0.36$$

$$a = \bar{y} - b\bar{x} = 1.912\,5 - 0.36 \times 4.25 = 0.38$$

(4)写出回归结果,即相关方程。

$$y = 0.38 + 0.36x$$

【例1-8】 对30块水泥混凝土试件分别测定其抗压强度R和回弹模量值N,试验结果列于表1-8,试确定R-N的线性回归方程。

R-N 试 验 结 果　　　　　　　　表1-8

序号	1	2	3	4	5	6	7	8	9	10
$x(N)$	27.1	27.5	30.3	31.0	35.7	35.4	38.9	37.6	26.9	25.0
$y(R)$(MPa)	12.2	11.6	16.9	17.5	20.5	32.1	31.0	32.9	12.0	10.8
序号	11	12	13	14	15	16	17	18	19	20
$x(N)$	28.0	31.0	32.2	37.8	36.6	36.6	24.2	31.0	30.4	33.3
$y(R)$(MPa)	14.4	18.4	22.8	27.9	32.9	30.8	10.8	15.2	16.3	22.4
序号	21	22	23	24	25	26	27	28	29	30
$x(N)$	37.2	38.4	37.6	22.9	30.5	30.4	29.7	36.7	37.8	36.0
$y(R)$(MPa)	31.7	27.0	32.5	10.6	12.9	14.6	18.6	25.4	23.2	28.3

解：

$$\bar{x} = 32.46 \qquad \bar{y} = 21.14$$

$$\sum_{i=1}^{n} x_i^2 = 32\,247.27 \qquad \sum_{i=1}^{n} y_i^2 = 15\,232.64$$

$$\left(\sum_{i=1}^{n} x_i\right)^2 = 948\,091.69 \qquad \left(\sum_{i=1}^{n} y_i\right)^2 = 402\,209.64$$

$$\sum_{i=1}^{n} x_i y_i = 21\,574.35 \qquad \left(\sum_{i=1}^{n} x_i\right)\left(\sum_{i=1}^{n} y_i\right) = 617\,520.54$$

根据式(1-20)、式(1-21)求得：

$$L_{xx} = 644.21$$
$$L_{xy} = 990.33$$

根据式(1-22)、式(1-23)求得：

$$b = L_{xy}/L_{xx} = 1.537$$
$$a = \bar{y} - b\bar{x} = -28.751$$

回归方程为：

$$y = -28.751 + 1.537x$$
$$R = -28.751 + 1.537N$$

2）相关系数——线性关系的显著性检验

任何两个变量 x、y 的若干组试验数据，都可以按前述方法配置一条回归直线，如果两变量 x、y 之间根本不存在线性关系，那么所建立的回归方程就毫无实际意义。所以回归直线方程求得后，还需验证 x、y 之间是否有线性关系及其线性相关程度如何，为此，需要引入一个数量指标来衡量其相关程度，这个指标就是相关系数，用 r 表示：

$$r = \frac{\sum(x_i - \bar{x})(y_i - \bar{y})}{\sqrt{\sum(x_i - \bar{x})^2 \cdot \sum(y_i - \bar{y})^2}} = \frac{L_{xy}}{\sqrt{L_{xx} \cdot L_{yy}}} \qquad (1\text{-}24)$$

其中：

$$L_{yy} = \sum_{i=1}^{n}(y_i - \bar{y})^2 = \sum_{i=1}^{n} y_i^2 - \frac{1}{n}\left(\sum_{i=1}^{n} y_i\right)^2 \qquad (1\text{-}25)$$

相关系数 r 是描述回归方程线性相关的密切程度的指标，其取值范围为 $(-1,1)$，r 的绝对值越接近于 1，x 和 y 之间的线性关系越好。当 $r = \pm 1$ 时，x 与 y 之间符合直线函数关系，称 x 与 y 完全相关，这时所有数据点均在一条直线上；如果 r 趋近于 0，则 x 与 y 之间没有线性关系，这时 x 与 y 可能不相关，也可能是曲线相关。根据 $|r|$ 接近于 1 的程度如何才能做出是线性相关的结论呢？对于给定的置信度 α 可在相关系数检验表（附录3）中查出相应的临界值 γ_β。当由样本算出的 r 值大于临界值即 $\gamma > \gamma_\beta$ 时，就可以认为 x 与 y 存在线性相关关系或者说线性相关关系显著；当 $\gamma \leq \gamma_\beta$ 时，则认为 x 与 y 不存在线性相关关系，即线性相关关系不显著。

【例1-9】 试检验例1-8中 R-N 的相关性（取显著性水平 $\beta = 0.05$）。

解：根据式(1-25)可求得：

$$L_{yy} = 1\,825.65$$

$$r = \frac{L_{xy}}{\sqrt{L_{xx}L_{yy}}} = 0.9132$$

由试验次数 $n=30$，显著性水平 $\beta=0.05$，查附录 3 得相关系数临界值 $r_{0.05}=0.361$。所以 $r > r_{0.05}$，说明水泥混凝土抗压强度 R 与回弹模量值 N 是线性相关的。

3. 一元非线性回归分析

如果两个变量 x 与 y 之间的关系是非线性关系，即某种类型的曲线关系，则可先将曲线方程变换为直线方程，然后按一元线性回归方法处理。这种处理方法称为一元非线性回归或曲线拟合。

在实际工作中，有时两个变量之间不是线性关系，应配以一条曲线来模拟两个变量之间的关系。要把一个非线性回归问题化为线性回归问题，首先应作相关图以确定（或近似确定）非线性函数的类型，即找到一条拟合曲线，然后看能否用变量置换使之线性化，因为有些典型的曲线方程经变换，可化为直线方程。常用的一些非线性函数的图形及线性化变换如图 1-8 所示。

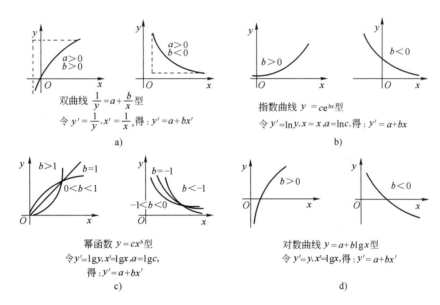

图 1-8 常用非线性函数图形及线性化变换

【**例 1-10**】 某公路测得路基弯沉 l_0 及同测点承载板回弹模量值 E_0，共 10 个对应点测值（表 1-9）。试求 l_0 与 E_0 的相关关系。

解：(1) 求出回归方程

① 将 l_0 与 E_0 对应值点成散点图，分析其分布图形，可将 l_0-E_0 的关系配以幂函数曲线来拟合（图 1-8）。

$$E_0 = Cl_0^b$$

② 令：$y = \lg E_0$，$a = \lg C$，$x = \lg l_0$
则得：
$$y = a + bx$$

此时，已将非线性回归问题转换为一元线性回归问题。列表计算 a、b 值（表 1-9）。

$$b = \frac{L_{xy}}{L_{xx}} = -\frac{0.2456}{0.4131} = -0.5945$$

$$a = \bar{y} - b\bar{x} = 1.749 - (-0.5945) \times 2.154 = 1.749 + 1.281 = 3.03$$

③根据 a、b 值计算结果写出回归方程

$$\lg C = a = 3.03, 得 C = 1071.5$$

故得实测路基回弹模量与弯沉的回归方程为：

$$E_0 = 1071.5 l_0^{-0.5945}$$

(2) 回归效果检验

相关指数 R^2 是衡量所配曲线与实测数据拟合好坏的一个指标，其计算如下：

$$R^2 = \frac{l-S}{L_{yy}}$$

R^2 越接近 1，表明配合曲线的效果越好。上例的相关指数分别计算如表 1-9 所示，l_0-E_0 回归曲线偏差平方和计算见表 1-10。

相 关 指 数 计 算　　　　　表 1-9

测点号	l_0(1/100mm)	E_0(MPa)	$x\lg l_0$	$y\lg E_0$	x^2	y^2	xy
1	50	90.03	1.690	1.954	2.887	3.818	3.320
2	94	68.41	1.973	1.835	3.893	3.367	3.620
3	120	79.85	2.079	1.902	4.322	3.618	3.954
4	120	60.73	2.079	1.783	4.322	3.179	3.707
5	130	65.32	2.114	1.815	4.469	3.294	3.837
6	152	60.37	2.182	1.781	4.761	3.172	3.886
7	210	55.24	2.322	1.742	5.392	3.035	4.045
8	216	39.64	2.335	1.598	5.452	2.554	3.731
9	236	25.38	2.373	1.405	5.631	1.974	3.334
10	240	47.42	2.380	1.676	5.664	2.809	3.989
Σ	—	—	21.536	17.491	46.793	30.820	37.423

$\sum x_i = 21.536$　　　　　$\sum y_i = 17.491$　　　　　$\sum x_i y_i = 37.423$

$\bar{x} = 2.154$　　　　　　$\bar{y} = 1.749$　　　　　　$(\sum x_i)(\sum y_i) = 376.686$

$\sum x_i^2 = 46.793$　　　　$\sum y_i^2 = 30.820$

$(\sum x)^2 = 463.799$　　　$(\sum y_i)^2 = 305.935$　　　$n = 10$

$L_{xx} = \sum x_i^2 - \frac{(\sum x_i)^2}{n}$　　$L_{yy} = \sum y_i^2 - \frac{(\sum y_i)^2}{n}$　　$L_{xy} = (\sum x_i y_i) - \frac{(\sum x_i)(\sum y_i)}{n}$

　　$= 46.793 - \frac{463.799}{10} = 0.4131$　　$= 30.820 - \frac{305.935}{10} = 0.2265$　　$= 37.423 - \frac{376.686}{10} = -0.2456$

l_0-E_0 回归曲线偏差平方和   表1-10

组别	l_0(1/100mm)	E_0(MPa)	E(MPa)	$\delta = E_0 - E$	δ^2	E_0^2
1	50	90.03	104.70	−14.67	215.21	8 105.40
2	94	68.41	71.94	−3.53	12.46	4 679.93
3	120	79.85	62.22	17.63	310.82	6 376.02
4	120	60.73	62.22	−1.49	2.22	3 688.13
5	130	65.32	59.33	5.99	35.88	4 266.70
6	152	60.37	54.06	6.31	39.82	3 644.54
7	210	55.24	44.61	10.63	113.00	3 051.46
8	216	39.64	43.87	−4.23	17.89	1 571.33
9	236	25.38	41.62	−16.24	263.74	644.14
10	240	47.42	41.21	6.21	38.56	2 248.66
Σ		592.39			1 049.6	3 8276.31

由表1-10得：

$$S = \sum \delta_i^2 = 1\,049.60$$

$$L_{yy} = \sum E_{0i}^2 - \frac{(\sum E_{0i})^2}{n} = 38\,276.31 - \frac{592.39^2}{10} = 3\,183.72$$

故 $R^2 = 1 - \frac{S}{L_{yy}} = 1 - \frac{1\,049.60}{3\,183.72} = 0.67$。

此例 R^2 与 1 相差较远，说明所配曲线效果欠佳，E_0 与 l_0 的关系不够密切。这时可以试着用另一种函数关系(如指数函数或对数函数)来拟合。

(3) 生产中应用回归分析时应注意的问题

①若相关系数 r 的绝对值很小或接近于零，只能说 x 与 y 的线性关系不密切，但不能说它们的关系不密切，因为它们的非线性关系可能是密切的。

②当采用回归方程计算质量数据时，应在测试结果范围之内，切不可将直线任意延长出去。

③若 n 对数据 (x_i, y_i) 中，某个 x_i 与其他数据相比相差太大或太小，经检验后，可予以剔除。

④从两个变量的一批数据算出的相关性系数的大小，并不一定能说明两个变量是否互为因果。

第五节 抽 样 检 验

检验是指通过测量、试验等质量检测方法，将工程产品与其质量要求相比较并作出质量评判的过程。工程质量检验是工程质量控制的一个重要环节，是保证工程质量的必要手段。质量检验的目的在于正确判断工程的质量状况，促进施工单位提高工程质量，其有效性取决于检验方法的可靠性。

检验分全数检验和抽样检验两种方法。全数检验是对待检的全体对象的每个个体都进行检验,然后对其质量状况进行评定;抽样检验是从待检的全体对象中抽取一部分个体进行检验,然后对整体的质量状况进行推断评定。

全数检验的可靠性较好,但是耗费人力物力,工作量大,在实际生产和施工过程中,全数检验的应用场合很少。抽样检验方法以数理统计学为理论基础,具有科学性及可实施性,大多数情况下,都采用抽样检验。

在公路工程中,采用的质量检测手段通常都具有一定的破坏性,不可能使用全数检验法。另外,当检验对象为连续性生产或粉块混合物(如沥青、水泥等)时,在一般情况下也不可能实现对全体物品的质量特性进行检测试验,所以,在产品量大、检验项目多的情况下,全数检验实际上是做不到的,只能采用抽样检验。抽样检验的过程就是从待检工程中抽取部分有代表性的样本,通过对样本的检验及其数据的分析,推断出整个工程的质量状况,从而作出合理的评定。

一、抽样检验的类型

抽样检验是从总体中抽取样本,并通过样本来了解总体的过程。总的来说,抽样检验分为非随机抽样与随机抽样两类。

1. 非随机抽样

进行人为地、有意识地挑选取样即为非随机抽样。在非随机抽样中,人的主观因素占主导作用,由此所得到的质量数据,往往会对总体作出错误的判断,因此采用非随机抽样方法所得到的检验结论,可信度较低。

2. 随机抽样

随机抽样排除了人的主观因素,使得待检总体中的每一个个体具有同等机会被抽取。只有随机抽取的样本才能客观反映总体的质量状况。这类方法所得到的数据代表性强,质量检验的可靠性得到基本保证。因此,随机抽样是以数理统计为科学基础,根据样本取得的质量数据来推测判断总体的一种抽样检验方法,因而被广泛使用。

二、抽样检验的条件

抽样检验是从检验批中抽取较小的样本进行试验,根据试验结果来判定全批产品是否合格,为使抽样检验对判定质量状况提供准确的信息,必须注意抽样检验应具备的条件。

1. 要明确批的划分

即要注意使同批产品在原材料、工艺条件、生产时间等方面具备基本相同的条件。例如,抽样检验沥青、水泥等物品的质量特性时,应将相同厂家、相同品种或标号的产品作为一批,而不能将不同生产厂家和不同品牌的产品放在同一批内。

2. 必须抽取具有代表性的样本

由于抽样检验是以样本检验结果来推断批的质量,故样本的代表性尤为重要。

3. 要明确检验标准

所谓检验标准,是指对于一批产品中不良品的质量判定标准。

4. 要有统一的检测试验方法

产品质量判定标准应与统一的检测试验方法所测定的结果相比照,如果试验方法不统一,试验结果偏差就大,则容易造成各种误判,抽样检验也就失去了其应有的意义。公路工程的质量检测大多在现场进行,因此,统一现场检测方法,稳定检测仪器性能,提高操作人员的技术熟练程度是十分重要的。

三、随机抽样的方法

从检查的一批产品中抽取样本的方法称为抽样方法。抽样方法的正确性包括抽样的代表性和随机性。代表性反映样本与批质量的接近程度,而随机性反映检查批中单位产品被抽入样本纯属偶然,即由随机因素所决定。

在对总体质量状况一无所知的情况下,显然不能以主观的限制条件去提高抽样的代表性,抽样应当是完全随机的,这时采用简单随机抽样最为合理。在对总体质量构成有所了解的情况下,可以采用分层随机抽样或系统抽样来提高抽样的代表性。在采用简单随机抽样有困难的情况下,可以采用有代表性和随机性较差的分段随机抽样或整群随机抽样。这些抽样方法除了简单随机抽样外,都是带有主观限制条件的随机抽样法。通常,只要不是有意识地抽取质量好或坏的产品,尽量从全体的各部分抽样,都可以近似认为是随机抽样。

假如有一批产品,共100箱,每箱20件,从中选取200个样品,一般有以下几种抽样方法:

1. 简单随机抽样(从整批中,任意抽取200件)

在总体中,直接抽取样本的方法即为简单随机抽样,这是一种完全随机化的抽样方法。要实现简单随机抽样,应对总体中各个个体进行编码。随机抽样并不意味着随便地、任意地取样,而是应采取一定的方式获取随机数,以确保抽样的随机性。而随机数可以利用随机数表来获得,也可利用掷骰子和抽签的方法获得。

2. 系统随机抽样(从整批中,先分成10组,每组为10箱,然后分别从各组中任意抽取20件)

系统地将总体分为若干部分,然后从每一个部分抽取一个或若干个个体组成样本,这一方法称为系统抽样。在工程质量控制中,系统抽样的实现主要有三种方式:

(1)将比较大的工程分为若干部分,再根据样本容量的大小,在每部分按比例进行简单随机抽样,将各部分抽取的样品组合成一个样本。

(2)间隔定时法。每隔一定时间,从工作面中抽取一个或若干个样品,这种方法适合于工序质量控制。

(3)间隔定量法。每隔一定数量产品,抽取一个或若干个样品,这种方法适合于工序质量控制。

3. 分层随机抽样(从整批中,分别从每箱任意抽取2件)

一项工程或工序往往是由若干不同的班组施工的。分层抽样法,就是根据此类情况,将工序或工程分为若干层。如:同一个班组施工的工程或工序作为一层,若某项工程或工序是由3个不同的班组施工的,则可分为3层,然后按一定比例确定每层应抽取的样品数,对每层则按简单随机抽样法抽取样品。分层时,应尽量使层内均匀,而层间不必要求均匀。分层抽样法便于了解每层的质量状况,分析每层产生质量问题的原因。

4. 整群随机抽样(从整批中,任意抽取10箱,对这10箱进行全数检验)

以上4种方法中,适合于公路工程质量检验的随机抽样方式,一般采用前三种方法。

第六节 误差分析

在试验检测过程中,无论采用什么检测方法,由于设备、测量方法、测量环境、人的观察力等多种因素的影响,都会造成测量的结果与其真实值之间存在一定差值,这个差值称为误差。误差的存在,使我们对客观现象的本质及其内在规律的认识受到某种程度的限制。因此,必须分析误差产生的原因、性质及其对测试结果的影响,并采取有效的措施,尽可能消除、抵偿和减少误差,从而提高检测结果的可靠性。随着科学技术的发展,人们认识水平的提高,实践经验的积累,误差的数值可以被控制到很小的范围,即测量值可更接近于其真实值。

一、误差的基本概念

1. 真值

真值是在某一时刻和某一位置或状态下,某量值效应所体现出的客观值。真值含有时间、空间涵义,真值就是一个正确值。

只有知道某量值的真值后,误差的大小和符号才能计算出来。真值是一个纯理性的概念,是一个理想值,也是一个未知的量值。为了使其有意义,真值可通过如下概念表达:

(1)理论真值。理论真值也称绝对真值。例如,三角形内角之和恒为180°,同一量值自身之差恒为0,自身之比恒为1等。尽管测定后的结果并非如此,但上述结论无疑是正确的。此外,诸如理论公式值、设计值、图样的基本尺寸值等,都可以属于理论真值的范畴。

(2)约定真值。国际上公认的某些基准量值。国际计量大会中所规定的共7种单位的量值,它们具有严格的标准,凡满足上述大会决议中的条款和要求,由国家复制或复现出的量值,都可以认为是约定真值。例如,1982年国际计量局召开的米定义咨询委员会提出新的米定义为"米等于光在真空中$\frac{1}{299\ 792\ 458}$s时间间隔内所经路径的长度"。这个米基准就当作计量长度的约定真值。

(3)相对真值。用高一级仪器检定量与低一级仪器检定量对比,具体地说,当高一级仪器与低一级仪器的误差比为 1/20 ~ 1/3 时,则可认为前者是后者的相对真值。这样,便可建立多级计算网,在全国范围内保证了计量单位的正确传递和统一。

(4)近似真值:当测量重复无限次时,其结果的平均值可以认为是近似真值。

2. 误差

误差可以分为绝对误差和相对误差。

(1)绝对误差

绝对误差是指实测值与被测之量的真值之差,即:

$$\Delta L = L - L_0 \tag{1-26}$$

式中:ΔL——绝对误差;

L——实测值;

L_0——被测之量的真值。

所谓真值即真实值,是指在一定条件下,被测之量客观存在的实际值。在大多数情况下,真值是无法得知的,因而绝对误差也无法得到。一般只能应用一种更精密的量具或仪器进行测量,所得数值称为实际值,它更接近真值,并用它代替真值计算误差。

绝对误差具有如下特性:

①与被测之量的量纲一致。

②能表示误差的大小和符号。

③不能确切地表示测量所达到的精确程度。

(2)相对误差

相对误差是指绝对误差与被测真值(或实际值)的比值,即:

$$\delta = \frac{\Delta L}{L_0} \times 100\% \approx \frac{\Delta L}{L} \times 100\% \tag{1-27}$$

式中:δ——相对误差。

相对误差具有如下特性:

①是两个相同量纲的比值,数值的大小与被测之量所选取的单位无关。

②能反映出误差的大小和符号。

③不但与绝对误差的大小有关,而且还与被测之量的大小有关,因而更确切客观地反映了测量工作的精细程度。

3. 误差的来源

检测所得的数据总含有误差,这些误差来自于各种因素的影响,了解误差的来源对如何消除误差的影响有很大帮助。

(1)试验装置误差

①标准器误差。标准器是提供标准量的器具,例如:标准量块、标准电阻、标准砝码等,它们体现出的量值都有一定的误差。

②仪器误差。用来直接或间接地将被测之量与标准单位量进行比较的设备称为仪表。尽管它们设计得已相当完善,然而显示出的结果都含有一定的误差。

③附件误差。为正确测定创造必要条件或使测定能够方便进行而必备的各种辅助性零件或设备,称作附件。例如电源、热源、安装支架等,它们也都具有一定的误差。

(2)环境误差

当实际的环境条件与规定的状态不一致时所引起的误差,称为环境误差。例如因温度、湿度、阳光、含尘量、照明、电磁场等条件的改变而与要求条件不符时,就产生新的附加误差。

(3)人员误差

人员误差是指测试人员受生理条件限制所造成的误差。例如:由于每个人视觉分辨率、敏感力、反应速度不同或个人的习惯与偏向不同,在测量中就会引起误差。

(4)方法误差

由于所采用的方法不同,或者测试程序不同而产生的误差,称为方法误差。

4. 误差的分类

误差根据其性质、特点和产生的原因,可分为以下三类:

(1)系统误差

在同一测定条件下,反复测定某一量值时,误差的大小和符号保持不变,或按规律变化的误差,称作系统误差。这是一种由某些固定不变的因素所引起的误差,其出现具有一定的规律性。既然系统误差对测定值的影响有固定的偏向和一定的规律性,因此可根据误差产生的具体原因采取适当措施予以消除或校正,例如对仪器的校准,对环境进行控制,对结果进行修正等。

(2) 随机误差

在同一测定条件下,对同一量值反复测定多次后,测定的结果仍不一致,存在微小差异,具体表现为:时大时小或时正时负,没有固定大小和偏向,毫无规律性可言;但从全部数据来看却又服从统计规律。像这类误差就称为随机误差(或偶然误差)。随机误差产生的原因一般是未知的,因而也就无法消除它的影响。

随机误差的性质与系统误差相反,从表面上看毫无规律性,它的出现纯属偶然。但其产生是有原因的,只不过产生的原因太多,各种因素的影响又太微小、太复杂,以至于目前还无法了解和掌握其规律性。

从总体来看,随机误差服从统计规律,因而可用数理统计方法估算出它对测定结果的影响并做出合理的解释。随机误差的统计规律性,主要有对称性、有界性和单峰性。

①对称性是指绝对值相等而符号相反的误差,出现的次数大致相等,也就是测得值是以它们的算术平均值为中心而对称分布的。由于所有误差的代数和趋近于零,故随机误差又具有抵偿性,这个统计特征是最为本质的,换言之,凡具有抵偿性的误差,原则上均可按随机误差处理。

②有界性是指测得值误差的绝对值不会超过一定的界限,也就是不会出现绝对值很大的误差。

③单峰性是指绝对值小的误差比绝对值大的误差数目多,也就是测得值是以它们的算术平均值为中心而相对几何分布的。

研究随机误差对测定结果的影响,将其影响消除或减弱到最低限度,使测定结果更加精密,是误差理论研究的关键问题,也是数据处理的任务之一。

(3) 过失误差

这种误差的产生是由于测试人员的失误所引起的,如试验中粗心大意、精神不集中、操作方式不正确、计算错误等。只要认真操作,过失误差是可以避免的。

二、精密度、准确度与精确度

精密度、准确度与精确度都是用来描述误差的,但它们的概念不同,不能混淆。

精密度表示测量结果中随机误差大小的程度。换句话说,是指在一定测量条件下,对某量值进行多次重复测量时,各次测量结果相符合的程度。如各次的测量结果差异很小,说明随机误差小,精密度高。

准确度表示测量结果中系统误差的大小程度,也就是指观测值与真值的相等程度。测量结果中系统误差小时,准确度高。

精确度是测量结果中随机误差与系统误差的总合结果,表示测量结果与真值的一致程度。

在一组观测数据中,精密度高,但准确度不一定很好;反之,若准确度好,则精密度不一定高,但精确度高时则要求精密度和准确度都高。精密度、准确度与精确度的区别,可用下述打靶的例子加以说明(图1-9)。

a)   b)   c)

图1-9 精密度、准确度与精确度的示意图

图1-9中表示三个射击者的射击成绩,靶心是射手射击的目标,显然,靶心就代表真值。由图可见,图1-9a)所示的射击精密度很高,但准确度较差,系统误差大,随机误差小,综合结果是欠精确;图1-9b)所示的射击准确度高而欠精密,随机误差大,系统误差小,综合后结果亦欠精确;图1-9c)所示的射击成绩最好,准确度与精密度均较好,系统误差和随机误差都很小,即精确度很高。

由此可知,准确度是与系统误差联系在一起的,而精密度则与随机误差联系在一起。任何试验检测的最终结果应是系统误差和随机误差联合作用下的总合效应。在实际测量中,精密度高是保证结果精确度高的先决条件,在科学的试验检测中,我们总是希望得到一个精确度高的量测结果。

【本章小结】

1. 公路工程质量的评定要以试验检测数据为依据,必须通过对试验数据的收集、分析和处理,才能做到对工程质量的了解、评价和控制。

2. 在工程试验检测中,数据修约规则采用"奇升偶舍"法,与常用的"四舍五入"法有所不同。

3. 数据的统计特征量有两类:位置特征值和离散特征值。位置特征值主要有算术平均值、中位数、加权平均值等;离散特征值主要有极差、标准偏差、变异系数等。

4. 试验检测数据属于随机变量,具有一定的规律性或分布形式,正态分布曲线是应用最多、最广泛的一种概率分布曲线。计量值数据的概率分布,都遵从正态分布。

5. 特异数据的判别方法有:拉依达准则、肖维纳特准则、格拉布斯准则,采用不同准则对特异数据判断时,可能会出现不同的结论,要对所选用准则的适用范围、给定检验水平的合理性,以及产生特异数据的原因等作进一步的分析。

6. 检测数据通常用表格法、图形法和数学公式法表示。通过试验获得变量 x 和变量 y 的一系列数据,用数学处理的方法得出这两个变量之间的关系式,称为回归分析。相关系数 r 是描述回归方程线性相关密切程度的指标,r 越接近1,线性关系越好。

7. 检验分为全数检验和抽样检验,公路工程中采用的质量检测手段通常都具有一定的破坏性,所以抽样检验是最佳选择。抽样检验是从待检的全体对象中抽取一部分个体进行检验,然后对整体的质量状况进行推断评定。

8. 误差按其特点和产生的原因可分为系统误差、随机误差和过失误差三类。

【思考题】

1. 什么是有效数字和有效位数？
2. 什么是总体、样本和个体？
3. 什么是频数、频率和概率？
4. 正态分布在工程检测中有何应用？
5. 数据修约的规则和特异数据取舍方法有几种？
6. 检测数据的表达方法有几种？
7. 一元线性回归在工程检测中如何应用？
8. 什么是抽样检验？随机抽样的方法有哪几种？
9. 什么是误差、绝对误差与相对误差？误差按其性质，可分为哪几类？各有什么特征？
10. 修约以下数据：15.352 8(保留两位小数)；125.555(保留整数)；15.999 8(保留两位小数)。
11. 弯沉检测时，某测点的百分表初读数为62.5(0.01mm)，终读数为29.0(0.01mm)，那么读数的有效数字有几位？该测点弯沉值又有几位有效数字？
12. 某路段二灰碎石基层无侧限抗压强度试验结果(单位：MPa)为0.792、0.306、0.968、0.804、0.447、0.702、0.424、0.498、1.075、0.815，请用拉依达法、肖维纳特法和格拉布斯法对上述数据进行取舍判别。
13. 在某路段垫层施工质量检验中，用标准轴载测得15个点的弯沉值分别为100、101、110、108、98、96、95、102、110、95、98、93、96、103、104(0.01mm)，试计算该结构层弯沉值的算术平均值、中位数、极差、标准偏差、变异系数及弯沉代表值。
14. 在某新建高速公路路基施工中，对其中某一路段压实质量进行检查，压实度检测结果分别为96.57%、95.39%、93.85%、97.32%、96.28%、95.86%、95.93%、96.87%、95.34%、95.93%，请按保证率95%计算该路段的代表性压实度，并判断该路段的压实质量是否符合要求(压实度标准为K_0=95%)。
15. 某一级公路水泥稳定砂砾基层压实厚度检测值(单位：cm)为21、22、20、19、18、20、21、21、22、19，试计算其厚度代表值(保证率为99%)。

第二章
道路材料试验检测

道路材料是指用于道路、桥梁工程结构及其附属构造物的各类建筑材料,是道路桥梁工程建设的物质基础,其技术性能和质量品质直接影响工程结构物的质量和使用功能。道路材料的技术性质及其品质指标需要通过适当的试验检测手段来确定,本章主要学习常用道路建筑材料的技术性质及其评价指标的测试,其中道路建筑材料课程中已讲过的常规试验项目,这里不再赘述。

第一节 岩石技术性质及其试验检测

道路桥梁结构物中所用的石料通常指由天然岩石经机械加工制成或直接开采得到的具有一定形状和尺寸的岩石制品。通过试验鉴定岩石的质量和各项技术指标,有助于合理地选择与使用岩石,并深入地认识岩体介质在复杂环境中的力学特性,从而保证工程的安全、经济、合理。

一、岩石的物理性质

1. 物理常数

岩石的物理常数是反映材料矿物组成与结构状态的参数,其与岩石的技术性质有着密切的联系。常用的物理常数有密度、毛体积密度和孔隙率。这些物理常数可以间接预测岩石的有关物理性质和力学性质,在选用石料、进行混合料组成设计计算时,也是重要的设计参数。

岩石的内部组成结构从质量和体积的物理观点出发,主要是由矿质实体和孔隙(包括与外界连通的开口孔隙和内部的闭口孔隙)所组成,如图 2-1 所示。

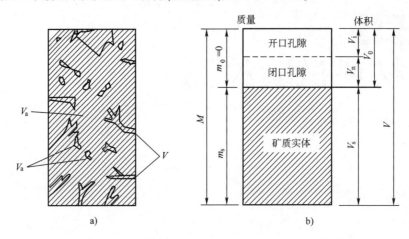

图 2-1 岩石组成结构示意图

(1)密度。密度是指在规定条件下,烘干岩石矿质实体单位真实体积(不包括开口与闭口孔隙的体积)的质量,按式(2-1)计算。

$$\rho_t = \frac{m_s}{V_s} \tag{2-1}$$

式中:ρ_t——岩石的真实密度(g/cm^3);
 m_s——岩石矿质实体的质量(g);
 V_s——岩石矿质实体的体积(cm^3)。

岩石密度按现行《公路工程岩石试验规程》(JTG E41—2005),采用密度瓶法进行测定,将岩石粉磨成能通过 0.315mm 的细粉并烘干至恒重,以一定质量的石粉在密度瓶中通过置换法求得矿质实体的体积,从而计算出岩石的真实密度。

(2)毛体积密度。毛体积密度是指在规定条件下,烘干岩石包括孔隙在内的单位毛体积的质量,按式(2-2)计算。

$$\rho_0 = \frac{M}{V_s + V_n + V_i} \tag{2-2}$$

式中:ρ_0——岩石的毛体积密度(g/cm^3);
 M——岩石的质量(g);
 V_s——岩石矿质实体的体积(cm^3);
 V_i——岩石开口孔隙的体积(cm^3);
 V_n——岩石闭口孔隙的体积(cm^3)。

根据岩石含水状态,毛体积密度可分为干密度、饱和密度和天然密度。按现行《公路工程岩石试验规程》(JTG E41—2005),可采用量积法、水中称量法和蜡封法测定岩石的毛体积密度。

(3)孔隙率。孔隙率是指岩石孔隙体积占其总体积的百分率,按式(2-3)计算。

$$n = \frac{V_0}{V} \times 100 \tag{2-3}$$

式中:n——岩石的孔隙率(%);
V_0——岩石的孔隙(包括开口和闭口孔隙)的体积(cm^3);
V——岩石的总体积(cm^3)。

孔隙率也可由式(2-4)计算求得。

$$n = \left(1 - \frac{\rho_0}{\rho_t}\right) \times 100 \tag{2-4}$$

式中:n——岩石的孔隙率(%);
ρ_t——岩石的密度(g/cm^3);
ρ_0——岩石的毛体积密度(g/cm^3)。

2. 吸水性

岩石吸入水分的能力称为吸水性,其大小可用吸水率和饱和吸水率两项指标来表征。

(1)吸水率。在规定条件下,岩石试样最大的吸水质量占烘干岩石试样质量的百分率。

$$w_a = \frac{m_1 - m}{m} \times 100 \tag{2-5}$$

式中:w_a——岩石吸水率(%);
m——岩石试件烘干至恒重时的质量(g);
m_1——岩石试件吸水至恒重时的质量(g)。

岩石吸水率采用自由吸水法测定。

(2)饱和吸水率。在强制条件下,岩石试样最大的吸水质量占烘干岩石试样质量的百分率。

饱和吸水率的计算方法与吸水率相同,采用沸煮法或真空抽气法测定。

3. 抗冻性

抗冻性是指岩石在饱水状态下,抵抗反复冻结和融化作用而不破坏,并不严重降低强度的性质。

岩石在潮湿状态受冻融循环作用而引起破坏的机理是:岩石孔隙内的水分在气温低于0℃时就会结冰,体积膨胀约9%。如果孔隙处于吸水饱和状态,水的结冰就对孔隙壁产生很大的内应力,在反复冻融循环作用下,岩石会逐渐产生裂缝、掉边、缺角或表面松散等破坏现象。岩石的抗冻性与其矿物成分、结构特征有关,与岩石的吸水率指标关系更为密切。岩石的抗冻性主要取决于岩石中大开口孔隙的发育情况、亲水性、可溶性矿物的含量及矿物颗粒间的连接力。大开口孔隙越多,亲水性和可溶性矿物含量越高,岩石的抗冻性越差。

一般采用直接冻融法和坚固性试验来评定岩石的抗冻性。

坚固性是指岩石试样经饱和硫酸钠溶液多次浸泡与烘干循环作用后,不发生显著破坏或强度降低的性能。由于硫酸钠结晶后体积膨胀,会产生与水结冰相似的作用,使岩石孔隙壁受到压力,所以坚固性试验也是评定岩石抗冻性的方法。

二、岩石物理性质测定

(一)岩石密度试验

1. 目的和适用范围

岩石的密度是选择建筑材料、研究岩石风化、评价地基基础工程岩体稳定性及确定围岩压力等必需的计算指标。

不含水溶性矿物成分的岩石,采用洁净水做试验;含水溶性矿物成分的岩石,应使用中性液体(如煤油)做试验。

2. 仪器设备

(1)密度瓶:短径量瓶,容积100mL。

(2)天平:感量0.01g。

(3)轧石机、球磨机、瓷研钵、玛瑙研钵、磁铁块和孔径为0.315mm(0.3mm)的筛。

(4)砂浴、恒温水槽(灵敏度±1℃)及真空抽气设备。

(5)烘箱:能使温度控制在105~110℃。

(6)干燥器:内装氯化钙或硅胶等干燥剂。

(7)锥形玻璃漏斗、瓷皿、滴管、牛骨匙和温度计等。

3. 试样制备

取代表性岩石试样在小型轧石机上初碎(或手工用钢锤捣碎),再置于球磨机中进一步磨碎,然后用研钵研细,使之全部粉碎成能通过0.315mm筛孔的岩粉。

4. 试验步骤

(1)将制备好的岩粉放在瓷皿中,置于温度为105~110℃的烘箱中烘至恒重,烘干时间一般为6~12h,然后再置于干燥器中冷却至室温(20℃±2℃)备用。

(2)用四分法取两份岩粉,从每份试样中称取15g(m_1),精确至0.001g(本试验称量精度皆同),用漏斗灌入洗净烘干的密度瓶中,并注入试液至瓶的一半处,摇动密度瓶使岩粉分散。

(3)使用洁净水作试液时,可采用沸煮法或真空抽气法排除气体;使用煤油作试液时,应采用真空抽气法排除气体。采用沸煮法排除气体时,沸煮时间自悬液沸腾时算起不得少于1h;采用真空抽气法排除气体时,真空压力表读数宜为100kPa,抽气时间维持1~2h,直至无气泡溢出为止。

(4)将经过排除气体的密度瓶取出擦干,冷却至室温,再向密度瓶中注入排除气体且同温条件的试液,使接近满瓶,然后置于恒温(20℃±2℃)水槽内。待密度瓶内温度稳定,上部悬液澄清后,塞好瓶塞,使多余试液溢出。从恒温水槽内取出密度瓶,擦干瓶外水分,立即称其质量(m_3)。

(5)倾出悬液,洗净密度瓶,注入经排除气体并与试验同温度的试液至密度瓶,再置于恒温水槽内。待瓶内试液的温度稳定后,塞好瓶塞,将溢出瓶外试液擦干,立即称其质量(m_2)。

5. 结果整理

按式(2-6)计算岩石的密度值(精确至0.01g/cm³):

$$\rho_t = \frac{m_1}{m_1 + m_2 - m_3} \times \rho_{wt} \qquad (2-6)$$

式中：ρ_t——岩石的密度(g/cm^3)；

m_1——岩粉的质量(g)；

m_2——密度瓶与试液的合质量(g)；

m_3——密度瓶、试液与岩粉的总质量(g)；

ρ_{wt}——与试验同温度试液的密度(g/cm^3)。

以两次试验结果的算术平均值作为测定值，如两次试验结果之差大于 $0.02\ g/cm^3$，应重新取样进行试验。

(二)毛体积密度试验

1. 目的和适用范围

岩石的毛体积密度是间接反映岩石致密程度、孔隙发育程度的参数，也是评价工程岩体稳定性及确定围岩压力等必需的计算指标。毛体积密度的试验方法有量积法、水中称量法和蜡封法。能制备成规则试件的各类岩石，可采用量积法；除去遇水崩解、溶解和干缩湿胀外的其他各类岩石，可用水中称量法测定；遇水崩解、湿胀、含水溶性成分的松软石料及不能用量积法进行试验的岩石，宜用封蜡法测定其毛体积密度。

2. 仪器设备

(1)切石机、钻石机、磨石机等岩石试件加工设备。

(2)天平：感量0.01g，称量大于500g。

(3)烘箱：能使温度控制在 105~110℃。

(4)石蜡及熔蜡设备。

(5)水中称量装置。

(6)游标卡尺。

3. 试件制备

(1)量积法试件制备：直径为 50mm±2mm、高径比为 2:1 的圆柱体试件。

(2)水中称量法试件制备：可采用规则或不规则形状，试件尺寸应大于组成岩石最大颗粒粒径的10倍，每个试件质量不宜小于150g。

(3)蜡封法试件制备：边长为 40~60mm 的立方体试件，并将尖锐棱角用砂轮打磨光滑，或直径为 48~52mm 的圆柱体试件。测定天然密度的试件，应在岩样拆封后，在设法保持天然湿度的条件下，迅速制样、称量和密封。

(4)试件数量：同一含水状态，每组不少于3个。

4. 量积法试验步骤

(1)量测试件的直径或边长。用游标卡尺量测试件两端和中间3个断面上互相垂直的两个方向的直径或边长，按截面积计算平均值。

(2)量测试件的高度。用游标卡尺量测试件断面周边对称的4个点(圆柱体试件为相互垂直的直径和圆周交点，立方体试件为边长的中点)和中心点的5个高度，计算平均值。

(3)测定天然密度。应在岩样开封后,在保持天然湿度的条件下,立即加工试件和称量。测定后的试件,可作为天然状态的单轴抗压强度试验用的试件。

(4)测定饱和密度。将试件进行饱水处理,用湿纱布擦去试件表面水分,立即称其质量。测定后的试件,可作为饱和状态单轴抗压强度试验用的试件。

(5)测定干密度。将试件放入烘箱内,控制在105~110℃温度下烘干12~24h,取出放入干燥器内冷却至室温,称干试件质量。测定后的试件,可作为干燥状态单轴抗压强度试验用的试件。

(6)称量精确至0.01g,量测精确至0.01mm。

5. 水中称量法试验步骤

(1)测天然密度时,应取有代表性的岩石制备试件并称量;测干密度时,将试件放入烘箱,在105~110℃下烘干至恒量,烘干时间一般为12~24h,取出试件置于干燥器内冷却至室温后,称干试件质量。

(2)将干试件浸入水中按规定方法进行饱和,饱和方法可依岩石性质选用煮沸法或真空抽气法。

(3)取出饱和浸水试件,用湿纱布擦去试件表面水分,立即称其质量。

(4)将试样放在水中称量装置的丝网上,称取试样在水中的质量(丝网在水中的质量可事先用砝码平衡)。在称量过程中,称量装置的液面应始终保持同一高度,并记下水温。

(5)称量精确至0.01g。

6. 蜡封法试验步骤

(1)测天然密度时,应取有代表性的岩石制备试件并称量;测干密度时,将试件放入烘箱,在105~110℃下烘干至恒量,烘干时间一般为12~24h,取出试件置于干燥器内冷却至室温。

(2)从干燥器内取出试件,放在天平上称量,精确至0.01g(称量精度皆同)。

(3)把石蜡装在干净铁盆中加热熔化,加热温度稍高于熔点(一般石蜡熔点在55~58℃)。可通过滚涂或刷涂的方法使岩石试件表面覆上一层厚度1mm左右的石蜡层,冷却后准确称出蜡封试件的质量。

(4)将涂有石蜡的试件系于天平上,称出其在洁净水中的质量。

(5)擦干试件表面的水分,在空气中重新称取蜡封试件的质量,检查此时蜡封试件的质量是否大于浸水前的质量。如超过0.05g,说明试件蜡封不好,洁净水已浸入试件,应取试件重新测定。

7. 结果整理

(1)量积法岩石毛体积密度按下列公式计算:

$$\rho_0 = \frac{m_0}{V} \tag{2-7}$$

$$\rho_s = \frac{m_s}{V} \tag{2-8}$$

$$\rho_d = \frac{m_d}{V} \tag{2-9}$$

式中:ρ_0——天然密度(g/cm³);

ρ_s——饱和密度(g/cm^3);

ρ_d——干密度(g/cm^3);

m_0——试件烘干前的质量(g);

m_s——试件强制饱和后的质量(g);

m_d——试件烘干后的质量(g);

V——岩石的体积(cm^3)。

(2)水中称量法岩石毛体积密度按下列公式计算:

$$\rho_0 = \frac{m_0}{m_s - m_w} \times \rho_w \tag{2-10}$$

$$\rho_s = \frac{m_s}{m_s - m_w} \times \rho_w \tag{2-11}$$

$$\rho_d = \frac{m_d}{m_s - m_w} \times \rho_w \tag{2-12}$$

式中:m_w——试件强制饱和后在洁净水中的质量(g);

ρ_w——洁净水的密度(g/cm^3)。

(3)蜡封法岩石毛体积密度按下列公式计算:

$$\rho_0 = \frac{m_0}{\frac{m_1 - m_2}{\rho_w} - \frac{m_1 - m_d}{\rho_N}} \tag{2-13}$$

$$\rho_d = \frac{m_d}{\frac{m_1 - m_2}{\rho_w} - \frac{m_1 - m_d}{\rho_N}} \tag{2-14}$$

式中:m_1——蜡封试件质量(g);

m_2——蜡封试件在洁净水中的质量(g);

ρ_N——石蜡的密度(g/cm^3)。

(4)毛体积密度试验结果精确至$0.01g/cm^3$,3个试件平行试验。组织均匀的岩石,毛体积密度应为3个试件测得结果之平均值;组织不均匀的岩石,毛体积密度应列出每个试件的试验结果。

(5)孔隙率按下列公式计算:

$$n = \left(1 - \frac{\rho_d}{\rho_t}\right) \times 100 \tag{2-15}$$

式中:n——岩石总孔隙率(%);

ρ_t——岩石的密度(g/cm^3)。

(三)含水率试验

1.目的和适用范围

岩石含水率试验用于测定岩石在天然状态下的含水率。岩石的含水率可间接地反映岩石中空隙的多少、岩石的致密程度等特性。采用烘干法进行试验,对于不含结晶水矿物的岩石,烘干温度为105~110℃;对于含结晶水矿物的岩石,温度宜控制在60℃±5℃。

2. 仪器设备

(1)烘箱:能使温度控制在 105~110℃,最低控温能满足 60℃ ±5℃。

(2)干燥器:内装氯化钙或硅胶等干燥剂。

(3)天平:感量 0.01g。

(4)称量盒。

3. 试样制备

(1)保持天然含水率的试样应在现场采取,严禁用爆破或湿钻法。试样在采取、运输、储存和制备过程中,含水率变化不应超过 1%。

(2)试件尺寸应大于组成岩石最大颗粒的 10 倍,每个试件质量一般不小于 40g,不大于 200g。每组试样的数量不宜少于 5 个。

(3)应记录描述岩石名称、颜色、矿物成分、结构、构造、风化程度、胶结物性质及为保持试样含水状态所采取的措施等。

4. 试验步骤

(1)将制备好的试样放入已烘干至恒量的称量盒内,称烘干前的试样和称量盒的合质量(m_1)。本试验所有称量精确至 0.01g。

(2)将称量盒连同试样置于烘箱内。对于不含结晶水的岩石,应在 105~110℃恒温下烘干至恒量,烘干时间一般为 12~24h。对于含结晶水的岩石,应在 60℃ ±5℃恒温下烘干至恒量,烘干时间一般为 24~48h。

(3)将称量盒从烘箱中取出,放入干燥器内冷却至室温,称烘干后的试样和称量盒的合质量(m_2)。

5. 结果整理

(1)按式(2-16)计算岩石含水率:

$$w = \frac{m_1 - m_2}{m_2 - m_0} \times 100 \tag{2-16}$$

式中:w——岩石含水率(%);

m_0——称量盒的干燥质量(g);

m_1——试样烘干前的质量与干燥称量盒的质量之和(g);

m_2——试样烘干后的质量与干燥称量盒的质量之和(g)。

(2)以 5 个试样含水率的算术平均值作为试验结果,计算精确至 0.1%。

(四)吸水性试验

1. 目的和适用范围

岩石的吸水性用吸水率和饱和吸水率表示。岩石的吸水率和饱和吸水率能有效地反映岩石微裂隙的发育程度,可用来判断岩石的抗冻和抗风化等性能。

岩石吸水率采用自由吸水率法测定,饱和吸水率采用煮沸法或真空抽气法测定。

本试验适用于遇水不崩解、不溶解或不干缩湿胀的岩石。

2. 仪器设备

(1)切石机、钻石机、磨石机等岩石试件加工设备。

(2)天平:感量0.01g。称量大于500g。

(3)烘箱:能使温度控制在105~110℃。

(4)抽气设备:抽气机、水银压力计、真空干燥机、净气瓶。

(5)煮沸水槽。

3.试件制备

(1)规则试样:采用直径为50mm±2mm、高径比为2:1的圆柱体试件。

(2)不规则试件宜采用边长或直径为40~50mm的浑圆形岩块。

(3)每组试件不少于3个;岩石组织不均匀者,每组试件不少于5个。

4.试验步骤

(1)将试件放入温度为105~110℃的烘箱内烘干至恒量,烘干时间一般为12~24h,取出置于干燥器内冷却至室温(20℃±2℃),称其质量,精确至0.01g(后同)。

(2)将称量后的试件置于盛水容器内,先注水至试件高度的1/4处,以后每隔2h分别注水至试件高度的1/2和3/4处,6h后将水加至高出试件顶面20mm,以利试件内空气逸出。试件全部被水淹没后再自由吸水48h。

(3)取出浸水试件,用湿纱布擦去试件表面水分,立即称其质量。

(4)试件强制饱和,任选如下一种方法。

用煮沸法饱和试件:将称量后的试件放入水槽,注水至试件高度的一半,静置2h。再加水使试件浸没,煮沸6h以上,并保持水的深度不变。煮沸停止后静置水槽,待其冷却,取出试件用湿纱布擦去表面水分,立即称其质量。

用真空抽气法饱和试件:将称量后的试件置于真空干燥器中,注入洁净水,水面高出试件顶面20mm,开动抽气机,抽气时真空压力需达100kPa,保持此真空状态直至无气泡发生时为止(不少于4h)。经真空抽气的试件应放置在原容器中,在大气压力下静置4h,取出试件,用湿纱布擦去表面水分,立即称其质量。

5.结果整理

(1)用式(2-17)、式(2-18)分别计算吸水率、饱和吸水率,试验结果精确至0.01%。

$$w_a = \frac{m_1 - m}{m} \times 100 \tag{2-17}$$

$$w_{sa} = \frac{m_2 - m}{m} \times 100 \tag{2-18}$$

式中:w_a——岩石吸水率(%);

w_{sa}——岩石饱和吸水率(%);

m——烘至恒量时的试件质量(g);

m_1——吸水至恒量时的试件质量(g);

m_2——试件经强制饱和后的质量(g)。

(2)用式(2-19)计算饱水系数,试验结果精确至0.01。

$$K_W = \frac{w_a}{w_{sa}} \tag{2-19}$$

式中:K_W——饱水系数;

其他符号意义同前。

(3)组织均匀的试件,取3个试件试验结果的算术平均值作为测定值;组织不均匀的,则取5个试件试验结果的算术平均值作为测定值。同时,列出每个试件的试验结果。

(五) 膨胀性试验

1. 目的和适用范围

对具有黏土矿物的岩层,必须了解岩石的膨胀特性,以便控制开挖过程中地下水对岩层、岩体的影响。岩石膨胀性试验包括岩石自由膨胀率试验、岩石侧向约束膨胀率试验和岩石膨胀压力试验。

岩石自由膨胀率试验适用于遇水不易崩解的岩石,岩石侧向约束膨胀率试验和岩石膨胀压力试验适用于各类岩石。

2. 仪器设备

(1)钻石机、切石机、磨石机、车床。
(2)测量平台。
(3)自由膨胀率试验仪,如图2-2所示。
(4)侧向约束膨胀率试验仪,如图2-3所示。

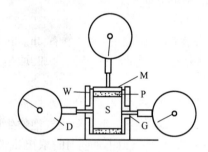

图2-2 自由膨胀率试验仪

M-金属板;P-透水板;S-岩石试件;G-橡胶板;W-水;D-指示表

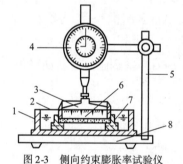

图2-3 侧向约束膨胀率试验仪

1-盛水器;2-环力;3-传递活塞;4-测微表;5-表架;6-试样;7-底座;8-底盘

(5)膨胀压力试验仪,如图2-4所示。
(6)干湿温度计。

3. 试件制备

(1)岩石试件应在现场采取,并保持天然含水状态,不得采用爆破或湿钻法取样,而且试件应符合下列要求。

①自由膨胀率试验的圆柱形试件的直径宜为50~60mm,试件高度宜等于直径,两端面应平行;立方形试件的边长宜为50~60mm,各相对面应平行。试件端面的平面度公差应小于0.05mm,端面对于试件轴线垂直度偏差不应超过0.25°。

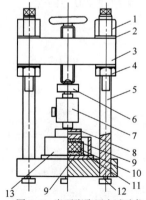

图2-4 岩石膨胀压力试验仪

1-螺母;2-平垫圈;3-横梁;4-螺母;5-摆柱;6-接头;7-压力传感器;8-上压板;9-金属透水板;10-试件;11-套环;12-调整件;13-容器

②侧向约束膨胀率试验的试件应为圆柱体,试件直径宜为50mm,尺寸偏差为0~0.1mm,高度应大于20mm,且应大于岩石矿物最大颗粒的10倍。两端面平面度公差应小于0.05mm,端面对于试件轴线垂直度偏差不应超过0.25°。

③膨胀压力试验的试件规格和精度与侧向约束膨胀率试验的试件相同。

(2) 每组试件数量不得少于3个。

(3) 岩石试件应采用干法加工,天然含水率的变化不应超过1%。

(4) 进行岩石试件加工时,应注意描述下列内容:

①岩石类别、颜色、矿物成分、结构、风化程度、胶结物性质等。

②膨胀变形的加载方向分别与层理、片理、节理、缝隙之间的关系。

③试件加工方法。

4. 试验步骤

(1) 自由膨胀率试验应按下列步骤进行:

①将试件放入自由膨胀率试验仪内,在试件上下分别放置透水板,顶部放置一块金属板。

②在试件上部和四侧对称的中心部位分别安装千分表。四侧千分表与试件接触处,宜放置一块薄铜片。

③读记千分表读数,每隔10min读记1次,直至3次读数不变。

④缓慢地向盛水容器内注入洁净水,直至淹没上部透水板。

⑤在第1小时内,每隔10min测读变形1次,以后每隔1h测读变形1次,直至3次读数差不大于0.001mm为止。浸水后试验时间不得小于48h。

⑥试验过程中,应保持水位不变,水温变化不得大于2℃。

⑦试验过程中及试验结束后,应详细描述试件的崩解、掉块、表面泥化或软化等现象。

(2) 侧向约束膨胀率试验按下列步骤进行:

①将试件放入内壁涂有凡士林的金属套环内,在试件上下分别放置薄型滤纸和金属透水板。

②顶部放上固定金属荷载块并安装垂直千分表。金属荷载块的质量应能对试件产生5kPa的持续压力。

③试验及稳定标准与自由膨胀率试验相同。

④试验结束后,应描述试件表面的泥化和软化现象。

(3) 侧向膨胀压力试验按下列步骤进行:

①将试件放入内壁涂有凡士林的金属套环内,在试件上下分别放置薄型滤纸和金属透水板。

②安装加压系统及量测试件变形的测表。

③应使仪器各部分和试件在同一轴线上,不得出现偏心荷载。

④对试件施加产生0.01MPa压力的荷载,测读试件变形测表读数,每隔10min读数一次,直至3次读数不变。

⑤缓慢地向盛水容器内注入洁净水,直至淹没上部透水板。观测变形测表的变化,当变形量大于0.001mm时,调节所施加的荷载,应保持试件高度在整个试验过程始终不变。

⑥开始时每隔10min读数一次,连续3次读数差小于0.001mm时,改为每1h读1次;当每1h连续3次读数差小于0.001mm时,可认为稳定并记录试验荷载。浸水后总试验时间不得少于48h。

⑦试验过程中,应保持水位不变,水温变化不得大于2℃。

⑧试验结束后,应描述试件表面的泥化和软化现象。

5.结果整理

(1)按下列公式分别计算岩石自由膨胀率、侧向约束膨胀率、膨胀压力:

$$V_H = \frac{\Delta H}{H} \times 100 \quad (2\text{-}20)$$

$$V_D = \frac{\Delta D}{D} \times 100 \quad (2\text{-}21)$$

$$V_{HP} = \frac{\Delta H_1}{H} \times 100 \quad (2\text{-}22)$$

式中:V_H——岩石轴向自由膨胀率(%);
  V_D——岩石径向自由膨胀率(%);
  V_{HP}——岩石侧向约束膨胀率(%);
  ΔH——试件轴向变形值(mm);
  H——试件高度(mm);
  ΔD——试件径向平均变形值(mm);
  D——试件直径或边长(mm);
  ΔH_1——有侧向约束试件的轴向变形值(mm)。

(2)岩石轴向自由膨胀率、径向约束膨胀率、侧向约束膨胀率试验结果精确至0.1%,岩石膨胀压力试验结果精确至0.001MPa。3个试件平行试验,分别列出每个试件的试验结果,并计算测试结果的算术平均值。

三、岩石的力学性质

力学性质是指岩石抵抗车辆荷载复杂力系综合作用的性能。岩石的单轴抗压强度是岩石力学性质中最主要的一项指标,是指岩石试件抵抗单轴压力时保持自身不被破坏的极限应力。

岩石抗压强度取决于其矿物组成、结构及其孔隙构造。结构疏松及孔隙率较大的岩石,其质点间的联系较弱,有效面积较小,所以强度值较低。试验条件对岩石的抗压强度也有显著影响。试件尺寸较小时,由于高度小,承压板与试件端面之间的摩擦力较大,使得试件内应力分布极不均匀,试验结果的真实性受到影响。为了取得真实稳定的抗压强度测试值,应避免承压板邻近局部应力集中的影响,且试件的尺寸直径应不小于10倍的岩石矿物及岩屑颗粒直径,并不应小于5cm。为了减少试件断面的摩擦造成的影响,试件上下端面应平整光滑,并与承压板严格平行,以保证受力均匀。

四、岩石力学性质测定(单轴抗压强度试验)

1.目的及适用范围

单轴抗压强度试验是测定规则形状岩石试件单轴抗压强度的方法,主要用于岩石的强度分级和岩性描述。

该方法采用饱和状态下的岩石立方体(或圆柱体)试件的抗压强度来评定岩石强度(包括

碎石或卵石的原始岩石强度)。

在某些情况下,试件含水状态还可根据需要选择天然状态、烘干状态或冻融循环后状态。试件的含水状态要在试验报告中注明。

2. 仪器设备

(1)压力试验机或万能试验机。

(2)钻石机、切石机、磨石机等岩石试件加工设备。

(3)烘箱、干燥器、游标卡尺、角尺及水槽等。

3. 试件制备

(1)建筑地基的岩石试验,采用圆柱体作为标准试件,直径为50mm±2mm,高径比为2∶1。每组试件共6个。

(2)桥梁工程用的石料试验,采用立方体试件,边长为70mm±2mm。每组试件共6个。

(3)路面工程用的石料试验,采用圆柱体或立方体试件,其直径或边长和高均为50mm±2mm。每组试件共6个。

有显著层理的岩石,分别沿平行和垂直层理方向各取试件6个。试件上、下端面应相互平行并磨平,试件端面的平面度公差应小于0.5mm,端面对于试件轴线垂直度偏差不应超过0.25°。对于非标准圆柱体试件,试验后抗压强度试验值按 $R_e = \dfrac{8R}{7 + 2D/H}$ 进行换算。

4. 试验步骤

(1)用游标卡尺量取试件尺寸(精确至0.1mm),对立方体试件在顶面和底面上各量取其边长,以各个面上相互平行的两个边长的算术平均值计算其承压面积;对于圆柱体试件在顶面和底面分别测量两个相互正交的直径,并以其各自的算术平均值分别计算底面和顶面的面积,取其顶面和底面面积的算术平均值作为计算抗压强度所用的截面积。

(2)试件的含水状态可根据需要选择烘干状态、天然状态、饱和状态、冻融循环后状态。饱和状态是将试件置于真空干燥器中,注入清水,水面高出试件顶面20mm以上,开动抽气机,使产生100kPa的真空压力,保持此真空状态直至试件表面无气泡出现时为止(不少于4h)。关上抽气机,试件在水中保持4h。

(3)取出试件,擦干表面,检查有无缺陷,标注试件受力方向并编号。按受力方向(平行或垂直层理)将试件放在压力机上,以0.5~1.0MPa/s的速率均匀加荷直至破坏,记录破坏荷载,以N为单位,精度1‰。

5. 结果计算

(1)岩石的抗压强度按式(2-23)计算,精确至0.1MPa。

$$R = \dfrac{P}{A} \tag{2-23}$$

式中:R——岩石的抗压强度(MPa);

P——试件的破坏荷载(N);

A——试件的截面积(mm^2)。

(2)单轴抗压强度试验结果应同时列出每个试件的试验值及同组岩石单轴抗压强度的平均值;有显著层理的岩石,其抗压强度应为垂直层理和平行层理抗压强度的平均值。计算精确至0.01MPa。

五、岩石耐久性试验

(一)抗冻性试验

1. 目的及适用范围

岩石的抗冻性是用来评估岩石在饱和状态下经过规定次数的冻融循环后抵抗破坏能力的指标,岩石抗冻性对于不同的工程环境气候有不同的要求。冻融次数规定:在严寒地区(最冷月的月平均气温低于-15℃)为25次;在寒冷地区(最冷月的月平均气温低于-5~15℃)为15次。

2. 仪器设备

(1)切石机、钻石机及磨石机等试件加工设备。
(2)冰箱:温度能控制在-20~-15℃。
(3)天平:感量0.01g,称量大于500g。
(4)放大镜。
(5)烘箱:能使温度控制在105~110℃。

3. 试件制备

(1)试件应采用直径为50mm±2mm、高径比为2:1的圆柱体试件。
(2)每组试件应不少于3个,此外再制备同样试件3个,用于做冻融系数试验。

4. 试验步骤

(1)将试件编号,用放大镜详细检查,并作外观描述。然后量出每个试件的尺寸,计算受压面积。将试件放入烘箱,在105~110℃下烘干至恒量,烘干时间一般为12~24h,待在干燥器内冷却至室温后取出,立即称其质量 m_s,精确至0.01g(下同)。

(2)按吸水率试验方法,让试件自由吸水饱和,然后取出擦去表面水分,放在铁盘中,试件与试件之间应留有一定间距。

(3)待冰箱温度下降到-15℃以下时,将铁盘连同试件一起放入冰箱,并立即开始计时。

冻结4h后取出试件,放入20℃±5℃的水中融解4h,如此反复冻融至规定次数止。

(4)每隔一定的冻融循环次数(如10次、15次、25次等)详细检查各试件有无剥落、裂缝、分层及掉角等现象,并记录检查情况。

(5)称量冻融试验后的试件饱水质量 m'_f,再将其烘干至恒量,称其质量 m_f,测定冻融试验后的试件饱水抗压强度,另取3个未经冻融试验的试件测定其饱水抗压强度。

5. 结果整理

(1)按式(2-24)计算岩石冻融后的质量损失率,试验结果精确至0.1%。

$$L = \frac{m_s - m_f}{m_s} \times 100 \tag{2-24}$$

式中:L——冻融后的质量损失率(%);
 m_s——试验前烘干试件的质量(g);
 m_f——试验后烘干试件的质量(g)。

(2)冻融后的质量损失率取3个试件试验结果的算术平均值。

(3)按式(2-25)计算岩石冻融后的吸水率,试验结果精确到0.1%。

$$w'_{sa} = \frac{m'_f - m_f}{m_f} \times 100 \tag{2-25}$$

式中:w'_{sa}——岩石冻融后的吸水率(%);
 m'_f——冻融试验后的试件饱水质量(g);
 其他符号意义同前。

(4)按式(2-26)计算岩石的冻融系数,试验结果精确至0.01。

$$K_f = \frac{R_f}{R_s} \tag{2-26}$$

式中:K_f——冻融系数;
 R_f——经若干次冻融试验后的试件饱水抗压强度(MPa);
 R_s——未经冻融试验的试件饱水抗压强度(MPa)。

(二)坚固性试验

1. 目的及适用范围

坚固性试验用于确定岩石试样经饱和硫酸钠溶液多次浸泡与烘干循环后而不发生显著破坏或强度降低的性能,是测定岩石抗冻性的一种简易方法。一般适用于质地坚硬的岩石。有条件者均应采用直接冻融法进行岩石的抗冻性试验。

2. 仪器设备

(1)切石机、钻石机及磨石机等试件加工设备。
(2)天平:感量0.01g,称量大于500g。
(3)烘箱:能使温度控制在105~110℃。
(4)瓷、玻璃或釉盛器:容积不小于5L。
(5)温度计。
(6)密度计。
(7)放大镜、刚针等。

3. 试验材料或试剂

(1)饱和硫酸钠溶液:取约400g的无水硫酸钠(或800g的结晶硫酸钠)溶解于温度为30~50℃的1 000mL纯净水中配制而成(溶液总需要量约等于试件体积的5倍)。其配制方法是:边加热洁净水(水温为30~50℃)边慢慢加入硫酸钠,并用玻璃棒不断搅拌,待硫酸钠全部溶解直至饱和并有部分结晶析出为止。让溶液冷却至室温(20~25℃)并静置48h后待用。使用时需将溶液充分搅拌,试验过程中应保持溶液密度在1 150~1 175kg/m³范围内。

(2)10%氯化钡溶液。

4.试件制备

采用直径为50mm±2mm、高径比为2:1的圆柱体试件。

5.试验步骤

(1)将试件放入烘箱,在105~110℃下烘干至恒量,烘干时间一般为12~24h,取出置于干燥器内,冷却至室温,称其质量(精确至0.01g,下同)。

(2)把烘干试件浸入装有硫酸钠溶液的盛器中,溶液应高出试件顶面2cm以上,用盖将盛器盖好,浸置20h。然后将试件取出,再用瓷皿衬住置于105~110℃的烘箱中烘4h。4h后取出试件,将其冷却至室温,再重新浸入硫酸钠溶液中,至硫酸钠结晶溶解后取出试件,用放大镜及钢针仔细观察岩石试件有无破坏现象,并详细描述记录。

(3)按上述方法反复浸烘5次,最后一次循环后,用热洁净水煮洗几遍,直至将试件中硫酸钠溶液全部洗净为止。是否洗净可用10%氯化钡溶液进行检验,具体操作为:取洗试件的水若干毫升,滴入少量氯化钡溶液,如无白色沉淀,则说明硫酸钠已被洗净。将洗净的试件烘干至恒量,准确称出其质量。

6.结果整理

(1)按式(2-27)计算岩石的坚固性试验质量损失率,试验结果精确至0.1%。

$$Q = \frac{m_1 - m_2}{m_1} \times 100 \tag{2-27}$$

式中:Q——硫酸钠浸泡质量损失率(%);

m_1——试验前烘干试件的质量(g);

m_2——试验后烘干试件的质量(g)。

(2)取3个试件试验结果的算术平均值作为测定值。

第二节 粗集料技术性质及其试验检测

集料是由不同粒径的矿质颗粒组成的混合料,包括各种天然砂、人工砂、卵石、碎石以及各类工业冶金矿渣等。集料按其粒径范围分为粗集料和细集料。在水泥混凝土中粗细集料的分界尺寸为4.75mm,在沥青混合料中,分界尺寸通常为2.36mm。粗、细集料在混合料中分别起骨架和填充作用,由于所起的作用不同,对它们的技术要求也有所不同。

粗集料包括岩石天然风化而成的卵石(砾石)及人工轧制的碎石。粗集料的技术性质包括物理性质和力学性质两个方面。

一、粗集料的物理性质

(一)物理常数

集料是矿质颗粒的散状混合物,其体积组成除了包括矿物及矿物间的孔隙外,还包括矿质颗粒之间的空隙,其质量与体积的关系如图2-5所示。

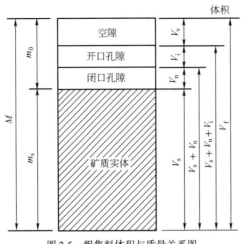

图2-5 粗集料体积与质量关系图

(1)表观密度(视密度)。在规定条件下,单位表观体积(包括矿质实体和闭口孔隙体积)的质量。

$$\rho_a = \frac{m_s}{V_s + V_n} \quad (2-28)$$

式中:ρ_a——集料的表观密度(g/cm^3);
　　m_s——矿质实体质量(g);
　　V_s——矿质实体体积(cm^3);
　　V_n——矿质实体中闭口孔隙体积(cm^3)。

(2)表观相对密度。表观密度与同温度水的密度之比值。

(3)毛体积密度。在规定条件下,单位毛体积(包括矿质实体、闭口孔隙和开口孔隙体积)的质量。

$$\rho_b = \frac{m_s}{V_s + V_n + V_i} \quad (2-29)$$

式中:ρ_b——粗集料的毛体积密度(g/cm^3);
　　m_s——矿质实体质量(g);
V_s、V_n、V_i——粗集料矿质实体、闭口孔隙和开口孔隙体积(cm^3)。

(4)毛体积相对密度。毛体积密度与同温度水的密度之比值。

(5)表干密度(饱和面干毛体积密度)。单位体积(含材料的实体矿物成分及其闭口孔隙、开口孔隙等颗粒表面轮廓线所包围的全部毛体积)物质颗粒的饱和面干质量。

$$\rho_s = \frac{m_a}{V_s + V_n + V_i} \quad (2-30)$$

式中:ρ_s——表干密度(g/cm^3);
　　m_a——粗集料的饱和面干质量(g)。

表干密度的计算体积与计算毛体积密度时相同,但计算质量为集料颗粒的表干质量(饱和面干状态,包括了吸入开口孔隙中的水)。测试集料表干质量时,需要将干燥集料试样饱水后,将试样表面自由水擦干,但保留吸入开口孔隙中的水,称取饱和面干试样在空气中的质量,即为集料的表干质量。

(6)表干相对密度。表干密度与同温度的水的密度的比值。

(7)堆积密度。烘干集料颗粒的单位装填体积(包括集料颗粒间空隙体积、集料矿质实体及其闭口、开口孔隙体积)的质量。

$$\rho_f = \frac{m_s}{V_s + V_p + V_v} \tag{2-31}$$

式中: ρ_f——粗集料的堆积密度(g/cm^3);

m_s——矿质实体质量(g);

V_s、V_p、V_v——粗集料矿质实体、孔隙和空隙体积(cm^3)。

粗集料的堆积密度由于颗粒排列的松紧程度不同,又可分为自然堆积密度和振实堆积密度。

(8)空隙率。粗集料试样在自然堆积(或紧密堆积)时的空隙占总体积的百分率。

$$V_G = \left(1 - \frac{\rho_f}{\rho'_t}\right) \times 100 \tag{2-32}$$

式中:V_G——粗集料的空隙率(%);

ρ'_t——粗集料的表观密度(g/cm^3);

ρ_f——粗集料的自然(或紧密)堆积密度(g/cm^3)。

空隙率反映了集料颗粒间相互填充的致密程度。试验结果表明,在松装和紧装状态下,粗集料的空隙率范围分别为43%~48%和37%~42%。

(二)级配

粗集料中各组成颗粒的分级和搭配情况称为级配,级配通过筛分试验确定。粗集料通过一系列规定筛孔尺寸的标准筛,根据存留在各个筛上的集料质量,可求得一系列与集料级配有关的参数,包括分计筛余百分率、累计筛余百分率和通过百分率。各种参数的计算方法在细集料中介绍。

(三)颗粒形状与表面特征

粗集料的颗粒形状和表面特征对集料颗粒间的内摩阻力、集料与结合料的黏结性等有显著影响。

从实用的角度出发,粗集料的颗粒形状可分为4种类型,见表2-1。比较理想的形状是接近球体或立方体。针片状颗粒本身容易折断,且回旋阻力大,空隙率大,所以会降低混凝土的和易性和强度。表面特征是指集料表面的粗糙程度及孔隙特征等,与集料的材质、岩石结构、矿物组成及其受冲刷、受腐蚀程度有关。一般来说,集料的表面特征主要影响集料与结合料之间的黏结性能,从而影响混合料的强度,尤其是抗折强度。在外力作用下,表面粗糙的集料颗粒间的位移较困难,其摩阻力较表面光滑、无棱角颗粒要大些,但是会影响集料的施工和易性。

集料颗粒形状的基本类型　　　　　　　　　　　表2-1

类　型	颗粒形状的特点	集料品种
椭圆形	具有较光滑的表面,无明显棱角,颗粒浑圆	天然砂及各种砾石、陶粒
棱角形	具有粗糙的表面及明显的棱边	碎石、石屑、破碎矿渣
针状	长度方向尺寸远大于其他方向尺寸而呈细条形	砾石、碎石中均存在
片状	厚度方向尺寸远小于其他方向尺寸而呈薄片形	砾石、碎石中均存在

二、路用粗集料的力学性质

粗集料在路面结构层或混合料中起着骨架作用,反复受到车轮的碾压、磨耗作用,因此应具有一定的强度和刚度,同时还应具备耐磨、抗磨耗和抗冲击的性能,粗集料的力学性质除了与岩石相同的抗压强度外,还可以采用压碎值、磨光值、冲击值和道瑞磨耗值等指标来表征。不同道路等级对抗滑表层集料的磨光值、道瑞磨耗值和冲击值的技术要求列于表2-2。

抗滑表层用集料技术要求　　　　　　　　　　　表2-2

指　标	高速公路、一级公路	其他公路
石料磨光值(PSV),不小于	42	35
道瑞磨耗值(AAV),不大于	14	16
集料冲击值(AIV),不大于(%)	28	30

(一)压碎值

压碎值是指集料在持续增加的荷载作用下抵抗压碎的能力。其为评价公路路面和基层用集料强度的相对指标,用以鉴定集料的品质。压碎值是对粗集料的标准试样在标准条件下进行加荷,测试集料被压碎后,标准筛上通过质量的百分率,集料压碎值按式(2-33)计算:

$$Q'_a = \frac{m_1}{m_0} \times 100 \tag{2-33}$$

式中:Q'_a——集料的压碎值(%);
m_0——试验前试样的质量(g);
m_1——试验后通过2.36mm筛孔的细料质量(g)。

(二)磨耗率

石料抵抗摩擦、撞击、剪切等综合作用的性能,用磨耗率表示。按现行《公路工程集料试验规程》(JTG E41—2005),采用洛杉矶式磨耗试验进行测定。将规定质量且有一定级配的试样和一定质量的钢球置于试验机中,以30~33r/min的转速转动至规定次数后停止,取出试样,过1.7mm的方孔筛,洗净留在筛上的试样,烘干至恒重并称其质量。磨耗率按式(2-34)计算:

$$Q = \frac{m_1 - m_2}{m_1} \times 100 \tag{2-34}$$

式中:Q——洛杉矶磨耗率(%);

m_1——试样质量(g);

m_2——试验后在 1.7mm 筛上洗净烘干的试样质量(g)。

(三)磨光值

磨光值是反映集料抵抗轮胎磨光作用能力的指标。路面用的集料要求具有较高的抗磨光性,在现代高速行车条件下,要求集料既不要产生较大的磨损,也不要被磨光,以满足高速行车对路面抗滑性的要求。集料的抗磨光性是利用加速磨光机磨光集料并以摆式摩擦系数测定仪测得的磨光后集料的摩擦系数值来确定,用磨光值(PSV)来表示。集料的磨光值越高,表示抗滑性越好。磨光值按式(2-35)计算:

$$PSV = PSV_{ra} + 49 - PSV_{bra} \qquad (2\text{-}35)$$

式中:PSA_{ra}——试件的摩擦系数;

PSV_{bra}——标准试件的摩擦系数。

(四)冲击值

冲击值反映集料抵抗多次连续重复冲击荷载作用的能力。由于路表集料直接承受车轮荷载的冲击作用,所以这一能力对道路表层用集料非常重要。集料的抗冲击能力采用集料冲击值(AIV)表示。集料冲击值越小,表示抗冲击能力越好。冲击试验是将粒径 9.5~13.2mm 的集料试样装于冲击值试验用盛样器中,用捣实杆捣实 25 次使其初步压实,然后用质量为 13.15kg±0.05kg 的冲击锤,沿导杆自 380mm±5mm 高度自由落下锤击集料 15 次,每次锤击间隔时间不少于 1s,将试验后的集料过 2.36mm 筛,被击碎集料试样占原试样质量的百分率称为集料的冲击值,按式(2-36)计算:

$$AIV = \frac{m_1}{m_2} \times 100 \qquad (2\text{-}36)$$

式中:AIV——集料的冲击值(%);

m_1——冲击破碎后通过 2.36mm 筛的试样质量(g);

m_2——试样总质量(g)。

(五)磨耗值

磨耗值反映集料抵抗车轮磨耗的能力,适用于对路面抗滑表层所用集料抵抗车轮撞击及磨耗能力的评定。采用道瑞磨耗试验机来测定集料磨耗值(AAV)。选取粒径为 9.5~13.2mm 的集料试样洗净,单层密排于两个试模内,然后用环氧树脂砂浆填模成型,养护 24h 后脱模制成试件,准确称出试件质量,将试件用金属托盘固定于道瑞磨耗机的圆平板上,以 28~30r/min 的转速旋转,磨 500r 后,取出试件,刷净残砂,准确称出试件质量,其磨耗值按式(2-37)计算。集料磨耗值越高,表示集料耐磨性越差。高速公路、一级公路抗滑层用集料的 AAV 应不大于 14。

$$AAV = \frac{3(m_1 - m_2)}{\rho_s} \qquad (2\text{-}37)$$

式中:AAV——集料的道瑞磨耗率;

m_1——磨耗前试样的质量(g);

m_2——磨耗后试样的质量(g);

ρ_s——集料的表干密度(g/cm³)。

三、粗集料技术性质检验

(一)粗集料取样法

1. 适用范围

适用于对粗集料的取样,也适用于含粗集料的集料混合料如级配碎石、天然砂砾等的取样方法。

2. 取样方法和试样份数

(1)通过皮带运输机(如采石场的生产线、沥青拌和楼的冷料输送带)输送的材料,应从皮带运输机上采集样品。取样时,可在皮带运输机骤停的状态下取其中一截的全部材料,或在皮带运输机的端部连续接取一定时间的料,将间隔 3 次以上所取的试样组成一组试样,作为代表性试样。

(2)在材料场同批来料的料堆上取样时,应先铲除堆脚等处无代表性的部分,再在料堆的顶部、中部和底部,各由均匀分布的几个不同部位,取得大致相等的若干份组成一组试样,务必使所取试样能代表本批来料的情况和品质。

(3)从火车、汽车、货船上取样时,应从各个不同部位和深度处,抽取大致相等的试样若干份,组成一组试样。抽取的具体份数,应视能够组成本批来料代表样的需要而定。

注:① 如经观察,认为各节车皮、汽车或货船的碎石或砾石的品质差异不大时,允许只抽取一节车皮、一部汽车、一艘货船的试样(即一组试样),作为该批集料的代表样品。

② 如经观察,认为该批碎石或砾石的品质相差甚远时,则应对品质有怀疑的该批集料,分别取样和验收。

(4)从沥青拌和楼的热料仓取样时,应在放料口的全断面上取样。通常宜将一开始按正式生产的配比投料拌和的几锅(至少 5 锅以上)废弃,然后分别将每个热料仓中的料放出至装载机,倒在水泥地上,适当拌和,从 3 处以上的位置取样,拌和均匀,取要求数量的试样。

3. 取样数量

对每一单项试验,每组试样的取样数量宜不少于表 2-3 所规定的最小取样量。需做几项试验时,如确能保证试样经一项试验后不致影响另一项试验的结果,可用同一组试样进行几项不同的试验。

各试验项目所需粗集料的最小取样量　　　　表 2-3

试验项目	相对于下列公称最大粒径(mm)的最小取样量(kg)										
	4.75	9.5	13.2	16	19	26.5	31.5	37.5	53	63	75
筛分	8	10	12.5	15	20	20	30	40	50	60	80
表观密度	6	8	8	8	8	8	12	16	20	24	24
含水率	2	2	2	2	2	2	3	3	4	4	6

续上表

试验项目	相对于下列公称最大粒径(mm)的最小取样量(kg)										
	4.75	9.5	13.2	16	19	26.5	31.5	37.5	53	63	75
吸水率	2	2	2	2	4	4	4	6	6	6	8
堆积密度	40	40	40	40	40	40	80	80	100	120	120
含泥量	8	8	8	8	24	24	40	40	60	80	80
泥块含量	8	8	8	8	24	24	40	40	60	80	80
针片状含量	0.6	1.2	2.5	4	8	8	20	40	—	—	—
硫化物、硫酸盐	1.0										

注：1.有机物含量、坚固性及压碎指标值试验，应按规定粒级要求取样，其试验所需试样数量，按规程相关规定施行。

2.采用广口瓶法测定表观密度时，集料最大粒径不大于40mm者，其最小取样量为8kg。

4.试样的缩分

(1)分料器法。将试样拌匀后通过分料器分为大致相等的两份，再取其中的一份分成两份，缩分至需要的数量为止。

(2)四分法。如图2-6所示，将所取试样置于平板上，在自然状态下拌和均匀，大致摊平，然后沿互相垂直的两个方向，把试样由中向边摊开，分成大致相等的四份，取其对角的两份重新拌匀，重复上述过程，直至缩分后的材料量略多于进行试验所必需的量。

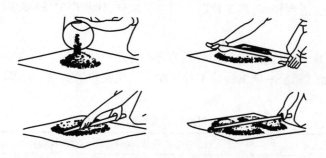

图2-6 四分法示意图

(3)缩分后的试样数量应符合各项试验规定数量的要求。

5.试样的包装

每组试样应采用能避免细料散失及防止污染的容器包装，并附卡片标明试样编号、取样时间、产地、规格、试样代表数量、试样品质、要求检验项目及取样方法等。

(二)集料碱活性检验(岩相法)

1. 目的及适用范围

鉴定所用集料(包括砂、石等)的种类和成分,从而确定碱活性集料的种类和数量。

2. 仪器与材料

(1)套筛:孔径为0.15mm、0.3mm、0.6mm、1.18mm的方孔筛。
(2)磅秤:称量100kg,感量100g。
(3)天平:称量1kg,感量不大于0.5g。
(4)切片机、磨光机、镶嵌机。
(5)实体显微镜、偏光显微镜。
(6)试剂:盐酸、茜素红、折光率浸油以及酒精等。
(7)其他:金刚砂、树胶(如冷杉胶)、载波片、地质锤、砧板、酒精灯等。

3. 取样

(1)用四分法或分料器法选取集料,风干后进行筛分,按表2-4所规定的质量称取试样。

集 料 试 样 质 量   表2-4

集料粒径(mm)	19~37.5	4.75~19
试样质量(kg)	50	10

(2)将砂样用四分法或分料器法缩减至5kg,取约2kg砂样冲洗干净,在105℃±5℃烘箱中烘干,冷却后按规定方法进行筛分,然后按表2-5规定的质量称取砂样。

砂 样 质 量   表2-5

砂样粒径(mm)	砂样质量(g)	砂样粒径(mm)	砂样质量(g)
2.36~4.75	100	0.3~0.6	10
1.18~2.36	50	0.15~0.3	10
0.6~1.18	25	<0.15	

4. 集料的鉴定

(1)将试样逐粒进行肉眼鉴定。需要时可将颗粒放在砧板上用地质锤击碎(注意应使岩石片损失最小),观察颗粒新鲜断口。
(2)集料鉴定按下列准则分类(表2-6):

碱活性集料分类参考   表2-6

岩石结构	火成岩	沉积岩			变质岩
胶凝结构		蛋白质			
玻璃质结构	松脂岩 珍珠岩 墨曜岩				
显微粒状结构隐晶质结构		玉髓、鳞石英、方英石、燧石、碧玉、玛瑙	硅镁石灰岩及某些含泥质、白云质灰岩		

续上表

岩石结构	火成岩		沉积岩		变质岩
斑状结构基质隐晶质结构或玻璃质结构		安山岩、英安岩、流纹岩、粗面岩			
碎屑结构角砾结构				凝灰岩火同角砾石	
鳞片状结构鳞片变晶结构					某些千枚岩、硅质板岩、硬绿泥石片岩
主要矿物成分	酸性火山玻璃	酸性到中性斜长石、钾长石、石英火山玻璃等	蛋白石、玉髓、鳞石英、方英石、石英	方解石、白云石、玉髓、石英	根据岩石屑、晶屑角砾的成分而定	石英、绢云母、玉髓、硬绿泥石

①岩石名称及物理性质。包括主要的矿物成分、风化程度、有无裂缝、坚硬性、有无包裹体和断口形状等。

②化学性质。分为在混凝土中可能或不能产生碱集料反应两种。

③对初步确定为碱活性集料的岩石颗粒,应制成薄片,在显微镜下鉴定矿物组成、结构等,应特别测定其隐晶质、玻璃质成分的含量。

5.砂料鉴定

将砂样放在实体显微镜下挑选,鉴别出碱活性集料的种类及含量。小粒径砂在实体显微镜下挑选有困难时,需在镶嵌机上压型(用树胶或环氧树脂胶结)制成薄片,在偏光显微镜下鉴定。

6.试验结果处理

(1)集料如进行全分析,按表2-7列出各种岩石的成分及其含量;如只分析碱活性集料,按表2-8列出集料中碱活性集料的种类和含量,按表2-9列出砂料中碱活性集料的种类和含量。

集料岩相鉴定　　　　　　　　　　　　　　表2-7

项目 岩石名称	质量百分数(%)		岩相描述(颜色、硬度、风化程度等)	物理性质(以优、良、劣评定)	化学性质(注明有害或无害)
	16~31.5mm	4.75~16mm			

集料中碱活性集料含量　　　　　　　　　　表2-8

碱活性集料名称	粒径(mm)	
	19~31.5	4.75~19

砂料中碱活性集料含量　　　　　　　　　　　　　　　　表2-9

样品组成		碱活性集料含量(%)		
粒径(mm)	筛余量(%)	占本级样品量	占总样品量	合计

(2)根据鉴定结果,集料被评定为非碱活性时即作为最后结论,如被评定为碱活性集料或可疑时,应用砂浆长度法等进一步进行检验。

(三)集料碱活性检验(砂浆长度法)

1.目的及适用范围

测定水泥砂浆试件的长度变化,以鉴定水泥中的碱与活性集料间的反应所引起的膨胀是否具有潜在危害。

用岩相法试验评定集料为碱活性或可疑时宜采用本方法,但不适用于碱碳酸盐反应。

2.仪具与材料

(1)标准筛:按细集料(砂)筛分试验规定选用。

(2)拌和锅、铲、量筒、秒表、跳桌等。

(3)镘刀及截面为14mm×13mm、长120~150mm的硬木捣棒。

(4)试模和测头(埋钉):金属试模,规格为25.4mm×25.4mm×285mm。试模两端正中有小孔,测头以不锈金属制成。

(5)养护筒:用耐腐材料(塑料)制成,应不漏水,不透气,加盖后放在养护室中能确保筒内空气相对湿度为95%以上。筒内设有试件架,架下盛有水,试件垂直立于架上并不与水接触。

(6)测长仪:测量范围275~300mm,精密度0.01mm。

(7)储存室(箱)的温度为38℃±2℃。

3.试验准备

1)试样制备

(1)水泥。检定一般集料活性时,应使用含碱量高于0.8%的硅酸盐水泥。对于具体工程,如使用几种水泥,含碱量大于0.6%的水泥均应进行试验。

(2)集料。对于砂使用工程实际采用的或拟用的砂;对于集料应把活性、非活性集料分别破碎成表2-10所示的级配,并根据岩相检验的结果将活性与非活性集料按比例组合成试验用砂。

砂料级配表　　　　　　　　　　　　　　　　表2-10

筛孔尺寸(mm)	2.36~4.75	1.18~2.36	0.6~1.18	0.3~0.60	0.15~0.30
分级质量比(%)	10	25	25	25	15

(3)砂浆配合比。水泥与砂的质量比1:2.25。一组3个试件共需水泥400g,砂900g。砂浆用水量按GB 2419"水泥胶砂流动度测量方法"选定,但跳桌跳动次数改为10次/6s,以流动度在105~120mm为准。

2)试件制作

(1)成型前24h,将试验所用材料(如水泥、砂、拌和用水等)放入20℃±2℃的恒温室中。

(2)砂浆制备:将水倒入拌和锅内,加入水泥拌和 30s,再加入一半的砂料拌和 30s,最后加入剩余的砂料拌和 90s。

(3)砂浆分两层装入试模内,每层捣实 20 次;浇第一层后安放测头再浇第二层(注意测头周围砂浆应填实),浇捣完毕后用镘刀刮除多余砂浆,抹平表面并编号。

4. 试验步骤

(1)试件成型完毕后,带模放入标准养护室,养护 24h±4h 后脱模。脱模后立即测量试件的长度,此长度为试件的基准长度。测长应在 20℃±2℃ 的恒温室中进行。每个试件至少重复测试两次,取差值在仪器精密度范围内的 2 个读数的平均值作为长度测量值。待测的试件须用湿布覆盖,以防止水分蒸发。

(2)测长后将试件放入养护筒中,筒壁衬以吸水纸使筒内空气为水饱和蒸汽,盖严筒盖放入 38℃±2℃ 养护室(箱)里养护(一个筒内的试件品种应相同)。

(3)测长龄期自测基长后算起分 14d、1 个月、2 个月、3 个月、6 个月、9 个月、12 个月几个龄期,如有必要还可适当延长。在测长的前一天,应把养护筒从 38℃±2℃ 的养护室(箱)中取出,放入 20℃±2℃ 的恒温室。试件的测长方法与测基长时相同,每个龄期测长完毕后,应将试件放入养护筒中,盖好筒盖,放回 38℃±2℃ 的养护室(箱)中继续养护到下一个测试龄期。

(4)测长时应观察试件的变形、裂缝、渗出物,特别要注意有无胶体物质出现,并作详细记录。

5. 计算

试件的膨胀率按式(2-38)计算:

$$\Sigma_t = \frac{L_t - L_0}{L_0 - 2\Delta} \times 100 \tag{2-38}$$

式中:Σ_t——试件在龄期 t 内的膨胀率(%);

L_t——试件在龄期 t 的长度(mm);

L_0——试件的基准长度(mm);

Δ——测头(即埋钉)的长度(mm)。

以 3 个试件测值的平均值作为某一龄期膨胀度的测定值。

注:一组 3 个试件测值的离散程度应符合下述要求:膨胀率小于 0.02% 时,单个测值与平均值的差值不得大于 0.003%;膨胀率大于 0.02% 时,单个测值与平均值的差值不得大于平均值的 15%。超过以上规定时需查明原因,取其余 2 个测值的平均值作为该龄期膨胀率的测定值。当一组试件的测值少于 2 个时,该龄期的膨胀率通过补充试验确定。

6. 评定标准

对于砂料,当砂浆的半年膨胀率超过 0.1% 或 3 个月的膨胀率超过 0.05% 时(只在缺少半年膨胀率时才有效),即评为具有危害性的活性集料。反之,如低于上述数值,则评为非活性集料。

对于集料,当砂浆的半年膨胀率低于 0.1% 或 3 个月的膨胀率低于 0.05% 时(只在缺少半年膨胀率时才有效),即评为非活性集料。如超过上述数值,尚不能作最后结论,应根据混凝土的试验结果作出最后的评定。

(四)破碎砾石含量试验

1.目的及适用范围

测定砾石经破碎机破碎后,具有要求数量(一个或两个)破碎面的粗集料占粗集料总量的比例,以百分率表示。本方法规定被机械破碎的砾石破碎面大于或等于该颗粒最大横截面积的1/4者为破碎面(图2-7),具有符合要求破碎面的集料称为破碎砾石。

2.仪具与材料

(1)天平:感量不大于1g。
(2)标准筛。
(3)刮刀。

3.试验准备

将已干燥的试样用4.75mm标准筛过筛,利用四分法或分料器法分样。取大于4.75mm的粗集料供试验用。试样质量应符合表2-11的要求。当最大粒径大于或等于19.0mm时,再用9.5mm筛筛分成两部分,每一部分的试样均不得少于200g,两部分试样分别测试后取平均值。

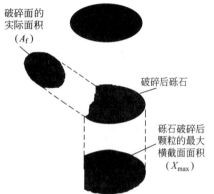

图2-7 破碎面的定义

试 样 质 量 要 求　　　　　　　　　表2-11

公称最大颗粒(mm)	最少试样质量(g)	公称最大颗粒(mm)	最少试样质量(mm)
9.5	200	26.5	3 000
13.2	500	31.5	5 000
16.0	1 000	37.5	7 500
19.0	1 500	50	15 000

4.试验步骤

(1)将两部分的试样置于4.75mm或9.5mm筛上,用水冲洗,至干净为止,用烘箱烘干至恒重,冷却,准确称重至1g。

(2)将试样摊开在面积足够大的平面上,以符合$A_f > 0.25 X_{max}$要求的面作为破碎面,逐颗目测判断挑出具有一个以上破碎面的破碎砾石,以及肯定没有破碎面的砾石分别堆放成2堆,将难以判断是否满足一个破碎面定义的砾石另堆成1堆。

(3)分别对3堆集料称重,计算难以判断是否满足一个破碎面定义的砾石试样占集料总量的百分率,若其大于15%,则应从中再次仔细挑拣,直至此部分比例小于15%为止。重新称量,计算各部分的百分率。

(4)重复(2)及(3)的步骤,从具有一个以上破碎面的破碎砾石中挑出具有两个以上破碎面的破碎砾石以及只有一个破碎面的砾石分别堆放成2堆,将难以判断是否满足两个破碎面定义的砾石堆成第3堆。计算第3堆集料占集料总量的百分率,复挑至此百分率小于15%为止。对各部分称量,计算各部分的百分率。

(5)每种试样需平行试验不少于两次。

5.计算

破碎砾石占集料总量的百分率按式(2-39)计算:

$$P = \frac{F + \dfrac{Q}{2}}{F + Q + N} \times 100 \tag{2-39}$$

式中:P——具有一个以上或两个以上破碎面砾石占集料总量的百分率(%);

F——满足一个或两个破碎面要求的集料的质量(g);

N——不满足一个或两个破碎面要求的集料的质量(g);

Q——难以判断是否满足具有一个或两个破碎面要求的集料的质量(g)。

(五)粗集料压碎值试验

1.目的及适用范围

集料压碎值用于衡量集料在逐渐增加的荷载下抵抗压碎的能力,是反映集料力学性质的指标,用以评定其在公路工程中的适用性。

2.仪具与材料

(1)石料压碎值试验仪:由内径150mm、两端开口的钢制圆形试筒、压柱和底板组成,其形状和尺寸见图2-8和表2-12。试筒内壁、压柱的底面及底板的上表面等与石料接触的表面都应进行热处理,使表面硬化,达到维氏硬度65℃并保持光滑状态。

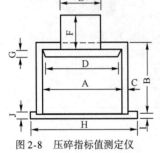

图2-8 压碎指标值测定仪

试筒、压柱和底板尺寸 表2-12

部 位	符 号	名 称	尺寸(mm)
试筒	A	内径	150 ± 0.3
	B	高度	125 ~ 128
	C	壁厚	≥12
压柱	D	压头直径	149 ± 0.2
	E	压杆直径	100 ~ 149
	F	压柱总长	100 ~ 110
	G	压头厚度	≥25
底板	H	直径	200 ~ 220
	I	厚度(中间部分)	6.4 ± 0.2
	J	边缘厚度	10 ± 0.2

(2)金属棒:直径10mm,长450~600mm,一端加工成半球形。

(3)天平:称量2~3kg,感量不大于1g。

(4)标准筛:筛孔尺寸13.2mm、9.5mm、2.36mm的方孔筛各一个。

(5)压力机:500kN,应能在10min内达到400kN。

(6)金属筒:圆柱形,内径112.0mm,高179.4mm,容积1 767cm^3。

3. 试验准备

(1)采用风干集料用 13.2mm 和 9.5mm 标准筛过筛,取 9.5～13.2mm 的试样 3 组各 3 000g 供试验用。如过于潮湿需加热烘干,烘箱温度不得超过 100℃,烘干时间不超过 4h。试验前,集料应冷却至室温。

(2)每次试验的集料数量应满足按下述方法夯击后,集料在试筒内的深度为 100mm。

在金属筒中确定集料数量的方法如下:

将试样分 3 次(每次数量大体相同)均匀装入试模中,每次均将试样表面整平,用金属棒的半球面端从集料表面上均匀捣实 25 次。最后用金属棒作为直刮刀将表面仔细整平。称取量筒中试样(m_0),以相同质量的试样进行压碎值的平行试验。

4. 试验步骤

(1)将试筒安放在底板上。

(2)将要求质量的试样分 3 次(每次数量大体相同)均匀装入试模中,每次均将试样表面整平,用金属棒的半球面端从石料表面上均匀捣实 25 次。最后用金属棒作为直刮刀将表面仔细整平。

(3)将装有试样的试模放到压力机上,同时加压头放入试筒内集料面上,注意使压头摆平,勿楔挤试模侧壁。

(4)开动压力机,均匀地施加荷载,在 10min 左右的时间内达到总荷载 400kN,稳压 5s,然后卸荷。

(5)将试模从压力机上取下,取出试样。

(6)用 2.36mm 标准筛筛分经压碎的全部试样,可分几次筛分,均需筛到 1min 内无明显的筛出物为止。

(7)称取通过 2.36mm 筛孔的全部细料质量(m_1),准确至 1g。

5. 计算

石料压碎值按式(2-40)计算,精确至 0.1%。

$$Q'_a = \frac{m_1}{m_0} \times 100 \tag{2-40}$$

式中:Q'_a——石料压碎值(%);

m_0——试验前试样质量(g);

m_1——试验后通过 2.36mm 筛孔的细料质量(g)。

(六)粗集料磨耗试验(洛杉矶法)

1. 目的及适用范围

测定标准条件下粗集料抵抗摩擦、撞击的能力,以磨耗损失(%)表示。适用于各种等级规格集料的磨耗试验。

2. 仪具与材料

(1)洛杉矶磨耗试验机:圆筒内径 710mm±5mm,内侧长 510mm±5mm,两端封闭,投料口的钢盖通过紧固螺栓和橡胶垫与钢筒紧闭密封。钢筒的回转速率为 30～33r/min。

(2)钢球:直径约46.8mm,质量为390~445g,大小稍有不同,以便按要求组合成符合要求的总质量。

(3)台秤:感量5g。

(4)标准筛:符合要求的标准筛系列,以及筛孔为1.7mm的方孔筛一个。

(5)烘箱:能使温度控制在105℃±5℃范围内。

(6)容器:搪瓷盘等。

3.试验步骤

(1)将不同规格的集料用水冲洗干净,置烘箱中烘干至恒重。

(2)对所使用的集料,根据实际情况按表2-13选择最接近的粒级类别,确定相应的试验条件,按规定的粒级组成备料、筛分。其中水泥混凝土用集料宜采用A级粒度;对沥青路面及各种基层、底基层的粗集料,表中的16mm筛孔也可用13.2mm筛孔代替。对非规格材料,应根据材料的实际粒度,从表2-13中选择最接近的粒级类别及试验条件。

粗集料洛杉矶试验条件 表2-13

粒度类别	粒级组成(mm)	试样质量(g)	试样总质量(g)	钢球数量(个)	钢球总质量(g)	转动次数(r)	适用的粗集料	
							规格	公称粒径(mm)
A	26.5~37.5	1 250±25	5 000±10	12	5 000±25	500		
	19.0~26.5	1 250±25						
	16.0~19.0	1 250±10						
	9.5~16.0	1 250±10						
B	19.0~26.5	2 500±10	5 000±10	11	4 850±25	500	S6	15~30
	16.0~19.0	2 500±10					S7	10~30
							S8	10~25
C	9.5~16.0	2 500±10	5 000±10	8	3 330±20	500	S9	10~20
							S10	10~15
	4.75~9.5	2 500±10					S11	5~15
							S12	5~10
D	2.36~4.75	5 000±10	5 000±10	6	2 500±15	500	S13	3~10
							S14	3~5
E	63~75	2 500±50	10 000±100	12	5 000±25	1 000	S1	40~75
	53~63	2 500±50						
	37.5~53	5 000±50					S2	40~60
F	37.5~53	5 000±50	10 000±75	12	5 000±25	1 000	S3	30~60
	26.5~37.5	5 000±25					S4	25~50
G	26.5~37.5	5 000±25	10 000±50	12	5 000±25	1 000	S5	20~40
	19~26.5	5 000±25						

注:1.表中16mm也可用13.2mm代替。

2.A级适用于未筛碎石混合料及水泥混凝土用集料。

3.C级中S12可全部采用4.75~9.5mm颗粒5 000g;S9及S10可全部采用9.5~16mm颗粒5 000g。

4.E级中S2中缺63~75mm颗粒,可用53~63mm颗粒代替。

(3)分级称量(准确至5g),称取总质量(m_1),装入磨耗机圆筒中。
(4)选择钢球,使钢球的数量及总质量符合表2-13中规定。将钢球加入钢筒中,盖好筒盖,紧固密封。
(5)将计数器调整到零位,设定要求的回转次数,对水泥混凝土集料,回转次数为500r,对沥青混合料集料,回转次数应符合表2-13的要求。开动磨耗机,以30~33r/min转速转动至要求的回转次数为止。
(6)取出钢球,将经过磨耗后的试样从投料口倒入接受容器(搪瓷盘)中。
(7)将试样用1.7mm的方孔筛过筛,筛去试样中被撞击磨碎的细屑。
(8)用水冲干净留在筛上的碎石,置于105℃±5℃烘箱中烘干至恒重(烘干时间通常不少于4h),准确称量(m_2)。

4.计算

按式(2-41)计算粗集料洛杉矶磨耗损失,精确至0.1%。

$$Q = \frac{m_1 - m_2}{m_1} \times 100 \tag{2-41}$$

式中:Q——洛杉矶磨耗损失(%);
m_1——装入圆筒中试样质量(g);
m_2——试验后在1.7mm筛上洗净烘干的试样质量(g)。

粗集料的磨耗损失取两次平行试验结果的算术平均值为测定值,两次试验的差值应不大于2%,否则须重做试验。

(七)粗集料磨光值试验

1.目的及适用范围

集料磨光值是利用加速磨光机磨光集料,用摆式摩擦系数测定仪测定的集料经磨光后的摩擦系数值,以PSV表示。适用于各种粗集料的磨光值测定。

2.仪具与材料

(1)加速磨光试验机,如图2-9所示,应符合相关仪器设备的标准,由下列部分组成。

①传动机构:包括电机、同步齿轮等。
②道路轮:外径406mm,用于安装14块试件,能在周边夹紧,以形成连续的石料颗粒表面,转速320r/min±5r/min。
③橡胶轮:直径200mm,宽44mm,用于磨粗金刚砂的橡胶轮(标记C),用于磨细金刚砂的橡胶轮(标记X),轮胎初期硬度69IRHD±3IRHD。

注:橡胶轮过度磨损时(一般20轮次后)必须更换。

④磨料供给系统:用于存储磨料和控制溜砂量。
⑤供水系统。
⑥配重:包括调整臂、橡胶轮和配重锤。
⑦试模:8副。

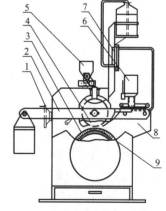

图2-9 加速磨光试验机
1-荷载调整系统;2-调整臂(配重);
3-道路轮;4-橡胶轮;5-细料储砂斗;
6-粗料储砂斗;7-供水系统;8-机体;
9-试件(14块)

⑧荷载调整机构:包括手轮、凸轮,能支撑配重,调节橡胶轮对道路轮的压力为725N±10N并保持使用过程中恒定。

⑨控制面板。

(2)摆式摩擦系数测定仪,简称摆式仪,如图2-10所示,应符合相关仪器设备的标准,由下列部分组成。

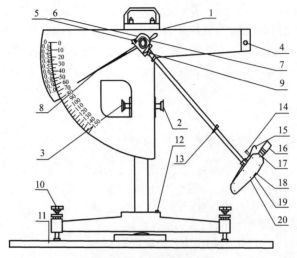

图2-10 摆式摩擦系数测定仪

1-紧固把手;2、3-升降把手;4-释放开关;5-转向节螺盖;6-调节螺母;7-针簧片或毡垫;8-指针;9-链接螺栓;10-调平螺栓;11-底座;12-水准泡;13-卡环;14-定位螺钉;15-举升柄;16-平衡锤;17-并紧螺母;18-滑溜块;19-橡胶片;20-止滑螺钉

①底座:由T形腿、调平螺钉和水准泡组成。

②立柱:由立柱、导向杆和升降机构组成。

③悬臂和释放开关:能挂住摆杆使之处于水平位置,并能释放摆杆使摆落下摆动。

④摆动轴心:连接和固定摆的位置,保证摆在摆动平面内能自由摆动。由摆动轴、轴承和紧固螺母组成。

⑤示数系统:指示摆值。

⑥摆头及橡胶片:它对摆动中心有规定力矩,对路面有规定压力,本身有前与后、左与右的力矩平衡,橡胶片尺寸为31.75mm×25.4mm×6.35mm。

(3)磨光试件测试平台:供固定试件及摆式摩擦系数测定仪用。

(4)天平:感量不大于0.1g。

(5)烘箱:装有温度控制器。

(6)黏结剂:能使集料与砂、试模牢固黏结,确保在试验过程中不致发生试件摇动或脱落,常用环氧树脂6101(E-44)及固化剂等。

(7)丙酮。

(8)砂:粒径小于0.3mm,洁净、干燥。

(9)金刚砂:30号(棕刚玉粗砂),280号(绿碳化硅细砂),用作磨料,只允许一次性使用,不得重复使用。

(10)橡胶石棉板:厚1mm。

(11)标准集料试样:由指定的集料产地生产的符合规格要求的集料,每轮两块,只允许使用一次,不得重复使用。

(12)其他:油灰刀、洗耳球、各种工具等。

3.试验准备

(1)试验前应按相关试验规程对摆式仪进行检查或标定。

(2)将集料过筛,剔除针片状颗粒,取9.5~13.2mm的集料颗粒用水洗净后置于温度为105℃±5℃的烘箱中烘干。

(3)将试模拼装并涂上脱模剂(或肥皂水)后烘干。安装试模端板时要注意使端板与模体齐平(使弧线平滑)。

(4)用清水淘洗小于0.3mm的砂,置于105℃±5℃的烘箱中烘干成为干砂。

(5)预磨新橡胶轮:新橡胶轮正式使用前要在安装好试件的道路轮上进行预磨,C轮用粗金刚砂预磨6h,X轮用细金刚砂预磨6h,然后方能投入正常试验。

4.试件制备

(1)排料:每种集料宜制备6~10块试件,从中挑选4块试件供两次平行试验用。将9.5~13.2mm集料颗粒尽量紧密地排列于试模中(大面、平面向下)。排料时应除去高度大于试模的不合格颗粒。采用4.75~9.5mm的粗集料进行磨光试验时,各道工序需更加仔细。

(2)吹砂:用小勺将干砂填入已排妥的集料间隙中,并用洗耳球轻轻吹动干砂,使之填充密实,然后再吹去多余的砂,使砂与试模台阶大致齐平,但台阶上不得有砂。用洗耳球吹动干砂时不得碰动集料,且不得使集料试样表面附有砂粒。

(3)配制环氧树脂砂浆:将固化剂与环氧树脂按一定比例(如使用6101环氧树脂时为1:4)配料,拌匀制成黏结剂,再与干砂按1:4.5~1:4的质量比拌匀制成环氧树脂砂浆。

(4)填充环氧树脂砂浆:用小油灰刀将拌好的环氧树脂砂浆填入试模中,并尽量填充密实,但不得碰动集料。然后用热油灰刀在试模上刮去多余的填料,并将表面反复抹平,使填充的环氧树脂砂浆与试模顶部齐平。

(5)养护:通常在40℃烘箱中养护3h,再自然冷却9h拆模;如在室温下养护,时间应更长,以使试件达到足够强度。有集料颗粒松动脱落,或有环氧树脂砂浆渗出表面时,试件应予废弃。

5.磨光试验

1)试件分组

每轮1次磨14块试件,每种集料为2块试件,有6种试验用集料和1种标准集料。

2)试件编号

在试件的环氧树脂砂浆衬背和弧形侧边上用记号笔对6种集料编号为1~12,1种集料赋以相邻两个编号,标准试件为13号、14号。

3)试件安装

按表2-14的序号将试件排列在道路轮上,其中1号位和8号位为标准试件。试件应将有标记的一侧统一朝外(靠活动盖板一侧),每两块试件间加垫一片或数片1mm厚的橡胶石棉板垫片,垫片与试件端部断面相仿,但略低于试件高度2~3mm。然后盖上道路轮外侧板,边拧螺钉边用橡胶锤敲打外侧板,确保试件与道路轮紧密配合,以避免磨光过程中试件断裂或松动。随后将道路轮安装在轮轴上。

试件在道路轮上的排列次序 表2-14

位置号	1	2	3	4	5	6	7	8	9	10	11	12	13	14
试件号	13	9	3	7	5	1	11	14	10	4	8	6	2	12

4)磨光过程操作

(1)试件的加速磨光应在室温20℃±5℃的房间内进行。

(2)粗砂磨光：

①把标记C的橡胶轮安装在调整臂上，盖上道路轮罩，下面置一积砂盘，给储水支架上的储水罐加满水，调节流量阀，使水流暂时中断。

②准备好30号金刚砂粗砂，装入专用储砂斗，将储砂斗安装在橡胶轮侧上方的位置上并接上微型电机电源，转动荷载调整手轮使凸轮转动，放下橡胶轮，使橡胶轮的轮辐完全压着道路轮上的集料试件表面。

③调节溜砂量：用专用接料斗在出料口接住溜出的金刚砂，同时开始计时，1min后移出料斗，用天平称出溜砂量，使流量为27g/min±7g/min，如不满足要求，应用调速按钮或采用调节储料斗控制闸板的方法调整。

④在控制面板上设定转数为57 600r，按下电源开关启动磨光机开始运转，同时按动粗砂调速按钮，打开储砂斗控制闸板，使金刚砂溜砂量控制为27g/min±7g/min。此时立即调节流量计，使水的流量达60mL/min。

⑤在试验进行1h和2h时磨光机自动停机(注意不要按下面板上的复零按钮和电源开关)，用毛刷和小铲清除箱体上和沉在机器底部积砂盘中的金刚砂，检查并拧紧道路轮上有可能松动的螺母，再启动磨光机，至转数显示屏上显示57 600r时，磨光机自动停机，所需的磨光时间约为3h。

⑥转动荷载调整手轮使凸轮托起调整臂，清洗道路轮和试件，除去所有残留的金刚砂。

(3)细砂磨光：

①卸下C标记橡胶轮，更换为X标记橡胶轮，按相同的方法安装。

②准备好280号金刚砂细砂，按与粗砂相同的方法装入专用储砂斗。

③调节溜砂量使流量为3g/min±1g/min。

④设定转数为57 600r，开始磨光操作，控制金刚砂溜砂量为3g/min±1g/min，水的流量达60mL/min。

⑤将试件磨2h后停机做适当清洁，检查并拧紧道路轮螺母，然后再启动磨光机至57 600r时自动停机。

⑥清理试件及磨光机。

5)磨光值测定

(1)在试验前2h和试验过程中应控制室温为20℃±2℃。

(2)将试件从道路轮上卸下并清洗试件，用毛刷清洗集料颗粒的间隙，去除所有残留的金刚砂。

(3)将试件表面向下放在18～20℃的水中2h，然后取出试件，按下列步骤用摆式摩擦系数测定仪测定磨光值。

①调零:将摆式仪固定在测试平台上,松开固定把手,转动升降把手使摆升高并能自由摆动,然后锁紧固定把手,转动调平旋钮,使水准泡居中,当摆从右边水平位置落下并拨动指针后,指针应指零。若指针不指零,应拧紧或放松指针调节螺母,直至空摆时指针指零。

②固定试件:将试件放在测试平台的固定槽内,使摆可在其上面摆过,并使涉及溜块居于试件轮迹中心。应使摆式仪摆头溜块在试件上的波动方向与试件在磨光机上橡胶轮的运行方向一致,即测试时试件上做标记的边背向测试者。

③测试:调节摆的高度,使滑溜块在试件上的滑动长度为76mm,用喷水壶喷洒清水润湿试件表面。将摆向右提起挂在悬臂上,同时用左手拨动指针使之与摆杆轴线平行。按下释放开关使摆回落向左运动,当摆达到最高位置后下落时,用左手将摆杆接住,读取指针所指位置上的值,记录测试结果,准确到0.1。

④一块试件重复测试5次,5次读数的最大值和最小值之差不得大于3。取5次读数的平均值作为该试件的磨光值读数(PSV_r)。标准试件的磨光值读数用PSV_{br}表示。

(4)一种集料重复测试2次,每次都需同时对标准集料试件进行测试。

6. 计算

(1)计算2次平行试验4块试件(每轮2块)的算术平均值PSV_{ra},精确到0.1。但4块试件的磨光值读数PSV_r的最大值与最小值之差不得大于4.7,否则试验作废,应重新试验。

$$PSV_{ra} = \frac{\sum PSV_{ri}}{4} \tag{2-42}$$

式中:$i = 1 \sim 4$,$\sum PSV_{ri}$为4块试件的磨光值读数。

(2)计算2次平行试验4块标准试件(每轮2块)的算术平均值PSV_{bra},准确到0.1。但4块标准试件的磨光值读数的平均值PSV_{bra}必须在46~52的范围内,否则试验作废,应重新试验。

(3)计算集料的PSV值,取整数。

$$PSV = PSV_{ra} + 49 - PSV_{bra} \tag{2-43}$$

(八)粗集料冲击值试验

1. 目的及适用范围

粗集料冲击值试验用以测定路面用粗集料抗冲击的性能,以击碎后小于2.36mm部分的质量百分率表示。

2. 仪具与材料

(1)冲击试验仪:形状及尺寸如图2-11所示,冲击锤的质量为13.75kg±0.05kg。

(2)量筒:内径76mm,内高51mm,壁厚3mm。

(3)冲击杯:内径102mm,内高50mm的圆形网筒,内侧表面经钢化处理。

(4)捣棒:钢棒,直径 10mm,长 230mm,一端为半球面。

(5)标准筛:筛孔尺寸 2.36mm、9.5mm、13.2mm 的方孔筛。

(6)天平:称量 1kg,感量不大于 0.1g。

(7)其他:小铲、浅盘、恒温箱、钢板、橡胶锤、毛刷等。

3. 试验准备

(1)使集料通过 13.2mm 及 9.5mm 的筛,取粒径为 9.5~13.2mm 的部分作为试样。

(2)将试样在空气中风干或在温度为 105℃±5℃ 的烘箱中烘干后冷却至室温,试样应不少于 1kg。

4. 试验步骤

(1)用铲将集料的 1/3 从量筒上方不超过 50mm 处装入量筒,用捣棒半球形端将集料捣实 25 次,每次捣实应从量筒上方不超过 50mm 处自由落下,落点应在集料表面均匀分布。用同样方法,再装入 1/3 集料并捣实,然后再装入另 1/3 集料并捣实。3 次盛料完成后,用捣棒在容器顶滚动,除去多余的集料,对阻碍棒滚动的集料用手除去,并外加集料填满空隙。

(2)将量筒中盛满的集料倒于天平中,称取集料质量(m)(准确到 0.1g),并以此进行试验。

(3)将冲击试验仪置于试验室坚硬地面上并在仪器底座下放置铸铁垫块。

(4)将称好的集料倒入仪器底座上的金属冲击杯中,并用捣杆单独捣实 25 次,以便压实。

(5)调整锤击高度,使冲击锤在集料表面以上 380mm±5mm。

(6)使锤自由落下连续锤击集料 15 次,每次锤击间隔不少于 1s。第一次锤击后,对落高不再调整。

(7)筛分和称量:

将杯中击碎的集料倒至洁净的浅盘上,并用橡胶锤锤击金属杯外面,用硬毛刷刷内表面,直至集料细颗粒全部落

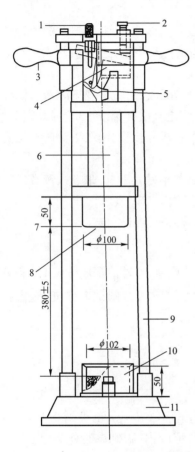

图 2-11 冲击试验仪(尺寸单位:mm)
1-卸机销钉;2-可调的卸机制动螺栓;3-手提把;4-冲击计数器;5-卸机钩;6-冲击锤;7-削角;8-钢化表面;9-冲击锤导杆;10-圆形钢筒内侧钢化表面;11-圆形机座

在浅盘上为止。

将冲击试验后的集料用 2.36mm 筛筛分,分别称取保留在 2.36mm 筛上及筛下的石屑质量(m_1、m_2),准确至 0.1g。如 $m_1 + m_2$ 与 m 之差超过 1g,则试验无效。

(8)用相同质量(m)的试样,进行第二次平行试验。

5. 计算

集料的冲击值按式(2-44)计算:

$$AIV = \frac{m_2}{m} \times 100 \qquad (2\text{-}44)$$

式中:AIV——集料的冲击值(%);

m——试样总质量(g);

m_2——冲击破碎后通过2.36mm筛的试样质量(g)。

(九)粗集料磨耗试验(道瑞试验)

1. 目的与适用范围

用于评定公路路面表层所用粗集料抵抗撞击及磨耗的能力。

2. 仪具与材料

(1)道瑞磨耗试验机:主要由直径不小于600mm的经过加工的圆形铸铁或钢研磨平板组成,圆平板(或称转盘)能以28~30r/min的速度做水平旋转。试验机装有转速计数器并配有下列配件。

①至少两个经过机加工的金属模子,用于制备试件。试模的端板可拆卸,其内部尺寸为91.5mm×53.5mm×16.0mm,公差均为±0.1mm。

②至少两个经过机加工的金属托盘,用于固定制备好的试件。盘子用5mm厚的低碳钢板制成,其内部尺寸为92.0mm×54.0mm×8.0mm,公差均为±0.1mm。

③至少两块用5mm厚低碳钢板通过机加工制成的平板(垫板),用于制备试件。其尺寸为115mm×75mm,公差均为0.1mm。

④托盘固定装置:两个托盘支架径向相对且长边转盘转动的方向一致。托盘在支架中应能纵向自由活动而在水平面内不能移动。

⑤两只配重:圆底,用于保证试件对转盘表面的压力。可调整自重以使试件、托盘和配重的总质量满足2kg±10g。

⑥溜砂装置和砂的清除及收集装置:这些装置能以700~900g/min的速率将砂连续不断地撒布在试件前面的转盘上,在通过试件之后再将砂清除并重新收集起来。

(2)标准筛:筛孔尺寸13.2mm、9.5mm、1.18mm、0.9mm、0.6mm、0.45mm、0.3mm的方孔筛。

(3)烘箱:要求能控温105℃±5℃。

(4)天平:感量不大于0.1g。

(5)磨料:石英砂,粒径0.3~0.9mm,其中0.45~0.6mm的含量不少于75%;应干燥而且未使用过。每块试件约需用石英砂3kg。

(6)胶结料:环氧树脂6010和固化剂793。在保证同等黏结性能的条件下可用其他型号代替。

(7)作为脱模剂的肥皂水和作为清洁剂的丙酮。

(8)细砂:0.1~0.3mm、0.1~0.45mm。

(9)其他:医用洗耳球、调剂匙、镊子、油灰刀、小毛刷、20mL量筒、100mL烧杯、电炉、小号医用托盘或其他容器。

3. 试样准备

(1)筛分试样,取9.5~13.2mm的部分用于制作试件。

(2)试样在使用前应清洗除尘,并保持表面干燥状态。加热干燥时,加热温度不得超过110℃,且必须在做试件前将其冷却至室温。

4. 试件制作

(1)试模准备。清洁试模,然后拧紧端板螺钉;在试模内表面用细毛刷涂刷少量肥皂水,将试模放在烘箱内烘干。

(2)排料。用镊子夹起集料,单层排放在试模内,且较平的面放在模底;试模中应排放尽可能多的粒料,在任何情况下集料颗粒都不得少于24粒;集料颗粒需具有代表性。

(3)吹砂。集料颗粒之间的空隙要用细砂(0.1~0.3mm)充填,充填高度约为集料颗粒高度的3/4。充填时先用调剂匙均匀撒布,然后再用洗耳球吹实找平,并吹去多余的砂。

(4)拌制环氧树脂砂浆。先将环氧树脂和固化剂搅匀,然后加入0.1~0.45mm干砂拌和均匀。砂浆按环氧树脂:固化剂:细砂=1g:0.25mL:3.8g的比例配制。两块试件约需环氧树脂30g,固化剂7.5mL,干细砂114g。

(5)填模成型。将拌制好的环氧树脂砂浆填入试模,尽量填充密实,但注意不可碰动排好的集料,然后用烧热的油灰刀在试模表面来回摸刮,使砂浆表面平整。

(6)养生。在垫板的一面涂上肥皂水,然后将填好砂浆的模子倒放在垫板上,以防砂浆渗到集料表面。常温下的养生时间一般为24h。

(7)拆模。拧松端板螺钉,卸下两个端板,用橡皮锤轻敲将试件取出。用刮刀或砂纸去除多余的砂浆,用细毛刷清除松散的砂。

5. 试验步骤

(1)分别称出2块试件的质量(m_1),准确至0.1g。在操作之前应使机器在溜砂状态下空转一圈,以便在转盘上留有一层砂。

(2)将2块试件分别放入2个托盘内,注意确保试件与托盘之间紧密配合。称出试件、托盘和配重的质量,并将合计质量调整到2kg±10g。

(3)将试件连同托盘放入磨耗机内,使其径向相对,试件中心到研磨转盘中心的距离为260mm,集料裸露面朝向转盘;然后将相应的配重放在试件上。

(4)以28~30r/min的转速转动转盘100r,同时将符合如上要求的研磨石英砂装入料斗,使其连续不断地溜在试件前面的转盘上。溜砂宽度要能覆盖整个试件的宽度,溜砂速率为700~900g/min(料斗溜砂缝隙为1.3mm)。

用橡胶刮片将砂清除出转盘,刮片的安装要使得橡胶边轻轻地立在转盘上,刮片宽度应与研磨转盘的外缘环部宽度相等。

(5)使集料斗中回收的砂过1.18mm的筛,重复数次,直至整个试验完成时废弃。

(6)取出试件,检查有无异常情况。

(7)重复上述步骤,再磨400r。可分4个100r重复4次磨完,也可连续一次磨完。在做连续磨时必须经常掀起磨耗机的盖子观察溜砂情况是否正常。

(8)转完500r后从磨耗机内取出试件,拿开托盘,用毛刷清除残留的砂,称出试件的质量(m_2),准确至0.1g。

如果由于集料易磨耗而磨到砂浆衬,要中断试验,记录转数。相反,有些非常硬的集料可能会划伤研磨盘,在这种情况下应对研磨转盘进行刨削处理。

6. 计算

每块试件的集料磨耗值按式(2-45)计算。

$$AAV = \frac{3(m_1 - m_2)}{\rho_s} \tag{2-45}$$

式中：AAV——集料的道瑞磨耗值；

m_1——磨耗前试件的质量(g)；

m_2——磨耗后试件的质量(g)；

ρ_s——集料的表干密度(g/cm³)。

用2块试件的试验平均值作为集料磨耗值，如果单块试件磨耗值与平均值之差大于后者的10%，则试验重做，并以4块试件的平均值作为集料磨耗值的试验结果。

第三节 细集料技术性质及其试验检测

细集料包括天然砂、人工砂及石屑等。天然砂是岩石在自然条件下风化形成的，因产源不同可分为河砂、山砂和海砂。河砂由于长时间经受水流冲刷，颗粒表面圆滑，比较洁净，质地较好，产源广；山砂颗粒表面粗糙有棱角，含泥和有机杂质多；海砂虽然具有河砂的特点，但常混有贝壳碎片和盐分等有害杂质。一般工程上多使用河砂，在缺乏河砂地区，可采用山砂或海砂，但在使用时必须按规定作技术检验。人工砂是指经人为加工处理得到的符合规格要求的细集料，造价较高，无特殊情况，多不采用这种砂。

一、细集料的技术性质

1. 物理常数

细集料的物理常数主要有表观密度、堆积密度和空隙率等，其含义与粗集料完全相同。细集料的物理常数的计算方法与粗集料相同。

2. 级配

级配是集料各级粒径颗粒的分配情况，砂的级配可通过筛分试验评定。对水泥混凝土用细集料可采用干筛法，如果需要也可采用水洗法筛分；对沥青混合料及基层用细集料必须用水洗法筛分。

筛分试验是将预先通过9.5mm筛(水泥混凝土用天然砂)或4.75mm筛(沥青路面及基层用的天然砂、石屑、机制砂等)的试样，称取500g，置于一套孔径为4.75mm、2.36mm、1.18mm、0.6mm、0.3mm、0.15mm、0.075mm的方孔筛上，分别求出试样存留在各筛上的筛余量，按下述方法计算级配参数。

（1）分计筛余百分率

某号筛上的筛余量占试样总量的百分率，按式(2-46)计算。

$$a_i = \frac{m_i}{M} \times 100 \tag{2-46}$$

式中：a_i——某号筛的分计筛余百分率(%)；

m_i——存留在某号筛的质量(g)；

M——试样总质量(g)。

(2)累计筛余百分率

某号筛的分计筛余百分率与大于该号筛的各筛的分计筛余百分率之总和,按式(2-47)计算。

$$A_i = a_1 + a_2 + \cdots + a_i \tag{2-47}$$

式中: A_i——累计筛余百分率(%);
a_1、a_2、$\cdots$、a_i——4.75mm、2.36mm、$\cdots$至计算的某号筛的分计筛余百分率(%)。

(3)通过百分率

通过某号筛的质量占试样总质量的百分率,亦即100与累计筛余百分率之差,按式(2-48)计算。

$$P_i = 100 - A_i \tag{2-48}$$

式中:P_i——通过百分率(%);
A_i——累计筛余百分率(%)。

3.粗度

粗度是评价细集料粗细程度的指标,通常用细度模数表示。细度模数按式(2-49)计算:

$$M_X = \frac{(A_{2.36} + A_{1.18} + A_{0.6} + A_{0.3} + A_{0.15}) - 5A_{4.75}}{100 - A_{4.75}} \tag{2-49}$$

式中: M_X——细度模数;
$A_{4.75}$、$A_{2.36}$、$\cdots$、$A_{0.15}$——4.75mm、2.36mm、$\cdots$、0.15mm各筛的累计筛余百分率(%)。

细度模数越大表示细集料越粗。砂的粗度按细度模数可分为下列三级:

$M_X = 3.1 \sim 3.7$ 粗砂
$M_X = 2.3 \sim 3.0$ 中砂
$M_X = 1.6 \sim 2.2$ 细砂

4.细集料的棱角性

细集料的棱角性由在一定条件下测定的空隙率表征。天然砂、人工砂和石屑等细集料的棱角性对沥青混合料的内摩擦角和抗变形能力及水泥混凝土的和易性有着显著的影响。当空隙率较大时,意味着细集料有着较大的内摩擦角。

5.含泥量和泥块含量

存在于集料中或包裹在集料颗粒表面的泥土会降低水泥的水化反应速度,妨碍集料与水泥(或沥青)间的黏结能力,显著影响混合料的整体强度与耐久性,应对其含量加以限制。

1)含泥量与石粉含量

含泥量是指集料中粒径小于0.075mm的颗粒含量,石粉含量是指人工砂中粒径小于0.075mm的颗粒含量,两者均按照式(2-50)计算。

$$Q_a = \frac{m_0 - m_1}{m_0} \times 100 \tag{2-50}$$

式中:Q_a——集料的含泥量和石粉含量(%);
m_0——试验前烘干集料试样的质量(g);
m_1——经筛洗后,0.075mm筛上烘干试样的质量(g)。

严格地讲,含泥量应是集料中的泥土含量,而采用筛洗法得到的粒径小于0.075mm的颗粒中实际上包含了矿粉、细砂与黏土成分,而筛洗法很难将这些成分加以区别,将通过0.075mm筛颗粒全都当作"泥土"的做法欠妥,因此,在《公路沥青路面施工技术规范》(JTG F40—2004)中,以"砂当量"代替含泥量指标,将筛洗法测定的结果称为小于0.075mm颗粒含量;在《建筑用砂》(GB/T 14684—2011)中,增加了"甲基蓝MB值"指标。

(1)砂当量 SE

砂当量用于测定细集料中所含黏性土及杂质的含量,判定集料的洁净程度,对集料中粒径小于0.075mm的矿粉、细砂与"泥土"加以区别,砂当量值越大表明小于0.075mm部分所含的矿粉和细砂比例越高。

(2)甲基蓝 MB 值

"甲基蓝 MB 值"用于判别人工砂中所含粒径≤0.075mm颗粒,是泥土还是与被加工母岩化学成分相同的石粉。"甲基蓝 MB 值"的测定是将≤2.36mm的人工砂试样200g与500mL水持续搅拌形成悬浮液,在悬浮液中加入5mL甲基蓝溶液,搅拌1min后,用玻璃棒蘸取一滴悬浮液,滴于滤纸上,观察沉淀物周围是否出现色晕,重复这个过程,直至沉淀物周围出现直径约1mm的稳定浅蓝色色晕,然后继续进行搅拌和沾染试验,至色晕可以持续5min。"甲基蓝 MB 值"按式(2-51)计算,精确至0.1。"甲基蓝 MB 值"较小时,表明粒径≤0.075mm颗粒主要是与母岩化学成分相同的石粉。

$$MB = \frac{V}{G} \times 10 \qquad (2\text{-}51)$$

式中:MB——甲基蓝值(g/kg),表示1kg人工砂试样(0~2.36mm)所消耗的甲基蓝克数;
G——试样质量(g);
V——所加入的甲基蓝溶液的总量(mL)。

为了缩短试验时间,可以采用甲基蓝快速试验。在悬浮液中一次加入30mL甲基蓝溶液持续搅拌8min后,用玻璃棒蘸取一滴悬浮液,滴于滤纸上,观察沉淀物周围是否出现明显色晕。若沉淀物周围出现明显色晕,则判定甲基蓝快速试验为合格;若沉淀物周围未出现明显色晕,则判定甲基蓝快速试验为不合格。

2)泥块含量

泥块含量是指细集料中原尺寸大于1.18mm,但经水浸洗、手捏后小于0.6mm的颗粒含量,按照式(2-52)计算。集料中的泥块主要以三种类型存在:由纯泥组成的团块;由砂、石屑与泥组成的团块;包裹在集料颗粒表面的泥。

$$Q_b = \frac{G_1 - G_2}{G_1} \times 100 \qquad (2\text{-}52)$$

式中:Q_b——集料的含泥量(%);
G_1——1.18mm筛上试样的质量(g);
G_2——1.18mm筛上试样经水洗后,0.6mm筛上烘干试样的质量(g)。

二、细集料技术性质检验

(一)含水率试验

1. 目的与适用范围

测定细集料的含水率。

2. 仪具与材料

(1)烘箱:能控温在105℃±5℃。
(2)天平:称量2kg,感量不大于2g。
(3)容器:浅盘等。

3. 试验步骤

由来样中各取约500g的代表性试样两份,分别放入已知质量(m_1)的干燥容器中称重,记下每盘试样与容器的总质量(m_2),将容器连同试样放入温度为105℃±5℃的烘箱中烘干至恒重,称烘干后的试样与容器的总质量(m_3)。

4. 计算

按式(2-53)计算细集料的含水率,精确至0.1%。

$$w = \frac{m_2 - m_3}{m_3 - m_1} \times 100 \tag{2-53}$$

式中:w——细集料的含水率(%);
m_1——容器质量(g);
m_2——未烘干的试样与容器总质量(g);
m_3——烘干后的试样与容器总质量(g)。

以两次试验结果的算术平均值为测定值。

(二)含泥量试验(筛洗法)

1. 目的与适用范围

用于测定天然砂中粒径小于0.075mm的尘屑、淤泥和黏土的含量。不适用于人工砂、石屑等矿粉成分较多的细集料。

2. 仪具与材料

(1)天平:称量1kg,感量不大于1g。
(2)烘箱:能控温在105℃±5℃。
(3)标准筛:孔径为0.075mm及1.18mm的方孔筛。
(4)其他:筒、浅盘等。

3. 试样准备

将来样用四分法缩分至每份约1 000g,置于温度为105℃±5℃的烘箱中烘干至恒重,冷却至室温后,称取约400g(m_0)的试样两份备用。

4.试验步骤

(1)取烘干的试样一份置于筒中,并注入洁净的水,使水面高出砂面约200mm,充分拌和均匀后,浸泡24h,然后用手在水中淘洗试样,使尘屑、淤泥和黏土与砂粒分离,并使之悬浮水中,缓缓地将混浊液倒入1.18mm至0.075mm的套筛上,滤去小于0.075mm的颗粒。试验前筛子的两面应先用水湿润,在整个试验过程中注意避免砂粒丢失。

注:不得直接将试样放在0.075mm筛上用水冲洗,或者将试样放在0.075mm筛上后在水中淘洗,以避免误将小于0.075mm的砂颗粒当作泥冲走。

(2)再次加水于筒中,重复上述过程,直至筒内砂样洗出的水清澈为止。

(3)用水冲洗剩留在筛上的细粒,并将0.075mm筛放在水中(使水面略高出筛中砂粒的上表面)来回摇动,以充分洗除小于0.075mm的颗粒;然后将两筛上筛余的颗粒和筒中已经洗净的试样一并装入浅盘,置于温度为105℃±5℃的烘箱中烘干至恒重,冷却至室温,称取试样的质量(m_1)。

5.计算

砂的含泥量按式(2-54)计算,精确至0.1%。

$$Q_n = \frac{m_0 - m_1}{m_0} \times 100 \tag{2-54}$$

式中:Q_n——砂的含泥量(%);

m_0——试验前的烘干试样质量(g);

m_1——试验后的烘干试样质量(g)。

以两个试样试验结果的算术平均值作为测定值。两次结果的差值超过0.5%时,应重新取样进行试验。

(三)砂当量试验

1.目的与适用范围

测定天然砂、人工砂、石屑等各种细集料中所含的黏性土或杂质的含量,以评定集料的洁净程度。砂当量用SE表示。适用于公称最大粒径不超过4.75mm的集料。

2.仪具与材料

1)仪具

(1)透明圆柱试筒:如图2-12所示,透明塑料制,外径40mm±0.5mm,内径32mm±0.25mm,高度420mm±0.25mm。在距试筒底部100mm、380mm处刻画刻度线,试筒口配有橡胶瓶口塞。

(2)冲洗管:如图2-13所示,由一根弯曲的硬管组成,不锈钢或冷锻钢制,其外径为6mm±0.5mm,内径为4mm±0.2mm。管的上部装有一个开关,下部有一个不锈钢两侧带孔尖头,孔径为1mm±0.1mm。

(3)透明玻璃或塑料桶:容积5L,有一根虹吸管置于桶中,桶底面高出工作台约1m。

(4)橡胶管(或塑料管):长约1.5m,内径约5mm,同冲洗管联放在一起吸液用,配有金属夹,以控制冲洗液流量。

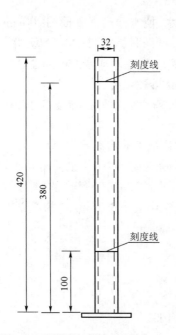

图 2-12 透明圆柱试筒(尺寸单位:mm)

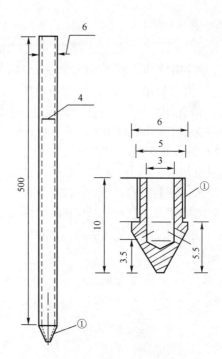

图 2-13 冲洗管(尺寸单位:mm)

(5)配重活塞:如图 2-14 所示,由长 440mm ± 0.25mm 的杆、直径 25mm ± 0.1mm 的底座(下面平坦、光滑、垂直杆轴)、套筒和配重组成。且在活塞上有 3 个横向螺丝,可保持活塞在试筒中间,并使活塞与试筒之间有一条小缝隙。

套筒为黄铜或不锈钢制,厚 10mm ± 0.1mm,大小适合试筒并且可引导活塞杆,能标记筒中活塞下沉的位置。套筒上有一个螺钉用以固定活塞杆。配重为 1kg ± 5g。

(6)机械振荡器:可以使试筒产生横向的直线运动振荡,振幅 203mm ± 1.0mm,频率 180 次/min ± 2 次/min。

(7)天平:称量 1kg,感量不大于 0.1g。

(8)烘箱:能使温度控制在 105℃ ± 5℃。

(9)秒表。

(10)标准筛:孔径为 4.75mm。

(11)温度计。

(12)广口漏斗:玻璃或塑料制,口的直径在 100mm 左右。

(13)钢板尺:长 50cm,刻度 1mm。

(14)其他:量筒(500mL)、烧杯(1L)、塑料桶(5L)、烧杯、刷子、盘子、刮刀、勺子等。

2)试剂

(1)无水氯化钙($CaCl_2$):分析纯,含量 96% 以上,分子量 110.99,纯品为无色立方结晶,在水中溶解度大,溶解时放出大量热,它的水溶液呈微酸性,具有一定的腐蚀性。

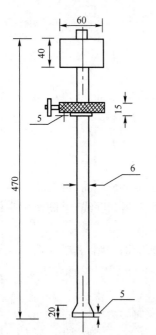

图 2-14 配重活塞(尺寸单位:mm)

(2)丙三醇($C_3H_8O_3$):又称甘油,分析纯,含量98%以上,分子量92.09。
(3)甲醛(HCHO):分析纯,含量36%以上,分子量30.03。
(4)洁净水或纯净水。

3.试验准备

1)试样制备

(1)将样品通过孔径4.75mm筛,去掉筛上的粗颗粒部分,试样数量不少于1 000g。如样品过分干燥,可在筛分之前加少量水分润湿(含水率为3%左右),用包橡胶的小锤打碎土块,然后再过筛,以防止将土块作为粗颗粒筛除。当粗颗粒部分被在筛分时不能分离的杂质裹覆时,应将筛上部分的粗集料进行清洗,并回收其中的细粒放入试样中。

注:在配制稀浆封层及微表处混合料时,4.75mm部分经常是由两种以上的集料混合而成,如由3~5mm和3mm以下石屑混合,或由石屑与天然砂混合组成,可分别对每种集料按本方法测定其砂当量,然后按组成比例计算合成的砂当量。为了减少工作量,通常做法是将样品按配比混合组成后过4.75mm筛,测定集料混合料的砂当量,以鉴定材料是否合格。

(2)测定试样含水率。试验用的样品,在测定含水率和取样试验期间不要丢失水分。

由于试样是加水湿润过的,测定试样含水率应按现行含水率测定方法进行,含水率以两次测定的平均值计,准确至0.1%。经过含水率测定的试样不得用于试验。

(3)称取试样的湿重。根据测定的含水率,按式(2-55)计算相当于120g干燥试样的样品湿重,准确至0.1g。

$$m_1 = \frac{120 \times (100 + w)}{100} \quad (2\text{-}55)$$

式中:w——集料试样的含水率(%);

m_1——相当于120g干燥试样的潮湿试样的质量(g)。

2)配制冲洗液

(1)根据需要确定冲洗液的数量,通常一次配制5L,大约可进行10次试验。如试验次数较少,可以按比例减少,但不宜少于2L,以减少试验误差。冲洗液的浓度以每升冲洗液中的氯化钙、甘油、甲醛含量分别为2.79g、12.12g、0.34g控制,则配制5L冲洗液的各种试剂的用量为:氯化钙14.0g;甘油60.6g;甲醛1.7g。

(2)称取无水氯化钙14.0g放入烧杯中,加洁净水30mL充分溶解,此时溶液温度会升高,待溶液冷却至室温,观察是否有不溶的杂质,若杂质必须用滤纸将溶液过滤以除去不溶的杂质。

(3)然后倒入适量洁净水稀释,加入甘油60.6g,用玻璃棒搅拌均匀然后再加甲醛1.7g,用玻璃棒搅拌均匀后全部倒入1L量筒中,并用少量洁净水分别对盛过3种试剂的器皿洗涤3次,每次洗涤的水均放入量筒中,最后加入洁净水至1L刻度线。

(4)将配制的1L溶液倒入塑料桶或其他容器中,再加入4L洁净水或纯净水稀释至5L±0.005L。该冲洗液的使用期限不得超过2周,超过2周后必须废弃,其工作温度为22℃±3℃。

注:有条件时,可向专门机构购买高浓度的冲洗液,按照要求稀释后使用。

4.试验步骤

(1)用冲洗管将冲洗液加入试管,直到最下面的100mm刻度处(约需80mL试验用冲洗液)。

(2)把相当于120g±1g干料重的湿样用漏斗仔细地倒入竖立的试筒中。

(3)用手掌反复敲打试筒下部,以除去气泡,并使试样尽快润湿,然后放置10min。

(4)在试样静止10min±1min后,在试筒上塞上橡胶塞堵住试筒,用手将试筒横向水平放置,或将试筒水平固定在振荡机上。

(5)开动机械振荡器,在30s±1s的时间内振荡90次。用手振荡时,仅需手腕振荡,不必晃动手臂,以维持振幅230mm±25mm,振荡时间和次数与机械振荡器同。然后将试筒取下竖直放回试验台上,拧下橡胶塞。

(6)将冲洗管插入试筒中,用冲洗液冲洗附在试筒壁上的集料,然后迅速将冲洗管插到试筒底部,不断转动冲洗管使附在集料表面的土粒杂质浮游上来。

(7)缓慢匀速向上拔出冲洗管,当冲洗管抽出液面,且保持液面位于380mm刻度线时,切断冲洗管的液流,使液面保持在380mm刻度线处,然后开动秒表,在没有扰动的情况下静置20min±15s。

(8)如图2-15所示,在静置20min后,用尺测量从试筒底部到絮状凝结物上液面的高度(h_1)。

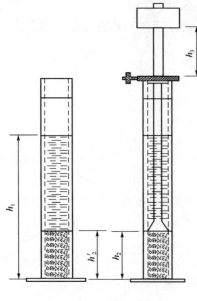

图2-15 读数示意图

(9)将配重活塞徐徐插入试筒里,直至碰到沉淀物时,立即拧紧套筒上的固定螺钉。将活塞取出,用直尺插入套筒开口中,量取套筒顶面至活塞底面的高度h_2,准确至1mm。同时记录试筒内的温度,准确至1℃。

(10)按上述步骤进行2个试样的平行试验。

注意:①为了不影响沉淀的过程,试验必须在无振动的水平台上进行。随时检查试验的冲洗管口,防止堵塞。

②由于塑料在太阳光下容易变成不透明,应尽量避免将塑料试筒等直接暴露在太阳光下。盛试验溶液的塑料桶用毕要清洗干净。

5. 计算

试样的砂当量值按式(2-56)计算。

$$SE = \frac{h_1}{h_2} \times 100 \quad (2-56)$$

式中:SE——试样的砂当量(%);

h_2——试筒中用活塞测定的集料沉淀物的高度(mm);

h_1——试筒中絮凝物和沉淀物的总高度(mm)。

一种集料应平行测定2次,取2个试样的平均值,并以活塞测得砂当量为准,以整数表示。

(四)泥块含量试验

1. 目的与适用范围

测定水泥混凝土用砂中颗粒大于1.18mm的泥块含量。

2. 仪具与材料

（1）天平：称量2kg，感量不大于2g。
（2）烘箱：能控温在105℃±5℃。
（3）标准筛：孔径为0.6mm及1.18mm。
（4）其他：洗砂用的筒及烘干用的浅盘等。

3. 试验准备

将来样用分料器法或四分法缩分至每份约2 500g，置于温度为105℃±5℃的烘箱中烘干至恒重，冷却至室温后，用1.18mm筛筛分，取筛上的砂约400g分为两份备用。

4. 试验步骤

（1）取试样一份200g（m_1）置于容器中，并注入洁净的水，使水面至少超出砂面约200mm，充分拌和均匀后，静置24h，然后用手在水中捻碎泥块，再把试样放在0.6mm筛上，用水淘洗至水清澈为止。

（2）筛余下来的试样应小心地从筛里取出，并在105℃±5℃的烘箱中烘干至恒重，冷却至室温后称量（m_2）。

5. 计算

砂中泥块含量按式(2-57)计算，精确至0.1%。

$$Q_k = \frac{m_1 - m_2}{m_1} \times 100 \tag{2-57}$$

式中：Q_k——砂中大于1.18mm的泥块含量（%）；

m_1——试验前存留于1.18mm筛上的烘干试样量（g）；

m_2——试验后的烘干试样量（g）。

取2次平行试验结果的算术平均值作为测定值，2次结果的差值如超过0.4%，应重新取样进行试验。

（五）有机质含量试验

1. 目的与适用范围

用于评定天然砂中的有机质含量是否达到影响水泥混凝土品质的程度。

2. 仪具与材料

（1）天平：感量不大于称量的0.01%。
（2）量筒：250mL、100mL和10mL。
（3）氢氧化钠溶液：氢氧化钠与洁净水的质量比为3∶97。
（4）鞣酸、酒精等。
（5）其他：烧杯、玻璃棒和孔径为4.75mm的方孔筛。

3. 试验准备

（1）试样制备：筛去试样中4.75mm以上的颗粒，用分料器法或四分法缩分至约500g，风干备用。

(2)标准溶液的配置方法:取2g鞣酸粉溶解于98mL 10%酒精溶液中,即得所需的鞣酸溶液。然后取该溶液2.5mL注入97.5mL浓度为3%的氢氧化钠溶液中,加塞后剧烈摇动,静置24h即得标准溶液。

4.试验步骤

(1)向250mL量筒中倒入试样至103mL刻度处,再注入浓度为3%的氢氧化钠溶液至200mL刻度处,剧烈摇动后静置24h。

(2)比较试样上部溶液和新配制标准溶液的颜色。盛装标准溶液与盛装试样的量筒规格应一致。

(3)若试样上部的溶液颜色浅于标准溶液的颜色,则试样的有机质含量鉴定合格;如两种溶液的颜色接近,则应将该试样(包括上部溶液)倒入烧杯中,再将烧杯放在温度为60~70℃的水槽锅中加热2~3h,然后再与标准溶液比色。

如溶液的颜色深于标准色,则应按下法做进一步试验:

取试样一份,用3%氢氧化钠溶液洗除有机杂质,再用洁净水淘洗干净,至试样用比色法试验时溶液的颜色浅于标准色,然后用经洗除有机质和未洗除有机质的试样以相同的配合比分别配成流动性基本相同的两种水泥砂浆,测定其7d和28d的抗压强度,如未经洗除砂的砂浆强度不低于经洗除有机质后的砂的砂浆强度的95%,则此砂可以采用。

(六)云母含量试验

1.目的与适用范围

测定砂中云母的近似含量。

2.仪具与材料

(1)放大镜(5倍左右)。

(2)钢针。

(3)天平:称量100g,感量不大于0.01g。

3.试验步骤

称取经缩分的试样50g,在温度为105℃±5℃的烘箱中烘干至恒重,冷却至室温后,先筛去大于4.75mm和小于0.3mm的颗粒,然后根据砂的粗细不同称取试样10~20g(m_0),放在放大镜下观察,用钢针将砂中所有云母全部挑出,称量所挑出的云母质量(m_1)。

4.计算

砂中云母含量按式(2-58)计算,精确至0.1%。

$$Q_e = \frac{m_1}{m_0} \times 100 \tag{2-58}$$

式中:Q_e——砂中云母质量(%);

m_0——烘干试样质量(g);

m_1——挑出的云母质量(g)。

(七)轻物质含量试验

1. 目的与适用范围

测定砂中轻物质近似含量。

2. 仪具与材料

(1)烘箱:能控温在105℃±5℃。

(2)天平:称量1 000g,感量不大于0.1g。

(3)玻璃仪器:量杯(1 000mL)、量筒(250mL)、烧杯(150mL)。

(4)比重计:测定范围1.0~2.0。

(5)网篮:内径和高度均约为70mm,网孔孔径不大于0.3mm(可用坚固性试验用的网篮,也可用孔径0.3mm的筛)。

(6)氯化锌:化学纯。

3. 试验准备

(1)称取经缩分的试样约800g,在105℃±5℃的烘箱中烘干至恒重,冷却后将大于4.75mm和小于0.3mm的颗粒筛去,然后称取每份约重200g的试样两份备用。

(2)配制相对密度为1.95~2.0的重液:向1 000mL的量杯中加水至600mL刻度处,再加入1 500g氯化锌,用玻璃棒搅拌使氯化锌全部溶解,待冷却至室温后(氯化锌在溶解过程中放出大量热量),将部分溶液倒入250mL量筒中测其相对密度。如溶液相对密度小于要求值,则将它倒回量杯,再加入氯化锌,溶解并冷却后测其相对密度,直至溶液相对密度达到要求数值为止。

4. 试验步骤

(1)将上述试样1份(m_0)倒入盛有重液(约500mL)的量杯中,用玻璃棒充分搅拌,使试样中轻物质与砂分离,静置5min后,将浮起的轻物质连同部分重液倒入网篮中。轻物质留在网篮中,而重液则通过网篮流入另一容器。倾倒重液时应避免带出砂粒,一般当重液表面与砂相距20~30mm时即停止倾倒。流出的重液倒回盛试样的量杯中,重复上述过程,直至无轻物质浮起为止。

(2)用清水洗净留存于网篮中的轻物质,然后将它倒入烧杯,在105℃±5℃的烘箱中烘干至恒重,用感量为0.01g的天平称量轻物质与烧杯的总质量(m_1)。

5. 计算

砂中轻物质的含量按式(2-59)计算,精确至0.1%。

$$Q_g = \frac{m_1 - m_2}{m_0} \times 100 \tag{2-59}$$

式中:Q_g——砂中轻物质的含量(%);

m_1——烘干的轻物质与烧杯的总质量(g);

m_2——烧杯的质量(g);

m_0——试验前烘干的试样质量(g)。

以2份试样试验结果的算术平均值作为测定值。

(八)膨胀率试验

1. 目的与适用范围

测定砂的膨胀率。

2. 仪具与材料

同砂的含水率试验和砂的堆积密度试验。

3. 试验步骤

(1)测定烘干砂的堆积密度(或紧装密度)。
(2)测定试样砂的堆积密度(或紧装密度)。
(3)测定相应状态砂的含水率。

4. 计算

砂的膨胀率按式(2-60)计算,精确至1%。

$$P = \frac{\rho_d(100+w)}{\rho_w} - 100 \tag{2-60}$$

式中:P——砂的膨胀率(%);

ρ_d——干砂堆积密度(kg/m³);

ρ_w——试样砂堆积密度(kg/m³);

w——试样砂含水率(%)。

以2次试验结果的算术平均值作为测定值。

(九)棱角性试验(间隙率法)

1. 目的与适用范围

一定量的细集料通过标准漏斗,装入标准容器中的间隙率,称为细集料的棱角性,以百分率表示。

适用于测定天然砂、人工砂、石屑等用于路面的细集料的棱角性,以预测细集料对沥青混合料的内摩擦角和抗流动变形性能的影响。

2. 仪具与材料

(1)细集料棱角性测定仪:如图2-16所示,上部为一个金属或塑料制的圆筒形容量瓶,容积不小于250mL,下面接一个高38mm金属制倒圆锥筒漏斗,角度为60°±4°,漏斗内部光滑,流出孔开口直径12.7mm±0.6mm。测定仪下方放置一个100mL的铜制接受容器,容器内径39mm,高86mm。此容器镶嵌在一块厚6mm的金属板上,容器与底板之间用环氧树脂填充固结。金属底板底部的正中央有一个凹坑,用以与底座位置对中。

(2)标准筛:孔径为4.75mm、2.36mm的方孔筛。

(3)天平:感量不大于0.1g。

(4)烘箱:能控温在105℃±5℃。

(5)玻璃板:60mm×60mm,厚4mm。

(6)刮尺:带刃直尺,长100mm,宽20mm。

(7)其他:搪瓷盘、毛刷等。

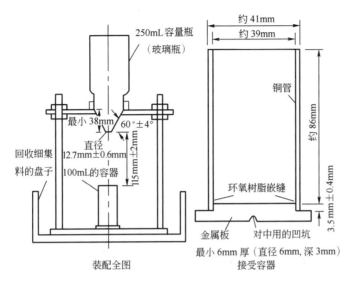

图 2-16 细集料棱角性测定装置

3.试验步骤

(1)称取细集料接受容器的干质量 m。

(2)在容器中加满水,称取圆筒加水的质量 m_1,标定容器的容积 $V = m_1 - m_0$,此时可忽略温度对水密度的影响。

(3)将现场取来的细集料试样,按照最大粒径的不同选择 2.36mm 或 4.75mm 的标准筛过筛,除去大于最大粒径的部分。通常对天然砂或 0~3mm 规格的机制砂、石屑采用 2.36mm 筛,对 0~5mm 机制砂、石屑可采用 4.75mm 筛。

(4)取约 2kg 试样放在搪瓷盘中,加水浸泡 24h,仔细淘洗,使泥土和粉尘悬浮在水中。分数次缓缓地将悬浮浊液通过 1.18mm、0.075mm 套筛,倒去悬浮的浑水,并用洁净的水冲洗集料,仔细冲走小于 0.075mm 部分。将 1.18mm 及 0.075mm 筛上部分均倒回搪瓷盘中,放入 105℃±5℃烘箱中烘干至恒重,冷却后适当拌和均匀,按分料器法或四分法称取 190g±1g 的试样不少于 3 份。

(5)将漏斗与圆筒接好,成一整体。在漏斗下方放置接受容器。用一小块玻璃板堵住开口处。

(6)将试样从圆筒中央上方(高度与筒顶齐平)徐徐倒入漏斗,表面尽量倒平。

(7)取走堵住漏斗开启门的小玻璃板。漏斗中的细集料随即通过漏斗开口处流出,进入接受容器中。

(8)用带刃的直尺轻轻刮平容器表面,不加任何振动。

(9)称取容器与细集料的总质量 m_2,准确至 0.1g。

(10)测定细集料的毛体积相对密度 γ_b。

(11)平行试验 3 次,以平均值作为细集料棱角性的试验结果。

4. 计算

按式(2-61)和式(2-62)计算容器中细集料的松装密度和间隙率,精确至小数点后 1 位,间隙率即为细集料的棱角性。

$$\gamma_{fa} = \frac{m_2 - m_0}{m_1 - m_0} \qquad (2\text{-}61)$$

$$U = \left(1 - \frac{\gamma_{fa}}{\gamma_b}\right) \times 100 \qquad (2\text{-}62)$$

式中:γ_{fa}——细集料的松装相对密度;
m_0——容器空质量(g);
m_1——容器与水的总质量(g);
m_2——容器与细集料的总质量(g);
U——细集料的间隙率,即棱角性(%);
γ_b——细集料的毛体积相对密度。

第四节 石灰技术性质及其试验检测

石灰是将主要成分为碳酸钙和碳酸镁的岩石经高温煅烧,逸出 CO_2 气体后得到的胶结材料,其主要成分是 CaO,其次是 MgO。石灰是一种气硬性无机胶结材料,就硬化条件而言,石灰只能在空气中硬化,其强度也只能在空气中保持并连续增长。石灰原料分布广,生产工艺简单,成本低廉,是土建工程中应用较广的材料之一,主要用于配制建筑砂浆,在道路工程中,以石灰稳定土、石灰工业废渣稳定土的形式应用于路面基层或垫层结构中。

一、石灰的技术性质

1. 有效氧化钙和氧化镁含量

石灰产生黏结性的有效成分是活性氧化钙和氧化镁,它们的含量是评价石灰质量的主要指标,其含量越高,活性越高,质量也越好。有效氧化钙、氧化镁的含量可用化学分析法测定。

2. 未消化残渣含量

生石灰经标准条件消解后,存留在 5mm 圆筛孔上的残渣含量(按百分率计)称为未消化残渣含量。未消化残渣含量综合反映石灰中过火石灰和欠火石灰的数量,未消解颗粒含量越多,表明石灰质量越差。

3. CO_2 含量

石灰中 CO_2 含量反映了石灰中欠火石灰的数量,CO_2 含量越高,表明石灰中未完全分解的碳酸钙比例越高,有效氧化钙、氧化镁含量越低,影响石灰的胶结能力。

4. 细度

细度与石灰的活性有关,石灰越细,其活性越大。石灰粉中较大的颗粒包括未消化的过火石灰、含有碳酸钙的欠火石灰等。现行标准以 0.9mm 和 0.125mm 的筛余百分率控制磨细石灰粉和消石灰粉的细度。

5.游离水含量

游离水是指消石灰粉中化学结合水以外的水,石灰消化的实际需水量约为理论需水量的 2 倍左右,多加的水残留于氢氧化钙中,在石灰的硬化过程中,这些水分的蒸发将引起体积显著收缩,易出现干缩裂缝,从而影响其使用质量。

二、石灰的技术标准

《公路路面基层施工技术细则》(JTG/T F20—2015)将生石灰和消石灰分别划为 3 个等级,见表 2-15。

石灰的技术标准　　　　　表 2-15

石灰品种	检测项目		钙质石灰			镁质石灰		
			Ⅰ	Ⅱ	Ⅲ	Ⅰ	Ⅱ	Ⅲ
生石灰	有效(CaO + MgO)含量(%)	≥	85	80	70	80	75	65
	未消化残渣含量(5mm 圆孔筛筛余)(%)	≤	7	11	17	10	14	20
消石灰	有效(CaO + MgO)含量(%)	≥	65	60	55	60	55	50
	含水率(%)	≤	4	4	4	4	4	4
	细度	0.90mm 方孔筛筛余 ≤	0	1	1	0	1	1
		0.125mm 方孔筛筛余 ≤	13	20	—	13	20	—

注:石灰中的有效氧化钙是指游离的氧化钙,它不同于总钙量,因为有效氧化钙不包括碳酸钙、硅酸钙以及其他钙盐中的钙。石灰中氧化钙的含量,以能溶解于蔗糖溶液中,并能与盐酸作用生成蔗糖钙的钙含量占石灰原试样的质量的百分比表示。

三、石灰技术指标检测

(一)有效氧化钙含量的测定

1.试验目的及适用范围

石灰的质量主要取决于有效氧化钙和氧化镁的含量,它们的含量越高,则石灰黏结力越好。适用于测定各种石灰的有效氧化钙含量。

2.仪器设备

(1)筛子:0.15mm,1 个。

(2)烘箱:50 ~ 250℃,1 台。

(3)干燥器:ϕ25cm,1 个。

(4)称量瓶:ϕ30mm × 50mm,10 个。

(5)瓷研钵:ϕ12 ~ 13cm,1 个。

(6)分析天平:量程不小于 50g,感量 0.000 1g,1 台。

(7)电子天平:量程不小于 500g,感量 0.01g,1 台。

(8)电炉:1 500W,1 个。

(9)石棉网:20cm × 20cm,1 块。

(10)玻璃球:φ3mm,1袋(0.25kg)。

(11)具塞三角瓶:250mL,20个。

(12)漏斗:短颈,3个。

(13)塑料洗瓶:1个。

(14)塑料桶:20L,1个。

(15)下口蒸馏水瓶:5 000mL,1个。

(16)三角瓶:300mL,10个。

(17)容量瓶:250mL、1 000mL,各1个。

(18)量筒:200mL、100mL、50mL、5mL,各1个。

(19)试剂瓶:250mL、1 000mL,各5个。

(20)塑料试剂瓶:1L,1个。

(21)烧杯:50mL,5个;250mL(或300mL),10个。

(22)棕色广口瓶:60mL,4个;250mL,5个。

(23)滴瓶:60mL,3个。

(24)酸滴定管:50mL,2支。

(25)滴定台及滴定管夹,各一套。

(26)大肚移液管:25mL、50mL,各1个。

(27)表面皿:7cm,10块。

(28)玻璃棒:8mm×250mm、4mm×180mm,各10支。

(29)试剂勺:5个。

(30)吸水管:8mm×150mm,5支。

(31)洗耳球:大、小各1个。

3.试剂

(1)蔗糖(分析纯)。

(2)酚酞指示剂:称取0.5g酚酞溶于50mL 95%乙醇中。

(3)0.1%甲基橙水溶液:称取0.05g甲基橙溶于50mL蒸馏水中。

(4)0.5N盐酸标准溶液:将42mL浓盐酸(相对密度1.19)稀释至1L,按下述方法标定其当量浓度后备用。

称取0.800~1.000g(准确至0.000 2g)已在180℃烘干2h的碳酸钠,置于250mL三角瓶中,加100mL水使其完全溶解;然后加入2~3滴0.1%甲基橙指示剂,用待标定的盐酸标准溶液滴定,至碳酸钠溶液由黄色变为橙红色;将溶液加热至沸腾,并保持微沸3min,然后放在冷水中冷却至室温,如此时橙红色变为黄色,则再用盐酸标准溶液滴定,至溶液出现稳定橙红色时为止。

盐酸标准溶液的当量浓度按式(2-63)计算:

$$N = \frac{Q}{V \times 0.053} \tag{2-63}$$

式中:N——盐酸标准溶液当量浓度;

Q——称取碳酸钠的质量(g);

V——滴定时消耗盐酸标准溶液的体积(mL);

0.053——无水碳酸钠的毫克当量。

4. 准备试样

(1)生石灰试样:将生石灰样品打碎,使颗粒不大于2mm。拌和均匀后用四分法缩减至200g左右,放入瓷研钵中研细。再经四分法缩减几次至剩下20g左右。研磨所得石灰样品,使通过0.10mm筛。从此细样中均匀选取10余克,置于称量瓶中在100℃烘干1h,储于干燥器中,供试验用。

(2)消石灰试样:将消石灰样品用四分法缩减至10余克左右。如有大颗粒存在需在瓷研钵中磨细至无不均匀颗粒存在为止。置于称量瓶中在105~110℃烘干1h,储于干燥器中,供试验用。

5. 试验步骤

(1)称取约0.5g(用减量法称,准确至0.000 5g)试样,放入干燥的250mL具塞三角瓶中,取5g蔗糖覆盖在试样表面,投入干玻璃珠15粒。迅速加入新煮沸并已冷却的蒸馏水50mL,立即加塞振荡15min(如有试样结块或粘于瓶壁现象,则应重新取样)。

(2)打开瓶塞,用水冲洗瓶塞及瓶壁,加入2~3滴酚酞指示剂,以0.5N盐酸标准溶液滴定(滴定速度以每秒2~3滴为宜),至溶液的粉红色显著消失并在30s内不再复现即为终点。

(3)读出中和后盐酸滴定管的读数,减去初读数,即为实际消耗的盐酸体积(mL)。

6. 试验结果计算整理

有效氧化钙的百分含量(X_1)按式(2-64)计算:

$$X_1 = \frac{V \times N \times 0.028}{G} \times 100 \tag{2-64}$$

式中:V——滴定时消耗盐酸标准溶液的体积(mL);

0.028——氧化钙毫克当量;

G——试样质量(g);

N——盐酸标准溶液的当量浓度。

对同一石灰样品,至少应对2个试样进行两次测定,并取2次测定结果的平均值作为最终结果。

(二)氧化镁的测定

1. 试验目的及适用范围

适用于测定各种石灰的总氧化镁含量。

石灰中有效氧化钙和氧化镁含量越高,石灰黏结力越好。按氧化镁含量,可将石灰划分为钙质石灰或镁质石灰。

2. 仪器设备

同有效氧化钙的测定。

3. 试剂

(1)1:10 盐酸:将1体积盐酸(相对密度1.19)以10体积蒸馏水稀释。

(2)氢氧化铵—氯化铵缓冲溶液(pH = 10):将67.5g氯化铵溶于300mL无二氧化碳蒸馏

水中,加浓氢氧化铵(相对密度0.90)570mL然后用水稀释至1 000mL。

(3)酸性铬兰 K—萘酚绿 B(1∶2.5)混合指示剂:称取0.3g酸性铬兰 K 和0.75g萘酚绿 B 与50g已在105℃烘干的硝酸钾混合研细,保存于棕色广口瓶中。

(4)EDTA 二钠标准溶液:将10g EDTA 二钠溶于温热蒸馏水中,待全部溶解并冷却至室温后,用水稀释至1 000mL。

(5)氧化钙标准溶液:精确称取1.784 8g在105℃烘干(2h)的碳酸钙(优级纯),置于250mL烧杯中,盖上表面皿,从杯嘴缓慢滴加1∶10盐酸100mL,加热溶解,待溶液冷却后,移入1 000mL容量瓶中,用新煮沸冷却后的蒸馏水稀释至刻度摇匀。此溶液每毫升相当于1mg氧化钙。

(6)20%的氢氧化钠溶液:将20g氢氧化钠溶于80mL蒸馏水中。

(7)钙指示剂:将0.2g钙试剂羟酸钠和20g已在105℃烘干的硫酸钾混合研细,保存于棕色广口瓶中。

(8)10%酒石酸钾钠溶液:将10g酒石酸钾钠溶于90mL蒸馏水中。

(9)三乙醇胺(1∶2)溶液:将1体积三乙醇胺以2体积蒸馏水稀释摇匀。

4. EDTA 标准溶液与氧化钙和氧化镁关系的标定

精确吸取50mL氧化钙标准溶液置于300mL三角瓶中,用水稀释至100mL左右,然后加入钙指示剂约0.1g,以20%氢氧化钠溶液调整溶液碱度到出现酒红色,再过量加3~4mL,然后以 EDTA 二钠标准溶液滴定,至溶液由酒红色变成纯蓝色时为止。

EDTA 二钠标准溶液对氧化钙滴定度按式(2-65)计算。

$$T_{CaO} = \frac{CV_1}{V_2} \quad (2-65)$$

式中:T_{CaO}——EDTA 标准溶液对氧化钙的滴定度,即1mL EDTA 纳标准溶液相当于氧化钙的毫克数;

　　　C——1mL 氧化钙标准溶液含有氧化钙的毫克数,等于1;

　　　V_1——吸取氧化钙标准溶液体积(mL);

　　　V_2——消耗 EDTA 纳标准溶液体积(mL)。

EDTA 二钠标准溶液对氧化镁的滴定度(T_{MgO}),即1mL EDTA 二钠标准溶液相当于氧化镁的毫克数按式(2-66)计算。

$$T_{MgO} = T_{CaO} \times \frac{40.31}{56.08} = 0.72 T_{CaO} \quad (2-66)$$

5. 试验步骤

(1)采用与有效氧化钙测定相同的方法,用称量瓶称取约0.5g(准确至0.000 5g)试样,放入250mL烧杯中,用蒸馏水湿润,加30mL的1∶10盐酸,用表面皿盖住烧杯,加热近沸并保持微沸8~10min。用吸管吸取蒸馏水洗净表面皿,洗液冲入烧杯中。冷却后把烧杯内的沉淀及溶液移入250mL容量瓶中,加水至刻度,仔细摇匀静置。

(2)待溶液沉淀后,用移液管吸取25mL溶液,置于250mL三角瓶中,加50mL蒸馏水稀释。然后顺序加酒石酸钾钠溶液1mL、三乙醇胺溶液5mL,再加入氢氧化铵—氯化铵缓冲溶液10mL、酸性铬兰 K—萘酚绿 B 指示剂约0.1g,此时溶液呈酒红色。

(3)用EDTA二钠标准溶液滴定至溶液由酒红色变为纯蓝色即为滴定终点,记录EDTA标准溶液耗用体积V_1。

(4)再从前述同一容量瓶中,用移液管吸取25mL溶液,置于300mL三角瓶中,加150mL蒸馏水稀释。然后依次加入三乙醇胺溶液5mL、20%氢氧化钠溶液5mL,放入约0.1g钙指示剂。此时溶液呈酒红色。

(5)用EDTA二钠标准溶液滴定,直至溶液由酒红色变为纯蓝色即为滴定终点,记录耗用EDTA二钠标准溶液体积V_2。

6. 试验结果计算整理

氧化镁的百分含量X_2按式(2-67)计算:

$$X_2 = \frac{T_{MgO} \cdot (V_1 - V_2) \times 10}{G \times 1000} \times 100 \tag{2-67}$$

式中:T_{MgO}——EDTA二钠标准溶液对氧化镁的滴定度;

V_1——滴定钙、镁含量消耗EDTA二钠标准溶液体积(mL);

V_2——滴定钙消耗EDTA二钠标准溶液体积(mL);

10——总溶液对分取溶液的体积倍数;

G——试样质量(g)。

对同一石灰样品至少应对2个试样进行2次测定。取2次测定结果的平均值作为最终结果。

第五节　水泥技术性质及其试验检测

水泥是很重要的建筑材料,被广泛用于公路与桥梁工程中。经细磨成粉末状,加入适量水后成为可塑性的浆体,既能在空气中硬化,又能在水中硬化,并能将砂、石等材料牢固地胶结成具有一定强度的整体的水硬性胶凝材料,统称为水泥。

按其化学成分,水泥可分为硅酸盐类水泥、铝酸盐类水泥、硫铝酸盐类水泥、铁铝酸盐类水泥、氟铝酸盐类水泥等;按用途和性能,可分为通用水泥、专用水泥和特性水泥。通用水泥是指土木建筑工程中大量使用的具有一般用途的水泥,即硅酸盐水泥、普通硅酸盐水泥、矿渣硅酸盐水泥、火山灰质硅酸盐水泥、粉煤灰硅酸盐水泥、复合硅酸盐水泥6大品种水泥;专用水泥则指具有专门用途的水泥,如道路硅酸盐水泥、油井水泥、大坝水泥等;特性水泥是某种性能比较突出的一类水泥,如快硬硅酸盐水泥、膨胀水泥、抗硫酸盐硅酸盐水泥等。水泥品种虽然很多,但在路桥建筑中仍以应用硅酸盐类通用水泥为主。本节介绍通用硅酸盐水泥的技术性质及其指标的测试方法。

一、通用硅酸盐水泥的技术性质

1. 化学性质

测定水泥的化学指标主要是用于控制水泥中有害的化学成分不能超过一定的限量,否则即意味着对水泥性能和质量可能产生有害或潜在的影响。

(1) MgO 含量

在水泥熟料中,常含有少量未与其他矿物结合的游离氧化镁,它是高温煅烧时形成的方镁石结晶,水化速度很慢,通常要经历几个月甚至几年才明显水化,生成物氢氧化镁体积膨胀,在水泥石内产生膨胀应力,引起水泥的体积安定性不良。

(2) SO_3 含量

三氧化硫主要来自石膏或生产水泥的矿化剂。生产水泥时掺入适量石膏会起到缓凝的作用,但过量的石膏会引起硬化后水泥石体积膨胀,导致结构物破坏。

为保证水泥的使用质量,要求水泥中氧化镁、三氧化硫的含量不得超过规定限量。

(3) 烧失量

烧失量是指水泥在一定温度、时间内加热后烧失的数量,水泥煅烧不佳或受潮后,都会导致烧失量增加。

(4) 不溶物

不溶物是指水泥在盐酸中溶解保留下来的不溶性残留物,不溶物过多,将影响水泥的活性。

(5) 碱含量

水泥熟料中含有少量的碱性氧化物(Na_2O 及 K_2O),会与集料中的活性 SiO_2 或活性碳酸盐发生化学反应,其生成物附着在集料与水泥石的界面上,遇水膨胀,可引起水泥石胀裂,破坏混凝土结构,这种反应称为碱集料反应。

水泥中碱含量按 $Na_2O + 0.658K_2O$ 计算值表示。若使用活性集料,用户要求提供低碱水泥时,水泥中的碱含量应不大于 0.60% 或由供需双方商定。

通用硅酸盐水泥的化学指标要求见表 2-16。

通用硅酸盐水泥化学指标要求 表 2-16

品 种	代号	不溶物(质量分数)	烧失量(质量分数)	三氧化硫(质量分数)	氧化镁(质量分数)	氯离子(质量分数)
硅酸盐水泥	P·Ⅰ	≤0.75	≤3.0	≤3.5	≤5.0	≤0.06
	P·Ⅱ	≤1.50	≤3.5			
普通硅酸盐水泥	P·O	—	≤5.0			
矿渣硅酸盐水泥	P·S·A	—	—	≤4.0	≤6.0	
	P·S·B	—	—		—	
火山灰质硅酸盐水泥	P·P			≤3.5	≤6.0	
粉煤灰硅酸盐水泥	P·F					
复合硅酸盐水泥	P·C					

注:1. 如果水泥压蒸试验合格,则水泥中氧化镁的含量(质量分数)允许放宽至 6.0%。
 2. 如果水泥中氧化镁的含量(质量分数)大于 6.0%,需进行水泥压蒸安定性试验并合格。
 3. 当有更低要求时,该指标由买卖双方协商确定。

2. 物理性质

(1) 细度

细度是指水泥颗粒的粗细程度。一般情况下,水泥颗粒越细,其总表面积越大,与水反应时接触的面积也越大,水化反应速度就越快,所以相同矿物组成的水泥,细度越大,凝结硬化速度越快,早期强度越高。一般认为,水泥颗粒粒径小于$40\mu m$时才具有较大的活性。但水泥颗粒太细,在空气中的硬化收缩也较大,使混凝土发生裂缝的可能性增加,此外,水泥颗粒细度提高会导致粉磨能耗增加,生产成本提高。为充分发挥水泥熟料的活性,改善水泥性能,同时考虑能耗的节约,要合理控制水泥细度。水泥细度可用下列方法表示:

①筛析法:以$80\mu m$或$45\mu m$方孔筛上的筛余百分率表示。筛析法分负压筛法和水筛法两种,鉴定结果发生争议时,以负压筛法为准。

②比表面积法:以每千克水泥所具有的总表面积(m^2)表示。比表面积采用勃氏法测定。

我国现行国家标准《通用硅酸盐水泥》(GB 175—2007)规定,硅酸盐水泥和普通硅酸盐水泥的细度以比表面积表示,不小于$300m^2/kg$;矿渣硅酸盐水泥、火山灰质硅酸盐水泥、粉煤灰硅酸盐水泥和复合硅酸盐水泥以筛余量表示,$80\mu m$方孔筛筛余不大于10%或$45\mu m$方孔筛筛余不大于30%。

(2)标准稠度用水量

在测定水泥的凝结时间和安定性时,为使其测定结果具有可比性,必须采用标准稠度的水泥净浆进行测定。现行国家标准《水泥标准稠度用水量、凝结时间、安定性检验方法》(GB/T 1346—2011)规定,以标准法维卡仪的试杆沉入净浆距底板的距离为$6mm\pm1mm$时的水泥浆的稠度作为标准稠度。水泥净浆达到标准稠度时所需的拌和水量称为标准稠度用水量。

(3)凝结时间

凝结时间是指水泥从加水时至水泥浆失去可塑性所需的时间。凝结时间分为初凝时间和终凝时间。初凝时间是从水泥加水时至水泥浆开始失去可塑性所经历的时间;终凝时间是从水泥加水时至水泥浆完全失去可塑性所经历的时间。凝结时间以试针沉入水泥标准稠度净浆至一定深度所需的时间表示。现行国家标准规定:将标准稠度的水泥净浆装入凝结时间测定仪的试模中,以标准试针(分初凝用试针和终凝用试针)测试。当试针沉至距底板$4mm\pm1mm$时,为水泥达到初凝状态,由水泥加水时至达到初凝状态所经历的时间作为初凝时间;完成初凝时间测定后,将试模连同浆体翻转180°,换上终凝试针(终凝针上装有一个环形附件),当试针沉入试体0.5mm时,即环形附件开始不能在试体上留下痕迹时,为水泥达到终凝状态,由水泥加水时至达到终凝状态所经历的时间作为水泥的终凝时间。

水泥的凝结时间,对水泥混凝土的施工具有十分重要的意义。水泥的初凝时间不宜过短,以便在施工过程中有足够的时间对混凝土进行搅拌、运输、浇筑和振捣等操作;终凝时间不宜过长,以使混凝土能尽快硬化,产生强度,提高模具周转率,加快施工进度。我国现行国标规定,硅酸盐水泥初凝不得早于45min,终凝不得迟于390min;普通硅酸盐水泥、矿渣硅酸盐水泥、火山灰质硅酸盐水泥、粉煤灰硅酸盐水泥和复合硅酸盐水泥初凝不得早于45min,终凝不得迟于600min。

(4)体积安定性

水泥的体积安定性是指水泥在凝结硬化过程中体积变化的均匀程度。各种水泥在凝结硬化过程中,都可能产生不同程度的体积变化。如果这种体积变化是轻微的、均匀的,则对建筑物的质量没什么影响,但是如果混凝土硬化后,由于水泥中某些有害成分的作用,在水泥石内部产生了剧烈的、不均匀的体积变化,则会在建筑物内部产生破坏应力,导致建筑物强度降低。若破坏应力发展到超过建筑物的强度,则会引起建筑物开裂、崩塌等严重质量事故,这种现象称为水泥的体积安定性不良。引起水泥体积安定性不良的主要原因是水泥熟料中游离氧化钙或氧化镁含量过高,以及石膏掺量过多而导致水泥中的三氧化硫含量偏高。

国家标准规定,硅酸盐水泥的体积安定性用沸煮法检验必须合格。沸煮法分雷氏法(标准法)和试饼法(代用法)两种。

(5)强度

强度是水泥技术要求中最基本的指标,它直接反映了水泥的质量水平和使用价值,水泥的强度越高,其胶结能力也越大。硅酸盐水泥的强度主要取决于熟料的矿物组成和水泥的细度,此外还与水灰比、试验方法、试验条件、养护龄期等因素有关。

我国现行标准《水泥胶砂强度检验方法(ISO法)》(GB 17671—1999)规定:将水泥、标准砂及水按规定的比例(水泥:标准砂:水 = 1:3:0.5),用规定方法制成 40mm × 40mm × 160mm 的标准试件,在标准条件下(24h 之内在温度 20℃ ±1℃,相对湿度不低于 90% 的养护箱或雾室内,24h 后在 20℃ ±1℃ 的水中)养护,测定其 3d 和 28d 的抗折强度和抗压强度。根据 3d、28d 的抗折强度和抗压强度划分水泥的强度等级。硅酸盐水泥强度等级分为 42.5、42.5R、52.5、52.5R、62.5、62.5R 六个等级;普通硅酸盐水泥强度等级分为 42.5、42.5R、52.5、52.5R 四个等级;矿渣水泥、火山灰水泥、粉煤灰水泥和复合水泥的强度等级分为 32.5、32.5R、42.5、42.5R、52.5、52.5R 六个等级;不同品种不同强度等级的通用硅酸盐水泥,各龄期的强度应符合表 2-17 的规定。

通用硅酸盐水泥的强度指标　　　　表 2-17

品　种	强度等级	抗压强度		抗折强度	
		3d	28d	3d	28d
硅酸盐水泥	42.5	≥17.0	≥42.5	≥3.5	≥6.5
	42.5R	≥22.0		≥4.0	
	52.5	≥23.0	≥52.5	≥4.0	≥7.0
	52.5R	≥27.0		≥5.0	
	62.5	≥28.0	≥62.5	≥5.0	≥8.0
	62.5R	≥32.0		≥5.5	
普通硅酸盐水泥	42.5	≥17.0	≥42.5	≥3.5	≥6.5
	42.5R	≥22.0		≥4.0	
	52.5	≥23.0	≥52.5	≥4.0	≥7.0
	52.5R	≥27.0		≥5.0	
矿渣硅酸盐水泥 火山灰硅酸盐水泥 粉煤灰硅酸盐水泥 复合硅酸盐水泥	32.5	≥10.0	≥32.5	≥2.5	≥5.5
	32.5R	≥15.0		≥3.5	
	42.5	≥15.0	≥42.5	≥3.5	≥6.5
	42.5R	≥19.0		≥4.0	
	52.5	≥21.0	≥52.5	≥4.0	≥7.0
	52.5R	≥23.0		≥4.5	

我国现行标准《通用硅酸盐水泥》(GB 175—2007)规定:水泥的初凝时间、安定性、强度和化学指标中的任何一项不满足要求,即为不合格品。

二、硅酸盐水泥技术性质检验

(一)水泥细度试验(负压筛法)

1. 目的与适用范围

细度指水泥颗粒的粗细程度。细度可用筛析法和比表面积法表示。现行国家标准规定:硅酸盐水泥比表面积大于 $300m^2/kg$,普通硅酸盐水泥、矿渣硅酸盐水泥、火山灰质硅酸盐水泥、粉煤灰水泥 $80\mu m$ 方孔筛筛余不得超过 10.0%。

通过细度检测,判断水泥颗粒的粗细程度。

2. 仪器设备

1)负压筛

(1)负压筛由圆形筛框和筛网组成,筛网为金属丝编织方孔筛,方孔边长 0.080mm,负压筛应附有透明筛盖,筛盖与筛上口应有良好的密封性。

(2)筛网应紧绷在筛框上,筛网和筛框接触处,应用防水胶密封,防止水泥嵌入。

2)负压筛析仪

(1)负压筛析仪由筛座、负压筛、负压源及收尘器组成,其中筛座由转速为 $30r/min \pm 2r/min$ 的喷气嘴、负压表、控制板、微电机及壳体等部分构成。

(2)负压源和收尘器,由功率600W 的工业吸尘器和小型旋风收尘筒或由其他具有相当功能的设备组成。

3)天平,最大称量为100g,分度值不大于0.05g。

3. 试验步骤

(1)水泥样品应充分拌匀,通过0.9mm 方孔筛,记录筛余物情况,要防止过筛时混进其他水泥。

(2)筛析试验前,应把负压筛放在筛座上,盖上筛盖,接通电源,检查控制系统,调节负压至 4 000~6 000Pa 范围内。

(3)称取试样25g,置于洁净的负压筛中,盖上筛盖,放在筛座上,开动筛析仪连续筛析2min,在此期间如有试样附着在筛盖上,可轻轻地敲击,使试样落下。筛毕,用天平称量筛余物。

(4)当工作负压小于 4 000Pa 时,应清理吸尘器内水泥,使负压恢复正常。

4. 结果计算

水泥试样筛余百分率 A 按式(2-68)计算:

$$A = \frac{m_0}{m} \times 100\% \qquad (2-68)$$

式中:m_0——水泥筛余物的质量(g);

m——水泥试样的质量(g)。

计算结果精确至 0.1%。

(二)水泥比表面积测定(勃氏法)

1. 目的与适用范围

测定水泥比表面积,用以评价水泥的质量。根据一定量的空气通过具有一定空隙率和固定厚度的水泥层时,所受阻力不同而引起流速的变化来测定水泥的比表面积。

2. 仪器设备

(1)Blaine 透气仪。由透气圆筒、压力计、抽气装置三部分组成。

①透气圆筒。内径为 12.70mm ± 0.05mm,由不锈钢制成。圆筒内表面的光洁度为 Δ6,圆筒的上口边应与圆筒主轴垂直,圆筒下部锥度应与压力计上玻璃磨口锥度一致,两者应严密连接。在圆筒内壁,距离圆筒上口边 55mm ± 10mm 处有一突出的宽度为 0.5 ~ 1mm 的边缘,以放置金属穿孔板。

②穿孔板。由不锈钢或其他不受腐蚀的金属制成,厚度为 0.1 ~ 1.0mm。在其面上,等距离地打有 35 个直径 1mm 的小孔,穿孔板应与圆筒内壁密合,穿孔板两平面应平行。

③捣器。由不锈钢制成,插入圆筒时,其间隙不大于 0.1mm。捣器的底面应与主轴垂直,侧面有一个扁平槽,宽度为 3.0mm ± 0.3mm。捣器的顶部有一个支持环,当捣器放入圆筒时,支持环与圆筒上口边接触,这时捣器底面与穿孔圆板之间的距离为 15.0mm ± 0.5mm。

④压力计。由外径为 9mm 具有标准厚度的玻璃管制成。压力计一个臂的顶端有一锥形磨口与透气圆筒紧密连接,在连接透气圆筒的压力计臂上刻有环形线。从压力计底部往上 280 ~ 300mm 处有一个出口管,管上装有一个阀门,连接抽气装置。

⑤抽气装置。用小型电磁泵,也可用抽气球。

(2)滤纸。采用中速定量滤纸。

(3)分析天平。感量为 1mg。

(4)计时秒表。可精确读到 0.5s。

(5)烘箱。

3. 材料

(1)压力计液体。压力计液体采用带有颜色的蒸馏水。

(2)基准材料。采用中国水泥质量监督检验中心制备的标准试样。

4. 仪器校准

(1)漏气检查

将透气圆筒上口用橡皮塞塞紧,接到压力计上。用抽气装置从压力计一臂中抽出部分气体,然后关闭阀门,观察是否漏气。如发现漏气,用活塞油脂加以密封。

(2)试料层体积的测定

将两片滤纸沿圆筒壁放入透气圆筒内,用一直径比透气圆筒略小的细长棒往下按,直到滤纸平整放在金属孔板上。装满水银,用一小块薄玻璃板轻压水银表面,使水银面与圆筒口平齐,并保证在玻璃板和水银表面之间没有气泡或空洞存在。从圆筒中倒出水银,称量,精确至 0.05g。重复几次测定,到数值基本不变为止。从圆筒中取出一片滤纸,装入约 3.3g 水泥,用捣器压实水泥层,垫一片滤纸,再压至捣器压不下去为止。再在圆筒上部空间注入水银,同上述方法除去气泡、压平、倒出水银称量,重复几次,直到水银称量值相差小于50mg为止。应制备坚实的水泥层。如太松或水泥不能压到要求体积,应调整水泥的试用量。

圆筒内试料层体积 V 按式(2-69)计算,精确到 0.005cm^3。

$$V = \frac{m_1 - m_2}{\rho} \times 10^{-6} \tag{2-69}$$

式中:V——试料层体积(m^3);
m_1——未装水泥时,充满圆筒的水银质量(g);
m_2——装水泥后,充满圆筒的水银质量(g);
ρ——试验温度下水银的密度(g/mL)。

5. 试验步骤

(1)将水泥试样过0.9mm方孔筛,在110℃±5℃下烘干,并在干燥器中冷却至室温。将冷却到室温的标准试样,倒入100mL的密闭瓶内,用力摇动2min,将结块成团的试样振碎,使试样松散。静置2min后,打开瓶盖,轻轻搅拌,使在松散过程中落到表面的细粉分布到整个试样中。

(2)校正试验用的标准试样量和被测定水泥的质量,以试料层中的空隙率为50%±0.5%为准,按式(2-70)计算。

$$W = \rho \times V(1 - \varepsilon) \tag{2-70}$$

式中:W——需要的试样质量(kg),精确到1mg;
ρ——试样密度(kg/m^3);
V——试料层体积(m^3);
ε——试料层空隙率。

(3)将穿孔板放入透气圆筒的突缘上,用一根直径比圆筒略小的细棒把一片滤纸送到穿孔板上,边缘压紧。按确定的水泥量称取试样,精确到0.001g,装入圆筒。轻敲圆筒外壁,使水泥层表面平坦。再放入一片滤纸,用捣器均匀捣实试料直至捣器的支持环紧紧接触圆筒顶边并旋转两周,慢慢取出捣器。

(4)把装有试料层的透气圆筒连接到压力计上,要保证紧密连接不致漏气,并不振动所制备的试料层。

(5)打开微型电磁泵慢慢从压力计一臂中抽出空气,直到压力计内液面上升到扩大部下端时关闭阀门。当压力计内液体的弯月液面下降到第一个刻线时开始计时,当液体的弯月面下降到第二条线时停止计时,记录液面从第一条刻度线到第二条刻度线所需的时间。以秒记录,并记下试验时的温度(℃)。

6. 试验结果计算

(1)当被测物料的密度、试料层中空隙率与标准试样相同,试验时温度与校准温度差≤3℃时,按式(2-71)计算比表面积;试验时温度与校准温度差>3℃时,则按式(2-72)计算比表面积。

$$S_C = \frac{S_S\sqrt{T}}{\sqrt{T_S}} \tag{2-71}$$

$$S_\mathrm{C} = \frac{S_\mathrm{S} \sqrt{\eta_\mathrm{S}} \sqrt{T}}{\sqrt{\eta} \sqrt{T_\mathrm{S}}} \tag{2-72}$$

式中：S_C——被测试样的比表面积($\mathrm{m^2/kg}$)；

S_S——标准试样的比表面积($\mathrm{m^2/kg}$)；

T——被测试样试验时，压力计中液面从第一条刻度线下降到第二条刻度线所用的时间(s)；

T_S——标准试样试验时，压力计中液面从第一条刻度线下降到第二条刻度线所用的时间(s)；

η——被测试样试验温度下的空气黏度($\mathrm{Pa \cdot s}$)；

η_S——标准试样试验温度下的空气黏度($\mathrm{Pa \cdot s}$)。

(2)当被测试样的试料层中空隙率与标准试样试料层中空隙率不同，试验时温度与校准温度差≤3℃时，按式(2-73)计算比表面积；试验时温度与校准温度差＞3℃时，则按式(2-74)计算比表面积。

$$S_\mathrm{C} = \frac{S_\mathrm{S} \sqrt{T}(1-\varepsilon_\mathrm{S}) \sqrt{\varepsilon^3}}{\sqrt{T_\mathrm{S}}(1-\varepsilon) \sqrt{\varepsilon_\mathrm{S}^3}} \tag{2-73}$$

$$S_\mathrm{C} = \frac{S_\mathrm{S} \sqrt{\eta_\mathrm{S}} \sqrt{T}(1-\varepsilon_\mathrm{S}) \sqrt{\varepsilon^3}}{\sqrt{\eta} \sqrt{T_\mathrm{S}}(1-\varepsilon) \sqrt{\varepsilon_\mathrm{S}^3}} \tag{2-74}$$

式中：ε——被测试样试料层中的空隙率；

ε_S——标准试样试料层中的空隙率。

(3)当被测试样的密度和空隙率均与标准试样不同，试验时温度与校准温度差≤3℃时，按式(2-75)计算比表面积；试验时温度与校准温度差＞3℃时，则按式(2-76)计算比表面积。

$$S_\mathrm{C} = \frac{S_\mathrm{S}\rho_\mathrm{S} \sqrt{T}(1-\varepsilon_\mathrm{S}) \sqrt{\varepsilon^3}}{\rho \sqrt{T_\mathrm{S}}(1-\varepsilon) \sqrt{\varepsilon_\mathrm{S}^3}} \tag{2-75}$$

$$S_\mathrm{C} = \frac{S_\mathrm{S}\rho_\mathrm{S} \sqrt{\eta_\mathrm{S}} \sqrt{T}(1-\varepsilon_\mathrm{S}) \sqrt{\varepsilon^3}}{\rho \sqrt{\eta} \sqrt{T_\mathrm{S}}(1-\varepsilon) \sqrt{\varepsilon_\mathrm{S}^3}} \tag{2-76}$$

式中：ρ——被测试样的密度($\mathrm{g/cm^3}$)；

ρ_S——标准试样的密度($\mathrm{g/cm^3}$)。

(三)水泥标准稠度用水量试验(标准法)

1.目的与适用范围

检验水泥的凝结时间与体积安定性时，水泥净浆的稠度会影响试验结果，为使测定结果具有可比性，必须采用标准稠度的水泥净浆进行试验，水泥净浆达到标准稠度时所需的拌和水量称为标准稠度用水量。

水泥浆对标准试杆(或试锥)的沉入具有一定阻力。通过测定不同用水量时水泥净浆的穿透性,可以确定水泥标准稠度净浆中所需加入的水量。

2. 仪器设备

(1)标准法维卡仪:如图 2-17 所示,标准稠度测定用试杆[图 2-17c)]有效长度为 50mm ± 1mm,由 ϕ10mm ± 0.05mm 圆柱形耐腐蚀金属制成。

盛装水泥净浆的试模[图 2-17a)]应由耐腐蚀的、有足够硬度的金属制成。试模为深 40mm ± 0.2mm、顶内径 ϕ65mm ± 0.5mm、底内径 ϕ75mm ± 0.5mm 的截顶圆锥体。每只试模应配备一个边长或直径约 100mm,厚度 4～5mm 的平板玻璃底板或金属底板。

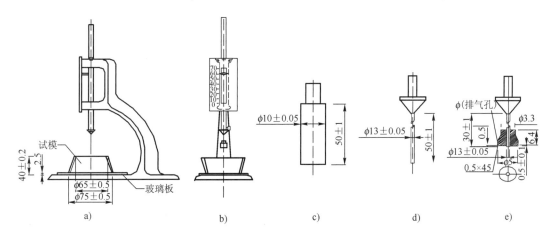

图 2-17 测定水泥标准稠度和凝结时间用的维卡仪(尺寸单位:mm)
a)初凝时间测定用立式试模的侧视图;b)终凝时间测定用反转试模的前视图;c)标准稠度试杆;d)初凝用试针;e)终凝用试杆

(2)净浆搅拌机。

(3)湿气养护箱:应使温度控制在 20℃ ± 1℃,相对湿度大于 90%。

(4)天平:可精确称量至 1g。

(5)量水器:最小刻度为 0.1mL,精度为 0.5mL。

3. 试验步骤

(1)仪器的校核和调整。检查维卡仪的金属棒能否自由滑动,试杆接触玻璃板时将指针对准零点,检查搅拌机是否运行正常。

(2)水泥净浆的拌制。用水泥净浆搅拌机搅拌,搅拌锅和搅拌叶片先用湿布擦过,将拌和水倒入搅拌锅内,然后在 5～10s 内小心将称好的 500g 水泥加入水中,防止水和水泥溅出;拌和时,先将锅放在搅拌机的锅座上,升至搅拌位置,启动搅拌机,低速搅拌 120s,停 15s,同时将叶片和锅壁上的水泥浆刮入锅中间,接着高速搅拌 120s 停机。

(3)标准稠度用水量的测定。拌和结束后,立即取适量水泥浆,一次性将其装入已置于玻璃底板上的试模中,浆体超过试模上端,用宽约 25mm 的直边刀轻轻拍打超出试模部分的浆体 5 次以排除浆体中的空隙,然后在试模上表面约 1/3 处,略倾斜于试模分别向外轻轻锯掉多余净浆,再从试模边沿轻抹顶部一次,使净浆表面光滑。在锯掉多余净浆和抹平的操作过程中,注意不要压实净浆,抹平为一刀抹平,最多不超过两刀;抹平后迅速将试模和底板移到维卡仪上,并将其中心定在试杆下,降低试杆直至与水泥净浆表面接触,拧紧螺钉1~2s后,突然放松,使试杆垂直自由沉入水泥净浆中。在试杆停止沉入或释放试杆30s时记录试杆距底板的距离,升起试杆后,立即擦净;整个操作应在搅拌后1.5min内完成。以试杆沉入净浆并距底板6mm±1mm的水泥净浆为标准稠度净浆,其拌和水量为该水泥的标准稠度用水量(P),以水泥质量的百分比计。

(四)水泥凝结时间测定

1. 目的与适用范围

凝结时间对水泥混凝土的施工具有重要意义,初凝太快,会给施工造成不便;终凝太慢,将影响施工进度。通过测定凝结时间,可掌握水泥使用时的适宜施工过程。凝结时间以试针沉入水泥标准稠度净浆至一定深度所需的时间表示。

2. 仪器设备

(1)标准法维卡仪:如图2-17所示,测定凝结时间时取下试杆,用试针[图2-17d)、e)]代替试杆。试针是钢制的圆柱体,其有效长度初凝针为50mm±1mm,终凝针为30mm±1mm,直径为$\phi1.13mm±0.05mm$。滑动部分的总质量为300g±1g。与试杆、试针连接的滑动杆表面应光滑,能靠重力自由下落,不得有紧涩和晃动现象。

(2)其他仪器同前。

3. 试验步骤

(1)测定前准备工作。调整凝结时间测定仪的试针接触玻璃板时,将指针对准零点。

(2)试件的制备。以标准稠度的水泥净浆一次装满试模,振动数次刮平,立即放入湿气养护箱中。记录水泥全部加入水中的时间作为凝结时间的起始时间。

(3)初凝时间的测定。试件在湿气养护箱中养护至加水后30min时进行第一次测定。测定时,从湿气养护箱中取出试模放到试针下,降低试针使其与水泥净浆表面接触,拧紧螺丝1~2s,突然放松,试针垂直自由地沉入水泥净浆。观察试针停止下沉或释放试针30s时指针的读数。当试针沉至距底板4mm±1mm时,认为水泥达到初凝状态,以水泥全部加入水中至初凝状态所经历时间为水泥的初凝时间,用"min"表示。

(4)终凝时间的测定。为了准确观测试针沉入的状况,在终凝针上安装一个环形附件[图2-17e)]。在完成初凝时间测定后,立即将试模连同浆体以平移的方式从玻璃板取下,翻转180°,直径大端向上、小端向下放在玻璃板上,再放入湿气养护箱中继续养护,临近终凝时间每隔15min测定一次,当试针沉入试体0.5mm时,即环形附件开始不能在试体上留下痕迹时,认为水泥达到终凝状态,以水泥全部加入水中至终凝状态所经历的时间为水泥的终凝时间,用"min"表示。

(5)测定时应注意,最初的测定操作时应用手轻轻扶持金属柱,使其徐徐下降,以防试针撞弯,但结果要以自由下落为准。在整个测试过程中试针沉入的位置至少要距试模内壁10mm,临近初凝时,每隔5min测定一次,临近终凝时每隔15min测定一次,到达终凝时,需要在试体另外两个不同点测试,结论相同时才能确定到达终凝状态。每次测定不能让试针落入原针孔,每次测试完毕需将试针擦净并将试模放回湿气养护箱内,整个测试过程要防止试模受振。

注:可以使用能得出与标准中规定方法相同结果的凝结时间自动测定仪,使用时不必翻转试体。

(五)水泥安定性试验

1. 目的与适用范围

用于检定由于游离氧化钙而引起水泥体积变化,以表示水泥体积安定性是否合格。安定性的测定有两种方法,即雷氏法和试饼法。雷氏法是标准法,试饼法为代用法,有争议时以雷氏法为准。

2. 仪器设备

(1)雷氏夹。由铜质材料制成,其结构如图 2-18 所示。当一根指针的根部先悬挂在一根金属丝或尼龙丝上,另一根指针的根部再挂上 300g 质量的砝码时,两根指针的针尖距离增加应在 17.5mm ± 2.5mm 范围之内,即 $2x = 17.5\text{mm} \pm 2.5\text{mm}$(图 2-19),当去掉砝码后针尖的距离应能恢复至挂砝码前的状态。

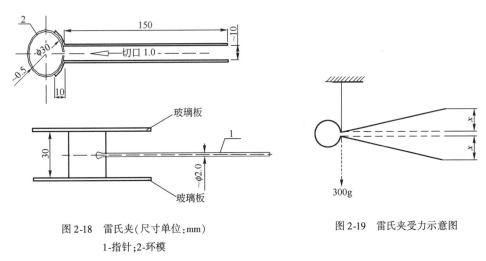

图 2-18 雷氏夹(尺寸单位:mm)
1-指针;2-环模

图 2-19 雷氏夹受力示意图

(2)雷氏夹膨胀值测定仪。如图 2-20 所示,标尺最小刻度为 0.5mm。

(3)沸煮箱。有效容积约为 410mm × 240mm × 310mm,箅板的结构应不影响试验结果,箅板与加热器之间的距离大于 50mm。箱的内层由不易锈蚀的金属材料制成,能在 30min ± 5min 内将箱内的试验用水由室温加热至沸腾并可以保持沸腾状态 3h 以上,整个试验过程中不需补充用水。

(4)玻璃板、抹刀、直尺。

(5)其他仪器设备与标准稠度用水量试验相同。

3. 试验步骤

1)雷氏法

(1)测定前的准备工作。每个试样需成型两个试件,每个雷氏夹需配备质量为 75~80g 的玻璃板两块,凡与水泥净浆接触的玻璃板表面和雷氏夹内表面都要稍稍涂上一层油。

(2)雷氏夹试件的成型。以标准稠度用水量加水,按水泥净浆的拌制方法制备标准稠度净浆。将预先准备好的雷氏夹放在已稍擦油的玻璃板上,并立即将已制备好的标准稠度净浆装满雷氏夹。装浆时一只手轻轻扶持雷氏夹,另一只手用宽约10mm的小刀插捣数次,然后抹平,盖上稍涂油的玻璃板,接着立即将试件移至湿气养护箱内养护24h±2h。

(3)沸煮。调整好沸煮箱内的水位,使之在整个沸煮过程中都能没过试件,不需中途添补试验用水,同时保证水温在30min±5min内能升至沸腾温度。

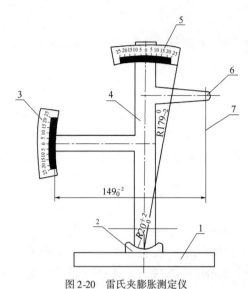

图2-20 雷氏夹膨胀测定仪
1-底座;2-模子座;3-测强性标尺;4-立柱;5-测膨胀值标尺;6-悬臂;7-悬丝

脱去玻璃板,取下试件,先测量雷氏夹指针尖端间的距离(A),精确到0.5mm,接着将试件放入沸煮箱水中的试件架上,指针朝上,试件之间互不交叉,30min±5min内加热至沸腾并恒沸3h±5min。

(4)结果判别。沸煮结束后,立即放掉沸煮箱中的热水,打开箱盖,待箱体冷却至室温,取出试件进行判别。测量雷氏夹指针尖端的距离(C),精确到0.5mm,当两个试件煮后增加距离($C-A$)的平均值不大于5.0mm时,即认为该水泥安定性合格;当两个试件的($C-A$)值相差超过4.0mm时,应用同一样品立即重做一次试验。再如此,则认为该水泥安定性不合格。

2)试饼法(代用法)

(1)测定前的准备工作。每个样品需准备两块约100mm×100mm的玻璃板,凡与水泥净浆接触的玻璃板都要稍稍涂上一层油。

(2)试饼的成型方法。将制好的标准稠度净浆取出一部分分成两等份,使之呈球形,放在预先准备好的玻璃板上,轻轻振动玻璃板并用湿布擦净的小刀由边缘向中央抹动,做成直径70~80mm、中心厚约10mm、边缘渐薄、表面光滑的试饼,接着将试饼放入湿气养护箱内养护24h±2h。

(3)沸煮。调整好沸煮箱内的水位,使之在整个沸煮过程中都能没过试件,不需中途添补试验用水,同时保证水温在30min±5min内能升至沸腾温度。

脱去玻璃板,取下试件,用试饼法时,先检查试饼是否完整(如已开裂、翘曲,要检查原因,确定无外因时,该试饼已属不合格品,不必煮),在试饼无缺陷的情况下,将试饼放在沸煮箱水中的算板上,然后在30min±5min内加热至水沸腾并恒沸3h±5min。

(4)结果判别。沸煮结束后,立即放掉沸煮箱中的热水,打开箱盖,待箱体冷却至室温,取出试件进行判别。目测试饼未出现裂缝,用钢直尺检查也没有弯曲(使钢直尺和试饼底部紧靠,以两者间不透光为不弯曲)的试饼为安定性合格,反之为不合格。当两个试饼判别结果有矛盾时,认为该水泥的安定性为不合格。

(六)水泥胶砂强度试验(ISO法)

1.目的与适用范围

测定水泥的抗折强度和抗压强度,从而确定水泥的强度等级。适用于硅酸盐水泥、普通硅酸盐水泥、矿渣硅酸盐水泥、粉煤灰硅酸盐水泥、复合硅酸盐水泥的抗折强度和抗压强度检验。

2.仪器设备

(1)水泥胶砂搅拌机。由胶砂搅拌锅和搅拌叶片及相应的机构组成,属行星式搅拌机。

(2)振实台。胶砂试体成型振实台(图2-21)由可以跳动的台盘和使其跳动的轮等组成。台盘上有固定试模用的卡具,并连有两根起稳定作用的臂,轮由电机带动,通过控制器控制可按一定的要求转动并保证使台盘平衡上升至一定高度后自由下落,其中心恰好与止动器撞击。振实台应安装在高度约400mm的混凝土基座上。

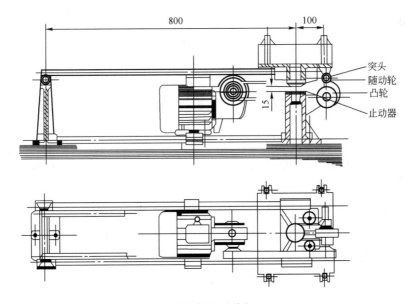

图2-21 振实台(尺寸单位:mm)

(3)试模。试模由3个水平的模槽组成,可同时成型3条截面为40mm×40mm×160mm的棱形试体。成型操作时,应在试模上面加有一个壁高20mm的金属模套,当从上往下看时,模套壁与模型内壁应该重叠,超出内壁不应大于1mm。

(4)抗折强度试验机。通过3根圆柱轴的3个竖向平面应该平行,并在试验时继续保持平行和等距离垂直试体的方向,其中一根支撑圆柱和加荷圆柱能轻微倾斜使圆柱与试体完全接触,以便荷载沿试体宽度方向均匀分布,同时不产生任何扭转应力。

(5)抗压强度试验机。抗压强度试验机,在较大的量程范围内使用时,记录的荷载应满足±1%的精度要求,并能按2 400N/s±200N/s的速率加荷。人工操纵的试验机应配有一个速度动态装置以便于控制荷载增加。

压力机的活塞竖向轴应与压力机的竖向轴重合,活塞作用的合力要通过试件中心。压力机的下压板表面应与压力机的轴线垂直并在加荷过程中一直保持不变。

(6)抗压强度试验机用夹具。当需要使用夹具时,应把它放在压力机的上下压板之间并与压力机处于同一轴线,以便将压力机的荷载传递至胶砂件表面,夹具应符合《40mm×40mm水泥抗压夹具》(JC/T 683—2005)的要求,受压面积为40mm×40mm。夹具要保持清洁,球座应能转动,上压板从一开始就能适应试体的形状并在试验中保持不变。

(7)刮平直尺和播料器。为控制料层厚度和刮平胶砂的专用工具。

(8)试验筛、天平、量筒等。

3. 试验步骤

1)试件成型

(1)成型前将试模擦净,用黄干油等密封材料涂覆试模的外接缝,试模的内表面应涂上一薄层机油。

(2)胶砂组成

①基准砂。ISO基准砂由德国标准砂公司制备的SiO_2含量不低于98%的天然圆形硅质砂组成,其粒径分布符合表2-18的规定。

ISO 基准砂粒径分布 表2-18

方孔边长(mm)	累计筛余(%)	方孔边长(mm)	累计筛余(%)
2.0	0	0.5	67±5
1.6	7±5	0.16	87±5
1.0	33±5	0.08	99±1

砂的筛析试验应采用代表性样品来进行,每个筛子的筛析试验应进行至每分钟通过量小于0.5g为止。砂的含水率应小于0.2%。

②中国ISO标准砂。中国ISO标准砂完全符合ISO基准砂粒径分布和含水率的规定。

③水泥。试验用水泥从取样到试验要保持24h以上时,应把它储存在基本装满和气密的容器里,该容器应不与水泥起反应。

④水。仲裁试验或其他重要试验用蒸馏水,其他试验可用饮用水。

(3)胶砂制备

①每成型3条试体各种材料用量如表2-19所示。

每锅胶砂的材料用量(单位:g) 表2-19

材料用量 水泥品种	水泥	标准砂	水
硅酸盐水泥			
普通硅酸盐水泥			
矿渣硅酸盐水泥	450±2	1 350±5	225±1
粉煤灰硅酸盐水泥			
复合硅酸盐水泥			
石灰石硅酸盐水泥			

②水泥、砂、水和试验用具的温度与试验室相同，称量用天平的精度应为±1g。当用自动滴管加225mL水时，滴管精度应达到±1mL。

③每锅胶砂用搅拌机进行机械搅拌。先使搅拌机处于待工作状态，然后按下面的程序进行操作：先把水倒入锅内，再加入水泥，把锅放在固定架上，上升至固定位置后立即开动机器，低速搅拌30s后，在第二个30s开始的同时均匀地将砂子加入。当各级砂分装时，从最粗粒级开始，依次将所需的每级砂倒入锅内，再高速拌和30s，停拌90s，在第1个15s内用一胶皮刮具将叶片和锅壁上的胶砂刮入锅中间，再高速继续搅拌60s。各个搅拌阶段，时间误差应在±1s以内。

(4) 试件制备

①胶砂制备后立即成型。将空试模和模套固定在振实台上，用小勺从搅拌锅里把胶砂分两层装入试模，装第一层时，每个槽里约放300g胶砂，用大播料器垂直架在模套顶部沿每个模槽来回一次将料层播平，接着振实60次。再装入第二层胶砂，用小播料器播平，再振实60次，移走模套，从振实台上取下试模，用一金属直尺以近似90°的角度架在试模模顶的一端，然后沿试模长度方向以横向锯割动作慢慢向另一端移动，一次将超过试模部分的胶砂刮去，并用同一直尺以近乎水平的角度将试件表面抹平。在试模上做标记或加字条对试件编号。

②当使用代用振动台成型时，操作如下：在搅拌胶砂的同时将试模和下料漏斗卡紧在振动台的中心。将搅拌好的全部胶砂均匀地装入下料漏斗中，开动振动台，胶砂通过漏斗流入试模。振动120s±5s停止。振动完毕，取下试模，用刮平尺以规定的刮平手法刮去高出试模的胶砂并抹平，接着在试模上做标记或用字条标明试件编号。

2) 试件的养护

(1) 脱模前的处理和养护。去掉留在试模四周的胶砂，立即将做好标记的试模放入雾室或湿箱的水平架子上养护，湿空气应能与试模各边接触。养护时不应将试模放在其他试模上，一直养护到规定的脱模时间时取出脱模。脱模前，用防水墨汁或颜料笔对试体进行编号或做其他标记，对两个龄期以上的试体，在编号时应将同一试模中的3条试体分在两个以上龄期内。

(2) 脱模。脱模应非常小心，防止试件损伤。对于24h龄期的，应在破型试验前20min内脱模，对于24h以上龄期的，应在成型后20~24h脱模。

注：如经24h养护，会因脱模对强度造成损害，可以延迟至24h以后脱模，但在试验报告中应予说明。

已确定进行24h龄期试验（或其他不下水直接做试验）的已脱模试件，应用湿布覆盖至做试验时为止。

(3) 水中养护。将做好标记的试体立即水平或竖直放在20℃±1℃的水中养护，水平放置时刮平面应朝上，试体放在不易腐烂的箅子上，且彼此间保持一定间距，以让水与试体的6个面接触。养护期间试体之间间隔或试体上表面的水深不得小于5mm。

注：不宜用木箅子。

每个养护池只养护同类型的水泥试体。最初用自来水装满养护池（或容器），随后随时加水保持适当的恒定水位。不允许在养护期间全部换水，除24h龄期或延迟至48h脱模的试体外，任何到龄期的试体应在试验（破型）前15min从水中取出，揩去试体表面沉积物，并用湿布覆盖到试验为止。

(4) 试件龄期从水泥加水搅拌开始试验时算起，不同龄期强度试验在下列时间里进行。

24h±15min   48h±30min   72h±45min   7d±2h   28d±8h

3) 强度测定

(1) 抗折强度测定

将试体一个侧面放在试验机支撑圆柱上,试体长轴垂直于支撑圆柱,通过加荷圆柱以 50N/s±10N/s 的速率均匀地将荷载垂直地加在棱柱体相对侧面上,直至折断。

保持两个半截棱柱体处于潮湿状态直至抗压试验。

抗折强度 $f_{ce,m}$ 以 MPa 表示,按式(2-77)计算:

$$f_{ce,m} = \frac{1.5FL}{b^3} \tag{2-77}$$

式中:$f_{ce,m}$——标准试体的抗折强度(MPa);
  F——试体折断时施加在棱柱体中部的荷载(N);
  L——支撑圆柱之间的距离(mm);
  b——棱柱体正方形截面的边长(mm)。

(2) 抗压强度测定

在半截棱柱体的侧面上进行,半截棱柱体中心与压力机压板受压中心差应在±0.5mm 内,棱柱体露在压板外的部分约 10mm,以 2400N/s±200N/s 的速率均匀地加荷直至破坏。抗压强度 $f_{ce,c}$ 以 MPa 表示,按式(2-78)计算:

$$f_{ce,c} = \frac{F_C}{A} \tag{2-78}$$

式中:$f_{ce,c}$——试体的抗压强度(MPa);
  F_C——试体破坏时的最大荷载(N);
  A——试件受压部分面积(mm^2,40mm×40mm = 1600mm^2)。

4) 水泥的合格检验

(1) 以一组 3 个棱柱体抗折强度的平均值作为试验结果。当 3 个强度值中有一个超出平均值的±10%时,应将其剔除后再取平均值作为抗折强度试验结果。

(2) 以一组 3 个棱柱体上得到的 6 个抗压强度测定值的算术平均值作为试验结果。如 6 个测定值中有一个超出平均值的±10%,将其剔除,以剩下 5 个的平均值作为测定结果,如果 5 个测定值中再有超过它们平均值的±10%的,则此组结果作废。

第六节　沥青技术性质及其试验检测

沥青是由一些化学成分极其复杂的烃类,如环烷烃、芳香烃及这些烃类的非金属元素(如氧、氮、硫等)的衍生物组成,在路桥工程中作有机胶结料用,是高等级路面面层的主要材料之一。沥青材料的品种很多,按其获得方式不同,可分为地沥青和焦油沥青两大类。其中地沥青又分为在天然条件下地球物理因素作用下形成的天然沥青和开采石油经过加工炼制得到的石油沥青;而焦油沥青又根据化学工业加工的原材料的不同,分为煤沥青、木沥青和页岩沥青等。由于石油沥青的产量大,可加工改性的程度高,并能较好地满足现代道路交通运输要求,是目前道路工程中应用最多的沥青品种。

沥青作为黏结矿质集料的结合料,必须具备一定的技术性质才可以用于道路路面工程,所以使用沥青前应对其进行一定的技术指标的试验检测,本节介绍石油沥青技术性质及其技术指标的试验检测方法。

一、石油沥青主要技术指标

1. 针入度

针入度是表征黏稠石油沥青黏滞性的指标。黏滞性是指沥青在外力作用下抵抗变形的能力。黏滞性的大小与组分及温度有关,当沥青质含量较高,又含有适量的树脂、少量的油分时,则黏滞性较大。在一定温度范围内,温度升高时,黏滞性随之降低。

针入度是在规定温度和时间内,附加一定质量的标准针垂直贯入沥青试样的深度。随着针入度值增大,沥青的黏滞性降低。针入度与沥青路面的力学性质有密切关系,在现阶段仍然是我国划分沥青标号的主要依据。它与沥青的高温稳定性和低温抗裂性能密切相关。

针入度试验是一种用于量测沥青胶结料稠度的经验性试验,通常在25℃的温度下测定针入度,该温度被认为是热拌沥青混凝土路面的平均服务温度。

2. 延度

延度用来表征沥青的塑性。塑性是沥青在外力作用下发生变形时抵抗破坏的能力。

影响沥青塑性大小的因素有组分及温度,沥青中树脂含量高,油分及沥青质含量适当,则塑性较大;当温度升高时,塑性增大。在常温下,塑性好的沥青不易产生裂缝,摩擦时的噪声小,同时它对于沥青在温度降低时抵抗开裂的性能有重要影响。

延度是将沥青试样制成"∞"字形标准试件(中间最小截面为$1cm^2$),在规定温度下(25℃或15℃)以规定的拉伸速度(5cm/min)拉至断裂时的长度,以cm表示。

沥青的延度越大,其塑性越好,柔性和抗断裂性能越好。

3. 软化点

软化点是沥青达到规定条件黏度时的温度,所以软化点既是反映沥青材料热稳定性的指标,也是沥青黏滞性的一种度量。

沥青材料是一种非晶质高分子材料,它由液态凝结为固态或由固态熔化为液态时,没有明确的固化点或液化点,通常采用规定条件下的硬化点和滴落点来表示,沥青材料在硬化点至滴落点之间的温度阶段时,是一种黏滞流动状态,在工程实际中为保证沥青不致由于温度升高而产生流动的状态,取滴落点和硬化点之间温度间隔的87.21%作为软化点。

沥青软化点一般采用环球法软化点仪测定。是将沥青试样装入规定尺寸的铜环内(内径18.9mm),上置标准钢球(重3.5g),浸入水或甘油中,以规定的升温速度(5℃/min)加热,使沥青软化下垂至规定距离时的温度。软化点越高,表明沥青的热稳定性越好。

针入度、延度、软化点是评价黏稠石油沥青路用性能最常用的经验指标,通称"三大指标"。

4. 闪点和燃点

闪点和燃点是表示沥青安全性的指标。沥青材料在使用时需要加热,当加热至一定温度时,沥青材料中挥发的油分蒸气与周围空气组成混合气体,遇火焰则发生闪火现象;若继续加热,油分蒸气的饱和度增加,油分蒸气与空气组成的混合气体遇火焰极易燃烧,引发火灾或改变沥青的性质,所以必须测定沥青的闪点和燃点。

闪点是指沥青加热挥发的气体与空气组成的混合气体在规定条件下与火接触,产生闪光时的温度;燃点是混合气体与火接触时能持续燃烧5s以上时的温度。闪点和燃点的温度一般相差10℃左右,采用开口杯式闪点仪测定。

5. 含蜡量

沥青中的蜡分是指沥青在除去沥青质和胶质之后,在油分中含有的、经冷冻能结晶析出的,熔点在25℃以上的混合组分,其中主要是高熔点的烃类混合物。蜡组分的存在对沥青的性能有非常不利的影响,主要表现在以下几个方面:

(1)蜡在高温时融化,使沥青的黏度降低,从而降低沥青的高温稳定性,使路面出现车辙。

(2)蜡在低温时结晶析出,分散在其他组分之间,破坏沥青分子之间的紧密联系,使沥青的极限拉伸应变和延度变小,造成沥青低温发脆、开裂,路面抗裂性降低,出现裂缝。

(3)蜡使沥青与集料的亲和力降低,影响沥青与石料的黏附性,在水分作用下,会使路面集料与沥青产生剥落现象,降低水稳定性。

(4)含蜡沥青会使沥青路面的抗滑性降低,影响路面的行车安全。

(5)蜡的结晶或融化会使沥青的一些技术指标的测定出现假象,如测定软化点时,由于蜡的融化需要吸收一部分热量,将使软化点升高。

我国《公路沥青路面施工技术规范》(JTG F40—2004)规定,道路石油沥青的含蜡量,A级不大于2.2%,B级不大于3.0%,C级不大于4.5%。

6. 抗老化性能

路用沥青在使用过程中受到储运、加热、拌和、摊铺、碾压、交通荷载以及自然因素的作用,会发生一系列的物理化学变化,导致其性能劣化,这种变化称为沥青的老化。沥青路面应有较长的使用年限,所以沥青材料要具备一定的抗老化性,即耐久性。

目前采用蒸发损失试验和薄膜烘箱试验来估计热拌沥青混合料在拌和装置中发生的短期老化,对加热后的试样按规定方法测定加热质量损失及各项性能指标的变化,以此来评价沥青的抗老化性能。

二、道路石油沥青技术要求

我国道路石油沥青采用针入度划分等级,在现行国标《沥青路面施工及验收规范》(GB 50092—1996)中根据质量要求分为两个系列:重交通道路石油沥青(代号AH)与中、轻交通道路石油沥青(代号A),其中重交通道路石油沥青按照针入度指标分为5个等级。

在《公路沥青路面施工技术规范》(JTG F40—2004)中,修订了沥青等级划分方法,并增补了沥青的技术指标,以全面、充分地反映沥青技术性能。在这个标准中,以沥青路面的气候条件为依据,在同一个气候分区内根据道路等级和交通特点再将沥青分为1~3个不同的针入度等级,在技术指标中增加了反映沥青感温性的指标针入度指数PI、沥青高温性能指标60℃动力黏度,并选择10℃延度指标评价沥青的低温性能,有关技术要求见表2-20。

道路石油沥青技术要求

表2-20

指 标	等级	160号	130号	110号 2-1	110号 2-2	110号 2-3	90号 1-1	90号 1-2	90号 1-3	90号 2-2	90号 2-3	70号 1-3	70号 1-4	70号 2-2	70号 2-3	70号 2-4	50号	30号
适用的气候分区①		注④	注④															注⑥
针入度(25℃,100g,5s)(0.1mm)		140~200	120~140	100~120			80~100					60~80					40~60	20~40
针入度指数 PI②③	A						−1.5~+1.0											
	B						−1.8~+1.0											
软化点(R&B)(℃),≥	A	38	40		43		45	45		44	45	46			45		49	55
	B	36	39		42		43	43		42	43	44			43		46	53
	C	35	37		41			42						43			45	50
60℃动力黏度③(Pa·s),≥	A	—	60		120			160		140			180		160		200	260
10℃延度③(cm),≥	A	50	50		40		45	30		30	20		20	20			15	—
	B	30	30		30		30	20		20	15		15	15			10	—
15℃延度(cm),≥	A,B	80	80		60			50									40	40
闪点(COC)(℃),≥			230							245				260			260	260
含蜡量(蒸馏法)(%),≤	A									2.2								
	B									3.0								
	C									4.5								
溶解度(%)										99.5								
15℃密度(g/cm³)										实测记录								
		薄膜加热试验(旋转薄膜加热试验)后																
质量变化(%),≤										±0.8								
10℃延度(cm),≥	A	48	54		55		57					61		58			63	65
	B	45	50		52		54					58		54			60	62
	C	40	45		48		50					54					58	60
15℃延度(cm),≥	A	12	12		10		8					6		6			2	—
	B	10	10		8		6					4		4			2	—
	C	40	36		30		20					15		15			10	—

注：①用于仲裁试验时，求取针入度指数 PI 的5个温度与针入度回归关系的相关系数不得小于0.997。
②经主管部门同意，该表中的针入度指数 PI 值、60℃动力黏度及10℃延度可作为选择性指标。
③160号沥青技术要求仅供商提供，不作为评价依据，通常用作乳化沥青、稀释沥青及改性沥青的基质沥青。
④可根据需要求提供针入度范围50~70或80~90或70号沥青；或者要求提供针入度范围40~50或50~60的50号沥青。
⑤30号沥青仅适用于沥青稳定碎石基层。
⑥气候分区的划分按我国按性能使用气候分区的规定执行。

在技术标准中,依据不同的技术指标,将沥青划分为3个等级,不同等级的沥青具有不同的适用范围,见表2-21。

道路石油沥青适用范围　　　　　　　　　　　表2-21

沥青等级	适 用 范 围
A级	各个等级的公路,适用于任何场合和层次
B级	(1)高速公路、一级公路沥青层上部80~100cm以下的层次,二级及二级以下公路的各个层次; (2)用作改性沥青、乳化沥青、改性乳化沥青、稀释沥青的基质沥青
C级	三级及三级以下公路的各个层次

三、石油沥青技术指标检测

(一)沥青试样准备方法

1. 试验目的

通过规范的试样制备方法,为沥青的各项试验做准备,以确保试验结果的代表性和准确性。适用于黏稠道路石油沥青、煤沥青、聚合物改性沥青等需要加热后才能进行试验的沥青试样,按此方法准备的沥青试样供立即在试验室进行各项试验使用。

2. 试验仪器与材料技术要求

(1)烘箱:200℃,有温度控制调节器。

(2)加热炉具:电炉或燃气炉(丙烷石油气、天然气)。

(3)石棉垫:不小于炉具加热面积。

(4)滤筛:筛孔孔径0.6mm。

(5)沥青盛样器皿:金属锅或瓷坩埚。

(6)烧杯:1 000mL。

(7)温度计:0~100℃、0~200℃,分度0.1℃。

(8)天平:称量2 000g,感量不大于1g;称量100g,感量不大于0.1g。

(9)其他:玻璃棒、溶剂、洗油、棉纱等。

3. 方法与步骤

(1)将装有试样的盛样器带盖放入恒温烘箱中,当石油沥青试样含有水分时,烘箱温度调至80℃左右,加热至沥青全部熔化后供脱水用。当石油沥青试样中无水分时,烘箱温度宜为软化点温度以上90℃,通常为135℃左右。取来的沥青试样不得直接采用电炉或煤气炉明火加热。

(2)当石油沥青试样中含有水分时,将盛样器皿放在可控温的砂浴、油浴、电热套上加热脱水,不得已采用电炉、燃气炉加热脱水时必须加放石棉垫。时间不超过30min,并用玻璃棒轻轻搅拌,防止局部过热。在沥青温度不超过100℃的条件下,仔细脱水至无泡沫为止,最后的加热温度不宜超过软化点以上100℃(石油沥青)或50℃(煤沥青)。

(3)将盛样器中的沥青通过0.6mm的滤筛过滤,不等冷却立即一次灌入各项试验的模具中。若温度下降太多,宜适当加热再灌模。根据需要也可将试样分装入擦拭干净并干燥的一个或数个沥青盛样器皿中,数量应满足一批试验项目所需的沥青样品。

(4)在沥青灌模过程中,如温度下降可放入烘箱中适当加热,试样冷却后反复加热的次数不得超过2次,以防沥青老化影响试验结果。为避免混进气泡,在沥青灌模时不得反复搅动沥青。

(5)灌模剩余的沥青应立即清洗干净,不得重复使用。

(二)沥青针入度试验

1. 目的与适用范围

测定针入度以了解沥青的黏滞性,划分沥青标号,并通过针入度指数来描述沥青的温度稳定性。适用于测定道路石油沥青、聚合物改性沥青的针入度以及液体石油沥青蒸馏或乳化沥青蒸发后残留物的针入度。

针入度指数 PI 用以描述沥青的温度敏感性,宜在15℃、25℃、30℃等3个或3个以上温度条件下测定针入度后按规定的方法计算得到,若30℃时的针入度值过大,可采用5℃时的代替。当量软化点 T_{800} 是相当于沥青针入度为800时的温度,用以评价沥青的高温稳定性。当量脆点 $T_{1.2}$ 是相当于沥青针入度为1.2时的温度,用以评价沥青的低温抗裂性能。

2. 仪器设备

(1)针入度仪:宜采用能够自动计时的针入度仪进行测定,要求针和针连杆必须在无明显摩擦下垂直运动,针的贯入深度必须准确至0.1mm。针和针连杆组合件总质量为50g±0.05g,另附50g±0.05g砝码一只,试验时总质量为100g±0.05g。仪器应有放置平底玻璃保温皿的平台,并有调节水平的装置,针连杆应与平台相垂直。应有针连杆制动按钮,使针连杆可自由下落。针连杆易于装拆,以便检查其质量。仪器应设有可自由转动与调节距离的悬臂,其端部有一面小镜或聚光灯泡,借以观察针尖与试样表面接触情况,且应对装置的准确性经常校验。当采用其他试验条件时,应在试验结果中注明。

(2)标准针:由硬化回火的不锈钢制成,洛氏硬度HRC54~60,表面粗糙度Ra0.2~0.3μm,针及针杆总质量2.5g±0.05g,针杆上应打印有号码标志。针应设有固定用装置盒(筒),以免碰撞针尖,每根针必须附有计量部门的检验单,并定期进行检验。其尺寸及形状如图2-22所示。

(3)盛样皿:金属制,圆柱形平底。小盛样皿的内径55mm,深35mm(适用于针入度小于200的试样);大盛样皿内径70mm,深45mm(适用于针入度200~350的试样);对针入度大于350的试样需使用特殊盛样皿,其深度不小于60mm,容积不少于125mL。

(4)恒温水槽:容量不大于10L,控温的准确度为0.1℃。水槽中应设有一带孔的搁架,位于水面下不得少于100mm,距水槽底不得少于50mm处。

(5)平底玻璃皿:容量不少于1L,深度不少于80mm。内设有一不锈钢三脚支架,能使盛样皿稳定。

(6)温度计或温度传感器:精度为0.1℃。

(7)计时器:分度0.1s。

(8)位移计或位移传感器:精度为0.1mm。

(9)盛样皿盖:平板玻璃,直径不小于盛样皿开口尺寸。

(10)溶剂:三氯乙烯等。

(11)其他:电炉或砂浴、石棉网、金属锅或瓷柄坩埚等。

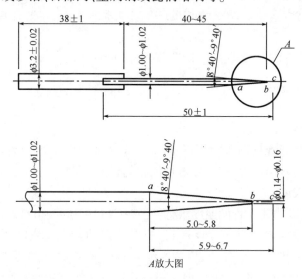

图 2-22　针入度标准针(尺寸单位:mm)

3.试验准备

(1)按规定的方法准备试样。

(2)按试验要求将恒温水槽调节到要求的试验温度25℃,或15℃、30℃(5℃),保持稳定。

(3)将试样注入盛样皿中,试样高度应超过预计针入度值10mm,盖上盛样皿,以防落入灰尘。盛有试样的盛样皿在15～30℃室温中冷却不少于1.5h(小盛样皿)、2h(大盛样皿)或3h(特殊盛样皿)后移入保持规定试验温度±0.1℃的恒温水槽中,并应保温不少于1.5h(小盛样皿)、2h(大盛样皿)或2.5h(特殊盛样皿)。

(4)调整针入度仪使之水平。检查针连杆和导轨,以确认无水和其他外来物,无明显摩擦。用三氯乙烯或其他溶剂清洗标准针,并擦干。将标准针插入针连杆,用螺钉紧固。按试验条件加上附加砝码。

4.试验步骤

(1)取出达到恒温的盛样皿,并移入水温控制在试验温度±0.1℃(可用恒温水槽中的水)的平底玻璃皿中的三脚支架上,试样表面以上的水层深度不少于10mm。

(2)将盛有试样的平底玻璃皿置于针入度仪的平台上。慢慢放下针连杆,用适当位置的反光镜或灯光反射观察,使针尖恰好与试样表面接触,将位移计或刻度盘指针复位为零。

(3)开始试验,按下释放键,这时计时与标准针落下贯入试样同时开始,至5s时自动停止。

(4)读取位移计或刻度盘指针的读数,准确至0.1mm。

(5)同一试样平行试验至少3次,各测试点之间及与盛样皿边缘的距离不应少于10mm。每次试验后应将盛有盛样皿的平底玻璃皿放入恒温水槽,使平底玻璃皿中水温保持试验温度。每次试验应换一根干净的标准针或将标准针取下用蘸有三氯乙烯溶剂的棉花或布揩净,再用干棉花或布擦干。

(6)测定针入度大于 200 的沥青试样时,至少用 3 支标准针,每次试验后将针留在试样中,直到 3 次平行试验完成后,才能将标准针取出。

(7)测定针入度指数 PI 时,按同样的方法在 15℃、25℃、30℃(或 5℃)3 个或 3 个以上(必要时增加 10℃、20℃等)温度条件下分别测定沥青的针入度,但用于仲裁试验的温度条件应为 5 个。

5. 结果整理

(1)同一试样 3 次平行试验结果的最大值和最小值之差在下列允许偏差范围内时(表 2-22),计算 3 次试验结果的平均值,取整数作为针入度的试验结果,以 0.1mm 计。

沥青针入度试验精度要求　　　　　　　　　　表 2-22

针入度(0.1mm)	允许差值(0.1mm)	针入度(0.1mm)	允许差值(0.1mm)
0 ~ 49	2	150 ~ 249	12
50 ~ 149	4	250 ~ 500	20

当试验值不符合此要求时,应重新进行试验。

(2)当试验结果小于 50(0.1mm)时,重复性试验的允许差为 2(0.1mm),复现性试验的允许差为 4(0.1mm)。

(3)当试验结果等于或大于 50(0.1mm)时,重复性试验的允许误差为平均值的 4%,复现性试验的允许差为平均值的 8%。

(三)沥青延度试验

1. 目的与适用范围

沥青受到外力作用时,能产生一定的塑性变形,延度试验可测定沥青承受塑性变形的能力,从而表征沥青塑性的大小。适用于测定道路石油沥青、聚合物改性沥青、液体石油沥青蒸馏残留物和乳化沥青蒸发残留物等材料的延度。

沥青延度的试验温度与拉伸速率可根据要求采用,通常采用的试验温度为 25℃、15℃、10℃或 5℃,拉伸速度为 5cm/min ± 0.25cm/min。当低温采用 1cm/min ± 0.5cm/min 拉伸速度时,应在报告中注明。

2. 仪器设备

(1)延度仪:延度仪的测量长度不宜大于 150cm,仪器应有自动控温、控速系统。应满足试件浸没于水中,能保持以规定的试验温度及规定的拉伸速度拉伸试件,且试验时应无明显振动,延度仪的形状及组成如图 2-23 所示。

(2)试模:黄铜制,由两个端模和两个侧模组成,试模内侧表面粗糙度 Ra0.2μm,其形状及尺寸如图 2-24 所示。

(3)试模底板:玻璃板或磨光的铜板、不锈钢板(表面粗糙度 Ra0.2μm)。

(4)恒温水槽:容量不少于 10L,控制温度的准确度为 0.1℃,水槽中应设有带孔搁架,搁架距水槽底不得少于 50mm。试件浸入水中深度不小于 100mm。

(5)温度计:0 ~ 50℃,分度值 0.1℃。

(6)砂浴或其他加热炉具。

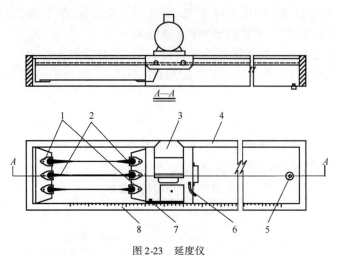

图 2-23 延度仪
1-试模;2-试样;3-机电;4-水槽;5-泄水孔;6-开关槽;7-指针;8-标尺

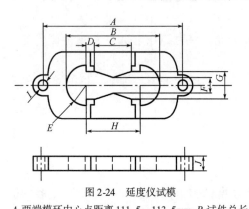

图 2-24 延度仪试模

A-两端模环中心点距离 111.5～113.5mm;B-试件总长 74.5～75.5mm;C-端模间距 29.7～30.3mm;D-肩长 6.8～7.2mm;E-半径 15.75～16.25mm;F-最小横断面宽 9.9～10.1mm;G-端模口宽 19.8～20.2mm;H-两半圆圆心间距 42.9～43.1mm;I-端模孔直径 6.5～6.7mm;J-厚度 9.9～10.1mm

(7)甘油滑石粉隔离剂(甘油与滑石粉的质量比2:1)。

(8)其他:平刮刀、石棉网、酒精、食盐等。

3. 试验准备

(1)将隔离剂拌和均匀,涂于清洁干燥的试模底板和两个侧模的内侧表面,并将试模在试模底板上装妥。

(2)按规定的方法准备试样,然后将试样仔细自试模的一端至另一端往返数次缓缓注入模中,最后略高出试模,灌模时不得使气泡混入。

(3)试件在室温中冷却不少于1.5h,然后用热刮刀刮除高出试模的沥青,使沥青面与试模面齐平。沥青的刮法应自试模的中间刮向两端,且表面应刮得平滑。将试模连同底板再浸入规定的试验温度的水槽中1.5h。

(4)检查延度仪延伸速度是否符合规定要求,然后移动滑板使其指针正对标尺的零点。将延度仪注水,并保温在试验温度±0.1℃。

4. 试验步骤

(1)将保温后的试件连同底板移入延度仪的水槽中,然后将盛有试样的试模自玻璃板或不锈钢板上取下,将试模两端的孔分别套在滑板及槽端固定板的金属柱上,并取下侧模。水面距试件表面应不小于25mm。

(2)开动延度仪,并注意观察试样的延伸情况。此时应注意,在试验过程中,水温应始终保持在试验温度规定的范围内,且仪器不得有振动,水面不得有晃动,当水槽采用循环水时,应暂时中断循环,停止水流。在试验中,当发现沥青细丝浮于水面或沉入槽底时,则应在水中加入酒精或食盐,调整水的密度至与试样相近后,重新试验。

(3)试件拉断时,读取指针所指标尺上的读数,以 cm 表示,在正常情况下,试件延伸时应成锥尖状,拉断时实际断面接近于零。如不能得到这种结果,则应在报告中注明。

5.试验结果整理

(1)同一试样,每次应对不少于3个试件进行平行试验,如3个测定结果均大于100cm,试验结果记作">100cm";如有特殊需要也可分别记录实测值。3个测定结果中,当有一个以上的测定值小于100cm时,若最大值或最小值与平均值之差满足重复性试验要求,则取3个测定结果的平均值的整数作为延度试验结果,若平均值大于100cm,记作">100cm";若最大值或最小值与平均值之差不符合重复性试验要求,试验应重新进行。

(2)当试验结果小于100cm时,重复性试验的允许误差为平均值的20%;再现性试验的允许误差为平均值的30%。

(四)沥青软化点试验

1.目的与适用范围

软化点是沥青达到规定条件黏度时的温度,所以软化点既能反映沥青材料的高温稳定性,同时也是沥青黏稠性的一种量度。适用于测定道路石油沥青、聚合物改性沥青的软化点,也适用于测定液体石油沥青、煤沥青蒸馏残留物或乳化沥青蒸发后残留物的软化点。

2.仪器设备

(1)软化点试验仪:如图2-25所示,由下列部件组成。

①钢球:直径9.53mm,质量3.5g±0.05g。

②试样环:由黄铜或不锈钢等制成。

③钢球定位环:由黄铜或不锈钢制成。

④金属支架:由两个主杆和三层平行的金属板组成。上层为一圆盘,直径略大于烧杯直径,中间有一圆孔,用以插放温度计。中层板上有两个孔,各放置金属环,中间有一小孔,可支持温度计的测温端部。一侧立杆距环上面51mm处刻有水高标记。环下面距下层底板为25.4mm,而下底板距烧杯底不少于12.7mm,也不得大于19mm。三层金属板和主杆由两螺母固定在一起。

⑤耐热玻璃烧杯:容量800~1 000mL,直径不小于86mm,高不小于120mm。

⑥温度计:量程0~100℃,分度值0.5℃。

(2)装有温度调节器的电炉或其他加热炉具(如液化石油气、天然气等):应采用带有振荡搅拌器的加热电炉,振荡器置于烧杯底部。

(3)当采用自动软化点仪时,各项要求与前述相同,温度采用温度传感器测定,并能自动显示或记录,且应对自动装置的准确性经常校验。

(4)试样底板:金属板(表面粗糙度应达Ra0.8μm)或玻璃板。

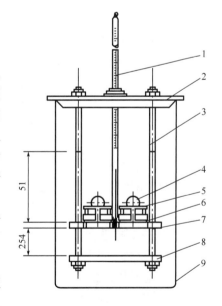

图2-25 软化点试验仪(尺寸单位:mm)
1-温度计;2-上盖板;3-立杆;4-钢球;5-钢球定位环;6-金属环;7-中层板;8-下底板;9-烧杯

(5)恒温水槽:控温的准确度为±0.5℃。

(6)平直刮刀。

(7)甘油、滑石粉隔离剂(甘油与滑石粉的比例为质量比2:1)。

(8)蒸馏水或纯净水。

(9)其他:石棉网。

3. 试验准备

(1)将试样环置于涂有甘油滑石粉隔离剂的试样底板上。将准备好的沥青试样徐徐注入试样环内至略高出环面为止。

(2)试样在室温下冷却30min后,用热刮刀刮除环面上的试样,应使其与环面齐平。

4. 试验步骤

(1)试样软化点在80℃以下者:

①将装有试样的试样环连同试样底板置于5℃±0.5℃水的恒温水槽中至少15min;同时将金属支架、钢球、钢球定位环等亦置于相同水槽中。

②烧杯内注入新煮沸并冷却至5℃的蒸馏水或纯净水,水面略低于立杆上的深度标记。

③从恒温水槽中取出盛有试样的试样环放置在支架中层板的圆孔中,套上定位环;然后将整个环架放入烧杯中,调整水面至深度标记,并保持水温为5℃±0.5℃。环架上任何部分不得附有气泡。将0~100℃的温度计由上层板中心孔垂直插入,使端部测温头底部与试样环下面齐平。

④将盛有水和环架的烧杯移至放有石棉网的加热炉具上,然后将钢球放在定位环中间的试样中央,立即开动电磁振荡搅拌器,使水微微振荡,并开始加热,使杯中水温在3min内调节至维持每分钟上升5℃±0.5℃。在加热过程中,应记录每分钟上升的温度值。如温度上升速度超出此范围,则试验应重作。

⑤试样受热软化逐渐下坠,至与下层底板表面接触时,立即读取温度,准确到±0.5℃。

(2)试样软化点在80℃以上者:

①将装有试样的试样环连同试样底板置于装有32℃±1℃甘油的恒温槽中至少15min;同时将金属支架、钢球、钢球定位环等亦置于甘油中。

②在烧杯内注入预先加热至32℃的甘油,其液面略低于立杆上的深度标记。

③从恒温槽中取出装有试样的试样环,按上述方法进行测定,准确至1℃。

5. 试验结果整理

(1)同一试样平行试验两次,当两次测定值的差值符合重复性试验允许误差要求时,取其平均值作为软化点试验结果,准确至0.5℃。

(2)试样软化点小于80℃时,重复性试验的允许误差为1℃,再现性试验的允许误差为4℃。

(3)试样软化点等于或大于80℃时,重复性试验的允许误差为2℃,再现性试验的允许误差为8℃。

(五)沥青蒸发损失试验

1. 目的与适用范围

适用于测定石油沥青的蒸发损失,蒸发损失后的残留物应进行针入度试验,计算残留物针入度占原试样针入度的百分率,并根据需要测定沥青残留物的延度、软化点等指标,以评定沥青受热时性质的变化。

2. 试验仪器与材料

(1)烘箱:内部尺寸不小于330mm×330mm,装有温度自动调节器,控制温度的准确度为1℃。箱内安装有一个直径大于250mm的转盘,中心由一垂直轴悬挂于烘箱中央,通过传动机构,使转盘以5.5r/min±1r/min的速度转动。转盘呈水平放置,上有6个凹圆槽,供放置盛样皿使用。烘箱正面安装有大于100mm×100mm的铰接密封窗门,窗门内层由玻璃制成,试验时不必打开烘箱门,只要打开窗门,即可通过玻璃读取箱内温度计的读数。烘箱应至少有一个进气孔及一个出气孔。

(2)盛样皿:金属或硬玻璃制成,不少于2个,平底,筒状,内径55mm±1mm,深35mm±1mm,也可用洁净的针入度试验用盛样皿代替。

(3)温度计:量程0~200℃,分度值0.5℃。

(4)分析天平:感量不大于1mg。

(5)其他:沥青熔化锅、计时器等。

3. 试验步骤

(1)称取洁净干燥的盛样皿的质量(m_0),准确至1mg。

(2)按规定的方法准备沥青试样。将试样缓缓倾入两个盛样皿中,质量约50g±0.5g,冷却至室温后再称取试样与盛样皿的总质量(m_1),准确至1mg。

(3)将烘箱调成水平,使转盘在水平面上旋转;再将温度计挂在转盘上方,置于转盘边缘内侧20mm,水银球底部在转盘顶面上的6mm处;然后打开烘箱的上下气孔,加热并保持温度在163℃±1℃。

(4)待温度恒定后,将两个已盛试样的盛样皿迅速置于烘箱内,注意观察温度的下降,从温度回升至163℃时开始计算,连续保持5h,但全部时间不得超过5.25h。

注:不宜将不同品种或标号的沥青同时放进一个烘箱中进行试验。

(5)加热终了后取出盛样皿,在不落入灰尘的条件下,在室温下冷却,最后称取质量(m_2),准确至1mg。

(6)将盛样皿置于加热炉具上徐徐加热使沥青熔化,并用玻璃棒上下搅匀,按针入度试验方法测定加热后残留物的针入度。如果试样数量未达到针入度试验要求,应增加试样皿数量,然后合并在规定的试样皿中试验。

4. 试验结果计算

(1)沥青试样蒸发损失百分率按式(2-79)计算:

$$L_b = \frac{m_2 - m_1}{m_1 - m_0} \times 100 \tag{2-79}$$

式中:L_b——试样的蒸发损失(%);

m_0——盛样皿质量(g);

m_1——加热前盛样皿与试样的合计质量(g);

m_2——加热后盛样皿与试样的合计质量(g)。

(2)试样蒸发后残留物的针入度占原试样针入度的百分率按式(2-80)计算:

$$K_\mathrm{P} = \frac{P_2}{P_1} \times 100 \tag{2-80}$$

式中:K_P——针入度比(%);

P_1——原试样的针入度(0.1mm);

P_2——蒸发损失后残留物的针入度(0.1mm)。

(3)同一试样平行试验2次,2个盛样皿的蒸发损失百分率之差符合重复性试验的允许误差时,求取其平均值作为试验结果,准确至两位小数。蒸发损失小于0.5%时,重复性试验的允许误差为0.10%,再现性试验的允许误差为0.20%;蒸发损失等于或大于0.5%时,重复性试验的允许误差为0.20%,再现性试验的允许误差为0.40%。

(六)沥青薄膜加热试验

1. 目的与适用范围

适用于测定道路石油沥青、聚合物改性沥青薄膜加热后的质量变化,并根据需要,测定薄膜加热后残留物的针入度、延度、软化点、黏度等性质的变化,以评定沥青的耐老化性能。

2. 试验仪器与材料

(1)薄膜加热烘箱:工作温度范围200℃,控温准确度为1℃,装有温度调节器和可转动的圆盘架。圆盘直径360~370mm,上有浅槽4个,供放置盛样皿用,转盘中心由一垂直轴悬挂于烘箱的中央,由传动机构使转盘水平转动,速度为5.5r/min±1r/min。门为双层,两层之间应留有间隙,内层门为玻璃制,只要打开外门,即可通过玻璃窗读取烘箱中温度计的读数。烘箱应能自动通风,为此在烘箱底部及顶部分别设有空气入口和出口,以供热空气和蒸汽逸出和新鲜空气进入。

(2)盛样皿:由铝或不锈钢制成,内径140mm±1mm,深9.5~10mm,不少于4个,在使用中不变形。

(3)温度计:量程0~200℃,分度值0.5℃(允许由普通温度计代替)。

(4)分析天平:感量不大于1mg。

(5)其他:干燥器、计时器等。

3. 试验步骤

(1)将洁净、烘干、冷却后的盛样皿编号,称其质量(m_0),准确至1mg。

(2)按规定方法准备沥青试样,向4个已称质量的盛样皿中分别注入50g±0.5g,并形成厚度均匀的沥青薄膜,放入干燥器中冷却至室温后称取质量(m_1),准确至1mg。同时按规定方法,测定沥青试样薄膜加热试验前的针入度、黏度、延度、软化点、脆点等指标。当根据试验项目需要,预计沥青数量不够时,可增加盛样皿数目,但不允许将不同品种或不同标号的沥青同时放在一个烘箱中进行试验。

(3)将温度计垂直悬挂于转盘轴上,置于转盘中心,水银球应在转盘顶面上的6mm处,烘箱加热并保持温度在163℃±1℃。

(4)把烘箱调整水平,使转盘在水平面上以5.5r/min±1r/min的速度旋转,转盘与水平面倾斜角不大于3°,温度计位置距转盘中心和边缘距离相等。

(5)在烘箱达到恒温163℃后,迅速将盛有试样的盛样皿放入烘箱内的转盘上,关闭烘箱门并开动转盘架,使烘箱内温度回升到162℃时开始计时,并在163℃±1℃温度下保持5h。但从放置试样开始至试验结束的总时间,不得超过5.25h。

(6)试验结束后,从烘箱中取出盛样皿,放入干燥器中冷却至室温后,随机取其中两个盛样皿分别称其质量(m_2),准确至1mg。

(7)试样称量后,将盛样皿放回163℃±1℃的烘箱中转动15min,取出盛样皿,将每个盛样皿的试样,用刮刀或刮铲刮入一适当的容器内,置于加热炉上加热,并适当搅拌使之充分熔化达流动状态,倒入针入度盛样皿或延度、软化点等试模内,按规定方法进行针入度等各项薄膜加热试验后残留物的相应试验。如在当日不能进行试验,试样应放置在容器内,但全部试验必须在加热后72h内完成。

4.试验结果计算

(1)沥青薄膜加热试验后的质量变化按式(2-81)计算,精确至3位小数。

$$L_T = \frac{m_2 - m_1}{m_1 - m_0} \times 100 \tag{2-81}$$

式中:L_T——试样薄膜加热质量变化(%);

m_0——试样皿质量(g);

m_1——薄膜烘箱加热前盛样皿与试样的合计质量(g);

m_2——薄膜烘箱加热后盛样皿与试样的合计质量(g)。

(2)沥青薄膜烘箱试验后,残留物针入度比以残留物针入度与原试样针入度的比值按式(2-82)计算。

$$K_P = \frac{P_2}{P_1} \times 100 \tag{2-82}$$

式中:K_P——试样薄膜加热后残留物针入度比(%);

P_1——薄膜加热试验前原试样的针入度(0.1mm);

P_2——薄膜加热试验后残留物的针入度(0.1mm)。

(3)沥青薄膜加热试验的残留物软化点增值按式(2-83)计算。

$$\Delta T = T_2 - T_1 \tag{2-83}$$

式中:ΔT——薄膜加热试验后软化点增值(℃);

T_1——薄膜加热试验前试样的软化点(℃);

T_2——薄膜加热试验后试样的软化点(℃)。

(4)沥青薄膜加热试验的黏度比按式(2-84)计算。

$$K_\eta = \frac{\eta_2}{\eta_1} \tag{2-84}$$

式中:K_η——薄膜加热试验前后60℃黏度比;

η_2——薄膜加热试验后的60℃黏度(Pa·s);

η_1——薄膜加热试验前的60℃黏度(Pa·s)。

(5)沥青的老化指数按式(2-85)计算。

$$C = \lg\lg(\eta_2 \times 10^3) - \lg\lg(\eta_1 \times 10^3) \tag{2-85}$$

式中:C——沥青薄膜加热试验的老化指数。

(6)当两个试样皿的质量变化符合重复性试验的允许误差要求时,取其平均值作为试验结果,准确至 3 位小数。当薄膜加热后质量损失小于或等于 0.4% 时,重复性试验的允许误差为 0.04%,再现性试验的允许误差为 0.16%;当薄膜加热后质量变化大于 0.4% 时,重复性试验的允许误差为平均值的 8%,再现性试验的允许误差为平均值的 40%。

(七)沥青含蜡量试验(蒸馏法)

1. 目的与适用范围

蜡是沥青中的有害物质,会对石油沥青的路用性质产生极为不利的影响,确切掌握沥青中蜡的含量对了解沥青的品质非常重要。沥青中蜡含量的检测方法相对比较复杂,目前我国的试验方法是以蒸馏法分离出油分后,用一定的溶剂在规定的低温条件下结晶析出的固体物质当作蜡。本方法适用于采用裂解蒸馏法测定道路石油沥青中的蜡含量,其结果可作为评定沥青路用品质的一项重要指标。

2. 试验仪器与材料

(1)蒸馏烧瓶:采用耐热玻璃制成。

(2)自动冷却装置:冷浴槽可容纳 3 套蜡冷却过滤装置,冷却温度能达到 -30℃,并且能控制在 -30℃ ±0.1℃。冷却液介质可采用工业酒精或乙二醇的水溶液等。

(3)蜡冷却过滤装置:由砂芯过滤漏斗、吸滤瓶、试样冷却筒、柱杆塞等组成。

(4)蜡过滤瓶:类似锥形瓶,有一个分支,是能够进行真空抽吸的玻璃瓶。

(5)立式可调高温炉:恒温 550℃ ±10℃。

(6)分析天平:感量不大于 0.1mg、0.1g 的各一台。

(7)温度计:量程 -30 ~ +60℃,分度值 0.5℃。

(8)锥形烧瓶:150mL 或 250mL 的数个。

(9)玻璃漏斗:直径 40mm。

(10)真空泵。

(11)无水乙醚、无水乙醇:分析纯。

(12)石油醚(60 ~ 90℃):分析纯。

(13)工业酒精。

(14)干燥器。

(15)烘箱:可控制温度在 100℃ ±5℃。

(16)其他:电热套、量筒、烧杯、冷凝管、蒸馏水、燃气灯等。

3. 试验步骤

1)准备工作

(1)将蒸馏烧瓶洗净,干燥后称其质量,准确至 0.1g,然后置烘箱中备用。

(2)将 150mL 或 250mL 锥形瓶洗净、烘干、编号后称其质量,准确至 1mg。然后置于干燥器中备用。

(3)将冷却装置各部洗净、干燥,其中砂芯过滤漏斗用洗液浸泡后,用蒸馏水冲洗干净,然后烘干备用。

(4)按规定方法准备沥青试样。

(5)将高温炉预加热并控制炉内恒温 550℃ ±10℃。

(6)在烧杯内备好碎冰水。

2)试验步骤

(1)在蒸馏烧瓶中装入沥青试样(m_b)50g±1g,准确至0.1g,用软木塞盖严蒸馏瓶。用已知质量的锥形瓶作接受器,浸在装有冰水的烧杯中。

(2)将盛有试样的蒸馏瓶置于已恒温550℃±10℃的高温电炉中,蒸馏瓶支管与置于冰水中的锥形瓶连接。随后将蒸馏瓶底渐渐烧红。

如用燃气灯,应调节火焰高度将蒸馏瓶周围包住。

(3)调节加热强度(即调节蒸馏瓶与高温炉间距或燃气灯火焰大小),从加热开始起5~8min内开始初馏(支管端口流出第一滴馏分),其后以每秒两滴(4~5mL/min)的流出速度继续蒸馏至无馏分油,瓶内蒸馏残留物完全形成焦炭为止。全部蒸馏过程必须在25min内完成。蒸馏后支管中残留的馏分不应流入接受器中。

(4)将盛有馏分油的锥形瓶从冰水中取出,拭干瓶外水分,在室温下冷却后称其质量,得到馏分油总质量(m_1),准确至0.05g。

(5)将盛有馏分油的锥形瓶盖上盖,稍加热熔化,并摇晃锥形瓶使试样均匀。加热时温度不能太高,避免蒸发损失。然后将熔化后馏分油注入另一已知质量的锥形瓶(250mL)中,称取用于脱蜡的馏分油质量1~3g(m_2),准确至0.1mg。估计蜡含量高的试样馏分油数量应少取,反之需多取,使其冷冻过滤后能得到0.05~0.1g蜡,但取样量不得超过10g。

(6)准备好符合控温精度的自动制冷装置,向冷浴中注入适量的冷液(工业酒精),其液面比试样冷却筒内液面(无水乙醚—乙醇)高100mm以上,设定制冷温度,使其冷浴温度保持在-20℃±0.5℃。把温度计浸没在冷浴150mm深处。

(7)将吸滤瓶、玻璃过滤漏斗、试样冷却筒和柱杆塞组成的冷冻过滤组件组装好。

(8)向盛有馏分油的锥形瓶注入10mL无水乙醚,使其充分溶解,然后注入试样冷却筒中,再用15mL无水乙醚分两次清洗盛油的锥形瓶,并将清洗液倒入试样冷却筒中;再将25mL无水乙醇注入试样冷却筒内与无水乙醚充分混合均匀。

(9)将冷冻过滤组件放入已经预冷的冷浴中,冷却1h,使蜡充分结晶。在带有磨口塞的试管中装入30mL无水乙醚—无水乙醇混合液(体积比1:1做洗液用),并放入冷浴中冷却至-20℃±0.5℃,恒冷15min后再使用。

(10)当试样冷却筒中的溶液冷却结晶后,拔起柱杆塞,过滤结晶析出的蜡,并将柱杆塞用适当方法吊在试样冷却筒中,保持自然过滤30min。

(11)当砂芯过滤漏斗内看不到液体时,启动真空泵,使滤液的过滤速度为每秒1滴左右,抽滤至无液体滴落;再将已冷却的无水乙醚—无水乙醇混合液(体积比1:1)一次加入30mL,洗涤蜡层、柱杆塞及试样冷却筒内壁;继续过滤,当溶剂在蜡层上看不见时,继续抽滤5min,将蜡中的溶剂抽干。

(12)从冷浴中取出冷冻过滤组件,取下吸滤瓶,将其中溶液倾入回收瓶中。吸滤瓶也用无水乙醚—无水乙醇混合液冲洗3次,每次用10~15mL,洗液并入回收瓶中。

(13)将冷冻过滤组件(不包括吸滤瓶)装在蜡过滤瓶上,用30mL已预热至30~40℃的石油醚将砂芯过滤漏斗、试样冷却筒和柱杆塞的蜡溶解;拔起柱杆塞,待漏斗中无溶液后,再用热石油醚溶解漏斗中的蜡2次,每次用量35mL,然后立即用真空泵吸滤,至无液体滴落。

(14)将吸滤瓶中的蜡溶液倾入已知质量的锥形瓶中,并用常温石油醚分3次清洗吸滤瓶,每次用量5~10mL,洗液倒入锥形瓶的蜡溶液中。

(15)将盛有蜡溶液的锥形瓶放在适宜的热源上,蒸馏到石油醚蒸发尽后,将锥形瓶置于温度为105℃±5℃烘箱中进一步除去残留的石油醚,然后放入真空干燥箱(温度105℃±5℃,残压21~35kPa)中1h,再置于干燥器中冷却1h后称其质量,得到析出蜡的质量(m_w),准确至0.1mg。

(16)同一沥青试样蒸馏后,应从馏出油中取2个以上试样进行平行试验。当取2个试样试验的结果超出重复性试验允许误差要求时,需追加试验。仲裁性试验时,平行试验数应为3个。

4.试验结果处理

(1)沥青蜡含量按式(2-86)计算。

$$P_P = \frac{m_1 \times m_w}{m_b \times m_2} \times 100 \qquad (2-86)$$

式中:P_P——蜡含量(%);
m_b——沥青试样质量(g);
m_1——馏分油总质量(g);
m_2——用于测定蜡的馏分油质量(g);
m_w——析出蜡的质量(g)。

(2)当平行试验结果的最大值与最小值之差符合重复性试验误差要求时,取其平均值作为蜡含量的测定结果,准确至一位小数(%);当超过重复性试验误差时,以分离得到的蜡的质量(g)为横坐标,蜡的质量百分率为纵坐标,按直线关系回归求出蜡的质量为0.075g时蜡的质量百分率,作为蜡含量测定结果,准确至一位小数(%)。

注:直线关系的方向系数应为正值,否则应重新试验。

(3)蜡含量测定时重复性和再现性试验的允许误差应符合下列要求:

蜡含量(%)	重复性(%)	再现性(%)
0~1.0	0.1	0.3
1.0~3.0	0.3	0.5
>3.0	0.5	1.0

第七节　土工合成材料试验检测

土工合成材料是岩土工程和土木工程中应用的土工织物、土工膜、土工复合材料、土工特种材料的总称,是以人工合成的高聚物,如塑料、化学纤维、合成橡胶为原料,制成各种类型的产品,置于土体内部、表面或各层土体之间,发挥过滤、排水、隔离、加筋、防渗、防护等作用,广泛用于水利、电力、道路、铁路、建筑、海港、采矿、机场、军工、环保等工程的各个领域。

一、土工合成材料的种类及特点

土工合成材料种类繁多,可分为土工织物、土工膜、土工特种材料和土工复合材料等类型,在道路工程中有广泛的应用。

1. 土工织物

土工织物是用于岩土工程和土木工程的机织、针织或非织造的可渗透的聚合物材料,主要分为纺织和无纺两类。纺织土工织物通常具有较高的强度和刚度,但过滤、排水性较差;无纺土工织物过滤、排水性能较好且断裂延伸率较高,但强度相对较低。

2. 土工膜

土工膜是由聚合物或沥青制成的一种相对不透水的薄膜,主要由聚氯乙烯(PVC)、氯磺化聚乙烯(CSPE)、高密度聚乙烯(HDPE)和低密度聚乙烯(VLDPE)制成。其渗透性低,常用作液体或蒸汽的阻拦层。

3. 土工特种材料

(1)土工膜袋

土工膜袋是一种由双层聚合化纤织物制成的连续(或单独)袋状材料,根据材质和加工工艺不同,分为机制膜袋和简易膜袋两类,常用于道路护坡或地基处理工程。

(2)土工网

土工网是由平行肋条经以不同角度与其上相同肋条黏结为一体的土工合成材料,常用于软基加固、坡面防护、植草以及用作制造组合土工材料的基材。

(3)土工格栅

土工格栅是由有规则的网状抗拉条带形成的用于加筋的土工合成材料,其质量轻且具有一定柔性,常用作加筋材料,对土起固定作用。主要有聚酯纤维和玻璃纤维两类。

(4)土工网垫和土工格室

土工网垫多为长丝结合而成的三维透水聚合物网垫。土工格室是由土工织物、土工格栅或土工膜、条带聚合物构成的蜂窝状或网格状三维结构聚合物。两者常用于防冲蚀和保土工程。

(5)聚苯乙烯泡沫塑料(EPS)

聚苯乙烯泡沫塑料(EPS),是在聚苯乙烯中添加发泡剂至规定密度,进行预先发泡,再将发泡颗粒放在筒仓中干燥,并填充到模具内加热而成。它质轻、耐热、抗压性能好、吸水率低、自立性好,常用作路基填料。

4. 土工复合材料

土工织物、土工膜、土工格栅和某些特种土工合成材料中的两种或两种以上互相组合起来就成为土工复合材料。土工复合材料可将不同材料的性质结合起来,更好地满足工程需要。例如,复合土工膜就是将土工膜和土工织物按一定要求制成的一种土工织物组合物,同时起到防渗和加筋作用;土工复合排水材料是以无纺土工织物和土工网、土工膜或不同形状的土工合成材料芯材组成的排水材料,常用于软基排水固结处理、路基纵横排水、建筑地下排水管道、集水井、支挡建筑物的墙后排水、隧道排水、堤坝排水设施等。

二、土工合成材料试验检测

(一)单位面积质量测定

1. 目的与适用范围

适用于土工织物、土工格栅等土工合成材料的单位面积质量的测定。单位面积质量是单位面积的试样在标准大气条件下的质量,是土工合成材料的物理性能指标之一,反映产品的原材料用量,以及生产的均匀性和质量的稳定性。

2. 仪器设备及材料

(1)剪刀或切刀。

(2)称量天平(感量为0.01g)。

(3)钢尺(刻度至毫米,精度为0.5mm)。

3. 试验步骤

(1)从样品的长度和宽度方向上均匀裁取试样,试样距样品边幅至少10cm,应尽量避免污渍、折痕、孔洞及其他损伤部分,避免两个以上的试样处在相同的纵向或横向位置上。

(2)试样在标准大气条件下(温度20℃±2℃、相对湿度65%±5%)调湿24h。

(3)试样制备:

①土工织物:用切刀或剪刀裁取面积为10 000mm² 的试样10块,剪裁和测量精度为1mm。

②对于土工格栅、土工网这类孔径较大的材料,试样尺寸应能代表该种材料的全部结构。可放大试样尺寸,剪裁时应从中间对称剪取,剪裁后应测量试样的实际面积。

(4)将剪裁好的试样按编号顺序逐一在天平上称量,读数精确到0.01g。

4. 计算

按式(2-87)计算每块试样的单位面积质量,保留一位小数。

$$G = \frac{m \times 10^6}{A} \tag{2-87}$$

式中:G——试样单位面积质量(g/mm^2);

m——试样质量(g);

A——试样面积(mm^2)。

以10块试样单位面积质量的平均值作为测定值,精确到0.1g/m²;同时按式(2-88)、式(2-89)分别计算标准差和变异系数。

$$\sigma = \sqrt{\sum_{i=1}^{n}(X_i - \overline{X})^2/(n-1)} \tag{2-88}$$

$$C_V = \frac{\sigma}{\overline{X}} \times 100\% \tag{2-89}$$

式中:σ——标准差;

C_V——变异系数;

$\overline{X}$——平均值。

(二)厚度检测

1. 土工织物厚度测定

(1)目的与适用范围

适用于土工织物及复合土工织物厚度的测定。厚度是指土工织物在承受规定压力的情况下,正反两面之间的距离,常规厚度是在2kPa压力下测得的试样厚度。

(2)仪器设备及材料

①基准板:面积应大于2倍的压块面积。

②压块:圆形,表面光滑,面积$25cm^2$,重为5N、50N、500N不等;其中常规厚的压块为5N,对试样施加2kPa±0.01kPa的压力。

③百分表:最小分度值0.01mm。

④秒表:最小分度值0.1s。

(3)试验步骤

①从样品的长度和宽度方向上均匀裁取试样,试样距样品边幅至少10cm,应尽量避免污渍、折痕、孔洞及其他损伤部分,避免两个以上的试样处在相同的纵向或横向位置上。

②试样在标准大气条件下(温度20℃±2℃、相对湿度65%±5%)调湿24h。

③试样制备:裁取有代表性的试样10块,试样尺寸应不小于基准板的面积。

④擦净基准板和5N的压块,压块放在基准板上,调整百分表零点,提起5N的压块,将试样自然平放在基准板与压块之间,轻轻放下压块,使试样受到的压力为2kPa±0.01kPa,放下测量装置的百分表触头,接触后开始计时,30s时读数,精确至0.01mm。

⑤重复上述步骤,完成10块试样的测试。

(4)试验结果

计算在同一压力下所测定的10块试样厚度的算术平均值$\bar{\delta}$,以毫米为单位,保留两位小数。

2.土工膜厚度测定

(1)目的与适用范围

适用于没有压花和波纹的土工薄膜、薄片厚度的测定。

(2)仪器设备及材料

①基准板:表面应平整光滑,并有足够的面积。

②千分表:最小分度值0.001mm。

(3)试验步骤

①沿样品的纵向距端部大约1m的位置横向截取试样,试样条宽100mm,无折痕和其他缺陷。

②试样在标准大气条件下(温度20℃±2℃、相对湿度65%±5%)调湿24h。

③基准板、试样和千分表表头应无灰尘、油污。

④测量前将千分表放置在基准板上校准表读值基准点,测量后检查基准点是否变动。

⑤测量厚度时,要轻轻放下表测头,待指针稳定后读值。

⑥当土工膜(片)宽大于2 000mm时,每200mm测量一点;膜(片)宽在300~2 000mm时,以大致相等间距测量10点;膜(片)宽在100~300mm时,每50mm测量一点;膜(片)宽小于100mm时,至少测量3点。对于未裁毛边的样品,应在离边缘50mm以外进行测量。

(4)试验结果

试验结果以试样的平均厚度和厚度的最大值、最小值表示,计算到小数点后4位。

第八节　混凝土外加剂试验检测

混凝土外加剂是在拌制混凝土过程中掺入的用以改善混凝土性能的物质,其掺量通常不大于水泥质量的5%。随着外加剂在水泥混凝土工程中的应用日益广泛,其显著的工程技术经济效益越来越受到国内外工程界的普遍重视,现在已成为混凝土中不可或缺的第五组分。掺入外加剂可以减少混凝土浇筑施工的费用,更有效地获得所需的混凝土的性能,保证混凝土在不利的搅拌、输送、浇筑和养护条件下的施工质量,满足混凝土在施工过程中的特殊要求,减少水泥用量,降低工程成本。混凝土中掺入外加剂的有效性取决于外加剂的相容性,受混凝土原材料的质量波动、配合比的不同、施工温度的变化等诸多因素的影响。

一、外加剂的分类

(1)按化学成分,可分为无机化合物、有机化合物、有机和无机复合物三类。
(2)按使用功能,可分为:
①改善混凝土流变性能的外加剂,如减水剂、泵送剂、引气剂、保水剂等。
②调节混凝土凝结时间或硬化速度的外加剂,如早强剂、缓凝剂、速凝剂等。
③调节混凝土中气体含量的外加剂,如引气剂、加气剂、泡沫剂等。
④改善混凝土耐久性的外加剂,如引气剂、防冻剂、阻锈剂等。
⑤改善混凝土其他性能的外加剂,如膨胀剂、防水剂、着色剂等。

二、常用的混凝土外加剂

1. 普通减水剂

减水剂是指在混凝土坍落度基本不变的条件下,能减少拌和用水量及提高混凝土强度的外加剂。

2. 高效减水剂

高效减水剂是指在不改变新拌混凝土工作性的条件下,能大幅度减少用水量,并显著提高混凝土强度;或在不改变用水量的条件下,可显著改善混凝土拌和物工作性的减水剂。高效减水剂的作用机理同普通减水剂。

3. 引气剂

引气剂是指掺入混凝土拌和物后,经搅拌能在混凝土拌和物中引入大量均匀分布且稳定而封闭的微小气泡以改善其工作性,并在混凝土硬化后保留微小气泡以改善其抗冻融耐久性的物质。

4. 缓凝剂

缓凝剂是能延缓混凝土的凝结时间,并对其后期强度无不良影响的外加剂。

5. 早强剂

早强剂是提高混凝土的早期强度而对后期强度无不利影响的外加剂。

6.膨胀剂

膨胀剂是能使混凝土产生一定体积膨胀的外加剂。

三、外加剂的掺量

外加剂的掺量以外加剂质量占混凝土中胶凝材料总质量的百分数表示。外加剂的掺量宜按供方的推荐掺量确定,另外,外加剂的掺量还受水泥品种、矿物掺合料品种、混凝土原材料质量状况、混凝土配合比、混凝土强度等级、施工环境温度、商品混凝土运输距离及外加剂掺加方式等诸多因素的影响。因此,外加剂的最佳掺量应在供方推荐掺量范围内,根据上述的影响因素,经过试验来确定。在实际工程中,混凝土原材料的品质和施工环境温度经常波动,可以通过调整混凝土外加剂的掺量以及混凝土的配合比来满足设计和施工要求。

四、外加剂的掺加方法

外加剂的掺加方法对其使用效果有较大影响,使用外加剂时应根据外加剂的品种、施工条件等具体情况,选择合适的掺入方法以提高功效。外加剂通常采用下面的方法掺入:

(1)干粉先掺法:粉末状外加剂先与水泥混合,然后加水搅拌。

(2)溶液同掺法:将外加剂预先溶解,在混凝土搅拌时与水一起掺入。

(3)滞水法:混凝土搅拌过程中,外加剂滞后1~3min加入,分干粉滞水法(外加剂以干粉形态加入)和溶液滞水法(外加剂以溶液形态加入)两种方法。

(4)外加剂在运输途中或施工现场分几次或一次加入,再经二次或多次搅拌。

五、外加剂匀质性试验

(一)含水率测定

1.方法提要

将外加剂粉状试样放入已达到恒重状态的称量瓶内,在一定温度下烘至恒重,求得含水率。

2.仪器

(1)天平:分度值0.0001g。

(2)鼓风电热恒温干燥箱:温度范围0~200℃。

(3)带盖称量瓶。

(4)干燥器:内盛变色硅胶。

3.试验步骤

(1)将洁净带盖称量瓶放入温度为100~105℃的烘箱内烘30min,取出置于干燥器内冷却30min后称重,重复该步骤直至称量瓶的质量为恒重m_0。

(2)称取外加剂粉状试样1.0000~2.0000g装入已经恒重的称量瓶内,盖上盖称出试样及称量瓶的总质量m_1。

(3)将盛有试样的称量瓶放入烘箱内,开启瓶盖,升温至100~105℃烘干,盖上盖在干燥器中冷却 30min 后称重,重复该步骤直至恒重,称其质重 m_2。

4. 计算

外加剂的含水率按式(2-90)计算。

$$X_水 = \frac{m_1 - m_2}{m_1 - m_0} \times 100 \tag{2-90}$$

式中:$X_水$——含水率(%);

m_0——称量瓶的质量(g);

m_1——称量瓶加粉状外加剂试样的质量(g);

m_2——称量瓶加粉状外加剂试样烘干后的质量(g)。

(二)细度测定

1. 方法提要

采用孔径为 0.315mm 的试验筛,称取烘干试样倒入筛内,人工筛样,称量筛余物质量,计算筛余物的百分含量。

2. 仪器

(1)天平:分度值 0.001g。

(2)试验筛:采用孔径为 0.315mm 的铜丝网筛布。筛框有效直径 150mm、高 50mm。筛布应紧绷在筛框上,接缝应严密,并附有筛盖。

3. 试验步骤

外加剂试样应充分拌匀并经 100~105℃烘干,称取烘干试样 10g(准确至 0.001g)倒入筛内,人工筛样。接近筛完时,应一手执筛往复摇动,一手拍打,摇动速度每分钟约 120 次。其间,筛子应向一定方向旋转数次,使试样分散在筛布上,直至每分钟的通过量不超过 0.005g 时为止。称量筛余物质量 m_1,准确至 0.001g。

4. 计算

细度以筛余百分率(%)表示,按式(2-91)计算。

$$筛余百分率 = \frac{m_1}{m_0} \times 100 \tag{2-91}$$

式中:m_1——筛余物质量(g);

m_0——试样质量(g)。

(三)水泥胶砂减水率测定

1. 方法提要

先测定基准胶砂流动度的用水量,再测定掺外加剂胶砂流动度的用水量,计算得出水泥胶砂的减水率。

2. 仪器

(1)胶砂搅拌机。

(2)跳桌、截锥圆模及模套、圆柱捣棒、卡尺。

(3)天平:分度值0.001g。

(4)天平:分度值1g。

3. 材料

(1)水泥。

(2)水泥胶砂强度检验用ISO标准砂。

(3)外加剂。

4. 试验步骤

1)基准胶砂流动度用水量测定

(1)先使搅拌机处于待工作状态,然后按下列的程序进行操作:先把水倒入锅内,再加入水泥450g,把锅放在固定架上,上升至固定位置后立即开动机器,低速搅拌30s后,在第二个30s开始的同时均匀地将标准砂加入,再高速拌和30s,停拌90s,在第一个15s内用一胶皮刮具将叶片和锅壁上的胶砂刮入锅中间,再高速继续搅拌60s。各个搅拌阶段,时间误差应在±1s以内。

(2)在拌和胶砂的同时,用湿布抹擦跳桌的玻璃台面、捣棒、截锥圆模及模套内壁,并把它们置于玻璃台面中心,盖上湿布备用。

(3)将拌和好的胶砂迅速地分两次装入模内,第一次装至截锥圆模的2/3处,用抹刀在相互垂直的两个方向各划5次,并用捣棒自边缘向中心均匀捣15次,接着装第二层胶砂,装至高出截锥圆模约20mm,用抹刀划10次,同样用捣棒捣10次,在装胶砂与捣实时,用手将截锥圆模按住,不要使其产生移动。

(4)捣好后取下模套,用抹刀将高出截锥圆模的胶砂刮去并抹平,随即将截锥圆模垂直向上提起置于台上,立即开动跳桌,以每秒一次的频率使跳桌连续跳动25次。

(5)跳动完毕用卡尺量出胶砂底部流动直径,取相互垂直的两个直径的平均值作为该用水量时的胶砂流动度,用mm表示。

(6)重复上述步骤,直至流动度达到180mm±5mm。胶砂流动度为180mm±5mm时的用水量即为基准胶砂流动度的用水量M_0。

2)掺外加剂胶砂流动度用水量测定

将水和外加剂加入锅里搅拌均匀,按上述操作步骤测出掺外加剂胶砂流动度达180mm±5mm时的用水量M_1。

5. 计算

胶砂减水率(%)按式(2-92)计算。

$$胶砂减水率 = \frac{M_0 - M_1}{M_0} \times 100 \tag{2-92}$$

式中:M_0——基准胶砂流动度为180mm±5mm时的用水量(g);

M_1——掺外加剂胶砂流动度为180mm±5mm时的用水量(g)。

【本章小结】

1. 道路工程材料是道路桥梁建设的物质基础，其性能和品质直接影响工程结构物的质量和使用功能，材料技术性能及指标的测试是检验、评定、控制工程质量的重要依据。

2. 岩石的物理常数是反映材料矿物组成与结构状态的参数，常用的物理常数有密度、毛体积密度和孔隙率；岩石的吸水性通常用吸水率和饱和吸水率表征；岩石的抗冻性一般采用直接冻融法和坚固性试验来评定；岩石的单轴抗压强度是岩石力学性质中最重要的一项指标。

3. 集料是由不同粒径的矿质颗粒组成的混合料，按粒径范围分为粗集料和细集料。集料的主要物理常数有表观密度、堆积密度、空隙率；级配表示集料中各组成颗粒的分级和搭配情况，通过筛分试验评定；粗集料的主要力学性能指标是压碎值和磨耗率。

4. 石灰和水泥属于无机结合料。石灰的主要技术指标是有效氧化钙和氧化镁的含量，有效氧化钙用中和滴定法测定，氧化镁含量用络合滴定法测定。水泥是水硬性胶凝材料，广泛用于道路桥梁建设中，水泥的主要技术指标有细度、凝结时间、安定性、强度等。

5. 沥青是有机胶结料，用来拌制用于路面工程中的沥青混合料，针入度、延度、软化点是道路石油沥青的三大技术指标。

6. 土工合成材料是以人工合成的高聚物，如塑料、化学纤维、合成橡胶为原料制成的各种类型的产品，在路桥工程中常用于软基排水固结处理、路基纵横排水、隧道排水、堤坝排水设施等。

7. 混凝土外加剂是在拌制混凝土过程中掺入的用以改善混凝土性能的物质，其显著的工程技术经济效益越来越受到国内外工程界的普遍重视，现在已成为混凝土中不可或缺的第五组分。

【思考题】

1. 路用岩石的重要物理性能指标是什么？这些指标对岩石的路用性能有何影响？
2. 影响岩石抗压强度的主要因素有哪些？
3. 岩石和集料各自所涉及的密度类型有哪些？这些密度区别表现在什么地方？
4. 岩石的吸水率和饱和吸水率有何异同？
5. 磨光值表征集料的什么性能？在路面工程中有何实际意义？
6. 现有两种集料，分别测得的几项路用性质见表2-23。当两种集料分别用于沥青混合料时，试评价两者各自的路用特点是什么。

表2-23

集料品种	磨光值	磨耗值(%)	黏附等级
A	60	5	Ⅱ
B	48	12	Ⅳ

7. 什么是集料的级配？级配应如何评定？级配参数主要有哪些？
8. 集料的级配有哪些类型？每种类型有何特点？
9. 已知某砂的筛析结果如表2-24所示，试计算该砂的分计筛余、累计筛余和通过量，并评价砂的粗细程度，绘出砂的级配曲线和要求的级配范围。

表 2-24

筛孔尺寸(mm)	4.75	2.36	1.18	0.6	0.3	0.15	<0.15
存留量(g)	25	35	90	125	125	75	25
要求通过率(%)	90~100	75~100	50~90	30~59	8~30	0~10	—

10. 对于沥青路面抗滑表层,特别需要鉴定粗集料的哪些力学指标?
11. 通用硅酸盐水泥有哪几类水泥?每种水泥如何定义?
12. 什么是水泥的初凝时间和终凝时间?凝结时间对施工有何意义?
13. 水泥安定性不好会造成什么危害?哪些因素造成水泥的不安定现象?
14. 采用什么方法确定水泥的强度等级?哪些因素将影响水泥强度等级的测定结果?
15. 什么是水泥净浆标准稠度用水量?现行规范中是如何确定水泥的标准稠度的?
16. 石油沥青的技术性质有哪些?
17. 石油沥青的主要技术指标有哪些?分别表征沥青的什么性质?试验条件是什么?
18. 含蜡量对沥青性能有哪些不利影响?
19. 什么是土工合成材料?简述土工合成材料的种类及其特点。
20. 什么是混凝土外加剂?外加剂主要有哪些类型?

第三章
路基土方工程试验检测

　　路基是道路的主要工程结构物,是路面的基础。路基是在天然地表面按照道路的设计线形和设计横断面的要求开挖或填筑而成的岩土结构物。路基的施工质量直接关系到整个公路工程的质量,没有坚固稳定的路基,就没有稳固的路面。确保路基的强度和稳定性,是保证路面强度和稳定性的先决条件。具有良好强度和稳定性的路基,可以减薄路面的厚度,提高路面的使用品质,延长其使用寿命,降低工程费用。

　　路基的强度和稳定性,不仅要通过设计予以保证,而且要通过施工得以实现。路基工程具有施工较简单、工程数量大、耗费劳力多、涉及范围广等特点。一般来说,路基土石方工程占总工程量的60%~70%,对施工期限的影响较大,土石方相对集中或条件比较复杂的路段,往往控制着整个工程的施工工期。道路施工是野外作业,自然条件差,运输不便,物资设备与施工队伍的供应与调度难;路基施工现场分散,工作面狭窄,遇有特殊地质条件时,会使一般的技术问题复杂化,甚至难以用常规的方法与经验解决。因此,合理组织路基施工,加强路基工程质量的检测与控制,有着重要的经济技术意义。本章介绍路基土方工程的常规试验检测方法。

第一节　路基土方工程常规试验检测方法

一、概述

土在道路建设中可被用作建筑材料,作为路基、路面的构筑物;也可作为建筑物地基;还可作为建筑物周围的介质或环境,如隧道、涵洞及地下建筑等。土和建筑是密不可分的,以至人们把建筑行业统称为土木工程。

土是由地壳表面的岩石经过物理风化、化学风化和生物风化作用之后的产物。岩石暴露在大气中,受到温度变化的影响,体积发生胀缩,不均匀的膨胀和收缩使之产生裂缝,同时长期经受风、霜、雨、雪的侵蚀及动植物的破坏,逐渐由整块岩体崩解成大小不等和形状不同的碎块,这个过程称作物理风化。物理风化只改变岩石颗粒的大小和形状,不改变颗粒的成分。物理风化后形成的碎块与氧气、二氧化碳和水接触,经过化学变化,变成更细的颗粒并且其成分也发生改变,产生与原来岩石成分不同的矿物,这个过程称作化学风化。在此基础上,加之生物活动的参与,从而产生有机质的积聚。经过这些风化作用所形成的矿物颗粒堆积在一起,其间贯穿着孔隙,孔隙间存在着水和空气。这种松散的固体颗粒、水和气体的集合体即是土。

土在其形成的过程中还受到重力、流水、冰川和风等自然因素的作用,使之运动、迁移和在不同的自然环境中沉积,形成不同的结构与构造,表现出不同的工程性质。

广泛分布在地壳表面的土,主要特征是分散性、复杂性和易变性。因其是由固体颗粒和孔隙及存在于孔隙中的水和气体的分散体系组成,土颗粒之间没有或只有很弱的连接,因而土的强度低且易变形。由于受不同自然力作用且于不同的环境下沉积,土的分布和性质具有复杂性。由于其分散性,土的性质极易受到外界温度和湿度的影响而发生变化,表现出多变性。土的这些特征无疑都将反映到它的物理、化学和力学性质中。

土由固体颗粒、水和气体三部分组成,通常称之为土的三相组成。土的固相物质包括无机矿物颗粒和有机质,是构成土的骨架的最基本的物质;土的液相指存在于孔隙中的水,按其与土相互作用程度的强弱,分为结合水和自由水两大类;土的气相指充填在孔隙中的气体,包括与大气连通和不连通的两类。随着土中三相物质的质量和体积的比例不同,土的状态和性质也就不同,例如砂土,由土粒和空气组成二相体系的干砂土是松散的,由土粒和水组成的二相体系的饱水砂土也是松散的,而三相体系的湿砂土则具有一定程度的连接性。黏质土随着相系组成的不同,其状态和性质的变化更为明显。

二、土工常规试验项目

在公路工程中,为适应不同工程的需要,需测定土的基本工程性质,土工试验项目可分为下述4个方面:

(1)物理性质试验。如含水率试验、密度试验、颗粒分析试验、相对密实度试验等。

(2)水理性质试验。如界限含水率试验、天然稠度试验、膨胀试验、收缩试验、毛细管水上升高度试验等。

(3)力学性质试验。如击实试验、压缩试验、黄土湿陷试验、直接剪切试验等。

(4)化学性质试验。如酸碱度试验、烧失量试验、有机质含量试验等。

根据不同的研究对象,选择上述试验项目时应有所侧重。

(一)含水率试验

土的工程性质之所以复杂,其主要原因是含水率在土的三相物质中形成一不确定的因素,含水率的变化将使土的一系列物理力学性质随之而异。土中的水是指土颗粒表面的水,它包括结合水及自由水。土中含水率不同,可使土表现为坚硬的、可塑的及流动的不同状态,反映在力学性质方面,能使土的结构强度、孔隙压力、有效压力及稳定性发生变化。

土的含水率是土的基本物理指标之一,它反映土的状态,它的变化将使土的一系列力学性质随之而异;它又是计算土的干密度、孔隙比、饱和度等项指标不可缺少的依据,同时也是建筑物地基、路堤、土坝等施工质量控制的重要指标。因此,土的含水率测试是研究土的物理力学性质不可缺少的工作。

土的含水率是指土在105~110℃下烘至恒重时所失去的水分质量和达恒重后干土质量的比值,以百分数表示。

道路工程中测定含水率的标准方法有烘干法、酒精燃烧法、比重法、炒干法、碳化钙气压法、红外线照射法、微波加热法等。

1. 烘干法

1)目的和适用范围

该试验方法是测定含水率的标准方法,适用于测定黏质土、粉质土、砂类土、有机质土类和冻土土类的含水率。

2)仪器设备

(1)烘箱:可采用电热烘箱或温度能保持105~110℃的其他能源烘箱,也可用红外线烘箱。

(2)天平:称量200g,感量0.01g;称量1 000g,感量0.1g。

(3)其他:干燥器、称量盒[为简化计算,可将盒质量定期(3~6个月)调整为恒质量值]等。

3)试验步骤

(1)取具有代表性试样,细粒土15~30g,砂类土、有机质土为50g,砂砾石为1~2kg,放入称量盒内,立即盖好盒盖,称质量。称量时,可在天平一端放上与该称量盒等质量的砝码,移动天平游码,平衡后称量结果减去称量盒质量即为湿土质量。

(2)揭开盒盖,将试样和盒放入烘箱内,在温度105~110℃下恒温烘干。烘干时间对细粒土不得少于8h,对砂类土不得少于6h。对含有机质超过5%的土,应将温度控制在65~70℃的恒温下,以干燥12~15h为好。

(3)将烘干后的试样和盒取出,放入干燥器内冷却(一般只需0.5~1h即可)。冷却后盖好盒盖,称质量,准确至0.01g。

4)结果整理

(1)按式(3-1)计算含水率:

$$w = \frac{m - m_s}{m_s} \times 100 \tag{3-1}$$

式中：w——含水率(%)，精确至 0.1%；

m——湿土质量(g)；

m_s——干土质量(g)。

(2)精密度和允许差。

该试验需进行两次平行测定，取其算术平均值，允许平行差值应符合表 3-1 规定。

含水率测定的允许平行差值   表 3-1

含水率(%)	允许平行差值(%)	含水率(%)	允许平行差值(%)
5 以下	0.3	40 以上	≤2
40 以下	≤1	对层状或网状构造冻土	<3

5)注意事项

(1)进行含水率试验时，常因试样代表性不足，而使测定结果失去实际意义，因此选取土样时需细心和均匀。此外，含水率试样应根据试验项目的目的和要求选取，若为了解土层综合而概略的天然含水率，可沿土剖面竖向切取土样，如果是配合压缩、抗剪强度、渗透试验，应在切取试样环刀的上下两面选取土样。

(2)关于试样的数量问题，为使试验结果准确可靠，同时考虑烘、烧时间的长短，黏质土规定为 15~30g，砂类土或砾类土试样应多取一些。

(3)烘干的试样应冷却后再称量，一是避免因天平受热不均影响称量精度，二是防止热土吸收空气中的水分。试样应放在干燥器内冷却。

2. 酒精燃烧法

1)目的和适用范围

适用于快速简易测定细粒土(含有机质的除外)的含水率。

2)仪器设备

(1)称量盒：定期调整为恒质量。

(2)天平：感量 0.01g。

(3)酒精：纯度 95%。

(4)其他：滴管、火柴、调土刀等。

3)试验步骤

(1)取具有代表性试样(黏质土 5~10g，砂类土 20~30g)，放入称量盒内，称量湿土的质量，准确至 0.01g。称量时，可在天平一端放上与该称量盒等质量的砝码，移动天平游码，平衡后称量结果减去称量盒质量即为湿土质量。

(2)用滴管将酒精注入放有试样的称量盒中，直到盒中出现自由液面为止。为使酒精在试样中充分混合均匀，可将盒底在桌面上轻轻敲击。

(3)点燃盒中酒精，燃至火焰熄灭。

(4)将试样冷却数分钟，按该试验(3)、(4)条方法重新燃烧两次。

(5)待第三次火焰熄灭后，盖好盒盖，立即称干土质量 m_s，准确至 0.01g。

4)结果整理

(1)按式(3-2)计算含水率：

$$w = \frac{m - m_s}{m_s} \times 100 \qquad (3-2)$$

式中:w——含水率(%),精确至0.1%;
  m——湿土质量(g);
  m_s——干土质量(g)。

(2)精密度和允许差。

该试验需进行两次平行测定,取其算术平均值,允许平行差值应符合表3-1规定。

5)说明

(1)在试样中加入酒精,利用酒精在土上燃烧,使土中水分蒸发,将土样烘干,是快速简易测定且较准确的方法之一;适用于在没有烘箱或土样较少的条件下,对细粒土进行含水率测定。

(2)酒精纯度要求达到95%。

(3)取代表性土样时,砂类土数量应多于黏质土。

3.比重法

1)目的和适用范围

该试验方法仅适用于砂类土的含水率测定。

2)仪器设备

(1)玻璃瓶:容积500mL以上。

(2)天平:称量1 000g,感量0.5g。

(3)其他:漏斗、小勺、吸水球、玻璃片、土样盘及玻璃棒等。

3)试验步骤

(1)取具有代表性砂类土试样200~300g,放入土样盘内。

(2)向玻璃瓶中注入清水至1/3左右,然后用漏斗将土样盘中的试样倒入瓶中,并用玻璃棒搅拌1~2min,直到所含气体完全排出为止。

(3)向瓶中加清水至全部充满,静置1min后用吸水球吸去泡沫,再加清水使其充满,盖上玻璃片,擦干瓶外壁,称其质量,准确至0.5g。

(4)倒去瓶中混合液,洗净,再向瓶中加清水至全部充满,盖上玻璃片,擦干瓶外壁,称其质量,准确至0.5g。

4)结果整理

(1)按式(3-3)计算含水率:

$$w = \left[\frac{m(G_s - 1)}{G_s(m_1 - m_2)} - 1\right] \times 100 \tag{3-3}$$

式中:w——砂类土含水率(%),精确至0.1%;
  m——湿土质量(g);
  m_1——瓶、水、土、玻璃片合质量(g);
  m_2——瓶、水、玻璃片合质量(g);
  G_s——砂类土的相对密度。

(2)精密度和允许差。

该试验需进行两次平行测定,取其算术平均值,允许平行差值应符合表3-1规定。

5)说明

(1)该法通过测定湿土体积,估计土粒相对密度,间接计算土的含水率。由于试验时没有考虑湿度的影响,所得结果准确度较差。土内气体能否充分排出,直接影响试验结果的精度,故比重法仅适用于砂类土。

(2)该试验需用的主要设备为容积500mL以上的玻璃瓶。

(3)土样倒入未盛满水的玻璃瓶中后,应用玻璃棒充分搅拌悬液,使空气完全排出,因土内气体能否充分排出会直接影响试验结果的精度。

4．特殊土的含水率测试方法

(1)含石膏土和有机质土的含水率测定法

当含石膏土和有机质土的烘干温度在110℃时,含石膏土会失去结晶水,含有机质土其有机成分会燃烧,测试结果将与含水率定义不符。这种试样的干燥宜用真空干燥箱在近乎1个大气压力作用下将土干燥,或将烘箱温度控制在60~70℃,干燥8h以上为好。

(2)无机结合料稳定土的含水率测定法

在水泥稳定土中,水泥与水拌和就要发生水化作用,在较高温度下水化作用发生较快。因此,如将水泥混合料放在原为室温的烘箱内,再启动烘箱升温,则在升温过程中水泥与水会发生水化作用而放热,使得出的含水率往往偏小。所以应提前将烘箱升温到110℃,使放入的水泥混合料一开始就能在105~110℃的环境下烘干。另外,烘干后冷却时应用硅胶作干燥剂。

(二)土的密度实验

密度是土的基本物理性质指标之一,无论在室内试验还是野外勘察以及施工质量控制中均需要测定密度。

测定密度常用的方法有环刀法、蜡封法、罐砂法、灌水法等。环刀法操作简便而结果准确,在室内和野外普遍采用;不能用环刀削的、坚硬、易碎、含有粗粒、形状不规则的土,可用蜡封法、罐砂法、灌水法,一般在野外应用。

1．环刀法

1)目的和适用范围

该试验方法适用于细粒土。

2)仪器设备

(1)环刀:内径6~8cm,高2~5.4cm,壁厚1.5~2.2mm。

(2)天平:感量0.1g。

(3)其他:修土刀、钢丝锯、凡士林等。

3)试验步骤

(1)按工程需要取原状土或制备所需状态的扰动土样,整平两端,环刀内壁涂一薄层凡士林,刀口向下放在土样上。

(2)用修土刀或钢丝锯将土样上部削成略大于环刀直径的土柱,然后将环刀垂直下压,边压边削,至土样伸出环刀上部为止。削去两端余土,使土样与环刀口面齐平,并用剩余土样测定含水率。

(3)擦净环刀外壁,称取环刀与土合质量 m_1,准确至0.1g。

4)结果整理

(1)按式(3-4)和式(3-5)计算湿密度及干密度。

$$\rho = \frac{m_1 - m_2}{V} \tag{3-4}$$

$$\rho_d = \frac{\rho}{1 + 0.01w} \tag{3-5}$$

式中:ρ——土的湿密度(g/cm^3);精确至0.01;

m_1——环刀与土合质量(g);

m_2——环刀质量(g);

V——环刀体积(cm^3);

ρ_d——土的干密度(g/cm^3),精确至0.01;

w——含水率(%)。

(2)精密度和允许差

该试验需进行两次平行测定,取其算术平均值,其平行差值不得大于0.03g/cm^3。

2.灌砂法

1)目的和适用范围

该试验法适用于现场测定细粒土、砂类土和砾类土的密度。试样的最大粒径不得超过15mm,测定密度层的厚度为150~200mm。

注:①在测定细粒土的密度时,可以采用ϕ100的小型灌砂筒。

②如最大粒径超过15mm,则应相应地增大灌砂筒和标定罐的尺寸,例如,粒径达40~60mm的粗粒土,灌砂筒和现场试洞的直径应为150~200mm。

2)仪器设备

(1)灌砂筒:金属圆筒(可用白铁皮制作)的内径为100mm,总高360mm,灌砂筒主要分两部分:上部为储砂筒,筒深27mm(容积约2 120cm^3),筒底中心有一个直径10mm的圆孔;下部装一倒置的圆锥形漏斗,漏斗上端开口直径为10mm,并焊接在一块直径100mm的铁板上,铁板中心有一直径10mm的圆孔与漏斗上开口相接。在储砂筒筒底与漏斗顶端铁板之间设有开关。开关为一薄铁板,一端与筒底及漏斗铁板铰接在一起,另一端伸出筒身外,开关铁板上也有一个直径10mm的圆孔。将开关向左移动时,开关铁板上的圆孔恰好与筒底圆孔及漏斗上开口相对,即三个圆孔在平面上重叠在一起,砂就可通过圆孔自由落下。将开关向右移动时,开关将筒底圆孔堵塞,砂即停止下落。

灌砂筒的形式和主要尺寸如图3-1所示。

(2)金属标定罐:内径100mm,高150mm和200mm的金属罐各一个,上端周围有一罐缘。

注:如由于某种原因,试坑不是150mm或200mm时,标定罐的深度应该与拟挖试坑深度相同。

(3)基板:一个边长350mm,深40mm的金属方盘,盘中心有一直径100mm的圆孔。

(4)打洞及从洞中取料的合适工具,如凿子、铁锤、长把勺、长把小簸箕、毛刷等。

(5)玻璃板:边长约500mm的方形板。

(6)饭盒(存放挖出的试样)若干。

(7)台秤:称量10~15kg,感量5g。

(8)其他:铝盒、天平、烘箱等。

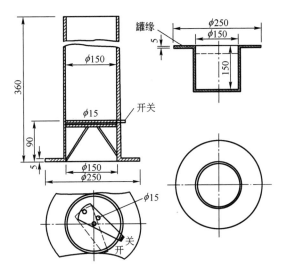

图 3-1 灌砂筒与标定罐(尺寸单位:mm)

3)量砂

粒径 0.25~0.5mm、清洁干燥的均匀砂,取 20~40kg。应先烘干,并放置足够时间,使其与空气的湿度达到平衡。

4)仪器标定

确定灌砂筒下部圆锥体内砂的质量,其步骤如下:

(1)在储砂筒内装满砂。筒内砂的高度与筒顶的距离不超过 15mm。称筒内砂的质量 m_1,准确至 1g。每次标定及而后的试验都维持这个质量不变。

(2)将开关打开,让砂流出,并使流出砂的体积与工地所挖试洞的体积相当(或等于标定罐的容积)。然后关上开关,并称量筒内砂的质量 m_5,准确至 1g。

(3)将灌砂筒放在玻璃板上。打开开关,让砂流出,直到筒内砂不再下流时,关上开关,并细心地取走灌砂筒。

(4)收集并称量留在玻璃板上的砂或称量筒内的砂,准确至 1g。玻璃板上的砂就是填满灌砂筒下部圆锥体的砂。

重复上述测量,至少 3 次。最后取其平均值 m_2,准确至 1g。

5)确定量砂的密度 ρ_s(g/cm^3)

(1)用水确定标定罐的容积 V(cm^3),方法如下:

①将空罐放在台秤上,使罐的上口处于水平位置,读记罐质量 m_7,准确至 1g。

②向标定罐中灌水,注意不要将水弄到台秤上或罐的外壁。将一直尺放在罐顶,当罐中水面快要接近直尺时,用滴管往罐中加水,直到水面接触直尺。移去直尺,读记罐和水的总质量 m_8。

③重复测量时,仅需用吸管从罐中取出少量水,并用滴管重新将水加满到接触直尺。

④标定罐的体积按式(3-6)计算:

$$V = \frac{m_8 - m_7}{\rho_w} \tag{3-6}$$

式中:V——标定罐的体积(cm^3),精确至 0.01;

m_7——标定罐的质量(g);

m_8——标定罐和水的总质量(g);

ρ_w——水的密度(g/cm³),可取 $\rho_w = 1.0 \text{g/cm}^3$。

(2)在储砂筒中装入质量为 m_1 的砂,并将灌砂筒放在标定罐上,打开开关,让砂流出,直到储砂筒内的砂不再下流时,关闭开关。取下灌砂筒,称筒内剩余的砂质量,准确至1g。

(3)重复上述测量,至少3次,最后取其平均值 m_3,准确至1g。

(4)按式(3-7)计算填满标定罐所需砂的质量 m_a(g):

$$m_a = m_1 - m_2 - m_3 \tag{3-7}$$

式中: m_a——砂的质量(g),精确至1;

m_1——灌砂入标定罐前,筒内砂的质量(g);

m_2——灌砂筒下部圆锥体内砂的平均质量(g);

m_3——灌砂入标定罐后,筒内剩余砂的质量(g)。

(5)按式(3-8)计算量砂的密度:

$$\rho_s = \frac{m_a}{V} \tag{3-8}$$

式中: ρ_s——砂的密度(g/cm³),精确至0.01;

V——标定罐的体积(cm³);

m_a——砂的质量(g)。

6)试验步骤

(1)在试验地点,选一块约40cm×40cm的平坦表面,并将其清扫干净。将基板放在此平坦表面上。如此表面的粗糙度较大,则将盛有量砂 m_5(g)的灌砂筒放在基板中间的圆孔上。打开灌砂筒开关,让砂流入基板的中孔内,直到储砂筒内的砂不再下流时关闭开关。取下灌砂筒,并称筒内砂的质量 m_6,准确至1g。

(2)取走基板,将留在试验地点的量砂收回,重新将表面清扫干净。将基板放在清扫干净的表面上,沿基板中孔凿洞,洞的直径100mm。在凿洞过程中,应注意不使凿出的试样丢失,并随时将凿松的材料取出,放在已知质量的塑料袋内,密封。试洞的深度应等于碾压层厚度。凿洞毕,称此塑料袋中全部试样的质量,准确至1g。减去已知塑料袋质量后,即为试样的总质量 m_t。

(3)从挖出的全部试样中取有代表性的样品,放入铝盒中,测定其含水率 w。样品数量:对于细粒土,不少于100g;对于粗粒土,不少于500g。

(4)将基板安放在试洞上,将灌砂筒安放在基板中间(储砂筒内放满砂至恒重 m_1),使灌砂筒的下口对准基板的中孔及试洞。打开灌砂筒开关,让砂流入试洞内,关闭开关。小心取走灌砂筒,称量筒内剩余砂的质量 m_4,准确至1g。

(5)如清扫干净的平坦的表面粗糙度不大,则不需放基板,将灌砂筒直接放在已挖好的试洞上。打开洞的开关,让砂流入试洞内。在此期间,应注意勿碰动灌砂筒。直到储砂筒内的砂不再下流时,关闭开关。小心取走灌砂筒,称量筒内剩余砂的质量 m_4',准确至1g。

(6)取出试洞内的量砂,以备下次试验时再用。若量砂的湿度已发生变化或量砂中混有杂质,则应重新烘干、过筛,并放置一段时间,使其与空气的温度达到平衡后再用。

(7)如试洞中有较大孔隙,量砂可能进入孔隙,则应按试洞外形,松弛地放入一层柔软的纱布,然后再进行灌砂工作。

7)结果整理

(1)按式(3-9)和式(3-10)计算填满试洞所需的质量 m_b(g):

灌砂时试洞上放有基板的情况:
$$m_b = m_1 - m_4 - (m_5 - m_6) \tag{3-9}$$

灌砂时试洞上不放基板的情况:
$$m_b = m_1 - m_4' - m_2 \tag{3-10}$$

式中: m_b——砂的质量(g);

m_1——灌砂入试洞前筒内砂的质量(g);

m_2——灌砂筒下部圆锥体内砂的平均质量(g);

m_4、m_4'——灌砂入试洞后筒内剩余砂的质量(g);

$(m_5 - m_6)$——灌砂筒下部圆锥体内及基板和粗糙表面间砂的总质量(g)。

(2)按式(3-11)计算试验地点土的湿密度:
$$\rho = \frac{m_t}{m_b} \times \rho_s \tag{3-11}$$

式中: ρ——土的湿密度(g/cm³),精确至0.01;

m_t——试洞中取出的全部土样的质量(g);

m_b——填满试洞所需砂的质量(g);

ρ_s——量砂的密度(g/cm³)。

(3)按式(3-12)计算土的干密度:
$$\rho_d = \frac{\rho}{1 + 0.01w} \tag{3-12}$$

式中: ρ_d——土的干密度(g/cm³),精确至0.01;

ρ——土的湿密度(g/cm³);

w——土的含水率(%)。

(4)精密度和允许差。

该试验需进行两次平行测定,取其算术平均值,其平行差值不得大于0.03g/cm³。

3. 蜡封法

1)目的和适用范围

该试验方法适用于易破裂土和形态不规则的坚硬土。

2)仪器设备

(1)天平:感量0.01g。

(2)烧杯、细线、石蜡、针、削土刀等。

3)试验步骤

(1)用削土刀切取体积大于30cm³的试件,削除试件表面的松、浮土以及尖锐棱角,在天平上称量,准确至0.01g。取代表性土样进行含水率测定。

(2)将石蜡加热至刚过熔点,用细线系住试件浸入石蜡中,使试件表面覆盖一薄层石蜡,若试件蜡膜上有气泡,需用热针刺破气泡,再用石蜡填充针孔,涂平孔口。

(3)待冷却后,将蜡封试件在天平上称量,准确至0.01g。

(4)用细线将蜡封试件置于天平一端,使其浸浮在盛有蒸馏水的烧杯中,注意试件不要接触烧杯壁,称量蜡封试件的水中质量,准确至 0.01g,并测量蒸馏水的温度。

(5)将蜡封试件从水中取出,擦干石蜡表面水分,在空气中称其质量,将其与第(3)步中称量的质量相比,若质量增加,表明水分进入试件中;若浸入水分质量超过 0.03g,应重做试验。

4)结果整理

(1)按式(3-13)和式(3-14)计算土的湿密度及干密度:

$$\rho = \frac{m}{\dfrac{m_1 - m_2}{\rho_{wt}} - \dfrac{m_1 - m}{\rho_n}} \tag{3-13}$$

$$\rho_d = \frac{\rho}{1 + 0.01w} \tag{3-14}$$

式中:ρ——土的湿密度(g/cm^3),精确至 0.01;

ρ_d——土的干密度(g/cm^3),精确至 0.01;

m——试件的质量(g);

m_1——蜡封试件的质量(g);

m_2——蜡封试件水中的质量(g);

ρ_{wt}——蒸馏水在 t℃时的密度(g/cm^3),精确至 0.001;

ρ_n——石蜡密度(g/cm^3),应事先实测,精确至 0.01,一般可采用 0.92g/cm^3;

w——土的含水率(%)。

(2)精密度和允许差。

该试验需进行两次平行测定,取其算术平均值,允许平行差值不得大于 0.03g/cm^3。

4. 灌水法

1)目的和适用范围

该试验方法适用于现场测定粗粒土和巨粒土的密度。

2)仪器设备

(1)座板:座板为中部开有圆孔,外沿呈方形或圆形的铁板,圆孔处设有环套,套孔的直径为土中所含最大石块粒径的 3 倍,环套的高度为其粒径的 5%。

(2)薄膜:聚乙烯塑料薄膜。

(3)储水筒:直径应均匀,并附有刻度。

(4)台秤:称量 50kg,感量 5g。

(5)其他:铁镐、铁铲、水准仪等。

3)试验步骤

(1)根据试样最大粒径按表 3-2 确定试坑尺寸。

试 坑 尺 寸　　　　　　表 3-2

试样最大粒径(mm)	试坑尺寸(mm)	
	直径	深度
5~20	150	200
40	200	250
60	250	300
200	800	1 000

(2)按确定的试坑直径画出坑口轮廓线。将测点处的地表整平,地表的浮土、石块、杂物等应予清除,坑洼不平处用砂铺整。用水准仪检查地表是否水平。

(3)将座板固定在整平后的地表。将聚乙烯塑料薄膜沿环套内壁及地表紧贴铺好。记录储水筒初始水位高度,拧开储水筒的注水开关,从环套上方将水缓缓注入,至刚满不外溢为止。记录储水筒水位高度,计算座板部分的体积。保持座板固定状态,将薄膜盛装的水排至对该试验不产生影响的场所,然后将薄膜揭离底板。

(4)在轮廓线内下挖至要求深度,将落于坑内的试样装入盛土容器内,并测定含水率。

(5)用挖掘工具沿座板上的孔挖试坑,为使坑壁与塑料薄膜易于紧贴,对坑壁需加以整修。

将塑料薄膜沿坑底、坑壁紧密相贴铺好。

在往薄膜形成的袋内注水时,牵住薄膜的某一部位,一边拉松,一边注水,以使薄膜与坑壁间的空气得以排出,从而提高薄膜与坑壁的密贴程度。

(6)记录储水筒内初始水位高度,拧开储水筒的注水开关,将水缓缓注入塑料薄膜中。当水面接近环套的上边缘时,将水流调小,直至水面与环套上边缘齐平时关闭注水管,持续3~5min,记录储水筒内水位高度。

4)结果整理

(1)细粒与石料应分开测定含水率,按式(3-15)求出整体的含水率:

$$w = w_f p_f + w_c (1 - p_f) \tag{3-15}$$

式中:w——整体含水率(%),精确至0.01;
  w_f——细粒土部分的含水率(%);
  w_c——石料部分的含水率(%);
  p_f——细粒料的干质量与全部材料干质量之比。

细粒料与石料的划分以粒径60mm为界。

(2)按式(3-16)计算座板部分的容积:

$$V_1 = (h_1 - h_2) A_w \tag{3-16}$$

式中:V_1——座板部分的容积(cm³),精确至0.01;
  A_w——储水筒断面积(cm²);
  h_1——储水筒内初始水位高度(cm);
  h_2——储水筒内注水终了时水位高度(cm)。

(3)按式(3-17)计算试坑容积:

$$V_P = (H_1 - H_2) A_w - V_1 \tag{3-17}$$

式中:V_p——试坑容积(cm³),精确至0.01;
  H_1——储水筒内初始水位高度(cm);
  H_2——储水筒内注水终了时水位高度(cm);
  A_w——储水筒断面积(cm²);
  V_1——底板部分的容积(cm³),精确至0.01。

(4)按式(3-18)计算试样湿密度:

$$\rho = \frac{m_p}{V_p} \tag{3-18}$$

式中:ρ——试样湿密度(g/cm^3),精确至0.01;
　　m_p——取自试坑的试样质量(g)。

(5)精密度和允许差。

灌水法密度试验应进行两次平行测定,两次测定的差值不得大于$0.03g/cm^3$,取两次测定的平均值为试验结果。

(三)颗粒分析试验

土体是由不同粒径的颗粒组成的集合体,土粒粒径的大小和级配与土的工程性质紧密相关。土的颗粒分析试验就是测定土的粒径大小和级配状况,为土的分类、命名和工程应用提供依据。常用的颗粒分析方法有两种,大于0.075mm的土粒采用筛分法,小于0.075mm的土粒采用沉降分析法,这里主要介绍筛分法。

1. 目的和适用范围

了解土的颗粒级配情况,供土的分类及概略判断土的工程性质之用。该试验法适用于分析粒径大于0.075mm的土颗粒组成。对于粒径大于60mm的土样,该试验方法不适用。

2. 仪器设备

(1)标准筛:粗筛(圆孔)孔径为60mm、40mm、20mm、10mm、5mm、2mm;细筛孔径为2mm、1.0mm、0.5mm、0.25mm、0.075mm。

(2)天平:称量5 000g,感量5g;称量1 000g,感量1g;称量200g,感量0.2g。

(3)摇筛机。

(4)其他:烘箱、筛刷、烧杯、木碾、研钵及杵等。

3. 试样

从风干、松散的土样中,用四分法按照下列规定取出具有代表性的试样:

(1)小于2mm颗粒的土100~300g。

(2)最大粒径小于10mm的土300~900g。

(3)最大粒径小于20mm的土1 000~2 000g。

(4)最大粒径小于40mm的土2 000~4 000g。

(5)最大粒径大于40mm的土4 000g以上。

4. 试验步骤

1)对于无凝聚性的土

(1)按规定称取试样,将试样分批过2mm筛。

(2)将大于2mm的试样按从大到小的次序,通过大于2mm的各级粗筛。将留在筛上的土分别称量。

(3)2mm筛下的土数量过多,可用四分法缩分至100~800g。将试样按从大到小的次序通过小于2mm的各级细筛。可用摇筛机进行振摇。振摇时间一般为10~15min。

(4)由最大孔径的筛开始,顺序将各筛取下,在白纸上用手轻叩摇晃,至每分钟筛下数量不大于该级筛余质量的1%为止。漏下的土粒应全部放入下一级筛内,并将留在各筛上的土样用软毛刷刷净,分别称重。

(5)筛后各级筛上和筛底土总质量与筛前试样质量之差,不应大于1%。

(6)如 2mm 筛下的土不超过试样总质量的 10%,可省略细筛分析;如 2mm 筛上的土不超过试样总质量的 10%,可省略粗筛分析。

2)对于含有黏土粒的砂砾土

(1)将土样放在橡皮板上,用木碾将黏结的土团充分碾散、拌匀、烘干,然后称重。如土样过多,用四分法称取代表性土样。

(2)将试样置于盛有清水的瓷盆中,浸泡并搅拌,使粗细颗粒分散。

(3)将浸润后的混合液过 2mm 筛,边冲边洗过筛,直至筛上仅留 2mm 以上的土粒为止。然后,将筛上洗净的砂砾风干称重。按以上方法进行粗筛分析。

(4)通过 2mm 筛的混合液存放在盆中,待稍沉淀,将上部悬液过 0.075mm 洗筛,用带橡皮头的玻璃棒研磨盆内浆液,再加清水,搅拌、研磨、静置、过筛,反复进行,直至盆内悬液澄清。最后,将全部土粒倒在 0.075mm 筛上,用水冲洗,直到筛上仅留下大于 0.075mm 的净砂为止。

(5)将大于 0.075mm 的净砂烘干称重,并进行细筛分析。

(6)将大于 2mm 颗粒及 0.075~2mm 颗粒的质量从原称量的总质量中减去,即为小于 0.075mm 颗粒的质量。

(7)如果小于 0.075mm 颗粒的质量超过总土质量的 10%,有必要时,将这部分土烘干、取样,另做密度计或移液管分析。

5. 结果整理

(1)按式(3-19)计算小于某粒径颗粒的质量百分数:

$$X = \frac{A}{B} \times 100 \tag{3-19}$$

式中:X——小于某粒径颗粒的质量百分数(%),精确至 0.01;

A——小于某粒径颗粒的质量(g);

B——试样的总质量(g)。

(2)当小于 2mm 的颗粒用四分法缩分取样时,试样中小于某粒径的颗粒质量占总土质量的百分数为:

$$X = \frac{a}{b} \times p \times 100 \tag{3-20}$$

式中:X——小于某粒径颗粒的质量百分数(%),精确至 0.01;

a——通过 2mm 筛的试样中小于某粒径颗粒的质量(g);

b——通过 2mm 筛的土样中所取试样的质量(g);

p——粒径小于 2mm 颗粒的质量百分数(%)。

(3)在半对数坐标纸上,以小于某粒径颗粒的质量百分数为纵坐标,以粒径(mm)为横坐标,绘制颗粒大小级配曲线,求出各粒径颗粒的质量百分数,以整数(%)表示。

(4)必要时按式(3-21)计算不均匀系数:

$$C_u = \frac{d_{60}}{d_{10}} \tag{3-21}$$

式中:C_u——不均匀系数,精确至 0.1 且含两位以上有效数字;

d_{60}——限制粒径,即土中小于该粒径的颗粒质量百分数为 60%(mm);

d_{10}——有效粒径,即土中小于该粒径的颗粒质量百分数为10%(mm)。

(5)精密度和允许差。

筛后各级筛上和筛底土总质量与筛前试样质量之差,不应大于1%。

(四)相对密实度试验

砂土的密实状态对其工程性质有重要影响。密实的砂土,结构稳定,具有较高的强度和较低的压缩性,是良好的建筑物地基;但松散的砂土,尤其是饱和的松散砂土,不仅强度低,且水稳定性很差,结构常处于不稳定状态,显然是一种很不利的地基条件。

土的孔隙比一般可以用来描述土的密实程度,但砂土的密实程度并不单独取决于孔隙比,在很大程度上还取决于土的级配情况。粒径级配不同的砂土即使具有相同的孔隙比,但由于颗粒大小不同,颗粒排列不同,所处的密实状态也会不同。为了同时考虑孔隙比和级配的影响,引入砂土相对密度的概念。

当砂土处于最密实状态时,其孔隙比称为最小孔隙比 e_{min};而砂土处于最疏松状态时的孔隙比则称为最大孔隙比 e_{max};砂土在天然状态的孔隙比为 e_0,则砂土在天然状态的紧密程度,可用相对密度 D_r 来表示:

$$D_r = \frac{e_{max} - e_0}{e_{max} - e_{min}} \tag{3-22}$$

当 $D_r = 0$,即 $e = e_{max}$ 时,表示砂土处于最疏松状态;当 $D_r = 1$,即 $e = e_{min}$ 时,表示砂土处于最紧密状态。

1. 目的和适用范围

相对密度是表征紧密程度的指标,等于其最大孔隙比与天然孔隙比之差和最大孔隙比与最小孔隙比之差的比值。

该试验的目的是求无黏聚性土的最大与最小孔隙比,用于计算相对密度,借此了解该土在自然状态或经压实后的松紧情况和土粒结构的稳定性。本试验适用于颗粒直径小于5mm的土,且粒径2~5mm的试样质量不大于试样总质量的15%。

2. 仪器设备

(1)量筒:容积为500mL及1 000mL两种,后者内径应大于60mm。

(2)长颈漏斗:颈管内径约12mm,颈口磨平。

(3)锥形塞:直径约15mm的圆锥体镶于铁杆上。

(4)砂面拂平器。

(5)电动最小孔隙比仪,若无该仪器,可用下列(6)~(8)设备。

(6)金属容器,有以下两种:

①容积250mL,内径50mm,高度127mm。

②容积1 000mL,内径100mm,高度127mm。

(7)振动仪。

(8)击锤:锤重1.25kg,高度150mm,锤座直径50mm。

(9)台秤:感量1g。

3. 试验步骤

1) 最大孔隙比的测定

(1) 取代表性试样约 1.5kg,充分风干(或烘干),用手搓揉或用圆木棍在橡皮板上碾散,并拌和均匀。

(2) 将锥形塞杆自漏斗下口穿入,并向上提起,使锥体堵住漏斗管口,一并放入体积 1 000mL 量筒中,使其下端与量筒底相接。

(3) 称取试样 700g,准确至 1g,均匀倒入漏斗中,将漏斗与塞杆同时提高,移动塞杆使锥体略离开管口,管口应经常保持高出砂面 1~2cm,使试样缓缓且均匀分布地落入量筒中。

(4) 试样全部落入量筒后取出漏斗与锥形塞,用砂面拂平器将砂面拂平,勿使量筒振动,然后测读砂样体积,估读至 5mL。

(5) 以手掌或橡皮塞堵住量筒口,将量筒倒转,缓慢地转动量筒内的试样,并回到原来位置,如此重复几次,记下体积的最大值,估读至 5mL。

(6) 取上述两种方法测得的较大体积值,计算最大孔隙比。

2) 最小孔隙比的测定

(1) 取代表性试样约 4kg,充分风干(或烘干),用手搓揉或用圆木棍在橡皮板上碾散,并拌和均匀。

(2) 分 3 次倒入容器进行振击,先取上述试样 600~800g(其数量应使振击后的体积略大于容器容积的 1/3)倒入 1 000mL 容器内,用振动仪以各 150~200 次/min 的速度敲打容器两侧,并在同一时间内,用击锤于试样表面锤击 30~60 次/min,直至砂样体积不变为止(一般为 5~10min)。敲打时要用足够的力量使试样处于振动状态;振击时,粗砂可用较少击数,细砂应用较多击数。

(3) 用电动最小孔隙比试验仪时,当试样同上法装入容器后,开动电机,进行振击试验。

(4) 按上述(2)方法进行后两次加土的振动和锤击,第三次加土时应先在容器口上安装套环。

(5) 最后一次振毕,取下套环,用削土刀修齐容器顶面,削去多余试样,称重,准确至 1g,计算其最小孔隙比。

4. 结果整理

(1) 按式(3-23)和式(3-24)计算最小与最大干密度:

$$\rho_{dmin} = \frac{m}{V_{max}} \quad (3\text{-}23)$$

$$\rho_{dmax} = \frac{m}{V_{min}} \quad (3\text{-}24)$$

式中:ρ_{dmin}——最小干密度(g/cm³),精确至 0.01;

ρ_{dmax}——最大干密度(g/cm³),精确至 0.01;

m——试样质量(g);

V_{max}——试样最大体积(cm³);

V_{min}——试样最小体积(cm³)。

(2)按式(3-25)和式(3-26)计算最大与最小孔隙比：

$$e_{\max} = \frac{\rho_w G_s}{\rho_{d\min}} - 1 \tag{3-25}$$

$$e_{\min} = \frac{\rho_w G_s}{\rho_{d\max}} - 1 \tag{3-26}$$

式中：$e_{\max}$——最大孔隙比，精确至0.01；

$e_{\min}$——最小孔隙比，精确至0.01；

G_s——土粒相对密度；

$\rho_{d\min}$——最小干密度（g/cm³）；

$\rho_{d\max}$——最大干密度（g/cm³）。

(3)计算相对密度，精确至0.01。

5. 精密度和允许误差

最小与最大干密度，均需进行两次平行测定，取其算术平均值，其平行误差值不得超过0.03g/cm³。

(五)界限含水率试验

黏性土随着含水率的不同，处于不同的物理状态，有流动状态、可塑状态和固体状态，因而表现出不同的工程性质。

当黏性土含水率很高时，土成为泥浆，呈黏滞流动的液体。当施加剪力时，泥浆将连续地变形，土的抗剪强度极低；含水率逐渐减小时，黏滞流动的特点逐渐消失而表现出塑性，土会显示出一定的抗剪强度。所谓塑性是指土在外力作用下可以塑成任何形状而不发生裂缝，解除外力后，土仍保持已有的变形而不恢复原状的性质；含水率继续减少时，土的可塑性逐渐消失，能承受较大的剪切应力，在外力作用下不再具有塑性体特征，而呈现具有脆性的固体特征。土从一种状态过渡到另一种状态的分界点的含水率称为界限含水率。从液体状态向塑性体状态过渡的界限含水率称为液限 w_L；从塑性体状态向脆性固体状态过渡的界限含水率称为塑限 w_P。

1. 定义和适用范围

该试验的目的是联合测定土的液限和塑限，为划分土类、计算天然稠度、塑性指数提供依据，供公路工程设计和施工使用。本试验适用于粒径不大于0.5mm、有机质含量不大于试样总质量5%的土。

2. 仪器设备

(1)LP-100型液限塑限联合测定仪：锥质量为100g，锥角为30°，读数显示形式宜采用光电式、数码式、游标式、百分表式。

(2)盛土杯：直径50mm，深度40~50mm。

(3)天平：称量200g，感量0.01g。

(4)其他：筛(孔径0.5mm)、调土刀、调土皿、称量盒、研钵(附带橡皮头的研杵或橡皮板、木棒)、干燥器、吸管、凡士林等。

3. 试验步骤

(1)取有代表性的天然或风干土样进行试验。如土中含大于0.5mm的土粒或杂物时,应将风干土样用带橡皮头的研杵研碎或用木棒在橡皮板上压碎,过0.5mm的筛。

取0.5mm筛下的代表性土样200g,分开放入3个盛土皿中,加不同数量的蒸馏水,土样的含水率分别控制在液限(a点)、略大于塑限(c点)和两者的中间状态(b点)。用调土刀调匀,盖上湿布,放置18h以上。a点的锥入深度应为20mm±0.2mm;c点的锥入深度应控制在5mm以下。对于砂类土,c点的锥入深度可大于5mm。

(2)将制备的土样充分搅拌均匀,分层装入盛土杯,用力压密,使空气逸出。对于较干的土样,应先充分搓揉,用调土刀反复压实。试杯装满后,刮成与杯边齐平。

(3)当用游标式或百分表式液限塑限联合测定仪试验时,调平仪器,提起锥杆(此时游标或百分表读数为零),锥头上涂少许凡士林。

(4)将装好土样的试杯放在联合测定仪的升降座上,转动升降旋钮,待锥尖与土样表面刚好接触时停止升降,扭动锥下降旋钮,同时开动秒表,经5s,松开旋钮,锥体停止下落,此时游标读数即为锥入深度h_1。

(5)改变锥尖与土接触位置(锥尖两次锥入位置距离不小于1cm),重复(3)和(4)步骤,得锥入深度h_2。h_1、h_2允许误差为0.5mm,否则,应重做试验。取h_1、h_2平均值作为该点的锥入深度h。

(6)去掉锥尖入土处的凡士林,取10g以上的土样两个,分别装入称量盒内,称质量(准确至0.01g),测定其含水率w_1、w_2(计算到0.1%)。计算含水率平均值w。

(7)重复以上(2)~(6)步骤,对其他两个土样进行试验,测其锥入度和含水率。

(8)用光电式或数码式液限塑限联合测定仪测定时,接通电源,调平机身,打开开关,提起锥体(此时刻度或数码显示应为零)。将装好土样的试杯放在升降座上,转动升降旋钮,试杯徐徐上升,土样表面和锥尖刚好接触,指示灯亮,停止转动旋钮,锥体立刻自行下沉,经5s,自动停止下落,读数窗上或数码管上显示锥入深度。试验完毕,按动复位按钮,锥体复位,读数显示为零。

4. 结果整理

(1)在双对数坐标纸上,以含水率w为横坐标,锥入深度h为纵坐标,点绘a、b、c含水率的h-w图(图3-2),连此3点,应呈一条直线。如3点不在同一直线上,要通过a点与b、c两点连成两条直线,根据液限(a点含水率)在h_p-w_L图上查得h_p,以此h_p再在ab及ac两直线上求出相应的两个含水率,当两个含水率的差值小于2%时,以该两点含水率的平均值d与a点连成一直线ad。当两个含水率的差值大于2%时,应重做试验。

(2)液限的确定方法

在h-w图上,查得纵坐标入深度h=20mm所对应的横坐标的含水率w,即为该土样的液限w_L。

(3)塑限的确定方法

根据以上求出的液限,利用液限w_L与塑限时入土

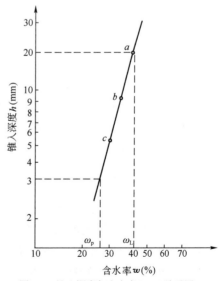

图3-2 锥入深度与含水率(h-w)关系图

深度 h_p 的关系曲线(图3-3),查得 h_p,再由图3-2求出入土深度为 h_p 时所对应的含水率,即为该土样的塑限 w_p。查 h_p-w_L 关系图时,需先通过简易鉴别法及筛分法[详见《公路土工试验规程》(JTG E40—2007)土的规程分类],把砂类土与细粒土区别开来,再按这两种土分别采用相应的 h_p-w_L 关系曲线;对细粒土,用双曲线确定 h_p 值;对砂类土,则用多项式曲线确定 h_p 值。

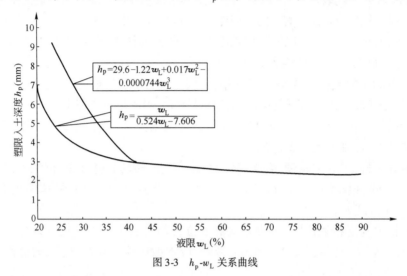

图3-3 h_p-w_L 关系曲线

若根据该试验求出的液限,a 点的锥入深度应在20mm±0.2mm 范围内时,应在 ad 线上查得入土深度为20mm处相对应的含水率,此为液限 w_L。再用此液限在图3-3上找出与之相对应的塑限入土深度 h_p',然后到 h-w 图 ad 直线上查得与 h_p' 相对应的含水率,此为塑限 w_p。

(4)精密度与允许差

该试验需进行两次平行测定,取其算术平均值,以整数(%)表示。其允许差值为:高液限土小于或等于2%,低液限土小于或等于1%。

5. 注意事项

(1)液塑限联合测定时,土体的含水率及密实情况对试验精度影响极大。土样制备时,3个土样的含水率不宜十分接近,否则不易控制联合测定曲线的走向,影响测定精度。对试验精度最有影响的是靠近塑限的那个试样,测试时可先将试样充分搓揉,再将土块紧密地压入容器刮平待测。当含水率等于塑限时,对控制曲线走向最有利,但此时试样很难制备,必须充分搓揉,使土的断面上无孔隙存在。

(2)土的塑限 w_p 除按双曲线法确定外,也可近似地按经验确定。方法是根据简单鉴别确定土类,对黏质土、粉质土取入土深度为2.4mm,对可搓成条的砂类土取入土深度为5mm,对难搓成条的砂类土取入土深度为10mm,在 h-w 图上找出所对应的含水率,即为该土样的塑限 w_p。

(六)击实试验

在公路工程建设中,经常会遇到需要将土按一定要求进行堆填和密实的情况,如路堤、软弱地基的强夯和换土碾压等,常采用压实的方法使土变得密实,在短期内提高土的强度以达到改善土的工程性质的目的,这是一种经济合理的方法。压实是指采用人工或机械的手段对土体施加机械能量,使土颗粒重新排列变密实,在短时间内得到新的结构强度,包括增强粗粒土之间的摩擦和咬合,以及增加细粒土之间的分子引力。

研究土的压实性常用的方法有现场填筑试验和室内击实试验两种。现场填筑试验是在某一工序动工之前在现场选一试验路段,按设计要求和拟订的施工方案进行填筑,并同时进行有关测试工作以查明填筑条件与填筑效果,从而确定一些碾压参数。击实试验是研究土的压实性能的室内试验方法。

1. 目的和适用范围

用标准击实试验方法,在一定夯击功能下测定各种细粒土、含砾土等的含水率与干密度的关系,从而确定土的最佳含水率与相应的最大干密度,借以了解土的压实性能,作为工地土基压实控制的依据。

该试验分轻型击实和重型击实。轻型击实试验适用于粒径不大于20mm的土,重型击实试验适用于粒径不大于40mm的土。

当土中最大颗粒粒径大于或等于40mm,并且大于或等于40mm颗粒粒径的质量含量大于5%时,则应使用大尺寸试筒进行击实试验,或按规定进行最大干密度校正。大尺寸试筒要求其最小尺寸为土样中最大颗粒粒径的5倍以上,并且击实试验的分层厚度应为土样中最大粒径的3倍以上。单位体积击实功能控制在2 677.2~2 687.0kJ/m³范围内。

当细粒土中的粗粒土总含量大于40%或粒径大于0.005mm颗粒的含量大于土总质量的70%(即d_{30}≤0.005mm)时,还应做粗粒土最大干密度试验,其结果与重型击实试验结果比较,最大干密度取两种试验结果的最大值。

2. 仪器设备

(1)标准击实仪(图3-4和图3-5)。击实试验方法和相应设备的主要参数应符合表3-3的规定。

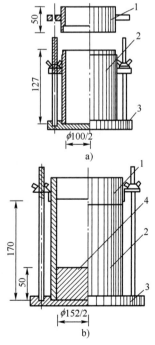

图3-4 击实筒(尺寸单位:mm)
a)小击实筒;b)大击实筒
1-套筒;2-击实筒;3-底板;4-垫块

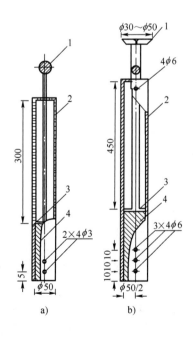

图3-5 击实锤和导杆(尺寸单位:mm)
a)2.5kg击锤(落高30mm);b)4.5kg击锤(落高45mm)
1-提手;2-导筒;3-硬橡胶垫;4-击锤

击实试验方法种类   表3-3

试验方法	类别	锤底直径(cm)	锤质重(kg)	落高(cm)	试筒尺寸 内径(cm)	试筒尺寸 高度(cm)	试验尺寸 高度(cm)	试验尺寸 容积(cm^3)	层数	每层击数	击实功(kJ/m^3)	最大粒径(mm)
轻型	Ⅰ-1	5	2.5	30	10	12.7	12.7	997	3	27	598.2	20
轻型	Ⅰ-2	5	2.5	30	15.2	17	12	2 177	3	59	598.2	40
重型	Ⅱ-1	5	4.5	45	10	12.7	12.7	997	5	27	2 687.0	20
重型	Ⅱ-2	5	4.5	45	15.2	17	12	2 177	3	98	2 677.2	40

(2)烘箱及干燥器。

(3)天平:感量0.01g。

(4)台秤:称量10kg,感量5g。

(5)圆孔筛:孔径40mm、20mm和5mm各1个。

(6)拌和工具:400mm×600mm、深70mm的金属盘,土铲。

(7)其他:喷水设备、碾土器、盛土盘、量筒、推土器、铝盒、修土刀、平直尺等。

3.试样

(1)本试验可分别采用不同的方法准备试样。各方法按表3-4准备试料。

试料用量   表3-4

使用方法	类别	试筒内径(cm)	最大粒径(mm)	试料用量(kg)
干土法(试样不重复使用)	b	10	至20	至少5个试样,每个3
干土法(试样不重复使用)	b	15.2	至40	至少5个试样,每个6
湿土法(试样不重复使用)	c	10	至20	至少5个试样,每个3
湿土法(试样不重复使用)	c	15.2	至40	至少5个试样,每个6

(2)干土法(土不重复使用)。按四分法至少准备5个试样,分别加入不同量的水(按2%~3%含水率递增),拌匀后闷料一夜备用。

(3)湿土法(土不重复使用)。对于高含水率的土,可省略过筛步骤,用手拣除大于40mm的粗石子即可。保持天然含水率的第一个土样,可立即用于击实试验。其余几个试样,将土分成小土块,分别风干,使含水率按2%~3%递减。

4.试验步骤

(1)根据工程要求,按表3-3规定选择轻型或重型试验方法。根据土的性质(含易击碎风化石数量多少,含水率高低),按表3-4规定选用干土法(试样不重复使用)或湿土法(试样不重复使用)。

(2)将击实筒放在坚硬的地面上,在筒壁上抹一薄层凡士林,并在筒底(小试筒)或垫块(大试筒)上放置蜡纸或塑料薄膜。取制备好的土样分3~5次倒入筒内。小筒按三层法时,每次800~900g(其量应使击实后的试样等于或略高于筒高的1/3);按五层法时,每次400~500g(其量应使击实后的土样等于或略高于筒高的1/5)。对于大试筒,先将垫块放入筒内底板上,按五层法时,每层需试样900(细粒土)~1 100g(粗粒土);按三层法时,每层需试样1 700g左右。整平表面,并稍加压紧,然后按规定的击数进行第一层土的击实,击实时击锤应自由垂直落下,锤迹必须均匀分布于土样表面,第一层击实完后,将试样层面"拉毛",然后再装入套筒,重复上述方法进行其余各层土的击实。小试筒击实后,试样不应高于筒顶面5mm;大试筒击实后,试样不应高出筒顶面6mm。

(3)修土刀沿套筒内壁削刮,使试样与套筒脱离后,扭动并取下套筒,齐筒顶细心削平试样,拆除底板,擦净筒外壁,称重,准确至1g。

(4)用推土器推出筒内试样,从试样中心处取样测其含水率,精确至0.1%。测定含水率用试样按表3-5的规定取样(取出有代表性的土样)。两个试验含水率的精度应符合精度要求。

测定含水率用试样的取样规定　　　　　表3-5

最大粒径(mm)	试样质量(g)	个　　数
<5	15~20	2
约5	约50	1
约19	约250	1
约38	约500	1

(5)对于干土法(试样不重复使用)和湿土法(试样不重复使用),将试样搓散,然后按上述方法进行洒水、拌和,每次增加2%~3%的含水率,其中有两个大于和两个小于最佳含水率,所需加水量按式(3-27)计算:

$$m_w = \frac{m_i}{1 + 0.01 w_i} \times 0.01(w - w_i) \tag{3-27}$$

式中:m_w——所需的加水量(g);

m_i——含水率w_i时土样的质量(g);

w_i——土样原有含水率(%);

w——要求达到的含水率(%)。

按上述步骤进行其他含水率试样的击实试验。

5. 结果整理

(1)按式(3-28)计算击实后各点的干密度为:

$$\rho_d = \frac{\rho}{1 + 0.01w} \tag{3-28}$$

式中:ρ_d——干密度(g/cm³),精确至0.01;

ρ——湿密度(g/cm³);

w——含水率(%)。

(2)以干密度为纵坐标,含水率为横坐标,绘制干密度与含水率的关系曲线(图3-6),曲线上峰值点的纵、横坐标分别为最大干密度和最佳含水率。如曲线不能绘出明显的峰值点,应进行补点或重做试验。

(3)按式(3-29)或式(3-30)计算饱和曲线的饱和含水率w_{max},并绘制饱和含水率与干密度的关系曲线图。

$$w_{max} = \left[\frac{G_s \rho_w (1+w) - \rho}{G_s \rho}\right] \times 100 \tag{3-29}$$

$$w_{max} = \left(\frac{\rho_w}{\rho_d} - \frac{1}{G_s}\right) \times 100 \tag{3-30}$$

式中：w_{max}——饱和含水率(％)，精确至0.01；

ρ——试样的湿密度(g/cm^3)；

ρ_w——水在4℃时的密度(g/cm^3)；

ρ_d——试样的干密度(g/cm^3)；

G_s——试样土粒相对密度，对于粗粒土，则为土中粗细颗粒的混合相对密度；

w——试样的含水率(％)。

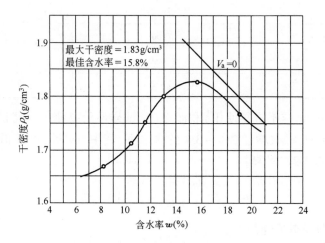

图3-6 含水率与干密度的关系曲线

（4）当试样中有大于40mm颗粒时，应先取出大于40mm颗粒，并求得其百分率p，对小于40mm部分做击实试验，按下面公式分别对试验所得的最大干密度和最佳含水率进行校正（适用于大于40mm颗粒的含量小于30％时）。

最大干密度按式(3-31)校正：

$$\rho'_{dm} = \frac{1}{\dfrac{1-0.01p}{\rho_{dm}} + \dfrac{0.01p}{\rho_w G'_s}} \tag{3-31}$$

式中：ρ'_{dm}——校正后的最大干密度(g/cm^3)，精确至0.01；

ρ_{dm}——用粒径小于40mm的土样试验所得的最大干密度(g/cm^3)；

p——试样中粒径大于40mm颗粒的百分率(％)；

G'_s——粒径大于40mm颗粒的毛体积相对密度，精确至0.01。

最佳含水率按式(3-32)校正：

$$w'_0 = w_0(1 - 0.01p) + 0.01p w_2 \tag{3-32}$$

式中：w'_0——校正后的最佳含水率(％)，精确至0.01；

w_0——用粒径小于40mm的土样试验所得的最佳含水率(%);
p——试样中粒径大于40mm颗粒的百分率(%);
w_2——粒径大于40mm颗粒的吸水率(%)。

(5)精密度与允许差

含水率需进行两次平行测定,取其算术平均值,其允许平行差值应符合表3-6规定。

含水率测定的允许平行差值　　　　　　　表3-6

含水率(%)	允许平行差值(%)	含水率(%)	允许平行差值(%)	含水率(%)	允许平行差值(%)
5以下	0.3	40以下	≤1	40以上	≤2

第二节 土的承载比(CBR)试验

一、概述

CBR又称加州承载比,由美国加利福尼亚州(California)公路局首先提出,是评定土基及路面基层材料承载能力的指标。承载能力以材料抵抗局部荷载压入变形的能力表征,并采用高质量标准碎石为标准,以它们的相对比值作为CBR值。CBR是指试料在一定面积的贯入杆作用下,贯入量达2.5mm和5.0mm时,单位压力与标准碎石压入相同贯入量时的标准荷载强度的比值。在国外多采用CBR作为路面材料和路基土的设计参数,我国将其作为评定土基和路面材料强度的指标之一。

为了合理地选择路基填料,确保路基的强度和稳定性,《公路路基设计规范》(JTG D30—2015)和《公路沥青路面设计规范》(JTG D50—2006)中都规定了路基填料的最小强度(即CBR值)要求,见表3-7。在路基施工之前,必须对所用填料进行CBR试验。

路基填料最小强度(CBR)值　　　　　　　表3-7

项目分类	路面底面以下深度(m)	填料最小强度(CBR)值(%)			压实度(%)		
		高速公路、一级公路	二级公路	三、四级公路	高速公路、一级公路	二级公路	三、四级公路
填方路基	0~0.3	8	6	5	≥96	≥95	≥94
	0.3~0.8	5	4	3	≥96	≥95	≥94
零填及挖方路基	0~0.3	8	6	5	≥96	≥95	≥94
	0.3~0.8	5	4	3	≥96	≥95	—

CBR试验分室内试验和现场试验两种。CBR试验的基本原理是用一个端部面积为19.8cm²的标准压头以0.127cm/min的速度压入土或路面材料中,直至贯入一定深度为止,并记录贯入深度相应的压力值P,进行CBR值计算,其计算公式如下:

$$CBR = \frac{p}{p_s} \times 100\% \tag{3-33}$$

式中:p——对应于某一贯入量的土基或路面材料的单位压力(MPa);

p_s——对应于与上述贯入量相同的标准碎石的标准单位压力(kPa 或 MPa),如表3-8所示。

标准荷载与贯入量之间的关系 表3-8

贯入量(mm)	标准荷载强度(kPa)	标准荷载(kN)
2.5	7 000	13.7
5.0	10 500	20.3
7.5	13 400	26.3
10.0	16 200	31.8
12.5	18 300	36.0

二、承载比(CBR)试验

1.目的和适用范围

该试验方法适用于在规定的试筒内制件后,对各种土和路面基层、底基层材料进行承载比试验。试样的最大粒径宜控制在20mm以内,最大不得超过40mm且含量不超过5%。

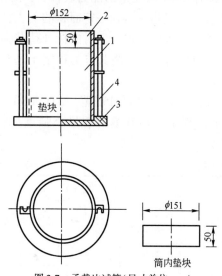

图3-7 承载比试筒(尺寸单位:mm)
1-试筒;2-套环;3-夯击底板;4-拉杆

2.仪器设备

(1)圆孔筛:孔径40mm、20mm 及 5mm 的筛各一个。

(2)试筒:内径152mm,高170mm 的金属圆筒,套环高50mm;筒内垫块直径151mm,高50mm;夯击底板同击实仪。试筒的形式和主要尺寸如图3-7 所示,也可用击实试验的大击实筒。

(3)夯锤和导管:夯锤的底面直径50mm,总质量4.5kg。夯锤在导管内的总行程为450mm,夯锤的形式和尺寸与重型击实试验法所用的相同。

(4)贯入杆:端面直径50mm,长约100mm 的金属柱。

(5)路面材料强度试验仪或其他载荷装置:能量不小于50kN,能调节贯入速度至每分钟贯入1mm。可采用测力计式,如图3-8所示。

(6)百分表:3 个。

(7)试件顶面上的多孔板(测试件吸水时的膨胀量),如图3-9 所示。

(8)多孔底板(试件放上后浸泡于水中)。

(9)测膨胀量时支承百分表的架子,如图3-10 所示。

(10)荷载板:直径150mm,中心孔眼直径52mm,每块质量1.25kg,共 4 块,并沿直径分为两个半圆块,如图3-11 所示。

(11)水槽:浸泡试件用,槽内水面应高出试件顶面25mm。

(12)其他:台秤,感量为试件用料量的0.1%;拌和盘、直尺、滤纸、脱模器等与重型击实试验相同。

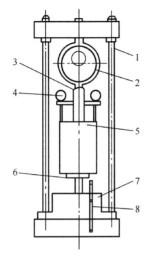

图 3-8 手摇测力计式荷载装置示意图
1-框架;2-量力环;3-贯入杆;4-百分表;5-试件;6-升降台;7-涡轮蜗杆箱;8-摇把

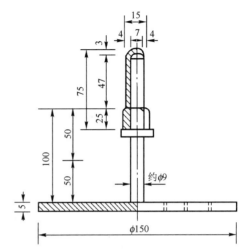

图 3-9 带调节杆的多孔板(尺寸单位:mm)

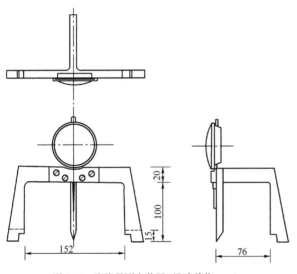

图 3-10 膨胀量测定装置(尺寸单位:mm)

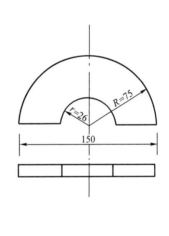

图 3-11 荷载板(尺寸单位:mm)

3.试样

将具有代表性的风干试料(必要时可在50℃烘箱内烘干),用木碾捣碎,但应注意不得使土或粒料的单个颗粒破碎。土团应捣碎到通过5mm的筛孔。

采取有代表性的试料50kg,用40mm筛筛除大于40mm的颗粒,并记录超尺寸颗粒的百分率。将已过筛的试料按四分法取出约25kg。再用四分法将取出的试料分成4份,每份质量约6kg,供击实试验和制试件用。

在做击实试验的前一天,取有代表性的试料测定其风干含水率。测定含水率用的试样数量可参照表3-5中的数量采取。

4. 试验步骤

(1)称试筒本身质量(m_1),将试筒固定在底板上,将垫块放入筒内,并在垫块上放一张滤纸,安上套环。

(2)将一份试料,按表3-3规定的层数和每层的击数进行击实,求试料的最大干密度和最佳含水率。

(3)将其余3份试料,按最佳含水率制备3个试件。将一份试料平铺于金属盘内,按事先计算得的该份试料应加的水量[按式(3-27)计算]均匀地喷洒试料。

用小铲将试料充分拌和到均匀状态,然后装入密闭容器或塑料口袋内浸润备用。

浸润时间:重黏土不得少于24h;轻黏土可缩短到12h;砂土可缩短到1h;天然砂砾可缩短到2h左右。

制每个试件时,都要取样测定试料的含水率。

注:需要时,可制备3种干密度试件。如每种干密度试件制3个,则共制9个试件。每层击实次数分别为30、50和98次,使试件的干密度从95%到100%最大干密度。这样,9个试件共需试料约55kg。

(4)将试筒放在坚硬的地面上,取备好的试样分3次倒入筒内(视最大粒径而定)。按五层法时,每层需试样900(细粒土)~1 100g(粗粒土);按三层法时,每层需试样1 700g左右(其量应使击实后的试样高出1/3筒高1~2mm)。整平表面,并稍加压紧,然后按规定的击实数进行第一层试样的击实,击实时锤应自由垂直落下,锤迹必须均匀分布于试样面上。第一层击实完后,将试样层面进行拉毛,然后再装入套筒,重复上述方法进行其余每层试样的击实。大试筒击实后,试样不宜高出筒高10mm。

(5)卸下套环,用直刮刀沿试筒顶修平击实的试件,表面不平整处用细料修补。取出垫块,称试筒和试件的质量(m_2)。

(6)泡水测膨胀量的步骤如下:

①在试件制成后,取下试件顶面的破残滤纸,放一张好滤纸,并在上面安装附有调节杆的多孔板,在多孔板上加4块荷载板。

②将试筒与多孔板一起放入水槽内(先不放水),并用拉杆将模具拉紧,安装百分表,并读取初始读数。

③向水槽内放水,使水自由进到试件的顶部和底部。在泡水期间,槽内水面应保持在试件顶面以上大约25mm,通常试件要泡水4昼夜(96h)。

④泡水终了时,读取试件上百分表的终读数,并用式(3-34)计算膨胀量。

$$膨胀量 = \frac{泡水后试件高度变化}{原试件高(120mm)} \times 100\% \tag{3-34}$$

⑤从水槽中取出试件,倒出试件顶面的水,静置15min,让其排水,然后卸去附加荷载板和多孔板、底板和滤纸,并称其质量(m_3),以计算试件的湿度和密度的变化。

(7)贯入试验

①将泡水试验终了的试件置于路面材料强度试验仪的升降台上,调整偏球座,使贯入杆与试件顶面全部接触。在贯入杆周围放置4块荷载板。

②先在贯入杆上施加45N荷载,然后将测力和测变形的百分表的指针都调至整数,并记录起始读数。

③加荷使贯入杆以 1~1.25mm/min 的速度压入试件,同时记录 3 个百分表的读数。记录测力计内百分表某些整读数(如 20、40、60……)时的贯入量。并注意使贯入量为 250×10^{-2} mm 时,能有 5 个以上的读数。因此,测力计内百分表的第一个读数对应的贯入量应为 30×10^{-2} mm 左右。

5. 结果整理

(1)以单位压力(p)为横坐标,贯入量(l)为纵坐标,绘制 p-l 关系曲线,如图 3-12 所示。图上曲线 1 是合适的。曲线 2 开始段是凹曲线,需要进行修正。修正时,在变曲率点引一切线,与纵坐标交于 O' 点,O' 即为修正后的原点。

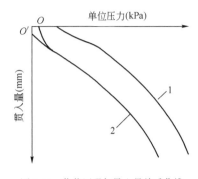

图 3-12 荷载压强与贯入量关系曲线

(2)一般采用贯入量为 2.5mm 时的单位压力与标准压力之比作为材料的承载比(CBR),即:

$$CBR = \frac{p}{7\,000} \times 100 \qquad (3\text{-}35)$$

式中:CBR——承载比(%),精确至 0.1;
p——单位压力(kPa)。

同时计算贯入量为 5mm 时的承载比:

$$CBR = \frac{p}{10\,500} \times 100 \qquad (3\text{-}36)$$

如贯入量为 5mm 时的承载比大于 2.5mm 时的承载比,则试验要重做。如结果仍然如此,则采用 5mm 时的承载比。

(3)试件的湿密度用式(3-37)计算:

$$\rho = \frac{m_2 - m_1}{2\,177} \qquad (3\text{-}37)$$

式中:ρ——试件的湿密度(g/cm³),精确至 0.01;
m_2——试筒和试件的合质量(g);
m_1——试筒的质量(g);
2 177——试筒的容积(cm³)。

(4)试件的干密度用式(3-38)计算:

$$\rho_d = \frac{\rho}{1 + 0.01w} \qquad (3\text{-}38)$$

式中:ρ_d——试件的干密度(g/cm³),精确至 0.01;
w——试件的含水率(%)。

(5)泡水后试件的吸水量按式(3-39)计算:

$$w_a = m_3 - m_2 \qquad (3\text{-}39)$$

式中:w_a——泡水后试件的吸水量(g);

m_3——泡水后试筒和试件的合质量(g);

m_2——试筒和试件的合质量(g)。

(6)精密度和允许差。

若根据3个平行试验结果计算得的承载比变异系数 C_V 大于12%,则去掉一个偏离大的值,取其余两个结果的平均值;如 C_V 小于12%,且3个平行试验结果计算得的干密度的偏差小于 $0.03g/cm^3$,则取3个结果的平均值。如3个平行试验结果计算得的干密度的偏差超过 $0.03g/cm^3$,则去掉一个偏离大的值,取其余两个结果的平均值。

第三节 土的回弹模量试验

路基是路面结构的支承体,车轮荷载通过路面结构传至路基,所以路基土的应力—应变特性对路基路面结构的整体强度和刚度有很大影响,回弹模量是表征土基承载能力的指标。

一、承载板法

1. 目的和适用范围

该试验适用于不同湿度和密度的细粒土。

2. 仪器设备

(1)杠杆压力仪:最大压力1 500N。

(2)承载板:直径50mm,高80mm。

(3)试筒:内径152mm,高170mm的金属圆筒;套环高50mm;筒内垫块直径151mm,高50mm;夯击底板与击实仪相同。

(4)量表:千分表两只。

(5)秒表:一只。

3. 试样

该试验按击实试验分别采用不同的方法制备试样,根据工程要求选择轻型或重型法,视最大粒径用小筒或大筒进行击实试验,得出最佳含水率和最大干密度,然后按最佳含水率用上述试筒击实制备试件。

4. 试验步骤

(1)安装试样:将试件和试筒的底面放在杠杆压力仪的底盘上;将承载板放在试件中央(位置)并与杠杆压力仪的加压球座对正;将千分表固定在立柱上,将表的测头安放在承载板的表架上。

(2)预压:在杠杆仪的加载架上施加砝码,用预定的最大单位压力 p 进行预压。含水率大于塑限的土,$p = 50 \sim 100kPa$;含水率小于塑限的土,$p = 100 \sim 200kPa$。预压进行1~2次,每次预压1min。预压后调正承载板位置,并将千分表调到接近满量程的位置,准备试验。

(3)测定回弹量:

将预定最大单位压力分成4~6份,作为每级加载的压力。每级加载时间为1min时,记录千分表读数,同时卸载,让试件恢复变形,卸载1min时,再次记录千分表读数,同时施加下一级荷载。如此逐级进行加载卸载,并记录千分表读数,直至最后一级加载。为使试验曲线开始部分比较准确,第一、二级荷载可为其他级的一半。试验的最大压力也可略大于预定压力。

5. 结果整理

(1)计算每级荷载下的回弹变形 l:

$$l = 加载读数 - 卸载读数$$

(2)以单位压力 p 为横坐标(向右),回弹变形 l 为纵坐标(向下),绘制 $p\text{-}l$ 曲线。

(3)按式(3-40)计算每级荷载下的回弹模量:

$$E = \frac{\pi p D}{4l}(1 - \mu^2) \tag{3-40}$$

式中:E——回弹模量(kPa);

p——承载板上的单位压力(kPa);

D——承载板直径(cm);

l——相应于单位压力的回弹变形(cm);

μ——细粒土的泊松比,取 0.35。

(4)每个试样的回弹模量由 $p\text{-}l$ 曲线上直线段的数值确定。

(5)对于较软的土,如果 $p\text{-}l$ 曲线不通过原点,允许将初始直线段与纵坐标轴的交点当作原点,修正各级荷载下的回弹变形和回弹模量。

(6)精密度和允许差

土的回弹量由 3 个平行试验的平均值确定,每个平行试验结果与均值回弹模量相差均不得超过 5%。

二、强度仪法

1. 目的和适用范围

该试验适用不同湿度、密度的细粒土及其加固土。

2. 仪器设备

(1)路面材料强度仪:(同 CBR 试验)能量不小于 50kN,能调节贯入速度至每分钟贯入 1mm,可采用测力计式。

注:为使读数时不挡视线,可将贯入杆上的量表支架用螺栓孔与贯入杆相连,做 CBR 试验时将支架拧上,进行本试验时将支架取下。

(2)试筒:内径 152mm,高 170mm 的金属圆筒;套环高 50mm;筒内垫块直径 151mm,高 50mm;夯击底板同击实仪。试筒的形式和尺寸与击实试验相同,仅在与夯击底板的立柱连接的缺口板上多一个内径 5mm、深 5mm 的螺栓孔,用来安装千分表支架。

(3)承载板:直径 50mm、高 80mm 的用钢板制成的空心圆柱体,两侧带有量表支架。

(4)量表支杆及表夹:支杠长 200mm,直径 10mm,一端带有长 5mm 的试筒上螺栓孔连接的螺栓杆。表夹可用钢制,也可用硬塑料制成。

(5)量表:千分表两只。

(6)秒表:一只。

3. 试样

用上述带螺栓孔的试筒,采用不同的方法击实制备试件,制备方法与击实试验相同。根据工程要求选择轻型或重型法,视最大粒径用小筒或大筒进行击实试验,得出最佳含水率和最大干密度,然后按最佳含水率用上述试筒击实制备试件。

4. 试验步骤

(1)安装试样:将试件和试筒的底面放在强度仪的升降台上;将千分表支杆拧在试筒两侧的螺栓孔上,将承载板放在试件表面中央位置,并与强度仪的贯入杆对正;将千分表和表夹安装在支杆上,并将千分表测头安放在承载板两侧的支架上。

(2)预压:摇动摇把,用预定的试验最大单位压力进行预压。含水率大于塑限的土,$p = 50 \sim 100 \text{kPa}$;含水率小于塑限的土,$p = 100 \sim 200 \text{kPa}$。预压进行$1 \sim 2$次,每次预压1min。预压后调正承载板位置,并将千分表调到接近满量程的位置,准备试验。

(3)测定回弹模量:

①将预定最大单位压力分成$4 \sim 6$份,作为每级加载的压力。由每级压力计算测力计百分表读数,按照百分表读数逐级加载。

②加载卸载:将预定最大单位压力分成$4 \sim 6$份,作为每级加载的压力。每级加载时间为1min时,记录千分表读数,同时卸载,让试件恢复变形,卸载1min时,再次记录千分表读数,同时施加下一级荷载。如此逐级进行加载卸载,并记录千分表读数,直至最后一级加载。为使试验曲线开始部分比较准确,第一、二级荷载可为其他级的一半。试验的最大压力也可略大于预定压力。

如果试样较硬,预定的p值可能偏小,此时可不受p值的限制,增加加载级数,至需要的压力为止。

5. 结果整理

(1)计算每级荷载下的回弹变形l:

$$l = 加载读数 - 卸载读数$$

(2)以单位压力p为横坐标(向右),回弹变形l为纵坐标(向下),绘制$p\text{-}l$曲线。如图3-13所示。

(3)按式(3-41)计算每级荷载下的回弹模量:

$$E = \frac{\pi p D}{4l}(1 - \mu^2) \qquad (3\text{-}41)$$

式中:E——回弹模量(kPa);
p——承载板上的单位压力(kPa);
D——承载板直径(cm);
l——相应于单位压力的回弹变形(cm);
μ——细粒土的泊松比,取0.35;对于具有一定龄期的加固土,取$0.25 \sim 0.30$。

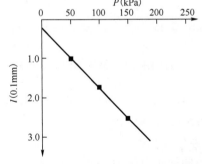

图3-13 单位压力与回弹变形($p\text{-}l$)的关系曲线

(4)每个试样的回弹模量由$p\text{-}l$曲线上直线段的数值确定。

(5)对于较软的土,如果$p\text{-}l$曲线不通过原点,允许将初始直线段与纵坐标轴的交点当作原点,修正各级荷载下的回弹变形和回弹模量。

(6)精密度和允许差。

土的回弹模量由3个平行试验的平均值确定,每个平行试验结果与均值回弹模量相差均不得超过5%。

第四节 土的直接剪切试验

土的抗剪强度是指土体对于外荷载所产生的剪应力的极限抵抗能力。若土中某点由外力所产生的剪应力达到土的抗剪强度,土体的一部分相对于另一部分发生了移动,便认为该点发生了剪切破坏。工程实践和室内试验都验证了土受剪产生的破坏,剪切破坏是强度破坏的重要特征。

目前,与强度有关的土的工程问题主要有三个方面。首先是土作为材料构成的土工构筑物的稳定问题,如土坝、路堤等填方边坡以及天然土坡(包括挖方边坡)等的稳定性问题。其次,是土作为工程构筑物环境的问题,即土压力问题,如挡土墙、地下结构等的周围土体,它的强度破坏将造成对墙体的侧向土压力过大以致工程建筑物发生滑动、倾覆等破坏。然后则是土作为建筑物地基的承载力问题,地基土体产生整体滑动或者其局部剪切破坏区发展导致过大的甚至不均匀的地基变形,都会造成上部结构的破坏或出现影响正常使用的事故。所以土的抗剪强度是土的一个重要力学指标,估算地基承载力、评价地基稳定性、计算边坡稳定性以及支挡结构物的土压力时都需用土的抗剪强度指标。

土的抗剪强度是土体在力系作用下抵抗破坏的极限剪切应力,通常认为土的抗剪强度可用库仑公式(3-42)表达,即:

$$\tau_f = c + \sigma \tan\varphi \tag{3-42}$$

其中,c 和 φ 值为土在某一状态下的试验常数,称为土的抗剪强度指标。直剪试验就是测定土的抗剪强度指标 c、φ 值的方法之一。

一、黏质土的慢剪试验

1. 目的和适用范围

该试验方法适用于测定黏质土的抗剪强度指标。

2. 仪器设备

(1)应变控制式直剪仪:由剪切盒、垂直加荷设备、剪切传动装置、测力计和位移量测系统组成,如图3-14所示。

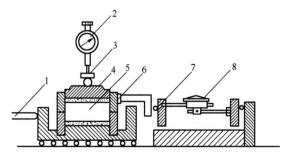

图3-14 应变控制式直剪仪示意图
1-推动座;2-垂直位移百分表;3-垂直加荷框架;4-活塞;5-试样;6-剪切盒;7-测力计;8-测力百分表

(2)环刀:内径 61.8mm,高 20mm。

(3)位移量测设备:百分表和传感器,百分表量程为 10mm,分度值为 0.01mm,传感器的精度应为零级。

3. 试验步骤

(1)按规定制备试样,每组试样制备不少于 4 个。

(2)对准剪切容器上下盒,插入固定销,在下盒内放透水石和滤纸,将带有试样的环刀刃向上,对准剪盒口,在试样上放滤纸和透水石,将试样小心地推入剪切盒内。

(3)移动传动装置,使上盒前端钢珠刚好与测力计接触,依次加上传压板、加压框架,安装垂直位移量测装置,记录初始读数。

(4)根据工程实际和土的软硬程度施加各级垂直压力,然后向盒内注水;当试样为非饱和试样时,应在加压板周围包以湿棉花。

(5)施加垂直压力,每 1h 记录垂直变形一次。试样固结稳定时的垂直变形值为:黏质土垂直变形每 1h 不大于 0.005mm。

(6)拔去固定销,以小于 0.02mm/min 的速度进行剪切,并每隔一定时间记录测力计百分表读数,直至剪损。

(7)试样剪损时间可按式(3-43)估算:

$$t_f = 50 t_{50} \tag{3-43}$$

式中:t_f——达到剪损所经历的时间(min);

t_{50}——固结度达到 50% 所需的时间(min)。

(8)当测力计百分表读数不变或后退时,继续剪切至剪切位移为 4mm 时停止,记下破坏值。当剪切过程中测力计百分表无峰值时,剪切至剪切位移达 6mm 时停止。

(9)剪切结束,吸去盒内的水,退掉剪切力和垂直压力,移动压力框架,取出试样,测定其含水率。

4. 结果整理

(1)剪切位移按式(3-44)计算:

$$\Delta l = 20n - R \tag{3-44}$$

式中:Δl——剪切位移(0.01mm),精确至 0.1;

n——手轮转数;

R——百分表读数。

(2)剪应力按式(3-45)计算:

$$\tau = CR \tag{3-45}$$

式中:τ——剪应力(kPa),精确至 0.1;

C——测力计校正系数(kPa/0.01mm)。

(3)以垂直压力 P 为横坐标,抗剪强度 S 为纵坐标,将每一试样的最大抗剪强度点绘在坐标纸上,并连成一直线。此直线的倾角为摩擦角 φ,纵坐标上的截距为凝聚力 c。如图 3-15 所示。

(4)以剪应力 τ 为纵坐标,剪切位移 Δl 为横坐标,绘制 τ-Δl 的关系曲线。如图 3-16 所示。

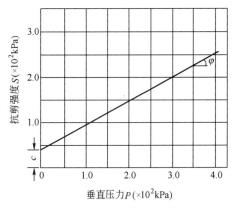

图 3-15 抗剪强度与垂直压力的关系曲线

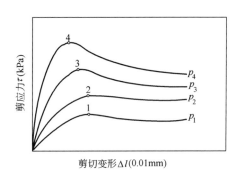

图 3-16 剪应力 τ 与剪切位移 Δl 的关系曲线

二、黏质土的固结快剪试验

1. 目的和适用范围

适用于渗透系数小于 10^{-6}cm/s 的黏质土。

2. 仪器设备

同黏质土的慢剪试验。

3. 试样

同黏质土的慢剪试验。

4. 试验步骤

(1) 按规定制备试样,每组试样制备不少于 4 个。

(2) 对准剪切容器上下盒,插入固定销,在下盒内放透水石和滤纸,将带有试样的环刀刃向上,对准剪盒口,在试样上放滤纸和透水石,将试样小心地推入剪切盒内。

(3) 移动传动装置,使上盒前端钢珠刚好与测力计接触,依次加上传压板、加压框架,安装垂直位移量测装置,记录初始读数。

(4) 根据工程实际和土的软硬程度施加各级垂直压力,然后向盒内注水;当试样为非饱和试样时,应在加压板周围包以湿棉花。

(5) 施加垂直压力,每 1h 记录垂直变形一次。试样固结稳定时的垂直变形值为:黏质土垂直变形每 1h 不大于 0.005mm。

(6) 拔去固定销,以 0.8mm/min 的速度进行剪切,在 3~5min 内减损,并每隔一定时间记录测力计百分表读数,直至剪损。

(7) 试样剪损时间可按式(3-43)估算。

(8) 当测力计百分表读数不变或后退时,继续剪切至剪切位移为 4mm 时停止,记下破坏值。当剪切过程中测力计百分表无峰值时,剪切至剪切位移达 6mm 时停止。

(9) 剪切结束,吸去盒内的水,退掉剪切力和垂直压力,移动压力框架,取出试样,测定其含水率。

5. 结果整理

同黏质土慢剪试验。

三、黏质土的快剪试验

1. 目的和适用范围

适用于渗透系数小于 10^{-6} cm/s 的黏质土。

2. 仪器设备

同黏质土的慢剪试验。

3. 试样

同黏质土的慢剪试验。

4. 试验步骤

(1) 按规定制备试样,每组试样制备不少于 4 个。

(2) 对准剪切容器上下盒,插入固定销,在下盒内放透水石和滤纸,将带有试样的环刀刃向上,对准剪盒口,在试样上放滤纸和透水石,将试样小心地推入剪切盒内。

(3) 移动传动装置,使上盒前端钢珠刚好与测力计接触,依次加上传压板、加压框架,安装垂直位移量测装置,记录初始读数。

(4) 根据工程实际和土的软硬程度施加各级垂直压力,然后向盒内注水;当试样为非饱和试样时,应在加压板周围包以湿棉花。

(5) 施加垂直压力,拔出固定销,以 0.8mm/min 的速度进行剪切。

(6) 当测力计百分表读数不变或后退时,继续剪切至剪切位移为 4mm 时停止,记下破坏值。当剪切过程中测力计百分表无峰值时,剪切至剪切位移达 6mm 时停止。

(7) 剪切结束,吸去盒内的水,退掉剪切力和垂直压力,移动压力框架,取出试样,测定其含水率。

5. 结果整理

同黏质土慢剪试验。

四、砂类土的直剪试验

1. 目的和适用范围

适用于砂类土。

2. 仪器设备

同黏质土慢剪试验。

3. 试样

(1) 取过 2mm 筛的风干砂 1 200g,并按规定制备砂样。

(2) 根据预定的试样干密度称取每个试样的风干砂质量,准确至 0.1g,每个试样的质量按式(3-46)计算:

$$m = V\rho_d \tag{3-46}$$

式中:V——试样体积(cm^3);

ρ_d——规定的干密度(g/cm^3);

m——每一试件所需风干砂的质量(g)。

4. 试验步骤

(1)对准剪切容器上下盒,插入固定销,放入透水石。

(2)将试样倒入剪切容器内,放上硬木块,用手轻轻敲打,使试样达到预定干密度,取出硬木块,拂平砂面。

(3)试样剪切按黏质土的固结快剪试验方法进行。

(4)试验结束后,顺次卸除垂直压力、加压框架、钢珠、传压板。清除试样,并擦洗干净,以备下次应用。

(5)砂类土的计算按黏质土慢剪试验进行。

如欲求砂类土在某一干密度下的抗剪强度,则以抗剪强度为纵坐标,垂直压力为横坐标,绘制在一定干密度下的抗剪强度与垂直压力的关系曲线,如图3-17所示。

如欲求砂类土在某一垂直压力下的抗剪强度,则以干密度为横坐标,抗剪强度为纵坐标,绘制一定垂直压力下的抗剪强度与干密度的关系曲线,如图3-18所示。

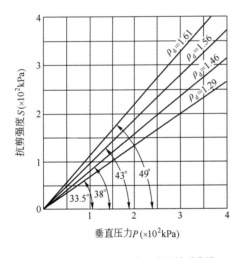

图 3-17 抗剪强度与垂直压力的关系曲线

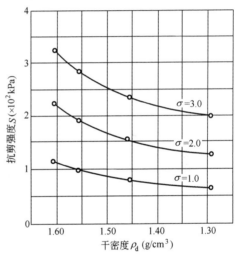

图 3-18 抗剪强度与干密度的关系曲线

第五节 土的三轴压缩试验

抗剪强度试验的方法有多种,目前室内最常用的是直剪试验与三轴试验。三轴试验仪主要由主机、稳压系统以及量测系统组成。各系统之间都用管路和各种阀门开关连接。土样用橡胶膜包裹密封置于压力室圆筒内,以使土样与压力室空间隔绝。对土样施加的荷载分别为侧向和竖向压力,其通过液(气)体介质向压力室内加压以及由活塞杆施加竖向力来完成,为空间(三维)施力条件。在常规三轴中,土样是圆柱形的,为轴对称受力状态。在施加侧压力时,土样在压力室中处于四面受力状态,所以又称为周围压力,可在试验过程中根据不同的试验要求予以控制和调节。三轴仪所有组成部分之间的连接管路上都设有各种阀门开关,以便根据不同试验方法要求随时调整其开启或关闭。常规三轴试验的一般程序是:装好试样,根据不同试验要求启闭有关阀门开关,接着便先后向压力室施加土样所承受的周围压力,以及竖向作用的偏应力,压力施加后,土样便发生变形,分别测读所加的各级压力增量以及土样的体积变形、竖直变形和孔隙水压力,直至土样破坏为止。按照量测结果绘出应力—应变曲线,确定或计算土样的破坏应力,再做出极限应力圆。对3~4个土样(均属同一层土)分别施加不同的周围压力进行试验,可得几个极限应力圆,由此绘得强度包线,并求得强度指标。根据土样的固结排水的不同条件,三轴试验可分为不固结不排水试验、固结不排水试验、固结排水试验。

一、不固结不排水试验

1. 目的和适用范围

不固结不排水(UU)试验在施加周围压力和增加轴向压力直至土样破坏的过程中均不允许试样排水。本试验适用于测定黏质土和砂类土的总抗剪强度参数 c_u、φ_u。

2. 仪器设备

(1) 三轴压缩仪:应变控制式,由周围压力系统、反压力系统、孔隙水压力量测系统和主机组成。如图3-19所示。

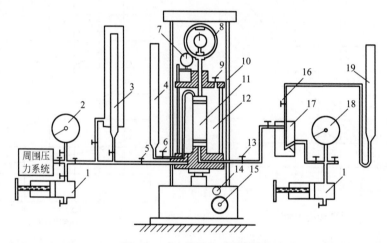

图3-19 应变控制式三轴压缩仪

1-调压筒;2-周围压力表;3-体变管;4-排水管;5-周围压力阀;6-排水阀;7-变形量表;8-量力环;9-排气孔;10-轴向加压设备;11-试样;12-压力室;13-孔隙压力阀;14-离合器;15-手轮;16-量管阀;17-零位指示器;18-孔隙压力表;19-量管

(2) 附属设备:包括击实器(图3-20)、饱和器(图3-21)、切土盘(图3-22)、切土器(图2-23)、分样器(图3-24)、承膜筒(图3-25)和对开圆模(图3-26)。

(3) 百分表:量程3cm或1cm,分度值0.01mm。

(4) 天平:称量200g,感量0.01g;称量1 000g,感量0.1g。

(5) 橡皮膜:应具有弹性,厚度应小于橡皮膜直径的1/100,不得有漏气孔。

3. 仪器检查

(1) 周围压力的测量精度为全量程的1%,测读分值为5kPa。

(2) 孔隙水压力系统内的气泡应完全排除。系统内的气泡可用纯水或施加压力使气泡溶于水,并从试样底座溢出,测量系统的体积因数应小于 $1.5 \times 10^{-5} cm^3/kPa$。

(3) 管路应畅通,活塞应能滑动,各连接处应无漏气。

第三章 路基土方工程试验检测

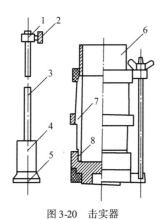

图 3-20 击实器
1-套环;2-定位螺栓;3-导杆;4-击锤;
5-底板;6-套筒;7-饱和器;8-底板

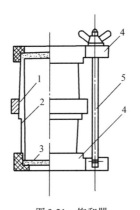

图 3-21 饱和器
1-紧箍;2-土样筒;3-透水石;4-夹板;5-拉杆

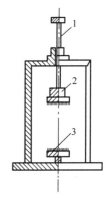

图 3-22 切土盘
1-转轴;2-上盘;3-下盘

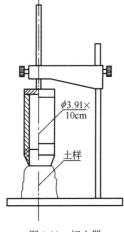

图 3-23 切土器

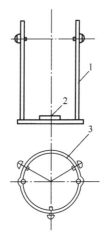

图 3-24 原状土分样器(适用于软黏土)
1-滑杆;2-底座;3-钢丝架

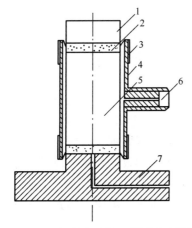

图 3-25 承膜筒(橡皮膜借承膜筒套在试样外)
1-上帽;2-透水石;3-橡皮膜;4-承膜筒;5-试样;
6-吸气孔;7-三轴仪底座

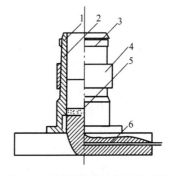

图 3-26 对开圆膜(制备饱和的砂样)
1-橡皮膜;2-制样圆膜(两片组成);3-橡皮圆;4-圆箍;5-透水石;6-仪器底座

175

(4)橡胶膜在使用前应仔细检查,方法是在膜内充气,扎紧两端,然后在水下检查有无漏气。

4. 试样制备

(1)该试验需 3~4 个试样,分别在不同周围压力下进行试验。

(2)试样尺寸:最小直径 35mm,最大直径 101mm,试样高度宜为试样直径的 2~2.5 倍,试样的最大粒径应符合表 3-9 的规定。对于有裂缝、软弱面和构造面的试样,试样直径宜大于 60mm。

试样的土粒最大粒径 表 3-9

试样直径 ϕ(mm)	允许最大粒径(mm)	试样直径 ϕ(mm)	允许最大粒径(mm)
$\phi < 100$	试样直径的 1/10	$\phi \geq 100$	试样直径的 1/5

(3)原状土试样的制备:根据土样的软硬程度,分别用切土盘和切土器按试验规定切成圆柱形试样,试样两端应平整,并垂直于试样轴,当试样侧面或端部有小石子或凹坑时,允许用削下的余土修整,试样切削时应避免扰动,并取余土测定试样的含水率。

(4)扰动土试样制备:根据预定的干密度和含水率,按规定备样后,在击实器内分层击实,粉质土宜为 3~5 层,黏质土宜为 5~8 层,各层土样数量相等,各层接触面应刨毛。

(5)对于砂类土,应先在压力室底座上依次放上不透水板、橡皮膜和对开圆膜。将砂料填入对开圆膜内,分三层按预定干密度击实。当制备饱和试样时,在对开圆模内注入纯水至 1/3 高度,将煮沸的砂类分三层填入,达到预定高度。放上不透水板、试样帽,扎紧橡皮膜。对试样内部施加 5kPa 负压力,使试样能站立,拆除对开膜。

(6)对制备好的试样,量测其直径和高度。试样的平均直径 D_0 按式(3-47)计算:

$$D_0 = \frac{D_1 + 2D_2 + D_3}{4} \quad (3-47)$$

式中:D_1、D_2、D_3——上、中、下部位的直径。

5. 试样饱和

(1)抽气饱和:按《公路土工试验规程》(JTG E40—2007)规定进行。

(2)水头饱和:将试样装于压力室内,施加 20kPa 周围压力。水头高出试样顶部 1m,使纯水从底部进入试样,从试样顶部溢出,直至流入水量和溢出水量相等为止。当需要提高试样的饱和度时,宜在水头饱和前,从底部将二氧化碳气体通入试样,置换孔隙中的空气,再进行水头饱和。

(3)反压力饱和:试样要求完全饱和时,应对试样施加反压力。反压力系统与周围压力系统相同,但应用双层体变管代替排水量管。试样装好后,调节孔隙水压力等于大气压力,关闭孔隙水压力阀、反压力阀、体变管阀,记录体变管读数。开周围压力阀,对试样施加 10~50kPa 的周围压力,开孔隙压力阀,待孔隙压力变化稳定,记录读数。开体变管阀和反压力阀,同时施加周围压力和反压力 30kPa,检查孔隙水压力增量,待孔隙水压力稳定后再施加下一级周围压力和反压力。每施加一级压力都测定孔隙水压力。当孔隙水压力增量与周围压力增量之比 $\Delta u / \Delta \sigma_3 > 0.98$ 时,认为试样达到饱和。

6. 试验步骤

(1)在压力室底座依次放上不透水板、试样及试样帽,将橡皮膜套在试样外,并将橡皮膜两端与底座及试样帽分别扎紧。

(2)装上压力室罩,向压力室内注满纯水,关排气阀,保证压力室内没有残留气泡,并将活塞对准测力计和试样顶部。

(3)关排水阀,开周围压力阀,施加周围压力,周围压力值应与工程实际荷载相适应,最大一级周围压力应与最大实际荷载大致相等。

(4)转动手轮,使试样帽与活塞及测力计接触,装上变形百分表,将测力计和变形百分表读数调至零位。

7. 试样剪切

(1)剪切应变速率宜为每分钟0.5%~1%。

(2)启动电动机,接上离合器,开始剪切。试样每产生0.3%~0.4%的轴向应变,记录一次测力计读数和轴向应变。当轴向应变大于3%时,每隔0.7%~0.8%的应变值记录一次读数。

(3)当测力计读数出现峰值时,剪切应继续进行至超过5%的轴向应变为止。当测力计读数无峰值时,剪切应进行到轴向应变为15%~20%。

(4)试验结束后,先关闭周围压力阀,关闭电动机,拨开离合器。倒转手轮,然后打开排气孔,排除受压室内的水,拆除试样,描述试样破坏形状,称试样质量,并测定含水率。

8. 结果整理

(1)轴向应变按式(3-48)计算:

$$\varepsilon_1 = \frac{\Delta h_i}{h_0} \tag{3-48}$$

式中:ε_1——轴向应变值(%);

Δh_i——剪切过程中的高度变化(mm);

h_0——试样的起始高度(mm)。

(2)试样面积的校正按式(3-49)计算:

$$A_a = \frac{A_0}{1-\varepsilon_1} \tag{3-49}$$

式中:A_a——试样的校正断面积(cm²);

A_0——试样的初始断面积(cm²)。

(3)主应力差按式(3-50)计算:

$$\sigma_1 - \sigma_3 = \frac{CR}{A_a} \times 10 \tag{3-50}$$

式中:σ_1——大主应力(kPa);

σ_3——小主应力(kPa);

C——测力计校正系数(N/0.01mm);

R——测力计读数(0.01mm)。

(4)轴向应变与主应力差的关系曲线应在直角坐标纸上绘制。

以$(\sigma_1-\sigma_3)$的峰值为破坏点,无峰值时,取15%轴向应变时的主应力差值作为破坏点。

以法向应力为横坐标,剪应力为纵坐标,在横坐标上以$(\sigma_{1f}+\sigma_{3f})/2$为圆心,以$(\sigma_{1f}-\sigma_{3f})/2$

为半径（f 注脚表示破坏），在 τ-σ 应力平面图上绘制破损应力图，并绘制不同周围压力下破损应力圆的包线。求出固结不排水强度参数。

二、固结不排水试验

1. 目的和适用范围

固结不排水（CU 或 $\overline{\text{CU}}$）试验是使试样先在某一周围压力作用下排水固结，然后在保持不排水的情况下，增加轴向压力直至破坏。适用于测定黏质土和砂类土的总抗剪强度参数 C_{CU}、φ_{CU} 或有效抗剪强度参数 C'、φ' 及孔隙压力系数。

2. 仪器设备

固结不排水试验所用的主要仪器设备，同不固结不排水试验。

3. 仪器检查、试样制备、试样饱和

试验前仪器检查以及试样制备、试样饱和应按不固结不排水试验的有关要求进行。

4. 试样安装

（1）开孔隙水压力阀和排水阀，对孔隙水压力系统及压力室底座充水排气后，关孔隙水压力阀和排水阀。压力室底座上依次放上透水板、滤纸、试样及试样帽。试样周围贴浸湿的滤纸条，套上橡皮膜，将橡皮膜下端与底座扎紧。从试样底部充水，排除试样与橡皮膜之间的气泡，并将橡皮膜上部与试样帽扎紧。降低排水管，使管内水面位于试样中心以下 20～40cm，吸除余水，关排水阀。需要测定应力应变时，应在试样与透水板之间放置中间夹有硅脂的两层圆形橡皮膜，膜中间应留直径为 1cm 的圆孔排水。

（2）安装压力室罩，充水，提高排水管，保证压力室内没有残留气泡，并将活塞对准测力计和试样顶部。提高排水管，使管内水面与试样高度的中心齐平，记录排水面读数。

（3）开孔隙水压力阀，使孔隙水压力值等于大气压力，关闭孔隙水压力阀。

（4）在压力室底座依次放上不透水板、试样及试样帽，将橡皮膜套在试样外，并将橡皮膜两端与底座入试样帽分别扎紧。

（5）装上压力室罩，向压力室内注满纯水，关排气阀，保证压力室内没有残留气泡，并将活塞对准测力计和试样顶部。

（6）关排水阀，开周围压力阀，施加周围压力，周围压力值应与工程实际荷载相适应，最大一级周围压力应与最大实际荷载大致相等。

（7）转动手轮，使试样帽与活塞及测力计接触，装上变形百分表，将测力计和变形百分表读数调至零位。

（8）调整轴向压力、轴向应变和孔隙水压力为零点，并记下体积变化量管的读数，当需要施加反压力时，按不固结不排水试验的步骤施加。

5. 试样排水固结

（1）开孔隙水压力阀，测定孔隙水压力。开排水阀。当需要测定排水过程时，按 0s、15s、1min、2min、4min、6min、9min、12min、16min、20min、25min、35min、45min、60min、90min、2h、4h、10h、23h、24h 记录排水管水面及孔隙水压力值，直至孔隙水压力消散 95% 以上。固结完成后，关排水阀，记录排水面读数和孔隙水压力读数。

(2)微调压力机升降台,使活塞与试样接触,此时轴向变形百分表的变化值为试样固结时的高度变化。

6.试样剪切

(1)将轴向测力计、轴向变形百分表和孔隙水压力表读数均调至零位。

(2)选择剪切应变速率,进行剪切。黏质土每分钟应变为0.05%~0.1%;粉质土每分钟应变为0.1%~0.5%。

(3)轴向压力、轴向变形和孔隙水压力,按不固结不排水试验的规定进行记录。

(4)试验结束,关电动机和各阀门,开排气阀,排除压力室的水,拆除试样,描述试样破坏形状。称试样质量,并测定含水率。

7.结果整理

(1)试样固结的高度按式(3-51)计算:

$$h_c = h_0 \left(1 - \frac{\Delta V}{V_0}\right)^{\frac{1}{3}} \tag{3-51}$$

式中:h_c——试样固结后的高度(cm);

ΔV——试样固结后与固结前的体积变化(cm³);

h_0——试样的起始高度(mm)。

(2)试样固结后的面积按式(3-52)计算:

$$A_c = A_0 \left(1 - \frac{\Delta V}{V_0}\right)^{\frac{2}{3}} \tag{3-52}$$

式中:A_c——试样固结后的断面积(cm²)。

(3)剪切时试样的校正面积按式(3-53)计算:

$$A_a = \frac{A_c}{1 - \varepsilon_1} \tag{3-53}$$

(4)主应力差按不固结不排水试验的方法计算。

(5)有效主应力比按下列公式计算。

①有效大主应力:

$$\sigma_1' = \sigma_1 - u \tag{3-54}$$

式中:σ_1'——有效大主应力(kPa);

u——孔隙水压力(kPa)。

②有效小主应力:

$$\sigma_3' = \sigma_3 - u \tag{3-55}$$

③有效主应力比:

$$\frac{\sigma_1'}{\sigma_3'} = 1 + \frac{\sigma_1' - \sigma_3'}{\sigma_3'} \tag{3-56}$$

(6)孔隙水压力系数按式(3-57)和式(3-58)计算。

①初始孔隙水压力系数:

$$B = \frac{u_0}{\sigma_3} \tag{3-57}$$

式中:B——初始孔隙水压力系数;
u_0——初始周围压力产生的孔隙水压力(kPa)。

②破坏时孔隙水压力系数:

$$A_f = \frac{u_f}{B(\sigma_1 - \sigma_3)_f} \tag{3-58}$$

式中:A_f——破坏时的孔隙水压力系数;
u_f——土样破坏时,主压力差产生的孔隙水压力(kPa)。

(7)绘制轴向应变与主应力差的关系曲线,如图3-27所示。

(8)绘制轴向应变与有效主应力比的关系曲线,如图3-28所示。

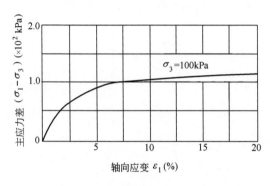

图3-27 主应力差与轴向应变的关系曲线

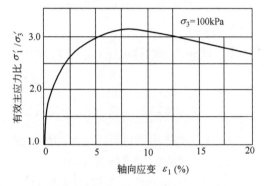

图3-28 有效主应力比与轴向应变的关系曲线

(9)绘制轴向应变与孔隙水压力的关系曲线,如图3-29所示。

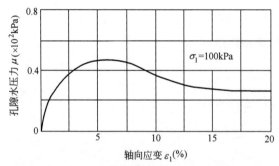

图3-29 孔隙水压力与轴向应变的关系曲线

(10)绘制有效应力路径曲线,并计算有效摩擦角和有效黏聚力。如图3-30所示。

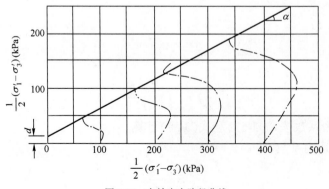

图3-30 有效应力路径曲线

有效摩擦角按式(3-59)计算：

$$\varphi' = \sin^{-1}\tan\alpha \tag{3-59}$$

式中：φ'——有效摩擦角；
α——应力路径图上破坏点连线的倾角。

有效黏聚力按式(3-60)计算：

$$C' = \frac{d}{\cos\varphi'} \tag{3-60}$$

式中：C'——有效黏聚力(kPa)；
d——应力路径图上破坏点连线在纵坐标上的截距(kPa)。

(11)破坏应力圆、摩擦角和黏聚力按不固结不排水试验的方法绘制和确定。有效摩擦角和有效黏聚力,应根据以$(\sigma'_{1f} + \sigma'_{3f})/2$为圆心,$(\sigma'_{1f} - \sigma'_{3f})/2$为半径绘制的有效破损应力圆确定。如图3-31所示。

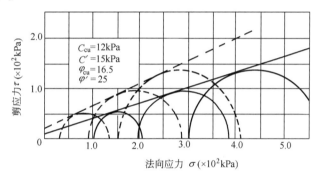

图3-31　固结不排水剪强度包线

三、固结排水试验

1. 目的和适用范围

固结排水试验(CD)是使试样先在某一周围压力作用下排水固结,然后在允许试样充分排水的情况下增加轴向压力直至破坏。适用于测定黏质土和砂类土的抗剪强度参数C_d和φ_d。

2. 仪器设备

固结排水试验所用的主要仪器设备与不固结不排水试验相同。

3. 仪器检查、试样制备和饱和

试验前仪器检查、试样制备和饱和,应按不固结不排水试验的相应规定进行。

4. 试样的安装、固结和剪切

试样的安装、固结和剪切,应按固结不排水试验的相应规定进行。但在剪切过程中应打开排水阀,剪切速率采用每分钟应变0.003% ~ 0.012%。

5. 结果整理

(1)试样固结后的高度和面积应按固结不排水试验的相应公式计算。
(2)剪切时试样的校正面积按式(3-61)计算：

$$A_a = \frac{V_c - \Delta V_i}{h_c - \Delta h_i} \tag{3-61}$$

式中：ΔV_i——剪切过程中试样的体积变化（cm^3）；

Δh_i——剪切过程中试样的高度变化（cm）。

（3）主应力差按不固结不排水试验的公式计算。

（4）有效主应力比和孔隙水压力系数按固结不排水试验的相应公式计算。

（5）轴向应变与主应力差的关系曲线，以及轴向应变与主应力比的关系曲线应按固结不排水试验的相应规定绘制。

（6）破损应力圆、摩擦角和黏聚力按不固结不排水试验的规定绘制和确定。

第六节　软土地基处治及检测技术

所谓软土，从广义上讲就是强度低、压缩性大的软弱土层。在软土地基上修筑路基，若不进行处理，往往会发生路基失稳或过量沉陷，导致公路破坏或不能正常使用。

根据孔隙比及有机质含量，结合含水率、压缩系数、渗透系数、快剪强度等，可将软土划分为软黏质土、淤泥质土、淤泥、泥炭质土及泥炭 5 种类型。习惯上常把软黏质土、淤泥质土和淤泥总称为软土，而把有机质含量很高的泥炭质土、泥炭称为泥沼。泥沼比软土具有更大的压缩性，但它的渗透性强，受荷后能够迅速固结，工程处理比较容易。

一、软土地基处治的一般要求

在软土地基处治中，一般应达到下列要求：

（1）软基处治的施工必须确保施工质量，科学地做好施工组织设计，加强工地技术管理，严格按照有关的操作规程实施，认真做好工程质量检查和验收工作。

（2）软基处治施工前，应先完成下列工作：

①收集并熟悉有关施工图、工程地质报告、土工试验报告和地下管线、构造物等资料。

②编制施工组织设计或施工大纲。

③原材料、半成品、成品的检验。

④施工机械设备的调试。

⑤必要的成桩试验。

（3）软基处治施工前应做好施工期间的排水措施，对常年地表积水、水塘地段，应按设计要求先做好抽水、清淤、回填工作。

（4）软土地基处治材料的选用，应贯彻因地制宜、就地取材的原则。所有运至工地的材料必须分类堆放，妥善保管，按有关标准进行质量检验，不合格材料不得用于工程。

（5）在施工中应遵循"按图施工"的原则和"边观察、边分析"的方法，如发现现场地质情况与设计提供资料不符或原设计的处治方式因故不能实施需改变设计时，应及时报告监理并根据有关规定报请变更设计。

（6）软基处治施工中应认真做好原始记录，积累资料，不断总结经验，提高软基处治施工技术水平。采用新技术、新工艺、新机具、新材料、新测试方法时，必须制定不低于规范水平的质量标准和工艺要求。

（7）软基处治施工，须严格执行有关安全、劳保和环境保护等规定。

二、软土地基处治施工方法及质量要求

软基上路基的整体稳定性必须等于或大于容许稳定安全系数，而沉降量则要求在路面设计使用年限内的工后沉降必须小于容许工后沉降，否则应进行地基处理。软土地基处治时应遵循以下原则：投资少、效益高、少占农田和安全实用；密切结合当地工程地质条件、材料供应、施工力量和工期要求，因地制宜，达到技术上先进、经济上合理。

软土地基处治的方法有抛石挤淤法、砂垫层法、土工布法、反压护道法、袋装砂井法、塑料排水板法、碎石桩法、粉喷桩法等。

（一）基本要求

（1）换填地基的填筑压实要求同土方路基。

（2）抛石挤淤：应使用不易风化的石料抛填，石料尺寸一般不宜小于30cm。方向根据软土下卧地层横坡而定。

（3）砂垫层：砂的规格和质量必须符合设计要求和规范规定，适当洒水，分层压实。砂垫层宽度应宽出路基边脚0.5~1.0m，两侧端以片石护砌；砂垫层厚度及其上铺设的反滤层应符合设计要求。

（4）土工布：土工布质量应符合设计要求，在平整的下承层上全断面铺设。土工布应拉直平顺，紧贴下承层；锚固端施工应符合设计要求；接缝搭接黏合强度应符合要求；上、下层土工布的搭接缝应交替错开。

（5）反压护道：填筑材料、护道高度、宽度应符合设计要求，压实度不低于90%。

（6）袋装砂井、塑料排水板：砂的质量、规格、砂袋织物质量和塑料排水板质量必须符合设计要求；砂袋和塑料排水板下沉时不得出现纽结、断裂等现象；井(板)底高程必须符合设计要求，其顶端必须按规范要求伸入砂垫层。

（7）碎石桩：碎石材料应符合规范要求；设置碎石桩时，应严格按试桩结果控制电流和振冲器的留振时间，分批加入碎石，注意振密挤实效果，防止发生"断桩"或"颈缩桩"。

（8）砂桩：砂料应符合规定要求；砂的含水率应根据成桩方法合理确定；应确保桩体连续、密实。

（9）粉喷桩：水泥应符合设计要求；根据成桩试验确定的技术参数进行施工；严格控制喷粉时间、停粉时间和水泥喷入量，不得中断喷粉，确保粉喷桩长度。桩身上部范围内必须进行二次搅拌，确保桩身质量；发现喷粉量不足时，应整桩复打；喷粉中断时，复打重叠孔段应大于1m。

（10）软土地基上的路堤，应在施工过程中进行沉降观测和稳定性观测，并根据观测结果对路堤填筑速率和预压期等做必要调整。

（二）实测项目

（1）砂垫层实测项目，见表3-10。

砂垫层实测项目　　　　　　　　　表3-10

项次	检查项目	规定值或允许偏差	检查方法和频率	权值
1	砂垫层厚度(mm)	不小于设计	每200m检查4处	3
2	砂垫层宽度(mm)	不小于设计	每200m检查4处	1
3	反滤层设置	符合设计要求	每200m检查4处	1
4	压实度(%)	90	每200m检查4处	2

(2)袋装砂井、塑料排水板实测项目,见表3-11。

袋装砂井、塑料排水板实测项目　　　　　表3-11

项次	检查项目	规定值或允许偏差	检查方法和频率	权值
1	井(板)间距(mm)	±150	抽查2%	2
2	井(板)长度(mm)	不小于设计	查施工记录	3
3	竖直度(%)	1.5	查施工记录	2
4	砂井直径(mm)	+10,-0	挖验2%	1
5	灌砂量(%)	-5	查施工记录	2

(3)碎石桩(砂桩)实测项目,见表3-12。

碎石桩(砂桩)实测项目　　　　　　　表3-12

项次	检查项目	规定值或允许偏差	检查方法和频率	权值
1	桩距(mm)	±150	抽查2%	1
2	桩径(mm)	不小于设计	抽查2%	2
3	桩长(m)	不小于设计	查施工记录	3
4	竖直度(%)	1.5	查施工记录	2
5	灌石(砂)量	不小于设计	查施工记录	2

(4)粉喷桩实测项目,见表3-13。

粉喷桩实测项目　　　　　　　　　表3-13

项次	检查项目	规定值或允许偏差	检查方法和频率	权值
1	桩距(mm)	±100	抽查2%	1
2	桩径(mm)	不小于设计	抽查2%	2
3	桩长(m)	不小于设计	查施工记录	3
4	竖直度(%)	1.5	查施工记录	1
5	单桩喷粉量	符合设计要求	查施工记录	3
6	强度(kPa)	不小于设计	抽查5%	3

(三)外观鉴定

(1)砂垫层表面坑洼不平时,每处减1~2分。

(2)袋装砂井、塑料排水板间距均匀。不符合要求时,每处减2分。

(3)碎石桩、粉喷桩间距均匀。不符合要求时,每处减2分。

【本章小结】

1. 公路用土根据土的颗粒组成特征、土的塑性指标和土中有机质存在的情况,分为巨粒土、粗粒土、细粒土和特殊土4类。各类公路用土具有不同的工程性质,在选择路基填筑材料以及修筑稳定土路面结构层时,应根据不同的土类分别采用不同的工程技术措施。

2. 在公路工程中,土工试验项目包括物理性质试验、水理性质试验、力学性质试验和化学性质试验4个方面。

3. 回弹模量是表征土基承载能力的指标。测定方法有承载板法和强度仪法。

4. CBR是指试料在一定面积的贯入杆作用下,贯入量达2.5mm和5.0mm时,单位压力与标准碎石压入相同贯入量时的标准荷载强度的比值,是评定土基及路面基层材料承载能力的指标。CBR试验分室内试验和现场试验两种。

5. 土的抗剪强度是指土体对于外荷载所产生的剪应力的极限抵抗能力。直剪试验是测定土的抗剪强度指标值的方法之一。

6. 三轴试验也是测定土的抗剪强度常用的方法,根据土样的固结排水的不同条件,三轴试验可分为:不固结不排水试验、固结不排水试验、固结排水试验。

7. 软土地基处治的方法有抛石挤淤法、砂垫层法、土工布法、反压护道法、袋装砂井法、塑料排水板法、碎石桩法、粉喷桩法等。

【思考题】

1. 测试土的含水率的方法有哪些?各种方法的适用范围是什么?简述烘干法的试验步骤及注意事项。
2. 测定土体密度的方法有哪些?各种方法的适用范围分别是什么?
3. 颗粒分析的目的和意义是什么?颗粒分析的方法有哪些?各自的适用范围是什么?
4. 评价土的级配的指标是什么?颗粒分析结果对工程应用有何意义?
5. 什么是土的界限含水率?界限含水率有哪几个?
6. 击实试验的基本原理及目的是什么?
7. 什么是最大干密度和最佳含水率?
8. CBR值的含义是什么?简述其试验步骤。
9. 回弹模量试验的方法有哪几种?各自的测量适用范围是什么?
10. 常用的土的直接剪切试验有哪些?各自的适用范围是什么?土的抗剪强度指标是什么?
11. 软土地基处治的要求是什么?软土地基的处治方法有哪些?

第四章
路面基层与底基层试验检测

路面基层与底基层主要承受由面层传来的车辆荷载的垂直力,并扩散到下面的垫层和土基中去,实际上基层与底基层是路面结构中的承重层,其性能直接影响整个路面的强度、使用功能及寿命。所以路面基层与底基层应具备足够的强度和刚度、良好的水稳定性和冰冻稳定性、足够的抗冲刷能力、收缩性小、平整度好、与面层结合良好等性能。

公路路面基层、底基层按其材料的力学行为可分为:半刚性类、柔性类、刚性类;按材料组成可分为:无机结合料稳定类、有机结合料稳定类和粒料类。半刚性基层、底基层包括水泥稳定类、石灰工业废渣稳定类、石灰稳定类和综合稳定类。柔性基层、底基层包括有机结合料稳定类和粒料类。刚性基层包括贫混凝土基层、水泥混凝土基层和连续配筋水泥混凝土基层。

半刚性材料、无黏结粒料类材料根据性能要求和设计标准,可用于各级公路基层和底基层,目前高等级公路路面采用较广泛的是半刚性基层、底基层,其材料即为无机结合料稳定材料;刚性基层一般适用于重交通、特重交通或有特殊使用要求的路面基层。本章主要介绍无机结合料稳定材料的试验检测方法。

第一节 概 述

一、无机结合料稳定材料的定义及分类

在粉碎的或原状松散的土中掺入一定量的无机结合料（如水泥、石灰等）和水，经拌和得到的混合料在压实与养生后，其抗压强度符合规定要求的材料称为无机结合料稳定材料，包括水泥稳定土、石灰稳定土、石灰工业废渣稳定土和综合稳定土。

二、无机结合料稳定土组成材料质量要求

1. 土

（1）水泥稳定土

凡能被经济地粉碎的土都可用水泥稳定，其最大颗粒和颗粒组成应满足规范的要求。对于细粒土而言，土的不均匀系数应大于5，液限不应超过40，塑性指数不应大于17。

集料的压碎值要求为：

①二级和二级以下公路基层不大于35%。

②二级和二级以下公路底基层不大于40%。

③高速公路和一级公路基层、底基层不大于30%。

（2）石灰稳定土

塑性指数在15～20范围内的黏性土以及含有一定数量黏性土的中粒土和粗粒土均适宜用石灰稳定。用石灰稳定不含黏性土或无塑性指数的级配砂砾、级配碎石和未筛分碎石时，应添加15%左右的黏性土。硫酸盐含量超过0.8%的土和有机质含量超过10%的土，不宜用石灰稳定。

石灰稳定土中集料压碎值要求为：

①一般公路的底基层不大于40%。

②高速公路和一级公路的底基层、二级以下公路的基层不大于35%。

③二级公路的基层不大于30%。

（3）石灰工业废渣稳定土

宜采用塑性指数为12～20的黏性土（亚黏土），有机质含量超过10%的土不宜选用；最大颗粒和颗粒组成应满足规范的要求；集料压碎值要求同水泥稳定土。

2. 水泥

普通水泥、矿渣水泥、火山灰水泥等均可使用，但应选用终凝时间较长（宜在6h以上）的水泥，快硬水泥、早强水泥以及已受潮变质的水泥不应使用。宜采用强度等级较低的水泥。

3. 石灰

石灰质量应符合Ⅲ级以上的生石灰或消石灰的技术指标，要尽量缩短石灰的存放时间，若需要较长时间存放时，应采取覆盖封存措施，妥善保管。

对于高速公路和一级公路，宜采用磨细生石灰粉。

4.粉煤灰

粉煤灰中 SiO_2、Al_2O_3 和 Fe_2O_3 的总含量应大于 70%，烧失量不应超过 20%；其比表面积宜大于 2 500cm²/g。

干粉煤灰和湿粉煤灰都可以应用。干粉煤灰如堆在空地上应加水，防止飞扬造成污染。湿粉煤灰的含水率不宜超过 35%。

使用时，应将凝固的粉煤灰块打碎或过筛，同时清除有害杂质。

5.煤渣

煤渣是煤经锅炉燃烧后的残渣，它的主要成分是 SiO_2 和 Al_2O_3，其松干密度在 700～1 100kg/m³ 之间。煤渣的最大粒径不应大于 30mm，颗粒组成宜有一定级配，且不含杂质。

第二节　无机结合料稳定材料取样方法

一、适用范围

适用于无机结合料稳定材料室内试验、配合比设计以及施工过程中的质量抽检等。该方法规范了无机结合料及稳定材料的现场取样操作。

二、分料

可用下列方法将整个样品缩减到每个试验所需材料的合适质量。

1.四分法

(1)需要时应加清水使主样品变湿。充分拌和主样品：在清洁、平整、坚硬的表面上将试料堆成一个圆锥体，用铲翻动此锥体并形成一个新锥体，这样重复进行 3 次。在形成一个锥体堆时，铲中的料要放在锥顶，使滑到边部的那部分料尽可能分布均匀，使锥体的中心不移动。

(2)将平头铲反复交错垂直插入最后一个锥体的顶部，使锥体顶变平，每次插入后提起铲时不要带有试料。沿两个垂直的直径，将已变成平顶的锥体料堆分成四部分，尽可能使这四部分料的质量相同。

(3)将对角的一对料（如一、三象限为一对，二、四象限为另一对）铲到一边，将剩余的一对料铲到一块。重复上述拌和以及缩减的过程，直到达到要求的试样质量。

2.分料器法

如果集料中含有粒径 2.36mm 以下的细料，材料表面应该是干燥的。将材料充分拌和后通过分料器，保留一部分，将另一部分再次通过分料器。这样重复进行，直到将原样品缩减到需要的质量。

3.料堆取料

在料堆的上部、中部和下部各取一份试样，混合后按四分法分料取样。

4.试验室分料

(1)目标配合比阶段各种石料应逐级筛分，然后按设定级配进行配料。

(2)生产配合比阶段可采用四分法分料,且取料总质量应大于分料取样后每份质量的4~8倍。

5.施工过程中混合料取样

(1)在进行混合料验证时,宜在摊铺机后取料,且取料应分别来源于3~4台不同的料车,然后混合到一起进行四分法取样,进行无侧限抗压强度成型及试验。

(2)在评价施工离散性时,宜在施工现场取料。应在施工现场的不同位置按随机取样原则分别取样,对于结合料剂量还需要在同一位置的上层和下层分别取样,试样应单独成型。

第三节　无机结合料稳定土的击实试验

不同的无机结合料稳定土,在不同的无机结合料剂量、不同的含水率、不同的击实功下可以达到不同的密实度,在公路工程的施工质量控制过程中,要求在一定压实功的作用下达到最大的密实度。通过击实试验测定无机结合料稳定土含水率与干密度的关系,可以了解其压实性能,从而作为施工时基层与底基层压实控制的依据。

一、目的和适用范围

适用于在规定的试筒内,对水泥稳定材料(在水泥水化前)、石灰稳定材料及石灰(或水泥)粉煤灰稳定材料进行击实试验,以绘制稳定材料的含水率—干密度关系曲线,从而确定其最佳含水率和最大干密度。

试验集料的公称最大粒径宜控制在37.5mm以内(方孔筛)。

试验方法类别:该试验方法分3类,各类击实方法的主要参数列于表4-1。

试 验 方 法 类 别　　　　　表4-1

类别	锤的质量(kg)	锤击面直径(cm)	落高(cm)	试筒尺寸			击层数	每层锤击次数	平均单位击实功(J)	容许最大粒径(mm)
				内径(cm)	高(cm)	容积(cm³)				
甲	4.5	5.0	45	10	12.7	997	5	27	2.687	19.0
乙	4.5	5.0	45	15.2	12.0	2 177	5	59	2.687	19.0
丙	4.5	5.0	45	15.2	12.0	2 177	3	98	2.677	37.5

二、仪器设备

(1)击实筒:小型,内径100mm、高127mm的金属圆筒,套环高50mm,底座;大型,内径152mm、高170mm的金属圆筒,套环高50mm,直径151mm、高50mm的筒内垫块,底座。

(2)多功能自控电动击实仪:击锤的底面直径50mm,总质量4.5kg,击锤在导管内的总行程为450mm。可设置击实次数,并保证击锤自由垂直落下,落高应为450mm,锤迹均匀分布于试样面。

(3)电子天平:量程4 000g,感量0.01g;量程15kg,感量0.1g。

(4)方孔筛:孔径53mm、37.5mm、26.5mm、19mm、4.75mm、2.36mm的筛各1个。

(5)量筒:50mL、100mL和500mL的量筒各1个。

(6)直刮刀:长200~250mm、宽30mm、厚3mm,一侧开口的直刮刀,用以刮平和修饰大试件的表面。

(7)刮土刀:长150~200mm、宽约20mm的刮刀,用以刮平和修饰小试件的表面。

(8)工字形刮平尺:30mm×50mm×310mm,上下两面和侧面均刨平。

(9)拌和工具:约400mm×600mm×70mm的长方形金属盘,拌和用平头小铲等。

(10)脱模器。

(11)测定含水率用的铝盒、烘箱等其他用具。

(12)游标卡尺。

三、试验准备

(1)将具有代表性的风干试料(必要时,也可以在50℃烘箱内烘干)用木锤捣碎或用木碾碾碎。土团均应捣碎到能通过4.75mm的筛孔,但应注意不得使粒料的单个颗粒破碎或不得使其破碎程度超过施工中拌和机械的破碎率。

(2)如试料是细粒土,将已捣碎的具有代表性的土过4.75mm的筛备用(用甲法或乙法试验)。

(3)如试料中含有粒径大于4.75mm的颗粒,则先将试料过19mm的筛,如存留在19mm筛上的颗粒的含量不超过10%,则过26.5mm的筛备用(用甲法或乙法试验)。

(4)如试料中粒径大于19mm的颗粒含量超过10%,则将试料过37.5mm的筛;如果存留在37.5mm筛上的颗粒的含量不超过10%,则过53mm的筛备用(用丙法试验)。

(5)每次筛分后,均应记录超尺寸颗粒的百分含量P。

(6)在做击实试验的前一天,取有代表性的试料测定其风干含水率。对于细粒土,试样应不少于100g;对于中粒土,试样应不少于1 000g;对于粗粒土的各种集料,试样应不少于2 000g。

(7)在试验前用游标卡尺准确测量试模的内径、高和垫块的厚度,以计算试筒的容积。

四、试验步骤

1. 准备工作

在试验前应将试验所需的各种仪器设备准备齐全,测量设备应满足精度要求;调试击实仪器,检查其运转是否正常。

2. 甲法

(1)将已筛分的试样用四分法逐次缩减,至最后取出10~15kg试料。再用四分法将已取出的试料分成5~6份,每份试料的干质量为2.0kg(细粒土)或2.5kg(各种中粒土)。

(2)预定5~6个不同含水率,依次相差0.5%~1.5%,且其中至少有两个大于最佳含水率,两个小于最佳含水率。

注:对于中、粗粒土,在最佳含水率附近取0.5%,其余取1%。对于细粒土,取1%,但对于黏质土,特别是重黏土,可能需要取2%。

(3)按预定含水率制备试样。将1份试料平铺于金属盘内,用事先计算得的该份试料中应加的水量均匀地喷洒试料,用小铲将试料充分拌和到均匀状态(如为石灰稳定材料、石灰粉煤灰综合稳定材料、水泥粉煤灰综合稳定材料和水泥石灰综合稳定材料,可将石灰、粉煤灰和试料一起拌匀),然后装入密闭容器或塑料口袋内浸润备用。

浸润时间要求:黏质土12~24h;粉质土6~8h;砂类土、砂砾土、红土砂砾、级配砂砾等可以缩短到4h左右;含土很少的未筛分碎石、砂砾和砂可缩短到2h。浸润时间一般不超过24h。

应加水量可按式(4-1)计算:

$$m_w = \left(\frac{m_n}{1+0.01w_n} + \frac{m_c}{1+0.01w_c} \right) \times 0.01w - \frac{m_n}{1+0.01w_n} \times 0.01w_n - \frac{m_c}{1+0.01w_c} \times 0.01w_c$$

(4-1)

式中:m_w——混合料中应加的水量(g);

m_n——混合料中素土(或集料)的质量(g),其原始含水率为w_n,即风干含水率(%);

m_c——混合料中水泥或石灰的质量(g),其原始含水率为w_c(%)(水泥的w_c通常很小,也可以忽略不计);

w——要求达到的混合料含水率(%)。

(4)将所需要的稳定剂水泥加到浸润后的试料中,并用小铲、泥刀或其他工具充分拌和到均匀状态。水泥应在土样击实前逐个加入。加有水泥的试样拌和后,应在1h内完成下述击实试验,拌和后超过1h的试样,应予作废(石灰稳定材料和石灰粉煤灰稳定材料除外)。

(5)试筒套环与击实底板应紧密连接。将击实筒放在坚实地面上,用四分法取制备好的试样400~500g(其量应使击实后的试样等于或略高于筒高的1/5)倒入筒内,整平其表面并稍加压紧,然后将其安装到多功能自控电动击实仪上,设定所需锤击次数,进行第1层试样的击实。第1层击实完后,检查该层高度是否合适,以便调整以后几层的试样用量。用刮土刀或螺丝刀将已击实层的表面"拉毛",然后重复上述做法,进行其余4层试样的击实。最后一层试样击实后,试样超出试筒顶的高度不得大于6mm,超出高度过大的试件应作废。

(6)用刮土刀沿套环内壁削挖(使试样与套环脱离)后,扭动并取下套环。齐筒顶细心刮平试样,并拆除底板。如试样底面略突出筒外或有孔洞,则应细心刮平或修补。最后用工字形刮平尺齐筒顶和筒底将试样刮平。擦净试筒的外壁,称其质量m_1。

(7)用脱模器推出筒内试样。自试样内部从上到下取2个有代表性的样品(可将脱出试件用锤打碎后,用四分法采取),测定其含水率,精确至0.1%。2个试样的含水率的差值不得大于1%。所取样品的数量见表4-2(如只取一个样品测定含水率,则样品的质量应为表列数值的2倍)。擦净试筒,称其质量m_2。

测稳定土含水率的样品数量 表4-2

最大粒径(mm)	样品质量(g)	最大粒径(mm)	样品质量(g)
2.36	约50	37.5	约1 000
19	约300		

烘箱的温度应事先调整到110℃左右,以使放入的试样能立即在105~110℃的温度下烘干。

(8)进行其余含水率下稳定材料的击实和测定工作。凡已用过的试样,一律不再重复使用。

3. 乙法

在缺乏内径10cm的试筒时,以及在需要与承载比等试验结合起来进行时,采用乙法进行击实试验。该法更适于粒径达19mm的集料。

(1)将已过筛的试料用四分法逐次缩减,至最后取出约30kg试料。再用四分法将取出的试料分成5~6份,每份试料的干重约为4.4kg(细粒土)或5.5kg(中粒土)。

(2)其他试验步骤与甲法相同,但应该先将垫块放入筒内底板上,然后加料并击实。所不同的是,每层需取制备好的试样约900g(对于水泥或石灰稳定细粒土)或1 100g(对于稳定中粒土),每层的锤击次数为59次。

4. 丙法

(1)将已过筛的试料用四分法逐次缩减,至最后取出约33kg试料。再用四分法将取出的试料分成6份(至少5份),每份重约5.5kg(风干质量)。

(2)预定5~6个不同含水率,依次相差0.5%~1.5%。在估计的最佳含水率左右可只差0.5%~1%。

注:对于水泥稳定类材料,在最佳含水率附近取0.5%;对于石灰、二灰稳定类材料,根据具体情况在最佳含水率附近取1%。

(3)按预定含水率制备试样,与甲法相同。

(4)将混合料拌和均匀,与甲法相同。

(5)将试筒、套环与夯击底板紧密地连接在一起,并将垫块放在筒内底板上。击实筒应放在坚实地面上,取制备好的试样1.8kg左右[其量应使击实后的试样略高于(高出1~2mm)筒高的1/3]倒入筒内,整平其表面,并稍加压紧。然后将其安装到多功能自控电动击实仪上,设定所需锤击次数,进行第1层试样的击实。第1层击实完后,检查该层高度是否合适,以便调整以后两层的试样用量。用刮土刀或螺丝刀将已击实层的表面"拉毛",然后重复上述做法,进行其余两试样的击实。最后一层试样击实后,试样超出试筒顶的高度不得大于6mm,超出高度过大的试件应作废。

(6)用刮土刀沿套环内壁削挖(使试样与套环脱离)后,扭动并取下套环。齐筒顶细心刮平试样,并拆除底板,取走垫块。擦净试筒的外壁,称其质量 m_1。

(7)用脱模器推出筒内试样。在试样内部从上到下取2个有代表性的样品(可将脱出试件用锤打碎后,用四分法采取),测定其含水率,精确至0.1%。两个试样的含水率的差值不得大于1%。所取样品的数量应不少于700g,如只取一个样品测定含水率,则样品的数量应不少于1 400g。烘箱的温度应事先调整到110℃左右,以使放入的试样能立即在105~110℃的温度下烘干。擦净试筒,称其质量 m_2。

(8)进行其余含水率下稳定材料的击实和测定。凡已用过的试料,一律不再重复使用。

五、计算与制图

(1)按式(4-2)计算每次击实后稳定材料的湿密度:

$$\rho_w = \frac{m_1 - m_2}{V} \tag{4-2}$$

式中：ρ_w——稳定土的湿密度（g/cm³）；
　　m_1——试筒与湿试样的总质量（g）；
　　m_2——试筒的质量（g）；
　　V——试筒的容积（cm³）。

（2）按式(4-3)计算每次击实后稳定材料的干密度：

$$\rho_d = \frac{\rho_w}{1 + 0.01w} \tag{4-3}$$

式中：ρ_d——试样的干密度（g/cm³）；
　　w——试样的含水率（%）。

（3）制图。

①以干密度为纵坐标、含水率为横坐标，绘制含水率—干密度曲线。曲线必须为凸形的，如试验点不足以连成完整的凸形曲线，则应该进行补充试验。

②将试验各点采用二次曲线方法拟合曲线，曲线的峰值点对应的含水率及干密度即为最佳含水率和最大干密度。

（4）超尺寸颗粒的校正。

当试样中大于规定最大粒径的超尺寸颗粒的含量为 5% ~ 30% 时，按下列各式对试验所得最大干密度和最佳含水率进行校正（超尺寸颗粒的含量小于5%时，可以不进行校正）。

①最大干密度按式(4-4)校正：

$$\rho'_{dm} = \rho_{dm}(1 - 0.01p) + 0.9 \times 0.01pG'_a \tag{4-4}$$

式中：ρ'_{dm}——校正后的最大干密度（g/cm³）；
　　ρ_{dm}——试验所得的最大干密度（g/cm³）；
　　p——试样中超尺寸颗粒的百分率（%）；
　　G'_a——超尺寸颗粒的毛体积相对密度。

②最佳含水率按式(4-5)校正：

$$w'_0 = w_0(1 - 0.01p) \times 0.01pw_a \tag{4-5}$$

式中：w'_0——校正后的最佳含水率（%）；
　　w_0——试验所得的最佳含水率（%）；
　　p——试样中超尺寸颗粒的百分率（%）；
　　w_a——超尺寸颗粒的吸水率（%）。

六、结果整理

应做 2 次平行试验，取 2 次试验的平均值作为最大干密度和最佳含水率。2 次重复性试验最大干密度的差不应超过 0.05g/cm³（稳定细粒土）和 0.08g/cm³（稳定中粒土和粗粒土），最佳含水率的差不应超过 0.5%（最佳含水率小于10%）和1.0%（最佳含水率大于10%）。超过上述规定值，应重做试验，直到满足精度要求。

第四节　无机结合料稳定土中水泥或石灰剂量测定

水泥或石灰剂量是指水泥或石灰的质量占干土质量的百分率。一般来说,随着结合料剂量的增大,混合料的强度和稳定性会随之提高,但工程造价和投资成本也会增加。在水泥稳定土中,水泥用量太多不仅不经济,而且会使结构层刚性增加,产生过多的反射裂缝,导致结构层的破坏。在石灰稳定土中,一般存在一个最佳石灰剂量值,超过或小于这个值,石灰稳定土的强度都会降低。由此可见,合理的结合料剂量对混合料的性能有着非常重要的影响,对于无机结合料稳定类基层与底基层,必须测定和控制水泥或石灰的剂量。

目前测定水泥或石灰剂量的方法主要是 EDTA 滴定法,现简要介绍如下。

1. 目的和使用范围

适用于在工地快速测定水泥和石灰稳定土中水泥和石灰的剂量,并可用于检查现场拌和和摊铺的均匀性。本办法适用于在水泥终凝之前的水泥含量测定,现场土样的石灰剂量应在路拌后尽快测试,否则需要用相应龄期的 EDTA 二钠标准溶液消耗量的标准曲线确定。本方法也可以用来测定水泥和石灰综合稳定材料中结合料的剂量。

2. 仪器设备

(1)滴定管(酸式):50mL,1 支。

(2)滴定台:1 个。

(3)滴定管夹:1 个。

(4)大肚移液管:10mL,10 支。

(5)锥形瓶(即三角瓶):200mL,20 个。

(6)烧杯:2 000mL(或 1 000mL),1 只;300mL,10 只。

(7)容量瓶:1 000mL,1 个。

(8)搪瓷杯:容量大于 1 200mL,10 只。

(9)不锈钢棒(或粗玻璃棒):10 根。

(10)量筒:100mL 和 5mL,各 1 只;50mL,2 只。

(11)棕色广口瓶:60mL,1 只(装钙红指示剂)。

(12)电子天平:量程不小于 1 500g,感量 0.01g。

(13)秒表:1 只。

(14)表面皿:ϕ9cm,10 个。

(15)研钵:ϕ12~13cm,1 个。

(16)洗耳球:1 个。

(17)精密试纸:pH12~14。

(18)聚乙烯桶:20L(装蒸馏水和氯化铵及 EDTA 二钠标准溶液),3 个;5L(装氢氧化钠),1 个;5L(大口桶),10 个。

(19)毛刷、去污粉、吸水管、塑料勺、特种铅笔、厘米纸。

(20)洗瓶(塑料):500mL,1 只。

3. 试剂

(1) 0.1mol/L 乙二胺四乙酸二钠(EDTA 二钠)标准溶液(简称 EDTA 二钠标准溶液):准确称取 EDTA 二钠(分析纯)37.23g,用 40~50℃的无二氧化碳蒸馏水溶解,待全部溶解并冷却至室温后,用容量瓶定容至 1 000mL。

(2) 10%氯化铵(NH_4Cl)溶液:将 500g 氯化铵(分析纯或化学纯)放在 10L 的聚乙烯桶内,加蒸馏水 4 500mL,充分振荡,使氯化铵完全溶解。也可分批在 1 000mL 的烧杯内配制,然后倒入塑料桶内摇匀。

(3) 1.8%氢氧化钠(内含三乙醇胺)溶液:用电子天平称 18g 氢氧化钠(分析纯),放入洁净干燥的 1 000mL 烧杯中,加入 1 000mL 蒸馏水使其全部溶解,待溶液冷却至室温后,加入 2mL 三乙醇胺(分析纯),搅拌均匀后储于塑料桶中。

(4) 钙红指示剂:将 0.2g 钙试剂羟酸钠(分子式 $C_{21}H_{13}N_2NaO_7S$,分子量460.39)与20g 预先在 105℃烘箱中烘 1h 的硫酸钾混合,一起放入研钵中,研成极细粉末,储于棕色广口瓶中,以防吸潮。

4. 准备标准曲线

(1) 取样:取工地用石灰和土,风干后用烘干法测其含水率(如为水泥,可假定含水率为 0)。

(2) 混合料组成的计算:

①公式:干料质量 = 湿料质量/(1 + 含水率)。

②计算步骤:

a. 干混合料质量 = 湿混合料质量/(1 + 最佳含水率);

b. 干土质量 = 干混合料质量/(1 + 石灰或水泥剂量);

c. 干石灰或水泥质量 = 干混合料质量 – 干土质量;

d. 湿土质量 = 干土质量 × (1 + 土的风干含水率);

e. 湿石灰质量 = 干石灰质量 × (1 + 石灰的风干含水率);

f. 石灰土中应加入的水 = 湿混合料质量 – 湿土质量 – 湿石灰质量。

(3) 试样准备

准备 5 种试样,每种 2 个样品(以水泥稳定材料为例),如为水泥稳定中、粗粒土,每个样品取 1 000g 左右(如为细粒土,则可称取 300g 左右)准备试验。为了减少中、粗粒土的离散,宜按设计级配单份掺配的方式备料。

5 种混合料的水泥剂量应为:0、最佳水泥剂量 – 2%、最佳水泥剂量、最佳水泥剂量 + 2% 和最佳水泥剂量 + 4%[①],每种剂量取 2 个(为湿质量)试样,共 10 个试样,并分别放在 10 个大口聚乙烯桶(如为稳定细粒土,可用搪瓷杯或 1 000mL 具塞三角瓶;如为粗粒土,可用 5L 的大口聚乙烯桶)内。土的含水率应等于工地预期达到的最佳含水率,土中所加的水应与工地所用的水相同。

注①:在此,准备标准曲线的水泥剂量可为 0、2%、4%、6%、8%。如水泥剂量较高或较低,应保证工地实际所用水泥或石灰的剂量位于标准曲线所用剂量的中间。

(4) 取一个盛有试样的盛样器,在盛样器内加入两倍试样质量(湿样质量)体积的 10% 氯化铵溶液(如湿料质量为 300g,则氯化铵溶液为 600mL;如湿料质量为 1 000g,则氯化铵溶液为

2 000mL)。料为300g,则搅拌3min(每分钟110~120次);料为1 000g,则搅拌5min。如用1 000mL具塞三角瓶,则手握三角瓶(瓶口向上)用力振荡3min(每分钟120次±5次)以代替搅拌棒搅拌。放置沉淀10min①,然后将上部清液转移到300mL烧杯内,搅匀,加盖表面皿待测。

注①:如10min后得到的是混浊悬浮液,则应增加放置沉淀时间,直到出现无明显悬浮颗粒的悬浮液为止,并记录所需的时间。以后所有该种水泥(或石灰)稳定材料的试验,均应以同一时间为准。

(5)用移液管吸取上层(液面下1~2cm)悬浮液10.0mL放入200mL的三角瓶内,用量筒量取1.8%氢氧化钠(内含三乙醇胺)溶液50mL倒入三角瓶中,此时溶液pH值为12.5~13.0(可用pH12~14的精密试纸检验)。然后加入钙红指示剂(质量约为0.2g),摇匀,溶液呈玫瑰红色。记录滴定管中EDTA二钠标准溶液的体积V_1,然后用EDTA二钠标准液滴定,边滴定边摇匀,并仔细观察溶液的颜色;在溶液的颜色变为紫色时,放慢滴定速度,并摇匀;直到纯蓝色为终点,记录滴定管中EDTA二钠标准溶液的体积V_2(以mL计,读至0.1mL)。计算$V_1 - V_2$,即为EDTA二钠标准溶液的消耗量。

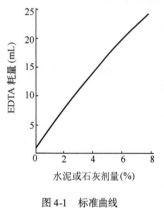

图4-1 标准曲线

(6)对其他几个盛样器中的试样,用同样的方法进行试验,并记录各自EDTA二钠标准溶液的消耗量。

(7)以同一水泥或石灰剂量稳定材料EDTA二钠标准溶液消耗量(mL)的平均值为纵坐标,以水泥或石灰剂量(%)为横坐标制图。两者的关系应是一条顺滑的曲线,如图4-1所示。如素土、水泥或石灰改变,必须重做标准曲线。

5. 试验步骤

(1)选取有代表性的无机结合料稳定材料,对稳定中、粗粒土取试样约3 000g,对稳定细粒土取试样约1 000g。

(2)对水泥或石灰稳定细粒土,称300g放在搪瓷杯中,用搅拌棒将结块搅散,加10%氯化铵溶液600mL,对水泥或石灰稳定中、粗粒土,可直接称取1 000g左右,放入10%氯化铵溶液2 000mL,然后如前述步骤进行试验。

(3)利用所绘制的标准曲线,根据EDTA二钠标准液的消耗量,确定混合料中的水泥或石灰剂量。

6. 结果整理

本试验应进行两次平行测定,取算术平均值,精确至0.1mL。允许重复性误差不得大于均值的5%,否则,重新进行试验。

第五节 无机结合料稳定材料试件制作方法(圆柱形)

一、适用范围

适用于无机结合料稳定材料的无侧限抗压强度、间接抗拉强度、室内抗压回弹模量、动态模量、劈裂模量等试验的圆柱形试件。

二、仪器设备

(1)方孔筛:孔径53mm、37.5mm、31.5mm、26.5mm、4.75mm 和 2.36mm 的筛各一个。
(2)试模:

细粒土,试模的直径×高 = $\phi 50mm \times 50mm$;

中粒土,试模的直径×高 = $\phi 100mm \times 100mm$;

粗粒土,试模的直径×高 = $\phi 150mm \times 150mm$。

(3)电动脱模器。
(4)反力架:反力为400kN 以上。
(5)液压千斤顶:200~1 000kN。
(6)钢板尺:量程200mm 或 300mm,最小刻度1mm。
(7)游标卡尺:量程200mm 或 300mm。
(8)电子天平:量程15kg,感量0.1g;量程4 000g,感量0.01g。
(9)压力试验机:可代替千斤顶和反力架,量程不小于2 000kN,行程、速度可调。

三、试验准备

(1)试件的径高比一般为1:1,根据需要也可成型1:1.5 或 1:2 的试件。试件的成型根据需要的压实度水平,按照体积标准,采用静力压实法制备。

(2)将具有代表性的风干试料(必要时,也可以在50℃烘箱内烘干)用木锤捣碎或用木碾碾碎,但应避免破坏粒料的原粒径。按照公称最大粒径的大一级筛,将土过筛并进行分类。

(3)在做试验的前一天,取有代表性的试料测定其风干含水率。对于细粒土,试样应不少于100g;对于中粒土,试样应不少于1 000g;对于粗粒土,试样应不少于2 000g。

(4)进行击实试验确定无机结合料稳定材料最佳含水率和最大干密度。

(5)根据击实结果,称取一定质量的风干土,其质量随试件大小而变。对于$\phi 50mm \times 50mm$ 的试件,1 个试件需干土180~210g;对于$\phi 100mm \times 100mm$ 的试件,1 个试件需干土1 700~1 900g;对于$\phi 150mm \times 150mm$ 的试件,1 个试件需干土5 700~6 000g。

对于细粒土,一次可称取6 个试件的土;对于中粒土,一次宜称取1 个试件的土;对于粗粒土,一次只称取1 个试件的土。

(6)将准备好的试料分别装入塑料袋中备用。

四、试验步骤

(1)调试成型所需的各种设备,检查是否运行正常;将成型用的模具擦拭干净,并涂抹机油。成型中、粗粒土时,试模筒的数量应与每组试件的个数相配套。上下垫块应与试模筒相配套,上下垫块能够刚好放入试筒内上下自由移动(一般来说,上下垫块直径比试筒内直径小约0.2mm),且上下垫块完全放入试筒后,试筒内未被上下垫块占用的空间体积能满足径高比为1:1 的设计要求。

(2)对于无机结合料稳定细粒土,至少应该制备6 个试件;对于无机结合料稳定中粒土和粗粒土,至少应该分别制备9 个和13 个试件。

(3)根据击实结果和无机结合料的配合比按式(4-1)计算每份料的加水量、无机结合料的质量。

(4)将称好的土放在长方盘(约400mm×600mm×70mm)内。向土中加水拌料、闷料。对于石灰稳定材料、水泥和石灰综合稳定材料、石灰粉煤灰综合稳定材料、水泥粉煤灰综合稳定材料,可将石灰或粉煤灰和土一起拌和,将拌和均匀后的试料放在密闭容器或塑料袋(封口)内浸润备用。

对于细粒土(特别是黏质土),浸润时的含水率应比最佳含水率小3%;对于中粒土和粗粒土,可按式(4-1)计算加水量。对于水泥稳定类材料,加水量应比最佳含水率小1%~2%。

浸润时间要求为:黏质土12~24h,粉质土6~8h,砂类土、砂砾土、红土砂砾、级配砂砾等可以缩短到4h左右,含土很少的未筛分碎石、砂砾及砂可以缩短到2h。浸润时间一般不超过24h。

(5)在试件成型前1h内,加入预定数量的水泥并拌和均匀。在拌和过程中,应将预留的水(对于细粒土为3%,对于水泥稳定类为1%~2%)加入土中,使混合料达到最佳含水率。拌和均匀的加有水泥的混合料应在1h内按下述方法制成试件,超过1h的混合料应该作废。其他结合料稳定材料,混合料虽不受此限,但也应尽快制成试件。

(6)用反力架和液压千斤顶,或采用压力试验机制件。

将试模配套的下垫块放入试模的下部,但外露2cm左右。将称量的规定数量的稳定材料混合料分2~3次灌入试模中,每次灌入后用夯棒轻轻均匀插实。如制取ϕ50mm×50mm的小试件,则可以将混合料一次倒入试模中,然后将与试模配套的上垫块放入试模内,也应使其外露2cm左右(即上、下垫块露出试模外的部分应该相等)。

(7)将整个试模(连同上、下垫块)放到反力框架内的千斤顶上(千斤顶下应放一扁球座)或压力机上,以1mm/min的加载速率加压,直到上、下垫块都压入试模为止。维持压力2min。

(8)解除压力后,取下试模,并放到脱模器上将试件顶出。用水泥稳定有黏结性的材料(如黏质土)时,制件后可以立即脱模;用水泥稳定无黏结性的细粒土时,最好过2~4h再脱模;对于中、粗粒土的无机结合料稳定材料,也最好过2~6h脱模。

(9)在脱模器上取试件时,应用双手抱住试件侧面的中下部,然后沿水平方向轻轻旋转,待感觉到试件移动后,再将试件轻轻捧起,放置到试验台上。切勿直接将试件向上捧起。

(10)称取试件的质量m_2,小试件精确至0.01g,中试件精确至0.01g,大试件精确至0.1g。然后用游标卡尺测量试件的高度h,准确到0.1mm。检查试件的高度和质量,不满足成型标准的试件作为废件。

(11)试件称量后应立即放在塑料袋中封闭,并用潮湿的毛巾覆盖,移放至养生室。

(12)单个试件的标准质量按式(4-6)计算。

$$m_0 = V \times \rho_{\max} \times (1 + w_{\text{opt}}) \times \gamma \tag{4-6}$$

式中:V——试件体积(cm^3);

w_{opt}——混合料最佳含水率(%);

$\rho_{\max}$——混合料最大干密度(g/cm^3);

γ——混合料压实度标准(%)。

考虑到试件成型过程中的质量损耗,实际操作过程中每个试件的质量可增加0~2%,可按式(4-7)计算。

$$m_0' = m_0 \times (1 + \delta) \tag{4-7}$$

式中：m_0、m_0'——混合料质量(g)。

五、结果整理

(1)小试件的高度误差范围应为 -0.1~0.1cm,中试件的高度误差范围应为 -0.1~0.15cm,大试件的高度误差范围应为 -0.1~0.2cm。

(2)质量损失:小试件应不超过标准质量5g,中试件应不超过25g,大试件应不超过50g。

第六节　无机结合料稳定材料养生试验方法

一、适用范围

适用于水泥稳定材料类和石灰、二灰稳定材料类的养生。

标准养生是指无机结合料稳定类材料在规定的标准温度和湿度环境下强度增长的过程。快速养生是为了提高试验效率,采用提高养生温度缩短养生时间的养生方法。

在采用快速养生时,应建立快速养生条件下与标准养生条件下,混合料的强度发展的关系曲线,并确定标准养生的长龄期强度对应的快速养生短龄期。

二、仪器设备

(1)标准养护室:标准养护室温度20℃±2℃,相对湿度在95%以上。

(2)高温养护室:能保持试件养生温度60℃±1℃,相对湿度在95%以上。容积能满足试验要求。

三、试验步骤

1. 标准养生方法

(1)试件从试模内脱出并量高称质量后,中试件和大试件应装入塑料袋内。试件装入塑料袋后,将袋内的空气排除干净,扎紧袋口,将包好的试件放入养护室。

(2)标准养生的温度为20℃±2℃,标准养生的湿度为≥95%。试件宜放在铁架或木架上,间距至少10~20mm。试件表面应保持一层水膜,并避免用水直接冲淋。

(3)对无侧限抗压强度试验,标准养生龄期是7d,最后一天浸水。对弯拉强度、间接抗拉强度,水泥稳定材料类的标准养生龄期是90d,石灰稳定材料类的标准养生龄期是180d。

(4)在养生期的最后一天,将试件取出,观察试件的边角有无磨损和缺块,并量高称质量,然后将试件浸泡于20℃±2℃的水中,应使水面在试件顶上约2.5cm。

2. 快速养生方法

1)快速养生龄期的确定

(1)将一组无机结合料稳定材料,在标准养生条件(温度20℃±2℃,湿度≥95%)下养生(石灰稳定类材料养生180d,水泥稳定类材料养生90d),测试抗压强度值。

(2)将同样的一组无机结合料稳定材料,在高温养生条件(温度60℃±1℃,湿度≥95%)

下养生7d、14d、21d、28d等,进行不同龄期的抗压强度试验,建立高温养生条件下强度—龄期的相关关系。

(3)在强度—龄期关系曲线上,找出标准养生长龄期强度对应的高温养生的短龄期,并以此作为快速养生的龄期。

2)快速养生试验步骤

(1)将高温养护室的温度调至规定的温度60℃±1℃,湿度保持在95%以上,并自动控温控湿。

(2)将制备的试件量高称质量后,小心装入塑料袋内。试件装入塑料袋后,将袋内的空气排除干净,并将袋口扎紧,将包好的试件放入养护箱中。

(3)养生期的最后一天,将试件从高温养护室内取出,晾至室温(约2h),再打开塑料袋取出试件,观察试件有无缺损,量高称质量后,浸入20℃±2℃恒温水槽中,水面高出试件顶2.5cm。浸水24h后,取出试件,用软布擦去可见自由水,量高称质量后,立即进行相关试验。

四、结果整理

(1)如养生期间有明显的边角缺损,试件应予作废。

(2)对养生7d的试件,在养生期间,试件质量损失应符合下列规定:小试件不超过1g,中试件不超过4g,大试件不超过10g。质量损失超过此规定的试件,应予作废。

(3)对养生90d和180d的试件,在养生期间,试件质量的损失应符合下列规定:小试件不超过1g,中试件不超过10g,大试件不超过20g。质量损失超过此规定的试件,应予作废。

第七节　无机结合料稳定材料无侧限抗压强度试验

无侧限抗压强度是用来评价无机结合料稳定材料强度的指标,是混合料的主要设计与施工控制指标,其大小直接影响到无机结合料稳定材料的路用性能。

一、适用范围

适用于测定无机结合料稳定材料(包括稳定细粒土、中粒土和粗粒土)试件的无侧限抗压强度。

二、仪器设备

(1)标准养护室。

(2)水槽:深度应大于试件高度50mm。

(3)压力机或万能试验机(也可用路面强度试验仪和测力计)。

(4)电子天平:量程15kg,感量0.1g;量程4 000g,感量0.01g。

(5)量筒、拌和工具、大小铝盒、烘箱等。

(6)球形支座。

(7)机油。

三、试件制备和养护

(1)细粒土,试模的直径×高 = $\phi 50mm \times 50mm$;中粒土,试模的直径×高 = $\phi 100mm \times 100mm$;粗粒土,试模的直径×高 = $\phi 150mm \times 150mm$。

(2)按规定方法成型径高比为1∶1的圆柱形试件。

(3)按规定的标准养生方法进行7d的标准养生。

(4)将试件两顶面用刮刀刮平,必要时可用快凝水泥砂浆抹平试件顶面。

(5)为保证试验结果的可靠性和准确性,每组试件的数目要求为:小试件不少于6个,中试件不少于9个,大试件不少于13个。

四、试验步骤

(1)根据试验材料的类型和一般的工程经验,选择合适量程的测力计和压力机。球形支座和上下顶板涂上机油,使球形支座能够灵活转动。

(2)将已浸水1昼夜的试件从水中取出,用软布吸去试件表面的水分,并称取试件的质量 m_4。

(3)用游标卡尺测量试件的高度 h_1,准确到0.1mm。

(4)将试件放到路面材料强度试验仪或压力机上,并在升降台上先放一扁球座,进行抗压试验。试验过程中,应保持加载速率为1mm/min。记录试件破坏时的最大压力$P(N)$。

(5)从试件内部取有代表性的样品(经过打破),测定其含水率 w_1。

五、计算

试件的无侧限抗压强度按式(4-8)计算。

$$R_c = \frac{P}{A} \tag{4-8}$$

式中:R_c——试件的无侧限抗压强度(MPa);

P——试件破坏时的最大压力(N);

A——试件的截面积(mm^2),$A = \pi D^2/4$;

D——试件的直径(mm)。

六、结果整理

(1)抗压强度保留一位小数。

(2)同一组试件试验中,采用3倍均方差方法剔除异常值,小试件可以允许有一个异常值,中试件1~2个异常值,大试件2~3个异常值,异常值数量超过上述规定的试验应重做。

(3)同一组试验的变异系数 C_v(%)符合下列规定,方为有效试验:小试件 $C_v \leqslant 6\%$,中试件 $C_v \leqslant 10\%$,大试件 $C_v \leqslant 15\%$。如不能保证试验结果的变异系数小于规定的值,则应按允许误差10%和90%概率重新计算所需的试件数量,增加试件数量并另做新试验。新试验结果与老试验结果一并重新进行统计评定,直到变异系数满足上述规定。

七、强度评定

如为现场检测,需按下述方法对无侧限抗压强度进行评定。

(1)路段试样的平均强度$\bar{R}$应满足式(4-9)的要求。

$$\bar{R} \geqslant \frac{R_d}{1 - Z_a C_v} \tag{4-9}$$

式中:R_d——设计抗压强度(MPa);

C_v——试验结果的偏差系数(以小数计);

Z_a——标准正态分布表中随保证率而变的系数,对于高速公路、一级公路,保证率95%,$Z_a = 1.645$;对于其他公路,保证率90%,$Z_a = 1.282$。

(2)路段内无机结合料稳定材料强度的评定:评为合格时得满分,不合格时得零分。

【本章小结】

1. 基层与底基层是路面结构中的承重层,其性能直接影响着整个路面的强度、使用功能及寿命。

2. 公路路面基层与底基层可分为三大类:柔性基层、半刚性基层、刚性基层。也可以分为:无机结合料稳定类、有机结合料稳定类和粒料类。我国常用的基层材料包括:水泥稳定土、石灰稳定土、石灰工业废渣稳定土、级配碎石、级配砾石或级配砂砾、填隙碎石等类型。

3. 通过无机结合料稳定土击实试验可确定其最佳含水率和最大干密度,了解其压实性能,作为施工时基层与底基层压实控制的依据。

4. 结合料的剂量对无机结合料稳定土的性能有着非常重要的影响,测定水泥或石灰剂量的方法主要是EDTA滴定法。

5. 评价无机结合料稳定材料强度的指标是无侧限抗压强度,无侧限抗压强度试验分室内配合比设计试验及现场检测两种。

【思考题】

1. 什么是无机结合料稳定类材料?有哪些类型?
2. 无机结合料稳定材料对其组成材料的技术要求是什么?
3. 简述无机结合料稳定材料的取样方法。
4. 什么是无机结合料稳定材料的无侧限抗压强度?其试件制备的规格和数量有何要求?
5. 无机结合料稳定材料中,其结合料剂量对其性能有何影响?
6. 半刚性基层材料进行击实试验时,如果存在超尺寸颗粒,如何处理?

第五章
水泥混凝土路面与沥青路面试验检测

路面是在路基顶面的行车部分用各种混合料铺筑而成的层状结构物,是道路工程的主要组成部分。现代化的公路运输,要求车辆运行高速、安全、便捷、舒适,这就要求路面结构具有良好的使用性能和服务水平。路面结构应具备的性能包括以下几个方面。

1. 承载能力

行驶在路面上的车辆,通过车轮把荷载传给路面,由路面传给路基,在路基路面结构内部产生应力、应变及位移。如果路面结构的强度或抵抗变形的能力不足,则路面会出现断裂、沉陷、波浪、车辙等破坏现象,使路况恶化,服务水平下降。因此要求路面结构具有与行车荷载相适应的承载能力,即具有足够的强度和刚度,以抵抗车轮荷载引起的各种应力,并在荷载作用下不发生过量的变形。

2. 稳定性

路面结构暴露在大气中,受到大气温度、降水与湿度变化的影响,结构物的物理、力学性质将随之发生变化,所以路面结构应具有稳定性,从而保持工程设计所要求的几何形态及物理力学性质。

3. 耐久性

耐久性是指路面结构在荷载及环境作用下能够长期维持其所需功能的能力。路面在长期使用过程中受到车辆荷载的反复作用,以及温度、湿度、降水、冰冻等来自大气的作用,其使用性能将逐年下降,强度与刚度逐渐衰变,路面材料的各项性能也可能劣化,引起结构的损坏,而公路工程属于永久性工程,要求有较长的使用年限,所以路面结构应具有耐久性。

4. 表面服务性能

表面服务性能包括低噪声及抗滑性能、防止雨天的雨水在车后产生水雾等性能,这些性能直接影响交通安全与环境保护。

5. 行驶舒适性能

路面表面的平整度是影响行车舒适、行车安全及运输效益的重要使用性能。特别是高速公路,对路面平整度的要求更高。不平整的路面会增大行车阻力,并使车辆产生附加的振动作用,这种振动作用会造成行车颠簸,影响行车的速度、驾驶的平稳度和乘客的舒适度。不平整的路面还会积滞雨水,加速路面的破坏。因此,为了减少振动冲击力,提高行车速度,增强行车的舒适性和安全性,路面应保持一定的平整度。

路面类型可以从不同角度来划分,一般按面层所用的材料不同可分为水泥混凝土路面、沥青路面、砂石路面等。在工程设计中,从路面结构的力学特性和设计方法的相似性出发,将路面划分为柔性路面、刚性路面和半刚性路面三类。

优良的路面使用性能,要依靠严格的施工质量控制与检验得以保证,本章学习水泥混凝土路面及沥青路面工程的试验检测方法。

第一节　水泥混凝土路面常规试验检测方法

水泥混凝土路面属于刚性路面,是一种高级路面,它是以水泥与水拌和成的水泥浆为结合料,以碎(砾)石、砂为集料,再加适当的掺合料及外加剂,拌和成水泥混凝土混合料铺筑而成的路面结构。水泥混凝土路面经过一定时间的养护,可达到很高的强度,抵抗变形能力强,耐久性好,稳定性好,而且具有汽车运行中必需的平整度、很好的耐磨性和必要的粗糙度,有利于汽车的高速安全行驶,路面色泽鲜明,能见度好,对夜间行车有利。为修筑优质的水泥混凝土路面,必须科学地设计、施工,合理选择材料,严格控制施工质量。本节学习水泥混凝土路面的常规试验检测方法。

一、路面水泥混凝土拌和物的质量要求

(一)原材料的质量要求

1. 水泥

(1)强度高,要求有较高的抗折强度。

(2)收缩性小,抗冻性好,耐磨性强,耐久性优。

(3)极重、特重、重交通荷载等级公路面层水泥混凝土应采用旋窑生产的道路硅酸盐水泥、硅酸盐水泥、普通硅酸盐水泥,中、轻交通荷载等级公路面层水泥混凝土可采用矿渣硅酸盐水泥。高温期施工宜采用普通型水泥,低温期施工宜采用早强型水泥。

(4)水泥进场时每批量应附有齐全的化学成分、物理力学指标合格的检验证明。水泥存放期不得超过3个月。

面层水泥混凝土所用水泥的技术要求除应满足现行《道路硅酸盐水泥》(GB 13693—2005)或《通用硅酸盐水泥》(GB 175—2007)的规定外,各龄期的强度及性能要求还应符合表5-1、表5-2的规定。

面层水泥混凝土用水泥各龄期的实测强度值　　　　表5-1

混凝土设计弯拉强度标准值(MPa)	5.5		5.0		4.5		4.0	
龄期(d)	3	28	3	28	3	28	3	28
水泥实测抗压强度(MPa),≥	23.0	52.5	17.0	42.5	17.0	42.5	10.0	32.5
水泥实测抗折强度(MPa),≥	5.0	8.0	4.5	7.5	4.0	7.0	3.0	6.5

各交通荷载等级公路面层水泥混凝土用水泥的化学成分和物理指标　　　　表5-2

水泥性能	极重、特重、重交通荷载等级	中、轻交通荷载等级
铝酸三钙含量(%),≤	7.0	9.0
铁铝酸四钙含量(%)	15.0～20.0	12.0～20.0
游离氧化钙(%),≤	1.0	1.8
氧化镁(%),≤	5.0	6.0
三氧化硫	3.5	4.0
氯离子含量(%),≤	0.06	0.06
碱含量 $Na_2O+0.658K_2O(\%)$,≤	0.6	怀疑有碱活性集料时,0.6 无碱活性集料时,1.0
混合材种类	不得掺窑灰、煤矸石、火山灰、烧黏土、煤渣,有抗盐冻要求时不得掺石灰岩粉	不得掺窑灰、煤矸石、火山灰、烧黏土、煤渣,有抗盐冻要求时不得掺石灰岩粉
安定性	雷氏法或蒸煮法检验均必须合格	蒸煮法检验必须合格
标准稠度用水量(%),≤	28.0	30.0
比表面积(m²/kg)	300～450	300～450
细度(80μm筛余)(%),≤	10.0	10.0
初凝时间(h),≥	1.5	0.75
终凝时间(h),≤	10	10
28d干缩率(%),≤	0.09	0.10
耐磨性(kg/m²)	2.5	3.0

2.粉煤灰及其他掺合料

面层水泥混凝土可单独或复配掺用符合规定的粉状低钙粉煤灰、矿渣粉或硅灰等掺合料,不得掺用结块或潮湿的粉煤灰、矿渣粉和硅灰。粉煤灰的质量不应低于Ⅱ级粉煤灰的要求,不得掺用高钙粉煤灰或Ⅲ级及Ⅲ级以下低钙粉煤灰。低钙粉煤灰的分级及质量标准见表5-3。

低钙粉煤灰分级和质量指标 表 5-3

粉煤灰等级	细度(45μm 气流筛筛余量)(%)	烧失量(%)	需水量(%)	含水率(%)	游离氧化钙含量(%)	SO_3(%)	混合砂浆活性指数 7d	混合砂浆活性指数 28d
Ⅰ	≤12.0	≤5.0	≤95.0	≤1.0	<1.0	≤3.0	≥75	≥85(75)
Ⅱ	≤25.0	≤8.0	≤105.0	≤1.0	<1.0	≤3.0	≥70	≥80(62)
Ⅲ	≤45.0	≤15.0	≤115.0	≤1.0	<1.0	≤3.0	—	—

注:1. 45μm 气流筛的筛余量换算为 80μm 水泥筛的筛余量时换算系数约为 2.4。

2. 混合砂浆的活性指数为掺粉煤灰的砂浆与水泥砂浆的抗压强度比的百分数,适用于所配制混凝土强度等级大于或等于 C40 的混凝土;当配制的混凝土强度等级小于 C40 时,混合砂浆的活性指数应满足 28d 括号中的数值要求。

3. 粗集料

粗集料应使用质地坚硬、耐久、洁净的碎石、破碎卵石和卵石。极重、特重、重交通荷载等级公路面层混凝土用粗集料质量应不低于Ⅱ级要求;中、轻交通荷载等级公路面层混凝土可使用Ⅲ级粗集料。粗集料的质量标准见表 5-4。

碎石、破碎卵石和卵石质量标准 表 5-4

项 目	技 术 要 求 Ⅰ级	Ⅱ级	Ⅲ级
碎石压碎指标(%),≤	18.0	25.0	30.0
卵石压碎指标(%),≤	21.0	23.0	26.0
坚固性(按质量损失计,%),≤	5.0	8.0	12.0
针片状颗粒含量(按质量计,%),≤	8.0	15.0	20.0
含泥量(按质量计,%),≤	0.5	1.0	2.0
泥块含量(按质量计,%),≤	0.2	0.5	0.7
吸水率(按质量计,%),≤	1.0	2.0	3.0
硫化物及硫酸盐含量(按 SO_3 质量计,%),≤	0.5	1.0	1.0
洛杉矶磨耗损失(%),≤	28.0	32.0	35.0
有机物含量(比色法)	合格	合格	合格
岩石抗压强度(MPa),≥ 岩浆岩	100		
岩石抗压强度(MPa),≥ 变质岩	80		
岩石抗压强度(MPa),≥ 沉积岩	60		
表观密度(kg/m³),≥	2 500		
松散堆积密度(kg/m³),≥	1 350		
空隙率(%),≤	47		
磨光值(%),≥	35.0		
碱活性反应	不得有碱活性反应或疑似碱活性反应		

4. 细集料

(1)细集料应采用质地坚硬、耐久、洁净的天然砂或机制砂,不宜使用再生细集料。

(2)极重、特重、重交通荷载等级公路面层水泥混凝土用天然砂的质量标准应不低于Ⅱ级要求,中、轻交通荷载等级公路面层水泥混凝土可使用Ⅲ级天然砂。机制砂宜采用碎石作为原料,并用专用设备生产。极重、特重、重交通荷载等级公路面层水泥混凝土用机制砂的质量标准应不低于Ⅱ级要求,中、轻交通荷载等级公路面层水泥混凝土可使用Ⅲ级机制砂。细集料的质量标准见表5-5、表5-6。

天然砂的质量标准　　　　　　　　　　　　　　　　　　　　　　　表5-5

项次	项　目	技　术　要　求		
		Ⅰ级	Ⅱ级	Ⅲ级
1	坚固性(按质量损失计)(%),≤	6.0	8.0	10.0
2	含泥量(按质量计)(%),≤	1.0	2.0	3.0
3	泥块含量(按质量计)(%),≤	0	0.5	1.0
4	氯离子含量(按质量计)(%),≤	0.02	0.03	0.06
5	云母含量(按质量计)(%),≤	1.0	1.0	2.0
6	硫化物及硫酸盐含量(按SO_3质量计)(%),≤	0.5	0.5	0.5
7	海砂中的贝壳类物质含量(按质量计)(%),≤	3.0	5.0	8.0
8	轻物质含量(按质量计)(%),≤	1.0		
9	吸水率(%),≤	2.0		
10	有机物含量(比色法)	合格		
11	表观密度(kg/m^3),≥	2 500.0		
12	松散堆积密度(kg/m^3),≥	1 400.0		
13	空隙率(%),≤	45		
14	结晶态二氧化硅含量(%),≥	25.0		
15	碱活性反应	不得有碱活性反应或疑似碱活性反应		

机制砂的质量标准　　　　　　　　　　　　　　　　　　　　　　　表5-6

项次	项　目		技　术　要　求		
			Ⅰ级	Ⅱ级	Ⅲ级
1	机制砂母岩的抗压强度(MPa),≥		80.0	60.0	30.0
2	机制砂母岩的磨光值,≥		38.0	35.0	30.0
3	机制砂单粒级最大压碎指标(%),≤		20.0	25.0	30.0
4	坚固性(按质量损失计)(%),≤		6.0	8.0	10.0
5	氯离子含量(按质量计)(%),≤		0.01	0.02	0.06
6	云母含量(按质量计)(%),≤		1.0	2.0	2.0
7	硫化物及硫酸盐含量(按SO_3质量计)(%),≤		0.5	0.5	0.5
8	泥块含量(按质量计)(%),≤		0	0.5	1.0
9	石粉含量(%),<	MB值<1.40或合格	3.0	5.0	7.0
		MB值≥1.40或不合格	1.0	3.0	5.0
10	轻物质含量(按质量计)(%),≤		1.0		
11	吸水率(%),≤		2.0		

续上表

项次	项目	技术要求		
		Ⅰ级	Ⅱ级	Ⅲ级
12	有机物含量(比色法)	合格		
13	表观密度(kg/m³),≥	2 500.0		
14	松散堆积密度(kg/m³),≥	1 400.0		
15	空隙率(%),≤	45		
16	碱活性反应	不得有碱活性反应或疑似碱活性反应		

(3)细集料的级配应符合规范规定。面层水泥混凝土使用的天然砂细度模数宜在2.0~3.7。天然砂和机制砂的级配范围分别应符合表5-7、表5-8的规定。

天然砂的级配范围　　　　　　　　　　　　　　表5-7

砂分级	细度模数	方孔筛尺寸(mm)							
		9.5	4.75	2.36	1.18	0.6	0.3	0.15	0.075
		通过各筛孔的质量百分率(%)							
粗砂	3.1~3.7	100	90~100	65~95	35~65	15~30	5~20	0~10	0~5
中砂	2.3~3.0	100	90~100	75~100	50~90	30~60	8~30	0~10	0~5
细砂	1.6~2.2	100	90~100	85~100	75~100	60~84	15~45	0~10	0~5

机制砂的级配范围　　　　　　　　　　　　　　表5-8

机制砂分级	细度模数	方孔筛尺寸(mm)						
		9.5	4.75	2.36	1.18	0.6	0.3	0.15
		水洗法通过各筛孔的质量百分率(%)						
Ⅰ级砂	2.3~3.1	100	90~100	80~95	50~85	30~60	10~20	0~10
Ⅱ、Ⅲ级砂	2.8~3.9	100	90~100	50~95	30~65	15~29	5~20	0~10

5.水

符合现行《生活饮用水卫生标准》(GB 5749—2006)的饮用水可直接作为混凝土搅拌与养生用水;非饮用水应进行水质检验,质量应符合表5-9的规定,还应与蒸馏水进行水泥凝结时间及水泥胶砂强度对比试验,对比试验的水泥初凝与终凝时间差均应不大于30min,水泥胶砂3d和28d强度应不低于蒸馏水配制的水泥胶砂3d和28d强度的90%。

非饮用水质量标准　　　　　　　　　　　　　　表5-9

项次	项目	钢筋混凝土及钢纤维混凝土	素混凝土
1	pH值,≥	5.0	4.5
2	Cl^-含量(mg/L),≤	1 000	3 500
3	SO_4^{2-}含量(mg/L),≤	2 000	2 700
4	碱含量(mg/L),≤	1 500	1 500
5	可溶物含量(mg/L),≤	5 000	10 000
6	不溶物含量(mg/L),≤	2 000	5 000
7	其他杂质	不应有漂浮的油脂和泡沫;不应有明显的颜色和异味	

6. 外加剂

面层水泥混凝土外加剂应采用与工程实际相同的水泥、集料和拌和用水进行试配,检验其性能,确定合理掺量,质量应符合国家和行业现行相关标准。滑模摊铺施工的水泥混凝土面层宜采用引气高效减水剂,高温施工混凝土拌和物的初凝时间短于3h时,宜采用缓凝引气高效减水剂,低温施工混凝土拌和物终凝时间长于10h时,宜采用早强引气高效减水剂。有抗冻、抗盐冻要求时,各级公路水泥混凝土面层及暴露结构物混凝土应掺入引气剂,无抗冻要求地区的二级及二级以上公路水泥混凝土面层宜掺入引气剂。

(二)混凝土混合料的拌制和运输

(1)水泥混凝土拌和应采用间歇强制式拌和楼(机),或配料计量精度满足要求的连续式拌和楼(机),不宜使用自落式滚筒搅拌机。高速公路、一级及二级混凝土面层施工时,应采用配备计算机自动控制的强制式拌和机。

(2)原材料按施工配合比投入搅拌机,称量准确。

(3)必须保证规范规定的最短搅拌时间,不得随意缩短搅拌时间。

(4)可溶解的外加剂应充分溶解、搅拌均匀后加入搅拌锅,并扣除溶液中的加水量;不可溶解的粉末外加剂加入前应过0.30mm筛,可与集料同时加入,并适当延长纯搅拌时间。

(5)粉煤灰或其他掺合料应采用与水泥相同的输送、计量方式加入。粉煤灰混凝土的纯拌和时间应比不掺时延长15~25s。

(6)搅拌过程中拌和物质量检验与控制应符合规范规定。拌和物出料温度宜控制在10~35℃。

(7)拌和物应均匀一致,生料、干料、严重离析的拌和物,或有外加剂团块、粉煤灰团块的拌和物不得用于路面摊铺。一台搅拌机的每盘之间、各搅拌机之间,拌和物的坍落度偏差应小于10mm。拌和机出口混凝土拌和物的坍落度应根据铺筑最适宜的坍落度加上运输过程中坍落度的经时损失值确定,并根据运距长短、气温高低随时进行微调。

(8)混凝土的运输应保证到现场的拌和物具有适宜摊铺的工作性。

(9)运送拌和物的车辆装料前,应清洁车厢或车罐,洒水润壁,排干积水。在运输过程中应防止漏浆、漏料和污染,防止拌和物离析。

二、硬化后混凝土的强度

混凝土结构物主要用以承受荷载或抵抗各种作用力,必须具备足够的强度,另外,混凝土的耐久性如抗冻性、耐磨性等也与混凝土的强度密切相关,所以强度是混凝土最重要的力学性质,通常用混凝土强度来评定和控制混凝土的质量。

(一)抗压强度标准值和强度等级

1. 立方体抗压强度

按照标准方法制作边长150mm的正立方体试件,在标准养护条件(温度20℃±2℃,相对湿度95%以上)下养护28d,按照标准方法测定其受压极限破坏荷载,按式(5-1)计算混凝土的抗压强度。

$$f_{cu} = \frac{F}{A} \tag{5-1}$$

式中：f_{cu}——混凝土立方体抗压强度（MPa）；

　　　F——破坏荷载（N）；

　　　A——试件承压面积（mm²）。

以三个试件为一组，一般取三个试件强度的算术平均值作为每组试件的强度代表值。

2. 立方体抗压强度标准值

立方体抗压强度标准值是按照标准方法制作和养护的边长为150mm的立方体试件，在28d龄期用标准试验方法测定的抗压强度总体分布中的一个代表值，强度低于该值的百分率不超过5%（即具有95%保证率的抗压强度），立方体抗压强度标准值以$f_{cu,k}$表示，以MPa计，按式(5-2)计算。

$$f_{cu,k} = \bar{f} - 1.645\sigma \tag{5-2}$$

式中：$\bar{f}$——强度总体分布的平均值（MPa）；

　　　σ——强度总体分布的标准差（MPa）；

1.645——与保证率95%对应的保证率系数t值，由表5-10查得。

保证率系数t值与保证率$P_{(t)}$值　　　　　　　　　　表5-10

t	0.00	−0.524	−0.842	−1.00	−1.04	−1.28	−1.40	−1.60
$P_{(t)}$	0.50	0.70	0.80	0.841	0.85	0.90	0.919	0.945
t	−1.645	−1.80	−2.00	−2.06	−2.33	−2.58	−2.88	−3.00
$P_{(t)}$	0.950	0.964	0.977	0.980	0.990	0.995	0.998	0.999

3. 强度等级

混凝土的强度等级是根据立方体抗压强度标准值确定的。强度等级用符号"C"和"立方体抗压强度标准值"两项内容表示。如C20表示混凝土的立方体抗压强度标准值$f_{cu,k}$不小于20MPa。我国现行规范规定普通混凝土按立方体抗压强度标准值划分为：C10、C15、C20、C25、C30、C35、C40、C45、C50、C55、C60、C65、C70、C75、C80、C85、C90、C95和C100共19个强度等级。

（二）轴心抗压强度（棱柱体强度）

确定混凝土的强度等级是采用立方体试件，但在实际工程中，钢筋混凝土结构形式极少是立方体的，大部分是棱柱体形的或圆柱体形的。为使测得的混凝土强度接近于混凝土结构的实际情况，在钢筋混凝土结构计算中，计算轴心构件时，都是采用混凝土的轴心抗压强度作为依据。

我国现行国家标准规定，采用150mm×150mm×300mm的棱柱体作为标准试件，测定其轴心抗压强度f_{cp}，并按式(5-3)计算。

$$f_{cp} = \frac{F}{A} \tag{5-3}$$

式中：f_{cp}——混凝土的轴心抗压强度（MPa）；

　　　F——破坏荷载（N）；

　　　A——试件承压面积（mm²）。

关于轴心抗压强度与立方体抗压强度之间的关系,许多组棱柱体和立方体试件的强度试验结果表明:在立方体抗压强度为 10～50MPa 时,轴心抗压强度与立方体抗压强度之比为 0.7～0.8。

(三)劈裂抗拉强度

混凝土在直接受拉时,很小的变形就会导致开裂,在断裂时没有残余变形,是一种脆性破坏。

混凝土的抗拉强度只有抗压强度的 1/20～1/10,并且随着混凝土强度等级的提高,比值有所降低,即当混凝土强度等级提高时,抗拉强度的提高不及抗压强度提高得快。因此,混凝土在工作时,一般不依靠其抗拉强度。在设计一般钢筋混凝土结构时,不是由混凝土承受拉力,而是由钢筋承受拉力,所以常把混凝土的抗拉强度忽略不计。但对抗裂性要求较高的钢筋混凝土结构,混凝土的抗拉强度却是确定结构物抗裂性的主要指标。有时也用它来间接衡量混凝土与钢筋间的黏结强度,及预测由于干湿变化和温度变化而产生的裂缝等。

直接抗拉试验时,试件在夹具附近易产生局部破坏及偏心受力,试件易受到弯折作用,试验结果波动较大,因此,常采用劈裂抗拉试验法间接求出混凝土的抗拉强度,称作劈裂抗拉强度。采用边长 150mm 的立方体标准试件,在试件中心平面内用圆弧形垫条施加两个方向相反、均匀分布的压应力,当压力增大至一定程度时,试件沿此平面劈裂破坏,由式(5-4)计算劈裂抗拉强度,以 MPa 计。

$$f_{ts} = \frac{2F}{\pi A} = 0.637 \frac{F}{A} \quad (5-4)$$

式中:f_{ts}——混凝土的劈裂抗拉强度(MPa);
  F——劈裂抗拉试验中的极限破坏荷载(N);
  A——试件劈裂面面积(mm^2)。

关于劈裂抗拉强度与标准立方体抗压强度之间的关系,可用经验公式(5-5)表达:

$$f_{ts} = 0.35 f_{cu}^{\frac{3}{4}} \quad (5-5)$$

(四)抗弯拉强度

在道路路面和机场道面工程中,混凝土结构主要承受荷载的弯拉作用,因此将抗弯拉强度作为混凝土结构设计和质量控制的重要指标,抗压强度作为参考强度指标。道路水泥混凝土的抗弯拉强度采用标准方法制备成 150mm×150mm×550mm 的梁形试件,在标准条件下养护 28d 后,按三分点加荷方式进行试验,测定其抗折破坏荷载,按式(5-6)计算混凝土的抗折强度。

$$f_{cf} = \frac{FL}{bh^2} \quad (5-6)$$

式中:f_{cf}——混凝土抗弯拉强度(MPa);
  F——极限抗弯拉破坏荷载(N);
  L——支座间距(mm);
  b——试件宽度(mm);
  h——试件高度(mm)。

三、路面水泥混凝土常规试验检测方法

(一)水泥混凝土拌和物的拌制

1. 人工拌制

1)试验仪具

(1)拌板:1m×2m 的金属板一块。

(2)铁铲:手工拌和用,一把。

(3)量斗(或其他容器):装水泥及各种集料用,一个。

(4)量水容器:一个。

(5)抹布:一块。

(6)台秤:称量 50kg,分度值 0.5kg,一台。

2)拌制步骤

(1)清除拌板上粘着的混凝土,并用湿布湿润;然后按计算结果称取各种材料,分别装在各容器中。

(2)将称好的砂置于拌板上,然后倒上所需数量的水泥,用铁铲拌和至呈均一颜色为止。

(3)加入所需数量的粗集料,并将全部拌和物加以拌和,至粗集料在整个干拌和物中均匀为止。

(4)将该拌和物收集成椭圆形的堆,在堆的中心扒一凹穴,将所需水的一半注入凹穴中,仔细拌和材料与水,不使水流散,重新将材料堆集成堆,并对剩下的水渐渐加入,继续用铲对混凝土混合料进行拌和(至少来回翻拌 6 遍),直至彻底拌匀为止。拌和持续时间(由注水时起)如表 5-11 规定。

拌 和 时 间　　　　　　　　表 5-11

拌和物体积(L)	<30	31~50	51~70
拌和时间(min)	<4~5	5~9	9~12

(5)在试验室制备混凝土拌和物时,拌和时试验室的温度应保持在 20℃±5℃,所用材料的温度应与试验室温度一致。

2. 机械拌制

1)试验仪具

(1)试验室用混凝土拌和机:容积为 75~100L,转速为 18~22r/min。

(2)铁铲。

(3)量斗及其他容器:装水泥和各种集料用。

(4)台秤:称量 50kg,分度值 0.5kg。

(5)拌板:1m×2m 的金属板。

(6)天平:称量 500g,分度值 1g。

(7)量筒:1 000mL。

2)拌制步骤

(1)按计算结果将所需材料分别称好,装在各容器中。

(2)使用拌和机前,应先用少量砂浆进行涮膛,再刮出涮膛砂浆,以避免正式拌和混凝土时,水泥浆(黏附筒壁)损失。涮膛砂浆的水灰比及砂灰比,与正式混凝土相同。

(3)将称好的各种原材料,往拌和机内按顺序加入石子、砂和水泥,开动拌和机,将材料拌和均匀。在拌和过程中,将水徐徐加入,全部加料时间不宜超过 2min。水全部加入后,继续拌和 2min,然后将拌和物倾倒在拌和板上,再经人工翻拌 1~2min,务必使拌和物均匀一致。

所得混凝土拌和物,可供做工作性试验或水泥混凝土强度试验用。

混凝土拌和机及拌板在使用后必须立即仔细清洗。

(4)拌和时保持室温 20℃±5℃。

(二)水泥混凝土拌和物工作性试验

新拌混凝土拌和物,必须具备一定流动性,以及均匀不离析、不泌水、容易抹平等性质,以满足运送、灌筑、捣实等施工要求,这些性质总称为工作性,通常用稠度表示。测定稠度的方法有坍落度试验和维勃稠度试验。

坍落度试验方法适用于集料最大粒径不大于 40mm、坍落度值不小于 10mm 的混凝土拌和物稠度测定;维勃稠度试验方法适用于最大粒径不大于 40mm、维勃稠度在 5~30s 的混凝土拌和物稠度测定。

1. 坍落度试验

1)试验仪具

(1)坍落度筒:构造和尺寸如图 5-1 所示。坍落度筒为铁板制成的截头圆锥筒,厚度应不小于 1.5mm,内侧平滑,没有铆钉头之类的突出物,在筒上方约 2/3 高度处安装两个把手,近下端两侧焊两个踏脚板,以保证坍落度筒可以稳定操作。

(2)捣棒:为直径 16mm,长约 650mm,并具有半球形端头的钢质圆棒。

(3)其他:小铲、钢尺、喂料斗、镘刀和钢平板等。

2)试验方法

(1)试验前将坍落度筒内外洗净,放在水润湿过的平板上(平板吸水时应垫以塑料布),紧踏脚踏板。

(2)将代表样分三层装入筒内,每层装入高度稍大于筒高的 1/3,用捣棒在每一层的横截面上均匀插捣 25 次,插捣在全部面积上进行,沿螺旋线由边缘至中心。插捣底层时插至底部,插捣上面两层时,应插透本层并插入下层 20~30mm。插捣需垂直向下(边缘部分除外),不得冲击。

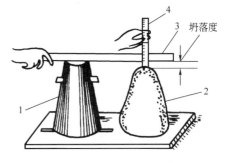

图 5-1 坍落度试验用坍落度筒
1-坍落度筒;2-混合料试体;3-木尺;4-小钢尺

在插捣顶层时,装入的拌和物应高出坍落筒,插捣过程中随时添加拌和物,当顶层插捣完毕后,将捣棒用锯和滚的动作,清除掉多余的拌和物,用镘刀抹平筒口,刮净筒底周围的混合料,而后立即垂直地提取坍落筒,提筒在 5~10s 内完成,并使拌和物不受横向和扭力作用。

从开始装筒至提起坍落筒的全过程,应在 150s 内完成。

(3)将坍落筒放在锥体混凝土试样一旁,筒顶平放木尺,用小钢尺量出木尺底面至试样坍落后的最高点之间的垂直距离,以 mm 计,精确至 1mm,即为该混凝土混合料的坍落度。

(4)若混凝土发生崩坍或一边剪坏现象,则应重新取样另行测定。如第二次试验仍出现上述现象,则表示该混凝土拌和物工作性不好,应予记录。

(5)当混凝土拌和物的坍落度大于220mm时,用钢尺测量混凝土扩展后最终的最大直径与最小直径,在这两个直径之差小于50mm的条件下,用其算术平均值作为坍落扩展度值;否则,此次试验无效。

2.维勃稠度试验

1)试验仪具

(1)维勃稠度计:构造如图5-2所示。

(2)其他:秒表、捣棒、镘刀等。

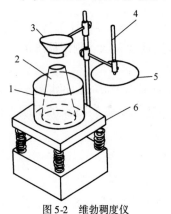

图5-2 维勃稠度仪
1-圆柱形容器;2-坍落度筒;3-漏斗;4-滑棒;5-圆盘;6-振动台

2)试验方法

(1)将容器用螺母固定在振动台上,放入坍落度筒,把漏斗转到坍落度筒上口,拧紧螺钉,使坍落度筒不能漂离容器底面。

(2)按坍落度试验步骤,分三层装拌和物,每层捣25次,捣毕第三层混凝土后,拧松螺钉,把漏斗转回原先位置并将筒模上的混凝土刮平,轻轻提起筒模。

(3)拧紧螺钉,使圆盘顺利滑向容器,开动振动台和秒表,通过透明圆盘观察混凝土的振实情况,到圆盘底面为水泥浆所布满时,即刻停表和关闭振动台,记下秒表所记时间,即为混凝土的维勃稠度。时间精确至1s。

(4)仪器每测试一次,必须将容器、筒模及透明盘洗净擦干,并在滑棒等处涂薄层黄油,以便下次使用。

(三)水泥混凝土立方体抗压强度试验

水泥混凝土抗压强度,是按标准方法制作的150mm×150mm×150mm立方体试件,在温度为20℃±2℃及相对湿度95%以上的标准养护室中养护至28d后,用标准试验方法测试,并按规定计算方法得到的强度值。

1.目的与适用范围

本试验规定了测定混凝土抗压强度的方法,以确定混凝土的强度等级。适用于各类混凝土的立方体试件。

2.仪器设备

(1)拌和机:自由式或强制式。

(2)振动器:标准振动台。

(3)压力机或万能试验机:可以均匀地连续加荷卸荷,保持固定荷载,能够满足试件破型吨位要求。

(4)球座:钢质坚硬,凸面朝上,当试件均匀受力后,一般不宜再敲动球座。

(5)试模:由铸铁或钢制成,试件尺寸(试模内部尺寸)见表5-12。

立方体抗压强度试件尺寸 表5-12

集料公称最大粒径(mm)	试件尺寸(mm)	备 注
31.5	150×150×150	标准尺寸
26.5	100×100×100	非标准尺寸
53	200×200×200	非标准尺寸

3. 试件成型与养护

(1)将试模内部涂敷一层矿物油脂或其他脱模剂,然后将拌好的混合料装入试模中,并使其稍高出模顶,然后捣实。

(2)混合料捣实可采用下列方式:

①振动法:将试模放在振动台上夹紧,振动至表面呈现水泥浆为止,一般不超过1.5min。

②插捣法:将混合料分两层装入,用直径15mm的圆铁棍以螺旋形从边缘向中心均匀地捣插。插捣次数规定见表5-13。

人工成型插捣次数 表5-13

试件尺寸(mm)	每层插捣次数	试件尺寸(mm)	每层插捣次数
100×100×100	12	100×100×400	50
150×150×150	25	150×150×300	75
200×200×200	50	150×150×550	100

(3)用前述方法捣实之后,用镘刀将多余的混合料刮除,使其与模口齐平,抹平表面。用作标准养护的试件成型后应立即用不透水的薄膜覆盖表面,以防止水分蒸发,并在室温(20℃±5℃)的环境中静放1~2昼夜(不得超过2昼夜),然后拆模,做外观检查和编号。当一组(3个试件)中有一个存在蜂窝时,本组试件作废,除特殊情况外重新制作。

(4)将试件在标准养护室内养护至试验时为止。标准养护条件为温度20℃±2℃、相对湿度大于95%。试件宜放在铁架或木架上,彼此间距至少10mm,试件应避免直接用水冲淋,亦可在温度为20℃±2℃的不流动的$Ca(OH)_2$饱和溶液中养护。

4. 试验步骤

(1)取出试件,先检查其尺寸及形状,相对两面应平行,试件承压面的平面度公差不得超过0.0005d(d为边长);试件的相邻面间的夹角应为90°,其公差不得超过0.5°;试件各边长、直径和高的尺寸公差不得超过1mm。

(2)将试件安放在试验机的下压板或垫板上,试件的承压面应与成型时的顶面垂直。试件的中心应与试验机下压板中心对准,开动试验机,当上压板与试件或钢垫板接近时,调整球座,使接触均衡。

(3)在试验过程中连续均匀地加荷。混凝土强度等级小于C30时,加荷速率取0.3~0.5MPa/s;混凝土强度等级大于等于C30且小于C60时,加荷速率取0.5~0.8MPa/s;混凝土强度等级大于等于C60时,加荷速率取0.8~1.0MPa/s。

(4)当试件接近破坏而开始变形时,应停止调整试验机油门,直至试件破坏,记下破坏极限荷载。

5. 试验结果计算

(1)混凝土立方体试件抗压强度按式(5-7)计算:

$$f_{cu} = \frac{F}{A} \tag{5-7}$$

式中：f_{cu}——混凝土抗压强度(MPa)；

F——极限荷载(N)；

A——受压面积(mm^2)。

混凝土立方体抗压强度计算应精确至0.1MPa。

(2)以三个试件测值的算术平均值作为测定值。三个测值中的最大值和最小值若有一个与中间值的差超过中间值的15%，则把最大值及最小值一并舍弃，取中间值作为该组试件的抗压强度值；若最大值和最小值与中间值的差值均超过中间值的15%，则该组试验结果无效。

(3)抗压强度以150mm×150mm×150mm的立方体为标准试件。混凝土强度等级小于C60时，非标准试件测得的抗压强度值应乘以尺寸换算系数（表5-14）。当混凝土强度等级大于等于C60时，宜采用标准试件；使用非标准试件时，尺寸换算系数应由试验确定。

立方体抗压强度尺寸换算系数　　表5-14

试件尺寸(mm)	尺寸换算系数	试件尺寸(mm)	尺寸换算系数
100×100×100	0.95	200×200×200	1.05

(四)水泥混凝土抗弯拉强度试验

水泥混凝土抗弯拉强度是水泥混凝土路面设计的重要参数。在水泥混凝土路面施工时，为了保证施工质量，也必须按规定测定其抗弯拉强度。

水泥混凝土抗弯拉强度试验采用150mm×150mm×600mm（或150mm×150mm×550mm）的梁式试件，在标准养护条件下达到规定龄期后，在净跨450mm、双支点荷载作用下进行弯拉破坏，并按规定的计算方法得到强度值。

1. 目的与适用范围

本方法规定了测定水泥混凝土抗弯拉极限强度的方法，以提供设计参数，检查水泥混凝土施工品质和确定抗弯拉弹性模量试验加荷标准。

本方法适用于各类水泥混凝土棱柱体试件。

2. 仪器设备

(1)压力机或万能试验机：应符合相应的规定。

(2)抗弯拉试验装置：三分点处双点加荷和三点自由支承式混凝土抗弯拉强度和抗弯拉弹性模量试验装置，如图5-3所示。

3. 试验准备

(1)试件尺寸应符合表5-15的规定，同时在试件长边中部1/3区段内表面不得有直径超过5mm、深度超过2mm的孔洞。

抗弯拉强度试件尺寸　　表5-15

集料公称最大粒径(mm)	试件尺寸(mm)	备注
31.5	150×150×550	标准尺寸
	150×150×600	标准尺寸
26.5	100×100×400	非标准尺寸

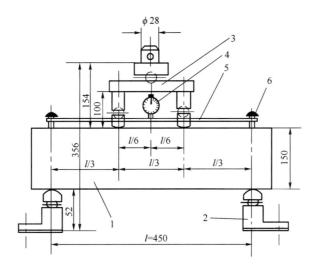

图 5-3 水泥混凝土抗弯拉强度和抗弯拉弹性模量试验装置(尺寸单位:mm)
1-试件;2-支座;3-加荷支座;4-千分表;5-千分表架;6-螺杆

(2)混凝土抗弯拉强度试件应取同龄期者为一组,每组3根同条件制作和养护的试件。

4.试验步骤

(1)试件取出后,用湿毛巾覆盖并及时进行试验,保持试件干湿状态不变。在试件中部量出其宽度和高度,精确至1mm。

(2)调整两个可移动支座,将试件安放在支座上,试件成型时的侧面朝上,几何对中后,务必使支座及承压面与活动船形垫块的接触面平稳、均匀,否则应垫平。

(3)施加荷载应均匀、连续。当混凝土强度等级小于C30时,加荷速度为0.02~0.05MPa/s;当混凝土强度等级大于等于C30且小于C60时,加荷速度为0.05~0.08MPa/s;当混凝土强度等级大于等于C60时,加荷速度取0.08~0.10MPa/s。当试件接近破坏而开始迅速变形时,应停止调整试验机油门,直至试件破坏,记下破坏极限荷载和试件下边缘断裂的位置。

5.试验结果计算

(1)当断面发生在两个加荷点之间时,抗弯拉强度按式(5-8)计算:

$$f_f = \frac{FL}{bh^2} \tag{5-8}$$

式中:f_f——抗弯拉强度(MPa);

F——试件破坏荷载(N);

L——支座间距离(mm);

b——试件截面宽度(mm);

h——试件截面高度(mm)。

混凝土抗弯拉强度计算应精确至0.1MPa。

(2)以三个试件测值的算术平均值作为该组试件的抗弯拉强度值。三个测值中的最大值和最小值中如有一个与中间值的差值超过中间值的15%,则把最大值和最小值一并舍弃,以中间值作为该组试件的抗弯拉强度;如最大值和最小值与中间值之差均超过中间值的15%,

则该组试验结果无效。

(3)三个试件中若有一个断裂面位于加荷点外侧,则混凝土抗弯拉强度值按另外两个试件的试验结果计算。若这两个测值的差值不大于这两个测值中较小值的15%,则以两个测值的平均值为测试结果,否则结果无效。

如果有两根试件出现断裂面位于加荷点外侧的情况,则该组结果无效。

注:断面位置在试件断块短边一侧的底面中轴线上量得。

(4)采用100mm×100mm×400mm非标准试件时,在三分点加荷的试验方法同前,但所得的抗弯拉强度值应乘以尺寸换算系数0.85;当混凝土强度等级大于等于C60时,应采用标准试件。

(五)混凝土拌和物含气量试验(混合式气压法)

1. 目的和适用范围

测定混凝土拌和物中的含气量,适用于集料粒径不大于31.5mm、含气量不大于10%且有坍落度的混凝土。

2. 仪器设备

(1)混合式气压法含气量测定仪:包括量钵和量钵盖,钵体与钵盖之间有密封圈,如图5-4所示。

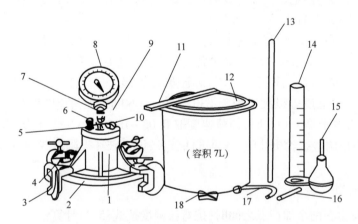

图5-4 混合式气压法含气量测定仪

1-气室;2-上盖;3-夹子;4-小龙头;5-出水口;6-微调阀;7-排气阀;8-压力表;9-手泵;10-阀门杆;11-刮尺;12-量体;13-捣棒;14-量筒;15-注水器;16-校正管;17-校正管 a;18-水平仪

(2)测定仪附件:校正管、100mL量筒、注水器、水平仪、插捣棒。

(3)其他:磅秤(称量50kg,感量50g)、木槌、刮尺、馒刀、玻璃板(250mm×250mm)等。

3. 试验步骤

(1)标定仪器

①量钵容积的标定。

先称量含气量测定仪量钵加玻璃板重,然后量钵加满水,用玻璃板沿量钵顶面平推,使量钵内盛满水而玻璃板下无气泡。擦干钵体外表面后连同玻璃板一起称重。两次质量的差值除以该温度下水的相对密度即为量钵的容积 V。

②含气量 0% 点的标定。

将量钵加满水,将校正管 b 接在钵盖下面小龙头的端部。将钵盖轻放在量钵上,用夹子夹紧使其气密良好,并用水平仪检查仪器的水平。打开小龙头,松开排气阀,用注水器从小龙头处加水,直至排气阀出水口冒水为止。然后拧紧小龙头和排气阀,此时钵盖和钵体之间的空隙被水充满。用手泵向气室充气,使表压稍大于 0.1MPa,然后用微调阀调整表压使其为 0.1MPa。按下阀门杆 1~2 次,使气室的压力气体进入量钵内,读压力表读数,此时指针所示压力对应含气量 0%。

③含气量 1%~10% 的标定。

含气量 0% 标定后,将校正管 a 接在钵盖小龙头的上端,然后按一下阀门杆,慢慢打开小龙头,量钵中的水就通过校正管 a 流到量筒中。当量筒中的水为量钵容积的 1% 时,关闭小龙头。

打开排气阀,使量钵内的压力与大气压平衡,然后重新用手泵加压,并用微调阀准确地调到 0.1MPa。按 1~2 次阀门杆,此时测得的压力表读值对应含气量 1%,同样方法可测得含气量 2%、3%~10% 的压力表读值。

以压力表读值为横坐标,含气量为纵坐标,绘制含气量与压力表读值关系曲线。

(2)混凝土拌和物含气量的测定

①擦净量钵与钵盖内表面,并使其水平放置。将新拌混凝土拌和物均匀适量地装入量钵内,用振动台振实,振捣时间以 15~30s 为宜。也可用人工捣实,将拌和物分三层装料,每层插捣 25 次,插捣上层时捣棒应插入下层 10~20mm。

②刮去表面多余的混凝土拌和物,用镘刀抹平,并使其表面光滑无气泡。

③擦净钵体和钵盖边缘,将密封圈放于钵体边缘的凹槽内,盖上钵盖,用夹子夹紧,使之气密良好。

④打开小龙头和排气阀,用注水器从小龙头处往量钵中注水,直至水从排气阀出水口流出,再关紧小龙头和排气阀。

⑤关好所有的阀门,用手泵打气加压,使表压稍大于 0.1MPa,用微调阀准确地将表压调到 0.1MPa。

⑥按下阀门杆 1~2 次,待表压指针稳定后,测得压力表读数。并根据仪器标定的含气量与压力表读数关系曲线,得到所测混凝土样品的仪器测定含气量 A_1 值。

⑦测定集料含气量 C。

4. 试验结果计算

含气量按式(5-9)计算:

$$A = A_1 - C \tag{5-9}$$

式中:A——混凝土拌和物含气量(%);

A_1——仪器测定含气量(%);

C——集料含气量(%)。

以两次测定的平均值作为试验结果。如两次含气量测值相差 0.2% 以上,需找出原因并重做试验。

四、水泥混凝土的强度评定

(一)抗压强度评定

混凝土强度应分批进行检验评定。一个检验批的混凝土应由强度等级相同、试验龄期相同、生产工艺条件和配合比基本相同的混凝土组成。

评定水泥混凝土的抗压强度,应以标准养生28d龄期的边长为150mm的立方体试件,在标准试验条件下测得的极限抗压强度为准。试件3个为1组。

1. 取样方法及频率

(1)不同强度等级及不同配合比的混凝土应在浇筑地点或拌和地点分别随机制取试件。

(2)浇筑一般体积的结构物,每一单元结构物应制取2组。

(3)连续浇筑大体积结构物时,每80~200m³或每一工作班应制取2组。

(4)上部结构,主要构件长16m以下应制取1组,16~30m制取2组,31~50m制取3组,50m以上者不少于5组。小型构件每批或每工作班至少应制取2组。

(5)每根钻孔桩至少应制取2组;桩长20m以上者不少于3组;桩径大,浇筑时间很长时,不少于4组。换工作班时,每工作班应制取2组。

(6)构造物(小桥涵、挡土墙)每座、每处或每工作班应制取不少于2组,当原材料和配合比相同,并由同一拌和站拌制时,可几座或几处合并制取2组。

(7)应根据施工需要,另制取几组与结构物同条件养护的试件,作为拆模、吊装、张拉预应力、承受荷载等施工阶段的强度依据。

2. 水泥混凝土抗压强度合格标准

(1)试件大于等于10组时,应以数理统计方法按下述条件评定:

$$m_{f_{cu}} \geq f_{cu,k} + \lambda_1 S_{f_{cu}} \tag{5-10}$$

$$f_{cu,min} \geq \lambda_2 f_{cu,k} \tag{5-11}$$

式中:$m_{f_{cu}}$——同一检验批混凝土立方体抗压强度的平均值(MPa);

$f_{cu,k}$——混凝土立方体抗压强度标准值(MPa);

$f_{cu,min}$——同一检验批混凝土立方体抗压强度的最小值(MPa);

$S_{f_{cu}}$——同一检验批混凝土立方体抗压强度的标准差(MPa),根据每一检验批抽样的样本强度数据,按式(5-12)计算,当$S_{f_{cu}}$计算值小于2.5MPa时,应取2.5MPa;

$$S_{f_{cu}} = \sqrt{\frac{\sum_{i=1}^{n} f_{cu,i}^2 - n m_{f_{cu}}^2}{n-1}} \tag{5-12}$$

λ_1、λ_2——合格判定系数,按表5-16取用。

混凝土强度的合格评定系数　　　　表5-16

试件组数	10~14	15~19	≥20
λ_1	1.15	1.05	0.95
λ_2	0.90	0.85	0.85

(2)试件小于 10 组时,可用非统计方法按下述条件进行评定:

$$m_{f_{cu}} \geq \lambda_3 f_{cu,k} \tag{5-13}$$

$$f_{cu,min} \geq \lambda_4 f_{cu,k} \tag{5-14}$$

式中:$m_{f_{cu}}$——同一检验批混凝土立方体抗压强度的平均值(MPa);

$f_{cu,k}$——混凝土立方体抗压强度标准值(MPa);

$f_{cu,min}$——同一检验批混凝土立方体抗压强度的最小值(MPa);

λ_3、λ_4——合格判定系数,按表 5-17 取用。

混凝土强度的非统计法合格评定系数　　　　表 5-17

混凝土强度等级	<C60	≥C60
λ_3	1.15	1.10
λ_4	0.95	

实测项目中,水泥混凝土抗压强度评为不合格时,相应分项工程为不合格。

(二)抗弯拉强度评定

混凝土抗弯拉强度试验应使用标准小梁法或钻芯劈裂法,试件使用标准方法制作,标准养生时间 28d。

1. 取样方法和频率

(1)高速公路和一级公路每工作班制作 2~4 组:日进度大于等于 1 000m 取 4 组,大于等于 500m 取 3 组,小于 500m 取 2 组。

(2)其他公路每工作班制作 1~3 组:日进度大于等于 1 000m 取 3 组,大于等于 500m 取 2 组,小于 500m 取 1 组。

(3)每组 3 个试件的平均值作为一个统计数据。

2. 混凝土弯拉强度的合格标准

(1)试件组数大于 10 组时,平均弯拉强度合格判断式为:

$$f_{cs} \geq f_r + K\sigma \tag{5-15}$$

式中:f_{cs}——混凝土合格判定平均弯拉强度(MPa);

f_r——设计弯拉强度标准值(MPa);

K——合格判定系数,按表 5-18 取用;

σ——强度标准差。

合格判定系数　　　　表 5-18

试件组数	11~14	15~19	≥20
合格判定系数	0.75	0.70	0.65

当试件组数为 11~19 组时,允许有一组最小弯拉强度小于 $0.85f_r$,但不得小于 $0.80f_r$。当试件组数大于 20 组时,其他公路允许有一组最小弯拉强度小于 $0.85f_r$,但不得小于 $0.75f_r$;高速公路和一级公路均不得小于 $0.80f_r$。

(2)试件组数等于或少于 10 组时,试件平均强度不得小于 $1.10f_r$,任一组强度均不得小于 $0.85f_r$。

(3)当标准小梁合格判定平均弯拉强度f_{cs}和最小弯拉强度f_{min}中有一个不符合上述要求时,应在不合格路段每公里每车道钻取3个以上$\phi150mm$的芯样,实测劈裂强度,通过各自工程的经验统计公式换算弯拉强度,其合格判定平均弯拉强度f_{cs}和最小值f_{min}必须合格,否则,应返工重铺。

(4)实测项目中,水泥混凝土弯拉强度评为不合格时,相应分项工程评为不合格。

第二节 沥青混合料路面试验检测方法

沥青混合料是经人工合理选择级配组成的矿质混合料(包括粗集料、细集料和填料),与适量沥青结合料(包括沥青类材料及添加的外掺剂、改性剂等)拌和而成的混合料。沥青混合料经摊铺、压实成型后成为沥青路面。沥青路面属于柔性路面,力学性能好,表面平整无接缝,振动小,噪声低,行车舒适,耐磨性好,施工期短,能及时开放交通,养护维修简便,适宜于分期修建,是现代高等级公路主要的路面结构形式。本节学习沥青路面的试验检测方法。

一、沥青混合料的分类

1. 按矿料公称最大粒径分类

(1)特粗式沥青混合料:公称最大粒径等于或大于31.5mm的沥青混合料。

(2)粗粒式沥青混合料:公称最大粒径为26.5mm的沥青混合料。

(3)中粒式沥青混合料:公称最大粒径为16mm或19mm的沥青混合料。

(4)细粒式沥青混合料:公称最大粒径为9.5mm或13.2mm的沥青混合料。

(5)砂粒式沥青混合料:公称最大粒径小于4.75mm的沥青混合料。

2. 按矿质材料的级配类型分类

(1)连续级配沥青混合料。

(2)间断级配沥青混合料。

3. 按矿料级配组成及空隙率大小分类

(1)密级配沥青混合料。由按密实级配原理设计组成的各种粒径颗粒的矿料与沥青结合料拌和而成,分为设计空隙率较小(对不同交通及气候情况、层位可作适当调整)的密实式沥青混凝土混合料(以AC表示)和密实式沥青稳定碎石混合料(以ATB表示)。按关键性筛孔通过率的不同又可分为细型(F型)和粗型(C型)密级配沥青混合料等(表5-19)。粗集料嵌挤作用较好的也称嵌挤密实型沥青混合料。

(2)半开级配沥青碎石混合料。由适当比例的粗集料、细集料及少量填料(或不加填料)与沥青结合料拌和而成,经马歇尔标准击实成型的试件的剩余空隙率在6%~12%的半开式沥青碎石混合料(以AM表示)。

(3)开级配沥青混合料。矿料级配主要由粗集料嵌挤组成,细集料及填料较少,设计空隙率为18%的沥青混合料。

粗型和细型密级配沥青混凝土的关键筛孔通过率　　　表 5-19

混合料类型	公称最大粒径（mm）	用以分类的关键性筛孔（mm）	粗型密级配 名称	粗型密级配 关键性筛孔通过率（%）	细型密级配 名称	细型密级配 关键性筛孔通过率（%）
AC-25	26.5	4.75	AC-25C	<40	AC-25F	>40
AC-20	19	4.75	AC-20C	<45	AC-20F	>45
AC-16	16	2.36	AC-16C	<38	AC-16F	>38
AC-13	13.2	2.36	AC-13C	<40	AC-13F	>40
AC-10	9.5	2.36	AC-10C	<45	AC-10F	>45

4.按沥青混合料制造工艺分类

（1）热拌沥青混合料。
（2）冷拌沥青混合料。
（3）再生沥青混合料。

目前公路工程中最常用的是热拌沥青混合料，热拌沥青混合料的种类见表 5-20。

热拌沥青混合料种类　　　表 5-20

混合料类型	密级配 连续级配 沥青混凝土	密级配 连续级配 沥青稳定碎石	密级配 间断级配 沥青玛琋脂碎石	开级配 间断级配 排水式沥青磨耗层	开级配 间断级配 排水式沥青碎石基层	半开级配 沥青碎石	公称最大粒径（mm）	最大粒径（mm）
特粗式	—	ATB-40	—	—	ATPB-40	—	37.5	53.0
粗粒式	—	ATB-30	—	—	ATPB-30	—	31.5	37.5
粗粒式	AC-25	ATB-25	—	—	ATPB-25	—	26.5	31.5
中粒式	AC-20	—	SMA-20	—	—	AM-20	19.0	26.5
中粒式	AC-16	—	SMA-16	OGFC-16	—	AM-16	16.0	19.0
细粒式	AC-13	—	SMA-13	OGFC-13	—	AM-13	13.2	16.0
细粒式	AC-10	—	SMA-10	OGFC-10	—	AM-10	9.5	13.2
砂粒式	AC-5	—	—	—	—	AM-5	4.75	9.5
设计空隙率（%）	3~5	3~6	3~4	>18	>18	6~12	—	—

二、沥青混合料的技术要求

沥青混合料作为路面材料，在使用过程中要承受行车荷载的反复作用，以及环境因素的长期影响，所以沥青混合料在具备一定承载能力的同时，还必须具有良好的抵抗自然因素作用的耐久性。也就是说，要能表现出足够的高温环境下的稳定性、低温状况下的抗裂性、良好的水稳性、持久的抗老化性和利于安全的抗滑性等诸多技术特点，以保证沥青路面良好的服务功能。

1.高温稳定性

沥青混合料是一种典型的黏—弹—塑性材料，它的强度与刚度随温度的变化而改变，温度升高,承载力下降。特别是在高温条件下或长时间承受荷载作用时会产生明显的变形,变形中的一些不可恢复的部分累积成为车辙,或以波浪和壅包的形式表现在路面上。沥青混合料的高温稳定性是指在高温条件下,沥青混合料能够抵抗车辆反复作用,不会产生显著永久变形,保证沥青路面平整的性能。

对于沥青混合料高温稳定性,我国现行规范采用马歇尔稳定度试验方法进行测定和评价,对于高速公路、一级公路、城市快速路、主干路用沥青混合料,还应通过车辙试验检验其抗车辙能力。

(1)马歇尔稳定度试验

该试验用来测定沥青混合料试样在一定条件下承受破坏荷载能力的大小和承载时变形量的多少。将沥青混合料制备成规定尺寸的圆柱体试件,试验时将试件横向置于两个半圆形的压模中,使试件受到一定的侧限。在规定的温度和加载速度下,对试件施加压力,记录试件可承受的最大荷载和与之相对应的变形,以此得出表征沥青混合料高温稳定性的马歇尔稳定度和流值两项指标。

稳定度是在规定的加载速率条件下试件破坏前所能承受的最大荷载(kN);流值是达到最大破坏荷载时试件的垂直变形(0.1mm)。

(2)车辙试验

该试验是通过模拟车辆轮胎在路面上行驶时所形成的车辙深度的大小,从而评价沥青混合料高温稳定性的一种试验方法。试验采用标准方法成型沥青混合料板型试件,在规定的试验温度和轮碾条件下,沿试件表面同一轨迹反复碾压行走,测定试件表面在试验过程中形成的车辙深度。以每产生1mm车辙变形所需要的碾压次数(称之为动稳定度)作为评价沥青混合料抗车辙能力大小的指标,动稳定度值越大,表明沥青混合料的高温稳定性越好。

2. 低温抗裂性

沥青混合料抵抗低温收缩裂缝的能力称为低温抗裂性。与高温变形相对应,冬季低温时沥青混合料将产生体积收缩,但在周围材料的约束下,沥青混合料不能自由收缩,从而在结构层内部产生温度应力。由于沥青材料具有一定的应力松弛能力,当降温速率较为缓慢时,所产生的温度应力会随时间逐渐松弛减小,不会对沥青路面产生明显的消极影响。但当气温骤降时,产生的温度应力就来不及松弛,当其超过沥青混合料允许应力值时,沥青混合料被拉裂,导致沥青路面出现裂缝造成路面的破坏。所以沥青混合料在低温时应具有较大的变形能力来保证低温抗裂性能。

沥青混合料的低温抗裂性能可通过低温劈裂试验、直接拉伸试验、低温蠕变试验及低温弯曲试验等进行评价。根据《公路沥青路面施工技术规范》(JTG F40—2004)规定,沥青混合料配合比设计时的低温抗裂性能检验采用的是低温弯曲试验。将轮碾成型后切制的30mm(宽)×35mm(高)×250mm(长)的棱柱体小梁试件,跨径200mm,按50mm/min的加载速度在跨中施加集中荷载至断裂破坏。由破坏时的最大荷载求得试件的抗弯强度,由破坏时的跨中挠度求得沥青混合料的破坏弯拉应变,两者之比值为破坏时的弯曲劲度模量。

3. 耐久性

耐久性是指沥青混合料在使用过程中抵抗环境不利因素的能力及承受行车荷载反复作用的能力,包括水稳性、抗老化性、抗疲劳性等。

水稳性是指沥青混合料抵抗由于水侵蚀而逐渐产生沥青膜剥离、松散、坑槽等破坏的能力。我国现行规范采用浸水马歇尔试验和冻融劈裂试验来检验沥青混合料的水稳定性。浸水马歇尔试验通过测定浸水48h马歇尔试件的稳定度与未浸水马歇尔试件的稳定度之比值即残留稳定度,作为评价水稳性好坏的指标。残留稳定度越大,混合料的水稳性越高。冻融劈裂试验是测定沥青混合料试件在受到水、冻融循环作用前后的劈裂破坏强度之比值即残留强度比,其值越大,沥青混合料在水与冻融循环共同作用下的水稳性越高。

耐老化性是指沥青混合料抵抗由于人为和自然因素作用而逐渐丧失变形能力与柔韧性等各种良好品质的能力。在施工中要对沥青反复加热,铺筑好的沥青路面长期处在自然环境中,要经受阳光、氧气、水、紫外线等因素的作用,引发沥青材料多种复杂的物理化学变化,使沥青产生老化,变形能力下降,路面在温度和荷载作用下容易开裂,从而导致水分下渗数量增加,加剧路面破坏,缩短沥青混合料路面的使用寿命。

沥青混合料在使用期间经受车轮荷载的反复作用,长期处于应力应变交迭变化状态,致使混合料强度逐渐下降,路面出现裂缝,即产生疲劳断裂破坏。沥青混合料的耐疲劳性是指混合料在反复荷载作用下抵抗这种疲劳破坏的能力。

我国现行规范采用空隙率、饱和度和残留稳定度等指标来表征沥青混合料的耐久性。

4. 抗滑性

抗滑性是保障公路交通安全的一个很重要的性能,随着现代高速公路的发展,对沥青路面的抗滑性提出了更高要求。沥青路面的抗滑性取决于矿料的表面性质、颗粒形状与尺寸及抗磨光性等,因此,用于沥青路面表层的粗集料应选用表面粗糙、坚硬、耐磨、抗冲击性好、磨光值大的碎石或破碎砾石集料。另外,沥青用量对抗滑性的影响也非常明显,沥青用量超过最佳用量的0.5%,即可使抗滑系数明显降低。含蜡量对沥青混合料抗滑性也有明显影响,我国现行行业标准《公路沥青路面施工技术规范》(JTG F40—2004)对道路石油沥青的含蜡量做出了明确规定:A级沥青含蜡量应不大于2.2%,B级沥青不大于3.0%,C级不大于4.5%。

5. 施工和易性

沥青混合料应具备良好的施工和易性,要求在施工过程的各个工序中,尽可能使沥青混合料的集料颗粒以设计级配要求的状态分布,集料表面被沥青膜完整覆盖,并能被压实到规定的密度,这是保证沥青混合料实现上述路用性能的必要条件。沥青混合料施工和易性的影响因素有材料组成和施工条件。目前,还没有成熟的能够直接用于评价沥青混合料施工和易性的方法和指标,通常的做法是严格控制材料的组成和配比,采用经验的方法根据现场实际状况进行调控。

三、沥青混合料试验检测方法

(一)沥青混合料取样法

1. 目的和适用范围

用于在拌和厂及道路施工现场采集热拌沥青混合料或常温沥青混合料试样,供施工过程中的质量检验或在试验室测定沥青混合料的各项物理力学性质。

2. 试验仪器与材料

(1)铁锹。

(2)手铲。

(3)搪瓷盘或其他金属盛样容器、塑料编织袋。

(4)温度计:分度1℃,量程0~300℃。宜采用有金属插杆的插入式数显温度计,金属插杆的长度应不小于150mm。

(5)其他:标签、溶剂(汽油)、棉纱等。

3. 试验步骤

1)确定取样数量

取样数量应符合下列要求:

(1)试样数量根据试验目的确定,宜不少于试验用量的2倍。一般情况下可按表5-21取样。

常用沥青混合料试验项目的样品数量　　　　　表5-21

试验项目	目的	最少试样量(kg)	取样量(kg)
马歇尔试验、抽提筛分	施工质量检验	12	20
车辙试验	高温稳定性检验	40	60
浸水马歇尔试验	水稳定性检验	12	20
冻融劈裂试验	水稳定性检验	12	20
弯曲试验	低温性能检验	15	25

平行试验应加倍取样。在现场取样直接装入试模成型时,也可等量取样。

(2)取样材料用于仲裁试验时,取样数量除应满足上述规定外,还应保留一份有代表性的试样,直到仲裁结束。

2)取样方法

沥青混合料应随机取样,并具有充分的代表性。用以检查拌和质量(如油石比、矿料级配)时,应从拌和机一次放料的下方或提升斗中取样,不得多次取样混合后使用。用以评定混合料时,必须分几次取样,拌和均匀后作为代表性试样。

(1)在沥青混合料拌和厂取样

在拌和厂取样时,宜将专用的容器(一次可装5~8kg)装在拌和机卸料斗下方,每放一次料取一次样,顺次装入试样容器中,每次倒在清扫干净的平板上,连续几次取样,混合均匀,按四分法取样至足够数量。

(2)在沥青混合料运料车上取样

在运料汽车上取沥青混合料样品时,宜在汽车装料一半后,分别用铁锹从不同方向的3个不同高度处取样,然后混在一起用手铲适当拌和均匀,取出规定数量。在施工现场的运料车上取样时,应在卸掉一半后从不同方向取样,样品宜从3辆不同的车上取样混合使用。在运料车上取样时不得仅从满载的运料车车顶上取样,且不允许只在一辆车上取样。

(3)在道路施工现场取样

在施工现场取样时,应在摊铺后未碾压前,于摊铺宽度两侧的1/2~1/3位置处取样,用铁锹取该摊铺层的料。每摊铺一车料取一次样,连续3车取样后,混合均匀按四分法取样至足够

(4) 热拌沥青混合料每次取样时,都必须用温度计测量温度,准确至1℃。

(5) 乳化沥青常温混合料试样的取样方法与热拌沥青混合料相同,但宜在乳化沥青破乳水分蒸发后装袋,对袋装常温沥青混合料亦可直接从储存的混合料中随机取样。取样袋数不少于3袋,使用时将3袋混合料倒出做适当拌和,按四分法取出规定数量试样。

(6) 液体沥青常温沥青混合料的取样方法同上。当用汽油稀释时,必须在溶剂挥发后方可封袋保存。当用煤油或柴油稀释时,可在取样后即装袋保存,保存时应特别注意防火安全。其余与热拌沥青混合料同。

(7) 从碾压成型的路面上取样时,应随机选取3个以上不同地点,钻孔、切割或刨取该层混合料,需重新制作试件时,应加热拌匀按四分法取样至足够数量。

3) 试样的保存与处理

(1) 热拌热铺的沥青混合料试样需送至中心试验室或质量检测机构做质量评定时(如车辙试验),由于二次加热会影响试验结果,必须在取样后趁高温立即装入保温桶内,送试验室后立即成型试件,试件成型温度不得低于规定要求。

(2) 热混合料需要存放时,可在温度下降至60℃后装入塑料编织袋内,扎紧袋口,并宜低温保存,应防止潮湿、淋雨等,时间不要太长。

(3) 在进行沥青混合料质量检验或进行物理力学性质试验时,当采集的试样温度下降或结成硬块不符合试验要求时,宜用微波炉或烘箱加热至符合压实的温度。通常加热时间不宜超过4h,且只允许加热一次,不得重复加热。不得用电炉或燃气炉明火局部加热。

4) 样品的标记

(1) 取样后当场试验时,可将必要的项目一并记录在试验记录报告上。试验报告要包括取样时间、地点、混合料温度、取样数量、取样人等栏目。

(2) 取样后转送试验室试验或存放后用于其他项目试验时,应附着样品标签,标签应记载下列内容:

①工程名称、拌和厂名称。
②沥青混合料种类及摊铺层次、沥青品种、标号、矿料种类、取样时混合料温度及取样位置或用以摊铺的路段桩号等。
③试样数量及试样单位。
④取样人、取样日期。
⑤取样目的或用途。

(二)沥青混合料试件制作方法(击实法)

1. 目的与适用范围

采用标准击实法或大型击实法制作沥青混合料试件,以供试验室进行沥青混合料物理力学性质试验使用。

标准击实法适用于标准马歇尔试验、间接抗拉试验(劈裂法)等所使用的 $\phi 101.6mm \times 63.5mm$ 圆柱体试件的成型。大型击实法适用于大型马歇尔试验和 $\phi 152.4mm \times 95.3mm$ 的大型圆柱体试件的成型。

沥青混合料试件制作时的条件及试件数量应符合下列规定:

(1)当集料公称最大粒径小于或等于 26.5mm 时,采用标准击实法。一组试件的数量不少于 4 个。

(2)当集料公称最大粒径大于 26.5mm 时,宜采用大型击实法。一组试件的数量不少于 6 个。

2. 试验仪器与材料

(1)自动击实仪:击实仪应具有自动记数、控制仪表、按钮设置、复位及暂停功能。按其用途分为两种:

①标准击实仪:由击实锤、ϕ98.5mm ± 0.5mm 平圆形压实头及带手柄的导向棒组成。用机械将压实锤提升,从 457.2mm ± 1.5mm 高度沿导向棒自由落下击实,标准击实锤质量 4 536g ± 9g。

②大型击实仪:由击实锤、ϕ149.4mm ± 0.1mm 平圆形压实头及带手柄的导向棒组成。用机械将压实锤提升,从 457.2mm ± 1.5mm 高度沿导向棒自由落下击实,大型击实锤质量 10 210g ± 10g。

(2)试验室用沥青混合料拌和机:能保证拌和温度并充分拌和均匀,可控制拌和时间,容量不小于 10L。

(3)脱模器:电动或手动,可无破损地推出圆柱体试件,备有标准试件及大型试件尺寸的推出环。

(4)试模:由高碳钢或工具钢制成,几何尺寸如下:

①标准击实仪试模的内径 101.6mm ± 0.2mm,圆柱形金属筒高 87mm,底座直径约 120.6mm,套筒内径 101.6mm,高 70mm。

②大型击实仪试模的内径 152.4mm ± 0.2mm,总高 115mm;套筒外径 165.1mm,内径 155.6mm ± 0.3mm,总高 83mm;底座板厚 12.7mm,直径 172mm。

(5)烘箱:大、中型各一台,装有温度调节器。

(6)天平或电子秤:用于称量矿料的,感量不大于 0.5g;用于称量沥青的,感量不大于 0.1g。

(7)布洛克菲尔德黏度计。

(8)温度计:分度值 1℃,量程 0 ~ 300℃。宜采用有金属插杆的插入式数显温度计,金属插杆的长度不小于 150mm。

(9)插刀或大螺丝刀。

(10)其他:电炉或煤气炉、沥青熔化锅、拌和铲、标准筛、滤纸(或普通纸)、胶布、卡尺、秒表、粉笔、棉纱等。

3. 试验方法与步骤

1)确定制作沥青混合料试件的拌和温度与压实温度

(1)测定沥青的黏度,绘制黏温曲线,按表 5-22 的要求确定适宜于沥青混合料拌和及压实的等黏温度。

沥青混合料拌和及压实的等温黏度 表 5-22

沥青结合料种类	黏度与测定方法	适宜于拌和的沥青结合料黏度(Pa·s)	适宜于压实的沥青结合料黏度(Pa·s)
石油沥青	表观黏度	0.17 ± 0.027	0.17 ± 0.027

(2) 当缺乏沥青黏度测定条件时,试件的拌和与压实温度可按表 5-23 选用,并根据沥青品种和标号做适当调整。针入度小、稠度大的沥青取高限,针入度大、稠度小的沥青取低限,一般取中值。

沥青混合料拌和及压实温度参考表 表 5-23

沥青混合料种类	拌和温度(℃)	压实温度(℃)
石油沥青	130~160	120~150
煤沥青	90~120	80~110
改性沥青	160~175	140~170

(3) 对改性沥青,应根据实际经验、改性剂的品种和用量,适当提高混合料的拌和压实温度。对大部分聚合物改性沥青,需要在普通沥青的基础上提高 15~20℃,掺加纤维时,需再提高 10℃左右。

(4) 常温沥青混合料的拌和及压实在常温下进行。

2) 成型准备工作

(1) 按规定方法在拌和厂或施工现场采集沥青混合料试样。将试样置于烘箱中加热或保温,在混合料中插入温度计测量温度,待混合料温度符合要求后成型。需要拌和时可倒入已加热的室内沥青混合料拌和机中适当拌和,时间不超过 1min。不得用铁锅在电炉或明火上加热炒拌。

(2) 在试验室人工配制沥青混合料时,材料准备按下列步骤进行:

①将各种规格的矿料置于 105℃ ±5℃ 的烘箱中烘干至恒重(一般不少于 4~6h)。

②将烘干分级的粗细集料,按每个试件设计级配要求称其质量,在一金属盘中混合均匀,矿粉单独放入小盆里;然后置于烘箱中预热至沥青拌和温度以上约 15℃(采用石油沥青时通常为 163℃;采用改性沥青时通常需 180℃)备用。一般按一组试件(每组 4~6 个)备料,但进行配合比设计时宜对每个试件分别备料。常温沥青混合料的矿料不应加热。

③将按规定方法采集的沥青试样,用烘箱加热至规定的沥青混合料拌和温度,但不得超过 175℃。当不得已采用燃气炉或电炉直接加热进行脱水时,必须使用石棉垫隔开。

3) 拌制沥青混合料

(1) 黏稠沥青混合料。

①用蘸有少许黄油的棉纱擦净试模、套筒及击实座等,置于 100℃左右烘箱中加热 1h 备用。常温沥青混合料用试模不加热。

②将沥青混合料拌和机提前预热至拌和温度以上 10℃左右。

③将加热的粗细集料置于拌和机中,用小铲子适当混合,然后加入需要数量的沥青(如沥青已称量在一专用容器内时,可在倒掉沥青后用一部分热矿粉将粘在容器壁上的沥青擦拭掉并一起倒入拌和锅中),开动拌和机,一边搅拌一边使拌和叶片插入混合料中拌和 1~1.5min,然后暂停拌和,加入加热的矿粉,继续拌和至均匀为止,并使沥青混合料保持在要求的拌和温度范围内。标准的总拌和时间为 3min。

(2) 液体石油沥青混合料。

将每个试件的矿料置于已加热至 55~100℃ 的沥青混合料拌和机中,注入要求数量的液体沥青,开动拌和机边加热边拌和,使液体沥青中的溶剂挥发至 50%以下。拌和时间应事先通过试拌确定。

(3)乳化沥青混合料。

将每个试件的粗细集料,置于沥青混合料拌和机(不加热,也可用人工炒拌)中,注入计算的用水量(阴离子乳化沥青不加水)后,拌和均匀并使矿料表面完全湿润;再注入设计的沥青乳液用量,在1min内使混合料拌匀,然后加入矿粉后迅速拌和,将混合料拌成褐色为止。

4)成型方法

(1)将拌好的沥青混合料,用小铲适当拌和均匀,称取一个试件所需的用量(标准马歇尔试件约1 200g,大型马歇尔试件约4 050g)。当已知沥青混合料的密度时,可根据试件的标准尺寸计算并乘以1.03得到要求的混合料数量。当一次拌和几个试件时,宜将其倒入经预热的金属盘中,用小铲适当拌和均匀分成几份,分别取用。在试件制作过程中,为防止混合料温度下降,应连盘放在烘箱中保温。

(2)从烘箱中取出预热的试模及套筒,用蘸有少许黄油的棉纱擦拭套筒、底座及击实锤底面,将试模装在底座上,垫一张圆形的吸油性小的纸,按四分法从四个方向用小铲将混合料铲入试模中,用插刀或大螺丝刀沿周边插捣15次,中间10次。插捣后将沥青混合料表面整平。对大型马歇尔试件,混合料分两次加入,每次插捣次数同上。

(3)插入温度计至混合料中心附近,检查混合料温度。

(4)待混合料温度符合压实温度要求后,将试模连同底座一起放在击实台上固定。在装好的混合料上面垫一张吸油性小的圆纸,再将装有击实锤及导向棒的压实头插入试模中,开启电机,使击实锤从457mm的高度自由落下到击实规定的次数(75次或50次)。对大型马歇尔试件,击实次数为75次(相应于标准击实50次)或112次(相应于标准击实75次)。

(5)试件击实一面后,取下套筒,将试模翻面,装上套筒,然后以同样的方法和次数击实另一面。

乳化沥青混合料试件在两面击实后,将一组试件在室温下横向放置24h,另一组试件置于温度为105℃±5℃的烘箱中养生24h。将养生试件取出后再立即两面锤击各25次。

(6)试件击实结束后,立即用镊子取掉上下面的纸,用卡尺量取试件离试模上口的高度并由此计算试件高度,高度不符合要求时,试件应作废,并按式(5-16)调整试件的混合料质量,以保证高度符合63.5mm±1.3mm(标准试件)或95.3mm±2.5mm(大型试件)的要求。

$$调整后混合料质量 = \frac{要求试件高度 \times 原用混合料质量}{所得试件的高度} \qquad (5\text{-}16)$$

(7)卸去套筒和底座,将装有试件的试模横向放置冷却至室温后(不少于12h),置于脱模机上脱出试件。用于现场马歇尔指标检验的试件,在施工质量检验过程中如急需试验,允许采用电风扇吹冷1h或浸水冷却3min以上的方法脱模,但浸水脱模法不能用于测量密度、空隙率等各项物理指标。将试件小心置于干燥洁净的平面上,供试验用。

(三)压实沥青混合料密度试验(表干法)

1. 目的与适用范围

适用于测定吸水率不大于2%的各种沥青混合料试件,包括密级配沥青混凝土、抗滑表层混合料、沥青玛琋脂碎石混合料(SMA)和沥青稳定碎石等沥青混合料试件的毛体积相对密度和毛体积密度。标准温度为25℃±0.5℃。并可用于计算沥青混合料试件的空隙率、矿料间隙率等各项体积指标。

2.仪器设备

(1)浸水天平或电子天平:当最大称量在3kg以下时,感量不大于0.1g;最大称量3kg以上时,感量不大于0.5g;最大称量10kg以上时,感量5g。应有测量水中质量的挂钩。

(2)水中重称重装置:包括网篮、溢流水箱、试件悬吊装置等,如图5-5所示。

(3)其他:秒表、毛巾、电风扇或烘箱。

3.试验步骤

(1)准备试件:可采用室内成型试件,也可采用工程现场钻芯、切割等方法获得的试件。试验前试件宜在阴凉处保存(温度不宜高于35℃),放置于水平的平面上,注意不要使试件产生变形。

(2)选择适宜的浸水天平或电子天平,最大称量应满足试件质量的要求。

(3)除去试件表面的浮粒,称取干燥试件的空气中质量(m_a),根据选择的天平的感量读数,准确至0.1g或0.5g。

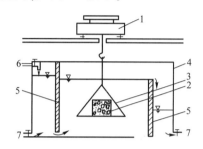

图5-5 溢流水箱及下挂法水中称量方法示意图
1-浸水天平或电子秤;2-试件;3-网篮;4-溢流水箱;5-水位搁板;6-注水口;7-放水阀门

(4)使溢流水箱水温保持在25℃±0.5℃。挂上网篮,浸入溢流水箱中,调节水位,将天平调平或复零,把试件置于网篮中(注意不要晃动水)浸水中3~5min,称取水中质量(m_w)。若天平读数持续变化,不能很快达到稳定,说明试件吸水较严重,不宜用此法测定,应改用蜡封法测定。

(5)从水中取出试件,用洁净柔软的拧干湿毛巾轻轻擦去试件的表面水(不得吸走空隙内的水),称取试件的表干质量(m_f)。从试件拿出水面到擦拭结束不宜超过5s,称量过程中流出的水不得再擦拭。

(6)对从工程现场钻取的非干燥试件,可先称取水中质量(m_w)和表干质量(m_f),然后用电风扇将试件吹干至恒重(一般不少于12h,当不需进行其他试验时,也可用60℃±5℃烘箱烘干至恒重),再称取空气中质量(m_a)。

4.试验结果计算

(1)计算试件的吸水率,保留1位小数。

试件的吸水率即试件吸水体积占沥青混合料毛体积的百分率,按式(5-17)计算:

$$S_a = \frac{m_f - m_a}{m_f - m_w} \times 100 \tag{5-17}$$

式中:S_a——试件的吸水率(%);

m_a——干燥试件的空气中质量(g);

m_w——试件的水中质量(g);

m_f——试件的表干质量(g)。

(2)计算试件的毛体积相对密度和毛体积密度,保留3位小数。

当试件的吸水率S_a<2%时,其毛体积相对密度和毛体积密度按式(5-18)和式(5-19)计

算,当吸水率 $S_a>2\%$ 时,应改用蜡封法测定。

$$\gamma_f = \frac{m_a}{m_f - m_w} \tag{5-18}$$

$$\rho_f = \frac{m_a}{m_f - m_w} \times \rho_w \tag{5-19}$$

式中:γ_f——试件的毛体积相对密度,无量纲;

ρ_f——试件的毛体积密度(g/cm^3);

ρ_w——25℃时水的密度,取 $0.997g/cm^3$。

(3)试件的空隙率按式(5-20)计算,保留1位小数。

$$VV = \left(1 - \frac{\gamma_f}{\gamma_t}\right) \times 100 \tag{5-20}$$

式中:VV——试件的空隙率(%);

γ_t——沥青混合料理论最大相对密度,无量纲。

(4)其他体积参数指标的计算。

根据上述结果和沥青混合料的配合比,计算沥青体积百分率、矿料间隙率、沥青饱和度和粗集料骨架间隙率等指标,保留1位小数。

(四)压实沥青混合料密度试验(水中质量法)

1. 目的与适用范围

适用于测定吸水率小于0.5%的密实沥青混合料试件的表观相对密度或表观密度,并据此计算沥青混合料试件的空隙率、矿料间隙率等各项体积指标。标准温度为25℃±0.5℃。

2. 仪器设备

同表干法。

3. 试验步骤

(1)选择适宜的浸水天平或电子天平,最大称量应满足试件质量的要求。

(2)除去试件表面的浮粒,称取干燥试件的空气中质量(m_a),根据选择的天平的感量读数,准确至0.1g或0.5g。

(3)挂上网篮,浸入溢流水箱中,调节水位,将天平调平或复零,把试件置于网篮中(注意不要晃动水),待天平稳定后立即读数,称取水中质量(m_w)。若天平读数持续变化,不能很快达到稳定,说明试件有吸水情况,不宜用此法测定,应改用表干法或蜡封法测定。

(3)对从施工现场钻取的非干燥试件,可先称取水中质量(m_w),然后用电风扇将试件吹干至恒重(一般不少于12h,当不需进行其他试验时,也可用60℃±5℃烘箱烘干至恒重),再称取空气中质量(m_a)。

4. 试验结果计算

(1)按式(5-21)、式(5-22)计算试件的表观相对密度及表观密度,保留3位小数。

$$\gamma_a = \frac{m_a}{m_a - m_w} \tag{5-21}$$

$$\rho_s = \frac{m_a}{m_a - m_w} \times \rho_w \tag{5-22}$$

式中：γ_a——在25℃温度条件下试件的表观相对密度，无量纲；

ρ_s——在25℃温度条件下试件的表观密度（g/cm³）；

m_a——干燥试件的空气中质量（g）；

m_w——试件的水中质量（g）；

ρ_w——在25℃温度条件下水的密度，取 0.997g/cm³。

（2）当试件吸水率小于0.5%时，以表观相对密度代替毛体积相对密度。并计算试件的理论最大相对密度、空隙率、沥青体积百分率、矿料间隙率、粗集料骨架间隙率、沥青饱和度等各项体积指标。

（五）压实沥青混合料密度试验（蜡封法）

1. 目的与适用范围

用于测定吸水率大于2%的沥青混凝土或沥青碎石混合料试件的毛体积相对密度或毛体积密度，并计算沥青混合料试件的空隙率、矿料间隙率等各项体积指标。

2. 试验仪器与材料

（1）熔点已知的石蜡。

（2）冰箱：可保持温度为4~5℃。

（3）铅或铁块等重物。

（4）秒表、电风扇、电炉或燃气炉。

（5）其他同表干法。

3. 试验步骤

（1）除去试件表面的浮粒，选择适宜的天平或电子秤（最大称量应满足试件质量的要求），称取干燥试件的空气中质量（m_a），根据选择的天平的感量读数，准确至0.1g或0.5g。当试件为钻芯法取得的非干燥试件时，应用电风扇吹干12h以上至恒重作为空气中质量，但不得用烘干法。

（2）将试件置于冰箱中，在4~5℃条件下冷却不少于30min。将石蜡熔化至熔点以上5.5℃±0.5℃。从冰箱中取出试件立即浸入石蜡液中，至全部表面被石蜡封住后迅速取出试件，在常温下放置30min，称取封蜡试件的空气中质量（m_p）。

（3）挂上网篮，浸入溢流水箱中，调节水位，将天平调平或复零。调整水温并保持温度为25℃±0.5℃。将封蜡试件放入网篮中浸水约1min，读取水中质量（m_e）。

（4）用蜡封法测定时，石蜡对水的相对密度按下列步骤实测确定：

①取一块铅或铁块之类的重物，称取空气中质量（m_g）。

②测定重物在水温25℃±0.5℃的水中质量（m'_g）。

③待重物干燥后，按上述试件封蜡的步骤将重物封蜡后测定其空气中质量（m_d）及封蜡后在水温25℃±0.5℃的水中质量（m'_d）。

④按式(5-23)计算石蜡对水的相对密度：

$$\gamma_{\mathrm{p}} = \frac{m_{\mathrm{d}} - m_{\mathrm{g}}}{(m_{\mathrm{d}} - m_{\mathrm{g}}) - (m'_{\mathrm{d}} - m'_{\mathrm{g}})} \qquad (5\text{-}23)$$

式中：γ_{p}——在25℃温度条件下石蜡对水的相对密度，无量纲；

m_{g}——重物的空气中质量(g)；

m'_{g}——重物的水中质量(g)；

m_{d}——封蜡后重物的空气中质量(g)；

m'_{d}——封蜡后重物的水中质量(g)。

4. 试验结果计算

(1) 按式(5-24)计算试件的毛体积相对密度，保留3位小数。

$$\rho_{\mathrm{f}} = \frac{m_{\mathrm{a}}}{m_{\mathrm{p}} - m_{\mathrm{c}} - \dfrac{m_{\mathrm{p}} - m_{\mathrm{a}}}{\gamma_{\mathrm{p}}}} \cdot \rho_{\mathrm{w}} \qquad (5\text{-}24)$$

式中：ρ_{f}——试件的毛体积密度(g/cm³)；

m_{a}——试件的空气中质量(g)；

m_{p}——封蜡试件的空气中质量(g)；

m_{c}——封蜡试件的水中质量(g)。

(2) 计算试件的理论最大相对密度、空隙率、沥青体积百分率、矿料间隙率粗集料骨架间隙率、沥青饱和度等各项体积指标。

(六)沥青混合料马歇尔稳定度试验

1. 目的与适用范围

该方法适用于马歇尔稳定度试验和浸水马歇尔稳定度试验，以进行沥青混合料的配合比设计或沥青路面施工质量检验。浸水马歇尔稳定度试验(根据需要，也可进行真空饱水马歇尔试验)供检验沥青混合料受水损害时抵抗剥落的能力时使用，通过测试其水稳定性检验配合比设计的可行性。

2. 仪器设备

(1) 沥青混合料马歇尔试验仪：分自动式和手动式。自动马歇尔试验仪应具备控制装置、记录荷载—位移曲线、自动测定荷载与试件的垂直变形，能自动显示和存储或打印试验结果等功能。手动式由人工操作，试验数据通过操作者目测后读取。对用于高速公路和一级公路的沥青混合料宜采用自动马歇尔试验仪。

当集料公称最大粒径小于或等于26.5mm时，宜采用 ϕ101.6mm×63.5mm 的标准马歇尔试件，试验仪最大荷载不小于25kN，读数准确至0.1kN，加载速率应能保持50mm/min±5mm/min。钢球直径16mm±0.05mm，上下压头曲率半径为50.8mm±0.08mm；当集料公称最大粒径大于26.5mm时，宜采用 ϕ152.4mm×95.3mm 的大型马歇尔试件，试验仪最大荷载不小于50kN，读数准确至0.1kN，上下压头曲率内径为 ϕ152.4mm±0.2mm，上下压头间距为19.05mm±0.1mm。

(2) 恒温水槽：控温准确至1℃，深度不小于150mm。

(3) 真空饱水容器：包括真空泵及真空干燥器。

(4)烘箱。

(5)天平:感量不大于0.1g。

(6)温度计:分度值1℃。

(7)卡尺。

(8)其他:棉纱,黄油。

3. 试验准备和试验步骤

1)标准马歇尔试验方法

(1)试验准备

①标准击实法成型马歇尔试件,一组试件的数量最少不得少于4个。

②量测试件的直径及高度:用卡尺测量试件中部的直径,用马歇尔试件高度测定器或用卡尺在十字对称的4个方向量测离试件边缘10mm处的高度,准确至0.1mm,并以其平均值作为试件的高度。如试件高度不符合63.5mm±1.3mm或95.3mm±2.5mm的要求或两侧高度差大于2mm,此试件应作废。

③按前述方法测定试件的密度,并计算空隙率、沥青体积百分率、沥青饱和度、矿料间隙率等体积指标。

④将恒温水槽调节至要求的试验温度,黏稠石油沥青或烘箱养生过的乳化沥青混合料为60℃±1℃,空气养生的乳化沥青或液体沥青混合料为25℃±1℃,煤沥青混合料为33.8℃±1℃。

(2)试验步骤

①将试件置于已达规定温度的恒温水槽中保温,保温时间标准马歇尔试件30~40min,大型马歇尔试件45~60min。试件之间应有间隔,底部应垫起,距水槽底部不小于5cm。

②将马歇尔试验仪的上下压头放入水槽或烘箱中达到同样温度。将上下压头从水槽或烘箱中取出,擦拭干净内面。为使上下压头滑动自如,可在下压头的导棒上涂少量黄油。再将试件取出置于下压头上,盖上上压头,然后装在加载设备上。

③在上压头的球座上放妥钢球,并对准荷载测定装置的压头。

④当采用自动马歇尔试验仪时,将自动马歇尔试验仪的压力传感器、位移传感器与计算机或 $X\text{-}Y$ 记录仪正确连接,调整好适宜的放大比例,压力和位移传感器调零。

⑤当采用压力环和流值计时,将流值计安装在导棒上,使导向套管轻轻地压住上压头,同时将流值计读数调零。调整压力环中百分表,对零。

⑥启动加载设备,使试件承受荷载,加载速度为50mm/min±5mm/min。计算机或 $X\text{-}Y$ 记录仪自动记录传感器压力和试件变形曲线,并将数据自动存入计算机。

⑦在试验荷载达到最大值的瞬间,取下流值计,同时读取压力环中百分表读数及流值计的流值读数。

⑧从恒温水槽中取出试件至测出最大荷载值的时间,不得超过30s。

2)浸水马歇尔试验方法

浸水马歇尔试验方法与标准马歇尔试验方法的不同之处在于,试件在已达规定温度的恒温水槽中保温48h,其余步骤均与标准马歇尔试验方法相同。

3)真空饱水马歇尔试验方法

试件先放入真空干燥器中,关闭进水胶管,开动真空泵,使干燥器的真空度达到97.3kPa(730mmHg)以上,维持15min,然后打开进水胶管,靠负压进入冷水流使试件全部浸入水中,进水 15min 后恢复常压,取出试件再放入规定温度的恒温水槽中保温 48h,其余均与标准马歇尔试验方法相同。

4. 计算

(1)试件的稳定度与流值。

①采用自动马歇尔试验仪时,将计算机采集的数据绘制成压力和试件变形曲线,或由 X-Y 记录仪自动记录荷载—变形曲线,按照图 5-6 所示的方法在切线方向延长曲线与横坐标相交于 O_1,将 O_1 作为修正原点,从 O_1 起量取相应荷载最大值时的变形作为流值(FL),以 mm 计,准确至 0.1mm。最大荷载即为马歇尔稳定度(MS),以 kN 计,准确至 0.01kN。

②采用压力环和流值计测定时,根据压力环标定曲线,将压力环中百分表的读数换算为荷载值,或者由荷载测定装置读取的最大值即为试样的稳定度(MS),以 kN 计,准确至 0.01kN。由流值计及位移传感器测定装置读取的试件垂直变形,即为试件的流值(FL),以 mm 计,准确至 0.1mm。

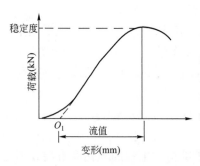

图 5-6 马歇尔试验结果的修正示意图

(2)试件的浸水残留稳定度按式(5-25)计算。

$$MS_0 = \frac{MS_1}{MS} \times 100 \qquad (5-25)$$

式中:MS_0——试件的浸水残留稳定度(%);

MS_1——试件浸水 48h 后的马歇尔稳定度(kN);

MS——试件按标准试验方法测得的马歇尔稳定度(kN)。

(3)试件的真空饱水残留稳定度按式(5-26)计算。

$$MS_0' = \frac{MS_2}{MS} \times 100 \qquad (5-26)$$

式中:MS_0'——试件的真空饱水残留稳定度(%);

MS_2——试件真空饱水后浸水 48h 后的马歇尔稳定度(kN);

MS——试件按标准试验方法测得的马歇尔稳定度(kN)。

当一组测定值中某个测定值与平均值之差大于标准差的 k 倍时,该测定值应予舍弃,并以其余测定值的平均值作为试验结果。当试件数目 n 为 3、4、5、6 时,k 值分别为 1.15、1.46、1.67、1.82。

(七)沥青路面芯样马歇尔试验

1. 目的与适用范围

适用于对从沥青路面钻取的芯样进行马歇尔试验,供评定沥青路面施工质量是否符合设计要求或进行路况调查。标准芯样钻孔试件的直径为 100mm,适用的试件高度为 30～80mm;大型钻孔试件的直径为 150mm,适用的试件高度为 80～100mm。

2. 仪器设备

同马歇尔稳定度试验。

3.试验步骤

(1)按规定的方法用钻孔机钻取压实沥青混合料路面芯样试件。

(2)将芯样试件黏附的黏层油、透层油和松散颗粒等清理干净。对与多层沥青混合料联结的芯样,采用以下方法进行分离:

①在芯样上对不同沥青混合料层间画线做标记,然后将芯样在0℃以下冷却20~25min。

②取出芯样,用宽5cm以上的凿子对准层间画线标记处,用锤子敲打凿子,在敲打过程中不断旋转试件,直到试件分开。

③如果以上方法无法将试件分开,特别是层与层之间的界线难以分清时,宜采用切割方法进行分离。切割时需要连续加冷却水切割,并注意切割后的试件不能含有其他层次的混合料。

(3)试件宜在阴凉处存放(温度不宜高于35℃),且放置在水平的地方,注意不要使试件产生变形。

(4)按前述方法测定试件的密度,并计算空隙率、沥青体积百分率、沥青饱和度、矿料间隙率等体积指标。

(5)用卡尺测定试件的直径,取两个方向的平均值。

(6)测定试件的高度,取4个对称位置的平均值,准确至0.1mm。

(7)按标准方法进行马歇尔试验,由试验实测稳定度乘以表5-24或表5-25的试件高度修正系数 K,得到标准高度试件的稳定度 MS,其余内容与标准马歇尔试验方法相同。

现场钻取芯样试件高度修正系数(适用于 ϕ100mm 试件)　　表5-24

试件高度(cm)	修正系数 K	试件高度(cm)	修正系数 K
2.47~2.61	5.56	5.16~5.31	1.39
2.62~2.77	5.00	5.32~5.46	1.32
2.78~2.93	4.55	5.47~5.62	1.25
2.94~3.09	4.17	5.63~5.80	1.19
3.10~3.25	3.85	5.81~5.94	1.14
3.26~3.40	3.57	5.95~6.10	1.09
3.41~3.56	3.33	6.11~6.26	1.04
3.57~3.72	3.03	6.27~6.44	1.00
3.73~3.88	2.78	6.45~6.60	0.96
3.89~4.04	2.50	6.61~6.73	0.93
4.05~4.20	2.27	6.74~6.89	0.89
4.21~4.36	2.08	6.90~7.06	0.86
4.37~4.51	1.92	7.07~7.21	0.83
4.52~4.67	1.79	7.22~7.37	0.81
4.68~4.87	1.67	7.38~7.54	0.78
4.88~4.99	1.50	7.55~7.69	0.76
5.00~5.15	1.47		

现场钻取芯样试件高度修正系数（适用于 φ150mm 试件）　　表 5-25

试件高度(cm)	试件体积(cm³)	修正系数 K	试件高度(cm)	试件体积(cm³)	修正系数 K
8.81~8.97	1 608~1 636	1.12	9.61~9.76	1 753~1 781	0.97
8.98~9.13	1 637~1 665	1.09	9.77~9.92	1 782~1 810	0.95
9.14~9.29	1 666~1 694	1.06	9.93~10.08	1 811~1 839	0.92
9.30~9.45	1 695~1 723	1.03	10.09~10.24	1 840~1 868	0.90
9.46~9.60	1 724~1 752	1.00			

（八）沥青混合料车辙试验

1. 目的与适用范围

适用于测定沥青混合料的高温抗车辙能力，供沥青混合料配合比设计时的高温稳定性检验使用，也可用于现场沥青混合料的高温稳定性检验。车辙试验的温度与轮压(试验轮与试件的接触压强)可根据有关规定和需要选用，非经注明，试验温度为60℃，轮压为0.7MPa。

2. 仪器设备

(1)车辙试验机：主要由下列部分组成：

①试件台：可牢固地安装两种规定宽度(300mm 及 150mm)尺寸试件的试模。

②试验轮：橡胶制的实心轮胎，外径 φ200mm，轮宽 50mm，橡胶层厚 15mm。橡胶硬度(国际标准硬度)20℃时为 84±4,60℃时为 78±2。试验轮行走距离为 230mm±10mm，往返碾压速度为 42 次/min±1 次/min(21 次往返/min)。采用曲柄连杆驱动加载轮往返运行方式。

注：轮胎橡胶硬度应注意检验，不符合要求者应及时更换。

③加载装置：通常情况下试验轮与试件的接触压强在 60℃时为 0.7MPa±0.05MPa，施加的总荷重为 780N 左右，根据需要可以调整接触压强大小。

④试模：钢板制成，由底板及侧板组成，试模内侧尺寸宜采用长为 300mm，宽为 300mm，厚为 50~100mm，也可根据需要对厚度进行调整。

⑤试件变形测量装置：自动采集车辙变形并记录曲线的装置，通常用位移传感器 LVDT 或非接触位移计。位移测量范围 0~130mm，精度 ±0.01mm。

⑥温度检测装置：自动检测并记录试件表面及恒温室内温度的温度传感器，精度 ±0.5℃。温度能自动连续记录。

(2)恒温室：恒温室应具有足够的空间。车辙试验机必须整机安放在恒温室内，装有加热器、气流循环装置及自动温度控制设备，同时恒温室还应有至少能保温 3 块试件并进行试验的条件。保持恒温室温度 60℃±1℃(试件内部温度 60℃±0.5℃)，根据需要亦可采用其他试验温度。

(3)台秤：称量 15kg，感量不大于 5g。

3. 试验准备

(1)试验轮接地压强测定：在 60℃下，在试验台上放置一块 50mm 厚的钢板，其上铺一张毫米方格纸，上铺一张新的复写纸，以规定的 700N 荷载试验轮静压复写纸，即可在方格纸上得出轮压面积，并由此求得接地压强。当压强不符合 0.7MPa±0.05MPa 时，荷载应予以适当调整。

(2) 按轮碾成型法制作标准试件,尺寸为 300mm × 300mm × (50～100)mm,也可从路面切割得到所需尺寸的试件。

(3) 当直接在拌和场取拌和好的沥青混合料样品制作车辙试验试件检验生产配合比设计或混合料生产质量时,必须将混合料装入保温桶中,在温度下降至成型温度之前迅速送达试验室制作试件。如果温度稍有不足,可放在烘箱中稍事加热(时间不超过 30min)后成型。但不得将混合料放冷却后二次加热重塑制作试件。

(4) 试件成型后,连同试模一起在常温条件下放置的时间不得少于 12h。对于聚合物改性沥青混合料试件,放置时间以 48h 为宜,使聚合物改性沥青充分固化后再进行车辙试验,但在室温中放置时间不得长于一周。

4. 试验步骤

(1) 将试件连同试模一起,置于已达到试验温度 60℃±1℃ 的恒温室中,保温不少于 5h,也不得超过 12h。在试件的试验轮不行走的部位上,粘贴一个热电偶温度计(也可在试件制作时预先将热电偶导线埋入试件一角),控制试件温度稳定在 60℃±0.5℃。

(2) 将试件连同试模移置车辙试验机的试验台上,试验轮在试件的中央部位,其行走方向须与试件的碾压或行车方向一致。开动车辙变形自动记录仪,然后启动试验机,使试验轮往返行走,时间约 1h,或最大变形达到 25mm 时为止。试验时,记录仪自动记录变形曲线(图 5-7)及试件温度。

注:对试验时变形较小的试件,也可对一块试件在两侧 1/3 位置上进行两次试验取其平均值。

5. 结果计算

(1) 从图 5-7 上读取 45min(t_1)及 60min(t_2)时的车辙变形 d_1 及 d_2,准确至 0.01mm。

如变形过大,在未到 60min 时变形已达 25mm,则以达到 25mm(d_2)时的时间为 t_2,将其之前的 15min 作为 t_1,相应的变形量作为 d_1。

(2) 沥青混合料试件的动稳定度按式(5-27) 计算:

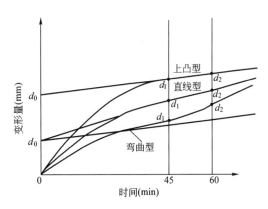

图 5-7 车辙深度与时间的关系曲线

$$DS = \frac{(t_2 - t_1) \times N}{d_2 - d_1} \times C_1 \times C_2 \quad (5\text{-}27)$$

式中:DS——沥青混合料的动稳定度(次/mm);

d_1——对应于时间 t_1 的变形量(mm);

d_2——对应于时间 t_2 的变形量(mm);

C_1——试验机类型修正系数,曲柄连杆驱动加载轮往返运行方式为 1.0;

C_2——试件系数,试验室制备宽为 300mm 的试件取 1.0;

N——试验轮往返碾压速度,通常为 42 次/min。

同一沥青混合料或同一路段的路面,至少平行试验 3 个试件。当 3 个试件动稳定度变异系数不大于20%时,取其平均值作为试验结果。变异系数大于20%时应分析原因,并追加试验。如计算动稳定度值大于6 000次/mm,记作>6 000次/mm。

(九)沥青混合料中沥青含量试验(离心分离法)

1. 目的与适用范围

测定黏稠石油沥青拌制的沥青混合料的沥青含量(或油石比),适用于热拌热铺沥青混合料路面施工时的沥青用量检测,以评定拌和厂产品质量,也适用于旧路调查时检测沥青混合料的沥青用量,抽提的沥青溶液可用于回收沥青,以评定沥青的老化性质。

2. 仪器设备

(1)离心抽提仪:由试样容器及转速不小于3 000r/min的离心分离器组成,分离器备有滤液出口。容器盖与容器之间用耐油的圆环形滤纸密封。滤液通过滤纸排出后从出口流出收入回收瓶中,仪器必须安放稳固并有排风装置。

(2)圆环形滤纸。

(3)回收瓶:容量1 700mL以上。

(4)压力过滤装置。

(5)天平:感量不大于0.01g、1mg的天平各一台。

(6)量筒:分度值1mL。

(7)电烘箱:装有温度自动调节器。

(8)三氯乙烯:工业用。

(9)碳酸铵饱和溶液:供燃烧法测定滤纸中的矿粉含量用。

(10)其他:小铲、金属盘、大烧杯等。

3. 试验准备

(1)按沥青混合料取样方法,在拌和厂从运料卡车上采取沥青混合料试样,放在金属盘中适当拌和,待温度稍下降至100℃以下时,用大烧杯取混合料试样质量1 000~1 500g(粗粒式沥青混合料用高限,细粒式用低限,中粒式用中限),准确至0.1g。

(2)若试样是在施工现场用钻机法或切割法取得的,应用电风扇吹风使其完全干燥,置于烘箱中适当加热后成松散状态后再取样,不得用锤击,以防集料破碎。

4. 试验步骤

(1)向装有试样的烧杯中注入三氯乙烯溶剂,将其浸没,浸泡30min,用玻璃棒适当搅动混合料,使沥青充分溶解。

(2)将混合料及溶液倒入离心分离器,用少量溶剂将烧杯及玻璃棒上的黏附物全部洗入分离容器中。

(3)称取洁净的圆环形滤纸质量,准确至0.01g。注意滤纸不宜多次反复使用,有破损者不能使用,有石粉黏附时应用毛刷清除干净。

(4)将滤纸垫在分离器边缘上,加盖紧固,在分离器出口处放上回收瓶,上口应注意密封,防止流出液成雾状散失。

(5)开动离心机,转速逐渐增至3 000r/min,沥青溶液通过排出口收入回收瓶中,待流出停止后停机。

(6)从上盖的孔中加入新溶剂,数量大体相同,稍停 3~5min 后,重复上述操作,如此数次直至流出的抽提液成清澈的淡黄色为止。

(7)卸下上盖,取下圆环形滤纸,在通风橱或室内空气中蒸发干燥,然后放入 105℃±5℃ 的烘箱中干燥,称取质量,其增重部分(m_2)为矿粉的一部分。

(8)将容器中的集料小心取出,在通风橱或室内空气中蒸发后放入 105℃±5℃ 烘箱中烘干(一般需 4h),然后放入大干燥器中冷却至室温,称取集料质量(m_1)。

(9)用压力过滤器过滤回收瓶中的沥青溶液,由滤纸的增重(m_3)得出泄漏入滤液中的矿粉质量,无压力过滤器时,也可用燃烧法测定。

(10)用燃烧法测定抽提液中矿粉质量的步骤如下:

①将回收瓶中的抽提液倒入量筒中,准确定量至 1mL(V_a)。

②充分搅匀抽提液,取出 10mL(V_b)放入坩埚中,在热浴上适当加热,溶液试样呈暗黑色后,置于高温炉(500~600℃)中烧成残渣,取出坩埚冷却。

③向坩埚中按每 1g 残渣 5mL 的用量比例,注入碳酸铵饱和溶液,静置 1h,放入 105℃±5℃烘箱中干燥。

④取出放在干燥器中冷却,称取残渣质量(m_4),准确至 1mg。

5.结果整理

(1)沥青混合料中矿料的总质量按式(5-28)计算:

$$m_a = m_1 + m_2 + m_3 \quad (5\text{-}28)$$

式中:m_a——沥青混合料中矿料部分的总质量(g);

m_1——容器中留下的集料的干燥质量(g);

m_2——圆环形滤纸在试验前后的增重(g);

m_3——泄漏入抽提液中的矿粉质量(g)。

用燃烧法时可按式(5-29)计算:

$$m_3 = m_4 \times \frac{V_a}{V_b} \quad (5\text{-}29)$$

式中:V_a——抽提液的总量(mL);

V_b——取出的燃烧干燥的抽提液体积(mL);

m_4——坩埚中燃烧干燥的残渣质量(g)。

(2)计算沥青混合料中的沥青含量和油石比:

$$P_b = \frac{m - m_a}{m} \quad (5\text{-}30)$$

$$P_a = \frac{m - m_a}{m_a} \quad (5\text{-}31)$$

式中:m——沥青混合料的总质量(g);

P_b——沥青混合料的沥青含量(%);

P_a——沥青混合料的油石比(%)。

同一沥青混合料试样至少平行试验两次,取平均值作为试验结果。两次试验结果的差值应小于 0.3%,当大于 0.3% 但小于 0.5% 时,应补充平行试验一次,以 3 次试验的平均值作为试验结果,3次试验的最大值与最小值之差不得大于0.5%。

(十)沥青与粗集料的黏附性试验

1. 目的与适用范围

用于测定沥青与粗集料表面的黏附性及评定粗集料的抗水剥离能力。最大粒径大于13.2mm的集料用水煮法,最大粒径小于或等于13.2mm的集料用水浸法。当同一种原料中既有大于又有小于13.2mm的集料时,以大于13.2mm的水煮法试验为标准,对细粒式沥青混合料,以水浸法试验为标准。

2. 仪器设备

(1)天平:称量500g,感量不大于0.01g。

(2)恒温水槽:能保持温度80℃±1℃。

(3)拌和用小型容器:500mL。

(4)烧杯:1 000mL。

(5)试验架。

(6)细线:尼龙线或棉线、铜丝线。

(7)标准筛:孔径9.5mm、13.2mm、19mm的方孔筛各1个。

(8)烘箱:能够自动调温控温。

(9)电炉、燃气炉。

(10)玻璃板:200mm×200mm左右。

(11)搪瓷盘:300mm×400mm左右。

(12)铁丝网。

(13)其他:拌和铲、石棉网、纱布、手套等。

3. 试验步骤

1)水煮法(适用于粒径大于13.2mm的集料)

(1)将集料过13.2mm、19mm的筛,取粒径13.2~19mm、形状接近立方体的集料5个,用洁净水洗净,在温度为105℃±5℃的烘箱中烘干,放在干燥器中备用。

(2)大烧杯中盛水,并置于加热炉的石棉网上煮沸。

(3)将集料逐个用细线在中部系牢,再置于105℃±5℃的烘箱中1h。

(4)石油沥青加热至130~150℃,逐个用线提起加热的矿料颗粒,浸入沥青中45s后,轻轻拿出,使集料颗粒完全为沥青膜所裹覆。

(5)将裹覆沥青的集料颗粒悬挂于试验架上,下面垫一张纸,使多余的沥青流掉,在室温下冷却15min。

(6)待集料颗粒冷却后,逐个用线提起,浸入盛有煮沸水的大烧杯中央,调整加热炉,使烧杯中的水保持微沸状态,不允许有沸开的泡沫。

(7)浸煮3min后,将集料从水中取出,适当冷却,然后放入一个盛有常温水的纸杯或其他容器中,在水中观察集料颗粒上沥青膜的剥落程度,按表5-26评定黏附等级。

(8)同一试样应平行试验5个集料颗粒,并由两名以上经验丰富的试验人员分别评定后,取平均等级作为试验结果。

沥青与集料黏附性等级评定　　　　　　　　　　　　　　表 5-26

试验后石料表面上沥青膜剥落情况	黏附性等级
沥青膜完全保存,剥离面积百分率接近于 0	5
沥青膜少部为水所移动,厚度不均匀,剥离面积百分率少于 10%	4
沥青膜局部明显地为水所移动,基本保留在石料表面上,剥离面积百分率少于 30%	3
沥青膜大部为水所移动,局部保留在石料表面上,剥离面积百分率大于 30%	2
沥青膜完全为水所移动,石料基本裸露,沥青全浮于水面上	1

2)水浸法(适用于粒径小于 13.2mm 的集料)

(1)将集料过 9.5mm、13.2mm 的筛,取粒径 9.5～13.2mm、形状规则的集料 200g,用洁净水洗净,并置于温度为 105℃±5℃的烘箱中烘干,然后放在干燥器中备用。

(2)以标准方法取沥青试样放入烧杯中,加热至要求的拌和温度。

(3)将煮沸过的热水注入恒温水槽中,并维持温度 80℃±1℃。

(4)按四分法称取集料 100g 置于搪瓷盘上,连同搪瓷盘一起放入已升温至沥青拌和温度以上 5℃的烘箱中持续加热 1h。

(5)按每 100g 集料加入沥青 5g±0.2g 的比例称取沥青,准确至 0.1g,放入小型拌和容器中,置于同一烘箱中加热 15min。

(6)从烘箱中取出拌和容器,将搪瓷盘中的集料倒入拌和容器的沥青中,立即用金属铲均匀拌和 1～1.5min,使集料完全被沥青膜裹覆。拌和完成后立即将裹有沥青的集料取 20 个,用小铲移至玻璃板上摊开,并在室温下冷却 1h。

(7)将放有集料试样的玻璃板浸入水温 80℃±1℃的恒温水槽中,保持 30min,并将剥离及浮于水面的沥青用纸片捞出。

(8)由水中小心取出玻璃板,浸入水槽内的冷水中,仔细观察裹覆集料的沥青薄膜的剥落情况。由两名以上经验丰富的试验人员分别目测,评定剥离面积的百分率,评定后取平均值。

(9)由剥离面积百分率,按表 5-26 评定沥青与集料黏附等级。

【本章小结】

1.路面分为柔性路面、刚性路面和半刚性路面三类。

2.水泥混凝土路面属刚性路面,具有强度高、抵抗变形能力强、耐久性好、稳定性好的特点。路面水泥混凝土在硬化前要具有良好的工作性,硬化后要满足强度和耐久性要求。常规试验项目有工作性试验、强度试验、拌和物含气量试验等。应采用数理统计方法评定混凝土的抗压强度和抗折强度。

3.沥青路面是柔性路面,应具备的技术性能有:高温稳定性、低温抗裂性、耐久性、抗滑性和施工和易性。现行规范采用马歇尔稳定度试验和车辙试验评价高温稳定性;用浸水马歇尔试验和冻融劈裂试验检验沥青混合料的水稳定性。表征耐久性的指标是空隙率、饱和度和残留稳定度。

【思考题】

1. 水泥混凝土路面有何特点？
2. 水泥混凝土工作性的含义是什么？如何评定工作性？
3. 如何确定混凝土的强度等级？
4. 水泥混凝土的强度指标有哪几种？各指标的含义是什么？如何计算？
5. 沥青混合料的技术性质有哪些？
6. 什么是沥青混合料的高温稳定性？如何评定？
7. 测定沥青混合料密度的方法有几种？各种方法的适用条件分别是什么？
8. 沥青混合料车辙试验的目的是什么？测定的指标是什么？
9. 沥青中蜡含量对沥青混合料的路用性能有哪些影响？
10. 简述沥青混合料中沥青含量的测定方法。
11. 沥青混合料的水稳定性用什么指标表示？
12. 拟配制 C20 的混凝土，从施工现场取样制成一组 10cm×10cm×10cm 的试件，标准养护 28d，做抗压强度试验，测得其破坏荷载分别为 210kN、220kN、230kN，该组混凝土的强度是否达到 20MPa？

第六章
路基路面工程现场检测技术

路基路面工程涉及范围广,影响因素多,灵活性也较大,其质量的优劣直接影响行车的安全、畅通、快速和舒适,也关系到养护、维修的投入。路基路面工程现场试验检测是工程质量管理的重要技术手段,利用快速、科学、先进的现场检测技术,获取客观、准确的试验检测数据,是控制和评定路基路面施工质量的科学依据。本章学习路基路面工程现场试验检测方法。

第一节 路基路面现场测试选点(区)方法

对公路路基路面各个层次进行各种测定时,为使获取的试验数据具有代表性,需采用一定的方法选择测点(区)进行抽样试验。

常用的确定测点(区)的方法有均匀法,即沿道路纵向或横向等间距布置测点(区);随机法,即用随机数表征测点(区)位置信息,如里程桩号、离道路中线的距离等,从而确定测点(区)位置;定向法,即以具有某个特征的位置作为测点,如轮迹带、错台等位置;连续法,一般指沿道路纵向连续布置测区,以较小的间距均匀布置测点;综合法,即同时使用上述两种以上的选点(区)方法,确定测点(区)位置。综合法如沿道路纵向连续选择测区,测区内随机选择测点,或者沿道路纵向均匀确定测区,测区内定向选取测点,等等。下面重点介绍随机法确定测点(区)的过程。

一、仪具及材料

(1)量尺:钢尺、皮尺等。
(2)硬纸片:28 块,每块大小 2.5cm × 2.5cm,从 1~28 编号,装在一个布袋中。
(3)骰子:2 个。
(4)其他:毛刷、粉笔等。

二、测定区间或测定断面的确定

(1)路段确定:根据路面施工或验收、质量评定方法等有关规范决定需检测的路段。它可以是一个作业段、一天完成的路段或路线全程,在路基路面工程检查验收时,通常以 1km 为一个检测路段。

(2)将确定的测试路段划分为一定长度的区间或按桩号间距(一般为 20m)划分成若干个断面,将其依次编号,总的区间数或断面数为 T。

(3)从布袋中随机摸出一块硬纸片,硬纸片上的号数即表 6-1 上的栏号,从 1~28 栏中选出该栏号对应的一栏。

(4)按照测定区间数、断面数的频度要求(总的取样数 n,当 $n>30$ 时应分次进行),依次找出与 A 列中 01、02、…、n 对应的 B 列中的值,共 n 对对应的 A、B 值。

(5)将 n 个 B 值与总的区间数或断面数 T 相乘,四舍五入取整数,即得到 n 个断面的编号,与 A 列的 1、2、…、n 对应。

【例 6-1】 拟从 K36 +000 ~ K37 +000 的 1km 检测路段中选择 20 个断面测定路面宽度、高程、横坡等外形尺寸,断面决定方法如下:

(1)1km 总长的断面数 $T = 1\ 000/20 = 50$ 个,编号为 1、2、…、50。
(2)从布袋中随机摸出一块硬纸片,其编号为 5,即使用表 6-1 的第 5 栏。
(3)从第 5 栏 A 列中挑出小于等于 20 所对应的 B 列数值,将 B 与 T 相乘,四舍五入得到 20 个编号,并得到 20 个断面的桩号,如表 6-2 所列。

三、测点位置的确定

(1)从布袋中任意取出一块硬纸片,纸片上的号数即为表 6-1 中的栏号。从 1~28 栏中选出该栏号所对应的一栏。

(2)按照测点数的频度要求(取样总数为 n),依次找出栏号的取样位置数。根据检验数据 n(当 n 大于 30 时应分次进行),在所定栏号的 A 列找出等于所需取样位置数的全部数,如 01、02、…、n。

(3)确定取样位置的纵向距离。找出与 A 列中相对应的 B 列中数值,以此数乘以检测区间的总长度,并加上该段的起点桩号,即得出取样位置距该段起点的距离或桩号。

(4)确定取样位置的横向距离。找出与 A 列中相对应的 C 列中数值,以此数乘以检测路面的宽度,再减去宽度的一半,即得出取样位置离路面中心线的距离,如差值是正值(+),表示在中心线的右侧,如差值是负值(-),表示在中心线的左侧。

【例 6-2】 拟在 K36 +000 ~ K37 +000 的 1km 检测路段中选择 6 个测点进行钻孔取样检

验压实度、沥青用量和矿料级配等。钻孔位置决定方法如下：

（1）选定的随机数栏号为3，采用表6-1中的栏号3。

一般取样的随机数表 表6-1

栏号1			栏号2			栏号3			栏号4			栏号5		
A	B	C	A	B	C	A	B	C	A	B	C	A	B	C
15	0.033	0.578	05	0.048	0.879	21	0.013	0.220	18	0.089	0.716	17	0.024	0.863
21	0.101	0.300	17	0.074	0.156	30	0.036	0.853	10	0.102	0.330	24	0.060	0.032
23	0.129	0.916	18	0.102	0.191	10	0.052	0.746	14	0.111	0.925	26	0.074	0.639
30	0.158	0.434	06	0.105	0.257	25	0.061	0.954	28	0.127	0.840	07	0.167	0.512
24	0.177	0.397	28	0.179	0.447	29	0.062	0.507	24	0.132	0.271	28	0.194	0.776
11	0.202	0.271	26	0.187	0.844	18	0.087	0.887	19	0.285	0.089	03	0.219	0.166
16	0.204	0.012	04	0.188	0.482	24	0.105	0.849	01	0.326	0.037	29	0.264	0.284
08	0.208	0.418	02	0.208	0.577	07	0.139	0.159	30	0.334	0.938	11	0.282	0.262
19	0.211	0.798	03	0.214	0.402	01	0.175	0.647	22	0.405	0.295	14	0.379	0.994
29	0.233	0.070	07	0.245	0.080	23	0.196	0.873	05	0.421	0.282	13	0.394	0.405
07	0.260	0.073	15	0.248	0.831	26	0.240	0.981	13	0.451	0.212	06	0.410	0.157
17	0.262	0.308	29	0.261	0.037	14	0.255	0.374	02	0.461	0.023	15	0.438	0.700
25	0.271	0.180	30	0.302	0.883	06	0.310	0.043	06	0.487	0.539	22	0.453	0.635
06	0.302	0.672	21	0.318	0.088	11	0.316	0.653	08	0.497	0.396	21	0.472	0.824
01	0.409	0.406	11	0.376	0.936	13	0.324	0.585	25	0.503	0.893	05	0.488	0.118
13	0.507	0.693	14	0.430	0.814	12	0.351	0.275	15	0.594	0.603	01	0.525	0.222
02	0.575	0.654	27	0.438	0.676	20	0.371	0.535	27	0.620	0.984	12	0.561	0.980
18	0.591	0.318	08	0.467	0.205	08	0.409	0.495	21	0.629	0.841	08	0.652	0.508
20	0.610	0.821	09	0.474	0.138	16	0.445	0.740	17	0.691	0.583	18	0.668	0.271
12	0.631	0.597	10	0.492	0.474	03	0.494	0.929	09	0.708	0.689	30	0.736	0.634
27	0.651	0.281	13	0.498	0.892	27	0.543	0.387	07	0.709	0.012	02	0.763	0.253
04	0.661	0.953	19	0.511	0.520	17	0.625	0.171	11	0.714	0.049	23	0.804	0.140
22	0.692	0.089	23	0.591	0.770	02	0.699	0.073	23	0.720	0.695	25	0.828	0.425
05	0.779	0.346	20	0.604	0.730	19	0.702	0.934	03	0.748	0.413	10	0.843	0.627
09	0.787	0.173	24	0.654	0.330	22	0.816	0.802	20	0.781	0.603	16	0.858	0.849
10	0.818	0.837	12	0.728	0.523	04	0.838	0.166	26	0.830	0.384	04	0.903	0.327
14	0.905	0.631	16	0.753	0.344	15	0.904	0.116	04	0.843	0.002	09	0.912	0.382
26	0.912	0.376	01	0.806	0.134	28	0.969	0.742	12	0.884	0.582	27	0.935	0.162
28	0.920	0.163	22	0.878	0.884	09	0.974	0.046	29	0.926	0.700	20	0.970	0.582
03	0.945	0.140	25	0.930	0.162	05	0.977	0.494	16	0.951	0.601	19	0.975	0.327

注：此表共28个栏号，第6~28栏号中的A、B、C值可参照有关规程、规范或标准。

(2)栏号3中从上至下小于等于6的数为:01、06、03、02、04、05。

(3)B列中与这6个数对应的6个数分别为0.175、0.310、0.494、0.699、0.838、0.977。

(4)取样路段长度1 000m,计算得出6个乘积(取样位置与该段起点的距离)分别为175m、310m、494m、699m、838m、977m。

(5)C列中与B列数值对应的数分别为0.647、0.043、0.929、0.073、0.166及0.494。

(6)路面宽度为10m,计算得6个乘积分别是6.47m、0.43m、9.29m、0.73m、1.66m及4.94m。因此,6个取样的横向位置分别是中心线右1.47m、左4.57m、右4.29m、左4.27m、左3.34m及左0.06m。计算结果列于表6-3。

路面宽度、高程、横坡检测断面随机选点计算表　　　　　　　　　　表6-2

断面编号	5栏A列	B列	$B \times T$	断面号	桩号
1	17	0.024	1.20	1	K36+020
2	07	0.167	8.35	8	K36+160
3	03	0.219	10.95	11	K36+220
4	11	0.282	14.10	14	K36+280
5	14	0.739	18.95	19	K36+380
6	13	0.394	19.70	20	K36+400
7	06	0.410	20.50	21	K36+420
8	15	0.438	21.90	22	K36+440
9	05	0.488	24.40	24	K36+480
10	01	0.525	26.25	26	K36+520
11	12	0.561	28.05	28	K36+560
12	08	0.652	32.60	33	K36+660
13	18	0.668	33.40	33	K36+680
14	02	0.763	38	38	K36+760
15	10	0.843	43.15	43	K36+860
16	16	0.858	42.90	43	K36+880
17	04	0.903	45.15	45	K36+900
18	09	0.912	45.60	46	K36+920
19	20	0.970	48.50	49	K36+980
20	19	0.975	48.45	49	K37+000

钻孔位置随机取样选点计算表　　　　　　　　　　表6-3

栏号3		取样路段长1 000m			路面宽度10m		测点数6个
测点编号	A列	B列	距起点距离(m)	桩号	C列	距路边缘距离(m)	距中线距离(m)
1	01	0.175	175	K36+175	0.647	6.47	右1.47
2	06	0.310	310	K36+310	0.043	0.43	左4.57
3	03	0.494	494	K36+494	0.929	9.29	右4.29
4	02	0.699	699	K36+699	0.073	0.73	左4.27
5	04	0.838	838	K36+838	0.166	1.66	左3.34
6	05	0.977	977	K36+977	0.494	4.94	左0.06

第二节　路基路面几何尺寸检测

在路基路面施工过程、交工验收期间及旧路调查中,都需要检测路基路面各部分的几何尺寸,以保证其符合要求。几何尺寸检测所用的仪器与材料有:钢卷尺、钢直尺、经纬仪、全站仪、精密水准仪、塔尺、粉笔等。

一、准备工作

(1)在路基或路面上准确恢复桩号。

(2)根据《公路工程质量检验评定标准　第一册　土建工程》(JTG F80/1—2004)的要求,按随机取样的方法,在一个检测路段内选取测定的断面位置及里程桩号,在测定断面做上记号。通常将路面宽度、横坡、高程及中线偏位选在同一断面位置,且宜在整数桩号上。

(3)根据道路设计的要求,确定路基路面各部分的设计宽度的边界位置,在测定位置上用粉笔做上记号。

(4)根据道路设计的要求,确定设计高程的纵断面位置,在测定位置上用粉笔做上记号。

(5)根据道路设计的要求,在与中线垂直的横断面上确定成型后的路面的实际中线位置。

(6)根据道路设计的路拱形状,确定曲线与直线部分的交界位置及路面与路肩(或硬路肩)的交界处,作为横坡检验的基准;当有路缘石或中央分隔带时,以两侧路缘石边缘为横坡测定的基准点,用粉笔做记号。

二、纵断面高程测定

(1)将精密水准仪架设在路面平顺处整平,以路线附近的水准点高程为基准,依次将塔尺竖立在中线的测定位置上,测记测定点的高程读数,以 m 计,准确至 0.001m。

(2)连续测定全部测点,并与水准点闭合。

各测点的实测高程 H_{1i} 与设计高程 H_{0i} 之差为:

$$\Delta H = H_{1i} - H_{0i} \tag{6-1}$$

三、路面横坡测定

对于无中央分隔带的公路,路面横坡是指路拱两侧直线部分的坡度;对于有中央分隔带的公路,路面横坡是指面与中央分隔带交界处及路面边缘与路肩交界处两点的高程差与水平距离的比值,以%表示。其测定方法如下:

(1)对设有中央分隔带的路面,测定横坡时,将精密水准仪架设在路面平顺处整平,将塔尺分别竖在路面与中央分隔带分界的路缘带边缘 d_1 处以及路面与路肩的交界位置(或外侧路缘石边缘) d_2 处, d_1 和 d_2 测点必须在同一横断面上。测量 d_1 和 d_2 处的高程,记录高程读数,以 m 计,准确至0.001m。

(2)对无中央分隔带的路面,测定横坡时,将精密水准仪架设在路面平顺处整平,将塔尺分别竖在路拱曲线与直线部分的交界位置 d_1 处以及路面与路肩的交界位置 d_2 处, d_1 和 d_2 测点必须在同一横断面上。测量 d_1 和 d_2 处的高程,记录高程读数,以 m 计,准确至 0.001m。

(3)用钢尺测量两测点的水平距离 B_i,以 m 计。对于高速公路及一级公路,准确至 0.005m;对于其他等级公路,准确至 0.01m。

各测点断面的横坡度 i_{1i} 按式(6-2)计算,准确至一位小数。按式(6-3)计算实测横坡 i_{1i} 与设计横坡 i_{0i} 之差 Δi_i。

$$i_{1i} = \frac{h_{d1} - h_{d2}}{B_i} \times 100 \tag{6-2}$$

$$\Delta i_i = i_{1i} - i_{0i} \tag{6-3}$$

式中:h_{d1}、h_{d2}——各测定断面两测点 d_1 和 d_2 的高程读数。

四、路基路面宽度测定

路基宽度是指行车道与路肩宽度之和,以 m 计,当设有中间带、变速车道、爬坡车道、紧急停车带时,还应包括这些部分的宽度。即路面宽度包括行车道、路缘带、变速车道、爬坡车道、硬路肩和紧急停车带的宽度,以 m 计。其测定方法如下。

用钢尺沿中心线垂直方向水平量取路基路面各部分的宽度,以 m 计。高速公路及一级公路,准确至 0.005m;其他公路,准确至 0.01m。测量时量尺应保持水平,不得将尺紧贴路面量取,也不得使用皮尺。

各测定断面的实测宽度 B_{1i} 与设计宽度 B_{0i} 之差 ΔB_i 为:

$$\Delta B_i = B_{1i} - B_{0i} \tag{6-4}$$

五、中线偏位测定

路面实际中心线偏离设计中心线的距离为路面中线偏位,以 mm 计。

(1)对有中线坐标的道路,首先从设计资料中查出待测点 P 的设计坐标,用经纬仪对该设计坐标进行放样,并在放样点 P′ 做好标记,量取 PP′ 的长度,即为中线平面偏位 Δ_{CL},以 mm 表示,对高速公路及一级公路,准确至 5mm;对其他等级公路,准确至 10mm。

(2)对无中线坐标的低等级道路,应首先恢复交点或转点,实测偏角和距离,然后采用链距法、切线支距法或偏角法等传统方法确定道路中线的设计位置,量取设计位置与施工位置之间的距离,即为中线平面偏位 Δ_{CL},以 mm 表示,准确至 10mm。

六、相邻板高差测定

将水平尺或 3m 直尺垂直跨越接缝并水平放于高出的一侧,用塞尺量测接缝处两边板块的最大高差,即为该接缝处的相邻板高差 H,以 mm 表示,准确至 0.5mm。若塞尺量程不足,可使用钢直尺量测,准确至 1mm。

七、纵、横缝顺直度测定

(1)将软线对齐 20m 长的纵缝两端并拉直,用钢直尺量测纵缝与软线的最大间距,以 mm 表示,即为该处纵缝顺直度。

(2)将软线沿板宽对齐面板横缝两端并拉直,用钢直尺量测横缝与软线的最大间距,以 mm 表示,即为此板的横缝顺直度。

八、几何数据测试系统测定几何线形试验方法

本方法适用于各类几何数据测试系统在正常行车条件下连续采集路面的横坡、纵坡以及路线的曲率半径(平曲线半径、竖曲线半径)数据。其数据采集、传输、记录和数据处理均由专用软件自动控制进行。测试过程路面应整洁,宜选择风力较小的时间。

几何数据测试系统由承载车、数据采集处理系统和距离测量系统组成。几何数据测试系统承载车辆的车身高度不宜超过1.7m,车型满足设备制造商的要求,测试系统技术要求和参数应满足相应规范要求。方法与步骤如下。

1. 准备工作

(1)检查轮胎气压,使气压达到车辆正常使用的轮胎气压。

(2)距离标定。承载车每行驶5 000km或者更换轮胎必须进行距离标定,距离标定长度1 000m,误差0.1%。

(3)将控制面板电源打开,检查各项控制功能键、指示灯和技术参数选择状态。

2. 测试步骤

(1)打开测试系统,通电预热时间不少于设备操作手册的规定。

(2)每次测试开始前或连续测试长度超过100km后,必须按照设备使用手册规定的方法进行系统偏差标定。

(3)按照设备操作手册的规定和测试路段的现场技术要求设置完毕所需的测试状态。

(4)驾驶员以恒定加速度加速至测试速度,测试车速宜为30~80km/h。沿正常行车轨迹驶入测试路段,测试过程中驾驶员应沿车道线匀速行驶,不能超车、变线。

(5)进入测试路段后,测试人员在测试过程中必须及时准确地将测试路段的起终点和其他需要特殊标记的点的位置输入测试数据记录中。

(6)当测试车辆驶出测试路段后,停止车辆,设备操作人员停止数据采集和记录,并恢复仪器各部分至初始状态。

(7)检查测试数据,内容应正常,否则重新测试。

(8)关闭测试系统电源,结束测试。

(9)数据处理。

由于车辆行驶过程中路面状况和外界风力等因素会影响测试结果,因此车辆高度和测试速度应满足规范要求。在实际应用过程中如对结果存在异议,需用标准方法对平面(水准)测量结果进行校核。

九、检测路段几何尺寸评定

根据检测结果算出一个评定路段内测定值的平均值、标准差、变异系数等质量特征值,然后按照数理统计原理计算一个评定路段测定值的代表值:

单侧检验的指标:

$$X' = \overline{X} \pm S \cdot \frac{t_\alpha}{\sqrt{N}} \tag{6-5}$$

双侧检验的指标:

$$X' = \bar{X} \pm S \cdot \frac{t_{\alpha/2}}{\sqrt{N}} \tag{6-6}$$

式中:X'——评定路段内测定值的代表值;
$\bar{X}$——评定路段内测定值的平均值;
S——标准差;
t_α、$t_{\alpha/2}$——t 分布中随自由度($N-1$)和保证率(或置信度 α)而变化的系数。

单边或双边置信水平,保证率为 95%、90% 时的 $t_\alpha/\sqrt{N}$ 或 $t_{\alpha/2}/\sqrt{N}$ 值见附表2-1(t 分布概率系数表)。

当无特殊规定时,可疑数据的舍弃以 K 倍标准差作为舍弃标准,即在资料分析中,舍弃那些在 $\bar{X} \pm KS$ 范围以外的测定值,然后再重新计算整理。当试验数据 N 为 3、4、5、6 时,K 值分别为 1.15、1.46、1.67、1.82;N 等于或大于 7 时,K 值采用 3。

第三节 路面厚度检测

在路面工程中,各结构层的厚度和道路的整体强度密切相关,而且,严格控制各结构层的厚度,还能对路面的高程起到一定的控制作用,所以路面厚度是一个非常重要的质量指标,路面各层施工完成后及交工验收时,必须进行厚度的检测。

一、仪具与材料

(1)挖坑用的镐、铲、凿子、锤子、小铲、毛刷。

(2)取样用路面取芯钻机及钻头、冷水机。钻头的标准直径为 ϕ100mm,如芯样仅供测量厚度,不做其他试验时,对沥青面层与水泥混凝土板也可用直径 ϕ50mm 的钻头;基层材料有可能损坏试件时,也可用直径 ϕ150mm 的钻头,但钻孔深度均必须达到层厚。

(3)量尺:钢板尺、钢卷尺、卡尺。

(4)补坑材料:与检查层位的材料相同。

(5)补坑用具:夯、热夯、水等。

(6)其他:搪瓷盘、棉纱等。

二、挖坑法测定路面厚度

(1)按随机选点法决定挖坑检查的位置。如为旧路,测点有坑洞等显著缺陷或处于接缝处时,可在其旁边检测。

(2)选一块约 40cm×40cm 的平坦表面作为试验地点,用毛刷将其清扫干净。

(3)根据材料坚硬程度,选择镐、铲、凿子等适当的工具开挖这一层材料,直至层位底面。在便于开挖的前提下,开挖面积应尽量缩小,坑洞大体呈圆形。边开挖边将材料铲出置于方盘内。

(4)用毛刷清扫坑底,作为下一层的顶面。

(5)将一把钢板尺平放横跨于坑的两边,用另一把钢尺或卡尺等量具在坑的中部位置垂直伸至坑底,测量坑底至钢板尺底面的距离,即为检查层的厚度,以 mm 计,精确至 1mm。

三、钻孔取芯法测定路面厚度

(1) 按随机选点法决定挖坑检查的位置。如为旧路,测点有坑洞等显著缺陷或处于接缝处时,可在其旁边检测。

(2) 按钻取芯样的方法用路面取芯机钻孔,钻孔深度必须达到层厚。

(3) 小心取出芯样,清除表面灰土,找出与下层的分界。

(4) 用钢板尺或卡尺沿圆周对称的十字方向四处量取表面至上下层界面的高度,取其平均值,即为该层的厚度,准确至1mm。

施工过程中的简易方法:当沥青混合料尚未冷却时,可根据需要随机选择测点,用大螺丝刀插入一定深度后,用尺量取层厚或挖坑量取沥青层的厚度(必要时用小锤轻轻敲打),但不得使用铁镐等扰动四周的沥青层。厚度以mm计,精确至1mm。

四、填补试坑或钻孔

用挖坑或钻孔方法测定结构层厚度后,所有试坑、钻孔均应用相同材料仔细填补,如有疏忽,易成为隐患而导致开裂,填补试坑或钻孔的步骤如下。

(1) 适当清理坑中残留物,钻孔时留下的积水应用棉纱吸干。

(2) 对有机结合料稳定层及水泥混凝土路面板,应按相同配比用新拌的材料分层填补并用小锤压实。水泥混凝土中宜掺加少量快凝早强的外掺剂。

(3) 对无结合料粒料基层,可用挖坑时取出的材料,适当加水拌和后分层填补,并用小锤击实整平。

(4) 对正在施工的沥青路面,用相同级配的热拌沥青混合料分层填补并用加热的铁锤或热夯压实,旧路钻孔也可用乳化沥青混合料修补。

(5) 补坑结束时,宜比原面层略鼓出少许,用重锤或压路机压实整平。

五、短脉冲雷达测定路面厚度试验方法

使用雷达进行路基路面物理力学指标的无损检测开始于20世纪80年代后期,欧、美最早应用,我国大约在20世纪90年代初开始应用。雷达检测技术具有无损、快速、简易、精度高的突出优点,在公路工程施工质量检测与监控中,具有广阔的应用前景。

短脉冲雷达是目前国内外已普遍用于测试路面结构层厚度的一种无损测试设备。其沥青面层的测试误差一般可控制在3mm内,其测试效率是传统方法所无法相比的。雷达检测技术实质上是一种特高频电磁波发射与接收技术,雷达波由自身激振产生,直接向路基路面中发射射频电磁波,通过波的反射与接收获得路基路面的采样信号,再经过硬件与软件及图文显示系统,得到检测结果。

雷达测试系统由承载车、天线、雷达发射接收器和控制系统组成,设备部分如图6-1所示。

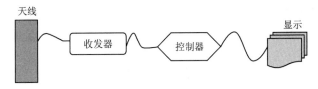

图6-1 雷达系统组成图

1. 主要设备及测试系统的技术要求和参数

(1)承载车:设备承载车车型应满足设备制造商的要求。

(2)天线:喇叭形空气耦合天线,带宽能适应所选择的发射脉冲频率。测试路面厚度小于10cm时,宜选用频率大于2GHz的雷达天线;路面厚度10~25cm时,宜选用频率大于1.5GHz的雷达天线;路面厚度大于25cm时,宜选用频率大于1GHz的雷达天线。

(3)收发器:脉冲宽度≤1.0ns,时间信号处理能力可以适应所需的测试深度。

(4)波速标定:应对可能造成波速变化的施工、材料、厚度等因素综合考虑后确定必须进行波速标定的段落单元,通过标定得到其波速值后再计算该路段路面厚度。

(5)距离标定误差:≤0.1%。

(6)最小分辨层厚:≤40mm。

(7)设备工作温度:0~50℃(空气温度)。

2. 方法与步骤

(1)准备工作

①距离标定:承载车有下面情形之一时需要进行距离标定:承载车行驶超过20 000km;更换轮胎;使用超过1年。距离标定根据厂商提供的使用说明进行。

②安装雷达天线:将雷达天线按照厂商提供的安装方法牢固安装好,并将天线与主机连接好。

③检查连接线安装无误后开机预热,预热时间不得少于厂商规定的时间。

④将金属板放置在天线正下方,启动控制软件的标定程序,获取相应参数。

⑤打开控制软件的参数设置界面,根据不同的检测目的,设置采样间隔、时间窗、增益等参数。

(2)测试步骤

①将承载车停止在起点,开启安全警示灯,启动软件测试程序,令驾驶员缓慢加速车辆到正常检测速度。

②检测过程中,操作人员应记录测试线路所遇到的桥梁、涵洞、隧道等构造物的起终点。

③当测试车辆到达测定终点后,操作人员停止采集程序。

④芯样标定:为了准确反算出路面厚度,必须知道路面材料的介电常数,通常采用在路面上钻芯取样的方法获取路面材料的介电常数。做法是首先令雷达天线在需要标定芯样点的上方采样,然后钻芯,最后将芯样的真实厚度数据输入到计算程序中,反算出路面材料的介电常数或者雷达波在材料中的传播速度。路面材料的介电常数会随集料类型、沥青产地、密度、湿度等而不同,测试过程中应根据实际情况钻取芯样,以保证测试厚度的准确性。

每个波速标定路段单元芯样不宜少于4个,且位置均匀分布,各波速变异系数C_v不大于3%。如不能达到,应通过增加芯样个数的方法减小C_v值,不能随意舍弃芯样波速值,只有当其显著偏大时方可舍弃。

芯样波速标定时,应选择雷达图像界面清晰、容易辨识、没有突变的路段进行,且钻芯点位与雷达测试点位应一致。

⑤操作人员检查数据文件,文件应完整,内容应正常,否则应重新测试。

⑥关闭测试系统电源,结束测试。

3. 计算

根据雷达波在路面面层中的双程走时以及材料的相对介电常数,用下式确定面层厚度:

$$T = \frac{\Delta t \times c}{2\sqrt{\varepsilon_r}} \qquad (6-7)$$

式中:T——面层厚度(mm);

c——电磁波在空气中的传播速度(300mm/ns);

ε_r——相对介电常数,可以通过路面芯样获得;

Δt——雷达波在路面面层中的双程走时时间(ns)。

路面厚度的计算通常先由雷达波识别软件自动识别各层分界线,得到雷达波在各层中的双程走时,然后计算各层厚度。

六、路面结构层厚度评定

路段内路面结构层厚度通过代表值和单个合格值的允许偏差进行评定。厚度代表值为厚度的算术平均值的下置信界限值,即:

$$X_L = \overline{X} - \frac{t_\alpha}{\sqrt{n}} S \qquad (6-8)$$

式中:X_L——厚度代表值(算术平均值的下置信界限值);

$\overline{X}$——厚度平均值;

S——标准差;

n——检测点数;

t_α——t 分布表中随测点数和保证率(或置信度 α)而变化的系数,可查附表2-1。

采用的保证率如下:

高速、一级公路:基层、底基层为99%;面层为95%;

其他公路:基层、底基层为95%,面层为90%。

当厚度代表值大于等于设计厚度减去代表值允许偏差时,则按单个检查值的偏差不超过单点合格值来计算合格率;当厚度代表值小于设计厚度减去代表值允许偏差时,相应分项工程评为不合格。

沥青面层一般按沥青铺筑层总厚度进行评定,但高速公路和一级公路分 2~3 层铺筑时,还应进行上面层厚度的检查与评定。

【例6-3】 某路段水泥混凝路面板厚度检测数据如表6-4所示。保证率为95%,设计厚度 $h_d = 25$cm,代表值允许偏差 $\Delta h = 5$mm,试对该路段的板厚进行评价。

水泥混凝土路面板厚度检测结果(cm)　　　　表6-4

序号	1	2	3	4	5	6	7	8	9	10	11	12	13	14	15
厚度	25.1	24.8	25.1	24.6	24.7	25.4	25.2	25.3	24.7	24.9	24.9	24.8	25.3	25.3	25.2
序号	16	17	18	19	20	21	22	23	24	25	26	27	28	29	30
厚度	25.0	25.1	24.8	25.0	25.1	24.7	24.9	25.0	25.4	25.2	25.1	25.0	25.0	25.5	25.4

解:经计算得:$\overline{X} = 25.05$cm,$S = 0.24$cm。

根据 $n = 30$,$\alpha = 95\%$,查附表得:$t_\alpha/\sqrt{n} = 0.310$。

厚度代表值为算术平均值的下置信界限,即:

$$X_\mathrm{L} = \overline{X} - \frac{t_\alpha}{\sqrt{n}}S$$

$$= 25.05 - 0.310 \times 0.24 = 24.98(\mathrm{cm})$$

因为 $X_\mathrm{L} > h_\mathrm{d} - \Delta h = 24.5(\mathrm{cm})$,所以该路段的板厚满足要求。

第四节 压实度检测

压实度是路基路面施工质量检测的关键指标之一,表征现场压实后的密实状况,压实度越高,密实度越大,材料整体性能越好。因此,碾压工序成为路基路面施工质量控制的关键工序。对于路基土及路面基层,压实度是指工地实际达到的干密度与室内标准击实试验所得的最大干密度的比值;对沥青路面,压实度是指现场实际达到的密度与标准密度的比值。

一、压实的意义与机理

压实,就是把一定体积的路基土、基层材料或路面沥青混凝土压缩到更小的体积的过程。此过程使颗粒相互挤压到一起,减少孔隙,由此提高材料的密实度。高标准压实,是保证路基、路面强度和稳定性的一项最经济有效的技术措施。

压实可以充分发挥路基土和路面材料的强度,减少路基、路面在行车荷载作用下产生的永久变形,还可以增加路基土和路面材料的不透水性和强度稳定性,对于增强道路路基路面的使用性能和延长寿命是非常重要的。如果路基、底基层、基层或面层材料压实不足,在使用过程中路面上就可能产生车辙、裂缝、沉陷和水损坏,也可能使整个路面产生剪切破坏。

通常用压实度来衡量现场压实的质量。

二、影响压实的因素

在室内对细粒土或多种路面材料进行压实试验时,影响土或路面材料达到规定密实度的主要因素有:含水率、土或材料的颗粒组成以及击实功等。

在施工现场碾压细粒土的路基时,影响路基达到规定压实度的主要因素有:土的含水率、碾压层的厚度、压实机械的类型和功能、碾压遍数以及地基的强度。

在工地碾压级配集料时,影响集料达到规定密实度的主要因素,除上述因素外还有集料的特性(包括质量、级配和细料的塑性指数)以及下承层的强度。

此外,土和路面材料的类型对所能达到的压实度也有明显的影响。

三、压实度试验检测方法

(一)最大干密度的确定

室内试验得出的标准密度(最大干密度)是压实度评定的基准值,直接决定评定结果的可靠性。由于筑路材料类型不同,最大干密度的确定方法也有所不同。

1. 路基土最大干密度的确定

根据路基土类别和性质的不同,最大干密度的试验方法主要有击实法、振动台法和表面振动压实仪法,适用范围见表6-5。

路基土最大干密度确定方法比较   表6-5

试验方法	适 用 范 围	土的粒组
击实试验	小试筒适用于粒径不大于25mm的土; 大试筒适用于粒径不大于38mm的土	细粒土 粗粒土
振动台法	①测定无黏性自由排水粗粒土和巨粒土的最大干密度; ②通过0.074mm标准筛的土颗粒质量百分数不大于15%的无黏性自由排水粗粒土和巨粒土; ③对于最大颗粒大于60mm的巨粒土,因受试筒允许最大粒径的限制,宜按相似级配法的规定处理	粗粒土 巨粒土
表面振动压实仪法	同上	粗粒土 巨粒土

击实试验是我国路基土最大干密度确定的主要方法,通过试验得出击实曲线,确定最佳含水率和最大干密度。根据击实功的不同,分为重型击实试验和轻型击实试验。具体试验方法见第三章。

2. 路面基层材料最大干密度的确定

1) 半刚性基层材料

半刚性基层材料的最大干密度,按照《公路工程无机结合料稳定材料试验规程》(JTG E51—2009),用标准击实法求得,但当粒料含量高时(50%以上),由于击实筒空间的限制,现行方法就不能得出真正的最大干密度。若以此为准,按施工规范要求的压实度成型,所测的强度和有关参数太小,据此进行设计,势必造成浪费。同样,如以此为准进行施工质量控制,必然要求太低,不能保证施工质量,同时,随着振动碾压的大面积应用,标准击实试验无法反映实际施工中的振动压实状态。下面介绍一种确定最大干密度和最佳含水率的方法,即理论计算法。

理论计算法根据半刚性基层材料的体积组成,利用结合料和粒料级配组成与密度综合确定混合料最大干密度,主要用于无机结合料稳定粒料类材料。

(1) 石灰土、二灰稳定粒料

根据室内试验测得结合料的最大干密度 ρ_1 和集料的相对密度 γ,把已确定的结合料与集料的质量比换算为体积比 $V_1 : V_2$,则混合料的最大干密度 ρ_0 为:

$$\rho_0 = V_1\rho_1 + V_2\gamma \tag{6-9}$$

石灰土、二灰稳定粒料的最佳含水率 w_0 是结合料的最佳含水率 w_1 和集料饱水裹覆含水率 w_2 的加权值,可按下式计算:

$$w_0 = w_1 A + w_2 B \tag{6-10}$$

式中:A、B——结合料和集料的百分比,以小数计。

饱水裹覆含水率是指把集料浸水饱和后取出,不擦去表面裹覆水时的含水率。除吸水率特大的集料外,此值对于砾石可以取3%,碎石可取4%。

(2) 水泥稳定粒料

此类材料的最大干密度 ρ_0 与集料的最大干密度 ρ_G 和水泥硬化后的水泥质量有关,即:

$$\rho_0 = \frac{\rho_G}{1 - \frac{(1+k)a}{100}} \tag{6-11}$$

式中:ρ_G——集料在振动台上加载振动而得到的最大干密度(g/cm^3);

a——水泥含量(%);

k——水泥水化时水的增量,视水泥品种不同而异,一般为水泥质量的10%~25%,以小数计。

水泥加水拌均匀后,在105℃烘箱中烘干,称试验前水泥质量和烘干后硬化的水泥质量,即可求得水泥水化的增量。

因水泥中含有水化水,故用烘箱法不能正确测出水泥稳定粒料的最佳含水率。根据对比试验,水泥稳定粒料的最佳含水率w_0由水泥的水化水、集料的饱水裹覆含水率和拌和水泥所需水(水灰比为0.5)三者组成,即:

$$w_0 = (0.5+k)a + w_2\left(1 - \frac{a}{100}\right) \tag{6-12}$$

式中:w_2——集料饱水裹覆含水率(%);

a——水泥含量(%);

k——水泥水化水增量,以小数计。

2)粒料类基层

粒料类基层材料最大干密度的确定方法有重型击实试验法和振动法。目前,国内外对级配碎石等粒料类材料的重型击实法和振动法开展了许多对比研究,表明振动法与重型击实法具有很好的相关性,都能够很好地反映级配碎石的密实度。不过考虑到目前振动试验尚未形成标准,振动参数不是很统一,且重型击实试验简单易操作,因此,粒料类基层最大干密度的确定仍以重型击实试验为主。

3)沥青稳定碎石基层

沥青稳定碎石基层材料标准密度的确定方法有标准马歇尔击实法、大型马歇尔击实法、旋转压实法和振动法成型。我国主要采用马歇尔击实法,对于公称最大粒径等于或大于31.5mm的混合料采用大型马歇尔击实法。

3. 沥青面层混合料标准密度的确定

沥青面层混合料标准密度的确定方法与沥青稳定碎石基层相同,我国以马歇尔击实法为主。具体密度测定,根据混合料本身的特点,可采用下列方法:

(1)水中重法:适用于密实的沥青混凝土试件,不适用于采用了吸水性大的集料的沥青混合料试件。

(2)表干法:适用于吸水率不大于2%的沥青混合料试件。

(3)蜡封法:适用于吸水率大于2%的沥青混凝土试件以及沥青碎石混合料试件,不能用水中重法或表干法测密度时,应用蜡封法测定。

(4)体积法:适用于空隙率较大的沥青碎石混合料及大空隙透水性开级配沥青混合料试件。具体的试验方法见第五章。

(二)现场密度试验检测方法

现场细粒土压实度检查可以采用灌砂法或环刀法;粗粒土及路面结构层压实度检查可以

采用灌砂法或钻孔取样法。应用核子密度仪时,须经对比试验检验,确认其可靠性。灌砂法和环刀法的具体试验方法见第三章。下面介绍核子密度仪法、无核密度仪法和钻芯法。

1. 核子密度仪法

核子密度仪法是利用放射性元素(通常是 γ 射线和中子射线)测量路基土或路面结构层材料的密度。它是现场检测压实度较常用的一种方法,可检测土壤、碎石、土石混合物、沥青混合料和非硬化水泥混凝土等材料,属非破坏性检测,允许对同一个测试位置进行重复测试,并监测密度和压实度的变化,以确定合适的碾压方法,从而达到所要求的压实度。

测定沥青混合料面层的压实密度或硬化混凝土等难以打孔材料的密度时宜使用散射法;测定土基、基层材料等可以打孔材料的密度及含水率时,应使用直接透射法。在表面用散射法测定时,所测定的沥青面层应根据仪器的性能决定最大厚度;测定土基或基层材料的压实密度及含水率时,打洞后用直接透射法测定,测定层的厚度不宜大于 30cm。

1)仪具与材料

(1)核子密度湿度仪:符合国家有关健康保护和安全使用标准,密度的测定范围为 $1.12 \sim 2.73 \text{g/cm}^3$,测定误差不大于 $\pm 0.03 \text{g/cm}^3$。含水率测量范围为 $0 \sim 0.64 \text{g/cm}^3$,测定误差不大于 $\pm 0.015 \text{g/cm}^3$。主要包括下列部件:

①γ 射线源:双层密封的同位素放射源,如铯 -137、钴 -60 或镭 -226 等。

②中子源:如镅铍中子源等。

③探测器:γ 射线探测器;热中子探测器等。

④读数显示设备:如液晶显示器、脉冲计数器、数率表或直接计数表。

⑤标准板:密度和含氢量都均匀不变的材料块,用于标验仪器运行状况和提供射线计数的参考标准。

⑥钻杆:用于打测试孔以便插入探测杆。

⑦安全防护设备:符合国家规定要求的设备。

⑧刮平板、接线等。

(2)细砂:$0.15 \sim 0.3 \text{mm}$。

(3)天平或台秤。

(4)其他:毛刷等。

2)仪器的标定

(1)核子密度仪最长每 12 个月要进行一次标定。标定可以由仪器生产厂家或独立的有资质的服务机构进行。

(2)新出厂的仪器事先已经标定,可以不标定。现存仪器如果经过维修,可能影响仪器的结构,必须进行标定后才能使用。现存仪器如果在标定核实过程中被发现不能满足规定的限值,也必须重新标定。

(3)标定后的仪器密度(或水分含量)值应达到要求,所有标定块上的每一测试深度上的标定响应应该在 $\pm 16 \text{kg/m}^3$。

3)准备工作

(1)每天使用前或者对测试结果有怀疑时,按下列步骤用标准计数块测定仪器的标准值:

①进行标准值测定时,其地点至少离开放射源 8m 的距离,地面必须经压实而且平整。

②接通电源,按照仪器使用说明书建议的预热时间,预热测定仪。

③在测定前,应检查仪器性能是否正常。将仪器在标准计数块上放置平稳,按照仪器说明书的要求进行标准化计数,并判断仪器标准化计数值是否符合要求,如标准计数超过规定的限值,应确认标准计数的方法和环境是否符合要求,重复进行标准化计数,若第二次标准计数仍超出规定的限界,需视作故障并进行仪器检查。

(2)标定:核子密度仪在使用前应在试验段上确定与其他标准方法的相关性,在进行沥青混合料压实层密度测定前,应用核子密度仪与钻孔取样的芯样进行标定;测定其他基层或路基材料密度时,宜用挖坑灌砂法进行标定。标定的步骤如下:

①选定200m以上长度的段落为试验段。

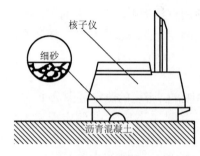

图6-2 用细砂填平测试位置

②按照随机取样的方法确定测试位置,但距路面边缘或其他物体的最小距离不得少于30cm。核子仪距其他的射线源不得少于10m。

③当用散射法测定沥青混合料压实层密度时,应按图6-2的方法用细砂填平测试位置路表结构凸凹不平的空隙,使路表面平整,能与仪器紧密接触。按图6-3的方法将核子仪平稳地置于测试位置上。

④当使用直接透射法测定时,应按图6-3的方法用导板和钻杆打孔,在拟测试材料的表面打一个垂直的测试孔,测试孔要满足插进探杆后仪器在测点表面上不倾斜。孔深必须大于探测杆达到的测试深度。再按图6-3的方法将探测杆插入已打好的测试孔内,前后或左右移动仪器,使之安放稳固。

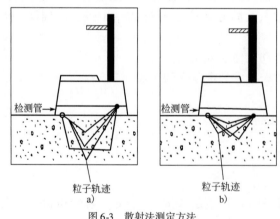

图6-3 散射法测定方法

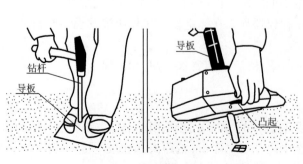

图6-4 在路表面上打孔

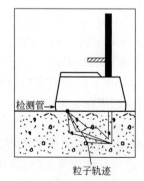

图6-5 直接透射法测定方法

⑤按操作手册规定的测定步骤测定密度。打开仪器,测试员退出仪器2m以外,按照选定的测定时间进行测量,达到测定时间后,读取并记录显示的各项数值,并迅速关机。

注:各种型号的仪器在具体操作步骤上略有不同,可按照仪器使用说明书进行操作。

⑥对于沥青混合料路面,在测定的同一位置用钻芯法取样;其他材料的基层或路基,在钻孔临近位置用挖坑灌砂法取样,同时测量厚度,按相关规程测定材料的密度。

⑦对同样的路面厚度、配合比设计、碾压遍数、松铺厚度、机械组合及压实度标准的路基或路面结构,使用前在试验段至少测定15处,求取两种不同方法在每处的偏差值 Δ_{pi},计算平均值作为修正值 Δ,将修正值 Δ 输入核子密度仪中,计算并保存。

对同样的路面厚度、配合比设计、碾压遍数、松铺厚度及机械组合,不同的压实度标准的路基或路面结构,使用前在每个试验段至少测定10处,求取两种不同方法测定密度的相关性公式,其相关系数 R 应不小于0.95。一般采用最小二乘法确定相关关系。

4)测定步骤

(1)重复上述标定的步骤②~⑤,读取核子仪的数值。

(2)根据相关性标定结果确定材料的湿密度和含水率,并计算干密度及压实度;对于沥青混合料压实层,用所确定的材料湿密度直接计算压实度。

如用散射法时,测定温度应与试验段测定时一致,一组不少于13点,取平均值。

5)安全注意事项

(1)仪器工作时,所有人员均应退到距仪器2m以外的地方。

(2)仪器不使用时,应将手柄置于安全位置,仪器应装入专用的仪器箱内,放置在符合核辐射安全规定的地方。

(3)仪器应由经有关部门审查合格的专人保管,专人使用。

测定路面密度及压实度的同时,应记录温度、材料类型、路面的结构层厚度及测试深度等数据和资料。

2. 无核密度仪法

无核密度仪按照工作原理分为电磁法无核密度仪和时域反算法无核密度仪。目前主要用于检测当日铺筑完工的沥青路面、现场沥青混合料铺筑层的密度及快速检查混合料的离析,不能用于交工验收或质量鉴定。

1)仪具与材料

(1)无核密度仪:内含电子模块和可充电电池。每12个月要将无核密度仪送到授权服务中心进行标定和检查。

①探头:无核,无电容,用于野外测量。

②探测深度:≥4.0cm。

③测量时间:1s。

④精度:0.003g/cm³。

⑤操作环境温度:0~70℃。

⑥测试材料表面最高温度:170℃。

⑦湿度:显示在无核密度仪上的测试材料表面水分值,必须在0~10之间。

(2)标准密度块:供密度标准计数用。

(3)交流充电器或直流充电器。

(4)打印机:用于打印测试数据。

2)准备工作

(1)第一次使用前需要对软件进行设置。存储后,以后再用无须再次设置。按照不同的需要选择想要的测量模式。

(2)在进行沥青混合料压实层密度测定前,在试验段上应用无核密度仪与钻孔取样的试件进行标定,确定偏移量或相关性公式:

①选定200m以上长度的段落为试验段。

②按照随机取样的方法确定表面干燥的测试位置,并做好标记,距路面边缘或其他物体的最小距离不得少于30cm。

③把无核密度仪平稳地置于测试位置上,保证仪器不晃动。当路表结构凸凹不平时,可用细砂填平测试位置的空隙,使路表面平整,能与仪器紧密接触。

④采用五点法测定密度。按操作手册规定的测定步骤,达到测定时间后,读取并记录显示的各项数值。

⑤对于沥青混合料路面,在测定的同一位置用钻芯法取样,同时用游标卡尺沿垂直的两个方向测量厚度后,按相关规程测定材料的密度。

⑥对同样的路面厚度、配合比设计、碾压遍数、松铺厚度、机械组合及压实度标准的路基或路面结构,使用前在试验段至少测定15处,求取两种不同方法在每处的偏差值$\Delta_{\rho i}$,计算平均值作为修正值Δ,将修正值Δ输入无核密度仪中,计算并保存。

对同样的路面厚度、配合比设计、碾压遍数、松铺厚度及机械组合,不同压实度标准的路基或路面结构,使用前在每个试验段至少测定10处,求取两种不同方法测定密度的相关性公式,其相关系数R应不小于0.95。一般采用最小二乘法确定相关关系。

3)测试步骤

(1)按照随机取样的方法确定测试位置,距路面边缘或其他物体的最小距离不得少于30cm,且表面干燥。

(2)把无核密度仪平稳地置于测试位置上,保证仪器不晃动。当路表结构凸凹不平时,可用细砂填平测试位置的空隙,使路表面平整,能与仪器紧密接触。

(3)开机后应检查仪器的工作状态,如电池电压、内部温度,设置检测日期、时间、测值编号等。

(4)进入测试界面,设置沥青面层厚度、测量单位、最大公称粒径等参数,选择单点测量模式,进入待测状态。

(5)按动测试键,3s后读取数据,并记录。当湿度测值超过10时,数据作废,应重新选点检测。

(6)当采用修正值方法时,显示为原始数据ρ_d;当采用相关性公式时,显示为原始数据带入相关性公式所换算的实测密度ρ_d,精确至0.01g/cm^3。将ρ_d代入压实度计算公式,精确到1%。

测定路面密度及压实度的同时,应记录温度、材料类型、路面的结构层厚度及测试深度等数据和资料。

3. 钻芯法测定沥青面层密度

沥青混合料面层的施工压实度是指按规定方法测得的混合料试样的毛体积密度与标准密度之比,以百分率表示。对沥青混合料,国内外均以取样测定作为标准试验方法。

1)仪具与材料

(1)路面取芯钻机。

(2)天平:感量不大于0.1g。

(3)溢流水槽。

(4)吊篮。

(5)石蜡。

(6)其他:卡尺、毛刷、小勺、取样袋(容器)、电风扇。

2)试验方法与步骤

(1)钻取芯样

按照规定方法钻取路面芯样,芯样直径不宜小于 $\phi 100 \mathrm{mm}$ 。当一次钻孔取得的芯样包含有不同层位的沥青混合料时,应根据结构组合情况用切割机将芯样沿各层结合面锯开,分层进行测定。钻孔取样应在路面完全冷却后进行,对普通沥青路面通常在第二天取样,对改性沥青及 SMA 路面宜在第三天以后取样。

(2)测定试件密度

①将钻取的试件在水中用毛刷轻轻刷净黏附的粉尘。如果试件边角有松散颗粒,应仔细清除。

②将试件晾干或用电风扇吹干,静置不少于24h,直至恒重。

③按现行《公路工程沥青及沥青混合料试验规程》(JTG E20—2011)规定的方法测定试件密度 ρ_s。通常情况下采用表干法测定试件的毛体积相对密度;对吸水率大于2%的试件,宜采用蜡封法测定试件的毛体积相对密度;对吸水率小于0.5%特别致密的沥青混合料,在施工质量检验时,允许采用水中重法测定表观相对密度。

(3)计算

①当压实的沥青混合料的标准密度采用马歇尔击实成型试件密度或试验路段钻孔取样密度时,沥青面层的压实度按式(6-13)计算:

$$K = \frac{\rho_s}{\rho_0} \times 100 \quad (6-13)$$

式中:K——沥青面层的压实度(%);

ρ_s——沥青混合料芯样试件的表观密度或毛体积密度(g/cm^3);

ρ_0——沥青混合料的标准密度(g/cm^3)。

②由沥青混合料实测最大密度计算压实度时,应先按式(6-14)进行空隙率折算,作为标准密度,再按式(6-13)计算压实度:

$$\rho_0 = \rho_t \times \frac{100 - VV}{100} \quad (6-14)$$

式中:ρ_0——沥青混合料实测的最大密度(g/cm^3);

ρ_t——沥青混合料的标准密度(g/cm^3);

VV——试件的空隙率(%)。

必须注意到在试验检测中,压实度的大小取决于实测的压实密度,同样也与标准密度的大小有关。但目前对标准密度的规定并不统一,有些工程在压实度达不到时便重新进行马歇尔试验,调整标准密度使压实度达到要求,这一做法实际上是弄虚作假。为了防止这种情况,新的检测方法规定了三种标准密度:第一种是马歇尔击实试件密度;第二种是试验路段钻孔取样密度;第三种是由实测最大密度按空隙率折算的标准密度。在进行检测时,应结合工程实际情况,采用相应的标准密度。

四、压实度检测结果评定

路基、路面压实度以 $1\sim 3km$ 长的路段为检验评定单元,按要求的检测频率及方法进行现场压实度抽样检查,求算每一测点的压实度 K_i。

检验评定段的压实度代表值 K(算术平均值的下置信界限值)为:

$$K = \bar{k} - \frac{t_\alpha}{\sqrt{n}} S \geq K_0 \tag{6-15}$$

式中:$\bar{k}$——检验评定段内各测点压实度的平均值;

t_α—— t 分布表中随测点数和保证率(或置信度 α)而变化的系数;

采用的保证率如下:

高速公路、一级公路:基层、底基层为99%;路基、路面面层为95%;

其他公路:基层、底基层为95%,路基、路面面层为90%;

S——检测值的标准差;

n——检测点数;

K_0——压实度标准值。

1. 路基、基层和底基层

(1) $K \geq K_0$,且单点压实度 K_i 全部大于等于规定值减2个百分点时,评定路段的压实度合格率为100%。

(2) $K \geq K_0$,且单点压实度 K_i 全部大于等于规定极值时,按测定值不低于规定值减2个百分点的测点数计算合格率。

(3) $K < K_0$,或某一单点压实度 K_i 小于规定极值时,该评定路段压实度不合格,相应分项工程评为不合格。

(4) 路堤施工段较短时,分层压实度应点点符合要求且样本数不小于6个。

2. 沥青面层

(1) $K \geq K_0$,且全部测点大于等于规定值减1个百分点时,评定路段的压实度合格率为100%。

(2) $K \geq K_0$ 时,按测定值不低于规定值减1个百分点的测点数计算合格率。

(3) $K < K_0$ 时,该评定路段的压实度不合格,相应分项工程评为不合格。

【例6-4】 某公路路基施工中,某一路段压实度检测结果如表6-6所示,压实度标准 $K_0 = 95\%$。试按保证率95%评定该路段的压实度。

压实度检测结果　　　　　　　　　表6-6

序号	1	2	3	4	5	6	7	8	9	10
压实度(%)	96.4	95.4	93.5	97.3	96.3	95.8	95.9	96.7	95.3	95.6
序号	11	12	13	14	15	16	17	18	19	20
压实度(%)	97.6	95.8	96.8	95.7	96.1	96.3	95.1	95.5	97.0	95.3

解:经计算得:$\overline{K}=95.97\%$,$S=0.91$。
查附表得:$t_\alpha/\sqrt{n}=0.387$。

$$K = \overline{K} - S \cdot t_\alpha/\sqrt{n} = 95.97 - 0.91 \times 0.387 = 95.62(\%)$$

故 $K > K_0$,且单点压实度全部大于规定值减 2 个百分点,所以该路段压实度的合格率为 100%。

五、压实度测试新技术简介

(一)振动压路机的压实度连续检测仪

路基压实度传统检验采取随机抽样的方法,通过检测密度来反映压实质量,人工操作,费工费时。而采用振动压路机的机载压实度计,驾驶员可从显示器随时查看压实情况、振动频率、运行速度,能够实现压实质量的实时控制,并能保存数据以备其他试验之用,避免漏检,使欠压、过压问题得以解决。

1. 工作原理

试验表明,土的物理状态、固结压力和应变数量级等因素对其弹性模量都有影响。计算土弹性模量的经验公式为:

$$E_d = 0.23 \frac{(2.5-e)^{1/2}}{1+e} \cdot \sigma_0^{1/3} \cdot \varepsilon_d^{-1} \tag{6-16}$$

式中:E_d——弹性模量;
e——孔隙比;
σ_0——平均固结压力;
ε_d——应变。

从公式可看出,随着压实度的增加,压实基础的孔隙比减小,基础的弹性模量增加。由刚度和模量的正比关系,可得出刚度也会增加。另外试验证明,随压实度的增加,基础的阻尼会减小。

当基础填料比较疏松、密实度低时,可近似看作是一个松软的弹塑性体。振动轮在其上进行振实作用时,由于地面的弹性刚度小,阻尼较大,地面对振动轮的作用力较小,系统响应值较小。随着压实遍数的增加,填料被逐渐压实,其弹性刚度逐渐增加,阻尼变小,地面对振动轮的作用力变大,系统响应值逐步增大。

计算机仿真表明:振动轮的动力学参数的变化与地面材料的密度变化密切相关,振动轮的垂直加速度与相互作用材料的压实度正相关。

2. 技术要点

在压实前,选择一典型路段进行压实并记录相应的加速度值,利用传统方法测量压实度,对仪器显示值进行标定。

通过经验数据或现场标定后,与传统检测的压实度相比,压实度连续检测仪的误差可以控制在 ±3% 以内。

(二)落锤频谱式路基压实度快速测定仪

落锤频谱式路基压实度快速测定仪是利用落锤的冲击使土体产生反弹力,并利用低频测出土体响应值的一种不测含水率就能得到路基压实度的测试仪器。检测时,不需挖坑,每测一个点只需2~3min。该仪器体积小(仪器外形尺寸:320mm×140mm×300mm,冲击架高460mm),质量轻(8.8kg),携带使用方便,既可在施工现场使用,也可在试验室土槽中使用。

1. 工作原理

落锤频谱式路基压实度快速测定仪的原理如图6-6所示。

图6-6 落锤频谱式路基压实度快速测定仪原理框图

在已碾压的路基表面上,使落锤自由落下,接触地面时,土体表面随即产生一反弹力。从理论上讲,上体越密实,吸能作用越弱,则反弹力越强。反弹力随即使加速度传感器工作,记录加速度值。经过电荷放大器的前置放大,并以电压信号输出,随即又通过低通滤液器,进入峰值采样保持电路。然后,再由阀值触发电路,进入10位数(精度高)A/D模数转换电路,CPU8098单片机进行数据处理。最后,由LED显示器显示,同时,由16针打印机输出压实度数值。

2. 使用技术要点

(1)压实度曲线标定

路基压实度曲线的标定工作十分重要,应在仪器各部分功能正常的情况下进行。标定工作实质上就是制作标定线,这种工作一般在试验室内进行。

标定时一定要选择工程所使用的土类,而且要具有工程代表性,这是确保标定精度的必要条件。压实度标定就是建立压实度加速度传感器响应值与压实度大小的关系曲线。

(2)测点数与测点布置

路基压实度测定以两次平均值作为测点压实度数值。如两次压实度测值的相对误差超过1%,则需要进行第三次实测,利用三次平均值作为压实度最终结果。几次测定测点位置的安排主要取决于落锤的底面直径d,以及路基土冲击后回弹恢复的时间t。当t在1min之内时,要将落锤的位置向旁侧移动$1.5d$的距离做第二次测定;当$t=3$min时,则可在同一位置测定第二次,这样的安排不会引起误差。

第五节 回弹弯沉检测

路面弯沉是路面表面在汽车车轮荷载作用下产生的垂直变形值,它是反映路面整体抗压强度的一个综合指标。路面在车轮作用下产生沉降,其总变形值为总弯沉值,当车轮荷载卸除后,路面便向上回弹,其回弹变形值便是回弹弯沉值。总弯沉值与回弹弯沉之差称为残余弯沉。一般总弯沉比回弹弯沉大,表明路面除了产生弹性变形外还产生塑性变形;若总弯沉等于回弹弯沉,表明路面是完全弹性体;总弯沉小于回弹弯沉,表明路面产生隆起的塑性变形。回弹弯沉值可以反映路基、路面的综合承载能力,回弹弯沉值越大,承载能力越小。

一、关于弯沉值的几个基本概念

1. 弯沉

弯沉指在规定的标准轴载作用下,路基和路面表面轮隙位置产生的总垂直变形(总弯沉)或垂直回弹变形(回弹弯沉),以 0.01mm 为单位。

2. 设计弯沉值

设计弯沉值是根据设计年限内一个车道上预测通过的累积当量轴次、公路等级、面层和基层类型而确定的路面弯沉设计值。

3. 竣工验收弯沉值

竣工验收弯沉值是检验路面是否达到设计要求的指标之一。当路面厚度计算以设计弯沉值为控制指标时,验收弯沉值应小于或等于设计弯沉值;当厚度计算以层底拉应力为控制指标时,应根据拉应力计算所得的结构厚度,重新计算路面弯沉值,该弯沉值即为竣工验收弯沉值。

二、弯沉测试方法

弯沉值的测试方法有贝克曼梁法、自动弯沉仪法、落锤式弯沉仪法、激光路面高速弯沉仪法等,各种方法的特点见表6-7。我国多使用贝克曼梁弯沉仪法。

几种弯沉测试方法的特点　　　　　表6-7

方　法	特　点
贝克曼梁法	传统方法,速度慢,静态测试,比较成熟,目前属于标准方法
自动弯沉仪法	利用贝克曼梁原理快速连续测试,属于静态测试范畴,但测定的是总弯沉,因此使用时应用贝克曼梁进行标定换算
落锤式弯沉仪法	利用重锤自由落下的瞬间产生的冲击荷载测定弯沉,属于动态弯沉,并能反算路面的回弹模量,快速连续,使用时应用贝克曼梁法进行标定换算
激光路面高速弯沉仪	目前世界上最先进的弯沉测试装置,它在高速行驶过程中利用激光多普勒(Laser-Doppler)技术测试地面在荷载作用下的垂直下沉速度,再通过分析程序计算出最大弯沉及弯沉盆数据,使用时应用落锤式弯沉仪法进行标定换算

(一)贝克曼梁法

1. 目的与适用范围

该方法适用于测定各类路基、路面的回弹弯沉,用以评定其整体承载能力,供路面结构设计使用。沥青路面的弯沉以路表温度20℃时为准,在其他温度(超过20℃±2℃范围)测试时,对厚度大于5cm的沥青路面,弯沉值应予温度修正。

2. 仪具与材料

(1)路面弯沉仪

由贝克曼梁、百分表及表架组成,贝克曼梁由合金铝制成,上有水准泡,其前臂(接触路面)与后臂(装百分表)长度比为2∶1(即杠杆比为2∶1),仪器构造如图6-7所示。弯沉仪长度有两种:一种长3.6m,前后臂分别为2.4m和1.2m;另一种加长的弯沉仪长5.4m,前后臂分别为3.6m和1.8m。当在半刚性基层沥青路面或水泥混凝土路面上测定时,应采用长度为5.4m的贝克曼梁弯沉仪;对柔性基层或混合式结构沥青路面,可采用长度为3.6m的贝克曼梁弯沉仪测定。弯沉采用百分表测量,也可用自动记录装置进行测量。

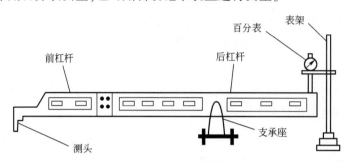

图6-7 弯沉仪构造

(2)标准车

采用双轴,后轴双侧四轮的载重车,其标准轴荷载、轮胎尺寸、轮胎间隙及轮胎气压等主要参数应符合表6-8的要求。测试车应采用后轴10t标准轴载BZZ-100的汽车。并要求轮胎花纹清晰,没有明显磨损。车上所装重物应稳固均匀,汽车行驶时载物不得移动。测试前应对轮胎气压进行检验。在某些特殊情况下,也可使用BZZ-60的标准车。

测定弯沉用的标准轴参数　　　　表6-8

标准轴载等级	BZZ-100	BZZ-60
后轴标准轴载P(kN)	100 ± 1	60 ± 1
一侧双轮荷载(kN)	50 ± 0.5	30 ± 0.5
轮胎充气压力(MPa)	0.70 ± 0.05	0.50 ± 0.05
单轮传压面当量圆直径(cm)	21.30 ± 0.5	19.50 ± 0.5
轮隙宽度	应满足能自由插入弯沉仪测头的测试要求	

(3)接触式路表温度计:端部为平头,分度不大于1℃。

(4)其他:皮尺、口哨、白油漆或粉笔、指挥旗等。

3. 准备工作

(1)检查并保持测定用标准车的车况及制动性能良好,轮胎内胎符合规定充气压力。

(2)向汽车车槽中装载铁块或集料,并用地中衡称量后轴总质量,应符合要求的轴重规定,汽车行驶及测定过程中,轴重不得变化。

(3)测定轮胎接地面积:在平整光滑的硬质路面上用千斤顶将汽车后轴顶起,在轮胎下方铺一张新的复写纸,轻轻落下千斤顶,即在方格纸上印上轮胎印痕,用求积仪或数方格的方法测算轮胎接地面积,精确至$0.1cm^2$。

(4)检查弯沉仪百分表测量灵敏情况。

(5)宜选择无风的测试条件。当在沥青路面上测定时,用路表温度计测定试验时气温及路表温度(一天中气温不断变化,应随时测定),并通过气象台了解前5d的平均气温(日最高气温与最低气温的平均值)。

(6)记录沥青路面修建或改建时材料、结构、厚度、施工及养护等情况。

4. 测试步骤

(1)在测试路段布置测点,其距离随测试需要而定。测点应在路面行车车道的轮迹带上,并用白油漆或粉笔画上标记。

(2)将试验车后轮轮隙对准测点后 3~5cm 处的位置上。

(3)将弯沉仪插入汽车后轮之间的缝隙处,与汽车方向一致,梁臂不得碰到轮胎,弯沉仪测头置于测点上(轮隙中心前方 3~5cm 处),并安装百分表于弯沉仪的测定杆上,百分表调零,用手指轻轻叩打弯沉仪,检查百分表是否稳定回零。弯沉仪可以是单侧测定,也可以双侧同时测定。

(4)测定者指挥汽车缓缓前进,百分表随路面变形的增加而持续向前转动。当表针转动到最大值时,迅速读取初读数 L_1。汽车继续前进,表针反向回转,待汽车驶出弯沉影响半径(3m 以上)后,指挥汽车停车。汽车驶出弯沉影响半径后,读取百分表的终读数 L_2。汽车前进的速度宜为 5km/h 左右。

5. 弯沉仪的支点变形修正

(1)当采用长度为 3.6m 的弯沉仪进行弯沉测定时,有可能引起弯沉仪支座处变形,因此测定时应检验支点有无变形。此时应用另一台检验用的弯沉仪安装在测定用弯沉仪的后方,其测点架于测定用弯沉仪的支点旁。当汽车开出时,同时测定两台弯沉仪的弯沉读数,如检验用弯沉仪百分表有读数,应该记录并进行支点变形修正。当在同一结构层上测定时,可在不同的位置测定 5 次,求平均值,以后每次测定时以此作为修正值。支点变形修正原理如图 6-8 所示。

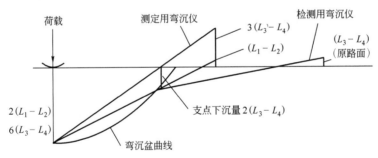

图 6-8 弯沉仪支点变形修正原理

(2)当采用长 5.4m 的弯沉仪测定时,可不进行支点变形修正。

6. 结果计算及温度修正

(1)测点的回弹弯沉值按式(6-17)计算:

$$L_T = (L_1 - L_2) \times 2 \tag{6-17}$$

式中:L_T——在路面温度为 T 时的回弹弯沉值(0.01mm);

L_1——车轮中心临近弯沉仪测头时百分表的最大读数(0.01mm);

L_2——汽车驶出弯沉影响半径后百分表的终读数(0.01mm)。

(2)进行弯沉仪支点变形修正时,路面测点的回弹弯沉值按式(6-18)计算:

$$L_T = 2(L_1 - L_2) + 6(L_3 - L_4) \tag{6-18}$$

式中：L_3——车轮中心临近弯沉仪测头时检验用弯沉仪的最大读数(0.01mm)；
　　　L_4——汽车驶出弯沉影响半径后检验用弯沉仪的终读数(0.01mm)。

(3)沥青面层厚度大于5cm，且路面温度超过20℃±2℃范围时，回弹弯沉值应进行温度修正。温度修正有两种方法。

①查图法。

测定时沥青层的平均温度按式(6-19)计算：

$$T = \frac{T_{25} + T_m + T_e}{3} \tag{6-19}$$

式中：T——测定时沥青层的平均温度(℃)；
　　　T_{25}——根据 T_0 由图6-9得出的路表下25mm处的温度(℃)；
　　　T_m——根据 T_0 由图6-9得出的沥青层中间深度的温度(℃)；
　　　T_e——根据 T_0 由图6-9得出的沥青层底面处的温度(℃)。

图6-9中，T_0 为测定时路表温度与测定前5d日平均气温之和，日平均气温为日最高气温与最低气温的平均值。

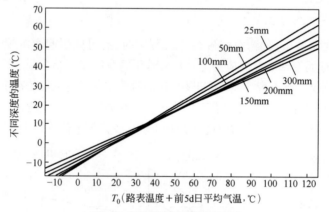

图6-9　沥青面层平均温度的确定

注：线上的数字表示路表下的不同深度(mm)。

不同基层的沥青路面弯沉值的温度修正系数 K，根据沥青平均温度 T 及沥青层厚度，分别由图6-10及图6-11求取。

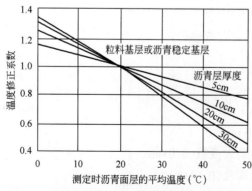

图6-10　路面弯沉温度修正系数曲线(适用于粒料基层或沥青稳定基层)

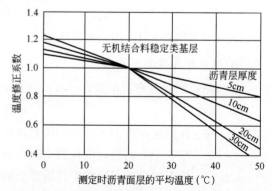

图6-11　路面弯沉温度修正系数曲线(适用于无机结合料稳定的半刚性基层)

沥青路面回弹弯沉按式(6-20)计算:
$$L_{20} = L_T \times K \tag{6-20}$$
式中:K——温度修正系数;
L_{20}——换算为 20℃的沥青路面回弹弯沉值(0.01mm);
L_T——测定时沥青面层内平均温度为 T 时的回弹弯沉值(0.01mm)。
②经验计算法。
测定时的沥青面层平均温度 T 按式(6-21)计算:
$$T = a + bT_0 \tag{6-21}$$
式中:T——测定时沥青面层平均温度(℃);
　a——系数,$a = -2.65 + 0.52h$(h 为沥青面层厚度);
　b——系数,$b = 0.62 - 0.008h$;
　T_0——测定时路表温度与前 5d 平均气温之和(℃)。
沥青路面弯沉的温度修正系数 K 按式(6-22)和式(6-23)计算:
当 $T \geqslant 20℃$ 时
$$K = e^{\left(\frac{1}{T} - \frac{1}{20}\right)h} \tag{6-22}$$
当 $T < 20℃$ 时
$$K = e^{0.002h}(20 - T) \tag{6-23}$$

(二)自动弯沉仪法

1. 目的和适用范围

自动弯沉仪是利用贝克曼梁测定原理快速连续测定的设备,并在标准条件下每隔一定距离连续测定路面的总弯沉并计算总弯沉的平均值,以此作为新建、改建路面工程的质量验收和尚无严重坑槽、车辙等病害的正常通车条件下的旧路面的评价指标,还可为路面养护管理系统提供数据,经过与贝克曼梁法换算后,也可以进行路面结构设计。

自动弯沉仪测定时的速度必须保持稳定,应控制在 3.0~3.5km/h 范围内。另外,当路面严重损坏、不平整、有坑槽时,测定设备有可能损坏,或者当平曲线半径过小时,都不能检测。

2. 检测仪器

(1)Lacroix 型自动弯沉仪:由承载车、测量机架及控制系统、位移、温度和距离传感器、数据采集与处理系统等部分组成,如图 6-12 所示。

(2)设备承载车技术要求和参数:自动弯沉仪的承载车辆应为单后轴、单侧双轮组的载重车,其标准条件参考贝克曼梁测定路基路面回弹弯沉试验方法中 BZZ-100 车型的标准参数。

(3)测试系统基本技术要求和参数:
①位移传感器分辨率:0.01mm。

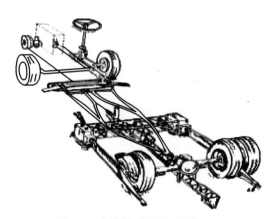

图 6-12　自动弯沉仪的测量机构

②位移传感器有效量程:≥3mm。
③设备工作环境温度:0~60℃。
④距离标定误差:≤1%。

3. 准备工作

(1)位移传感器标定。每次测试之前必须按照设备使用手册规定的方法进行位移传感器的标定,记录标定数据并存档。

(2)检查承载车轮胎气压。每次测试之前都必须检查后轴轮胎气压,应满足0.70MPa±0.05MPa要求。

(3)检查承载车轮载。一般每年检查一次,如果承载车因改装等原因改变了后轴载,也必须进行此项工作,后轴载应满足100kN±1kN的要求。

(4)检查测量架的易损部件情况,及时更换损坏部件。

(5)打开设备电源进行检查,控制面板功能键、指示灯、显示器等应正常。

(6)开动承载车试测2~3个步距,观察测试机构,测试机构应正常,否则需要调整。

4. 方法与步骤

(1)测试系统在开始测试前需要通电预热,时间不少于设备操作手册要求,并开启工程警灯和导向标等警告标志。

(2)在测试路段前20m处将测量架放落在路面上,并检查各机构的部件情况。

(3)操作人员按照设备使用手册的规定和测试路段的现场技术要求设置完毕所需的测试状态。

(4)驾驶员缓慢加速承载车到正常测试速度,沿正常行车轨迹驶入测试路段。

(5)操作人员将测试路段起终点、桥涵等特殊位置的桩号输入到记录数据中。

(6)当测试车辆驶出测试路段后,操作人员停止数据采集和记录,并恢复仪器各部分至初始状态,驾驶员缓慢停止承载车,提起测量架。

(7)操作人员检查数据文件,文件应完整,内容应正常,否则需要重新测试。

(8)关闭测试系统电源,结束测试。

5. 数据处理

(1)采用自动弯沉仪采集路面弯沉盆峰值数据。

(2)数据组中左臂测值、右臂测值按单独弯沉处理。

(3)对原始弯沉测试数据进行温度、坡度、相关性等修正。

6. 弯沉值的横坡修正

当路面横坡不超过4%时,不进行超高影响修正;当横坡超过4%时,超高影响的修正参照表6-9的规定进行。

弯沉值横坡修正 表6-9

横坡范围	高位修正系数	低位修正系数
>4%	$\dfrac{1}{1-i}$	$\dfrac{1}{1+i}$

注:i为路面横坡(%)。

7. 自动弯沉仪与贝克曼梁法弯沉测值对比试验

(1)按弯沉值不同水平范围选择不少于 4 段路面结构相似的路段。路段长度可为 300～500m,标记好起终点位置。

(2)对比试验路段的路面应清洁干燥,温度应在 10～35℃ 范围内,试验应选在温度变化不大的时间,宜选择晴天无风的天气条件,试验路段附近没有重型交通和震动。

(3)按照上述第 4 条的方法与步骤,令自动弯沉仪按照正常测试车速测试选定路段,工作人员每隔 3 个测试步距或约 20m 仔细标记测点位置。

(4)自动弯沉仪测试完毕后,等待 30min;然后,在每一个标记位置用贝克曼梁按照贝克曼梁测定路基路面回弹弯沉试验方法测定各点回弹弯沉值。

8. 试验数据处理

从自动弯沉仪的记录数据中按照路面标记点的相应桩号提出各试验点测值,并与贝克曼梁测值一一对应,用数理统计的回归分析方法得到贝克曼梁测值和自动弯沉仪测值之间的相关关系方程,相关系数 R 不得小于 0.95。

(三)落锤式弯沉仪法

利用贝克曼梁方法测出的回弹弯沉是静态弯沉,自动弯沉仪检测弯沉时,因为汽车行进速度很慢,所测得的弯沉也接近静态弯沉。为了模拟汽车快速行驶的实际情况,不少国家开发了动态弯沉的测试设备。落锤式弯沉仪(FallingWeightDeflectometer,简称 FWD)模拟行车作用的冲击荷载下的弯沉测量,计算机自动采集数据,速度快,精度高,适用于高等级公路路面、机场的弯沉测量和承载能力的评定。

1. 适用范围

该法适用于在落锤式弯沉仪标准质量的重锤落下一定高度发生冲击荷载的作用下,测定路基或路面表面所产生的瞬时变形,即测定在动态荷载作用下产生的动态弯沉及弯沉盆,并可由此反算路基路面各层材料的动态弹性模量,作为设计参数使用,所测结果经转换至回弹弯沉值后可用于评定道路承载能力。

2. 仪器设备

落锤式弯沉仪,由荷载发生装置、弯沉检测装置、运算控制系统与车辆牵引系统等组成。其结构示意如图 6-13 所示。

(1)荷载发生装置:重锤的质量及落高根据使用目的与道路等级选择,荷载由传感器测定,如无特殊需要,重锤的质量为 200kg ± 10kg,可产生 50kN ± 2.5kN 的冲击荷载。承载板十字对称分开成 4 部分且底部固定有橡胶片,承载板的直径一般为 300mm。

(2)弯沉检测装置:由一组高精度位移传感器组成,如图 6-14 所示,传感器可为差动变压器式位移计(LVDT)或地震检波器。自中心开始,承载板沿道路纵向设置,隔开一定距离布设一组传感器,传感器总数不少于 7 个,建议布置在 0～2 500mm 范围以内,必须包括 0、30、60、90 四点,其他根据需要及设备性能决定。

(3)控制装置:能在冲击荷载作用的瞬间内,记录冲击荷载及各个传感器所在位置测点的动态变形。

(4)牵引装置:牵引 FWD 并安装有运算及控制装置的车辆。

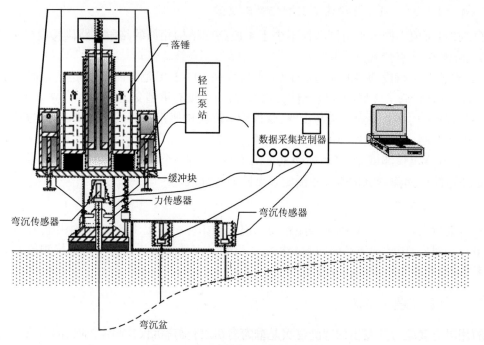

图 6-13　落锤式弯沉仪测量系统示意图

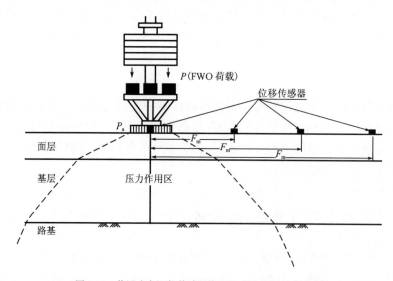

图 6-14　落锤式弯沉仪传感器布置及应力作用状态示例

3. 准备工作

(1) 调整重锤的质量及落高,使重锤的质量及产生的冲击荷载符合第 2 条的要求。

(2) 在测试路段的路基或路面各层表面布置测点,其位置或距离随测试需要而定。当在路面表面测定时,测点宜布置在行车道的轮迹带上。测试时,还可利用距离传感器定位。

(3) 检查 FWD 的车况及使用性能,各项指标符合仪器规定要求。

(4) 将 FWD 牵引至测定地点,打开仪器,进入工作状态。牵引 FWD 行驶的速度不宜超过 50km/h。

(5)对位移传感器按仪器使用说明书进行标定,使之达到规定的精度要求。

4. 检测步骤

(1)承载板中心位置对准测点,承载板自动落下,放下弯沉装置的各个传感器。

(2)启动落锤装置,落锤瞬即自由落下,冲击力作用于承载板上,又立即自动提升至原来位置固定。同时,各个传感器检测结构层表面变形,记录系统将位移信号输入计算机,并得到峰值,即路面弯沉,同时得到弯沉盆。每一测点重复测定应不少于3次,除去第一个测定值,取以后几次测定值的平均值作为计算依据。

(3)提起传感器及承载板,牵引车向前移动至下一个测点,重复上述步骤,进行测定。

(4)数据整理,出具检测报告。

5. 落锤式弯沉仪与贝克曼梁法对比试验

(1)路段选择。选择结构类型完全相同的路段,针对不同地区选择某种路面结构的代表性路段,进行两种测定方法的对比试验,以便将落锤式弯沉仪测定的动态弯沉换算成贝克梁法测定的回弹弯沉值。选择的对比路段长度300~500m,弯沉值应有一定的变化幅度。

(2)对比试验步骤。

①采用与实际使用相同且符合要求的落锤式弯沉仪及贝克曼梁弯沉仪测定车。落锤式弯沉仪的冲击荷载应与贝克曼梁弯沉仪测定车的后轴双轮荷载相同。

②标记对比路段起点位置。

③按要求布置测点位置,用贝克曼梁定点测定回弹弯沉。测定车开走后,以测点为圆心在周围画一个半径为15cm的圆,标明测点位置。

④将落锤式弯沉仪的承载板对准圆圈,位置偏差不超过30mm,测定该点的动态弯沉。两种仪器对同一点弯沉测试的时间间隔不应超过10min。

⑤逐点对应计算两者的相关关系。通过对比试验得出回归方程式 $LB = a + b \times LFWD$,式中 $LFWD$、LB 分别为落锤式弯沉仪、贝克曼梁测定的弯沉值。回归方程式的相关系数 R 应不小于0.95。

注:由于路面结构和材料、路基状况、温度、水文条件、路面使用状况不同,对比关系也有所不同,为了提高数据的准确性,应分各种情况做此项对比试验,不宜套用外地的或不同条件下的相关关系式。

6. 数据处理

数据整理和检测报告同自动弯沉仪法。如与贝克曼梁弯沉仪进行了对比试验,还应报告相关关系式、相关系数、换算的回弹弯沉。

(四)激光式高速弯沉仪

激光式高速路面弯沉测定仪是目前最先进的弯沉测试装置,它在高速行驶过程中利用激光多普勒(Laser-Doppler)技术测试地面在荷载作用下的垂直下沉速度,再通过分析程序计算出最大弯沉及弯沉盆数据。激光式高速路面弯沉测定仪的检测速度在30~90km/h的范围内,该类设备可以以正常行车速度在高速公路上进行检测,测试效率大大提高,此外还不影响交通,安全性好。该类设备最早由丹麦GreenWood公司研发,目前,我国的科研机构已经研制并开发出了具有自主知识产权的激光式高速路面弯沉测定仪,并已经开始在国内推广使用。

激光式高速路面弯沉测定仪检测原理是测试系统在高速行驶(最快可达120km/h)过程中通过激光多普勒效应来测试地面在荷载作用下的垂直下沉速度,通过一套惯性系统实时记录多普勒激光传感器的振动情况和运行姿态,用于修正计算路面实际弯沉变化的速度,其检测原理如图6-15所示。

图6-15 激光式高速路面弯沉测定仪检测设备检测原理图

1. 仪器设备

激光式高速路面弯沉测定仪:由承载车、检测控制系统、多普勒激光传感器、距离测量系统、温度控制系统等基本部分组成,如图6-16所示。

(1)承载车基本技术要求和参数

①承载车:两轴,中后轴双侧四轮的载重车。

②标准轴载等级、后轴标准轴载、一侧双轮荷载、单轮传压面当量圆直径应满足BZZ-100标准车的要求。

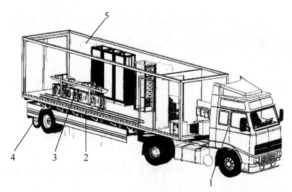

图6-16 激光式高速路面弯沉测定仪结构示意图

1-承载车;2-检测控制系统;3-多普勒激光传感器;4-距离测量系统;5-温度控制系统

③承载车测量轴前/后轴距应不小于7m。

④轮系宽度为120mm±5mm。

(2)测量系统基本技术要求和参数

①测试速度:30~90km/h。

②激光传感器分辨率:0.01mm/s。

③测试激光器数量:不少于4个。

④距离标定误差:≤0.1%。

⑤系统工作环境温度:0~60℃。

2. 准备工作

(1)检查承载车载荷,调整胎压、轮胎间隙、当量圆直径等参数,应符合BZZ-100的要求。

(2)用手动及配套工具检测和调校检查激光动态弯沉仪的承载车和传感器性能,各项指标应符合仪器说明书规定的要求。

(3)定期(一般1年)检查测距、测速、测温、定姿等传感器的标定参数,如进行了长时间长距离的检测或承载车及传感器改装调整后,也必须及时检查。

(4)开启设备的全部系统进行检查,计算机、软件采集与计算、警示灯应正常。

(5)开动激光式高速路面弯沉测定仪,进行实际弯沉路测,检查验证系统是否正常。

3. 测试步骤

(1)测试系统在开始测试前需要提前通电预热,保证设备舱内达到要求的温度,并开启警示灯及导向灯等警告标志。

(2)到达测试路段前,放下距离测试轮,操作人员按照设备使用手册的规定和测试路段的现场技术要求设置所需的测试状态。

(3)驾驶员加速测试车辆到正常车速,沿正常行车轨迹驶入测试路段,保持正常行驶。

(4)操作人员在车辆到达测试路段起点前开始测量,确保至少有200m的有效路段,并在车辆到达测试路段起点时进行标记。在测试路段中如遇桥面、路面条件差或偏离当前测试路段等特殊位置,应做相应的标记来记录桩号等信息。

(5)当测试车辆到达测试路段终点时,操作人员应做终点标记,在车辆驶离终点至少200m后停止数据采集,并将系统各部分恢复至准备状态。

(6)操作人员检查测试数据,文件应完整,数据结果应正常,否则需要重新测试。

(7)关闭测试系统电源,结束测试。

4. 数据处理

通过专用的数据处理软件和计算模型对采集到的数据进行处理,同时按贝克曼梁测定路基路面回弹弯沉试验方法及自动弯沉仪测定路面弯沉试验方法进行温度、坡度和相关性等修正,根据实际需要,得到要求段长的路面弯沉值、弯沉盆曲线、弯沉平均值、标准差、代表值、测试时路面温度及温度修正值。

5. 激光式高速路面弯沉测定仪与落锤式弯沉仪测值对比试验

(1)试验环境

环境要求:无大风,系统环境温度为 10~35℃。

试验路段:平直、无严重破损、无积水、无污染、无交叉口及方便掉头的路段,长度不小于500m,路面横坡不大于2%,并且路面弯沉值分布均匀,试验路段附近没有重型交通和振动。

(2)路段选择

按照弯沉值不同水平范围选择不少于4段路面结构相似的路段,进行两种测定方法的对比试验,以便将激光式高速路面弯沉测定仪测得的数据换算成落锤式弯沉仪检测方法测得的弯沉值。

(3)试验步骤

①用喷漆标记对比路段的起点位置,同时在起点位置之前200m的位置再用喷漆做一个标记,作为激光式高速路面弯沉测定仪的加速起点,此区间作为加速区间。

②在试验路段上后轴载车轮轮迹的纵向位置上每隔10m用喷漆喷点,作为落锤式弯沉仪检测方法的测试点。

③从试验路段的试验区起点开始,用落锤式弯沉仪测定喷漆点处的路面弯沉,到达试验区

终点后结束测试。

④落锤式弯沉仪测试完毕后,等待10min,待路面完全恢复后即可开始进行激光式高速路面弯沉测定仪的数据采集。

⑤激光式高速路面弯沉测定仪在起点处准备就绪,开始检测后,承载车开始加速,待行驶到测试路段起点位置时,行驶速度应达到40km/h,并保持匀速。

⑥在行驶过程中,尽量使多普勒激光器的光点对准喷漆点,驶过距终点200m后停止采集。

⑦重复③~⑤的步骤,测试5次。

⑧测量完毕后用专用的数据处理软件以10m为段长进行数据处理,得到测试路段的弯沉值。

⑨采用同样的步骤完成所有试验路段的数据采集。通过分析计算得到回归方程式:

$$L_B = a + b \times L_{HLD} \tag{6-24}$$

式中:L_{HLD}——激光式高速路面弯沉测定仪测得的弯沉值;

L_B——落锤式弯沉仪测得的弯沉值。

回归方程式的相关系数 R 应不小于0.95。

路面结构和路基条件的不同会对相关性公式产生影响,大量的研究试验表明,在选择对比试验路时,路面结构、土基材料等条件基本一致时,得出的相关性一般较好,如果条件相差较大,相关关系就会较差,因此,在求取相关关系时应该区别不同地区及路面结构、材料等条件,不同地区的设备不宜直接套用某一固定的相关关系式。

(五)弯沉值评定

(1)每一双车道评定路段(不超过1km)检查80~100个点,多车道公路必须按车道数与双车道之比,相应增加测点。

弯沉代表值(弯沉测量值的上波动界限),按式(6-25)计算:

$$l_r = \bar{l} + Z_a S \tag{6-25}$$

式中:l_r——弯沉代表值(0.01mm);

$\bar{l}$——实测弯沉的平均值(0.01mm);

S——标准差;

Z_a——与要求保证率有关的系数,见表6-10。

Z_a 值　　　　　　　　　　　　　表6-10

层位	Z_a	
	高速公路、一级公路	二、三级公路
沥青面层	1.645	1.5
路基、柔性基层	2.0	1.645

(2)当路基和柔性基层、底基层的弯沉代表值不符合要求时,可将超出 $\bar{l} \pm (2~3)S$ 的弯沉特异值舍弃,重新计算平均值和标准差。对舍弃的弯沉值大于 $\bar{l} + (2~3)S$ 的点,应找出其周围界限,进行局部处理。

(3)用两台弯沉仪同时进行左右轮弯沉值测定时,应按两个独立测点计,不能采用左右两点的平均值。

(4)弯沉代表值大于设计要求的弯沉值时,相应分项工程为不合格。

(5)测定时的路表温度对沥青面层的弯沉值有明显影响,应进行温度修正。当沥青层厚度小于或等于50mm时,或路表温度在20℃±2℃时,可不进行温度修正。在非不利季节测定时,应考虑季节影响系数。

【例6-5】 某新建高速公路竣工后,在不利季节测得某段路面的弯沉值如表6-11所示,路面设计弯沉值为40(0.01mm),试判断该路段的弯沉值是否符合要求。(保证率系数 $Z_a = 2.0$)

解:经计算:$\bar{l} = 29.6(0.01\text{mm})$,$S = 2.09(0.01\text{mm})$。

弯沉代表值:

$$l_r = \bar{l} + Z_a S = 29.6 + 2.0 \times 2.09 = 33.8(0.01\text{mm})$$

因为代表弯沉值 $l_r < l_d = 40(0.01\text{mm})$,所以该路段的弯沉值满足要求。

弯沉值检测结果(0.01mm)　　　　　表6-11

序号	1	2	3	4	5	6	7	8	9	10	11
l_i	30	29	31	28	27	26	33	32	30	30	31
序号	12	13	14	15	16	17	18	19	20	21	22
l_i	29	27	26	32	31	33	31	30	29	28	28

第六节　强度和回弹模量检测

回弹模量是评价路基土和各种路面材料强度的重要指标,也是路面设计必不可少的参数之一。它可以反映土基和路面材料在荷载作用下变形的性质。在一定车轮荷载作用下,回弹模量越大,说明路基或路面材料的变形越小,即刚度越大。回弹模量同样也会影响到路基的使用质量和使用寿命。

一、回弹模量检测

土基的回弹模量是公路设计中一个重要参数,我国现有规范已经给出不同的自然区划和土质的回弹模量值的推荐值。但由于土基回弹模量的改变将会影响路面设计的厚度,所以建议有条件时最好直接测定,而且随着施工质量的提高,回弹模量值将会作为控制施工质量的一个重要指标。

土基的回弹模量测定方法目前主要是承载板法,也可以用贝克曼梁法和某些间接的测试方法,如CBR测定法、落球仪法、动力锥贯入仪法等。

(一)承载板测定土基回弹模量试验方法

1. 目的和适用范围

适用于在现场土基表面,通过用承载板逐级加载、卸载的方法,测出每级荷载相应的土基回弹变形值,通过计算求得土基的回弹模量值,作为路面设计参数使用。现场测定级配碎

(砾)石、沥青稳定碎石等柔性基层回弹模量可参照执行。

回弹模量是土基强度的一种表示方法,根据弹性半空间体上布氏理论,土基回弹模量可由式(6-26)求得:

$$E_0 = \frac{\pi}{4} D(1 - \mu_0^2) \times \frac{p_i}{l_i} \tag{6-26}$$

式中:E_0——土基回弹模量(MPa);

μ_0——泊松比;

D——承载板直径(30cm);

p_i——承载板单位压力(MPa);

l_i——相应于荷载 p_i 的回弹变形(cm)。

2. 检测器具与材料

(1)加载设施:载有铁块或集料等重物,后轴重不应小于测试所需最大荷载的1.5倍,在汽车大梁的后轴之后设有一加劲横梁作反力架用。

(2)现场测试装置,如图6-17所示,由千斤顶、测力计(测力环或压力表)及球座组成。

(3)刚性承载板一块,板厚20mm,直径为φ30cm,两端设有立柱和可以调整高度的支座,供安放弯沉仪测头用。承载板安放在土基表面上。

(4)路面弯沉仪两台,由贝克曼梁、百分表及其支架组成,如图6-18所示。

(5)液压千斤顶一台(80~100kN),装有经过标定的压力表或测力环,其量程不小于土基强度,测定精度不小于测力计量程的1/100。

(6)秒表、水平尺、细砂、毛刷、垂球、镐、铁锹、铲等。

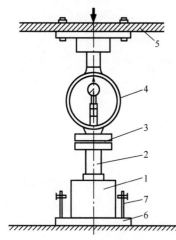

图6-17 承载板试验现场测试装置
1-加载千斤顶;2-钢圆筒;3-钢板及球座;4-测力计;5-加劲横梁;6-承载板;7-立柱及支座

3. 方法与步骤

1)准备工作

(1)根据需要选择有代表性的测点,测点应位于水平的路基上,土质均匀,不含杂物。

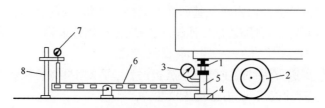

图6-18 承载板试验示意图
1-支承小横梁;2-汽车后轮;3-千斤顶油压表;4-承载板;5-千斤顶;6-弯沉仪;7-百分表;8-表架

(2)仔细平整土基表面,撒干燥洁净的细砂填平凹处,砂子不可覆盖全部土基表面,避免形成一层。

(3)安置承载板,并用水平尺进行校正,使承载板处于水平状态。

(4)将试验车置于测点上,在加劲小梁中部悬挂垂球测试,使之恰好对准承载板中心,然后收起垂球。

(5)在承载板上安装千斤顶,上面衬垫钢圆筒、钢板,并将球座置于顶部与加劲横梁接触,用测力环时,应将测力环置于千斤顶与横梁中间,千斤顶及衬垫物必须保持垂直,以免加压时千斤顶倾倒发生事故并影响测试数据的准确性。

(6)安放弯沉仪,将两台弯沉仪的测头分别置于承载板立柱的支座上,百分表对零或使指针置于其他合适的初始位置上。

2)测试步骤

(1)用千斤顶开始加载,注视测力环或压力表,至预压0.05MPa,稳压1min,使承载板与土基紧密接触,同时检查百分表的工作情况是否正常,然后放松千斤顶油门卸载,稳压1min后,将指针对零或记录初始读数。

(2)测定土基的压力—变形曲线,用千斤顶加载,采用逐级加载卸载法,用经过标定的压力表或测力环控制加载量,各级压力加载大小见表6-12。荷载小于0.1MPa时,每级增加0.02MPa,以后每级增加0.04MPa左右。为了使加载和计算方便,加载数值可适当调整为整数,每次加载至预定荷载(P)后,稳定1min,立即读记两台弯沉仪百分表数值,然后轻轻放开千斤顶油门卸载至0,待卸载稳定1min后再次读数。每次卸载后百分表不再对零。当两台弯沉仪百分表读数之差小于平均值的30%时,取平均值,如超过30%则应重测。回弹变形值超过1mm时,即可停止加载。

加 载 表　　　　　　　　　　　　　表6-12

压强(MPa)	荷载(kN)	压强(MPa)	荷载(kN)
0.02	1.231	0.14	8.618
0.04	2.462	0.18	11.081
0.06	3.694	0.22	13.543
0.08	5.925	0.26	16.006
0.10	6.156	0.30	18.473

(3)各级荷载的回弹变形和总变形,按以下方法计算:

回弹变形 $L = ($加载后读数平均值 $-$ 卸载后读数平均值$) \times$ 弯沉仪杠杆比

总变形 $L' = ($加载后读数平均值 $-$ 加载前初始读数平均值$) \times$ 弯沉仪杠杆比

(4)测定总影响量a。最后一次加载卸载循环结束后,取走千斤顶,重新读取百分表初读数,然后将汽车开出10m以外,读取终读数,两只百分表的初、终读数差之平均值即为总影响量a。

(5)在试验点下取样,测定材料含水率,取样数量如下:

最大粒径不大于5mm,试样数量约120g;

最大粒径不大于25mm,试样数量约250g;

最大粒径不大于40mm,试样数量约500g。

(6)在紧靠试验点旁边的适当位置,用灌砂法或环刀法等测定土基的密度。

4.计算

(1)各级压力的回弹变形值加上该级的影响量后,则为计算回弹变形值。表6-13是以后轴重60kN的标准车为测试车的各级荷载影响量的计算值。当使用其他类型的测试车时,各

级压力下的影响量 α_i 按式(6-27)计算：

$$\alpha_i = \frac{(T_1 - T_2)\pi D^2 p_i}{4T_1 Q} \times \alpha \tag{6-27}$$

式中：T_1——测试车前后轴距(m)；
T_2——加劲小梁距后轴距离(m)；
D——承载板直径(m)；
Q——测试车后轴重(N)；
p_i——该级承载板压力(Pa)；
α——总影响量(0.01mm)；
α_i——该级压力的分级影响量(0.01mm)。

各级荷载影响量(后轴60kN) 表6-13

承载板压力	0.05	0.10	0.15	0.20	0.30	0.40	0.50
影响量	0.06α	0.12α	0.18α	0.24α	0.36α	0.48α	0.6α

各级荷载的计算(实际)回弹弯沉值按式(6-28)计算：

$$l_i = l'_i + \alpha_i \tag{6-28}$$

式中：l'_i——各级荷载的实测回弹弯沉值；
α_i——各级荷载的影响量。

(2)将各级计算回弹变形值点绘于标准计算纸上，排除显著偏离的异常点并绘出顺滑的 p-l 曲线，如曲线起始部分出现反弯，应按图6-19所示修正原点 O，O' 则是修正的原点。

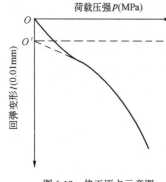

图6-19 修正原点示意图

(3)按式(6-29)计算相当于各级荷载下的土基回弹模量 E_i 值：

$$E_i = \frac{\pi D}{4} \times \frac{p_i}{l_i}(1 - \mu_0^2) = 20.7 \frac{p_i}{l_i} \tag{6-29}$$

式中：E_i——土基回弹模量(MPa)；
μ_0——泊松比；
D——承载板直径(30cm)；
p_i——承载板单位压力(MPa)；
l_i——相应于荷载 p_i 的回弹变形(cm)。

(4)取满足要求的各级荷载及其对应的回弹变形值，按线性回归方法由式(6-30)计算土基回弹模量值：

$$E_0 = \frac{\pi D}{4} \times \frac{\sum p_i}{\sum l_i}(1 - \mu_0^2) = \frac{\pi}{4} \times 30 \times (1 - 0.35^2)\frac{\sum p_i}{\sum l_i} = 20.7 \frac{\sum p_i}{\sum l_i} \tag{6-30}$$

式中：E_0——基回弹模量(MPa)；
μ_0——泊松比，根据路面设计规范规定取用，一般可取为0.35；
p_i——相应于 l_i 的各级压力值(MPa)；
l_i——结束试验前的各级计算回弹变形值。

【例6-6】 实测数据如表6-14所示，试计算土基回弹模量。

承载板测定记录表　　表 6-14

路线和桩号：319 线 K79+107 右半幅

路面结构：
7.5cm 沥青贯入式路面
16.5cm 水泥石粉基层
土基

测定层位：土基
承载板直径：30cm

测定用汽车型号：东风 EQ155
测定日期：　年　月　日

千斤顶读数	荷载 p(kN)	承载板单位压力(MPa)	百分表读数(0.01mm) 左	百分表读数(0.01mm) 右	总变形 (0.01mm)	回弹变形 (0.01mm)	分级影响量 (0.01mm)	计算回弹变形 (0.01mm)	备注
0		0	0	0					予压
10	3.53	0.05	15	12	27				
0		0	4	3		20			相差 18%
调零	0	0	0	0	0	0	0	0	
10	3.53	0.05	14	13					相差 18%
0		0	4	4	27	19			
调零	0	0	0	0	0	0	0	0	正式测定
10	3.53	0.05	11	13	24				
0	0	0	3	3		18	$0.06\times7=0.42$	18.42	
20	7.07	0.1	31	28	59				
0	0	0	14	13		32	$0.12\times7=0.84$	32.84	
30	10.60	0.15	65	54	119				
0	0	0	40	31		48			
40	14.14	0.2	90	83	173				
0	0	0	56	53		64	$0.24\times7=1.68$	65.68	
60	21.21	0.3	148	118	266				
0	0	0	98	74		94	$0.36\times7=2.52$	96.52	
70	24.74	0.35	165	144	309				
0	0	0	108	93		108			回弹变形大于1mm，停止加载
取走千斤顶		0	103	89					
汽车开走		0	99	86		7			
总变形量 α_k					$\dfrac{(103-99)\times2+(89-86)\times2}{2}=7$				
土基回弹模量 E_0 值(MPa)					63				

解：根据表 6-14 所列数值可计算出总影响量：

$$\alpha_{\text{总左}}=(89-86)\times2=6(0.01\text{mm})$$

$$\alpha_{总右} = (103 - 99) \times 2 = 8(0.01\text{mm})$$

$$\alpha_{总} = \frac{\alpha_{总左} + \alpha_{总右}}{2} = \frac{6+8}{2} = 7(0.01\text{mm})$$

故各级影响量分别为：

$$\alpha_{0.05} = 0.06\alpha_{总} = 0.06 \times 7 = 0.42(0.01\text{mm})$$

$$\cdots\cdots$$

$$\alpha_{0.30} = 0.36\alpha_{总} = 0.36 \times 7 = 2.52(0.01\text{mm})$$

$$\alpha_{0.35} = 0.42\alpha_{总} = 0.42 \times 7 = 2.94(0.01\text{mm})$$

各级计算回弹弯沉分别为：

$$l_{0.05} = \frac{l_{0.05左} + l_{0.05右}}{2} + \alpha_{0.05} = \frac{16+20}{2} + 0.42 = 18.42(0.01\text{mm})$$

$$\cdots\cdots$$

$$l_{0.30} = \frac{l_{0.30左} + l_{0.30右}}{2} + \alpha_{0.30} = \frac{100+88}{2} + 2.52 = 96.52(0.01\text{mm})$$

考虑原点修正和消除异常点后（本例无），用线性归纳法公式计算土基回弹模量：

$$E_0 = 20.7 \times \frac{0.05 + 0.10 + 0.15 + 0.20 + 0.30}{(18.42 + 32.84 + 49.36 + 65.68 + 96.52) \times 10^{-3}} = 63(\text{MPa})$$

（二）贝克曼梁测定路基路面回弹模量试验方法

1. 目的和适用范围

适用于在土基、厚度不小于1m的粒料整层表面，用弯沉仪测试各测点的回弹弯沉值，通过计算求得该材料的回弹模量值，也适用于在旧路表面测定路基路面的综合回弹模量。

2. 检测器具与材料

(1)标准车：按前述规定选用。

(2)路面弯沉仪：由贝克曼梁、百分表及表架组成。

(3)路表温度计：分度不大于1℃。

(4)接长杆：直径$\phi16\text{mm}$，长500mm。

(5)其他：皮尺、口哨、粉笔、指挥旗等。

3. 准备工作

选择洁净的路基路面表面作为测点，在测点处做好记号并编号。

4. 测试步骤

按上述方法选择适当的标准车，实测各测点处的路面回弹弯沉值l_i。如在旧沥青路面上测定，应读取温度，并按规定的方法进行弯沉值的温度修正，得到标准温度20℃时的弯沉值。

5. 计算

(1)计算全部测定值的算术平均值$\bar{l}$、单次测量的标准差S和自然误差r_0：

$$\bar{l} = \frac{\sum l_i}{n} \tag{6-31}$$

$$S = \sqrt{\frac{\sum(l_i - \bar{l})^2}{n-1}} \qquad (6-32)$$

$$r_0 = 0.675 \times S$$

式中：$\bar{l}$——回弹弯沉测定值的平均值(0.01mm)；

S——回弹弯沉测定值的标准差(0.01mm)；

r_0——回弹弯沉测定值的自然误差(0.01mm)；

l_i——各测点的回弹弯沉值(0.01mm)；

n——测点总数。

(2)计算各测点的测定值与算术平均值的偏差值 $d_i = l_i - \bar{l}$，并计算较大的偏差与自然误差之比 d_i/r_0。当某个测点的 d_i/r_0 大于 d/r 的极限值(表6-15)时，应舍弃该测点，然后重新计算所余各测点的算术平均值 $\bar{l}$ 及标准差 S。

相应于不同观测次数的 ***d/r*** 极限值　　表6-15

n	5	10	15	20	20
d/r	2.5	2.9	3.2	3.3	3.8

(3)按式(6-33)计算代表弯沉值：

$$l_r = \bar{l} + S \qquad (6-33)$$

式中：l_r——代表弯沉值；

$\bar{l}$——舍弃不符合要求的测点后，所余各测点弯沉值的算术平均值；

S——舍弃不符合要求的测点后，所余各测点弯沉值的标准差。

(4)按式(6-34)计算土基、整层材料的回弹模量或旧路的综合回弹模量：

$$E_1 = \frac{2pr}{l_r}(1-\mu^2)K \qquad (6-34)$$

式中：E_1——计算的土基、整层材料的回弹模量或旧路的综合回弹模量(MPa)；

p——测定车轮的平均垂直单位压力(MPa)；

r——测定用标准车双圆荷载单轮传压面当量圆的半径(cm)；

μ——测定层材料的泊松比，根据路面设计规范的规定取用；我国土基通常取用0.35，沥青材料取用0.25；

K——弯沉系数，为0.712。

(三)落球仪测定土质路基回弹模量试验方法

1. 目的与适用范围

适用于快速测定黏土、粉土、砂石土、砾石土土质路基的回弹模量。测试材料的最大粒径应小于10cm，测试深度不大于25cm。

2. 检测器具与材料

该试验采用落球仪进行测试，其结构与形状如图6-20所示，包括仪器主机、电荷电缆、把手、球冠体、砝码、限位支架、传感器、安装工具等。

(1)碰撞装置：由落下体、把手等构成，材质采用不锈钢，退火硬度不大于235HB，淬火回火硬度不小于192HB。标准球冠的弹性模量为200GPa,泊松比为0.3,先端曲率半径为12.0cm±0.5cm,当球冠有明显磨损(如表面凹凸不平)时,应更换,落下体质量为19.1kg±0.2kg(不含把手质量)。

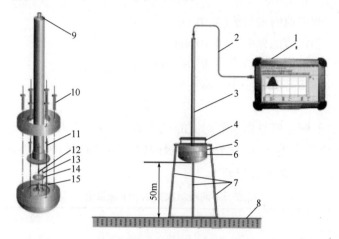

图 6-20 落球仪的结构与形状示意图

1-仪器主机;2-电荷电缆;3-把手;4-限位支架高度转换装置;5-落球砝码;6-球冠体;7-限位支架主体;8-测试对象;9-BNC端口;10-砝码安装螺钉;11-把手安装螺钉;12-电荷电缆端口;13-传感器固定插销;14-传感器固定垫片;15-加速度传感器

(2)信号拾取装置:采用加速度传感器,该加速度传感器安装在碰撞球冠中,可记录下落体与结构对象发生碰撞时的加速度变化过程。传感器得到的信号经电荷电缆、电荷放大器后,通过A/D卡转换成数字信号并输入计算机中,其中:

①系统应具有预触发机能。

②信号增益应可调,以适应不同强度的土体。

③A/D卡的采样间隔不应长于$2\mu s$,分辨率不应低于16Bit。

(3)测试及解析软件:能够记录、保存测试数据,具备滤波机能并能够自动分析各测试参数。

(4)其他:卷尺、限位支架、安装工具。

3. 准备工作

(1)选择测试区域,在测试区域做好标记并编号,每车道可10~20m设一测区,测区应满足以下条件:

①表面无明显积水或潮湿现象(高含水率)。

②土基面坡度小于10°。

③表面无明显碎石等杂物。

④表面观察填筑材料较为均匀。

⑤附近无影响测试的施工作业、磁场、静电等。

(2)根据现场连接好仪器设备。

(3)调试仪器设备,确定运行正常。

(4)准确填写现场检测记录表,测试过程中有任何特殊情况需要注明。

4. 测试步骤

(1)将落球仪置于测点区域,调节限位支架以保证球冠底部距测试对象表面的距离为

0.50m。若不采用限位支架,则应用直尺量测球冠底部距测试对象表面的高度并保证其为0.50m。一人手扶仪器手柄垂直提升至限定位置即可,松开把手,让球体做自由落体运动,并与测试面碰撞,设备自动采集并输出碰撞过程相关参数,确定采集信号正常后保存采集数据。每个测点测试1次,在同一位置不能重复测试。

(2)每个测区至少保存7个有效采集数据(即7个测点),各测点间间距应大于50cm,并避开明显的大粒径填料。测点布置可参考图6-21。

(3)观察测试波形。理想的测试波形近似为半个正弦波。如果波形不完整,应对测试参数进行适当的调整(如调整触发电压水平)。如果噪声太大(如毛刺太多),可在激振点铺一层报纸或塑料薄膜,以减少土体材料与球体的摩擦静电。

(4)数据解析:首先进行数据解析设定,应根据记录设定球体的质量、半径、模量、泊松比,及其下落高度。其次应根据记录设定测试材料的种类,并根据材料种类选取合适的材料泊松比和修正系数。

(5)结果保存:数据解析完成后,应进行结果一览,确定结果完整无误后,进行结果数据保存。

5. 计算

(1)弹性模量计算

弹性模量可根据测试得到的碰撞体的加速度—时间曲线得到,碰撞过程可分离为压缩过程和回弹过程,如图6-22所示。

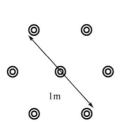

图6-21 测点布置示意图(◎为测点)　　图6-22 接触、压缩和回弹过程示意图

按式(6-35)计算土基压缩时的弹性模量:

$$E_c = \frac{k \cdot (1 - \mu_s^2) \cdot m_f E_f}{0.0719 E_f \cdot \sqrt{R_f v_0} \cdot (2T_{cc})^{2.5} - m_f(1 - \mu_f^2)} \tag{6-35}$$

式中:E_c——土基压缩时的弹性模量(MPa);

　　k——材料修正系数,见表6-16;

　　μ_s——路基材料的泊松比,见表6-16;

　　μ_f——(不锈钢)泊松比,取0.3;

　　m_f——碰撞体的质量(kg);

　　E_f——碰撞体材料(不锈钢)的变形模量(MPa),取200×10^3 MPa;

　　T_{cc}——碰撞压缩过程时间(s);

　　R_f——自由下落球体的曲率半径(m),为0.12m;

v_0——自由下落球体与被碰撞对象碰撞时的速度(m/s),$v_0 = \sqrt{2gH}$,其中:$g = 9.80\text{m/s}^2$;

H——球体的下落高度(m),为 0.5m。

各材料泊松比及修正系数 表 6-16

材料	砾石	砂	粉砂	黏土	水泥稳定土
泊松比 μ_s	0.20	0.30	0.35	0.40	0.20
修正系数 k	0.66	0.85	0.90	1.00	0.70

按式(6-36)计算土基回弹时的弹性模量,亦即回弹模量:

$$E_{\text{ur}} = \frac{k \cdot (1 - \mu^2) \cdot m_f E_f}{0.0719 E_f \cdot \sqrt{R_f v_0} \cdot T_c^{2.5} - m_f (1 - \mu_f^2)} \quad (6\text{-}36)$$

式中:E_{ur}——土基回弹模量(MPa);

T_c——碰撞接触时间(s);

其余符号意义同式(6-35)。

按式(6-37)计算每个测区的弹性模量 $\tilde{E}$:

$$\tilde{E} = \frac{N}{\sum_{i=1}^{N} \frac{1}{E_i}} \quad (6\text{-}37)$$

式中:$\tilde{E}$——测区的弹性模量(Pa);

N——测试的次数;

E_i——各测点压缩时的弹性模量或者回弹时的弹性模量(Pa)。

(2)其他参数计算

根据模量测试结果,还可以计算其他相关参数。

按式(6-38)计算基床系数 K_{30}:

$$K_{30} = \frac{E_c}{0.79 \times D \times (1 - \mu_s^2)} \quad (6\text{-}38)$$

式中:D——载荷板直径,为 0.30m。

按式(6-39)计算回弹弯沉 L_0:

$$L_0 = \frac{2p\delta}{E_{\text{ur}}}(1 - \mu_s^2) a \eta_1 \eta_2 \quad (6\text{-}39)$$

式中:L_0——贝克曼梁回弹弯沉(0.01mm);

p——车轮的平均垂直荷载,为 0.70MPa;

δ——标准车双圆荷载单轮传压面当量圆的半径,为 106.5mm;

μ_s——土基的泊松比,一般可取 0.35;

a——弯沉系数,为 0.712;

η_1——经验修正系数,可取 1.5;

η_2——分层修正系数,一般在 0.8~1.3(表6-17),当土基表层比内部坚硬时,$\eta_2 > 1$;反之,$\eta_2 < 1$。

分层修正系数参照　　　　　　　　　　　　　　　　表6-17

表 层 状 态	η_2 取值	表 层 状 态	η_2 取值
表层与内部状态一致	1	表层受载重车反复碾压	1.3
表层级配好或路床材料	1.1~1.3	表层洒水或雨后未干	0.8

(四)动力锥贯入仪测定路基路面回弹模量试验方法

1. 目的和适用范围

适用于动力锥贯入仪(DCP)现场快速测定或评估无结合料材料路基、路面的强度。

2. 检测器具与材料

(1)动力锥贯入仪(DCP):结构与形状如图6-23所示,包括手柄、落锤、导向杆、联轴器(锤座)、扶手、夹紧环、探杆、1m刻度尺、锤头。

标准落锤质量为8kg或10kg,落锤材料应采用45号碳素钢或优于45号碳素钢的钢材,表面淬火后硬度 $HRC=45\sim50$,探杆和接头材料应采用耐疲劳强度高的钢材。

锥头锥尖角度为90°、60°或30°等,最大直径20mm。锥头最大允许磨损尺寸尖端为4mm,直径为10%,否则必须更换。

(2)电钻。

(3)其他:扳手、铁铲、记录本等。

3. 方法与步骤

(1)准备工作

①利用当地材料进行对比试验,建立现场 CBR 值或强度与用DCP测定的贯入度 D_d 或贯入阻力 Q_d 之间的相关关系。测点数宜不少于15个,相关系数 R 应不小于0.95。

②放入落锤,将仪器的导向杆与探杆在联轴器处紧固连接,保证不会松动。

③将DCP竖直立于硬地(如混凝土)上,然后记录零读数。

④根据需要选择有代表性的测点,测点应位于平整的路基、路面基层、面层上。如果要探测的层位上面有难以穿透的坚硬结构层,应钻孔或刨挖至其顶面。

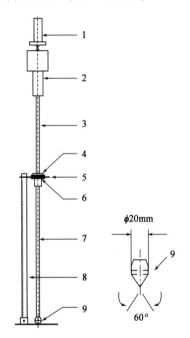

图6-23　动力锥贯入仪的结构与形状示意图
1-手柄;2-落锤;3-导向杆;4-联轴器;5-扶手;6-夹紧环;7-探杆;8-1m刻度尺;9-锥头

(2)测试步骤

①将DCP放至测点位置。一人手扶仪器手柄,使探杆保持竖直。一人提起落锤至导向杆顶端,然后松开,使之呈自由落体下落。如果试验中探杆稍有倾斜,不可扶正;如果倾斜较大,造成落锤不是自由落体,则该点试验应废弃。

②读取贯入深度。每贯入约10mm读一次数,记录锤击数和贯入量(mm)。

注:对于粒料基层,可能每5次或10次锤击读数一次;对于比较软弱的结构层,可能每1~2次锤击读数一次。

③连续锤击、测量,直到需要的结构层深度。当材料层坚硬,贯入量低到连续锤击10次而无变化时,可以停止试验或钻孔透过后继续试验。

④将落锤移走,从探坑中取出 DCP 仪器。

4. 计算

(1) DCP 的测试结果可用以锤击次数为横坐标,贯入深度为纵坐标的贯入曲线表示,或使用专用的计算机程序进行处理,得出结构层材料的现场强度或 CBR 值等。

(2)通常可以计算出贯入度(平均每次的贯入量,mm/锤击次数)D_d,按得出的相关关系式(6-40)计算 CBR 值:

$$\lg(CBR) = a - b \cdot \lg D_d \tag{6-40}$$

式中:CBR——结构层材料的现场 CBR 值;
　　　D_d——贯入度(mm);
　　　a、b——回归系数。

(3)也可按式(6-41)计算出动贯入阻力 Q_d,按得出的相关关系式(6-42)计算 CBR 值。

$$Q_d = \frac{M}{M+m} \cdot \frac{Mgh}{A} \tag{6-41}$$

式中:Q_d——动贯入阻力(kPa);
　　　m——贯入器被打入部分(包括锥头、探杆、锥座和导向杆等)的质量(kg);
　　　M——落锤质量(kg);
　　　g——重力加速度,$g = 9.8 \text{m/s}^2$;
　　　h——落距(m);
　　　A——探头截面积(cm^2)。

$$\lg(CBR) = a + b \cdot \lg Q_d \tag{6-42}$$

式中:CBR——结构层材料的现场 CBR 值;
　　　Q_d——动贯入阻力(kPa);
　　　a、b——回归系数。

二、土基现场 CBR 测试方法

1. 目的和适用范围

适用于在现场测定各种土基材料的现场 CBR 值,同时也适合于基层、底基层砂性土、天然砂砾、级配碎石等材料 CBR 值的试验。所用试样的最大集料粒径宜小于19.0mm,最大不得超过31.5mm。

2. 检测器具与材料

(1)荷载装置:装载有铁块或集料等重物的载重汽车,后轴重不应小于测试所需最大荷载的1.5倍,在汽车大梁的后轴之后设有一加劲横梁作反力架用。

(2)现场测试装置:如图6-24所示,由千斤顶(机械或液压)、测力计(测力环或压力表)及球座组成。千斤顶可使贯入杆的贯入速度调节成 1mm/min。测力计的容量不小于土基强度,测定精度不小于其量程的 1/100。

(3)贯入杆:直径 ϕ50mm,长约 200mm 的金属圆柱体。

(4)承载板:每块 1.25kg,直径 ϕ150mm,中心孔眼直径 ϕ52mm,不少于 4 块,并沿直径分为两个半圆块。

(5)贯入量测定装置:由平台及百分表组成,百分表量程 20mm,精度 0.01mm,数量 2 个,对称固定于贯入杆上,端部与平台接触,平台跨度不小于 50cm。此设备也可用两台贝克曼梁弯沉仪代替。

(6)细砂:洁净干燥的细干砂,粒径为 0.3~0.6mm。

(7)其他:铁铲、盘、直尺、毛刷、天平等。

3.准备工作

(1)将试验地点直径约 30cm 范围的表面找平,用毛刷刷净浮土。如表面为粗粒土,应撒布少许洁净的干砂填平,但不能覆盖全部土基,避免形成一层。

(2)装置测试设备,按图6-24 设置贯入杆及千斤顶,千斤顶顶在汽车后轴上且调节至高度适中,贯入杆应与土基表面紧密接触。

(3)安装贯入量测定装置,将支架平台、百分表(或两台贝克曼梁弯沉仪)按图6-24 安装好。

4.测试步骤

(1)在贯入杆位置安放 4 块 1.25kg 的分开成半圆的承载板(共 5kg)。

(2)贯入试验前,先在贯入杆上施加 45N 荷载后,将测力计及贯入量百分表调零,记录初始读数。

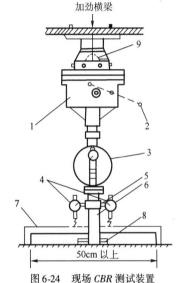

图 6-24 现场 CBR 测试装置
1-加载千斤顶;2-手柄;3-测力计;4-百分表;5-百分表夹持具;6-贯入杆;7-平台;8-承载板;9-球座

(3)起动千斤顶,使贯入杆以 1mm/min 速度压入土基。当相应贯入量为 0.5mm、1.0mm、1.5mm、2.0mm、2.5mm、3.0mm、4.0mm、5.0mm、7.5mm、10.0mm 及 12.5mm 时,分别读取测力计读数。根据情况,也可在贯入量达 6.5mm 时结束测试。

用千斤顶连续加载,两个贯入量百分表及测力计均应在同一时刻读数,当两个百分表读数差值不超过平均值的 30% 时,以其平均值作为贯入量,当两个百分表读数差值超过平均值的 30% 时,应停止试验。

(4)卸除荷载,移去测定装置。

(5)在试验点下取样,测定材料含水率。取样数量如下:

最大粒径不大于 5mm,试样数量约 120g;

最大粒径不大于 25mm,试样数量约 250g;

最大粒径不大于 40mm,试样数量约 500g。

(6)在紧靠试验点旁边的适当位置,用灌砂法或环刀法等测定土基的密度。

5. 计算

(1)将贯入试验得到的各等级荷载数除以贯入断面积(19.625cm²),得各级压强(MPa),绘制荷载压强—贯入量曲线,如图6-25所示。当图中曲线在起点处有明显凹凸时,应在曲线的拐弯处做切线延长进行修正,以与坐标轴相交的点 O' 作原点,得到修正后的压强—贯入量曲线。

(2)从压强—贯入量曲线上读取贯入量为2.5mm及5.0mm时的荷载压强 P_1,计算现场 CBR 值。CBR 一般以贯入量为2.5mm时的测定值为准,当贯入量为5.0mm时的 CBR 大于2.5mm时的 CBR 时,应重做试验。如重做试验仍然如此,则以贯入量5.0mm时的 CBR 为准。

$$现场 CBR = \frac{P_1}{P_0} \times 100\% \quad (6\text{-}43)$$

式中: P_1——荷载压强(MPa);
P_0——标准压强,当贯入量为2.5mm时为7MPa,当贯入量为5.0mm时为10.5MPa。

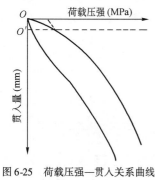

图6-25 荷载压强—贯入关系曲线

第七节 路面平整度检测

平整度是反映路面施工质量与服务水平的重要指标之一。路面平整度直接关系到行车安全、车辆的通行能力及运营的经济性,还影响着路面的使用年限。

路面平整度与路面各结构层次的平整状态有一定的联系,即各层次的平整效果将累积反映到路面表面上。路面面层直接与车辆及大气接触,不平整的路面会增大行驶阻力并产生附加振动,行驶阻力消耗车辆的功率且影响车辆动力系统和传动系统的寿命,而在冲击下产生的振动,会造成行车颠簸,影响行车速度与安全、驾驶平稳及乘客的舒适度。同时,振动作用还会对路面施加冲击力,从而加剧路面和汽车机件的损坏及轮胎的磨损,并增大油耗。另外,不平整的路面会积滞雨水,加速路面的破坏。因此,平整度的检测与评定是公路施工与养护的一个非常重要的环节。

一、平整度测试方法

平整度的检测设备分为断面类及反应类两大类。断面类检测设备是测定路面表面凸凹情况的仪器,如最常用的3m直尺及连续式平整度仪,国际平整度指数便是以此为基准建立的,这是平整度最基本的指标;反应类检测设备用于测定由于路面凹凸不平引起的车辆颠簸情况,这是驾驶员和乘客直接感受到的平整度指标,它实际上是舒适性指标。最常用的是车载式颠簸累积仪。国际上通用国际平整度指数 IRI 衡量路面行驶舒适性或路面行驶质量,可通过标定试验得出 IRI 与标准差 σ 或单向累积值 VBI 之间的关系。

常见几种平整度测试方法的特点及技术指标的比较见表6-18。

平整度测试方法比较 表6-18

方　　法	特　　点	技术指标
3m 直尺法	设备简单,结果直观,间断测试,工作效率低,反映凸凹程度	最大间隙 h (mm)
连续平整度仪法	设备较复杂,连续测试,工作效率高,反映凸凹程度	标准差 σ (mm)
颠簸累积仪	设备复杂,连续测试,工作效率高,反映舒适性	单向累积值 VBI(cm/km)
车载式激光平整度仪	设备复杂,连续测试,工作效率高,反映凸凹程度	国际平整度指数 IRI(m/km)、标准差 σ (mm)
手推式断面仪	设备结构和原理简单,操作方便,可连续采集和测量路面信息,反映凸凹程度	国际平整度指数 IRI(m/km)

二、3m 直尺测定平整度试验方法

3m 直尺测定法有单尺测定最大间隙和等距离(1.5m)连续测定两种。两种方法测定的路面平整度有较好的相关关系,前者常用于施工时质量控制和检查验收,单尺测定时要计算出测定段的合格率;等距离连续测试也同样可用于施工质量检查验收,要算出标准差,用标准差来表示平整程度。

1. 目的与适用范围

通过测定 3m 直尺基准面距离路表面的最大间隙来表示路面的平整度,以 mm 计。适用于成型后的路基或路面各层表面的平整度检测,以评定路基路面的施工质量。

2. 检测器具与材料

(1)3m 直尺:测量基准面长度为 3m,基准面应平直,用硬木或铝合金等材料制成,如图 6-26 所示。

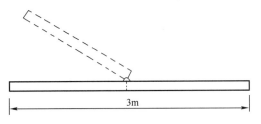

图 6-26　3m 直尺示意图

(2)楔形塞尺:硬木或金属制的三角形塞尺,有手柄。塞尺的长度与高度之比不小于 10,宽度不大于 15mm,边部有高度标记,刻度精度不小于 0.2mm,如图 6-27 所示。

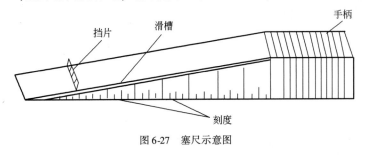

图 6-27　塞尺示意图

(3)其他:皮尺或钢尺、粉笔等。

3. 准备工作

(1)按有关规范选择测试路段。

(2)测试路段的测试地点选择:对于沥青路面施工过程中的质量检测,测试地点应选在接缝处,以单杆测定评定;除高速公路以外,可用于其他等级公路路基路面工程质量检查验收或进行路况评定,每200m测2处,每处连续测量10尺。除特殊需要者外,应以行车道一侧车轮轮迹(距车道线0.8~1.0m)作为连续测定的标准位置,如图6-28所示。对旧路已形成车辙的路面,应取车辙中间位置为测定位置,用粉笔在路面上做好标记。

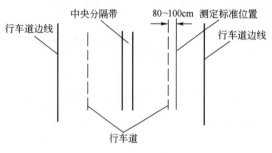

图6-28 测点位置示意图

(3)清扫路面测定位置处的碎石、杂物等。

4. 测试步骤

(1)在施工过程中检测时,根据需要确定方向,将3m直尺摆在测试地点的路面上。

(2)目测3m直尺底面与路面之间的间隙情况,初步确定间隙最大的位置。

(3)将有高度标线的塞尺塞进间隙处,量记最大间隙的高度(mm),准确到0.2mm(图6-29);或者用深度尺在最大间隙位置量测直尺上顶面距地面的深度,该深度减去尺高即为测试点的最大间隙的高度,准确至0.5mm。

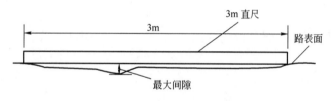

图6-29 3m直尺测平整度示意图

5. 数据处理与评定

单杆检测路面的平整度时,以3m直尺与路面的最大间隙为测定结果;连续测定10尺时,判断每个测定值是否合格,根据要求计算合格百分率,并计算10个最大间隙的平均值。

$$合格率(\%) = \frac{合格尺数}{总测尺数} \times 100 \qquad (6\text{-}44)$$

三、连续式平整度仪测定平整度试验方法

连续式平整度仪是近年来我国测定路面平整度的新型仪器,优点是可沿路面连续测量。一般采用先进的计算机处理技术,可自动计算、打印、显示路面平整度的标准差、正负超差等各项技术指标,并绘出路面平整度偏差曲线。

1. 目的和适用范围

用连续式平整度仪量测路面的平整度标准差(σ),以表征路面的平整度,以mm计。

适用于测定路表面的平整度,评定路面的施工质量和使用质量,但不适用于在已有较多坑槽、破损严重的路面上测定。

2. 检测机具

(1)连续式平整度仪:

①整体结构:连续式平整度仪构造如图6-30所示。除特殊情况外,连续式平整度仪的标准长度为3m,其质量应符合仪器标准的要求。中间为一个3m长的机架,机架可缩短或折叠,前后各4个行走轮,前后两组轮的轴间距离为3m。

②标准差测量传感器:标准差测量传感器安装在机架中间,可以是能起落的测定轮,或非接触式位移传感器,如激光或超声位移测量传感器。

③其他辅助机构:连续式平整度仪的辅助机构有蓄

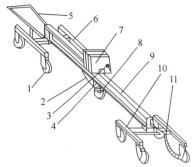

图6-30 连续式平整度仪示意图
1-脚轮;2-拉簧;3-离合器;4-测量架;5-牵引架;
6-前架;7-记录计;8-测定轮;9-纵梁;10-后架;
11-软轴

电池电源,距离传感器,与数据采集、处理、存储、输出部分配套的采集控制箱及计算打印机等。

④测定间距为10cm,每一计算区间的长度为100m,每一计算区间输出一次结果。

⑤可记录测试长度(m)、曲线振幅大于某一定值(如3mm、5mm、8mm、10mm等)的次数、曲线振幅的单向(凸起或凹下)累积值及以3m机架为基准的中点路面偏差曲线图,计算打印。

⑥机架装有一牵引钩及手拉柄,可用人力或汽车牵引。

(2)牵引车:小面包车或其他小型牵引车。

(3)皮尺或测绳。

3. 准备工作

(1)选择测试路段。

(2)进行施工过程中质量检测时,测试地点根据需要决定;进行路面工程质量检查验收或路况评定时,通常以行车道一侧车轮轮迹带作为连续测定的标准位置。对旧路已形成车辙的路面,取车辙中间位置为测定位置。当以内侧轮迹带(或外侧轮迹带)作为测定位置时,测定位置距车道标线80~100cm。

(3)清扫路面测定位置处的碎石、杂物等。

(4)检查仪器检测箱各部分是否完好、灵敏,并将各连接线接妥,安装记录设备。

4. 测试步骤

(1)将连续式平整度仪置于测试路段路面起点上,保证测定轮位置在轮迹带0.8~1.0m的范围内。

(2)在牵引汽车的后部,将连续式平整度仪与牵引汽车连接好,按照仪器使用手册依次完成各项操作。

(3)启动牵引汽车,沿道路纵向行驶,横向位置保持稳定。

(4)确认连续式平整度仪工作正常。牵引连续式平整度仪应保持匀速且直线行驶,速度宜为5km/h,最大不得超过12km/h。

在测试路段较短时,亦可用人力拖拉平整度仪测定路面的平整度,但拖拉时应保持匀速前进。

5.检测数据处理与评定

(1)连续式平整度测定仪测定后,按每10cm间距采集的位移值自动计算每100m计算区间的平整度标准差(mm),还可以记录测试长度(m)。

(2)每一计算区间的路面平整度以该区间测定结果的标准差表示:

$$\sigma_i = \sqrt{\frac{\sum(d_i - \bar{d})^2}{n-1}} \tag{6-45}$$

式中:σ_i——各计算区间的平整度标准差;

d_i——以100m为一个计算区间,每隔一定距离(自动采集间距为10cm,人工采集间距为1.5m)采集的路面凹凸偏差位移值(mm);

$\bar{d}$——采集的路面凹凸偏差位移值的平均值(mm):

$$\bar{d} = \frac{\sum d_i}{n} \tag{6-46}$$

n——计算区间用于计算标准差的测试数据个数。

(3)计算一个评定路段内各区间平整度标准差的平均值、标准差、变异系数及合格率。

四、车载式颠簸累积仪测定平整度试验方法

车载式颠簸累积仪测量车辆在路面上通行时后轴与车厢之间的单向位移累积值VBI,以此表示路面的平整度,以cm/km计。车载式颠簸累积仪的工作原理是测试车以一定的速度(以32km/h为宜,一般不超过40km/h)在路面上行驶,由于路面上凹凸不平,汽车产生激振,通过机械传感器可测量后轴同车厢之间的单向位移累积值VBI。VBI越大,说明路面平整度越差,舒适性也越差。

1.试验目的和适用范围

适用于测定新、改建路面工程质量和在无严重坑槽、车辙等病害的正常行车条件下连续采集路段平整度数据。

2.检测仪器

(1)测试系统由承载车辆、距离测量装置、颠簸累积值测试装置和主控制系统组成。主控制系统对测试装置的操作实施控制,完成数据采集、传输、存储与计算过程。

(2)设备承载车要求。

根据设备供应商的要求选择测试系统承载车辆。

(3)测试系统基本技术要求和参数:

①测试速度:30~80km/h。

②最小测试幅值:±0.2m。

③垂直位移分辨率:1mm。

④距离标定误差:<0.5%。

⑤系统工作环境温度:0~60℃。

系统软件能够依据相关关系公式自动对颠簸累积值进行换算,间接输出国际平整度指数IRI。

3. 准备工作

(1)测试车辆有下列条件之一,在正常状态下行驶超过 20 000km;标定的时间间隔超过 1 年;减振器、轮胎等发生更换、维修,都应进行仪器测值与国际平整度指数 IRI 的相关性标定,相关系数 R 的平方应不低于 0.99。

(2)检查测试车轮胎气压,应达到车辆轮胎规定的标准气压,车胎应清洁,不得黏附杂物,车上载重、人数以及分布应与仪器相关性标定试验时一致。

(3)距离测量系统需要现场安装的,根据设备操作手册说明进行安装,确保紧固装置安装牢固,螺栓无松动。

(4)检查测试系统,各部分应符合测试要求,不应有明显的可视性破损。

(5)打开系统电源,启动控制程序,检查系统各部分的工作状态。

4. 检测步骤

(1)测试开始之前应让测试车以测试速度行驶 5~10km,按照设备操作手册规定的预热时间对测试系统预热。

(2)测试车停在测试起点前 300~500m 处,启动平整度测试系统程序,按照设备操作手册的规定和测试路段的现场技术要求设置所需的测试状态。

(3)驾驶员在进入测试路段前应保持标定时的车速,沿正常行车轨迹驶入测试路段。

(4)进入测试路段后,测试人员启动系统的采集和记录程序,在测试过程中必须及时准确地将测试路段的起终点和其他需要特殊标记的位置输入测试数据记录中。

(5)当测试车辆驶出测试路段后,测试人员停止数据采集和记录,并恢复仪器各部分至初始状态。

(6)测试人员检查数据文件,文件应完整,内容应正常,否则需要重新测试。

(7)关闭测试系统电源,结束测试。

5. 计算

颠簸累积仪直接测试输出的颠簸累积值 VBI,要按照相关性标定试验得到相关关系式,并以 100m 为计算区间换算成 IRI(以 m/km 计)。

五、车载式激光平整度仪测定平整度试验方法

激光路面平整度测定仪是一种与路面无接触的测量仪器,装备有激光传感器、加速度计、陀螺仪,并备有先进的数据采集和处理系统,测试速度快,精度高,还可同时进行路面纵断面、横坡、车辙等测量。其基本原理为测试车以一定速度在路面上行驶,固定在汽车底盘上的一排激光传感器通过测试激光束反射回读数器的角度来测试路面,这个距离信号同测试车的加速度计信号进行互差,消除测试车自身的颠簸,输出路面真实断面信号。信号处理系统将来自激光传感器的模拟信号转换成数值信号并记录下来。随着汽车的行进,每隔一定间距,采集一次数据。通过数据分析系统,可显示打印国际平整度指数 IRI 等平整度检测结果。

1. 试验目的和适用范围

适用于新、改建路面工程质量验收和在无严重坑槽、车辙等病害及无积水、无积雪、无泥浆的正常通车条件下连续采集路段平整度数据。

2. 检测仪器

(1)测试系统由承载车辆、距离传感器、纵断面高程传感器和主控制系统组成。
(2)设备承载车要求:根据设备供应商的要求选择测试系统承载车辆。
(3)测试系统基本技术要求和参数:
①测试速度:30~100km/h。
②采样间隔:≤500mm。
③传感器测试精度:1.0mm。
④距离标定误差:≤0.05%。
⑤系统工作环境温度:0~60℃。

3. 准备工作

(1)设备安装到承载车上以后,应按规定进行相关性试验。
(2)根据设备操作手册的要求对测试系统各传感器进行校准。
(3)检查测试车轮胎气压,应达到车辆轮胎规定的标准气压,车胎应清洁,不得黏附杂物。
(4)距离测量装置需要现场安装,应根据设备操作手册说明进行安装,确保机械紧固装置安装牢固,螺栓无松动。
(5)检查测试系统,各部分应符合测试要求,不应有明显的可视性破损。
(6)打开系统电源,启动控制程序,检查各部分的工作状态。

4. 检测步骤

(1)测试开始之前应让测试车以测试速度行驶5~10km,按照设备使用说明规定的预热时间对测试系统预热。
(2)测试车停在测试起点前50~100m处,启动平整度测试系统程序,按照设备操作手册的规定和测试路段的现场技术要求设置所需的测试状态。
(3)驾驶员应按照设备操作手册要求的测试速度驾驶测试车,宜在50~80km/h,避免急加速和急减速,急弯路段应放慢车速,沿正常行车轨迹驶入测试路段。
(4)进入测试路段后,测试人员启动系统的采集和记录程序,在测试过程中必须及时准确地将测试路段的起终点和其他需要特殊标记的位置输入测试数据记录中。
(5)当测试车辆驶出测试路段后,测试人员停止数据采集和记录,并恢复仪器各部分至初始状态。
(6)测试人员检查数据文件,文件应完整,内容应正常,否则需要重新测试。
(7)关闭测试系统电源,结束测试。

5. 计算

激光平整度仪采集的数据是路面相对高程值,应以100m为计算区间长度,用 IRI 的标准计算程序计算 IRI 值,以 m/km 计。

应当注意,不能直视激光孔或观察通过抛光物面或镜面反射回来的激光束,防止损伤眼睛。只能通过一张红外线显示卡或光谱变换眼镜才可以观察光束的存在与否。

六、手推式断面仪测定平整度试验方法

手推式平整度仪是用于连续采集和测量路面信息(包括距离、断面坡度和国际平整度指

数 IRI)的一种高精准仪器。由于其结构和原理简单,价格便宜,体积较小和便于携带,运行可靠,拥有良好的数据处理及输出功能,故使用范围较广。

1. 试验目的和适用范围

适用于新、改建路面工程质量验收和在路面状况良好的无积水、无积雪、无泥浆的正常通车条件下连续采集路段平整度 IRI 数据。

2. 检测仪器

(1)手推式断面仪:

①整体结构:由加速度传感器、位移传感器、数据采集与处理系统、液晶屏显示器等基本部分组成。

②其他辅助机构:蓄电池电源、数据传输和电源电缆、车架系统、标定小平台,以及与数据采集、处理、存储、输出部分配套的计算机软件等。

③测试系统基本技术要求和参数:

最大测试速度:800m/h。

采样间隔:≤25cm。

距离精度:≤±0.3%。

高度测量精度:±0.01mm/步。

高度分辨率:小于0.005mm/步。

断面精度:±1.0mm/50m(平滑路面)。

IRI 精度:±0.1m/km(优质路面)。

波长测量范围:0.5米至数百米。

最大测量坡度:9.5°。

最小曲率半径:15m。

断面仪级别:世行Ⅰ级。

系统工作环境温度:0~45°C。

车架上附有一手推柄,方便人力推行。

系统软件能够依据相关关系公式自动完成数据换算,间接输出国际平整度指数 IRI。

(2)其他:皮尺或钢卷尺、粉笔、扫帚等。

3. 准备工作

(1)注意检查机械部分,看部件有无松动或损坏及污物,检查测脚是否有丢失或损坏、黏附物等。

(2)将各种数据线连接后,打开电源,仪器初始化,液晶显示器点亮,几秒后发出两次"嘀嘀"声,显示器变暗后,开始测试。

(3)检查电池蓄电情况。若长时间使用,确保内部电池电量充足,且备好备用电池;要检查电池电压显示值是否稳定。

(4)预热不少于10min(一般10~20min);

(5)使用前须进行系统标定。

4. 系统标定

(1)环境偏差标定

准备工作：
①选择一个平整洁净的场地。
②连接并检查仪器是否正常。
③打开开机键,启动系统预热 10~20min。

标定步骤：
①按照仪器说明书启动校准模式。
②将标定小平台安放在沿仪器前进方向方便操作的合适位置,将连接好的测定梁从仪器移至标定平台上,准备好后,按照仪器说明书进行测量,得到第一个偏移值。
③然后将测定梁旋转180°,放在标定平台上,此时标定平台的位置固定不变。准备好后按照说明书完成一系列的测量后,得出第二个偏移值。
④两次测得的偏移值将全部显示在屏幕上,如果两次测量值在要求范围之内,则按下确认键,完成保存。
⑤为了确保系统稳定,重复步骤②~④。连续两次测得偏移值的误差应该保持在要求范围之内。
⑥当测得值稳定后,按下确认键完成保存,并将测量梁重新安装到仪器上。

(2)场地偏差标定

准备工作：
①在待测路面上选取一段长度 50m 的路,用粉笔(或其他)标出其轨迹。
②打开开关键,启动系统预热 10~20min。

标定步骤：
①将仪器准确地放置在起点位置,并做好标记。
②启动测量功能键,握住手柄以一定步行速度水平匀速向前推,测量至终点时,松开手柄锁住测量轮,并记下终点位置。
③将仪器的前轮抬起,掉头将仪器放在标记好的终点位置,松开手柄及测量轮,沿原轨迹向着起点位置推,测量至起点时,松开手柄锁住测量轮,结束测量。
④如果前后测得的偏移值在要求范围内,按确认键保存测量值;否则,按退出键回到数据功能菜单。
⑤重复以上步骤①~③,如果最后一次测量后的断面高度在 ±1mm 之内,表示通过标定;否则,重新以上步骤①~④。

仪器放置较长时间、行驶较长距离以及环境、温度、湿度等都会影响其动态性能,因此使用前必须对其进行系统标定以保证测试结果的准确性。

5. 测试步骤

(1)测试前先清扫待测路面,并且确保测定轮和测定梁两端的测脚上无黏附物。
(2)在待测路面行车轨迹线附近标记起始点的位置,并用粉笔(或其他)做好直线标记。
(3)将连接好的设备停放在起始点,启动程序,然后按照设备操作手册上的规定和测试路段的现场技术要求,设置所需的测试状态。在主菜单上选择测量键选项,开始采集数据。
(4)试验操作人员双手握住手柄,将仪器以一定步行速度水平匀速缓慢向前推,注意前进速度不能过快,且不要在手柄上施加垂直力,以免引起误差。当设备到达终点时,待测定梁提起后停止,锁住测定轮。

(5)结束采集,按确认键保存文件;操作人员检查数据文件是否完整,内容是否正常,否则需要重新测试。

(6)选择数据项,查看其断面图,并且计算输出 IRI 值;随后进行重复检测时,仪器必须严格沿同一条直线推进,以保证检测结果有良好的重复性。

(7)关闭电源,结束测试。

6. 试验数据处理

输出数据包括路面相对高程和国际平整度指数 IRI 值,分别以 mm 和 m/km 计,可根据需要选择相应数据。

七、平整度指标间相互关系的建立

1. 国际平整度指数

平整度测定的方法和仪器很多,相应的指标也各不相同。为了使采用不同的方法和仪器测定的结果可以相互比较,需要寻找一个标准的(或通用的)平整度指标,它同其他平整度指标应有良好的相关关系。同时,采用反应类平整度仪测定时,为使测定结果具有时间稳定性,必须经常进行标定,而标定曲线的精度取决于标定路段采用的平整度指标同反应类测定系统的相关性。

国际平整度指数(IRI)是一项标准化的平整度指标。它同反应类平整度测定系统类似,但是采用的是数学模型模拟 1/4 车轮(即单轮,类似于拖车)以规定速度行驶在路面断面上,分析行驶距离内动态反应悬挂系统的累积竖向位移量。标准的测定速度为 80km/h,其测定结果的单位为 m/km。

2. 颠簸累积仪测值与国际平整度指数 IRI 相关关系试验

由于颠簸累积仪测值受测试速度等因素影响,因此测试系统的每一种实际采用的测试速度都应单独进行标定,建立相关关系公式。标定过程及分析结果应详细记录并存档。

(1)试验条件

①按照 IRI 值每段相差大于 1.0 的标准选择不少于 4 段不同平整度水平的路段,且路段应有足够加速或减速长度。根据实际测试道路 IRI 的分布情况,可以增加某些范围内的标定路段。

②每路段长度不小于 300m。

③每一段内的平整度应均匀,包括路段前 50m 的引道。

④选择坡度变化较小的直线路段,路段交通量小,便于疏导。

⑤标定宜选择在车道的正常行驶轮迹上进行,明确标出标定路段的轮迹、起终点。

(2)试验步骤

①距离标定。

a. 依据设备供应商建议的长度,选择坡度变化较小的平坦直线路段,标出起终点和行驶轨迹。

b. 标定开始之前,应让测试车以测试速度行驶 5~10km,按照设备操作手册规定的预热时间对测试系统进行预热。

c. 将测试车的前轮对准起点线,启动距离校准程序,然后令车辆沿着路段轨迹直线行驶,避免突然加速或减速,接近终点时,看指挥人员手势减速停车,确保测试车的前轮对准终点线,结束距离校准程序。重复此过程,确保距离传感器脉冲当量的准确性,应在允许误差范围之内。

颠簸累积仪按选定的测试速度测试每个标定路段的反应值,重复测试至少 5 次,取其平均值作为该路段的反应值。

②IRI 值的确定。

a. 以精密水准仪作为标准仪具,分别测量标定路段两个轮迹的纵断高程,要求采样间隔为 250mm,高程测试精度为 0.5mm。然后用 IRI 标准计算程序对每个轮迹的纵断面测量值进行模型计算,得到该轮迹的 IRI 值,两个轮迹 IRI 值的平均值即为该路段的 IRI 值。

b. 其他符合世界银行 I 类平整度测试标准的纵断面测试仪具也可以作为确定标定路段标准 IRI 值的仪具。

(3)试验数据处理

用数理统计的方法对各标定路段的 IRI 值和相应的颠簸累积仪测值进行回归分析,建立相关关系方程式,相关系数 R 不得小于 0.99。

$$IRI = a + b \cdot VBI_v \tag{6-47}$$

式中:IRI——国际平整度指数(m/km);

VBI_v——测试速度为 v(km/h)时颠簸累积仪测得的颠簸累积值(cm/km);

a、b——回归系数。

3. 激光平整度仪测值与国际平整度指数 IRI 相关关系试验

(1)试验条件同颠簸累积仪与国际平整度指数 IRI 相关关系试验中所述,但有多个激光测头的系统需要分别标定。

(2)试验步骤及数据处理方法同颠簸累积仪与国际平整度指数 IRI 相关关系试验。

第八节 路面抗滑性能检测方法

路面抗滑性能是指车辆轮胎沿路面表面滑动时,所能承受的摩擦阻力的大小。对行驶在路面的车辆而言,是指在一定条件下(速度、路面湿度等)车辆的紧急制动距离。通常抗滑性能被看作是路面的表面特性,并用轮胎与路面间的摩阻系数来表示。路面抗滑性是反映路面安全性能最重要的一个指标:从路面管理的角度来看,抗滑性同时也是路面耐久性的一个量度指标。当抗滑性衰减到最低可接受(安全)水平时,将大幅度降低路面的服务功能。

一、影响路面抗滑性能的因素

1. 车辆

就车辆而言,在潮湿路面上对抗滑能力影响较大的因素是车辆的制动性能、特性及行驶速度。行驶中的车辆在紧急制动时,轮胎与路面之间若仅产生滑动而不产生滚动,则产生的摩擦阻力更大。在路面表面有不同水膜厚度的情况下,轮胎的材料、轮胎的花纹形状及轮胎类型

(接触面上的压力分布),尤其是轮胎花纹深度都对抗滑性能有影响。另外,轮胎的尺寸对摩擦系数也有影响,轮胎的直径增加和宽度减小对轮胎的摩擦性能均有某种程度的改善。潮湿路面的摩擦系数受车辆行驶速度影响较大。车速增加,摩擦系数则减小。尤其是当路面具有较小的宏观构造时,车速对潮湿路面的抗滑性影响特别大。

2. 气候

气候影响路面的抗滑性能,其影响主要来自于路面上的水膜及季节性变化。

影响水膜厚度的因素有很多,难于用某一种函数形式来表达,水膜的厚度与路面排水状况、路线设计要素及降雨速度关系密切,对车辆而言,存在一个与轮胎花纹和车速相关的临界水膜厚度,超过此临界值,行车可能产生水漂,此时,路面的抗滑能力将不再起作用。

季节性的影响主要来自于温度及路面的洁净程度。研究表明,轮胎与路面的摩擦力受温度影响较大,随着温度降低,橡胶与轮胎间的摩擦系数将提高。路面表面受粉尘污染,将导致路面构造深度减小,从而使路面抗滑能力降低;清洁路面后可使表面构造深度更新,使抗滑能力有所恢复。

3. 道路

轮胎与路面之间摩擦力的大小除与车辆及气候因素有关外,最重要的就是与道路设计参数、路面材料及构造密切相关。

道路设计参数如平、竖曲线及横坡度均对轮胎与路面之间的摩擦系数具有一定的影响。

微观构造指路面表层石料表面水平方向 0.5mm 以下,垂直方向 0.2mm 以下的表面纹理。不同种类的石料在经磨光后其摩擦力大小有明显的差别,微观构造大的石料其抗滑能力好。在任何条件下,微观构造对路面的抗滑性能均有一定的影响,尤其在低速行车条件下,微观构造对抗滑性的影响更为显著。

宏观构造指路面表层深度大于 0.5mm 的构造即路面表面的凹陷与凸起,也称为表面构造深度。宏观构造主要反映了路面排水能力的大小,对临界水膜厚度有决定性的作用,因此宏观构造对高速行车、潮湿条件下的抗滑性起主要作用。宏观构造的大小决定于路面表面层沥青混合料集料特性,包括颗粒尺寸、级配、形状及棱角性。

4. 各因素的相互作用

上述各因素均对路面抗滑性有一定的影响,但要确定它们综合在一起的影响程度是困难的。在通常情况下,轮胎的磨光会降低微观构造深度,路面的压密会降低宏观构造深度,另外,诸如粉尘污染、汽油等均会降低路面的抗滑性能,不同地区的季节性影响也不一致。

二、路面抗滑性评价方法、指标及标准

抗滑性能测试方法有:制动距离法、偏转轮拖车法(横向摩擦系数测试)、摆式仪法、构造深度测试法(手工铺砂法、电动铺砂法、激光构造深度仪法)。各方法的特点及测试指标简单介绍如下。

(1)制动距离法:测试指标为摩擦系数 f。用一辆四轮小客车或轻货车以一定速度在潮湿路面上行驶,当四个车轮被制动时,测试出从车辆减滑移到停止的距离,运用动力学原理,算出摩擦系数。此法测试速度快,但在检测时,必须中断交通。

(2)铺砂法(手工和电动两种):测试指标为构造深度 $TD(mm)$。将已知体积的砂,摊铺在

所要测试的路表的测点上,量取摊平覆盖的面积。砂的体积与所覆盖的平均面积的比值,即为构造深度。此法定点测量,原理简单,且便于携带,结果很直观。适宜于测定沥青路面及水泥混凝土路面表面构造深度,用以评定路面表面的宏观粗糙度、排水性能及抗滑性能。

(3)摆式仪法(人工读值和数显两种):测试指标为摩阻摆值 BPN。摆式仪的摆锤底面装一橡胶滑块,当摆锤从一定高度自由下摆时,滑块面同试验表面接触。由于两者间的摩擦而损耗部分能量,使摆锤只能回到一定高度。表面摩擦阻力越大,回摆高度越小(即摆值越大)。此法定点测量,原理简单,不仅可以用于室内,而且可用于野外测试沥青路面及水泥凝土路面的抗滑性能。

(4)车载式激光构造深度仪测试法:测试指标也为构造深度 TD(mm)。由中子源发射的许多束光线照射到路表面的不同深度处,用200多个二极管接收返回的光束,利用二极管被点亮的时间差算出所测路面的构造深度。此法测试速度快,适宜于测定沥青路面干燥表面的干燥深度,用以评价路面抗滑及排水能力,但不适宜于有较多坑槽、显著不平整或裂缝过多的路段。

(5)摩擦系数测定车:测横向摩擦系数 SFC。测试车上装有两只标准试验轮胎,它们对车辆行驶方向偏转一定角度;汽车以一定速度在潮湿路面上行驶时,试验轮胎受到侧向摩阻作用。此摩阻力除以试验轮上的载重,即为横向摩擦系数。

我国《公路沥青路面设计规范》(JTG D50—2006)规定:高速公路和一级公路沥青路面面层抗滑性能指标是路面交工横向力系数和路面宏观构造深度。沥青路面的抗滑性能标准见表6-19。

高速公路和一级公路沥青路面抗滑性能技术指标 表6-19

年平均降雨量	交工检测指标值	
(mm)	横向力系数 SFC_{60}	构造深度 TD(mm)
>1 000	≥54	≥0.55
500~1 000	≥50	≥0.50
250~500	≥45	≥0.45

水泥混凝土路面抗滑标准用构造深度表示:高速公路、一级公路构造深度 TD 为 0.8mm;其他公路 TD 为 0.6mm。

三、手工铺砂法测定路面构造深度

1.目的与适用范围

路面的宏观构造深度是指一定面积的路表面凹凸不平的开口孔隙的平均深度,是影响抗滑性能的重要因素之一。

适用于测定沥青路面及无刻槽水泥混凝土路面表面构造深度,用以评定路面表面的宏观构造。

2.仪具与材料

(1)人工铺砂仪:由量砂筒、推平板组成。

①量砂筒:一端是封闭的,内径 ϕ20mm,外径 ϕ26mm,总高 90mm,容积为 25mL ± 0.15mL。可通过称量砂筒中水的质量以确定其容积 V,并调整其高度,使其容积符合高度要求,见图6-31。

②推平板:形状尺寸如图 6-32 所示,推平板应为木制或铝制,直径 50mm,底面粘一层厚 1.5mm 的橡胶片,上面有一圆把手。

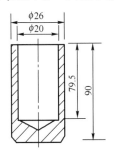

图 6-31 量砂筒(尺寸单位:mm)

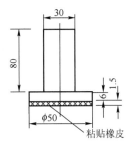

图 6-32 推平板(尺寸单位:mm)

(2)量砂:足够数量的干燥洁净的匀质砂,粒径 0.15~0.3mm。

(3)量尺:钢板尺或专用构造深度尺。

(4)其他:装砂容器、小铲、扫帚或毛刷、挡风板等。

3. 准备工作

(1)量砂准备:将洁净的细砂晾干、过筛,取 0.15~0.3mm 的砂置于适当的容器中备用。量砂只能在路面上使用一次,不宜重复使用。

(2)对测试路段按随机取样选点的方法决定测点所在横断面位置,测点应选在行车道的轮迹带上,距路面边缘应不小于 1m。

4. 测试步骤

(1)用扫帚或毛刷将测点附近的路面清扫干净,面积不小于 30cm×30cm。

(2)用小铲装砂,向圆筒中注满砂,手提圆筒上方,在硬质路面上轻轻叩打 3 次,使砂密实,补足砂面,用直尺沿筒口一次刮平。注意不可直接用量筒装砂,以免影响量砂密度的均匀性。

(3)将砂倒在路面上,用推平板由里向外重复做摊铺运动。稍稍用力将砂细心地尽可能地向外摊开,使砂填入凹凸不平的路表面的孔隙中。尽可能将砂摊成圆形,并不得在表面上留有浮动的余砂。注意摊铺时不可用力过大或向外推挤。

(4)用钢板尺测量所构成圆的两个垂直方向的直径,取其平均值,准确至 5mm。

(5)按上述方法,同一处平行测定不少于 3 次,3 个测点均位于轮迹带上,测点间距 3~5m。该处的测定位置以中间测点的位置表示。

路面表面构造深度按式(6-48)计算:

$$TD = \frac{1\,000V}{\frac{\pi D^2}{4}} = \frac{31\,831}{D^2} \tag{6-48}$$

式中:TD——路面构造深度(mm);

V——砂的体积,为 25cm³;

D——摊平砂的平均直径(mm)。

每一处均取 3 次路面构造深度的测定结果的平均值作为试验结果,准确至 0.01mm。当平均值小于0.2mm时,试验结果以"<0.2mm"表示。同时还要计算每个评定路段路面构造深度的平均值、标准差、变异系数等。

四、电动铺砂仪测定路面构造深度

1. 目的与适用范围

适用于测定沥青路面及无刻槽水泥混凝土路面表面构造深度,用以评定路面表面的宏观构造。

2. 检测器具及材料

(1)电动铺砂仪:利用可充电的直流电源将量砂通过砂漏铺设成宽度5cm、厚度均匀一致的器具,如图6-33所示。

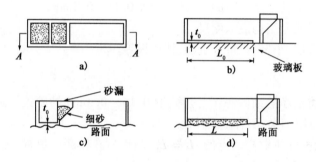

图6-33 电动铺砂仪
a)平面图;b)A-A断面;c)标定;d)测定

(2)量砂:足够数量的干燥洁净的匀质砂,粒径0.15~0.3mm。
(3)标准量筒:容积50mL。
(4)玻璃板:面积大于铺砂器,板厚不小于5mm。
(5)其他:直尺、灌砂漏斗、扫帚、毛刷等。

3. 准备工作

(1)量砂准备

取洁净的细砂晾干,过筛,取0.15~0.3mm的砂置于适当的容器中备用。试验时,量砂只能一次性使用,不得重复使用。

(2)确定路段测点横断面的位置,测点应选在行车道的轮迹带上,距路边缘不小于1m。

(3)电动铺砂仪标定。

①将铺砂仪平放在玻璃板上,将砂漏移至铺砂仪端部。

②使灌砂漏斗口和量筒口大致齐平。通过漏斗向量筒中缓缓注入准备好的量砂至高出量筒成尖顶状,用直尺沿筒口一次刮平,其容积为50mL。

③使漏斗口与铺砂仪砂漏上口大致齐平。将砂通过漏斗均匀倒入砂漏,漏斗前后移动,使砂的表面大致齐平,但不得用任何其他工具刮动砂。

④启动开关,使砂漏向另一端缓缓运动,量砂沿砂漏底部成宽50mm的带状,如图6-34所示,待砂全部漏完后停止。

⑤按图6-34,由L_1及L_2的平均值决定量砂的摊铺长度L_0,准确至1mm。

$$L_0 = \frac{L_1 + L_2}{2} \quad (6\text{-}49)$$

⑥重复标定 3 次,取平均值决定 L_0,准确至 1mm。标定应在每次测试前进行,用同一种量砂,由承担测试的同一试验员进行。

铺砂仪在玻璃板上摊铺的量砂厚度 t_0 为:

$$t_0 = \frac{V}{B \cdot L_0} \times 1\,000 = \frac{1\,000}{L_0} \quad (6\text{-}50)$$

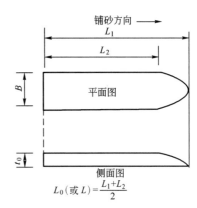

图 6-34 决定 L_0 及 L 的方法

式中:t_0——量砂在玻璃板上摊铺的标定厚度(mm);
V——量砂体积,为 50cm³;
B——铺砂仪铺砂宽度,为 50mm;
L_0——玻璃板上 50cm³ 量砂摊铺的长度(mm)。

4. 测试步骤

(1)将测试地点用毛刷刷净,面积大于铺砂仪。

(2)将铺砂仪沿道路纵向平稳地放在路面上,将砂漏移至端部。

(3)按电动铺砂仪标定步骤②~⑤相同步骤,在测试地点摊铺 50cm³ 量砂,按图 6-34 方法量取摊铺长度 L_1 及 L_2,计算 L,准确至 1mm。

$$L = L_1 + L_2 \quad (6\text{-}51)$$

(4)同一处平行测定不少于 3 次,3 个测点均位于轮迹带上,测点间距 3~5m,该处的测定位置以中间测点的位置表示。

5. 计算

按式(6-52)计算路面的构造深度 TD:

$$TD = \frac{L_0 - L}{L} \times t_0 = \frac{L_0 - L}{L \cdot L_0} \times 1\,000 \quad (6\text{-}52)$$

式中:TD——路面的构造深度(mm);
L——路面上 50cm³ 量砂摊铺的长度(mm);
t_0——铺砂仪在玻璃板上摊铺的量砂厚度(mm);
L_0——量砂的标定摊铺长度(mm)。

每一处均取 3 次路面构造深度的测定结果平均值作为试验结果,精确至 0.1mm。当平均值小于 0.2mm 时,试验结果以"<0.2mm"表示。

五、车载式激光构造深度仪测定路面构造深度

1. 目的与适用范围

车载式激光构造深度仪是一种智能化仪器,适用于新、改建路面工程质量验收和在无严重破损病害及没有积水、积雪、泥浆等正常行车条件下连续采集路面构造深度,但不适用于有沟槽构造的水泥路面。

2. 仪具与材料

(1)测试系统由承载车辆、距离传感器、激光传感器和主控制单元组成。主控制单元对测

试装置的操作实施控制,完成数据采集、传输、存储与计算过程。

(2)设备承载车要求:根据设备供应商的要求选择测试系统承载车辆。

(3)测试系统基本技术要求和参数。

①最大测试速度:≥50km/h。

②采样间隔:≤10mm。

③传感器测试精度:0.1mm。

④距离标定误差:<0.1%。

⑤系统工作环境温度:0~60℃。

3. 准备工作

(1)设备安装到承载车上以后,应按相关规定进行相关性标定试验。

(2)根据设备操作手册的要求对测试系统各传感器进行自标定。

(3)距离测量装置需要现场安装的,根据设备操作手册说明进行安装,确保机械紧固装置安装牢固。

(4)打开系统电源,启动控制程序,检查各部分的工作状态,并按照设备使用说明规定的预热时间对测试系统预热。

4. 试验步骤

(1)测试车停在测试起点前50~100m处,启动测试系统程序,按照设备操作手册的规定和测试路段的现场技术要求设置所需的测试状态。

(2)驾驶员应按照设备操作手册要求的测试速度驾驶测试车,避免急加速和急减速,急弯路段应放慢车速,沿正常行车轨迹驶入测试路段。

(3)进入测试路段后,测试人员启动控制单元的采集和记录程序,在测试过程中必须及时准确地将测试路段的起终点和其他需要特殊标记的位置输入测试数据记录中。

(4)当测试车辆驶出测试路段后,测试人员停止数据采集和记录,并恢复仪器各部分至初始状态。

(5)检查测试数据文件,文件应完整,内容应正常,否则需要重新测试。

(6)关闭测试系统电源,结束测试。

应当注意,我国公路路面构造深度以铺砂法为标准测试方法。利用激光构造深度仪测出的构造深度与铺砂法测试结果不同,但两者具有良好的相关关系。因此激光构造深度仪所测出的构造深度不能直接用来评定路面的抗滑性能,必须换算成铺砂法的构造深度后,才能判断路面的抗滑性能是否满足要求。

5. 激光构造深度仪测值与铺砂法构造深度值相关关系试验

(1)选择构造深度分别在0~0.3、0.3~0.55、0.55~0.8、0.8~1.2范围的4个各长100m的试验路段。试验前将路面清扫干净,并在起终点做上标记。

(2)在每个试验路段上沿一侧行车轮迹用铺砂法测试至少10点的构造深度值,并计算平均值。

(3)驾驶测试车以30~50km/h的速度驶过试验路段,并且保证激光构造深度仪的激光传感器探头沿铺砂法所测构造深度的行车轮迹运行,计算试验路段的构造深度平均值。

(4)建立两种方法的相关关系式,要求相关系数R不小于0.97。

六、摆式仪测定路面摩擦系数

摆式仪属于轻便型测量仪器,它具有结构简单、操作方便、数据稳定的优点。

1. 目的与适用范围

适用于以人工读值式摆式仪测定沥青路面、标线或其他材料试件的摆式摩擦系数值 BPN,用以评定路面在潮湿状态下的抗滑能力。

2. 检测器具与材料

(1)摆式仪:形状及结构如图 6-35 所示,测试时由人工通过指针在度盘上直接读值,摆值最小刻度为 2,测定时摆在路面上滑动长度为 126mm±1mm。

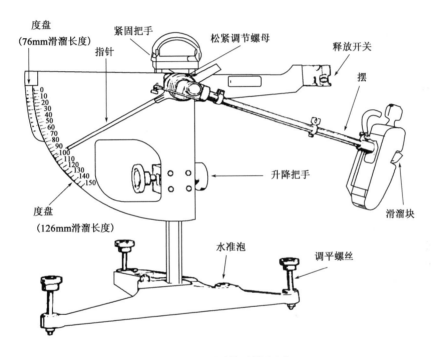

图 6-35 摆式摩擦系数测定仪

(2)橡胶片:当用于测定路面抗滑值时的尺寸为 6.35mm×25.4mm×76.2mm,橡胶质量应符合表 6-20 的要求。当橡胶片使用后,端部在长度方向上磨耗超过 1.6mm 或边缘在宽度方向上磨耗超过 3.2mm,或有油类污染时,即应更换新橡胶片。新橡胶片应先在干燥路面上测试 10 次后再用于测试,橡胶片的有效使用期以出厂日期起算为 12 个月。

橡胶物理性质技术要求 表 6-20

性质指标	温度(℃)				
	0	10	20	30	40
弹性(%)	43~49	58~65	66~73	71~77	74~79
硬度(IR)	55±5				

(3)滑动长度量尺:长度 126mm。

(4)喷水壶。

(5)路面温度计:分度不大于1℃。
(6)其他:毛刷或扫帚、记录表格等。

3. 准备工作

(1)检查摆式仪的调零灵敏情况,并定期进行仪器的标定。当用于路面工程检查验收时,仪器必须重新标定。

(2)对测试路段按随机取样选点的方法,决定测点所在横断面位置。测点应选在行车车道的轮迹带上,距路面边缘应不小于1m。并用粉笔做出标记。

4. 试验步骤

(1)清洁路面。

用扫帚或其他工具将测点处路面上的浮尘或附着物打扫干净。

(2)仪器调平。

①将仪器置于路面测点上,并使摆的摆动方向与行车方向一致。

②转动底座上的调平螺栓,使水准泡居中。

(3)指针调零。

①放松紧固旋钮,转动升降旋钮,使摆升高并能自由摆动,然后旋紧紧固旋钮。

②将摆固定在右侧悬臂上,使摆处于水平位置,并把指针拨至右端与摆杆贴紧。

③右手按下释放开关,使摆向左带动指针摆动,当摆达到最高位置后刚开始下落时,用左手将摆杆接住,此时指针应指零。

④指针若不指零,通过转动松紧调节螺母进行调整后,重复前述3个步骤,直至指针指零,调零允许误差为±1。

(4)校核滑动长度。

①让摆处于自然下垂状态,松开固定旋钮,转动升降旋钮使摆下降,并提起举升柄使摆向左侧移动,然后放下举升柄使橡胶片长边下缘轻轻触地,在边侧紧靠橡胶片摆放滑动长度量尺,使量尺左端对准橡胶片触地下缘;再提起举升柄使摆向右侧移动,然后放下举升柄使橡胶片下缘轻轻触地,检查橡胶片下缘应与滑动长度量尺的右端齐平。若齐平,则说明橡胶片两次触地的距离(滑动长度)符合126mm的要求。左右两次橡胶片长边边缘应以刚刚接触路面为准,不可借摆的力量向前滑动,以免标定的滑动长度与实际不符。

②橡胶片两次触地与量尺两端若不齐平,通过升高或降低摆或仪器底座的高度进行调整。微调时,也可旋转仪器底座上的调平螺栓调整仪器底座的高度,该方法比较方便,但需注意保持水准泡居中。

③重复上述动作,直至滑动长度符合126mm的要求。

(5)将摆固定在右侧悬臂上,使摆处于水平位置,并把指针拨至右端靠紧摆杆。

(6)用喷水壶浇洒测点,使路面处于湿润状态。

(7)按下右侧悬臂上的释放开关,使摆在路面滑过,当摆杆回落时,用手接住摆杆并读数,但不做记录。

(8)重复(5)和(7)的操作5次,并读记每次测定的摆值。

单点测定的5个值中最大值与最小值的差值不得大于3。如差数大于3,应检查产生的原因,并再次重复上述各项操作,至符合规定为止。

取 5 次测定的平均值作为单点的摆值 BPN_T,取整数。

(9)在测点位置用温度计测记潮湿路表温度,准确至 1℃。

(10)每个测点由 3 个单点组成,即需按以上方法在同一测点处平行测定 3 次,以 3 次测定结果的平均值作为该测点的测值,取整数。

3 个单点均应位于轮迹带上,单点间距离为 3~5m。该测点的位置以中间单点的位置表示。

5. 抗滑值的温度修正

路面温度为 T(℃)时测得的摆值 BPN_T 必须按式(6-53)换算成标准温度 20℃时的摆值 BPN_{20}:

$$BPN_{20} = BPN_T + \Delta BPN \tag{6-53}$$

式中:BPN_{20}——换算成标准温度 20℃时的摆值(BPN);

BPN_T——路面温度 T 时测得的摆值(BPN);

T——测定的路表潮湿状态下的温度(℃);

ΔBPN——温度修正值,按表 6-21 采用。

温度值正值　　　　　　　　　表 6-21

温度 T(℃)	0	5	10	15	20	25	30	35	40
温度修正值 ΔBPN	-6	-4	-3	-1	0	+2	+3	+5	+7

七、数字式摆式仪测定路面摩擦系数

数字式高精度摆式摩擦系数测定仪(简称数字式摆式仪)是在不改变原有普通摆式仪基本结构和工作原理的基础上,利用计算机、电子、传感器技术,开发的一种集成了自动显示、自动存储、自动温度修正功能的数字化测量系统。数字化摆式仪的测量机构由高精度角度传感器、嵌入式摆值测量系统、温度传感器及算法软件等部分构成。

1. 目的与适用范围

数字式摆式仪适用于测定沥青路面、标线或其他材料试件的摆式摩擦系数值 BPN,用以评定路面在潮湿状态下的抗滑能力。

2. 检测器具与材料

(1)数字式摆式仪:形状及结构如图 6-36 所示。数字式摆式仪主机可输入测点编号,自动测量、存储和显示摆值及温度修正后的结果。

(2)其他器具与材料同摆式仪法。

3. 准备工作

同摆式仪法。

4. 试验步骤

(1)清洁路面

用扫帚或其他工具将测点处路面上的浮尘或附着物打扫干净。

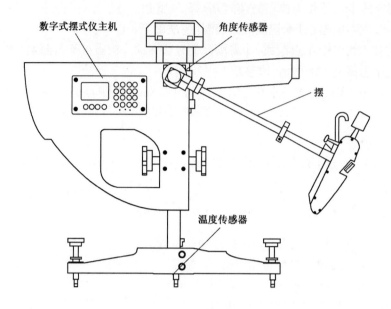

图6-36 数字式摆式仪结构示意图

(2)仪器调平

①将仪器置于路面测点上,并使摆的摆动方向与行车方向一致。

②转动底座上的调平螺栓,使水准泡居中。

(3)零位标定

①放松紧固旋钮,转动升降旋钮,使摆升高并能自由摆动,然后旋紧紧固旋钮。

②将摆固定在右侧悬臂上,使摆处于水平释放位置。

③打开数字式摆式仪主机电源,设置测试状态为"标定",按下释放开关,使摆向左摆动,当摆达到最高位置后下落时,用手将摆杆接住,此时数字式摆式仪将自动记录空摆时的初始角度,保存此初始角度,完成零位标定。

(4)校核滑动长度

①让摆处于自然下垂状态,松开固定旋钮,转动升降旋钮使摆下降,并提起举升柄使摆向左侧移动,然后放下举升柄使橡胶片长边下缘轻轻触地,在边侧紧靠橡胶片摆放滑动长度量尺,使量尺左端对准橡胶片触地下缘;再提起举升柄使摆向右侧移动,然后放下举升柄使橡胶片下缘轻轻触地,检查橡胶片下缘应与滑动长度量尺的右端齐平。若齐平,则说明橡胶片两次触地的距离(滑动长度)符合126mm的要求。左右两次橡胶片长边边缘应以刚刚接触路面为准,不可借摆的力量向前滑动,以免标定的滑动长度与实际不符。

②橡胶片两次触地与量尺两端若不齐平,通过升高或降低摆或仪器底座的高度进行调整。微调时,也可旋转仪器底座上的调平螺栓调整仪器底座的高度,该方法比较方便,但需注意保持水准泡居中。

③重复上述动作,直至滑动长度符合126mm的要求。

(5)将摆固定在右侧悬臂上,使摆处于水平释放位置,设置测试状态为"就绪"。

(6)用喷水壶浇洒测点,使路面处于湿润状态。

(7)按下右侧悬臂上的释放开关,使摆在路面滑过,当摆杆回落时,用手接住摆杆并读数,但不做记录。然后使摆杆重新置于水平释放位置。

(8)重复(5)和(7)的操作5次,并读记每次测定的摆值。

单点测定的5个值中最大值与最小值的差值不得大于3。如差值大于3,应检查产生的原因,并再次重复上述各项操作,至符合规定为止。

取5次测定的平均值作为单点的摆值BPN_T,取整数。

(9)数字式摆式仪自动记录每次测量时的地面温度,并进行温度修正,输出温度修正前后的测量结果。

(10)每个测点由3个单点组成,即需按以上方法在同一测点处平行测定3次,以3次测定结果的平均值作为该测点的测值,取整数。

3个单点均应位于轮迹带上,单点间距离为3~5m。该测点的位置以中间单点的位置表示。

5.抗滑值的温度修正

同摆式仪法。

八、单轮式横向力系数测试系统测定路面摩擦系数

1.目的与适用范围

适用于新、改建路面工程质量验收和在无严重坑槽、车辙等病害的正常行车条件下连续采集路面的横向力摩擦系数。

2.检测设备与材料

(1)测试系统由承载车辆、距离测试装置、横向力测试装置、供水装置和主控制单元组成,见图6-37。主控制单元除实施对测试装置和供水装置的操作控制外,同时还控制数据的传输、记录与计算等环节。

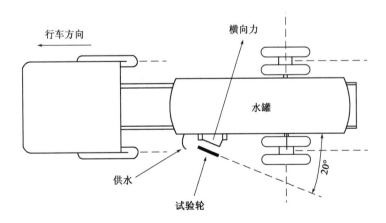

图6-37 单轮式横向力系数测试系统机构示意图

(2)设备承载车基本技术要求和参数。

横向力系数测试系统的承载车辆应为能够固定和安装测试、储供水、控制和记录等系统的载重车底盘,具有在水罐满载状态下最高车速大于100km/h的性能。

(3)测试系统技术要求和参数:

①测试轮胎类型:光面天然橡胶充气轮胎。
②测试轮胎规格:3.00/20。
③测试轮胎标准气压:$(3.5 \pm 0.2) kg/cm^2$。
④测试轮偏置角:19.5°~21°。
⑤测试轮静态垂直标准荷载:$(2\,000 \pm 20) N$。
⑥拉力传感器非线性误差:<0.05%。
⑦拉力传感器有效量程:0~2 000N。
⑧距离标定误差:<2%。

3. 准备工作

(1)每个测试项目开始前或连续测试超过1 000km后,应按照设备使用手册规定的方法进行系统应力传感器的标定,记录标定数据并存档。

(2)检查测试车轮胎气压,应达到车辆轮胎规定的标准气压。

(3)检查测试轮胎磨损情况,当其直径比新轮胎减小达6mm(也即胎面磨损3mm)以上或有明显损伤或裂口时,必须更换新轮胎。更换的新轮胎在正式测试前应试测约2km。

(4)检测测试轮胎气压,应达到$(3.5 \pm 0.2) kg/cm^2$的要求。

(5)检查测试轮胎固定螺栓,螺栓必须拧紧。将测试轮胎放到正常测试时的位置,检查其是否能够沿两侧滑柱上下自由升降。

(6)根据测试里程向水罐加注足够用量的清洁测试用水。

(7)当出水控制为固定式开关时,需将开关设置在对应的测试速度位置,放下测试轮并检查洒水口出水情况和洒水位置;洒水位置应在测试轮触地面中点沿行驶方向前方(400 ± 50)mm 处,洒水宽度应为中心线两侧各不小于约75mm。

(8)启动控制单元,检查各项功能和技术参数选择状态是否正常。

4. 检测步骤

(1)正式开始测试前,首先应按设备操作手册规定的时间要求启动控制单元进行通电预热。

(2)进入测试路段前,测试人员设置所需的系统技术参数,并将测试轮胎至少提前500m降至路面上进行预跑。

(3)进入测试路段后,驾驶员应保持较为均匀的行车速度,并沿正常行车轨迹行驶。当为固定出水控制方式时,行驶最高速度不得超过出水开关事先设置所对应的速度。

(4)测试过程中,测试人员必须及时准确将测试路段需要标记的起终点和其他特殊点的位置输入测试数据记录中。

(5)测试车辆驶出测试路段后,测试人员停止测试程序,提升起测量轮并恢复仪器各部分至初始状态。

(6)检查数据文件,文件内容应完整正常,否则需要重新测试。

(7)关闭测试系统电源,结束测试。

5. 横向摩擦系数 SFC 值的修正

(1)SFC 值的速度修正

以测试结果使用时所需的速度作为标准测试速度，其他测试速度条件下得到的 SFC 值必须通过式(6-54)转换至标准速度下的等效 SFC 值。

$$SFC_{标} = SFC_{测} - 0.22(V_{标} - V_{测}) \tag{6-54}$$

式中：$SFC_{标}$——标准测试速度下的等效 SFC 值；
  $SFC_{测}$——现场实际测试速度条件下的测试 SFC 值；
  $V_{标}$——标准测试速度(km/h)；
  $V_{测}$——现场实际测试速度。

(2) SFC 值的温度修正

测试系统的标准现场测试地面温度范围为 20℃ ±5℃，其他地面温度条件下测试的 SFC 值必须通过表 6-22 转换至标准温度下的等效 SFC 值。系统测试要求控制地面温度在 8～60℃范围内。

温 度 修 正（°）　　　　　　表 6-22

温度	10	15	20	25	30	35	40	45	50	55	60
修正	-3	-1	0	+1	+3	+4	+6	+7	+8	+9	+10

6. 不同类型摩擦系数测试设备间相关关系试验

(1) 基本要求

当制动式摩擦系数测试设备或其他类型横向力式测试设备需换算成 SFC 使用时，必须进行相关性试验，建立其他类型测试结果与 SFC 值的相关关系。

(2) 试验条件

①按 SFC 值 0～30、30～50、50～70、70～100 的范围选择 4 段不同摩擦系数的路段，路段长度可为 100～300m。

②对比试验路段地面应清洁干燥，地面温度应在 10～30℃范围内，试验宜选择在晴天无风条件下进行。

(3) 试验步骤

①测试系统和需要进行对比试验的其他类型设备分别按上述第 3 条的方法及其操作手册规定的程序准备就绪。

②两套设备分别以 40km/h、50km/h、60km/h、70km/h、80km/h 的速度在所选择的 4 种试验路段上各测试 3 次，3 次测试的平均值的绝对差值不得大于 5，否则重测。

③两种试验设备设置的采样频率差值应不超过一倍，每个试验路段的采样数据量应不少于 10 个。

(4) 试验数据处理

①分别计算出每种速度下各路段 3 次测试结果的总平均值和标准差，超过 3 倍标准差的值应予以舍弃。

②用数理统计的回归分析方法建立试验设备测值与速度的相关关系式，相关系数 R 不得小于 0.95。

③建立不同速度下试验设备测值 SFC 的相关关系式，相关系数 R 不得小于 0.95。

九、双轮式横向力系数测试系统测定路面摩擦系数

1. 目的与适用范围

适用于新建、改建路面工程的质量验收和在无严重坑槽、车辙等病害的正常行车条件下测定沥青路面或水泥混凝土路面的横向力摩擦系数。

2. 检测设备与材料

(1)测定系统主要由牵引车、供水系统、测试系统、主控制单元、标定装置等组成,测试系统见图6-38和图6-39。

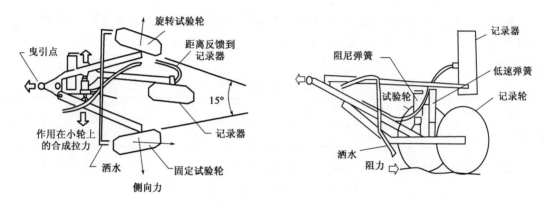

图6-38 平面示意图　　　　　　　图6-39 侧视示意图

(2)设备牵引车基本技术要求和参数:

要求牵引车最高行驶车速大于80km/h,车辆后部可安装专用拖挂的装置,车辆应配备警灯及相关警示标志。

(3)测试系统技术要求和参数:

①测试仪总质量:256kg。

②单轮静态标准荷载:1.27kN。

③测试轮夹角:15°。

④横向力系数测试轮气压:(70 ± 3.5)kPa。

⑤距离测试轮气压:(210 ± 13.7)kPa。

⑥测试轮规格:4.00/4.80-8 光面轮胎。

⑦路面洒水厚度:0.5~1.0mm。

⑧测试速度范围:40~60km/h。

3. 准备工作

(1)进入现场测试前,应进行应力传感器标定。将设备配套提供的标定板放在地面上,人工将测试仪从板上按要求拖拉3遍,由系统自动判断标定是否通过,标定通过后才可进行路面测试。

(2)正式开始测试前,设备应预热10min左右,并检查汽油机能否正常工作,机油是否需要更换。

(3)检查横向力系数测试轮、距离测试轮(或水车车轮)的轮胎胎压是否满足规定要求,长

距离或长时间测试过程中也应补充检查胎压。

(4)降下测试轮,打开水阀检查水流情况是否正常及水流是否符合要求,检查仪表各项指数是否正常,然后升起测试轮。

(5)将牵引车与洒水车(可选)、测试系统及控制线路连接线依次连好,启动主控制单元进入测试状态,同时发动汽油机,打开水阀,准备测试。

4. 检测步骤

(1)将车辆驶向测试路段,提前约200m处打开水阀,降下测试轮。测试车速保持40～60km/h范围内匀速状态。

(2)测试过程中,测试人员必须及时准确将测试路段需要标记的起终点和其他特殊点的位置输入测试数据记录中。

(3)驶出测试路段后,停止测试过程,存储数据文件。

5. 数据类型相关性转换

通过本方法得到的直接数据结果应换算为标准 SFC 值后才可进行相关的质量检验和评价。

第九节 路面破损检测

在路面质量管理与验收、建立路面管理系统和决定路面维修方案时,都需要测定路面各类破损的数量与面积。

一、路面破损的分类

(一)沥青路面的破损类型

1. 裂缝

(1)龟裂,也称为网裂,指裂缝与裂缝连接成龟甲纹状的不规则裂缝。其短边长度小于40cm。路面纵向的平行密集裂缝,虽未成网,若距离小于30cm也属龟裂。

(2)块裂,为沥青路面的不规则裂缝,裂缝与裂缝连接成网,其短边长度大于40cm,长边长度小于3m。龟裂和块裂测定均以面积(m^2)计。

(3)单根裂缝,指裂缝之间互不连接,或虽有连接但距离在3m以上者,分为横向裂缝、纵向裂缝、路面与桥涵构造物的接头裂缝、施工裂缝、水泥板接缝的反射裂缝等。裂缝测定以长度(m)计。

(4)边缘裂缝,指靠路肩边缘由于冻胀、基层或路基的承载力不足引起的纵向局部性开裂,根据严重程度计算长度和面积。

2. 变形

变形包括车辙、沉陷、壅包、波浪。

3. 松散

松散包括掉粒、松散、剥落、脱皮等引起的集料散失现象、坑槽等。

4. 其他

其他破损包括泛油、磨光等。

沥青路面破损按其严重程度可分为轻微、中度、严重三种,如表 6-23 所示。

沥青路面损坏程度分类 表 6-23

损坏类型	程度	损 坏 特 征
裂 缝	轻微	裂缝并未连片成网,无碎裂或封缝,无明显唧泥,平均缝宽≤6mm,或已封缝,附近无损坏,边缘裂缝未断开,材料未散失
	中度	裂缝已连片成网,有个别碎裂或封缝,无明显唧泥,平均缝宽 6~19mm,附近有轻微块裂,裂缝少许断开,材料散失≤10% 的长度
	严重	裂缝成片,严重碎裂或已封缝,车辆通过时碎块有活动,有明显唧泥,平均缝宽 > 19mm,附近有中等块裂,裂缝已断开,材料散失 >10% 的长度
补坑与坑槽	轻微	在轻微破损区域的修补,坑槽深度≤25mm
	中度	在中等破损区域的修补,坑槽深度 25~50mm
	严重	在严重破损区域的修补,坑槽深度 >50mm
表面缺陷	轻微	过量沥青已使路表面变色,少量集料结合料脱离,少量细集料散失
	中度	过量沥青已使路表面失去纹理构造,集料结合料掉粒成粗糙表面,细集料散失,少量粗集料散失
	严重	过量沥青使路表发光一片,集料已被覆盖,热季可出现轮迹,集料结合料飞散,粗集料明显散失

(二)水泥混凝土路面的破损类型

1. 断板

断板破损包括板角断裂、D 形裂缝、纵向裂缝、横向裂缝、断板等。水泥混凝土路面的伸缩缝两侧在一定范围内产生多道裂缝,呈 D 字形,故称为 D 形裂缝。D 形裂缝呈不断扩展趋势,严重时裂缝产生的小块可能脱落或错位移动。由纵向和横向裂缝发展而产生的已完全折断成两块及两块以上水泥混凝土路面板的现象称为断板。

2. 接缝

接缝破损包括接缝材料损坏、接缝脱开、无接缝料、缝被砂石尘土填塞、边角剥落、唧泥、错台(台阶)、拱起(翘曲)等。因裂缝或接缝损坏,导致水进入基层,使材料软化形成泥浆,泥浆在荷载作用下从缝中或板边缘挤出的现象称为唧泥。

3. 表面

表面破损包括表面网状细裂缝、层状剥落、起皮、露骨、集料磨光、坑洞等。

4. 其他

其他破损如板块沉陷等。

水泥混凝土路面破损按其严重程度可分为轻微、中度、严重三种,如表 6-24 所示。

水泥混凝土路面损坏程度分类 表 6-24

损坏类型	程度	损 坏 特 征
板面断裂	轻微	板角断裂尚未碎裂,D 形裂缝密闭,纵横向裂缝宽 <3mm
	中度	板角裂缝已有碎裂,D 形裂缝有小块脱落及错台,纵横向裂缝宽 <3mm,裂缝边缘已开始掉角
	严重	板角裂缝已严重碎裂,D 形裂缝较大且有较多脱落,纵横向裂缝宽 >10mm,有错台,裂块已开始活动
接缝损坏	轻微	损坏部位 <10%,缝边碎裂宽度 <75mm,无材料散失
	中度	损坏部位 10% ~50%,缝边碎裂宽度 75 ~150mm,材料有散失,有少量唧泥或拱起
	严重	损坏部位 >50%,缝边碎裂宽度 >150mm,材料已较多散失,有明显唧泥或拱起

二、沥青路面破损检测

对强度不足或疲劳引起的沥青路面荷载性裂缝(龟裂),宜在春季或雨季最不利季节之后调查;对由于温度收缩引起的非荷载性裂缝(块裂及横裂缝),宜在冬季以后观测;对车辙、壅包、波浪等热稳定性变形,宜在夏季观测,对松散类破损宜在雨季观测。也可在规定的同一时间观测。需要时还可定期观测,以了解破损情况。为便于裂缝观测,选择在雨后(或预先洒水)路表已干燥但尚有水迹时观测。

1. 检测器具与材料

(1)人工法

①量尺:钢卷尺(5m 量程和 50m 量程,分度值为 1mm)、皮尺(50m 量程,分度值:1mm)、钢尺(500mm,分度值为 1mm)等。

②其他:粉笔或油漆、安全标志等。

(2)图像视频法

①车载式路面激光视频损坏检测系统基本参数:

a. 距离传感器标定误差:<0.1%。

b. 有效检测宽度:不小于一个车道宽度。

c. 最小裂缝分辨宽度:≤2mm。

d. 裂缝识别的准确率:≥90%。

②工作环境要求:

a. 环境温度: -10 ~50℃。

b. 环境相对湿度:不大于 90%。

2. 人工检测方法

(1)准备工作

①如路面不洁影响检测时,用道路清扫车或扫帚清扫路面。

②准备损坏记录表格。

(2)检测步骤

①两个检测人员组成一个检测组,沿路肩徒步调查。

②量测或收集检测路段的路面长度及宽度。

③沿路面仔细观察、量测,并在损坏记录表格上填写路面损坏的桩号、位置、类型及尺寸等信息。根据周围交通状况可目测或采用量尺量测各类损坏,沥青路面具体记录方式为:检测路段的沥青路面各类破损长度或面积按破损类别分别统计。

裂缝包括纵向裂缝、横向裂缝和不规则裂缝等单根裂缝,主要量测其长度与宽度。缝宽按照该条裂缝宽度最大值计。宽度准确至1mm,长度的调查结果准确至0.01m。

其他类损坏(包括龟裂、块状裂缝、坑槽、沉陷、波浪、壅包、松散、泛油、修补等):主要量测其面积。按照矩形量测其最外边的长度和宽度,矩形应覆盖该处损坏。调查结果准确至$0.0001m^2$。

3.图像视频检测方法

(1)准备工作

①检查摄像设备是否洁净无污物,启动检测设备,调整相机参数或光源使路面图像光亮均匀,无明显亮纹和暗纹。

②确定检测路段,要求检测路段无积水、无冰雪、无污染。

(2)检测步骤

①将检测车辆就位于测定区间起点前一定距离,以保证到达测试区域时能够达到测试要求的稳定车速,启动检测设备并将其调整至工作状态。

②设定检测系统参数,输入线路名称、起点桩号、检测车道等信息。

③根据交通量、路面状况等实际情况确定检测速度。

④检测时应分车道检测,尽量保持检测车中心线与车道中心线重合,测试系统自动记录被检测车道的路面损坏状况。

⑤必须变道行驶时,在保证安全的情况下应尽快回到原检测车道,并记录变道路段起讫桩号等相关信息,及时对变道路段进行补测。

⑥检测人员应实时监控检测系统的工作状况,出现异常时应停止检测,并做好记录,查找原因,待检测系统恢复正常工作状态后方可继续检测。

4.数据处理

测试沥青路面损坏时,计算评定路段的裂缝总长度、其他路面损坏的总面积,根据需要可计算破损率、裂缝率等指标。

路面的裂缝率是指路面裂缝的总面积与测试路段路面总面积的比值,用C_k表示,单位为m^2/km^2。

沥青路面的裂缝率为:

$$C_k = \frac{C_A + 0.3L}{A} \tag{6-55}$$

式中:L——单根裂缝的总长度(m);

C_A——龟裂及块裂的总面积(m^2);

A——测试路段面积,以 1 000 m^2 计;

0.3——将单根裂缝长度换算成面积的影响系数。

路面的裂缝度是指路面裂缝长度与测试路段路面总面积的比值,用 C_d 表示,单位 m/km^2。

在没有龟裂和块裂的路面上,沥青路面横向裂缝或纵向裂缝等单根裂缝应按式(6-56)、式(6-57)计算裂缝度,总裂缝度按式(6-58)计算:

$$C_{1d} = \frac{\sum L_1}{A} \tag{6-56}$$

$$C_{2d} = \frac{\sum L_2}{A} \tag{6-57}$$

$$C_d = C_{1d} + C_{2d} + \cdots \tag{6-58}$$

式中:C_{1d}——沥青路面横向裂缝的裂缝度(m/km^2);

C_{2d}——沥青路面纵向裂缝的裂缝度(m/km^2);

$\sum L_1$——横向裂缝总长度(m);

$\sum L_2$——纵向裂缝总长度(m)。

计算裂缝度,可将各种单根裂缝(如横向裂缝、纵向裂缝、温缩裂缝、接头裂缝、施工裂缝、反射裂缝等)单独计算。如欲换算成以面积计算的裂缝率,宜将其分别乘以 0.3m 得到。但当将单根裂缝纳入网裂病害用于计算一般公路的好路率时,应遵照《公路技术状况评定标准》(JTG H20—2007)的规定,采用 0.2m 的系数。

沥青路面发生各种类型破损的换算面积与检测区域总面积的百分比称为沥青路面的破损率,按式(6-59)计算:

$$DR = \frac{\sum \sum A_{ij} \cdot K_{ij}}{A} \times 100\% \tag{6-59}$$

式中:DR——沥青路面的破损率(%);

A_{ij}——沥青路面各种损坏类型严重程度的累积面积(m^2);

i——破损类别;

j——破损严重程度,可分为轻微、中度、严重三个等级;

K_{ij}——水泥混凝土板各种损坏类型及不同严重程度的权值,根据有关规范规定选用,如无规定时均取为 1;

A——检测路段路面面积(m^2)。

新建沥青混凝土和沥青碎石面层,其表面应平整密实,无明显碾压轮迹,搭接处紧密、平顺,不应有泛油、松散、裂缝、粗细集料集中等现象。对于高速公路和一级公路,有上述缺陷的面积之和不得超过复检面积的 0.03%,其他公路不得超过 0.05%。

新建沥青贯入式和沥青表面处治面层,表面应平整密实,无明显碾压轮迹,不应有松散、裂缝、油包、油丁、波浪、泛油等现象。有上述缺陷的面积之和不得超过受检面积的 0.2%。

在对沥青路面进行损坏调查时,若在路面的相同区域上存在不同等级的单根裂缝损坏,且难以区分,则按照最严重的损坏等级计算;若单根裂缝穿过龟裂或块裂的区域,则该区域里的裂缝长度不算入裂缝计算的总长度内。对于沥青路面中的坑槽、松散、龟裂、块裂损坏,若在路面的相同区域上存在不同等级的坑槽(松散、龟裂、块裂)损坏,且难以区分,则按照最严重的损坏等级计算;若坑槽(块裂)的区域内包含有龟裂损坏,则记录坑槽(块裂)总面积时应减去龟裂的面积。有重复损坏的路面位置,仅统计权重大的损坏,权重小的损坏可不进行统计。由于渠化交通的原因,在不同车道上路面损坏情况会有一定的差异,在进行路面损坏状况统计时可分车道统计。

三、水泥混凝土路面破损检测

水泥混凝土路面破损检测的仪器设备与沥青路面破损检测相同,但仅适用于水泥混凝土路面错台以外的各类表观损坏的检测。

1.检测步骤

具体检测步骤参照沥青混凝土路面破损检测,根据周围交通状况可目测或采用量尺量测各类损坏,应进行下述方面的记录:

裂缝、错台、边角剥落、接缝料损坏、唧泥及裂缝修补等,主要量测其长度。调查结果精确至0.01m。

破碎板、板角断裂、拱起、坑洞、露骨及其修补等,主要量测其面积,按照涉及的板块、板角或包络面积计算。调查结果精确至0.0001m^2。

必要时在损坏位置用粉笔或油漆做标记、拍摄照片或录像,并记录相应的桩号和照片编号。

2.数据处理

测试水泥混凝土路面损坏时,计算评定路段损坏长度或面积,根据需要可计算破损率、断板率等指标。

水泥混凝土路面的裂缝度及裂缝率为:

$$C_d = \frac{\sum L}{A} \tag{6-60}$$

$$C_k = \frac{\sum C_A}{A} \tag{6-61}$$

式中:C_d——水泥混凝土路面的裂缝度(m/km^2);

C_k——水泥混凝土路面的裂缝率;

C_A——板角裂缝、D形裂缝及完全碎裂的总面积,以1 000m^2计;

$\sum L$——水泥混凝土路面板纵向、横向开裂的总长度(m);

A——测试路段的总面积,以1 000m^2计。

已折断成两块及两块以上的水泥混凝土路面板的块数与路面板总块数的百分比,称为断板率,按式(6-62)计算:

$$B_d = \frac{D}{S} \times 100\% \tag{6-62}$$

式中:B_d——水泥混凝土路面的坏板率或断板率(%);

D——已完全折断成两块及两块以上的水泥混凝土路面板的块数;

S——检测路段的路面板总块数。

水泥混凝土路面的横向伸缩缝、纵向接缝发生破坏的总长度与缝的总长度之比称为坏缝率,按式(6-63)计算:

$$J_k = \frac{\sum J_{1C} + \sum J_{2C}}{J_1 + J_2} \tag{6-63}$$

式中：J_k——水泥混凝土路面的坏缝率(m/km)；

$\sum J_{1C}$——水泥混凝土路面横向伸缩缝破坏的总长度(m)；

$\sum J_{2C}$——水泥混凝土路面纵向伸缩缝破坏的总长度(m)；

J_1——检测路段横向伸缩缝的总长度，以1 000m计；

J_2——检测路段纵向伸缩缝的总长度，以1 000m计。

已发生破损的水泥混凝土路面板的块数与路面板总块数的百分比，称为坏板率，用B_k表示。根据需要可按有关规定对各种坏板类型及严重程度取不同的权值按式(6-64)进行计算：

$$B_k(\%) = \frac{\sum \sum A_{ij} \cdot K_{ij}}{S} \times 100\% \tag{6-64}$$

式中：A_{ij}——水泥混凝土板各种损坏严重程度的累计换算板数，i表示破损类别，j表示破损严重程度，可分为轻微、中度、严重三个等级；

K_{ij}——水泥混凝土板各种损坏类型及不同严重程度的权值，根据有关规范规定选用，如无规定时均取为1；

S——检测路段路面板总块数。

新建水泥混凝土路面混凝土板的断裂块数，对于高速公路和一级公路不得超过评定路段混凝土板总数的2‰，其他公路不得超过4‰。对断裂板应采取适当措施予以处理。混凝土板表面的脱皮、印痕、裂纹、石子外露和缺边掉角等病害现象，对于高速、一级公路，上述缺陷的面积不得超过受检面积的2‰，其他公路不得超过3‰，并且要求接缝填筑饱满密实，路面侧石直顺，曲线圆滑。

在对水泥混凝土路面进行损坏调查时，有重复损坏的面板，仅统计权重大的损坏，权重小的损坏可不进行统计。由于渠化交通的原因，在不同车道上路面损坏情况会有一定的差异，在进行路面破损状况统计时可分车道统计。

四、沥青路面车辙测试

车辙是沥青路面因车辆反复行驶产生流动变形、磨损、沉陷后，在车行道行车轨迹上产生的纵向带状辙槽。车辙是沥青路面的主要破坏形式之一，会影响车辆的正常行驶和行车安全。

1. 目的与适用范围

适用于测定沥青路面的车辙，为评定路面的技术状况提供依据。

2. 仪具与材料

(1) 路面激光车辙仪

①基本参数有：

a. 纵向距离测量误差：<0.1%。

b. 纵向采样间距：≤200mm。

c. 有效测试宽度不小于3.5m，测点不少于13点，测试精度1mm。横向采样间距不应大于300mm。

d. 车辙深度测量范围：0~50mm。

②工作环境要求有：

a. 环境温度：-10~50℃。

b. 环境相对湿度 RH：不大于90%。

(2) 横断面尺：如图6-40所示，金属制直尺，刻度间距50mm，长度不小于一个车道宽度。顶面平直，最大弯曲不超过1mm，两端有把手及高度为100~200mm的支脚，两支脚的高度相同。

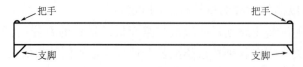

图6-40　路面横断面尺

(3) 量尺：钢板尺、卡尺、塞尺，量程大于车辙深度，刻度至1mm。

(4) 其他：皮尺(量程不小于30m)、粉笔、油漆等。

3. 方法与步骤

(1) 车辙测定的基准测量宽度应符合下列规定：

①对高速公路及一级公路，以发生车辙的一个车道两侧标线宽度中点到中点的距离为基准测量宽度。

②对二级及二级以下公路，有车道区划线时，以发生车辙的一个车道两侧标线宽度中点到中点的距离为基准测量宽度；无车道区划线时，以形成车辙部位的一个设计车道宽度作为基准测量宽度。

(2) 激光车辙仪测试方法

①准备工作。

a. 确定检测路段，要求检测路段无积水、无冰雪、无污染。

b. 将检测设备所有轮胎气压调整为标准气压，检查车辆和检测设备是否正常工作。

c. 当风速大于6级时不宜进行检测。

②测试步骤。

a. 将检测车辆就位于测定区间起点前一定距离，以保证到达测试区域时能够达到测试要求的稳定车速，启动检测设备并将其调整至工作状态。

b. 设定检测系统参数，输入路线名称、路段桩号、检测车道和检测方向等信息。

c. 根据交通量、路面状况等实际情况确定检测速度。

d. 检测时应分车道检测，尽量保持检测车中心线与车道中心线重合，测试系统自动记录被检测车道的路面车辙数据。

e. 必须变道行驶时，在保证安全的情况下应尽快回到原检测车道，并记录变道路段起讫桩号等相关信息，及时对变道路段进行补测。

f. 检测人员应实时监控检测系统的工作状况，出现异常时应停止检测，并做好记录，查找原因，待检测系统恢复正常工作状态后方可继续检测。

g. 检测结束后及时保存数据。

h. 系统处理软件按照图6-41规定的模式通过各横断面相对高程计算车辙深度。

(3) 横断面尺测试方法

①准备工作。

a. 确定检测路段,在检测路段被检车道上每 50m 作为一测定断面,用粉笔或油漆标记。在被检车道上按照规定随机选取测定断面,在有特殊需要的路段如交叉口前后可予加密。

b. 准备车辙记录表格。

②测试步骤。

a. 选择需测定车辙的断面,将横断面尺就位于拟测定断面上,方向与道路中心线垂直,两端支脚置于测定车道两侧。

b. 沿横断面尺每隔 200mm 一点,将量尺垂直立于路面上,用目平视记录横断面尺顶面与路面之间的距离,准确至 1mm,如断面的最高处或最低处明显不在测定点上应加密测点。

c. 记录测试断面的桩号、位置及不同断面处车辙深度。

d. 当不需要测定横断面,仅需要测定最大车辙时,亦可用不带支脚的横断面尺架在路面上目测确定最大车辙位置用尺量取。

4. 数据处理

(1) 根据检测数据按图 6-41 的方法画出横断面图及顶面基准线。通常为其中之一种形式。

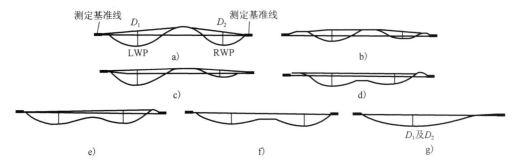

图 6-41 不同形状、不同程度的路面车辙示意图

注:LWP、RWP 表示左轮迹带、右轮迹带,D_1、D_2 表示左轮迹带、右轮迹带车辙深度。

(2) 在横断面图上确定车辙深度 D_1 及 D_2,精确至 1mm。以其中最大值作为断面的最大车辙深度 R_U。

(3) 计算评定路段各测定断面最大车辙深度的平均值作为该评定路段的平均车辙深度。

(4) 采用激光车辙仪自动化设备检测路面车辙深度时,应以 10m 为单元分别计算断面左右车辙深度的平均值,取最大值为车辙深度。输出结果应包括桩号、左车辙、右车辙和车辙深度,并以文本或电子表格格式保存。

五、路面错台测试

1. 目的与适用范围

适用于测定路面在人工构造物端部接头、水泥混凝土路面或桥梁的伸缩缝由于沉降所造成的错台(台阶)高度,以评价路面行车舒适性能(跳车情况),并作为计算维修工作量的依据。

2. 仪具与材料技术要求

(1) 直尺:金属材料制成,测量基准面平直,长度不小于 1m。

(2)深度尺:金属制的深度测量尺。深度尺测量杆端头直径不小于10mm,刻度读数分辨率小于或等于0.2mm。

(3)水准仪或全站仪:

①水准仪:精度DS3。

②全站仪:测角精度2″,测距精度±(2mm+2ppm)。

(4)钢板尺、塞尺、钢卷尺:分度值不大于1mm。

3.方法与步骤

(1)准备工作

①检测前,应对检测部位进行清理,保证无浮砂、污泥、油渍等影响检测结果的污染物。

②准备记录表格。

(2)检测步骤

选择需要测定的断面,记录位置、桩号,描述错台的情况。路面错台的检测位置宜选在接缝高差最大处,根据需要也可选择其他有代表性的位置;错台的高差测点应靠近接缝处。根据实际情况选择以下测试方法:

①直尺法。将直尺垂直跨越接缝并平放于高出的一侧,用塞尺或钢板尺量测接缝间的高差,即为该处的错台高度 D,准确至1mm。

②深度尺法。将深度尺垂直置于高出的一侧,将测头顶出至与沉降面接触为止,稳定后读数,即为该处的错台高度 D,准确至1mm。

4.数据处理

(1)直尺法和深度尺法测试结果直接作为错台高度 D,准确至1mm。

(2)水准仪(全站仪)法需计算接缝间的高程 D_1、D_2 差值的绝对值作为错台高度 D,准确至1mm。

第十节 沥青路面渗水系数检测

沥青路面必须具有良好的防渗水性,如果路面渗水严重,大气降水(雨、雪)会通过路面孔隙或裂缝渗入沥青路面结构中,导致基层软化、沥青面层开裂、松散等病害,降低路面的耐久性。在多雨地区,应特别重视路面结构层的水稳定性和面层的透水性问题。沥青路面渗水性能通常用渗水系数表征,路面渗水系数是指在规定的水头压力下,水在单位时间内通过一定面积的路面渗入下层的体积,单位为mL/min。

1.器具与材料

(1)路面渗水仪:形状及尺寸如图6-42所示。上部盛水量筒由透明有机玻璃制成,容积600mL,上有刻度,在100mL及500mL处有粗标线,下方通过φ10mm的细管与底座相接,中间有一开关。量筒通过支架连接,底座下方开口内径φ150mm,外径φ220mm,仪器附不锈钢圈压重两个,每个质量约5kg,内径φ160mm。

(2)水筒及大漏斗。

(3)秒表。

(4)密封材料:防水腻子、油灰或橡皮泥。

2. 准备工作

(1)应根据相关规定确定每一个检测路段的长度,按照测定频率要求确定每个检测路段的检测处数(以一个测定横向截面为一处),每一处的纵向位置按随机取样方法确定,每一处在同一纵向位置、在横向宽度内确定 3 个测点,并用粉笔画上测试标记。

(2)试验前,首先用扫帚清扫表面,并用刷子将路面表面的杂物刷去。杂物的存在一方面会影响水的渗入;另一方面也会影响渗水仪和路面或者试件的密封效果。

3. 测试步骤

(1)将塑料圈置于路面表面的测点上,用粉笔分别沿塑料圈的内侧和外侧画上圈,在外环和内环之间的部分就是需要用密封材料进行密封的区域。

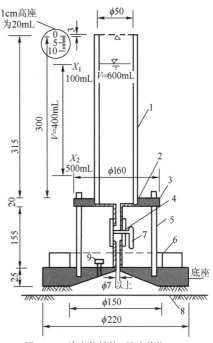

图 6-42 渗水仪结构(尺寸单位:mm)
1-盛水量筒;2-螺纹连接;3-顶板;4-阀;5-立柱支架;6-压重钢圈;7-底座;8-密封材料;9-排气孔

(2)用密封材料对环状密封区域进行密封处理,注意不要使密封材料进入内圈,如果密封材料不小心进入内圈,必须用刮刀将其刮走。然后再将搓成拇指粗细的条状密封材料摞在环状密封区域的中央,并且摞成一圈。

(3)将渗水仪放在试件或者路面表面的测点上,注意使渗水仪的中心尽量和圆环中心重合,然后略微使劲将渗水仪压在条状密封材料表面,再将配重加上,以防压力水从底座与路面间流出。

(4)将开关及排气孔关闭,向量筒中注满水,然后打开开关,使量筒中的水下流排出渗水仪底部的空气,当量筒中水面下降速度变慢时,打开排气孔,观察是否有水流出,并用双手轻压渗水仪使渗水仪底部的气泡全部排出,当水流顺畅排出时,关闭开关和排气孔,并再次向量筒中注满水。

(5)将开关打开,待水面下降至 100mL 刻度时,立即开动秒表开始计时,每间隔 60s,读记仪器管的刻度一次,至水面下降至 500mL 刻度时为止。

(6)若水面下降速度较慢,则在水面下降稳定后(无须待水面下降至 100mL 刻度)测定 3min 内的渗水量即可;如果水面下降速度较快,如 3min 时间内流量大于 400mL,则直接记录水面下降至 100mL 刻度时至到达 500mL 刻度线时的时间差;若水面下降至一定程度后基本保持不动,说明基本不透水或根本不透水,在报告中注明。

(7)测试过程中,如水从底座与密封材料间渗出,说明底座与路面密封不好。当侧渗水量不大时,可以人工用密封材料在外环之外进行密封处理,重新按步骤(4)~(6)测试。如果侧渗水量较大,应在同一纵向位置沿宽度方向就近选择位置,此时可在外环之外进行加宽密封处理,重新按照步骤(1)~(6)测试。如果一个路段出现侧渗情况点数超过所测总点数的 30%,则说明该路段不宜进行渗水试验。

(8)按照式(6-64)计算渗水系数,根据以上步骤在同一处(同一个横断面)测定3个测点的渗水系数,取其平均值作为检测结果。

4.计算

计算时以水面从100mL刻度下降到500mL刻度所需的时间为标准;若渗水时间过长,也可以采用3min通过的水量计算;如果渗水时间过短,则可以采用400mL水量的通过时间计算。

$$C_W = \frac{V_2 - V_1}{t_2 - t_1} \times 60 \tag{6-65}$$

式中:C_W——路面渗水系数(mL/min);
V_1——第一次读数时的水量(mL),通常为100mL;
V_2——第二次读数时的水量(mL),通常为500mL;
t_1——第一次读数时的时间(s);
t_2——第二次读数时的时间(s)。

每一处应测定3个测点,计算其平均值作为一处的检测结果。若路面不透水,在报告中注明渗水系数为0。若有侧渗,需补充测定,使得有效测点数为3,并注明。

第十一节 沥青路面离析及其检测

在沥青路面面层的设计、生产和铺筑施工中能产生许多潜在的引起路面破坏的因素。在这些因素中,最严重的问题是沥青混凝土的离析。研究发现:沥青路面上发生的一些早期破坏现象,如水破坏造成的网裂、形变和坑洞、局部严重车辙、局部泛油、横向裂缝多、新铺沥青路面的表面构造深度忽粗忽细,以及路面初始平整度不好和不平整发展得快等,都与沥青混合料的离析有关。

沥青路面是否离析,在检查者和承包商之间往往难以取得一致意见。在有争论的地方测试,某些结果表明除级配改变以外,其他与不离析的地方一样。这些结果表明,不均匀的表面构造是由于粗集料或细集料集中以及局部压实不良所造成的。美国学者借助道路表面分析仪(ROSAN)对离析做了定量的分类研究,提出了用道路表面分析仪控制和检测离析的初步控制指标。

测量处的表面构造深度与平均表面构造深度的比值定义为构造比,这些比值是以大量统计不同的混合料劲度、空隙率、级配和沥青含量为基础而得出的结果。尽管构造深度的改变常常是级配分离的结果,但表面构造的改变也表明是由于温度离析而引起密度不同所致。可以用破坏性试验确认哪一种类型的离析是导致表面构造深度异常的主要原因。

构造比为0.75~1.16定义为无离析,假如压实合理,这种区域面层空隙率符合设计要求,90%以上的混合料劲度模量符合设计要求,粗集料最大粒径的通过率没有比规定的大5%以上,沥青含量都在设计用量的0.3%范围内。

构造比为1.17~1.56定义为轻微离析,混合料的劲度模量为无离析区域的70%~90%,

空隙率将增加 0~4%,将有 1 个或 2 个筛孔通过率比无离析区的混合料大 5% 以上,同时导致沥青含量比设计的减少 0.3%~0.75%。

构造比为 1.57~2.09 定义为中等离析,混合料的劲度模量将降到无离析区的 50%~70%,空隙率增加 2%~6%,将有 2 个或 2 个以上筛孔通过率比规定的大 10% 以上,沥青含量将减少 0.75%~1.3%。

构造比大于 2.09 定义为严重离析,混合料劲度模量将降到无离析区的 30% 以下,空隙率增加 4% 以上,有 3 个或 3 个以上筛孔通过率将比规定的大 15% 以上,沥青用量可能减少 1.3% 以上。在这种区域钻取芯样或切割试件有可能导致崩塌。

【本章小结】

1. 随机取样选点的方法是按数理统计原理在路基路面现场测定时决定测定区间、测定断面、测点位置的方法。

2. 在路基路面施工过程中、交工验收期间及旧路调查中,都需要检测路基路面各部分的几何尺寸,以保证其符合规定的要求。

3. 路段内路面结构层的厚度按代表值的允许偏差和单个测定值的允许偏差进行评定。厚度代表值为厚度的算术平均值的下置信界限值。

4. 现场压实质量用压实度来表示。对于路基土及路面基层,压实度是指工地实际达到的干密度与室内标准击实试验所得的最大干密度的比值;对沥青路面,压实度是指现场实际达到的密度与标准密度的比值。应采用数理统计方法评定现场压实度。

5. 弯沉测试方法有贝克曼梁法、自动弯沉仪法、落锤式弯沉仪法,要掌握各种测定方法。

6. 土基的回弹模量是公路设计中一个必不可少的参数,其测定方法目前主要是承载板法,也可以用贝克曼梁法和某些间接的测试方法,如落球仪法、动力锥贯入仪法等。

7. 路面平整度的检测设备分为断面类及反应类两大类,断面类检测设备是测定路面表面凸凹情况的一种仪器;反应类检测设备测定由于路面凹凸不平引起车辆颠簸的情况,这是驾驶员和乘客直接感受到的平整度指标。国际上通用国际平整度指数 IRI 衡量路面行驶舒适性或路面行驶质量,可通过标定试验得出 IRI 与标准差 σ 或单向累积值 VBI 之间的关系。

8. 抗滑性是路面的表面特性,用轮胎与路面间的摩阻系数来表示。抗滑性能测试方法有:制动距离法、偏转轮拖车法(横向摩擦系数测试)、摆式仪法、构造深度测试法(手工铺砂法、电动铺砂法、激光构造深度仪法)。

9. 在路面质量管理与验收、建立路面管理系统和决定路面维修方案时,都需要测定路面各类破损的数量与面积。路面的破损类型因路面材料的不同而不同。

10. 大气降水(雨、雪)通过路面孔隙或裂缝渗入沥青路面结构中,会导致基层软化、沥青面层开裂、松散等病害。在多雨地区,应特别重视路面结构层的水稳定性和面层的透水性问题,应进行路面渗水系数试验。

【思考题】

1. 拟从 K11+000~K12+000 的检测路段中选择 6 个点检测压实度、结构层厚度,试确定测点的位置(随机抽样编号为 4)。

2. 结构层厚度的检测方法有哪些?

3. 简述雷达检测公路路面面层厚度的基本原理。

4. 某一级公路稳定粒料基层设计厚度为 20cm,该评定路段厚度的检测值分别为 21、22、19、19、20、21、21、22、19(cm),试评定厚度是否满足要求(已知厚度代表值容许偏差为 −8cm,单值容许偏差为 −15cm,$t_{0.99}/\sqrt{10}=0.892$)。

5. 某一级公路水泥稳定砂砾基层厚度检测值分别为 21.5、22.6、20.3、19.7、18.2、20.6、21.3、21.8、22.0、20.3、23.1、22.4、19.0、19.2、17.6、22.6(cm),请按保证率 99% 计算其厚度代表值。

6. 简述路面基层材料最大干密度的确定方法。

7. 简述路基压实度评定方法。

8. 核子密度仪的使用安全注意事项是什么?

9. 对某二级公路土方路基工程进行交工验收,现测得某段的压实度数值分别为 94.0、97.2、93.3、97.1、96.3、90.4、98.6、97.8、96.2、95.5、95.9、96.8(%),请对检测结果进行评定。

10. 对某一级公路水泥稳定砂砾基层 49 个点随机抽样进行压实质量检查,其检测结果为:压实度平均值为 97.3%,变异系数为 4.2%,试推算具有 95% 单边置信水平的置信下限。

11. 在新建高速公路路基施工过程中,对某一路段上路床压实质量进行检查,压实度检测结果分别为 98.6、95.4、93.0、99.2、96.2、92.8、95.9、96.8、96.3、95.9、92.6、95.6、99.2、95.8、94.6、99.5(%),请按保证率 95% 计算该路段的代表压实度,并进行分析评定。

12. 对某二级公路路基进行压实质量检验,经检测,各点(共 12 个测点)的干密度分别为 1.72、1.69、1.71、1.76、1.78、1.76、1.68、1.75、1.74、1.73、1.73、1.70(g/cm³),最大干密度为 1.82g/cm³,试按保证率 95% 评定该路段的压实质量是否满足要求。

13. 测定路基路面的回弹模量的方法有哪些?

14. 简述承载板法测定土基回弹模量的主要过程。

15. 何谓弯沉值?常用哪几种方法进行测定?各测定方法有何特点?

16. 什么是路面的回弹弯沉和设计弯沉?

17. 简述贝克曼梁测定路面回弹弯沉的试验步骤。在什么情况下应对弯沉检测值进行修正?

18. 对某路段路基进行施工质量检查,标准轴载下测得 10 点的弯沉值分别为 100、101、102、110、95、98、93、96、103、104(0.01mm),该路段的弯沉值是否满足要求(保证率系数 $Z_a=2.0$)。

19. 用贝克曼梁法测定某路段路基路面的综合回弹模量,经整理,各测点弯沉值如下:38、45、32、42、36、37、40、44、52、46、42、45、37、41、44(0.01mm)。其中,测试车后轴重 100kN(轮胎气压为 0.7MPa,当量圆半径为 10.65cm),请计算该路段的综合回弹模量。

20. 某承载板试验结果如下表,请绘制 P-L 曲线,并计算土基回弹模量(注: $\alpha=0.79p_i \cdot \alpha$)。

序 号	承载板单位压力 p (MPa)	百分表读数(0.01mm)			
		加载后		卸载后	
		左	右	左	右
1	0.02	14	13	3	3
2	0.04	28	29	7	8
3	0.06	38	40	8	9
4	0.08	52	54	10	11
5	0.10	66	72	12	14
总影响量	0	左6			
		右8			

21. 测定路面平整度常用的方法有哪些？各方法的适用场合是什么？

22. 简述3m直尺测定路面平整度的主要步骤。

23. 何为国际平整度指数？与其他平整度指标如何换算？

24. 用连续式平整度仪对某高速公路沥青混凝土路面面层进行平整度测定，测得该路段的平整度标准差分别为：0.48、0.46、0.51、0.50、0.65、1.67(桥头伸缩缝)、1.00(桥头伸缩缝)、0.71、0.50、0.54、0.57、0.91(mm)，试判断路面面层平整度合格与否(平整度规定值为 $\sigma = 0.7$mm)。

25. 用连续平整度仪测定某一级公路沥青混凝上面层的平整度，检测结果为：1.4、1.0、1.2、1.6、1.8、1.1、1.3、1.0、0.8、1.2、1.5、0.9、1.3、1.2、1.4、1.1、1.7、1.0、1.3、1.2(mm)。规定值为 $\sigma = 1.5$mm、$IRI = 0.5$m/km。请计算平整度指标的得分。

26. 简述土基现场 CBR 值测试要点。

27. 测试路面抗滑性能的常用方法有哪几种？各方法的测试指标、测试原理、特点及适用范围是什么？

28. 为什么要测路面横向力系数？需采用哪些检测器具？

29. 简述摆式仪测定路面抗滑性能的测试要点。

30. 水泥混凝土及沥青混凝土路面的破损类型有哪些？

31. 什么是路面渗水系数？如何测定？

第七章
排水工程及砌石工程现场检测

路基路面的强度、刚度和稳定性与水的关系十分密切,水是危害公路的主要自然因素。路基的沉陷、冲刷、坍塌、翻浆,沥青路面的松散、剥落、龟裂,水泥混凝土路面的唧泥、错台、断裂等病害,都不同程度地与地表水和地下水的侵蚀有关。水的作用加剧了路基和路面结构的损坏,降低了路面使用性能,缩短了它们的使用寿命。因此,在路基路面设计、施工和养护中,必须十分重视路基路面排水工程。

随着公路等级的提高,为保证路基的强度与稳定性,减少公路灾害,确保行车安全,保持公路与自然环境协调,对路基进行防护与加固也是重要的工程技术措施。

本章学习地面排水设施、地下排水设施及砌石工程的现场检测方法。

一、排水的目的与要求

根据水源的不同,影响路基路面的水流可分为地面水和地下水两大类,与此相适应的路基排水工程,则分为地面排水和地下排水。

地面水包括大气降水(雨和雪)以及海、河、湖、水渠及水库水。地面水对路基产生冲刷和渗透,冲刷可能导致路基整体稳定性受损害,形成水毁现象。渗入路基土体的水分,使土体过湿而降低路基强度。

地下水包括上层滞水、潜水及层间水等,它们对路基的危害程度,因条件不同而异。轻者能使路基湿软,降低路基强度;重者会引起冻胀、翻浆或边坡滑坍,甚至使整个路基沿倾斜基底滑动。水还可能造成掺有膨胀土的路基工程毁灭性的破坏。

路基排水的任务,就是将路基范围内的土基湿度降低到一定限度以内,保持路基常年处于干燥或中湿状态,确保路基及路面具有足够的强度与稳定性。

路基设计时,必须考虑将影响路基稳定性的地面水,排除和拦截于路基用地范围以外,并防止地面水漫流、滞积或下渗。对于影响路基稳定性的地下水,则应予以隔断、疏干和降低地下水位,并引导至路基范围以外的适当地点。

路基施工中,首先应校核全线路基排水系统的设计是否完备和妥善,必要时应予以补充或修改,应重视排水工程的质量和使用效果。此外,应根据实际情况与需要,设置施工现场的临时性排水措施,以保证路基土石方及附属结构物在正常条件下进行施工作业,消除路基基底和土体内与水有关的隐患,保证路基工程质量,提高施工效率。

路基养护中,对排水设施应定期检查与维修,以保证排水设施正常使用,水流畅通,并根据实际情况不断改善路基排水条件。

路界地表排水的目的是把降落在路界范围内的地面水有效地汇集并迅速排出路界,同时把路界外可能流入的地面水拦截在路界范围外,以减少地面水对路基和路面的危害以及对行车安全的不利。通常地面排水可以划分为路面表面排水、中央分隔带排水和坡面排水三部分。

路面工程的实践证明了路面内部排水的重要性。新建的刚性路面需设置各种接缝,而路面在使用期间又会出现各种裂缝、松散及坑槽等病害。降落在路面表面的水,会通过路面接缝或裂缝及松散等病害处或者沥青路面面层孔隙下渗入路面结构内部。此外,道路两侧有滞水时,水分也可能侧向渗入路面结构内部。因此,路面内部排水系统的设计通常需满足三方面的要求:一是各项设施应具有足够的泄水能力,排出渗入路面结构内的自由水;二是自由水在路面结构内的渗流时间不能太长,渗流路径不能太长;三是排水设施要有较好的耐久性。

二、防护与加固

由岩土所筑成的路基,大多暴露于空间,长期受自然因素的作用,岩土在不利水温条件作用下,物理、力学性质将发生变化。外部浸水后湿度增大,土的强度降低;岩性差的岩体,在水温变化条件下,风化加剧;路基表面在温差作用下形成胀缩循环,在湿差作用下形成干湿循环,导致强度衰减和剥蚀;地面水流冲刷,地下水源浸入,使岩土表层失稳,易造成和加剧路基的水毁病害;沿河路堤在水流冲击、淘刷和侵蚀作用下,易遭破坏;湿软地基承载力不足,易导致路基沉陷。因此,路基的防护与加固,是不可缺少的工程技术措施,在高等级公路建设中,防护工程对保证公路使用品质、提高投资效益均具有重要的意义。

路基防护与加固设施,主要有边坡坡面防护、沿河路堤河岸冲刷防护与加固以及湿软地基的加固处治。

坡面防护,主要是保护路基边坡表面免受雨水冲刷,减缓温差及湿度变化的影响,防止和延缓软弱岩土表面的风化、碎裂、剥蚀演变进程,从而保护路基边坡的整体稳定性,在一定程度上还可兼顾路基美化和与自然环境协调。坡面防护设施,不承受外力作用,必须要求坡面岩土整体稳定牢固。简易防护的边坡高度与坡度不宜过大,土质边坡坡度一般不陡于1:1~1:1.5。地面水的径流速度以不超过2.0m/s为宜,水流亦不宜集中汇流。雨水集中或汇水面积较大时,应有排水设施相配合,如在挖方边坡顶部设截水沟,高填方的路肩边缘设拦水埂等。

常用的坡面防护设施有植物防护(种草、铺草皮、植树等)和工程防护(抹面、喷浆、勾缝、石砌护面等)。

堤岸防护与加固主要针对沿河滨海路堤、河滩路堤及水泽区路堤,亦包括桥头引道,以及路基边坡的防护堤岸等。此类堤岸常年或季节性浸水,受流水冲刷、拍击和淘洗,易造成路基浸湿、坡脚淘空,或水位骤降时路基内细粒填料流失,致使路基失稳,边坡崩坍。所以堤岸防护与加固,主要针对水流的破坏作用而设,起防水治害和加固堤岸双重功效。

堤岸防护与加固设施,有直接防护和间接防护两类。直接防护与加固设施中包括植物防护和石砌防护与加固两种,常用的有植树、铺石、抛石或石笼等;间接防护包括丁坝、顺坝、防洪堤、拦水坝等,必要时进行疏浚河床、改变河道,目的是改变流水方向,避免或缓和水流对路基的破坏作用,但应该注意,改变水流流速、流向和原始状态,可能导致堤岸对路面及路基附近上下游的损害,必须慎重对待,掌握流水运动规律,因势利导,防治结合,综合治理。

路基的防护与加固的工程措施主要有挡土墙、砌石、锥坡、护坡、石笼防护等。

第一节 地面排水设施检测方法

常用的路基地面排水设备,包括边沟、截水沟、排水沟、跌水与急流槽等,必要时还有渡槽、倒虹吸及蒸发池等。这些排水设备,分别设在路基的不同部位,各自的排水功能、布置要求或构造形式均有所差异。路基地表排水设施的概流量计算,对高速公路、一级公路应采用15年,其他等级公路应采用10年的重现期内任意30min的最大降雨强度(分钟)。各类地表水沟沟顶应高出设计水位0.2m以上。

一、土沟

1. 基本要求

(1)土沟边坡必须平整、坚实、稳定,严禁贴坡。
(2)沟底应平顺整齐,不得有松散土和其他杂物,排水应畅通。

2. 实测项目

见表7-1。

土 沟 实 测 项 目   表7-1

项次	检查项目	规定值或允许偏差	检查方法和频率	权值
1	沟底高程(mm)	+0,-30	水准仪:每200m测4处	2
2	断面尺寸(mm)	不小于设计值	尺量:每200m测2处	2
3	边坡坡度(°)	不陡于设计值	尺量:每200m测2处	1
4	边棱直顺度(mm)	50	尺量:20m拉线,每200m测2处	1

3. 外观鉴定

沟底无明显凹凸不平或阻水现象。不符合要求时,每处减1~2分。

二、浆砌排水沟

1. 基本要求

(1) 砌体砂浆配合比准确,砌缝内砂浆均匀饱满,勾缝密实。
(2) 浆砌片(块)石、混凝土预制块的质量和规格应符合设计要求。
(3) 基础中缩缝应与墙身缩缝对齐。
(4) 砌体抹面应平整、压光、直顺,不得有裂缝、空鼓现象。

2. 实测项目

见表 7-2。

浆砌排水沟实测项目　　　　表 7-2

项次	检查项目	规定值或允许偏差	检查方法和频率	权值
1	砂浆强度(MPa)	在合格标准内	按《公路工程质量检验评定标准》(JTG F80/1—2004)附录 F 检查	3
2	轴线偏位(mm)	50	经纬仪或尺量:每 200m 测 5 处	1
3	沟底高程(mm)	±15	水准仪:每 200m 测 5 点	2
4	墙面直顺度(mm)或坡度	30 或符合设计要求	尺量:20m 拉线,每 200m 测 2 处	1
5	断面尺寸(mm)	±30	尺量:每 200m 测 2 处	2
6	铺砌厚度(mm)	不小于设计值	尺量:每 200m 测 2 处	1
7	基础垫层宽、厚(mm)	不小于设计值	尺量:每 200m 测 2 处	1

3. 外观鉴定

(1) 砌体内侧及沟底应平顺。不符合要求时,减 1~2 分。
(2) 沟底不得有杂物。不符合要求时,减 1~2 分。

第二节　地下排水设施检测方法

路基及边坡土体中的上层滞水或埋藏很浅的潜水称为地下水。当地下水影响路基路面强度或边坡稳定时,应设置暗沟(管)、渗沟和检查井等地下排水设施。

常用的路基地下排水设备有盲沟、渗沟和渗井等,其特点是排水量不大,主要是以渗流方式汇集水流,并就近排出路基范围以外。对于流量较大的地下水,应设置专用地下管道予以排除。

由于地下排水设备埋置在地面以下,不易维修,在路基建成后又难以查明失效情况,因此要求地下排水设备在设计、施工中要综合考虑、认真施工,并做好各项检测,以便使投入使用的地下排水设施牢固有效。

一、管节预制

1. 基本要求

(1) 所用的水泥、砂、石、水、外加剂和掺和料的质量和规格应符合有关规范的要求,按规定的配合比施工。

(2) 混凝土应符合耐久性(抗冻、抗渗、抗侵蚀)等设计要求。

(3) 不得出现露筋和空洞现象。

2. 实测项目

见表 7-3。

管节预制实测项目　　　　　　　　　　表 7-3

项次	检查项目	规定值或允许偏差	检查方法和频率	权值
1	混凝土强度(MPa)	在合格标准内	按《公路工程质量检验评定标准》(JTG F80/1—2004)附录 D 检查	3
2	内径(mm)	不小于设计值	尺量:2 个断面	2
3	壁厚(mm)	不小于设计壁厚 −3	尺量:2 个断面	2
4	直顺度(mm)	矢度不大于 0.2% 管节长	沿管节拉线量,取最大矢高	1
5	长度(mm)	+5,−0	尺量	1

3. 外观鉴定

(1) 蜂窝、麻面面积不得超过该面面积的 1%。不符合要求时,每超过 1% 减 3 分;深度超过 10mm 的必须处理。

(2) 混凝土表面平整。不符合要求时,减 1~2 分。

二、管道基础及管节安装

1. 基本要求

(1) 管材必须逐节检查,不得有裂缝、破损。

(2) 基础混凝土强度达到 5MPa 以上时,才可进行管节铺设。

(3) 管节铺设应平顺、稳固,管底不得出现反坡,管节接头处流水面高差不得大于 5mm。管内不得有泥土、砖石、砂浆等杂物。

(4) 管道内的管口缝,当管径大于 750mm 时,应在管内做整圈勾缝。

(5) 管口内缝砂浆平整密实,不得有裂缝、空鼓现象。

(6) 抹带前,管口必须洗刷干净,管口表面应平整密实,无裂缝现象。抹带后应及时覆盖养生。

(7) 设计中要求防渗漏的排水管须做渗漏试验,渗漏量应符合要求。

2. 实测项目

见表 7-4。

管道基础及管节安装实测项目　　　　表7-4

项次	检查项目		规定值或允许偏差	检查方法和频率	权值
1	混凝土抗压强度或砂浆强度(MPa)		在合格标准内	按《公路工程质量检验评定标准》(JTG F80/1—2004)附录 D、F 检查	3
2	管轴线偏位(mm)		15	经纬仪或拉线量:每两井间测3处	2
3	管内底高程(mm)		±10	水准仪:每两井间测2处	2
4	基础厚度(mm)		不小于设计值	尺量:每两井间测3处	1
5	管座	肩宽(mm)	+10,-5	尺量,挂边线:每两井间测2处	1
		肩高(mm)	±10		
6	抹带	宽度	不小于设计值	尺量:按10%抽查	2
		厚度	比小于设计值		

3. 外观鉴定

(1)管道基础混凝土表面应平整密实,侧面蜂窝不得超过该表面面积的1%,深度不超过10mm。不符合要求时,减1~3分。

(2)管节铺设应直顺,管口缝带圈平整密实,无开裂脱皮现象。不符合要求时,每处减1~2分。

(3)抹带接口表面应密实光洁,不得有间断和裂缝、空鼓。不符合要求时,每处减1~2分。

三、检查(雨水)井砌筑

1. 基本要求

(1)井基础混凝土强度达到5MPa以上时,方可砌筑井体。

(2)砌筑砂浆配合比准确,井壁砂浆饱满,灰缝平整。圆形检查井内壁圆顺,抹面密实光洁,踏步安装牢固。

(3)井框、井盖安装必须平稳,井口周围不得有积水。

2. 实测项目

见表7-5。

检查(雨水)井砌筑实测项目　　　　表7-5

项次	检查项目	规定值或允许偏差		检查方法和频率	权值
1	砂浆强度(MPa)	在合格标准内		按《公路工程质量检验评定标准》(JTG F80/1—2004)附录 F 检查	3
2	轴线偏位(mm)	50		经纬仪:每个检查井检查	1
3	圆井直径或方井长、宽(mm)	±20		尺量:每个检查井	1
4	井底高程(mm)	±15		水准仪:每个检查井检查	1
5	井盖与相邻路面高差(mm)	雨水井	+0,-4	水准仪、水平尺:每个检查井检查	2
		检查井	+4,-0		

3. 外观鉴定

(1)井内砂浆抹面无裂缝。不符合要求时,减 1~2 分。
(2)井内平整圆滑,收分均匀。不符合要求时,减 1~2 分。

四、盲沟

1. 基本要求

(1)盲沟的设置及材料的质量和规格等应符合设计要求和施工规范规定。
(2)反滤层应用筛选过的中砂、粗砂、砾石等渗水性材料分层填筑。
(3)排水层应采用石质坚硬的较大粒料填筑,以保证排水孔隙度。

2. 实测项目

见表 7-6。

盲沟实测项目　　　　　　　　　　表 7-6

项次	检查项目	规定值或允许偏差	检查方法和频率	权值
1	沟底高程(mm)	±15	水准仪:每 10~20m 测 1 处	1
2	断面尺寸(mm)	不小于设计值	尺量:每 20m 测 1 处	1

3. 外观鉴定

(1)反滤层应层次分明。不符合要求时,减 1~2 分。
(2)进出水口应排水通畅。不符合要求时,减 1~2 分,并及时清理。

五、排水泵站

1. 基本要求

(1)地基应具有足够的承载能力,不应扰动基底土壤。
(2)井壁混凝土要密实,混凝土强度达到合格标准后方可进行下沉。
(3)沉井下沉过程中,应随时注意正位,发现偏位及倾斜时须及时纠正。
(4)沉井封底应密实不漏水。
(5)水泵、管及管件应安装牢固,位置正确。

2. 实测项目

见表 7-7。

排水泵站实测项目　　　　　　　　　　表 7-7

项次	检查项目	规定值或允许偏差	检查方法和频率	权值
1	混凝土强度(MPa)	在合格标准内	按《公路工程质量检验评定标准》(JTG F80/1—2004)附录 D 检查	2
2	轴线平面偏位(mm)	1% 井深	经纬仪:纵、横向各测 2 处	1
3	垂直度(mm)	1% 井深	用垂线检查:纵、横向各测 1 处	1
4	底板高程(mm)	±50	水准仪:测 4 处	2

3. 外观鉴定

泵站轮廓线条应清晰,表面应平整。不符合要求时,减 1~2 分。

第三节 防护工程检测方法

一、坡面防护

(一)植物防护

植物防护,可美化路容,协调环境,调节边坡土的温湿,起到固定和稳定边坡的作用,它对于坡高不大、边坡比较平缓的土质坡面是一种简易有效的防护设施,其方法有种草、铺草皮和植树。土质边坡防护也可采用拉伸网草皮、固定草种布或网格固定撒种的方法,用土工合成材料进行土质边坡防护的边坡坡度宜在 1:2.0~1:1.0。

(二)工程防护

当不适宜采用植物防护或考虑就地取材时,采用砂石、水泥、石灰等矿质材料进行坡面防护是常用的防护形式。它主要包括砂浆抹面、勾缝或喷涂以及石砌护坡或护面墙等。

抹面防护,适用于石质挖方坡面,岩石表面易风化,但比较完整,尚未剥落的新坡面。对此应及时予以封面,以预防风化成害。

喷浆施工简便,效果较好。适用于易风化而坡面不平整的岩石挖方边坡,厚度一般为 5~10cm。喷浆的水泥用量较大,重点工程可选用。

比较坚硬的岩石坡面,为防水渗入缝隙成害,视缝隙深浅与大小,分别予以灌浆、勾缝或嵌补等防护措施。

为防止地面水流或河水冲刷,路基坡面可以使用干砌片石护坡。重要路段或暴雨集中地区的土质高边坡,以及桥涵附近的坡面与岩坡、地面排水沟渠等,也可干砌片石加固。

护面墙是浆砌片石的坡面覆盖层,用于封闭各种软质岩层和较破碎的挖方边坡。要求墙面紧贴坡面,表面砌平。护面墙石料应符合规格,护面墙除自重外,不应承受其他荷重,也不承受墙背土压力。

二、冲刷防护

为了防止流水直接危害沿河、滨海路堤以及海河堤坝护岸边坡和坡脚,必须采取一定的防止冲刷的措施。

堤岸防护直接措施,包括植物防护、石砌防护、抛石与石笼防护,以及必要时设置的支挡(驳岸)等。抛石防护类似在坡脚处设置护脚,不受气候条件限制,路基沉实前后均可施工,季节性浸水或长期浸水亦均可用。抛石垛的边坡坡度,不应陡于抛石浸水后的天然休止角。石笼是用铁丝编制成框架,内填石料,设在坡脚处,以防急流和大风浪破坏堤岸,也可用来加固河床,防止淘刷。铁丝框架可以为箱形或圆形。笼内填石的粒径,最小不小于 4.0cm,一般为 5~20cm,外层应用大且棱角突出的石料,内层可用较小的石块填充。石笼在坡脚处排列,用于防止冲刷淘底时,应平铺并与坡脚线垂直,而且堤岸一端固定,另一端不必固定,淘刷后可以向下沉落贴于底面;用于防止堤岸边坡冲刷时,则垒码平铺成梯形。单个石笼的大小,以不被相应速度的水流冲动为宜,铺设时须用碎(砾)石垫层铺平,笼底层各角可用铁棒固定于基底。

三、锥、护坡

1. 基本要求

(1)石料的质量和规格应符合有关规定。砂浆所用的水泥、砂、水的质量应符合有关规范的要求,按规定的配合比施工。

(2)锥、护坡基础埋置深度及地基承载力应符合设计要求。

(3)砌体要咬扣紧密,嵌缝饱满密实。

(4)锥、护坡填土密实度应达到设计要求,对坡面刷坡整平后方可铺砌。

2. 实测项目

见表7-8。

锥、护坡实测项目　　　　表7-8

项次	检查项目	规定值或允许偏差	检查方法和频率	权值
1	砂浆强度(MPa)	在合格标准内	按《公路工程质量检验评定标准》(JTG F80/1—2004)附录F检查	3
2	顶面高程(mm)	±50	水准仪:每50m检查3点,不足50m时至少测2点	1
3	表面平整度(mm)	30	2m直尺量:锥坡检查3处,护坡每50m检查3处	1
4	坡度	不陡于设计值	坡度尺:每50m量3处	1
5	厚度(mm)	不小于设计值	尺量:每100m检查3处	2
6	底面高程(mm)	±50	水准仪:每50m检查3点	1

3. 外观鉴定

(1)表面应平整,无垂直通缝。不符合要求时,减1~3分。

(2)勾缝应平顺,无脱落现象。不符合要求时,减1~3分。

四、砌石工程

1. 基本要求

(1)石料的质量和规格及砂浆所用材料的质量和规格应符合设计要求,按规定的配合比施工。

(2)砌块应错缝砌筑、相互咬紧;浆砌时砌块应坐浆挤紧,嵌缝后砂浆饱满,无空洞现象;干砌时应不松动、叠砌和浮塞。

2. 实测项目

见表 7-9 和表 7-10。

浆砌砌体实测项目 表 7-9

项次	检查项目		规定值或允许偏差	检查方法和频率	权值
1	砂浆强度(MPa)		在合格标准内	按《公路工程质量检验评定标准》(JTG F80/1—2004)附录 F 检查	3
2	顶面高程(mm)	料、块石	±15	水准仪:每20m检查3点	1
		片石	±20		
3	竖直度或坡度	料、块石	0.3%	吊垂线:每20m检查3点	2
		片石	0.5%		
4	断面尺寸(mm)	料石	±20	尺量:每20m检查2处	2
		块石	±30		
		片石	±50		
5	表面平整度(mm)	料石	10	2m 直尺量:每20m检查5处×3尺	2
		块石	20		
		片石	30		

干砌片石实测项目 表 7-10

项次	检查项目	规定值或允许偏差	检查方法和频率	权值
1	顶面高程(mm)	±30	水准仪:每20m检查3点	1
2	外形尺寸(mm)	±100	尺量:每20m或自然段,长宽各3处	2
3	厚度(mm)	±50	尺量:每20m检查3处	3
4	表面平整度(mm)	50	2m 直尺量:每20m检查5处×3尺	2

3. 外观鉴定

(1)砌体边缘直顺,外露表面平整。不符合要求时,减 1~3 分。
(2)勾缝平顺,缝宽均匀,无脱落现象。不符合要求时,减 1~3 分。

五、导流工程

1. 基本要求

(1)所用材料的质量和规格应符合有关规定。
(2)导流堤(坝)的基础埋置深度及地基承载力应符合设计要求。

2. 实测项目

见表 7-11。

导流工程实测项目 表7-11

项次	检查项目		规定值或允许偏差	检查方法和频率	权值
1	砂浆强度(MPa)		在合格标准内	按《公路工程质量检验评定标准》(JTG F80/1—2004)附录F检查	3
2	平面位置(mm)		30	经纬仪:按设计图控制坐标检查	2
3	长度(mm)		不小于设计长度 -100	尺量:每个检查	1
4	断面尺寸(mm)		不小于设计值	尺量:检查5处	2
5	高程(mm)	基底	不大于设计值	水准仪:检查5点	2
		顶面	±30		

3．外观鉴定

表面规整,线条直顺,曲线圆滑。不符合要求时,减1~3分。

六、石笼防护

1．基本要求

(1)所用材料的质量和规格应符合有关规定。
(2)铁丝笼的网眼尺寸应符合设计要求。
(3)石笼的坐码或平铺应符合设计要求。

2．实测项目

见表7-12。

石笼防护实测项目 表7-12

项次	检查项目	规定值或允许偏差	检查方法和频率	权值
1	平面位置(mm)	符合设计要求	经纬仪:按设计图控制坐标检查	1
2	长度(mm)	不小于设计长度 -300	尺量:每个(段)检查	1
3	宽度(mm)	不小于设计宽度 -200	尺量:每个(段)量5处	1
4	高度(mm)	不小于设计值	水准仪或尺量:每个(段)检查5处	1
5	底面高程(mm)	不高于设计值	水准仪:每个(段)检查5点	1

3．外观鉴定

表面整齐,线条直顺,曲线圆滑。不符合要求时,减1~2分。

第四节 支挡工程检测方法

支挡工程通常指挡土墙。

挡土墙是用来支撑天然边坡或人工填土边坡以保持土体稳定的构造物。在公路工程中,它广泛应用于支撑路堤或路堑边坡、隧道洞口、桥梁两端及河流岸壁等。

对挡土墙进行检验评定时,对砌体挡土墙,当平均墙高小于6m或墙身面积小于1 200m²

时,每处可作为分项工程进行评定;当平均墙高达到或超过6m且墙身面积不小于1 200m² 时,为大型挡土墙,每处应作为分部工程进行评定。悬臂式和扶臂式挡土墙,桩板式、锚杆、锚碇板和加筋土挡土墙应作为分部工程进行评定。

一、砌体挡土墙

1. 基本要求

(1)石料或混凝土预制块的质量和规格应符合有关规范和设计要求。
(2)砂浆所用的水泥、砂、水的质量应符合有关规范的要求,按规定的配合比施工。
(3)地基承载力必须满足设计要求。
(4)砌筑应分层错缝。浆砌时坐浆挤紧,嵌填饱满密实,不得有空洞;干砌时不得松动、叠砌和浮塞。
(5)沉降缝、泄水孔、反滤层的设置位置、质量和数量应符合设计要求。

2. 实测项目

见表7-13和表7-14。

砌体挡土墙实测项目 表7-13

项次	检查项目		规定值或允许偏差	检查方法和频率	权值
1	砂浆强度(MPa)		在合格标准内	按《公路工程质量检验评定标准》(JTG F80/1—2004)附录F检查	3
2	平面位置(mm)		50	经纬仪:每20m检查墙顶外边线3点	1
3	顶面高程(mm)		±20	水准仪:每20m检查1点	1
4	竖直度或坡度(%)		0.5	吊垂线:每20m检查2点	1
5	断面尺寸(mm)		不小于设计值	尺量:每20m量2个断面	3
6	底面高程(mm)		±50	水准仪:每20m检查1点	1
7	表面平整度(mm)	块石	20	2m直尺量:每20m检查3处,每处检查竖直和墙长两个方向	1
		片石	30		
		混凝土块、料石	10		

干砌挡土墙实测项目 表7-14

项次	检查项目	规定值或允许偏差	检查方法和频率	权值
1	平面位置(mm)	50	经纬仪:每20m检查3点	2
2	顶面高程(mm)	±30	水准仪:每20m检查3点	2
3	竖直度或坡度(%)	0.5	尺量:每20m吊垂线检查3点	1
4	断面尺寸(mm)	不小于设计值	尺量:每20m检查2处	2
5	底面高程(mm)	±50	水准仪:每20m检查1点	2
6	表面平整度(mm)	50	2m直尺量:每20m检查3处,每处检查竖直和墙长两个方向	1

3. 外观鉴定

(1)砌体表面平整,砌缝完好、无开裂现象,勾缝平顺,无脱落现象。不符合要求时,减1~3分。

(2)泄水孔坡度向外,无堵塞现象。不符合要求时必须进行处理,并减1~3分。

(3)沉降缝整齐垂直,上下贯通。不符合要求时必须进行处理,并减1~3分。

二、悬臂式和扶壁式挡土墙

1. 基本要求

(1)混凝土所用的水泥、石、砂、水和外掺剂的质量和规格应符合有关规范的要求,按规定的配合比施工。

(2)地基强度必须满足设计要求。

(3)不得有露筋和空洞现象。

(4)沉降缝、泄水孔的设置位置、质量和数量应符合设计要求。

2. 实测项目

见表7-15。

悬臂式和扶臂式挡土墙实测项目　　　　　　　　表7-15

项次	检查项目	规定值或允许偏差	检查方法和频率	权值
1	混凝土强度(MPa)	在合格标准内	按《公路工程质量检验评定标准》(JTG F80/1—2004)附录D检查	2
2	平面位置(mm)	30	经纬仪:每20m检查3点	1
3	顶面高程(mm)	±20	水准仪:每20m检查1点	1
4	竖直度或坡度(%)	0.3	吊垂线:每20m检查2点	1
5	断面尺寸(mm)	不小于设计值	尺量:每20m检查2个断面,抽查扶臂2个	2
6	底面高程(mm)	±30	水准仪:每20m检查1点	1
7	表面平整度(mm)	5	2m直尺量:每20m检查2处,每处检查竖直和墙长两个方向	1

3. 外观鉴定

(1)混凝土施工缝平顺。不符合要求时,减1~2分。

(2)蜂窝、麻面面积不得超过该面面积的0.5%。不符合要求时,每超过0.5%减3分;深度超过10mm的必须处理。

(3)混凝土表面出现非受力裂缝,减1~3分。裂缝宽度超过设计规定或设计未规定时,超过0.15mm必须处理。

(4)泄水孔坡度向外,无堵塞现象。不符合要求时必须处理,并减1~3分。

(5)沉降缝整齐垂直,上下贯通。不符合要求时必须处理,并减1~3分。

三、锚杆、锚碇板和加筋土挡土墙

1. 基本要求

(1)混凝土所用的水泥、石、砂、水和外掺剂的质量和规格应符合有关规范的要求,按规定的配合比施工。

(2)地基强度应符合设计要求。

(3)锚杆、拉杆或筋带的质量和规格必须满足设计和有关规范的要求,根数不得少于设计数量。

(4)筋带须理顺,放平拉直,筋带与面板、筋带与筋带连接牢固。

(5)混凝土不得出现露筋和空洞现象。

2. 实测项目

见表 7-16 ~ 表 7-20。

筋带实测项目 表 7-16

项次	检查项目	规定值或允许偏差	检查方法和频率	权值
1	筋带长度(mm)	不小于设计值	尺量:每20m检查5根(束)	2
2	筋带与面板连接	符合设计要求	目测:每20m检查5处	2
3	筋带与筋带连接	符合设计要求	目测:每20m检查5处	2
4	筋带铺设	符合设计要求	目测:每20m检查5处	1

锚杆、拉杆实测项目 表 7-17

项次	检查项目	规定值或允许偏差	检查方法和频率	权值
1	锚杆、拉杆长度	符合设计要求	尺量:每20m检查5根	2
2	锚杆、拉杆间距(mm)	±20	尺量:每20m检查5根	1
3	锚杆、拉杆与面板连接	符合设计要求	目测:每20m检查5处	2
4	锚杆、拉杆防护	符合设计要求	目测:每20m检查10处	2
5	锚杆抗拔力	抗拔力平均值≥设计值,最小抗拔力≥0.9设计值	拔力试验:锚杆数1%,且不少于3根	3

面板预制实测项目 表 7-18

项次	检查项目	规定值或允许偏差	检查方法和频率	权值
1	混凝土强度(MPa)	在合格标准内	按《公路工程质量检验评定标准》(JTG F80/1—2004)附录D检查	3
2	边长(mm)	±5 或 0.5%边长	尺量:长宽各量1次,每批抽查10%	2
3	两对角线差(mm)	10 或 0.7%最大对角线长度	尺量:每批抽查10%	1
4	厚度(mm)	+5,-3	尺量:检查2处,每批抽查10%	2
5	表面平整度(mm)	4 或 0.3%边长	2m直尺量:长、宽方向各测1次,每批抽查10%	1
6	预埋件位置(mm)	5	尺量:检查每件,每批抽查10%	1

面板安装实测项目　　　　　　　　　　　　　　　　　　　　　　　　　表 7-19

项次	检查项目	规定值或允许偏差	检查方法和频率	权值
1	每层面板顶高程(mm)	±10	水准仪:每20m抽查3组板	1
2	轴线偏位(mm)	10	挂线、尺量:每20m量3处	2
3	面板竖直度或坡度(%)	+0,-0.5%	吊垂线或坡度板:每20m检查3处	1
4	相邻面板错台(mm)	5	尺量:每20m检查面板交界处3处	1

注:面板安装以同层或相邻两板为一组。

锚杆、锚碇板和加筋土挡土墙总体实测项目　　　　　　　　　　　　　表 7-20

项次	检查项目		规定值或允许偏差	检查方法和频率	权值
1	墙顶和肋柱平面位置(mm)	路堤式	+50,-100	经纬仪:每20m检查3点	2
		路肩式	±50		
2	墙顶和柱顶高程(mm)	路堤式	±50	水准仪:每20m检查3点	2
		路肩式	±30		
3	肋柱间距(mm)		±15	尺量:每柱间	1
4	墙面倾斜度(mm)		+0.5%H且不大于+50,-1.0%H且不小于-100	吊垂线或坡度板:每20m测2处	2
5	面板缝宽(mm)		10	尺量:每20m至少检查5条	1
6	墙面平整度(mm)		15	2m直尺量:每20m检查3处,每处检查竖直和墙长两个方向	1

注:1.平面位置和倾斜度,"+"指向外,"-"指向内。
　　2.H指墙高。

3.外观鉴定

(1)预制面板表面平整光洁,线条直顺美观,不得有破损、翘曲、掉角、啃边等现象。不符合要求时,减1~2分。

(2)蜂窝、麻面面积不得超过该面面积的0.5%。不符合要求时,每超过0.5%减2分;深度超过10mm的必须处理。

(3)混凝土表面出现非受力裂缝,减1~3分。裂缝宽度超过设计规定或设计未规定时,超过0.15mm必须进行处理。

(4)墙面直顺,线形顺适,板缝均匀,伸缩缝贯通垂直。不符合要求时,减1~3分。

(5)露在面板外的锚头应封闭密实、牢固、整齐美观。不符合要求时,减1~5分。

四、墙背填土

1.基本要求

(1)墙背填土应采用透水性材料或设计规定的材料,严禁采用膨胀土、高液限黏土、腐殖土、盐渍土、淤泥和冻土块等不良填料。填料中不应含有有机物、冰块、草皮、树根等杂物或生活垃圾。

(2)墙背填土必须和挖方路基、填方路基有效搭接,纵向接缝必须设台阶。

(3)必须分层填筑压实,每层表面平整,路拱合适。
(4)墙身强度达到设计强度75%以上时方可开始填土。

2.实测项目

除距面板1m范围以内,压实度实测项目见表7-21,其他部分填土和其他类型挡土墙填土的压实度要求均与路基相同。

锚杆、锚碇板和加筋土挡土墙墙背填土实测项目　　　　表7-21

项次	检查项目	规定值或允许偏差	检查方法和频率	权值
1	距面板1m范围以内压实度(%)	90	按《公路工程质量检验评定标准》(JTG F80/1—2004)附录B检查,每100m每压实层测1处,并不得少于1处	1

3.外观鉴定

(1)填土表面应平整,边线直顺。不符合要求时,减1~3分。
(2)边坡坡面平顺稳定,不得亏坡,曲线圆滑。不符合要求时,减1~3分。

五、抗滑桩

1.基本要求

(1)混凝土所用的水泥、石、砂、水和外掺剂的质量和规格,必须符合设计和有关规范的要求,按规定的配合比施工。
(2)施工中应该核对滑动面位置,如图纸与实际位置有出入,应变更抗滑桩的深度。
(3)做好桩区地面截、排水及防渗,孔口地面上应加筑适当高度的围埝。

2.实测项目

见表7-22。

抗滑桩实测项目　　　　表7-22

项次	检查项目		规定值或允许偏差	检查方法和频率	权值
1	混凝土强度(MPa)		在合格标准内	按《公路工程质量检验评定标准》(JTG F80/1—2004)附录D检查	3
2	桩长(m)		不小于设计值	测绳量:每桩检查	2
3	孔径或断面尺寸(mm)		不小于设计值	探孔器:每桩测量	2
4	桩位(mm)		100	经纬仪:每桩检查	1
5	竖直度(mm)	钻孔桩	1%桩长,且不大于500	测壁仪或吊垂线:每桩检查	1
		挖孔桩	0.5%桩长,且不大于200	吊垂线:每桩检查	
6	钢筋骨架底面高程(mm)		±50	水准仪:测每桩骨架顶面高程后反算	1

3.外观鉴定

无破损检测桩的质量有缺陷,但经设计单位确认仍可采用时,减3分。

六、挖方边坡锚喷支护

1. 基本要求

（1）锚杆、钢筋和土工格栅的强度、数量、质量和规格，必须符合设计和有关规范的要求。

（2）混凝土及砂浆所用的水泥、石、砂、水和外掺剂，必须符合有关规范的要求，按规定的配合比施工。

（3）边坡坡度、坡面应符合设计要求。岩面应无风化、无浮石，喷射前应用水冲洗干净。

（4）钢筋应清除污锈，钢筋网与锚杆或其他锚固装置连接牢固，喷射时钢筋不得晃动。

（5）锚杆插入锚孔深度不得小于设计长度的95%，孔内砂浆应密实、饱满。

（6）喷射前做好排水设施，对漏水的空洞、缝隙应采取堵水措施，确保支护质量。

（7）钢筋、土工格栅或锚杆不得外露，混凝土不得开裂脱落。

（8）锚索非锚固段套管安装位置必须符合设计要求。

2. 实测项目

见表7-23。

锚喷支护实测项目　　　　　表7-23

项次	检查项目	规定值或允许偏差	检查方法和频率	权值
1	混凝土强度(MPa)	在合格标准内	按《公路工程质量检验评定标准》(JTG F80/1—2004)附录D检查	3
2	砂浆强度(MPa)	在合格标准内	同上	3
3	锚孔深度(mm)	不小于设计值	尺量：抽查10%	1
4	锚杆(索)间距(mm)	±100	尺量：抽查10%	1
5	锚杆拔力(kN)	拔力平均值≥设计值，最小拔力≥0.9设计值	拔力试验：锚杆数1%，且不少于3根	3
6	喷层厚度(mm)	平均厚度≥设计值，60%检查点的厚度≥设计值；最小厚度≥0.5设计值，且不小于设计规定	尺量(凿孔)或雷达断面仪：每10m检查1个断面，每3m检查1点	2
7	锚索张拉应力(MPa)	符合设计要求	油压表：每索由读数反算	3
8	张拉伸长率(%)	符合设计规定；设计未规定时采用±6	尺量：每索	2
9	断丝、滑丝数	每束1根，且断面不超过钢丝总数的1%	目测：逐根(束)检查	2

注：实际工程中未涉及的项目不参与评定。

3. 外观鉴定

混凝土表面密实，不得有突变；与原表面结合紧密，不应起鼓。不符合要求时，减1～3分。

第五节 砌筑砂浆配合比设计

将砖、石、砌块等黏结成为砌体的砂浆统称为砌筑砂浆。砌筑砂浆在结构中起着传递荷载的作用,有时还起到保温作用。

一、砌筑砂浆配合比设计的基本要求

(1)砂浆拌和物的和易性应满足施工要求。
(2)砌筑砂浆的强度、耐久性应满足设计要求。
(3)经济上应合理,水泥、掺和料的用量应较少。

二、砌筑砂浆配合比设计的方法与步骤

(1)计算砂浆的试配强度。
砂浆的试配强度应按式(7-1)计算:

$$f_{m,o} = kf_2 \tag{7-1}$$

式中:$f_{m,o}$——砂浆的试配强度(MPa);
　　　f_2——砂浆强度等级值(MPa);
　　　k——系数,按表 7-24 取值。

砂浆强度标准差 σ 及 k 值　　　　　表 7-24

施工水平	强度标准差 σ (MPa)							k
	M5	M7.5	M10	M15	M20	M25	M30	
优良	1.00	1.50	2.00	3.00	4.00	5.00	6.00	1.15
一般	1.25	1.88	2.50	3.75	5.00	6.25	7.50	1.20
较差	1.50	2.25	3.00	4.50	6.00	7.50	9.00	1.25

当有统计资料时,标准差应按式(7-2)计算:

$$\sigma = \sqrt{\frac{\sum_{i=1}^{n} f_{m,i}^2 - n\mu_{fm}^2}{n-1}} \tag{7-2}$$

式中:$f_{m,i}$——统计周期内同一品种砂浆第 i 组试件的强度(MPa);
　　　μ_{fm}——统计周期内同一品种砂浆 n 组试件强度的平均值(MPa);
　　　n——统计周期内同一品种砂浆试件的总组数,$n \geqslant 25$。

当不具有近期统计资料时,砂浆现场强度标准差可按表 7-24 取用。
(2)计算每立方米砂浆中的水泥用量。
每立方米砂浆中的水泥用量,应按式(7-3)计算:

$$Q_c = \frac{1\,000(f_{m,o} - \beta)}{\alpha f_{ce}} \tag{7-3}$$

式中:Q_c——每立方米砂浆的水泥用量(kg);
　　　$f_{m,o}$——砂浆的试配强度(MPa);

f_{ce}——水泥的实测强度(MPa);

α、β——砂浆的特征系数。

在无法取得水泥的实测强度值时,可按式(7-4)计算f_{ce}:

$$f_{ce} = \gamma_c \cdot f_{ce,k} \tag{7-4}$$

式中:$f_{ce,k}$——水泥强度等级值(MPa);

γ_c——水泥强度等级值的富余系数,按实际统计资料确定,无统计资料时取1.0。

(3)计算每立方米砂浆中石灰膏用量。

石灰膏的用量按式(7-5)计算:

$$Q_D = Q_A - Q_C \tag{7-5}$$

式中:Q_D——每立方米砂浆的石灰膏用量(kg);石灰膏使用时的稠度为120mm±5mm;

Q_C——每立方米砂浆的水泥用量(kg);

Q_A——每立方米砂浆中水泥和石灰膏总量,可为350kg。

(4)确定每立方米砂浆中的砂用量。

每立方米砂浆中的砂用量(Q_S),应以干燥状态(含水率小于0.5%)的堆积密度值作为计算值。

(5)按砂浆稠度确定每立方米砂浆用水量。

每立方米砂浆中的用水量(Q_W),可根据砂浆稠度等要求选用210～310kg。

(6)现场配制水泥砂浆、水泥粉煤灰砂浆的各种材料用量也可参考表7-25、表7-26选用。

每立方米水泥砂浆材料用量(kg/m³) 表7-25

强度等级	水泥	砂	用水量
M5	200～230	砂的堆积密度值	270～330
M7.5	230～260		
M10	260～290		
M15	290～330		
M20	340～400		
M25	360～410		
M30	430～480		

每立方米水泥粉煤灰砂浆材料用量(kg/m³) 表7-26

强度等级	水泥和粉煤灰总量	粉煤灰	砂	用水量
M5	210～240	粉煤灰掺量可占胶凝材料总量的15%～25%	砂的堆积密度值	270～330
M7.5	240～270			
M10	270～300			
M15	300～330			

三、砌筑砂浆试配与配合比的调整

按计算所得配合比进行试拌,测定拌和物的稠度和保水率,当稠度和保水率不能满足要求时,应调整材料用量,直到符合要求,作为砂浆的基准配合比。

采用三个不同的配合比进行试配,其中一个为基准配合比,另外两个配合比的水泥用量在基准配合比的基础上分别增加及减少10%,在保证稠度、保水率合格的条件下,可对用水量、石灰膏等材料用量做相应调整,分别测定不同配合比砂浆的表观密度及强度,选定符合试配强度和和易性要求、水泥用量最低的配合比作为砂浆的试配配合比。

砌筑砂浆的试配配合比还应按下列步骤进行校正:

(1)按式(7-6)计算砂浆的理论表观密度值:

$$\rho_t = Q_C + Q_D + Q_S + Q_W \quad (7-6)$$

式中:ρ_t——砂浆的理论表观密度值(kg/m³)。

(2)按式(7-7)计算砂浆配合比校正系数 δ:

$$\delta = \frac{\rho_c}{\rho_t} \quad (7-7)$$

式中:ρ_c——砂浆的实测表观密度值(kg/m³)。

(3)当砂浆的实测表观密度值与理论表观密度值之差的绝对值不超过理论值的2%时,可将试配配合比确定为砂浆设计配合比;当超过2%时,将试配配合比中每项材料用量均乘以校正系数 δ 后,确定为砂浆的设计配合比。

第六节　砌体工程砂浆强度检测

一、回弹法

1. 目的与适用范围

回弹法适用于推定烧结普通砖砌体中的砌筑砂浆强度。检测时,应用回弹仪测试砂浆表面硬度,用酚酞试剂测试砂浆碳化深度,以此两项指标换算为砂浆强度。

测位应选在承重墙的可测面上,并避开洞口及预埋件等附近的墙体。墙面上每个测位的面积宜大于0.3m²。

不适用于推定高温、长期浸水、化学侵蚀、火灾等情况下的砂浆抗压强度。

2. 测试设备的技术指标

(1)砂浆回弹仪的主要技术性能指标应符合表7-27的要求,其示值系统为指针直读式。

砂浆回弹仪技术性能指标　　　　　表7-27

项　目	指　标	项　目	指　标
冲击动能(J)	0.196	弹击球面曲率半径(mm)	25
弹击锤冲程(mm)	75	在钢砧上率定平均回弹值R	74±2
指针滑块的静摩擦力(N)	0.5±0.1	外形尺寸(mm)	$\phi 60 \times 280$

(2)砂浆回弹仪应每半年校验一次。在工程检测前后,均应对回弹仪在钢砧上做率定试验。

3. 试验步骤

(1)测位处的粉刷层、勾缝砂浆、污物等应清除干净;弹击点处的砂浆表面应仔细打磨平整,并除去浮尘。

(2)每个测位内均匀布置12个弹击点。选定弹击点应避开砖的边缘、气孔或松动的砂浆。相邻两弹击点的间距不应小于20mm。

(3)在每个弹击点上,使用回弹仪连续弹击3次,第1、2次不读数,仅读记第3次回弹值,精确至1个刻度。测试过程中,回弹仪应始终处于水平状态,其轴线应垂直于砂浆表面,且不得移位。

(4)在每一测位内,选择1~3处灰缝,用游标尺和1%酚酞试剂测量砂浆碳化深度,读数应精确至0.5mm。

4. 数据分析

(1)从每个测位的12个值中,分别剔除最大值、最小值,用余下的10个回弹值计算算术平均值,以R表示。

(2)每个测位的平均碳化深度应取该测位各次测量值的算术平均值,以d表示,精确至0.5mm。平均碳化深度大于3mm时,取3.0mm。

(3)第i个测区第j个测位的砂浆强度换算值,应根据该测位的平均回弹值和平均碳化深度值,分别按式(7-8)~式(7-10)计算。

① $d \leqslant 1.0$mm时:

$$f_{2ij} = 13.97 \times 10^{-5} R^{2.57} \tag{7-8}$$

② 1.0mm $< d < 3.0$ mm时:

$$f_{2ij} = 4.85 \times 10^{-4} R^{3.04} \tag{7-9}$$

③ $d \geqslant 3.0$mm时:

$$f_{2ij} = 6.34 \times 10^{-5} R^{3.60} \tag{7-10}$$

式中:f_{2ij}——第i个测区第j个测位的砂浆强度值(MPa);

d——第i个测区第j个测位的平均碳化深度(mm);

R——第i个测区第j个测位的平均回弹值。

(4)测区的砂浆抗压强度平均值,按式(7-11)计算:

$$f_{2i} = \frac{1}{n_1}\sum_{j=1}^{n_1}f_{2ij} \tag{7-11}$$

二、射钉法

1. 目的与适用范围

适用于推定烧结普通砖和多孔砖砌体中M2.5~M15范围内的砌体砂浆强度。检测时,采用射钉枪将射针射入墙体的水平灰缝中,根据射钉的射入量推定砂浆强度。

每个测区的测点,在墙体两面的数量宜各半。

2. 测试设备的技术指标

(1)测试设备包括射钉、射钉器、射钉弹和游标卡尺。

(2)射钉、射钉器和射钉弹的计量性能可按下列方法配套校验。

当有下列情况之一时,应进行标准射入量的测定或校验:

①制定新的射钉测强方程时。

②使用射钉1 000次后。
③射钉器、射钉弹和射钉的配套性能发生变化后。
④对射钉器、射钉弹或射钉的计量性能产生疑问时。

测定或校验使用的铅制标准靶,为直径约100mm、厚度不小于60mm的铅制铸件,其材质应符合 GBP_bS_b10-0.2-0.5 的规定。

测定或校验方法:
①从配套的同批购入的1 000发射钉弹和1 000枚射钉中,各抽10发(枚)作为测定或校验样品。
②将抽出的样品(射钉弹和射钉)随机组合,用配套的射钉器将射钉射入铅靶中,并用游标卡尺测定出每一枚射钉的射入量。
③计算平均射入量及其变异系数。
④对校验性测试,应按式(7-12)计算射入量相对偏差:

$$\lambda = \frac{l - l_k}{l_k} \times 100\% \tag{7-12}$$

式中:l_k——射钉测强方程的标准射入量(mm);
　　l——校验测得的平均射入量(mm);
　　λ——射入量偏差(mm)。

其校验结果应符合下列各项指标的规定:在标准靶上的平均射入量为29.1mm;平均射入量的允许偏差为±5%;平均射入量的变异系数不大于5%。

3. 试验步骤

(1)在各测区的水平灰缝上按规定标出测点位置。测点处的灰缝厚度应不小于10mm;在洞口附近和经修补的砌体上不应布置测点。

(2)清除测点表面的覆盖层和疏松层,将砂浆表面修理平整。

(3)应事先量测射针的全长 l_1;将射钉射入测点砂浆中,并量测射钉外露部分的长度 l_2。射针的射入量应按式(7-13)计算:

$$l = l_1 - l_2 \tag{7-13}$$

对长度指标 l、l_1、l_2 的取值应精确至0.1mm。

(4)射入砂浆中的射钉,应垂直于砌筑面且无擦靠块材的现象,否则应舍去和重新补测。

4. 数据分析

(1)测区的射钉平均射入量,按式(7-14)计算:

$$l_i = \frac{1}{n_1}\sum_{j=1}^{n_1} l_{ij} \tag{7-14}$$

式中:l_i——第 i 个测区的射钉的平均射入量(mm);
　　l_{ij}——第 i 个测区的第 j 个测点的射入量(mm)。

(2)测区的砂浆抗压强度,按式(7-15)计算:

$$f_{2i} = al_i^{-b} \tag{7-15}$$

式中:a、b——射钉常数,按表7-28取值。

射 钉 常 数　　　　　　　　　　表 7-28

砖品种	a	b	砖品种	a	b
烧结普通砖	47 000	2.52	烧结多孔砖	50 000	2.40

【本章小结】

  1. 地面、地下排水设施及加固与防护工程是保证路基路面的强度与稳定性、减少公路水损害、延长公路使用寿命的重要工程技术措施,本章主要学习排水设施和加固防护设施的现场试验检测方法。

  2. 砌筑砂浆的配合比设计应满足强度、和易性及耐久性的要求,并尽可能经济合理,水泥用量少。

  3. 砌体工程砂浆强度的检测常用回弹法和射钉法。

【思考题】

  1. 排水的目的与要求是什么?
  2. 地面排水设施有哪些? 简述其检测项目。
  3. 地下排水设施有哪些? 简述其检测项目。
  4. 如何进行挡土墙的现场检测?
  5. 简述砌体砂浆配合比设计过程。
  6. 砌体砂浆强度检测方法有哪些,如何测定?

第八章
桥涵工程试验检测

桥涵工程试验检测是桥涵建筑方面的一门基础技术科学，对桥涵工程进行客观、准确、及时的检测，是保证桥涵工程质量的重要技术手段，有时甚至是施工必不可少的步骤之一，同时也是了解和分析桥涵结构在荷载作用下的实际工作状态及病害的重要途径。本章学习桥涵工程的试验检测方法。

第一节　地基承载力检测

地基容许承载力是在保证建筑物安全可靠、符合正常使用要求的前提下，地基土在单位面积上能承受荷载的能力。

桥涵地基的容许承载力可根据地质勘测、原位测试、野外荷载试验以及邻近旧桥涵调查对比，由经验和理论公式计算综合分析确定。当缺乏上述资料时，可按《公路桥涵地基与基础设计规范》(JTG D63—2007)推荐的方法确定地基容许承载力，对地质和结构复杂的桥涵地基应根据现场荷载试验确定容许承载力。

一、黏性土、黄土地基承载力检测

对于黏性土和黄土地基,可在现场取有代表性的土样进行土工试验,得到地基土的有关物理力学指标,由规范求出承载力。

(1)老黏性土和残积黏性土地基,可取土样进行压缩试验,求得土样压缩模量,按表8-1、表8-2确定容许承载力。

老黏性土的容许承载力$[\sigma_0]$　　　　　　　表8-1

E_s(MPa)	10	15	20	25	30	35	40
$[\sigma_0]$(kPa)	380	430	470	510	550	580	620

注:1. 老黏性土是指第四纪晚更新世(Q_3)及其以前沉积的黏性土,一般具有较高的强度和较低的压缩性。

2. E_s计算公式为:

$$E_s = \frac{1+e_1}{a_{1-2}}$$

式中:e_1——压力为0.1 MPa时,土样的孔隙比;

a_{1-2}——对应于0.1~0.2MPa压力段的压缩系数(1/MPa);

E_s——压缩模量,当老黏性土$E_s<10$ MPa时,容许承载力$[\sigma_0]$按一般黏性土(表8-3)确定。

残积黏性土的容许承载力$[\sigma_0]$　　　　　　　表8-2

E_s(MPa)	4	6	8	10	12	14	16	18	20
$[\sigma_0]$(kPa)	190	220	250	270	290	310	320	330	340

注:本表适用于西南地区碳酸盐类岩层的残积红土,其他地区可参照使用。

(2)一般黏性土和新近沉积黏性土地基,求出土样的天然孔隙比和液性指数,按表8-3、表8-4确定容许承载力。

一般黏性土的容许承载力$[\sigma_0]$(单位:kPa)　　　　　　　表8-3

孔隙比 e	液性指数 I_L											
	0	0.1	0.2	0.3	0.4	0.5	0.6	0.7	0.8	0.9	1.0	1.1	1.2
0.5	450	440	430	420	400	380	350	310	270	240	220	—	—
0.6	420	410	400	380	360	340	310	280	250	220	200	180	—
0.7	400	370	350	330	310	290	270	240	220	190	170	160	150
0.8	380	330	300	280	260	240	230	210	180	160	150	140	130
0.9	320	280	260	240	220	210	190	180	160	140	130	120	100
1.0	250	230	220	210	190	170	160	150	140	120	110	—	—
1.1	—	—	160	150	140	130	120	110	100	90	—	—	—

注:1. 一般黏性土是指第四纪全新世(Q_4)(文化期以前)沉积的黏性土,一般为正常沉积的黏性土。

2. 土中粒径大于2mm颗粒的质量占全部质量30%以上时,$[\sigma_0]$可酌量提高。

3. 当$e<0.5$时,取$e=0.5$,$I_L<0$时,取$I_L=0$。此外,超过表列范围的一般黏性土,$[\sigma_0]$可按下式计算:

$$[\sigma_0] = 57.22 E_s^{0.57}$$

式中:E_s——土的压缩模量(MPa);

$[\sigma_0]$——一般黏性土的容许承载力(kPa)。

新近沉积黏性土的容许承载力$[\sigma_0]$（单位：kPa）　　　表8-4

孔隙比 e	液性指数 I_L		
	≤0.25	0.75	1.25
≤0.8	140	120	100
0.9	130	110	90
1.0	120	100	80
1.1	110	90	—

注：新近沉积的黏性土是指文化期以来沉积的黏性土，一般为欠固结，且强度较低。

（3）新近堆积黄土地基、一般新黄土地基、老黄土地基分别按表8-5～表8-7确定容许承载力。

新近堆积黄土的容许承载力$[\sigma_0]$　　　表8-5

$\dfrac{w}{w_L}$	0.4	0.5	0.6	0.7	0.8	1.0	1.2
$[\sigma_0]$(kPa)	130	120	110	100	90	80	70

注：表列新近堆积黄土为湿陷性黄土地基时，经人工处理后，其承载力按下列系数提高：
1. 人工夯实（用0.5kN的普通石夯，落距50cm，分别夯三遍），提高1.2。
2. 换土夯实［表层换填卵石16cm，三七石灰土（体积比为三分石灰、七分土）4cm，电动蛙式机夯打3～4遍］，提高1.3。
3. 重锤夯实（包括表层1～1.5m厚度的夯实和回填夯实），提高2.0。
4. 打石灰砂桩（基础底面地基加固），提高4.0。

一般新黄土的容许承载力$[\sigma_0]$（单位：kPa）　　　表8-6

$\dfrac{w_L}{e}$	天然含水率 w								
	≤10	13	16	19	22	25	28	31	34
22	190	180	170	150	130	110	90	70	50
25	200	190	180	160	140	120	100	80	60
28	210	200	190	170	150	130	110	90	70
31	230	210	200	180	160	140	120	100	80
34	250	230	210	190	170	150	130	110	100
37	—	250	230	210	190	170	150	130	110
40	—	—	250	230	210	190	170	150	130
43	—	—	—	250	230	210	190	170	150

老黄土的容许承载力$[\sigma_0]$（单位：kPa）　　　表8-7

$\dfrac{w}{w_L}$	天然孔隙比 e			
	<0.7	0.7~0.8	0.8~0.9	>0.9
<0.6	700	600	500	400
0.6~0.8	500	400	300	250
>0.8	400	300	250	200

注：山东老黄土性质较差，容许承载力$[\sigma_0]$应降低100～200kPa。

二、砂土、碎石地基承载力检测

对于砂类土、碎石土,地基承载力可按其分类和密实度确定,其容许承载力见表8-8、表8-9。砂土的密实度可用相对密度表示,碎石土的密实度根据钻探情况按规范确定。

砂土地基的容许承载力$[\sigma_0]$(kPa)   表8-8

土名	湿度	密实程度		
		密实	中密	松散
砾砂	与湿度无关	550	400	200
中砂	与湿度无关	450	350	150
细砂	水上	350	250	100
	水下	300	200	—
粉砂	水上	300	200	—
	水下	200	100	—

碎石土基的容许承载力$[\sigma_0]$(kPa)   表8-9

土名	密实程度		
	密实	中密	松散
卵石	1 000 ~ 1 200	600 ~ 1 000	300 ~ 500
碎石	800 ~ 1 000	500 ~ 800	200 ~ 400
圆砾	600 ~ 800	400 ~ 600	200 ~ 300
角砾	500 ~ 700	300 ~ 500	200 ~ 300

注:1. 由硬质岩组成,填充砂土者取高值;由软质岩组成,填充黏性土者取低值。
  2. 半胶结的碎石土,可按密实的同类土的$[\sigma_0]$值提高10% ~ 30%。
  3. 松散的碎石土在天然河床中很少遇见,需特别注意鉴定。
  4. 漂石、块石的$[\sigma_0]$值,可参照卵石、碎石适当提高。

三、现场荷载板试验确定地基容许承载力

1. 试验原理

荷载板试验就是在欲试验的土层表面放置一定规格的方形或圆形承压板,在其上逐级施加荷载,每级荷载增量持续时间相同或接近,测记每级荷载作用下荷载板沉降量的稳定值,绘制荷载和沉降量的关系曲线——P-S 曲线(图 8-1)。分析研究地基土的强度与变形特性,确定地基容许承载力。

地基在荷载作用下达到破坏状态的过程可以分为三个阶段(图8-2):

(1)压密阶段(直线变形阶段):相应于 P-S 曲线上的 oa 段,P-S 曲线接近于直线,土中各点的剪应力均小于土的抗剪强度,土体处于弹性平衡状态,这一阶段荷载板的沉降主要是由于土中孔隙减少引起的,土颗粒主要是竖向变位,且随时间渐趋稳定而土体压密,所以也称压密阶段。曲线上相应于 a 点的荷载称为比例界限 P_r。

(2)剪切阶段:相应于 P-S 曲线上的 ab 段。这一阶段 P-S 曲线已不再保持线性关系,沉降

的增长率 $\Delta S/\Delta P$ 先随荷载的增加而增大。在这个阶段,除土体的压密外,在承压板边缘已有小范围局部土体的剪应力达到或超过了土的抗剪强度,并开始向周围土体发生剪切破坏(产生塑性变形区);土体的变形是由土中孔隙的压缩和土颗粒剪切移动同时引起的,土粒同时发生竖向和侧向变位,且随时间不易稳定,故称之为局部剪切阶段。随着荷载的继续增加,土中塑性区的范围也逐步扩大,直到土中形成连续的滑动面,由荷载板两侧挤出而破坏。因此,剪切阶段也是地基中塑性区的发生及发展阶段。相应于 $P\text{-}S$ 曲线上 b 点的荷载称为极限荷载 P_u。

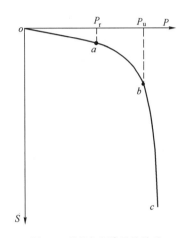

图8-1 荷载与沉降量的关系

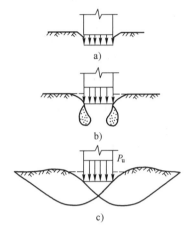

图8-2 地基破坏过程的三个阶段
a)压密阶段;b)剪切阶段;c)破坏阶段

(3)破坏阶段:相当于 $P\text{-}S$ 曲线上的 bc 段。当荷载超过极限荷载后,荷载板急剧下沉,即使不增加荷载,沉降也不能稳定,同时土中形成连续的滑动面,土从承压板下挤出,在承压板周围土体出现隆起及环状或放射状裂隙,故称之为破坏阶段。该阶段,在滑动土体范围内各点的剪应力达到或超过土体的抗剪强度;土体变形主要由土颗粒剪切变位引起,土粒主要是侧向移动,且随时间不能达到稳定,地基土失稳而破坏。

2.试验设备

荷载板一般为刚性方形板或圆形板,其面积应为 $2\,500\text{cm}^2$ 或 $5\,000\text{cm}^2$,目前工程上常用的是 $50\text{cm}\times50\text{cm}$ 或 $70.7\text{cm}\times70.7\text{cm}$ 的方板。图8-3是目前常用的荷载板试验时加载方式。

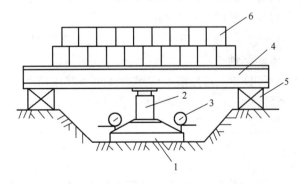

图8-3 现场荷载试验
1-荷载板;2-千斤顶;3-百分表;4-反力架;5-枕木垛;6-压重

3. 试验方法

试验加荷方法应采用分级维持荷载沉降相对稳定法(慢速法)或沉降非稳定法(快速法)。试验的加荷标准如下:试验的第一级荷载(包括设备重量)应接近卸去土的自重。每级荷载增量(即加荷等级)一般取被测试地基土层预估极限承载力的 $1/10 \sim 1/8$。施加的总荷载应尽量接近试验土层的极限荷载。荷载的量测精度应达到最大荷载的 1%,沉降值的量测精度应达到 $0.01 \mathrm{mm}$。

各级荷载下沉降相对稳定标准一般采用连续 2h 的每小时沉降量不超过 $0.1 \mathrm{mm}$,或连续 1h 的每 30min 沉降量不超过 $0.05 \mathrm{mm}$。

试验点附近应有取土孔提供土工试验指标或其他原位测试资料,试验后,应在承压板中心向下开挖取土试验,并描述 2 倍承压板直径(或宽度)范围内土层的结构变化。

静力荷载试验过程中出现下列现象之一时,即可认为土体已达到极限状态,应终止试验:

(1)承压板周围的土体有明显的侧向挤出或出现裂纹。

(2)在 24h 内,沉降随时间趋于等速增加。

(3)荷载 P 增加很小,但沉降量却急剧增大,P-S 曲线出现陡降阶段,或相对沉降已等于或大于 $0.06 \sim 0.08$。

4. 试验数据处理

根据试验数据绘制 P-S 曲线,利用 P-S 曲线可以得到:

(1)地基土的承载力。

(2)当 P-S 关系曲线有较明显的直线段时,一般就用直线段的拐点所对应的压力 P_r 值作为地基土的承载力(图 8-1)。

在饱和软土地基中,P-S 关系曲线拐点往往不明显,此时可绘制 $\lg P - \lg S$ 曲线,利用 $\lg P$-$\lg S$ 曲线的良好线性关系很容易确定拐点;也可以应用相对沉降法确定地基土的承载力。

(3)地基土的变形模量 E_0。

一般取 P-S 关系曲线的直线段,用式(8-1)计算:

$$E_0 = (1 - \mu^2) \frac{\pi B}{4} \cdot \frac{\Delta P}{\Delta S} \tag{8-1}$$

式中:B——承压板直径(m),当为方形板时,$B = 2\sqrt{A/\pi}$,其中,A 为方形板面积(m^2);

$\Delta P / \Delta S$——P-S 关系曲线直线段斜率(kPa/m);

μ——地基土的泊松比,对于砂土和粉土,$\mu = 0.33$;对于可塑—硬塑黏性土,$\mu = 0.38$;对于软塑—流塑黏性土和淤泥质黏性土,$\mu = 0.41$。

当 P-S 曲线的直线段不明显时,可用前面讲述的确定地基土承载力的方法确定地基承载力的基本值与相应的沉降量,代入式(8-2)计算 E_0,但此时,应与其他原位测试资料比较,综合考虑确定 E_0 值。

四、标准贯入试验

标准贯入试验(SPT)是采用质量为 63.5kg 的穿心锤,以 76cm 的落距,将一定规格的标准贯入器先打入土中 15cm,然后开始记录锤击数,将标准贯入器再打入土中 30cm,用此 30cm 的锤击数作为标准贯入试验的指标。标准贯入试验是国内外广泛应用的一种现场原位测试手段,不仅用于砂土,亦可用于黏性土的测试。标准贯入锤击数 N,可用于判定砂土的密实度、黏性土的稠度、地基土的容许承载力、砂土的振动液化、桩基承载力等,也是检验地基处理效果的重要手段。

1. 试验设备

标准贯入试验设备主要由标准贯入器、触探杆和穿心锤等部件组成,见图8-4。

2. 试验方法

(1)用钻机先钻到需要进行标准贯入试验的土层,清孔后,换用标准贯入器,并量得深度尺寸。

(2)将贯入器垂直打入试验土层中,先打入15cm,不计击数,继续贯入土中30cm,记录其锤击数,此数即为标准贯入击数 N。

若遇比较密实的砂层,贯入不足30cm的锤击数已超过50时,应终止试验,并记录实际贯入深度 ΔS 和累计锤击数 n,按式(8-2)换算成贯入30cm的锤击数 N:

$$N = \frac{30n}{\Delta S} \qquad (8-2)$$

式中: n——所选取的任意贯入量的锤击数;

ΔS——对应锤击数 n 的贯入量(cm)。

(3)提出贯入器,将贯入器中土样取出,进行鉴别描述、记录,然后换以钻探工具继续钻进,至下一需要进行试验的深度,再重复上述操作,一般可每隔1.0~2.0m进行一次试验。

(4)在不能保持孔壁稳定的钻孔中进行试验时,应下套管以保护孔壁,但试验深度必须在套管口75cm以下,或采用泥浆护壁。

(5)由于钻杆的弹性压缩会引起能量损耗,钻杆过长时传入贯入器的动能降低,会减少每击的贯入深度,亦即提高锤击数,所以需要根据杆长对锤击数进行修正:

$$N = \alpha N_0 \qquad (8-3)$$

式中: N_0——实际记录的锤击数;

α——修正系数,根据钻杆长度按表8-10选用;

N——修正后的锤击数。

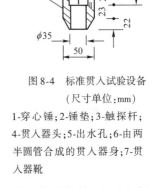

图8-4 标准贯入试验设备
(尺寸单位:mm)

1-穿心锤;2-锤垫;3-触探杆;4-贯入器头;5-出水孔;6-由两半圆管合成的贯入器身;7-贯入器靴

标准贯入试验钻杆长度修正系数　　　　表8-10

钻杆长度(m)	3	6	9	12	15	18	21
α	1.00	0.92	0.86	0.81	0.77	0.73	0.70

(6)对于同一土层应进行多次试验,然后取锤击数的平均值。

3. 试验结果应用

对于标准贯入试验,国内外已积累了大量的实践资料,给出了砂性土和黏性土的一些物理性质和标准贯入试验锤击数的经验关系,可供工程中使用。

(1)根据 N 估计砂土的密实度,见表 8-11。

砂土的密实度　　　　　　　　　　　　　　　　表 8-11

分级		相对密度 D_r	实测平均锤击数 N
密实		$D_r \geq 0.67$	30~50
稍密		$0.33 \leq D_r < 0.67$	10~29
松散	稍松	$0.20 \leq D_r < 0.33$	5~9
	极松	$D_r < 0.20$	<5

(2)根据 N 估计天然地基的容许承载力 $[\sigma_0]$,见表 8-12、表 8-13。

砂土的容许承载力 $[\sigma_0]$(kPa)　　　　　　　　　表 8-12

N	10~15	15~30	30~50
$[\sigma_0]$	140~180	180~340	340~500

一般黏性土和老黏性土的容许承载力 $[\sigma_0]$(kPa)　　　表 8-13

N	3	5	7	9	11	13	15	17	19	21	23
$[\sigma_0]$	120	160	200	240	280	320	360	420	500	580	660

第二节　混凝土灌注桩检测

混凝土钻孔灌注桩是桥梁工程中重要的基础形式之一,属隐蔽工程。为了保证桩基础的安全可靠,基桩的质量控制和检测至关重要。

一、钻孔灌注桩检测

(一)基本要求

(1)桩身混凝土所用的水泥、砂、石、水、外掺剂及混合材料的质量和规格必须符合有关规范的要求,按规定的配合比施工。

(2)成孔后必须清孔,测量孔径、孔深、孔位和沉淀层厚度,确认满足设计或施工技术规范要求后,方可灌注水下混凝土。

(3)水下混凝土应连续灌注,严禁有夹层和断桩。

(4)嵌入承台的锚固钢筋长度不得低于设计规范规定的最小锚固长度要求。

(5)应选择有代表性的桩用无破损法进行检测,重要工程或重要部位的桩宜逐根进行检测。设计有规定或对桩的质量有怀疑时,应采用钻取芯样法对桩进行检测。

(6)凿除桩头预留混凝土后,桩顶应无残余的松散混凝土。

(二)实测项目

如表 8-14 所示。

钻孔灌注桩实测项目　　　　　　　　　　表8-14

项次	检查项目		规定值或允许偏差	检查方法和频率	权值
1	混凝土强度（MPa）		在合格标准内	按《公路工程质量检验评定标准》（JTG F80/1—2004）附录D检查	3
2	桩位（mm）	群桩	100	全站仪或经纬仪：每桩检查	2
		排架桩 允许	50		
		排架桩 极值	100		
3	孔深（m）		不小于设计	测绳量：每桩测量	3
4	孔径（mm）		不小于设计	探孔器：每桩测量	3
5	钻孔倾斜度（mm）		1%桩长且不大于500	用测壁（斜）仪或钻杆垂线法：每桩检查	1
6	沉淀厚度（mm）	摩擦桩	符合基数按规定，设计未规定时按施工规范要求	沉淀盒或标准测锤：每桩检查	2
		支撑桩	不大于设计规定		
7	钢筋骨架底面高程（mm）		±50	水准仪：测每桩骨架顶面高程后反算	1

(三)外观鉴定

(1)桩的质量有缺陷,但经设计单位确认仍可用时,应减3分。

(2)桩顶面应平整,桩柱连接处应平顺且无局部修补。不符合要求时减1~3分。

二、泥浆性能指标检测

(一)泥浆性能要求

钻孔灌注桩调制的护壁泥浆一般由水、黏土（或膨润土）及添加剂按适当配合比配制而成,应根据钻孔方法和地层情况采用不同的性能指标,具体指标可参照表8-15选用。

泥浆性能指标　　　　　　　　　　表8-15

钻孔方法	地层情况	泥浆性能指标							
		相对密度	黏度（Pa·s）	含砂率（%）	胶体率（%）	失水率（mL/30min）	泥皮厚（mm/30min）	静切力（Pa）	酸碱度（pH）
正循环	一般地层	1.05~1.20	16~22	8~4	≥96	≤25	≤2	1.0~25	8~10
	易塌地层	1.20~1.45	19~28	8~4	≥96	≤15	≤2	3~5	8~10
反循环	一般地层	1.02~1.06	16~22	≤4	≥95	≤20	≤3	1~2.5	8~10
	易塌地层	1.06~1.10	18~28	≤4	≥95	≤20	≤3	1~2.5	8~10
	卵石土	1.10~1.15	20~35	≤4	≥95	≤20	≤3	1~2.5	8~10

续上表

钻孔方法	地层情况	泥浆性能指标							
		相对密度	黏度 (Pa·s)	含砂率 (%)	胶体率 (%)	失水率 (mL/30min)	泥皮厚 (mm/30min)	静切力 (Pa)	酸碱度 (pH)
推钻冲抓	一般地层	1.10~1.20	18~24	≤4	≥95	≤20	≤3	1~2.5	8~11
冲击	易塌地层	1.20~1.40	22~30	≤4	≥95	≤20	≤3	3~5	8~11

注：1. 地下水位高或其流速大时，指标取高限，反之取低限；
2. 地质状态较好，孔径或孔深较小的取低限，反之取高限；
3. 在不易坍塌的黏质土层中，使用推钻、冲抓、反循环回转钻进时，可用清水提高水头（≥2m）维护孔壁。
4. 若当地缺乏优良黏质土，远运膨润土亦很困难，调制不出合格泥浆时可掺用添加剂改善泥浆性能。
5. 直径大于2.5m的大直径钻孔灌注桩对泥浆的要求较高，泥浆的选择应根据钻孔的工程地质情况、孔位、钻机性能、泥浆材料条件等确定。在地质复杂、覆盖层较厚、护筒下沉不到岩层的情况下，宜使用丙烯酰胺即PHP泥浆，此泥浆的特点是不分散、低固相、高黏度。

(二)泥浆性能指标检测

1. 相对密度

泥浆的相对密度是泥浆与4℃时同体积水的质量之比，用泥浆相对密度计测定。将要量测的泥浆装满泥浆杯，加盖并洗净从小孔溢出的泥浆，然后置于支架上，移动游码，使杠杆呈水平状态（即水平泡位于中央），读出游码左侧所示刻度，即为泥浆的相对密度 γ_x。

若工地无以上仪器，可用一口杯先称其质量为 m_1，再装满清水称其质量为 m_2，再倒去清水，装满泥浆并擦去杯周溢出的泥浆，称其质量为 m_3，则：

$$\gamma_x = \frac{m_3 - m_1}{m_2 - m_1} \tag{8-4}$$

2. 黏度 η

黏度是液体或混合液体运动时各分子或颗粒之间产生的内摩擦力，用工地标准漏斗黏度计测定。黏度计如图8-5所示。用两端开口量杯分别量取200mL和500mL泥浆，通过滤网滤去大砂粒后，将泥浆700mL均注入漏斗，然后使泥浆从漏头流出，测出流满500mL量杯所需的时间(s)，即为所测泥浆的黏度。

校正方法：漏斗中注入700mL清水，流出500mL，所需时间应是15s，其偏差如超过±1s，测量泥浆黏度时应校正。

3. 静切力 θ

工地可用浮筒切力计测定静切力（图8-6）。

泥浆静切力可用式(8-5)计算：

$$\theta = \frac{G - \pi d \delta h \gamma}{2\pi dh + \pi d\delta} \tag{8-5}$$

式中：G——铝制浮筒质量(g)；
 d——浮筒的平均直径(cm)；
 h——浮筒的沉没深度(cm)；
 γ——泥浆重度(g/cm³)；
 δ——浮筒壁厚(cm)。

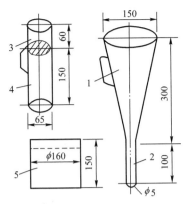

图 8-5　黏度计(尺寸单位:mm)
1-漏斗;2-管子;3-量杯 200mL 部分;4-量杯 500mL 部分;5-筛网及杯

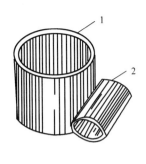

图 8-6　浮筒切力计
1-泥浆筒;2-切力浮筒

量测时,先将约 500mL 泥浆搅匀后,立即倒入切力计中,将切力筒沿刻度尺垂直向下移至与泥浆接触时,轻轻放下,当它自由下降到静止不动时,即静切力与浮筒重力平衡时,读出浮筒上泥浆面所对的刻度[刻度是按式(8-5)计算值刻画的],即为泥浆的初切力。取出切力筒,擦净黏着的泥浆,用棒搅动筒内泥浆后,静止 10min,用上述方法量测,所得即为泥浆的终切力。它们的单位均为 Pa。

4. 含砂率

含砂率是泥浆内所含的砂和黏土颗粒的体积百分比。工地可用含砂率计(图 8-7)测定。量测时,把调好的泥浆 50mL 倒进含砂率计,然后再倒进清水,将仪器口塞紧摇动 1min,使泥浆与水混合均匀。再将仪器竖直静放 3min,仪器下端沉淀物的体积(由仪器刻度上读出)乘以 2 即得含砂率。

5. 胶体率(%)

胶体率是泥浆静止后,其中呈悬浮状态的黏土颗粒与水分离的程度,反映泥浆中土粒保持悬浮状态的性能。测定方法是将 100mL 泥浆倒入 100mL 的量杯中,用玻璃片盖上,静置 24h 后,量杯上部泥浆可能澄清为水,测量其体积,如为 5mL,则胶体率为 100 - 5 = 95,即 95%。

6. 失水率(mL/30min)

图 8-7　含砂率计(尺寸单位:mm)
1-外壳

失水率是指泥浆在钻孔内受内外水头压力差的作用在一定时间内渗入地层的水量。将一张 12cm×12cm 的滤纸置于水平玻璃板上,在中央画一直径 3cm 的圆,将 2mL 的泥浆滴入圆圈内,30min 后,测量湿圆圈的平均直径(mm),减去泥浆摊平的直径(mm),即为失水率。

7. 酸碱度

pH 值是常用的酸碱标度之一。工地测量 pH 值时,可取一条 pH 试纸放在泥浆面上,0.5s 后拿起与标准颜色相比,即可读出 pH 值;也可用 pH 酸碱计,将其探针插入泥浆,即直接读出 pH 值。

三、灌注桩完整性检测

目前,常用的钻孔灌注桩质量检测的方法有以下几类:

1. 钻芯检验法

钻芯检验法是用地质钻机在桩身上沿长度方向钻取芯样,通过对芯样的观察和测试,确定桩的质量。这种方法只能反映钻孔范围内的小部分混凝土质量,而且设备庞大、费工费时、价格昂贵,不宜作为大面积检测方法,而只能用于抽样检查,一般抽检总桩量的3%~5%,或作为对无损检测结果的校核手段。

2. 振动检验法

振动检验法又称动测法,是在桩顶用各种方法(例如锤击、敲击、电磁激振器、电水花等)施加一个激振力,使桩体乃至桩土体系产生振动,或在桩内产生应力波,通过对波动及振动参数的种种分析,推定桩体混凝土的质量及总体承载力。

3. 超声脉冲检验法

超声脉冲检验法是在混凝土缺陷检测技术的基础上发展起来的一种方法,在桩身混凝土灌注前沿桩的长度方向平行预埋若干根检测用管道,作为超声发射和接收换能器的通道。检测时探头分别在两个管子中同步移动,沿不同深度逐点测出横截面上超声脉冲穿过混凝土时的各项参数,并按超声测缺原理分析每个断面上混凝土的质量。

4. 射线法

射线法是以观测放射性同位素辐射线在混凝土中的衰减、吸收、散射等现象为基础的一种方法。当射线穿过混凝土时,因混凝土质量不同或因存在缺陷,接收仪所记录的射线强弱会发生变化,据此来判断桩的质量。

(一)反射波法

反射波法适用于检测桩身混凝土的完整性,推定缺陷类型及其在桩身中的位置,也可以对桩长进行校核,对桩身混凝土强度等级做出估计。

1. 基本原理

反射波法源于应力波理论,基本原理是在桩顶进行竖向激振,弹性波沿着桩身向下传播,在桩身存在明显波阻抗的界面(如桩底、断桩或严重离析等部位)或桩身截面积变化(如缩径或扩径)部位,将产生反射波。经接收、放大滤波和数据处理,可识别来自桩身不同部位的反射信息,据此可计算桩身波速、判断桩身完整性和混凝土强度等级。

2. 仪器设备

反射波法检测系统基本组成见图8-8。

3. 现场检测及注意事项

(1)被测桩应凿去浮浆,桩头平整。

(2)检测前应对仪器设备进行检查,性能正常方可使用。

(3)每个检测工地均应进行激振方式和接收条件的选择试验,确定最佳激振方式和接收条件。

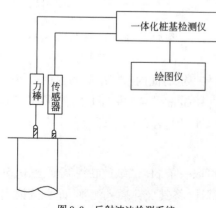

图8-8 反射波法检测系统

(4)激振点宜选择在桩头中心部位,传感器应稳固地安置在桩头上,对于大直径的桩可安置两个或多个传感器。

(5)当随机干扰较大时,可采用信号增强方式,进行多次重复激振与接收。

(6)为提高检测的分辨率,应使用小能量激振,并选用高截止频率的传感器和放大器。

(7)判别桩身浅部缺陷,可同时采用横向激振和水平速度型传感器接收,进行辅助判定。

(8)每一根被检测的单桩均应进行两次及以上重复测试。出现异常波形应在现场及时研究,排除影响测试的不良因素后再重复测试。重复测试的波形与原波形具有相似性。

4. 实测曲线判读解释的基本方法

由于桩身缺陷种类复杂,实测资料的解释是一项较为困难的工作。下面通过介绍桩身各种常见缺陷的反射波特征,结合一些典型的实测波形,如图8-9所示,对反射波法的实测曲线的解释方法加以归纳。

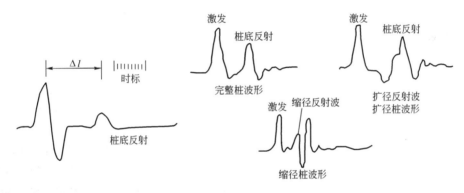

图 8-9 反射波实测记录

(1)缺陷存在可能性的判读。

判断桩身缺陷存在与否,需分辨实测曲线中有无缺陷的反射信号及分辨桩底反射信号,这对缺陷的定性及定量解释是有帮助的。桩底反射明显,一般表明桩身完整性好,或缺陷轻微、规模小。此外,还应分析地层等资料,排除由于桩周土层波阻抗变化过大等因素造成的"假反射"现象。

(2)多次反射及多层反射问题。

当实测曲线中出现多个反射波时,应判别它是同一缺陷面的多次反射,还是桩间多处缺陷的多层反射。前者,即缺陷反射波在桩顶面与缺陷面间来回反射,其主要特征是反射波随时间成倍增加(倍程),反射波能量有规律递减;后者往往是杂乱的,不具有上述规律性。

多次反射现象的出现,一般表明缺陷在浅部,反射系数较大,是桩顶存在严重离析或断裂(断层)的有力证据。多层反射不只表明缺陷可能有多处,而且由下层缺陷反射波在能量上的相对差异,可推测上部缺陷的性质及相对规模。

5. 影响基桩质量检测波形的因素分析

(1)露出桩头的钢筋对波形的影响。

由于灌注桩考虑到以后的承台问题,桩头均有钢筋露出,这对实测波形有一定影响,严重时可影响反射信息的识别。这是因为在桩头激振时,钢筋所产生的回声极易被检测器接收,之后又与反射信息叠加在一起。克服这一影响因素的方法是将检波器用细砂或粒土屏蔽起来,使检波器接收不到声波信息。图8-10a)是某工程桩屏蔽前实测的波形,图8-10b)是屏蔽后实测的波形,可以看出,屏蔽后实测波形反射信息清晰易辨,图中 t 是桩间反射旅行时间,t_b 是桩底反射旅行时间。

(2)桩头破损对波形的影响。

预制桩在贯入过程中,桩头可能产生破损,灌注桩头表面松散,这将使弹性波能量很快衰减,从而削弱桩间及桩底反射信息,影响波形的识别。克服的方法是将破损处或松散处铲去。

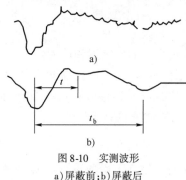

图8-10 实测波形
a)屏蔽前;b)屏蔽后

总之,影响基桩质量检测波形的因素较多,工作中应逐一排除,以便于对桩间、桩底反射信息的辨识,避免产生误判。

(二)声波透射法

声波透射法也叫超声脉冲检测法,其基本原理与超声测缺和测强技术基本相同。但由于桩深埋土内,而检测只能在地面进行,因此又有其特殊性。

1. 检测方式

为了使超声脉冲能横穿各不同深度的横截面,必须使超声探头深入桩体内部,为此,需事先预埋声测管,作为探头进入桩内的通道。根据声测管埋置的不同情况,可以有如下三种检测方法:

(1)双孔检测。

在桩内预埋两根以上的管道,把发射探头和接收探头分别置于两根管道中(图8-11)。检测时超声脉冲穿过两管道之间的混凝土,实际有效范围即为超声脉冲从发射到接收探头所扫过的面积。为了尽可能扩大在桩横截面上的有效检测控制面积,必须使声测管的布置合理。双孔测量时根据两探头相对高程的变化,又可分为平测、斜测、扇形扫测等方式,在检测时视实际需要灵活运用。

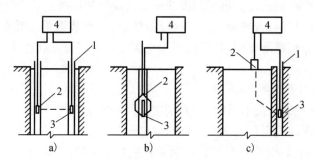

图8-11 钻孔灌注桩超声脉冲检测方式
a)双孔检测;b)单孔检测;c)桩外孔检测
1-声测管;2-发射探头;3-接收探头;4-超声波检测仪

(2)单孔检测。

在某些特殊情况下,只有一个孔道可供检测使用,例如在钻孔取芯后需进一步了解芯样周围混凝土的质量,以扩大取芯检测后的观察范围,这时可采用单孔测量方式(图8-11),换能器放置在一个孔中,探头之间用隔声材料隔离。这时声波从水中及混凝土中分别绕射到接收换能器,接收信号为从水及混凝土等不同声通路传播而来的信号的叠加,分析这一叠加信号,并测出不同声通路的声时及波高等物理量,即可分析孔道周围混凝土的质量。

运用这一检测方式时,必须运用信号分析技术,排除管中的混响干扰。当孔道内有钢质套管时,不能用此法检测。

(3)桩外孔检测。

当桩的上部结构已施工,或桩内未预埋管道时,可在桩外的土基中钻一孔作为检测通道。检测时在桩顶上放置一较强功率的低频平探头,向下沿桩身发射超声脉冲,接收探头从桩外孔中慢慢放下。超声脉冲沿桩身混凝土并穿过桩与测孔之间的土进入接收探头,逐点测出声时波高等参数,作为判断依据(图8-11)。这种方式的可测深度受仪器发射功率的限制,一般只能测到10m左右。

以上三种方式中,双孔检测是桩基超声脉冲检测的基本形式,其他两种方式在检测和结果分析上都比较困难,只能作为特殊情况下的补救措施。

2. 桩内缺陷基本物理量的判断

在钻孔灌注桩的检测中所依据的基本物理量有以下四个:

(1)声时值。

由于钻孔桩的混凝土缺陷主要是由于灌注时混入泥浆或混入自孔壁坍落的泥、砂所造成的。缺陷区的夹杂物声速较低,或声阻抗明显低于混凝土的声阻抗。因此,超声脉冲穿过缺陷或绕过缺陷时,声时值增大。增大的数值与缺陷尺度大小有关,所以声时值是判断缺陷有无和计算缺陷大小的基本物理量。

(2)波幅(或衰减)。

当波束穿过缺陷区时,部分声能被缺陷内含物所吸收,部分声能被缺陷的不规则表面反射和散射,到达接收探头的声能明显减少,反映为波幅降低。实践证明,波幅对缺陷的存在非常敏感,是在桩内判断有无缺陷的重要参数。

(3)接收信号的频率变化。

当超声脉冲穿过缺陷区时,声脉冲中的高频部分首先衰减,导致接收信号主频下降,即所谓频漂,其下降百分率与缺陷的严重程度有关。接收频率的变化实质上是缺陷区声能衰减作用的反映,它对缺陷较敏感,而且测量值比较稳定,因此,也可作为桩内缺陷判断的重要依据。

(4)接收波形的畸变。

接收波形产生畸变的原因较复杂,一般认为是由于缺陷区的干扰,部分超声脉冲波被多次反射而滞后到达接收探头。这些波束的前锋到达接收探头的时间参差不齐,相位也不尽一致,叠加后造成接收波形的畸变。因此,接收波形上带有混凝土内部的丰富信息。如能对波形进行信息处理,搞清波束在混凝土内部反射和叠加的机理,则可确切地进行缺陷定量分析。但目前,波形信息处理方法尚不成熟,一般只能将波形畸变作为缺陷定性分析依据以及判断缺陷的参考指标。

在检测时,探头在声测管中逐点测量各深度的声时、波幅(或衰减)、接收频率及波形畸变位置等。然后,可绘成"声时—深度曲线""波幅—深度曲线"及"接收频率变化率—深度曲线"等,供分析使用。

3. 钻孔灌注桩超声脉冲检测法主要设备

目前常用的检测装置有两种:一种是由一般超声检测仪和发射及接收探头组成,探头在声测管内的移动由人工操作,数据读出后再输入计算机处理,这套装置与一般超声检测装置通用,但检测速度慢、效率较低。另一种是全自动智能化测桩专用的检测装置(图 8-12),由超声发射及接收装置、探头自动升降装置、测量控制装置、数据处理计算机系统四大部分组成。

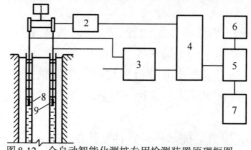

图 8-12　全自动智能化测桩专用检测装置原理框图

1-探头升降机构;2-步进电机驱动电源;3-超声发射与接收装置;4-测控接口;5-计算机;6-磁带机;7-打印机;8、9-发射、接收探头

数据处理计算机系统是测控装置的主控部件,具有人机对话、发布各类指令、进行数据处理等功能。它通过总线接口与测量控制装置连接,发出测量的控制命令,以及进行信息交换;升降机构根据指令通过步进电机进行上升、下降及定位等动作,移动探头至各测量点;超声发射和接收装置发射并接收超声波,取得测量数据,传送到数据处理计算机,进行数据处理、存储、显示和打印。由于测试系统由计算机控制,测量过程无需人工干预,因此可自动、迅速地完成全桩测量工作。

在桩基超声脉冲检测系统中,换能器在声测管内用水耦合,因此换能器必须是水密式的径向发射和接收换能器。常用的换能器一般是圆管式或增压式密型换能器,其共振频率宜为 25~50kHz,长度宜为 20cm,换能器宜装有前置放大器,前置放大器的频带宽度宜为 5~50kHz。换能器的水密性应满足在 1MPa 水压下不漏水。

发射换能器的长、频带宽及水密性能与接收换能器的要求相同。

声波检测仪器的技术性能应符合下列规定:

接收放大系统的频带宽度宜为 5~50kHz,增益应大于 100dB,并应带有 0~60(或 80)dB 的衰减器,其分辨率应为 1dB,衰减器的误差应小于 1dB,其档间误差应小于 1%。

发射系统应输出 250~1 000V 的脉冲电压,其波形可为阶跃脉冲或矩形脉冲。

显示系统应同时显示接收波形和声波传播时间,其显示时间范围应大于 2 000μs,计时精度应高于 1μs。

4. 现场检测

(1)预埋检测管应符合下列规定:

桩径小于 1.0m 时应埋设双管;桩径在 1.0~2.5m 时应埋设 3 根管;桩径 2.5m 以上应埋设 4 根管(图 8-13)。

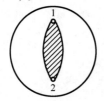 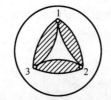

图 8-13　声波透射埋管编组

注:图中数字为检测管埋设位置。

声波检测管宜采用钢管、塑料管或钢质波纹管,其内径宜为 50~60mm。钢管宜用螺纹连接,管的下端应封闭,上端应加盖。根据计算和试验,采用钢管时,双孔测量的声能透过率只有 0.5%,塑料管则为42%,可见采用塑料管时接收的信号比采用钢管时强,但由于在地下水泥水化热不易发散,而塑料温度变形系数较大,当混凝土硬化后,塑料管因温度下降而产生纵向和径向收缩,致使混凝土与塑料管局部脱开,容易造成误判。试验证明,钢管的界面损失虽然较大,但仍有足够大的接收信号,而且安装方便,可代替部分钢筋截面,还可作为以后桩底压浆的通道,所以采用钢管作测管是合适的。塑料管的声能透过率较高,当能保证它与混凝土良好黏结的前提时,也可使用。

检测管可焊接或绑扎在钢筋笼的内侧,检测管之间应相互平行。但在实际施工中,由于钢筋骨架刚度不足,对平行度提出过高的要求是不现实的。在检测内部缺陷时,不平行的影响可在数据处理中予以鉴别和消除,所以对平行度不必苛求,但必须严格控制。

(2)现场检测前测定声波检测仪发射至接收系统的延迟时间 t_0,并应按式(8-6)计算声时修正值 t':

$$t' = \frac{D-d}{v_t} + \frac{D-d'}{v_\omega} \tag{8-6}$$

式中:D——检测管外径(mm);
  d——检测管内径(mm);
  d'——换能器外径(mm);
  v_t——检测管壁厚度方向声速(km/s);
  v_ω——水的声速(km/s);
  t'——声时修正值(μs)。

混凝土中声波的传播时间和速度按式(8-7)、式(8-8)计算:

$$t = t_p - t_0 - t' \tag{8-7}$$

$$v = \frac{L}{t} \tag{8-8}$$

式中:t——混凝土中声波的传播时间(μs);
  t_p——声时测读值(μs);
  t_0——声波检测仪发射至接收系统的延迟时间(μs);
  t'——声时修正值(μs);
  v——混凝土的声速(km/s);
  L——声波传播的距离,称为声程或声距(m)。

(3)检测管内应注满清水。测量点距 20~40cm,当发现读数异常时,应加密测量点距。

(4)一根桩有多根检测管时,应将每2根检测管编为一组,分组进行测试。

(5)每组检测管测试完成后,测试点应随机重复抽测 10%~20%。其声时相对标准差不应大于 5%;波幅相对标准差不应大于 10%。对声时及波幅异常的部位应重复抽测。

5.检测数据处理与判定

(1)概率法。

首先计算出桩基各测点声时的平均值 μ_t 及标准差 σ_t,然后采用声时平均值 μ_t 与声时2倍标准差 σ_t 之和作为判定桩身有无缺陷的临界值,按式(8-9)、式(8-10)计算:

$$\mu_t = \sum_{i=1}^{n} \frac{t_i}{n} \tag{8-9}$$

$$\sigma_t = \sqrt{\frac{\sum_{i=1}^{n}(t_i - \mu_t)^2}{n-1}} \tag{8-10}$$

式中：n——测点数；

t_i——混凝土中第 i 测点声波传播时间（μs）；

μ_t——声时平均值；

σ_t——声时标准差。

(2)相邻测点间声时的斜率和差值乘积判据（简称 PSD 判据）。

设测点的深度为 H，相应的声时值为 t，则声时值因混凝土中存在缺陷或其他因素的影响，而随深度变化的关系，可用如下函数式表达：

$$t = f(H) \tag{8-11}$$

当桩内存在缺陷时，由于在缺陷与完好混凝土界面处声时值的突变，从理论上说，该函数应是不连续函数。在缺陷的界面上，深度增量（即测点间距）$\Delta H \to 0$，而且缺陷表面的凹凸不平以及孔洞等缺陷处是由于波线曲折而引起声时变化的，所以在 $t = f(H)$ 的实测曲线中，在缺陷处只表现为斜率的变化，该斜率可用相邻测点的声时差值与测点间距离之比求得，即：

$$S_i = \frac{t_i - t_{i-1}}{H_i - H_{i-1}} \tag{8-12}$$

式中：下标 i ——测点位置或序号；

S_i——第 $i-1$ 至 i 测点之间的斜率；

t_i、t_{i-1} ——相邻两测点的声时值；

H_i、H_{i-1} ——相邻两测点的深度。

但是，斜率只反映了相邻两测点声时值的变化速率。实测时往往采用不同的测点间距，因此，虽然所求出的 S_i 相同，但所对应的声时差值可能是不同的。如图8-14所示的两条 t-H 曲线，在 M 和 M' 点的 S_i 相同，但声时差值不同，而声时差值才是与缺陷大小有关的参数。

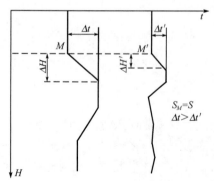

图 8-14 t-H 曲线

为了使判据进一步反映缺陷的大小，就必须加大声时差值在判据中的权数。因此判据可写成：

$$K_i = S_i(t_i - t_{i-1}) = \frac{(t_i - t_{i-1})^2}{H_i - H_{i-1}} \tag{8-13}$$

式中：K_i——i 点的 PSD 判据值，其余各项同前。

显然当 i 处相邻两测点的声时值没有变化时，$K_i = 0$；当有变化时，由于 K_i 与 $(t_i - t_{i-1})^2$ 成正比，因而 K_i 将大幅度变化。

①临界判据值及缺陷大小与 PSD 判据的关系。

试验证明，PSD 判据对缺陷十分敏感，而对于因声测管不平行，或混凝土强度不均匀等原因所引起的声时变化,基本上没有反映。这是由于非缺陷因素引起声时变化都是渐变过程,虽然总的声时变化量可能很大,但相邻测点间的声时差却很小,因而 K_i 值很小,所以采用 PSD 判据基本上消除了声测管不平行,或混凝土不均质等因素所造成的声时变化对缺陷判断的影响。

为了对全桩各测点进行判别,必须将各测点的 K_i 值求出,并描成 H-K 曲线进行分析,凡 K 值较大的地方,均可列为可疑区,做进一步的细测。

临界判据实际上反映了测点间距、声波穿透距离、介质性质、测量的声时值等参数之间的综合关系,这一关系随缺陷性质的不同而不同,现分别推导如下。

假定缺陷为夹层,设混凝土的声速为 v_1,夹层中夹杂物的声速为 v_2,声程为 L,测点间距 ΔH。若测量结果在完好混凝土中的声时值为 t_{i-1},夹层中的声时为 t_i,则:

$$t_{i-1} = \frac{L}{v_1} \tag{8-14}$$

$$t_i = \frac{L}{v_2} \tag{8-15}$$

所以

$$t_i - t_{i-1} = \frac{L}{v_2} - \frac{L}{v_1} \tag{8-16}$$

则

$$K_i = \frac{(t_i - t_{i-1})^2}{H_i - H_{i-1}} = \frac{L^2(v_1 - v_2)^2}{v_1^2 v_2^2 \Delta H} \tag{8-17}$$

如果缺陷是半径为 R 的空洞,以 t_{i-1} 代表声波在完好混凝土中直线传播时的声时值,t_i 代表声波遇到空洞成折线传播时的声时值,则:

$$t_{i-1} = \frac{L}{v_1} \tag{8-18}$$

$$t_i = \frac{2\sqrt{R^2 + \left(\frac{L}{2}\right)^2}}{v_1} \tag{8-19}$$

同样

$$K_i = \frac{4R^2 + 2L^2 - 2L\sqrt{4R^2 + L^2}}{\Delta H v_1^2} \tag{8-20}$$

假定缺陷为"蜂窝"或被其他介质填塞的孔洞(图 8-15),这时超声脉冲在缺陷区的传播有两条途径,一部分声波穿过缺陷介质到达接收探头,另一部分沿缺陷绕行。当绕行声时小于穿行声时时,可按空洞处理。反之,则缺陷半径 R 与 PSD 判据的关系可按相同的方法求出:

$$K_i = \frac{4R^2(v_1 - v_3)^2}{\Delta H v_1^2 v_3^2} \tag{8-21}$$

式中:v_3——缺陷内夹杂物声速。

据试验,蜂窝状态疏松区的声速为密实混凝土声速的 80%~90%,取 $v_3 = 0.85 v_1$ 则式(8-21)可写成:

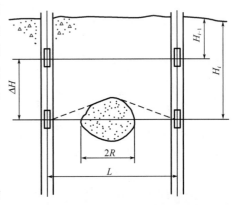

图 8-15 蜂窝状疏松或被泥沙填塞的孔洞

$$K_i = \frac{0.125R^2}{v_1^2 \Delta H} \tag{8-22}$$

由于声通路有两个途径,只有当穿行声时小于绕行声时时,才能用式(8-22)计算。

通过上述临界判据值与各点测量判据值的比较,即可确定缺陷的性质和大小。由于缺陷中夹杂物的声速(v_2、v_3)只能根据桩周围土层情况进行估计,因此,所得出的缺陷大小仅仅是粗略的估计值,尚需进一步通过细测确定。

此外,全桩各点的声时值,经统计处理后,还可作为桩身混凝土的均匀性指标,对施工质量进行分析。

采用上述方法时,需计算出各测点的判据值 K_i,并需进行一系列临界判据的运算,计算工作量很大,必须采用计算机。

②缺陷性质和大小的细测判断。

所谓细测判断,就是在运用 PSD 判据确定有缺陷存在的区段内,综合运用声时、波幅、接收频率、波形(或频谱)等物理量,找出缺陷所造成的声阴影的范围,从而准确地判定缺陷的位置、性质和大小。

双孔检测时,各种缺陷的细测判断法如图 8-16 ~ 图 8-19 所示。其基本方法是将一个探头固定,另一探头上下移动,找出声阴影所在边界位置。在混凝土中,由于各种不均匀界面的漫射和低频波的绕射等原因,阴影边界十分模糊,但通过上述物理量的综合运用仍可定出其范围。

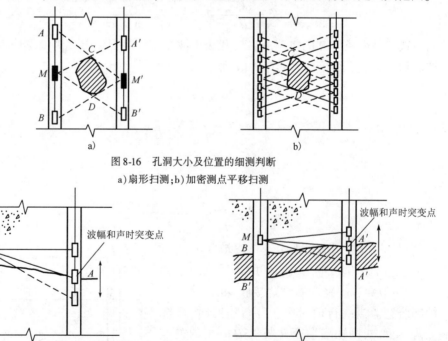

图 8-16　孔洞大小及位置的细测判断
a)扇形扫测;b)加密测点平移扫测

图 8-17　断层位置的细测判断　　图 8-18　厚夹层上下界面的细测判断

在运用上述分析判断方法时,应注意排除声测管和耦合水声时值、管内混响、箍筋等因素的影响,而且检测龄期应在 7d 以上。

显然,PSD 判据也可应用于其他结构物大面积扫测时的缺陷判别,即将扫测网络中每条测线上的数据,用 PSD 判据处理,然后把各测线处理结果综合在一起,同样可定出缺陷的性质、大小及位置。

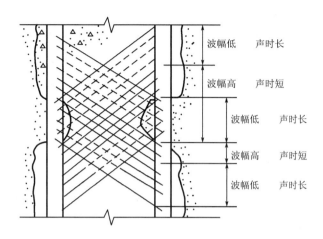

图 8-19 颈缩现象的细测判断

(3) 多因素概率分析法。

以上两种判据多是采用声时或波幅等单一指标作为判别的基本依据,但检测时可同时读出声时、波幅、接收波频率等参数,若能综合运用这些参数作为判断依据,则可提高判断的可靠性。多因素的概率法就是运用声时、频率、波幅或声速、频率、波幅等参数,通过其总体的概率分布特征,获得一个综合判断值 NFP 来判断缺陷的一种方法。

各测点的综合判据值 NFP 按式(8-23)计算:

$$NFP_i = \frac{v_i' F_i' A_i'}{\frac{1}{n}\sum_{i=1}^{n}(v_i' F_i' A_i') - ZS} \tag{8-23}$$

式中:NFP——第 i 测点的综合判据;

v_i'、F_i'、A_i'——第 i 点的声速、频率、波幅的相对值,即分别除以该桩各测点中最大声速、频率、波幅后所得的值;

S——上述三个参数相对值之积,为样本的标准差;

Z——概率保证系数,根据与样本相拟合的夏里埃(Charliar)分布率幂函数及样本的偏移系数、峰凸系数及其保证率确定。

根据 NFP 判据的性质可知,NFP 越大,则混凝土质量越好,当 $NFP_i < 1$ 时,该点应判为缺陷,同时根据实践经验所得的表 8-16 可作为判断缺陷性质的参考。

NFP 法判断缺陷性质的参考　　　　　　　　　表 8-16

判 断 依 据				缺陷性质	判 断 依 据				缺陷性质
NFP	v	f	a		NFP	v	f	a	
≥1				无缺陷	0.35~0.5	正常	正常	较低	较严重的夹泥、夹砂
						低	正常	较低	较严重的低强区或缩径
0.5~1	正常	正常	略低	局部夹泥 (局部缺陷)	0~0.35	低	低	较低	砂、石堆积断层
	低	低	正常	一般低强区 (局部缺陷)		很低	很低	很低	夹泥、砂断层

6. 桩内混凝土强度的测量

在检测实践中,设计和施工单位都希望能提供桩内混凝土强度的推定值。桩内混凝土强度的推定有两种情况:一种是以总体验收为目的,即给出其余桩的平均强度;另一种是以缺陷区或低强区强度验算为目的,即要求给出全桩纵剖面上各点的强度值,或缺陷区及低强区强度值,以便确定缺陷处理方案。目前,在这两种情况下,要准确推定混凝土强度都有一定困难。其原因是,桩内一般只能用声速单一指标推算混凝土的强度,但"声速—强度"相关关系受混凝土配合比等因素的严重影响,而桩内混凝土由于水下灌注往往离析严重,无法知道各段混凝土的实际配比,也就是说无法确切知道影响"声速—强度"相关关系有关因素的实际变化情况,因此也无从修正,所以,即使在事前按桩内混凝土的设计配比制定了"声速—强度"基准曲线的情况下,推算误差仍然很大。为了解决这一问题,我们可以将上述两种情况分别处理。

(1)桩内混凝土总体平均强度的推算。

当根据检测结果确认桩内混凝土均匀性较好时,可用平均声速推算平均强度。

事先以混凝土设计配合比为基准,制定"声速—强度"的相关公式,并对若干影响因素进行修正。目前常用的公式和修正系数如下:

$$f = Av^B K_1 K_2 K_3 \tag{8-24}$$

式中:f——全桩混凝土平均强度换算值;

v——全桩混凝土平均声速(计算声速时应扣除 t_0 及声测管厚度的耦合水的声时值);

A、B——经验系数;

K_1——测距修正系数,当 $L < 100 \text{cm}$ 时,$K_1 = 1$;当 $100 \leq f < 150 \text{cm}$ 时,$K_1 = 1.015$;当 $150 \leq f < 200 \text{cm}$ 时,$K_1 = 1.020$;当 $f \geq 200 \text{cm}$ 时,$K_1 = 1.023$;

K_2——含水修正系数(一般取 0.98);

K_3——混凝土流动性修正系数(该系数由试验确定)。

试验证明,若针对某工程的实际情况,建立专用"声速—强度"公式,并合理选择修正系数,则对于混凝土均匀性良好的桩,用该式推定的混凝土总体强度与预留试块的平均强度之间的相对误差小于 ±15%。

该法不宜用于均匀性较差的桩的强度推算,否则误差明显偏大。

(2)缺陷区强度的估算及桩纵剖面逐点强度的估算。

若已确定缺陷内为夹砂等松散物,则该区可作无强度处理。但如果缺陷为混凝土低强区或蜂窝状疏松区,则仍具有一定强度。若能准确推定缺陷区内混凝土的强度,或给出全桩纵向各点的强度—深度曲线,则对缺陷桩的安全核算及确定修补方案具有重要意义。但由于缺陷区混凝土配比已不同于完好部位的混凝土配比,因此,用声速这一单一指标推定缺陷区的混凝土强度有较大误差。

根据现有的研究成果,采用"声速—衰减"综合法已取得较好效果。该法采用声速、衰减两项参数与强度建立相关公式,从而可消除混凝土配合比和离析等因素的影响,其推算见式(8-25):

$$f = K_1 K_2 K_3 \left[A \left(\frac{v}{a} \right)^2 + B \right] \tag{8-25}$$

式中： f——各测点的推算强度；
v——各测点的声速；
a——各测点的衰减系数；
A、B——经验系数；
K_1、K_2、K_3——修正系数，意义同前。

采用该法时应保证探头在声测管中的耦合稳定，以保证 a 值的稳定测量。制定相关公式时，探头的耦合条件应与桩内相似。

总之，对于均匀性较差的桩以及缺陷桩，要检测其各点强度时，由于实际配比不一致等原因，不宜用单一声速指标估算其强度，用"声速—衰减"综合法也应持慎重态度。

第三节　桥涵混凝土与预应力混凝土结构试验检测

一、混凝土与钢筋混凝土质量检测

（一）检测项目与频率

1. 拌制和浇筑混凝土时检验

(1)混凝土及组成材料的外观，每一工作班至少2次，必要时随时抽样试验。
(2)混凝土的和易性（坍落度），每工作班至少2次。
(3)砂石材料的含水率，每日开工前1次，气候或含水率变化较大时随时检测调整。
(4)钢筋、模板、支架等的稳固性和安装位置。
(5)混凝土的运输、浇筑方法和质量。
(6)外加剂的使用效果。
(7)制取混凝土试件。

2. 浇筑混凝土后的检验

(1)养护情况。
(2)混凝土强度、拆模时间。
(3)混凝土外露面及装饰质量。
(4)变形和沉降。

3. 混凝土强度检测频率

(1)不同强度及不同配合比的混凝土应分别制取试件，试件应在浇筑地点或拌和地点随机制取。
(2)浇筑一般体积的结构物（如基础、墩台）时，每一单元结构物应制取2组。
(3)连续浇筑大体积结构物混凝土时，每80~200m³或每一工作班应制取2组。
(4)每片梁长16m以下应制取1组，16~30m制取2组，31~50m制取3组，50m以上者不少于5组。

(5)就地浇筑混凝土小桥涵,每一座或每一工作班制取不少于 2 组;原材料和配合比相同,并由同一个拌和站拌制时,可几座合并制取 2 组。

如施工需要,可制取与结构物同条件养护的试件作为考核结构混凝土在拆模、出池、吊装、预施应力、承受荷载等阶段强度的依据。

(二)结构外形尺寸与位置的检测项目及评定

1. 混凝土基础检测

1)基本要求

(1)所用水泥、砂、石、水、外掺剂及混合材料的质量和规格必须符合有关规范的要求,按规定的配合比施工。

(2)不得出现露筋和空洞现象。

(3)基础的地基承载力必须满足设计要求。

(4)严禁超挖回填虚土。

2)实测项目

见表 8-17,表中标注 Δ 的项目为关键项目,全书同。

混凝土基础实测项目   表 8-17

项 次	检测项目		规定值或允许偏差	检查方法与频率	权值
1Δ	混凝土强度(MPa)		在合格标准内	按《公路工程质量检验评定标准 第一册 土建工程》(JTG F80/1—2004)附录 D 方法检查	3
2	平面尺寸(mm)		±50	尺量:长、宽各检查 3 处	2
3Δ	基础底面高程(mm)	土质	±50	水准仪:测量 5~8 点	2
		石质	+50,-200		
4	基础顶面高程(mm)		±30	水准仪:测量 5~8 点	1
5	轴线偏位(mm)		25	全站仪或经纬仪:纵、横各检查 2 点	2

3)外观鉴定

混凝土表面应平整,无明显施工接缝。不符合要求时减 1~3 分。

2. 承台检测

1)基本要求

(1)所用水泥、砂、石、水、外掺剂及混合材料的质量和规格必须符合有关规范的要求,按规定的配合比施工。

(2)必须采取措施控制水化热引起的混凝土内最高温度及内外温差在允许范围内,防止出现温度裂缝。

(3)不得出现露筋和空洞现象。

2)实测项目

见表 8-18。

承台实测项目 表8-18

项次	检测项目	规定值或允许偏差	检查方法与频率	权值
1△	混凝土强度(MPa)	在合格标准内	按《公路工程质量检验评定标准 第一册 土建工程》(JTG F80/1—2004)附录D方法检查	3
2	尺寸(mm)	±30	尺量:长、宽、高各检查2点	1
3	顶面高程(mm)	±20	水准仪:检查5处	2
4	轴线偏位(mm)	15	全站仪或经纬仪:纵、横各检查2点	2

3)外观鉴定

(1)混凝土表面应平整,棱角平直,无明显施工接缝。不符合要求时,每处减1~3分。

(2)蜂窝、麻面面积不得超过该面总面积的0.5%。不符合要求时,每超过0.5%减3分;深度超过1cm的必须处理。

(3)混凝土表面出现非受力裂缝时减1~3分,裂缝宽度超过设计规定或设计未规定时超过0.15mm的必须处理。

3. 墩、台身检测

1)基本要求

(1)所用水泥、砂、石、水、外掺剂及混合材料的质量和规格必须符合有关规范的要求,按规定的配合比施工。

(2)不得出现露筋和空洞现象。

2)实测项目

见表8-19和表8-20。

墩、台身实测项目 表8-19

项次	检测项目	规定值或允许偏差	检查方法与频率	权值
1△	混凝土强度(MPa)	在合格标准内	按《公路工程质量检验评定标准 第一册 土建工程》(JTG F80/1—2004)附录D检查	3
2	断面尺寸(mm)	±20	尺量:检查3个断面	2
3	竖直度或斜度(mm)	0.3%H且不大于20	吊垂线或经纬仪:测量2点	2
4	顶面高程(mm)	±10	水准仪:测量3处	2
5	轴线偏位(mm)	10	全站仪或经纬仪:纵、横各测2点	2
6	节段间错台(mm)	5	尺量:每节检查4处	1
7	大面积平整度(mm)	5	2m直尺:检查竖直、水平两个方向,每20m²测1处	1
8	预埋件位置(mm)	符合设计规定,设计未规定时:10	尺量:每件	1

柱或双壁墩身实测项目 表8-20

项次	检测项目	规定值或允许偏差	检查方法与频率	权值
1Δ	混凝土强度(MPa)	在合格标准内	按《公路工程质量检验评定标准 第一册 土建分册》(JTG F80/1—2004)附录D方法检查	3
2	相邻间距(mm)	±20	尺或全站仪测量:检查顶、中、底3处	1
3	竖直度(mm)	$0.3\%H$且不大于20	吊垂线或经纬仪:测量2点	2
4	柱(墩)顶高程(mm)	±10	水准仪:测量3处	2
5Δ	轴线偏位(mm)	10	全站仪或经纬仪:纵、横各测2点	2
6	断面尺寸(mm)	±15	尺量:检查3个断面	1
7	节段间错台(mm)	3	尺量:每节检查2~4处	1

3)外观鉴定

(1)混凝土表面应平整,施工缝平顺,棱角线平直,外露面色泽一致。不符合要求时减1~3分。

(2)蜂窝、麻面面积不得超过该面面积的0.5%。不符合要求时,每超过0.5%减3分;深度超过10mm的必须处理。

(3)混凝土表面出现非受力裂缝时减1~3分,裂缝宽度超过设计规定或设计未规定时超过0.15mm的必须处理。

(4)施工临时预埋件或其他临时设施未清除处理时减1~2分。

(三)钢筋加工及安装检测

钢筋和钢丝是钢筋混凝土和预应力混凝土结构中的主要材料之一。钢筋工程的特点是:加工工序多,包括钢筋调直、切断、除锈、弯制、焊接、机械接头或绑扎成型等,而且钢筋的规格和型号尺寸也比较多。鉴于钢筋的加工质量和布置在浇筑混凝土后无法检验,因此必须严格控制钢筋工程的施工质量。

1. 基本要求

(1)钢筋、机械连接器、焊条等的品种、规格和技术性能应符合国家现行标准规定和设计要求。

(2)冷拉钢筋的机械性能必须符合规范要求,钢筋平直,表面不应有裂皮和油污。

(3)受力钢筋同一截面的接头数量、搭接长度、焊接和机械接头质量应符合施工技术规范要求。

(4)钢筋安装时,必须保证设计要求的钢筋根数。

(5)受力钢筋应平直,表面不得有裂纹及其他损伤。

2. 实测项目

见表 8-21。

钢筋安装实测项目　　　　　　　表 8-21

项次	检测项目			规定值或允许偏差	检查方法与频率	权值
1Δ	受力钢筋间距(mm)	两排以上排距		±5	尺量:每构件检查2个断面	3
		同排	梁、板、拱肋	±10		
			基础、锚碇、墩台、柱	±20		
		灌注桩		±20		
2	箍筋、横向水平钢筋、螺旋筋间距(mm)			±10	尺量:每构件检查5~10个间距	2
3	钢筋骨架尺寸(mm)	长		±10	尺量:按骨架总数30%抽检	1
		宽、高或直径		±5		
4	弯起钢筋位置(mm)			±20	尺量:每骨架抽检30%	2
5Δ	保护层厚度(mm)	柱、梁、拱肋		±5	尺量:每构件沿模板周边检查8处	3
		基础、锚碇、墩台		±10		
		板		±3		

3. 外观鉴定

(1)钢筋表面无铁锈及焊渣,不符合要求时减1~3分。

(2)多层钢筋网要有足够的钢筋支撑,保证骨架的施工刚度,不符合要求时减1~3分。

二、预应力混凝土结构试验检测

(一)预应力钢绞线锚具、夹具和连接器检测

在给预应力混凝土结构施加预应力的过程中,无论是先张法对预应力钢筋的临时固定,还是后张法对预应力钢筋的永久性锚固,都需要有锚具或夹具,因此锚夹具是保证预应力混凝土结构安全可靠的关键之一,它们必须满足受力安全可靠、预应力损失小、张拉锚固方便迅速等要求。

1. 检验项目、抽样方法

(1)常规检测项目有外观、硬度和静载锚固性能试验。

(2)同一类产品,同一批原材料,用同一种工艺一次投料生产的产品为一组批。每个抽检组批不得超过1 000套。外观检查抽取10%,且不少于10套。对其中有硬度要求的零件做硬度检验,硬度检验抽取5%。静载锚固性能检验抽取3套试件的锚具、夹具或连接器。

(3)疲劳试验、周期荷载试验及辅助性试验各抽取3套试件。

2. 技术要求

锚具、夹具和连接器应具有可靠的锚固性能、足够的承载能力及良好的适用性,以保证充分发挥预应力筋的强度,并安全地实现预应力张拉作业。

1)锚具

(1)锚具的静载锚固性能,应由静载试验时测定的锚具效率系数 η_a 和达到实测极限拉力时预应力筋—锚具组装件受力长度的总应变 ε_{apu} 确定。

锚具效率系数 η_a 按式(8-26)计算:

$$\eta_a = \frac{F_{apu}}{\eta_p F_{pm}} \tag{8-26}$$

式中:F_{apu}——预应力筋—锚具组装件的实测极限拉力(kN);

F_{pm}——按预应力钢材试件实测破断荷载平均值计算的预应力筋的实际平均极限抗拉力(kN);

η_p——钢筋的效率系数,钢材为 1~5 根时,$\eta_p = 1$;6~12 根时,$\eta_p = 0.99$;13~19 根时,$\eta_p = 0.98$;20 根以上时,$\eta_p = 0.970$。

锚具的静载锚固性能应同时满足下列两项要求:

$$\eta_a \geq 0.95 \tag{8-27}$$

$$\varepsilon_{apu} \geq 2.0\% \tag{8-28}$$

(2)在预应力筋——锚具组装件达到实测极限拉力时,应当是由于预应力筋的断裂,而不是由于夹具的破坏所导致。试验后锚具部件会有残余变形,但应能确认锚具的可靠性。

(3)预应力筋——锚具组装件除必须满足静载锚固性能外,还需通过循环次数为 200 万次的疲劳性能试验,即试件经受 200 万次循环荷载后,锚具零件不应发生疲劳破坏。预应力筋在锚具夹持区域发生疲劳破坏的截面面积不应大于试件总截面面积的 5%。

(4)用于有抗震要求结构中的锚具,预应力筋——锚具组装件还应通过循环次数为 50 次的周期荷载试验,即试件经 50 次循环荷载后,预应力筋在锚具夹持区域不应发生破断、滑移和夹片松脱现象。

(5)锚具应满足分级张拉及补张拉预应力筋的要求,并应具有放松预应力筋的功能。

(6)锚具或其附件上宜设置灌浆孔或排气孔。灌浆孔应有保证浆液畅通的截面面积;排气孔应设在锚具垫板空腔的上部。

(7)锚固过程中预应力筋的内缩量应不大于 6mm。

(8)锚口摩阻损失应不大于 2.5%。

2)夹具

(1)夹具的静载锚固性能,应由静载锚固试验时测定的夹具效率系数 η_g 确定:

$$\eta_g = \frac{F_{gpu}}{F_{pm}} \tag{8-29}$$

式中:F_{gpu}——预应力筋—夹具组装件的实测极限拉力。

夹具的静载锚固性能应符合 $\eta_g \geq 0.92$。

(2)在预应力筋—夹具组装件达到实测极限拉力时,应当是由于预应力筋的断裂,而不是由于夹具的破坏所导致。夹具的全部零件均不应出现肉眼可见的裂缝或破坏;夹具应有良好的自锚性能、松锚性能和重复使用性能。需敲击才能松开的夹具,必须保证其对预应力筋的锚固没有影响,且不得对操作人员造成危险。

3)连接器

在先张法或后张法施工中,在张拉预应力后永久留在混凝土结构或构件中的连接器,都必须符合锚具的性能要求;若连接器在张拉后还需放张和拆卸,则必须符合夹具的性能要求。

3.试验方法

1)一般要求

(1)试验用的预应力筋—锚具、夹具或连接器组装件应由全部零件和预应力筋组装而成。组装时锚固零件必须擦拭干净,不得在锚固零件上添加影响锚固性能的物质,如金刚砂、石墨、润滑剂等(设计规定的除外)。束中各根预应力筋应等长平行,其受力长度不应小于3m。

(2)对于预应力筋在锚具夹持部位不弯折的组装件(全部锚筋孔均与锚板底面垂直),可以不安装束口状的锚下垫板(图8-20);当预应力筋在锚具夹持部位有偏转角度(部分锚筋孔与锚板底面有倾斜角)而必须使预应力钢材在某个位置弯折时,可以在此处安装轴向可移动的偏转装置(如钢环或多孔梳子板等,参见图8-21之件号7)。当对组装件施加拉力时,该偏转装置与预应力筋之间不应产生滑动摩擦。

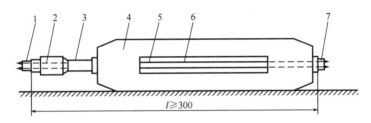

图8-20　先锚固后张拉式预应力筋一锚具组装件静载试验装置(尺寸单位:cm)

1-试验锚具;2-加荷载用千斤顶;3-荷载传感器;4-承力台座;5-预应力筋;6-测量总应变的装置;7-试验锚具

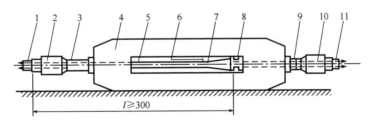

图8-21　预应力筋一连接器组装件静载试验装置(尺寸单位:cm)

1-试验锚具;2-1号加荷载用千斤顶;3-荷载传感器;4-承力台座;5-预应力筋;6-测量总应变的装置;7-转向钢环;8-连接器;9-试验锚具;10-2号千斤顶(预紧锚固后卸去);11-工具锚

(3)单根钢绞线的组装件试件,不包括夹持部位的受力长度不应小于0.8m,并参照试验设备确定。

(4)试验用预应力钢材应经过选择,全部力学性能必须严格符合该产品的国家标准或行业标准;同时,所选用的预应力钢材其直径公差应在锚具、夹具或连接器产品设计的允许范围之内。对符合要求的预应力钢材应先进行母材性能试验,试件不应少于3根,证明其符合国家或行业产品标准后才可用于组装件试验。

(5)在锚具确定适用于某一等级的预应力钢材后,试验用的预应力钢材实测极限抗拉强度平均值f_{pm}不应高于产品系列中高一等级的抗拉强度标准值f_{ptk}。

(6)试验用的测力系统,其不确定度不得大于2%;测量总应变用的量具,其标距的不确定度不得大于标距的0.2%,指示应变的不确定度不得大于0.1%。

2)试验方法

(1)对于先安装锚具、夹具或连接器再张拉预应力筋的预应力体系,可直接用试验机或试验台座加载。加载之前必须先将各根预应力钢材的初应力调匀,初应力可取钢材抗拉强度标准值f_{ptk}的5%~10%。正确的加载步骤为:按预应力钢材抗拉强度标准值的20%、40%、60%、80%分4级等速加载,加载速度宜为100MPa/min,达到80%后,持荷1h,再逐步加载至破坏。

①在试验过程中测量以下项目:

a. 有代表性的若干根预应力钢材与锚具、夹具或连接器之间在预应力筋应力达到$0.8f_{ptk}$时的相对位移Δa(图8-22)。

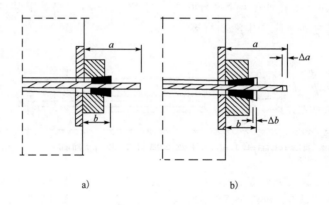

图8-22 试验期间的位移
a)锚固之前;b)锚固之后

b. 锚具、夹具或连接器若干有代表性的零件之间在预应力筋应力达到$0.8f_{ptk}$时的相对位移Δb(图8-22)。

c. 试件的实测极限拉力F_{apu},将其代入式(8-26)可得静载锚固效率系数η_g。

d. 达到实测极限拉力时的总应变ε_{apu},其值由式(8-30)确定:

$$\varepsilon_{apu} = \frac{L_2 - L_1 - \Delta a}{L_0} \times 100\% \tag{8-30}$$

式中:L_1——千斤顶活塞初始行程读数;

L_2——试件破坏时活塞终了行程读数;

Δa——预应力钢材与锚具、夹具或连接器之间在预应力筋应力达到极限拉力F_{apu}时的相对位移。

②试验过程中应观察的项目:

a. 在预应力筋达到$0.8f_{ptk}$时,持荷1h,观察锚具、夹具或连接器的变形。

b. 试件的破坏部位与形式。

(2)用试验机进行单根预应力筋—锚具组装件静载试验时,在应力达到$0.8f_{ptk}$时,持荷时间可以缩短,但应不少于10min。

(3)对于先张拉预应力筋再锚固的预应力体系,试验装置如图8-23所示,在不安装2号千斤顶的情况下,加载之前必须先将各根预应力钢材的初应力调匀,初应力可取钢材抗拉强度标准值的5%~10%。然后用2号千斤顶(即施工用的张拉设备)按预应力钢材抗拉强度标准值f_{ptk}的20%、40%、60%、80%分4级等速张拉达到80%后,松开2号千斤顶,完成件号7的锚固,持荷1h,再用1号千斤顶逐步加载至破坏。在试验过程中,测量和观察项目同前。

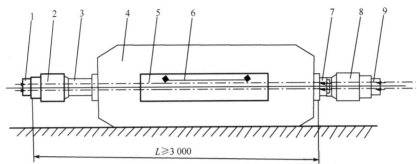

图8-23 先张拉后锚固式预应力筋——锚具组装件静载试验装置(尺寸单位:mm)

1-试验锚具;;2-1号加载用千斤顶;3-荷载传感器;4-承力台座;5-预应力筋;6-测量总应变的装置;7-试验锚具;8-2号加载用千斤顶;9-工具锚

如果能证明在先张拉预应力筋再锚固的预应力体系中,锚具对预应力筋—锚具组装件的静载性能和先锚固后张拉方式没有显著影响,也可按图8-22、图8-23的方法加载试验。

3)检测结果判定

(1)外观检验。

如表面无裂缝,影响锚固能力的尺寸符合设计要求,应判断为合格;如此项尺寸有1套超过容许偏差,则应另取双倍数量的零件重做试验;如仍有1套不符合要求,则应逐套检查,合格者方可使用。如发现1套有裂纹,即应对全部产品进行逐件检查,合格后方可使用。

(2)硬度检查。

每个零件测试3点,当硬度值符合设计要求的范围应判为合格;如有1个零件不合格,则应另取双倍数量的零件重做试验;如仍有1个零件不合格,则应逐个检查,合格后方可使用。

(3)静载锚固性能检验。

静载试验应连续进行3个组装件的试验,全部试验结果均应做出记录,并据此按式(8-26)、式(8-29)计算锚具、夹具或连接器的锚固效率系数η_a或η_g和相应的总应变ε_{apu}。3个试验结果均应满足$\eta_a \geq 0.95$或$\eta_g \geq 0.92$,$\varepsilon_{apu} \geq 2.0\%$的规定,不得进行平均。若有1个试件不符合要求,则应另取双倍数量的零件重做检验;如仍有1个试件不合格,则该批为不合格。

(二)张拉设备校验

桥梁工程中常采用液压拉伸机,由油压千斤顶和配套的高压油泵、压力表及外接油管等组成。液压拉伸机的千斤顶按其构造可分为台座式(普通油压千斤顶)、空心式、锥锚式及拉杆式。预应力张拉机具应与锚具配套使用,并在进场前进行检查和校验。

1.长柱压力试验机校验

压力试验机的精度不得低于±2%。校验时,应采取被动校验法,即在校验时用千斤顶试验机,这样活塞运行方向、摩阻力的方向与实际工作时相同,校验比较准确。

在进行被动校验时,压力试验机本身也有摩阻力,且与正常使用时相反,故试验机表盘读数反映的也不是千斤顶的实际作用力。因此,用被动法校验千斤顶时,必须事先用具有足够吨位的标准测力计对试验机进行被动标定,以确定试验机的度盘读数值。标定后再校验千斤顶时就可以从试验机度盘上直接读出千斤顶的实际作用力以及相应的油压表的准确读数。

用压力试验机校验的步骤如下:

(1)千斤顶就位。

当校验穿心式千斤顶时,如图8-24a)所示,将千斤顶放在试验机台面上,千斤顶活塞面或撑套与试验机压板紧密接触,并使千斤顶与试验机的受力中心线重合。

当校验拉杆式千斤顶时,如图8-24b)所示,先把千斤顶的活塞杆推出,取下封尾板,在缸体内放入一根厚壁无缝钢管,然后将千斤顶两脚向下立于试验机的中心线部位。放好后,调整试验机,使钢管的上端与试验机上压板接紧,下端与缸体内活塞面接紧,并对准缸体中心线。

(2)校验千斤顶。

开动油泵,千斤顶进油,使活塞杆上升,顶试验机上压板。在千斤顶试验机平缓增加荷载的过程中(此时不得使用试验机压千斤顶),自零位到最大吨位,将试验机被动标定的结果逐点标定到千斤顶的油压表上。标定点应均匀地分布在整个测量范围内,且不少于5点。采用最小二乘法回归分析千斤顶的标定经验公式时需10~20点。各标定点应重复标定3次,取平均值,并且只测读进程,不得读回程。

(3)记录千斤顶校验数值。根据校验结果绘千斤顶校验曲线,供预应力钢材张拉时使用,亦可采用最小二乘法求出千斤顶校验的经验方式,供预应力筋张拉时使用。

2. 用标准测力计校验

用水银压力计、测力环、弹簧拉力计、标准测力计校验千斤顶,是一种简单可靠的方法,校验穿心式千斤顶时的装置如图8-25所示(校验拉杆式千斤顶的附加装置与压力试验机校验相同)。校验时,开动油泵,千斤顶进油,活塞杆推出,顶测力计。当测力计达到一定吨位 T_i 时,立即读出千斤顶油压表相应读数 p_1,同样方法可得 T_2、p_2;T_3、p_3;此时 T_1、T_2、T_3…即为相应于油压表读数 p_1、p_2、p_3…的实际作用力。将测得的各值绘成曲线,实际使用时,即可由此曲线找出要求的 T 值和相应的 P 值。

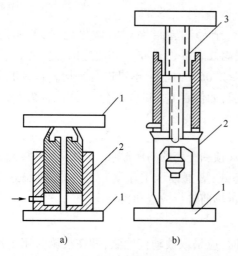

图8-24 用压力试验机校验千斤顶
a)校验穿心式千斤顶;b)校验拉扦式千斤顶
1-试验机上下压板;2-拉伸机;3-无缝钢管

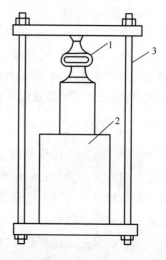

图8-25 标准测力计校验千斤顶装置
1-标准测力计;2-千斤顶;3-框架

同样,也可以用电测传感器校验。传感器是在金属弹性元件表面贴上电阻应变片所组成的一个测力装置。当金属元件受外力作用变形后,电阻片也相应变形而改变其电阻值。改变的电阻值通过电阻应变仪测定出来,即可从预先标定的数据中查出外力的大小。将此数据再标定到千斤顶油压表上,即可用于进行作用力的控制。

(三)水泥浆的检测

有黏结预应力筋的后张法预应力混凝土构件,在预应力筋张拉完毕后,均须向孔道内压满水泥浆,以保证预应力筋不锈蚀并与构件混凝土连成整体。压浆工作宜在张拉完毕后尽早进行,对于一般预应力混凝土构件,在张拉完毕 10h 左右,观察预应力筋和锚具稳定后,即可进行孔道压浆工作。孔道压浆的水灰比一般宜采用 0.4~0.45,如掺入减水剂,水灰比可减少到 0.35。

1. 检测项目与方法

(1)水泥浆的强度。

检测水泥浆的强度,应先制成 7.07cm × 7.07cm × 7.07cm 的试件,标准养护 28d,再测得抗压强度,以强度等级表示。压浆时每一工作班应制取不少于 3 组抗压试件,作为水泥浆质量评定的依据。

(2)泌水率和膨胀率试验。

试验容器如图 8-26 所示,容器由有机玻璃制成,带有密封盖,高 120mm,放置于水平面上。向容器内填灌水泥浆约 100mm 深,测定填灌面高度并记录下来,然后盖严。放置 3h 和 24h 后分别测其离析水水面和水泥浆膨胀面,然后按式(8-31)和式(8-32)计算泌水率和膨胀率:

$$泌水率 = \frac{a_3 - a_2}{a_1} \times 100\% \tag{8-31}$$

$$膨胀率 = \frac{a_2 - a_1}{a_1} \times 100\% \tag{8-32}$$

(3)稠度试验水泥浆稠度测定。测定容器如图 8-27 所示。测定时,先将漏斗调整放平,关上底口活门,将搅拌均匀的水泥浆倾入漏斗内,直至表面触及点测规下端。打开活门,让水泥浆自由流出,水泥浆全部流完的时间(s)称为水泥浆稠度。

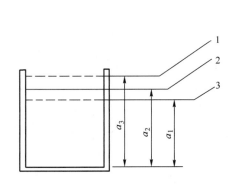

图 8-26 水泥浆泌水率和膨胀率试验
1-水面;2-膨胀后的水泥浆面;3-最初填灌的水泥浆面

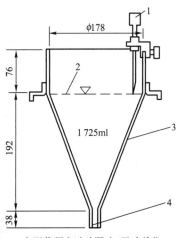

图 8-27 水泥浆稠度试验漏斗(尺寸单位:mm)
1-点测规;2-水泥浆表面;3-不锈钢壁(3mm 厚);4-流出口
(内径 13mm)

2.水泥浆技术指标

水泥浆强度必须符合设计要求,设计无规定时,一般应不低于30MPa。

泌水率最大不超过3%,拌和后3h泌水率宜控制在2%,24h后泌水应全部被水泥浆吸收。

水泥浆稠度宜控制在14~18s。

水泥浆中可通过试验掺入适当的膨胀剂(如铝粉等),铝粉的掺入量约为水泥用量的0.01%,掺入膨胀剂后的自由膨胀应小于10%。

第四节 水泥混凝土结构无破损检测

混凝土无损检测技术是指在不破坏混凝土结构的条件下,在混凝土结构原位上对其强度或缺陷进行直接定量检测的技术。

一、混凝土无损检测技术的分类

根据无损检测技术的检测目的,通常将无损检测方法分为五大类:

(1)检测结构混凝土强度值。

(2)检测结构混凝土的内部缺陷,如混凝土裂缝、不密实区、孔洞、混凝土结合面质量、混凝土损伤层等。

(3)检测几何尺寸,如钢筋位置、保护层厚度等。

(4)结构混凝土质量匀质性的检测和控制。

(5)建筑热工、隔声、防水等物理特性的检测。

混凝土结构无破损检测方法见表8-22。

混凝土无损检测方法分类　　　　　表8-22

按检测目的分类	检测原理及方法分类	测试量
混凝土强度检测	回弹法	回弹值
	超声波法	超声脉冲传播速度
	超声回弹综合法	声速值和回弹值
	后拔出法	声速值和衰减系数
混凝土内部缺陷检测	超声波法	声时、波高、波形、频谱、反射回波
	声发射法	声发射信号、事件计数、幅值分布能谱
	脉冲回波法	应力波的时域、频域图
	射线法	穿透缺陷区后射线强度的变化
	雷达波反射法	雷达反射波
	红外热谱法	热辐射
混凝土几何尺寸检测	冲击波反射法	应力波的时域
	电测法	电阻率及半电池电位
	磁测法	磁场强度
	雷达波反射法	雷达反射波

续上表

按检测目的分类	检测原理及方法分类	测试量
混凝土质量匀质性检测与控制	回弹法	回弹值
	敲击法	频率对数衰减
	声发射法	声发射信号、幅值分布能谱
	超声波法	超声脉冲传播速度

二、常用无损检测方法简介

(一)回弹法

回弹法是采用回弹仪的弹簧驱动重锤,通过弹击杆弹击混凝土表面,以重锤被反弹回来的距离作为强度相关指标来推算混凝土强度的一种方法,其基本原理是利用混凝土强度与表面硬度之间的关系,通过具有一定动能的重锤冲击混凝土表面,用表面硬度值来推定混凝土强度。回弹法由于其操作简便、经济快速的特点,在国内外得到广泛应用。

由于回弹法测定的是混凝土表面强度,所以受混凝土表面状况,特别是表面碳化层厚度及干湿状况的影响较大。另外,由于回弹仪是纯机械结构,其测定值受各种部件性能及其装配情况的影响,因此同类仪器测定值的同一性较差,且易随时间变化。

(二)超声波法

超声检测法是混凝土无损检测技术中一项十分重要的检测方法,应用较广。其原理是仪器先发射超声脉冲波,并测量接收波的参数(声速、振幅、频率等),根据声学参数的大小及变化,判断混凝土内部质量情况。

该法可用于检测混凝土强度、裂缝及其深度、内部缺损、混凝土弹性参数、表面损伤层厚等。能探测混凝土内部缺陷、裂缝是超声波法的主要特点,不仅适用于地面结构,也可用于深基础(如灌注桩)质量的检测。

(三)超声回弹综合法

超声回弹综合法是采用超声仪和回弹仪,在构件混凝土同一测区分别测量声音和回弹值,然后利用已建立起的测强公式推算测区混凝土强度(混凝土抗压强度)的一种方法。与单一回弹法或超声法相比,超声回弹综合法具有受混凝土龄期和含水率影响小、测试精度高、适用范围广、能够较全面地反映结构混凝土的实际质量等优点。

(四)后拔出法

后拔出法是在硬化混凝土上钻孔、磨槽、安装锚固件后用拔出仪做拔出试验,根据测定的抗拔力检测混凝土抗压强度的微破损方法,它具有测试结果可靠、使用范围广的特点。

三、回弹法测定混凝土的抗压强度

(一)目的与适用范围

回弹法检测混凝土强度是对常规检验的一种补充,当对混凝土试件的检验结果有怀疑或供检验用的试件数量不足时,可采用回弹法检测。施工阶段如构件拆模、预应力张拉、吊装时,回弹法测定结果可作为评估混凝土强度的依据。回弹法检测的混凝土结构厚度不得小于100mm,温度不应低于10℃。回弹法不宜用于仲裁检验或工程的最终验收。当混凝土表层与内部质量有明显差异,如混凝土遭受化学腐蚀或火灾、硬化期间遭受冻伤或内部存在缺陷时,不能用回弹法评定混凝土强度。

(二)检测器具

(1)混凝土回弹仪,构造和主要零件如图8-28所示。

(2)酚酞酒精溶液,浓度为1%。

(3)钢砧。

(4)手提式砂轮。

(5)其他:卷尺、钢尺、毛刷等。

(三)测试技术

1. 测区布置

测区是进行测试的单元,检测结构或构件时,需要布置测区。测区布置应符合下列规定:

1)单个检测

(1)对于一般构件,测区数不宜少于10个。当受检构件数量大于30个且不需提供单个构件推定强度,或受检构件一方向尺寸不大于4.5m且另一方向尺寸不大于0.3m时,每个构件的测区数量可适当减少,但不应少于5个。

(2)相邻两测区的间距不应大于2m,测区离构件端部或施工缝边缘的距离不宜大于0.5m,且不宜小于0.2m。

(3)测区宜选在能使回弹仪处于水平方向的混凝土浇筑侧面。当不能满足这一要求时,也可选在使回弹仪处于非水平方向的混凝土浇筑表面或底面。

(4)测区宜布置在构件的两个对称的可测面上,当不能布置在对称的可测面上时,也可布置在同一可测面上,且应均匀分布。在构件的重要部位及薄弱部位应布置测区,并应避开预埋件。

(5)测区的面积不宜大于$0.04m^2$。

(6)测区表面应为混凝土原浆面,并应清洁、平整,不应有疏松层、浮浆、油垢、涂层以及蜂窝、麻面。

(7)对于弹击时产生颤动的薄壁、小型构件,应进行固定。

2)批量检测

对于混凝土生产工艺、强度等级相同,原材料、配合比、养护条件基本一致且龄期相近的一批同类构件应采用批量检测。按批量进行检测时,应随机抽取构件,抽检数量不宜少于同批构件总数的30%且不宜少于10件。当

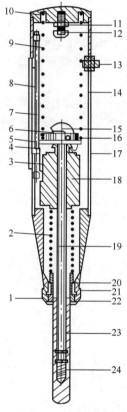

图8-28 回弹仪结构图
1-盖帽;2-弹击拉簧;3-指针片;4-指示块;5-导向法兰;6-摇钩压簧;7-指针轴;8-刻度尺;9-压簧;10-尾盖;11-紧固螺母;12-调零螺钉;13-按钮;14-外壳;15-挂钩;16-挂钩销子;17-外壳;18-弹击锤;19-中心导杆;20-拉簧座;21-卡环;22-密封毡帽;23-弹击杆;24-缓冲压簧

检验批构件数量大于 30 个时,抽样构件数量可适当调整,并不得少于国家现行有关标准规定的最少抽样数量。

3) 注意事项

测区应标有清晰的编号,并宜在记录纸上绘制测区布置示意图和描述外观质量情况。

梁、柱、墙测区布置如图 8-29 所示。

2. 回弹值测试

测量回弹值时,回弹仪的轴线应始终垂直于混凝土检测面,并应缓慢施压、准确读数、快速复位。

将回弹仪的弹击杆顶住混凝土的表面,轻压仪器,松开按钮,弹击杆徐徐伸出,使仪器对混凝

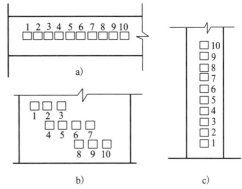

图 8-29 梁、柱、墙测区布置示意图
a) 梁;b) 墙;c) 柱

土表面缓慢均匀施压,待弹击锤脱钩冲击弹杆后即回弹,带动指针向后移动并停留在某一位置上,即为回弹值。继续顶住混凝土表面,在读取和记录回弹值后,逐渐对仪器减压,使弹击杆自仪器内伸出。改变测点,重复上述操作,即可测得被测构件或结构的若干回弹值。操作中注意仪器的轴线应始终垂直于构件混凝土表面。

测点宜在测区范围内均匀分布,相邻两测点的净距不宜小于 20mm;测点距外露钢筋、预埋件的距离不宜小于 30mm。测点不应在气孔或外露石子上,同一测点只允许弹击一次,每一测区应记取 16 个回弹值,每一测点的回弹值读数准确至 1mm。

3. 混凝土碳化深度的测试

回弹值测量完毕后,应在有代表性的测区上测量碳化深度值,测点数不应少于构件测区数的 30%,并应取其平均值作为该构件每个测区的碳化深度值。当碳化深度值极差大于 2.0mm 时,应在每一测区分别测量碳化深度值。

碳化深度值的测量应符合下列规定:

(1) 可采用工具在测区表面形成直径约 15mm 的孔洞,其深度应大于混凝土的碳化深度。

(2) 应清除孔洞中的粉末和碎屑,且不得用水擦洗。

(3) 应采用浓度为 1%～2% 的酚酞酒精溶液滴在孔洞内壁的边缘处,当已碳化与未碳化界线清晰时,应采用碳化深度测量仪测量已碳化与未碳化混凝土交界面到混凝土表面的垂直距离,并应测量 3 次,每次读数应精确至 0.25mm。

(4) 应取 3 次测量的平均值作为检测结果,并应精确至 0.5mm。

(四) 数据处理

1. 回弹值计算

(1) 当回弹仪水平方向测试结构或构件混凝土的浇筑侧面时,应从测区的 16 个回弹值中剔除 3 个最大值和 3 个最小值,取余下的 10 个回弹值,按式 (8-33) 计算该测区的平均回弹值:

$$R_\mathrm{m} = \frac{\sum_{i=1}^{10} R_i}{10} \tag{8-33}$$

式中：R_m——测区平均回弹值，精确至 0.1；
  R_i——第 i 个测点的回弹值。

（2）当回弹仪非水平方向检测结构或构件混凝土浇筑侧面时，按式（8-34）修正回弹值：

$$R_m = R_{ma} + R_{aa} \qquad (8-34)$$

式中：R_{ma}——非水平状态检测时测区的平均回弹值，精确至 0.1；
  R_{aa}——非水平状态检测时回弹值修正值，如表 8-23 所示。

非水平状态检测时的回弹值修正值   表 8-23

R_{ma}	检测角度							
	向 上				向 下			
	90°	60°	45°	30°	-30°	-45°	-60°	-90°
20	-6.0	-5.0	-4.0	-3.0	+2.5	+3.0	+3.5	+4.0
21	-5.9	-4.9	-4.0	-3.0	+2.5	+3.0	+3.5	+4.0
22	-5.8	-4.8	-3.9	-2.9	+2.4	+2.9	+3.4	+3.9
23	-5.7	-4.7	-3.9	-2.9	+2.4	+2.9	+3.4	+3.9
24	-5.6	-4.6	-3.8	-2.8	+2.3	+2.8	+3.3	+3.8
25	-5.5	-4.5	-3.8	-2.8	+2.3	+2.8	+3.3	+3.8
26	-5.4	-4.4	-3.7	-2.7	+2.2	+2.7	+3.2	+3.7
27	-5.3	-4.3	-3.7	-2.7	+2.2	+2.7	+3.2	+3.7
28	-5.2	-4.2	-3.6	-2.6	+2.1	+2.6	+3.1	+3.6
29	-5.1	-4.1	-3.6	-2.6	+2.1	+2.6	+3.1	+3.6
30	-5.0	-4.0	-3.5	-2.5	+2.0	+2.5	+3.0	+3.5
31	-4.9	-4.0	-3.5	-2.5	+2.0	+2.5	+3.0	+3.5
32	-4.8	-3.9	-3.4	-2.4	+1.9	+2.4	+2.9	+3.4
33	-4.7	-3.9	-3.4	-2.4	+1.9	+2.4	+2.9	+3.4
34	-4.6	-3.8	-3.3	-2.3	+1.8	+2.3	+2.8	+3.3
35	-4.5	-3.8	-3.3	-2.3	+1.8	+2.3	+2.8	+3.3
36	-4.4	-3.7	-3.2	-2.2	+1.7	+2.2	+2.7	+3.2
37	-4.3	-3.7	-3.2	-2.2	+1.7	+2.2	+2.7	+3.2
38	-4.2	-3.6	-3.1	-2.1	+1.6	+2.1	+2.6	+3.1
39	-4.1	-3.6	-3.1	-2.1	+1.6	+2.1	+2.6	+3.1
40	-4.0	-3.5	-3.0	-2.0	+1.5	+2.0	+2.5	+3.0
41	-4.0	-3.5	-3.0	-2.0	+1.5	+2.0	+2.5	+3.0
42	-3.9	-3.4	-2.9	-1.9	+1.4	+1.9	+2.4	+2.9
43	-3.9	-3.4	-2.9	-1.9	+1.4	+1.9	+2.4	+2.9
44	-3.8	-3.3	-2.8	-1.8	+1.3	+1.8	+2.3	+2.8
45	-3.8	-3.3	-2.8	-1.8	+1.3	+1.8	+2.3	+2.8
46	-3.7	-3.2	-2.7	-1.7	+1.2	+1.7	+2.2	+2.7
47	-3.7	-3.2	-2.7	-1.7	+1.2	+1.7	+2.2	+2.7

续上表

R_{ma}	检测角度							
	向上				向下			
	90°	60°	45°	30°	-30°	-45°	-60°	-90°
48	-3.6	-3.1	-2.6	-1.6	+1.1	+1.6	+2.1	+2.6
49	-3.6	-3.1	-2.6	-1.6	+1.1	+1.6	+2.1	+2.6
50	-3.5	-3.0	-2.5	-1.5	+1.0	+1.5	+2.0	+2.5

注：1. R_{ma} 小于 20 或大于 50 时，均分别按 20 或 50 查表。
　　2. 表中未列入的相应于 R_{ma} 的修正值 R_{aa}，可用内插法求得，精确至 0.1。

(3) 当水平方向检测混凝土浇筑顶面或底面时，按式(8-35)和式(8-36)修正回弹值：

$$R_m = R_m^t + R_a^t \quad (8\text{-}35)$$

$$R_m = R_m^b + R_a^b \quad (8\text{-}36)$$

式中：R_m^t、R_m^b——水平方向检测混凝土浇筑顶面、底面时，测区的平均回弹值，精确至 0.1；
　　　R_a^t、R_a^b——混凝土浇筑顶面、底面回弹值的修正值，如表 8-24 所示。

不同浇筑面的回弹值修正值　　　　　　表 8-24

R_m^t 或 R_m^b	R_a^t	R_a^b	R_m^t 或 R_m^b	R_a^t	R_a^b
20	+2.5	-3.0	36	+0.9	-1.4
21	+2.4	-2.9	37	+0.8	-1.3
22	+2.3	-2.8	38	+0.7	-1.2
23	+2.2	-2.7	39	+0.6	-1.1
24	+2.1	-2.6	40	+0.5	-1.0
25	+2.0	-2.5	41	+0.4	-0.9
26	+1.9	-2.4	42	+0.3	-0.8
27	+1.8	-2.3	43	+0.2	-0.7
28	+1.7	-2.2	44	+0.1	-0.6
29	+1.6	-2.1	45	0	-0.5
30	+1.5	-2.0	46	0	-0.4
31	+1.4	-1.9	47	0	-0.3
32	+1.3	-1.8	48	0	-0.2
33	+1.2	-1.7	49	0	-0.1
34	+1.1	-1.6	50	0	0
35	+1.0	-1.5			

注：1. R_m^t 或 R_m^b 小于 20 或大于 50 时，均分别按 20 或 50 查表。
　　2. 表中有关混凝土浇筑表面的修正系数，是指一般原浆抹面的修正值。
　　3. 表中有关混凝土浇筑底面的修正系数，是指构件底面与侧面采用同一类模板在正常浇筑情况下的修正值。
　　4. 表中未列入的相应于 R_m^t 或 R_m^b 的 R_a^t 和 R_a^b 值，可用内插法求得，精确至 0.1。

(4) 当回弹仪非水平方向测试混凝土浇筑顶面或底面时，应先对回弹值进行角度修正，然后按角度修正后的回弹值进行浇筑面修正。

2. 碳化深度值计算

每一测区的平均碳化深度值，按式(8-37)计算：

$$d_m = \frac{\sum_{i=1}^{n} d_i}{n} \tag{8-37}$$

式中：d_m——测区的平均碳化深度值(mm)，精确至0.5mm；

d_i——第 i 次测量的碳化深度值(mm)，精确至0.5mm；

n——测区的碳化深度测量次数，应测量3次。

3. 混凝土强度计算

(1)结构或构件第 i 个测区混凝土强度换算值，是根据每一测区的回弹平均值 R_m 及平均碳化深度 d_m，查表8-25而得出的。当有地区测强曲线或专用测强曲线时，混凝土强度换算值应按地区测强曲线或专用测强曲线换算得出。

测区混凝土强度换算 表8-25

平均回弹值 R_m	测区混凝土强度换算值 $f^c_{cu,i}$ (MPa)											
	平均碳化深度值 d_m (mm)											
	0.0	0.5	1.0	1.5	2.0	2.5	3.0	3.5	4.0	4.5	5.0	5.5	≥6
20.0	10.3	10.1	—	—	—	—	—	—	—	—	—	—	—
20.2	10.5	10.3	10.0	—	—	—	—	—	—	—	—	—	—
20.4	10.7	10.5	10.2	—	—	—	—	—	—	—	—	—	—
20.6	11.0	10.8	10.4	10.1	—	—	—	—	—	—	—	—	—
20.8	11.2	11.0	10.6	10.3	—	—	—	—	—	—	—	—	—
21.0	11.4	11.2	10.8	10.5	10.0	—	—	—	—	—	—	—	—
21.2	11.6	11.4	11.0	10.7	10.2	—	—	—	—	—	—	—	—
21.4	11.8	11.6	11.2	10.9	10.4	10.0	—	—	—	—	—	—	—
21.6	12.0	11.8	11.4	11.0	10.6	10.2	—	—	—	—	—	—	—
21.8	12.3	12.1	11.7	11.3	10.8	10.5	10.1	—	—	—	—	—	—
22.0	12.5	12.2	11.9	11.5	11.0	10.6	10.2	—	—	—	—	—	—
22.2	12.7	12.4	12.1	11.7	11.2	10.8	10.4	10.0	—	—	—	—	—
22.4	13.0	12.7	12.4	12.0	11.4	11.0	10.7	10.3	10.0	—	—	—	—
22.6	13.2	12.9	12.5	12.1	11.6	11.2	10.8	10.4	10.2	—	—	—	—
22.8	13.4	13.1	12.7	12.3	11.8	11.4	11.0	10.6	10.3	—	—	—	—
23.0	13.7	13.4	13.0	12.6	12.1	11.6	11.2	10.8	10.5	10.1	—	—	—
23.2	13.9	13.6	13.2	12.8	12.2	11.8	11.4	11.0	10.7	10.3	10.0	—	—
23.4	14.1	13.8	13.4	13.0	12.4	12.0	11.6	11.2	10.9	10.4	10.2	—	—
23.6	14.4	14.1	13.7	13.2	12.7	12.2	11.8	11.4	11.1	10.7	10.4	10.1	—
23.8	14.6	14.3	13.9	13.4	12.8	12.4	12.0	11.5	11.2	10.8	10.5	10.2	—
24.0	14.9	14.6	14.2	13.7	13.1	12.7	12.2	11.8	11.5	11.0	10.7	10.4	10.1
24.2	15.1	14.8	14.3	13.9	13.3	12.8	12.4	11.9	11.6	11.2	10.9	10.6	10.3

续上表

平均回弹值 R_m	测区混凝土强度换算值 $f_{cu,i}^c$ (MPa)												
	平均碳化深度值 d_m (mm)												
	0.0	0.5	1.0	1.5	2.0	2.5	3.0	3.5	4.0	4.5	5.0	5.5	≥6
24.4	15.4	15.1	14.6	14.2	13.6	13.1	12.6	12.2	11.9	11.4	11.1	10.8	10.4
24.6	15.6	15.3	14.8	14.4	13.7	13.3	12.8	12.3	12.0	11.5	11.2	10.9	10.6
24.8	15.9	15.6	15.1	14.6	14.0	13.5	13.0	12.6	12.2	11.8	11.4	11.1	10.7
25.0	16.2	15.9	15.4	14.9	14.3	13.8	13.3	12.8	12.5	12.0	11.7	11.3	10.9
25.2	16.4	16.1	15.6	15.1	14.4	13.9	13.4	13.0	12.6	12.1	11.8	11.5	11.0
25.4	16.7	16.4	15.9	15.4	14.7	14.2	13.7	13.2	12.9	12.4	12.0	11.7	11.2
25.6	16.9	16.6	16.1	15.7	14.9	14.4	13.9	13.4	13.0	12.5	12.2	11.8	11.3
25.8	17.2	16.9	16.3	15.8	15.1	14.6	14.1	13.6	13.2	12.7	12.4	12.0	11.5
26.0	17.5	17.2	16.6	16.1	15.4	14.9	14.4	13.8	13.5	13.0	12.6	12.2	11.6
26.2	17.8	17.4	16.9	16.4	15.7	15.1	14.6	14.0	13.7	13.2	12.8	12.4	11.8
26.4	18.0	17.6	17.1	16.6	15.8	15.3	14.8	14.2	13.9	13.3	13.0	12.6	12.0
26.6	18.3	17.9	17.4	16.8	16.1	15.6	15.0	14.4	14.1	13.5	13.2	12.8	12.1
26.8	18.6	18.2	17.7	17.1	16.4	15.8	15.3	14.6	14.3	13.8	13.4	12.9	12.3
27.0	18.9	18.5	18.0	17.4	16.6	16.1	15.5	14.8	14.6	14.0	13.6	13.1	12.4
27.2	19.1	18.7	18.1	17.6	16.8	16.2	15.7	15.0	14.7	14.1	13.8	13.3	12.6
27.4	19.4	19.0	18.4	17.8	17.0	16.4	15.9	15.2	14.9	14.3	14.0	13.4	12.7
27.6	19.7	19.3	18.7	18.0	17.2	16.6	16.1	15.4	15.1	14.5	14.1	13.6	12.9
27.8	20.0	19.6	19.0	18.2	17.4	16.8	16.3	15.6	15.3	14.7	14.2	13.7	13.0
28.0	20.3	19.7	19.2	18.4	17.6	17.0	16.5	15.8	15.4	14.8	14.4	13.9	13.2
28.2	20.6	20.0	19.5	18.6	17.8	17.2	16.7	16.0	15.6	15.0	14.6	14.0	13.3
28.4	20.9	20.3	19.7	18.8	18.0	17.4	16.9	16.2	15.8	15.2	14.8	14.2	13.5
28.6	21.2	20.6	20.0	19.1	18.2	17.6	17.1	16.4	16.0	15.4	15.0	14.3	13.6
28.8	21.5	20.9	20.0	19.4	18.5	17.8	17.3	16.6	16.2	15.6	15.2	14.5	13.8
29.0	21.8	21.1	20.5	19.6	18.7	18.1	17.5	16.8	16.4	15.8	15.4	14.6	13.9
29.2	22.1	21.4	20.8	19.9	19.0	18.3	17.7	17.0	16.6	16.0	15.6	14.8	14.1
29.4	22.4	21.7	21.1	20.2	19.3	18.6	17.9	17.2	16.8	16.2	15.8	15.0	14.2
29.6	22.7	22.0	21.3	20.4	19.5	18.8	18.2	17.5	17.0	16.4	16.0	15.1	14.4
29.8	23.0	22.3	21.6	20.7	19.8	19.1	18.4	17.7	17.2	16.6	16.2	15.3	14.5
30.0	23.3	22.6	21.9	21.0	20.0	19.3	18.6	17.9	17.4	16.8	16.4	15.4	14.7
30.2	23.6	22.9	22.2	21.2	20.3	19.6	18.9	18.2	17.6	17.0	16.6	15.6	14.9
30.4	23.9	23.2	22.5	21.5	20.6	19.8	19.1	18.4	17.8	17.2	16.8	15.8	15.1
30.6	24.3	23.6	22.8	21.9	20.9	20.2	19.4	18.7	18.0	17.5	17.0	16.0	15.2
30.8	24.6	23.9	23.1	22.1	21.2	20.4	19.7	18.9	18.2	17.7	17.2	16.2	15.4
31.0	24.9	24.2	23.4	22.4	21.4	20.7	19.9	19.2	18.4	17.9	17.4	16.4	15.5
31.2	25.2	24.4	23.7	22.7	21.7	20.9	20.2	19.4	18.6	16.1	17.6	16.6	15.7
31.4	25.6	24.8	24.1	23.0	22.0	21.2	20.5	19.7	18.9	18.4	17.8	16.9	15.8
31.6	25.9	25.1	24.3	23.3	22.3	21.5	20.7	19.9	19.2	18.6	18.0	17.1	16.0

续上表

平均回弹值 R_m	测区混凝土强度换算值 $f^c_{cu,i}$(MPa)											
	平均碳化深度值 d_m(mm)											
	0.0	0.5	1.0	1.5	2.0	2.5	3.0	3.5	4.0	4.5	5.0	5.5	≥6
31.8	26.2	25.4	24.6	23.6	22.5	21.7	21.0	20.2	19.4	18.9	18.2	17.3	16.2
32.0	26.5	25.7	24.9	23.9	22.8	22.0	21.2	20.4	19.6	19.1	18.4	17.5	16.4
32.2	26.9	26.1	25.3	24.2	23.1	22.3	21.5	20.7	19.9	19.4	18.6	17.7	16.6
32.4	27.2	26.4	25.6	24.5	23.4	22.6	21.8	20.9	20.1	19.6	18.8	17.9	16.8
32.6	27.6	26.8	25.9	24.8	23.7	22.9	22.1	21.3	20.4	19.9	19.0	18.1	17.0
32.8	27.9	27.1	26.2	25.1	24.0	23.2	22.3	21.5	20.6	20.1	19.2	18.3	17.2
33.0	28.2	27.4	26.5	25.4	24.3	23.4	22.6	21.7	20.9	20.3	19.4	18.5	17.4
33.2	28.6	27.7	26.8	25.7	24.6	23.7	22.9	22.0	21.2	20.5	19.6	18.7	17.6
33.4	28.9	28.0	27.1	26.0	24.9	24.0	23.1	22.3	21.4	20.7	19.8	18.9	17.8
33.6	29.3	28.4	27.4	26.4	25.2	24.3	23.3	22.6	21.7	20.9	20.0	19.1	18.0
33.8	29.6	28.7	27.7	26.6	25.4	24.4	23.5	22.8	21.9	21.1	20.2	19.3	18.2
34.0	30.0	29.1	28.0	26.8	25.6	24.6	23.7	23.0	22.1	21.3	20.4	19.5	18.3
34.2	30.3	29.4	28.3	27.0	25.8	24.8	23.9	23.2	22.3	21.5	20.6	19.7	18.4
34.4	30.7	29.8	28.6	27.2	26.0	25.0	24.1	23.4	22.5	21.7	20.8	19.8	18.6
34.6	31.1	30.2	28.9	27.4	26.2	25.2	24.3	23.6	22.7	21.9	21.0	20.0	18.8
34.8	31.4	30.5	29.2	27.6	26.4	25.4	24.5	23.8	22.9	22.1	21.2	20.2	19.0
35.0	31.8	30.8	29.6	28.0	26.7	25.8	24.8	24.0	23.2	22.3	21.4	20.4	19.2
35.2	32.1	31.1	29.9	28.2	27.0	26.0	25.0	24.2	23.4	22.5	21.6	20.6	19.4
35.4	32.5	31.5	30.2	28.6	27.3	26.3	25.4	24.4	23.7	22.8	21.8	20.8	19.6
35.6	32.9	31.9	30.6	29.0	27.6	26.6	25.7	24.7	24.0	23.0	22.0	21.0	19.8
35.8	33.3	32.3	31.0	29.3	28.0	27.0	26.0	25.0	24.3	23.3	22.2	21.2	20.0
36.0	33.6	32.6	31.2	29.6	28.2	27.2	26.2	25.2	24.5	23.5	22.4	21.4	20.2
36.2	34.0	33.0	31.6	29.9	28.6	27.5	26.5	25.5	24.8	23.8	22.6	21.6	20.4
36.4	34.4	33.4	32.0	30.3	28.9	27.9	26.8	25.8	25.1	24.1	22.8	21.8	20.6
36.6	34.8	33.8	32.4	30.6	29.2	28.1	27.1	26.1	25.4	24.4	23.0	22.0	20.9
36.8	35.2	34.1	32.7	31.0	29.6	28.5	27.5	26.4	25.7	24.6	23.2	22.2	21.1
37.0	35.5	34.4	33.0	31.2	29.8	28.8	27.7	26.6	25.9	24.8	23.4	22.4	21.3
37.2	35.9	34.8	33.4	31.6	30.2	29.1	28.0	26.9	26.2	25.1	23.7	22.6	21.5
37.4	36.3	35.2	33.8	31.9	30.5	29.4	28.3	27.2	26.6	25.4	24.0	22.9	21.8
37.6	36.7	35.6	34.1	32.3	30.8	29.7	28.6	27.5	26.8	25.7	24.2	23.1	22.0
37.8	37.1	36.0	34.5	32.6	31.2	30.0	28.9	27.8	27.1	26.0	24.5	23.4	22.3
38.0	37.5	36.4	34.9	33.0	31.5	30.3	29.2	28.1	27.4	26.2	24.8	23.6	22.5
38.2	37.9	36.8	35.2	33.4	31.8	30.6	29.5	28.4	27.7	26.5	25.0	23.9	22.7
38.4	38.3	37.2	35.6	33.7	32.1	30.9	29.8	28.7	28.0	29.8	25.3	24.1	23.0
38.6	38.7	37.5	36.0	34.1	32.4	31.2	30.1	29.0	28.3	27.0	25.5	24.4	23.2

续上表

| 平均回弹值 R_m | 测区混凝土强度换算值 $f_{cu,i}^c$ (MPa) |||||||||||||
| | 平均碳化深度值 d_m (mm) |||||||||||||
	0.0	0.5	1.0	1.5	2.0	2.5	3.0	3.5	4.0	4.5	5.0	5.5	≥6
38.8	39.1	37.9	36.4	34.4	32.7	31.5	30.4	29.3	28.5	27.2	25.8	24.6	23.5
39.0	39.5	38.2	36.7	34.7	33.0	31.8	30.6	29.6	28.8	27.4	26.0	24.8	23.7
39.2	39.9	38.5	37.0	35.0	33.3	32.1	30.8	29.8	29.0	27.6	26.2	25.0	25.0
39.4	40.3	38.8	37.3	35.3	33.6	32.4	31.0	30.0	29.2	27.8	26.4	25.2	24.2
39.6	40.7	39.1	37.6	35.6	33.9	32.7	31.2	30.2	29.4	28.0	26.6	25.4	24.4
39.8	41.2	39.6	38.0	35.9	34.2	33.0	31.4	30.5	29.7	28.2	26.8	25.6	24.7
40.0	41.6	39.9	38.3	36.2	34.5	33.3	31.7	30.8	30.0	28.4	27.0	25.8	25.0
40.2	42.0	40.3	38.6	36.5	34.8	33.6	32.0	31.1	30.2	28.6	27.3	26.0	25.2
40.4	42.4	40.7	39.0	36.9	35.1	33.9	32.3	31.4	30.5	28.8	27.6	26.2	25.4
40.6	42.8	41.1	39.4	37.2	35.4	34.2	32.6	31.7	30.8	29.1	27.8	26.5	25.7
40.8	43.3	41.6	39.8	37.7	35.7	34.5	32.9	32.0	31.2	29.4	28.1	26.8	26.0
41.0	43.7	42.0	40.2	38.0	36.0	34.8	33.2	32.3	31.5	29.7	28.4	27.1	26.2
41.2	44.1	42.3	40.6	38.4	36.3	35.1	33.5	32.6	31.8	30.0	28.7	27.3	26.5
41.4	44.5	42.7	40.9	38.7	36.6	35.4	33.8	32.9	32.0	30.3	28.9	27.6	26.7
41.6	45.0	43.2	41.4	39.2	36.9	35.7	34.2	33.3	32.4	30.6	29.2	27.9	27.0
41.8	45.4	43.6	41.8	39.5	37.2	36.0	34.5	33.6	32.7	30.9	29.5	28.1	27.2
42.0	45.9	44.1	42.2	39.9	37.6	36.3	34.9	34.0	33.0	31.2	29.8	28.5	27.5
42.2	46.3	44.4	42.6	40.3	38.0	36.6	35.2	34.3	33.3	31.5	30.1	28.7	27.8
42.4	46.7	44.8	43.0	40.6	38.3	36.9	35.5	34.6	33.6	31.8	30.4	29.0	28.0
42.6	47.2	45.3	43.4	41.1	38.7	37.3	35.9	34.9	34.0	32.1	30.7	29.3	28.3
42.8	47.6	45.7	43.8	41.4	39.0	37.6	36.2	35.2	34.3	32.4	30.9	29.5	28.6
43.0	48.1	46.2	44.2	41.8	39.4	38.0	36.6	35.6	34.6	32.7	31.3	29.8	28.9
43.2	48.5	46.6	44.6	42.2	39.8	38.3	36.9	35.9	34.9	33.0	31.5	30.1	29.1
43.4	49.0	47.0	45.1	42.6	40.2	38.7	37.2	36.3	35.3	33.3	31.8	30.4	29.4
43.6	49.4	47.4	45.4	43.0	40.5	39.0	37.5	36.6	35.6	33.6	32.1	30.6	29.6
43.8	49.9	47.9	45.9	43.4	40.9	39.4	37.9	36.9	35.9	33.9	32.4	30.9	29.9
44.0	50.4	48.4	46.4	43.8	41.3	39.8	38.3	37.3	36.3	34.3	32.8	31.2	30.2
44.2	50.8	48.8	46.7	44.2	41.7	40.1	38.6	37.6	36.6	34.5	33.0	31.5	30.5
44.4	51.3	49.2	47.2	44.6	42.1	40.5	39.0	38.0	36.9	34.9	33.3	31.8	30.8
44.6	51.7	49.6	47.6	45.0	42.4	40.8	39.3	38.3	37.2	35.2	33.6	32.1	31.0
44.8	52.2	50.1	48.0	45.4	42.8	41.2	39.7	38.6	37.6	35.5	33.9	32.4	31.3
45.0	52.7	50.6	48.5	45.8	43.2	41.6	40.1	39.0	37.9	35.8	34.3	32.7	31.6
45.2	53.2	51.1	48.9	46.3	43.6	42.0	40.4	39.4	38.3	36.2	34.6	33.0	31.9
45.4	53.6	51.5	49.4	46.6	44.0	42.3	40.7	39.7	38.6	36.4	34.8	33.2	32.2

续上表

平均回弹值 R_m	测区混凝土强度换算值 $f_{cu,i}^c$ (MPa)											
	平均碳化深度值 d_m (mm)											
	0.0	0.5	1.0	1.5	2.0	2.5	3.0	3.5	4.0	4.5	5.0	5.5	≥6
45.6	54.1	51.9	49.8	47.1	44.4	42.7	41.1	40.0	39.0	36.8	35.2	33.5	32.5
45.8	54.6	52.4	50.2	47.5	44.8	43.1	41.5	40.4	39.3	37.1	35.5	33.9	32.8
46.0	55.0	52.8	50.6	47.9	45.2	43.5	41.9	40.8	39.7	37.5	35.8	34.2	33.1
46.2	55.5	53.3	51.1	48.3	45.5	43.8	42.2	41.1	40.0	37.7	36.1	34.4	33.3
46.4	56.0	53.8	51.5	48.7	45.9	44.2	42.6	41.4	40.3	38.1	36.4	34.7	33.6
46.6	56.5	54.2	52.0	49.2	46.3	44.6	42.9	41.8	40.7	38.4	36.7	35.0	33.9
46.8	57.0	54.7	52.4	49.6	46.7	45.0	43.3	42.2	41.0	38.8	37.0	35.3	34.2
47.0	57.5	55.2	52.9	50.0	47.2	45.2	43.7	42.6	41.4	39.1	37.4	35.6	34.5
47.2	58.0	55.7	53.4	50.5	47.6	45.8	44.1	42.9	41.8	39.4	37.7	36.0	34.8
47.4	58.5	56.2	53.8	50.9	48.0	46.2	44.5	43.3	42.1	39.8	38.0	36.3	35.1
47.6	59.0	56.6	54.3	51.3	48.4	46.6	44.8	43.7	42.5	40.1	40.0	36.6	35.4
47.8	59.5	57.1	54.7	51.8	48.8	47.0	45.2	44.0	42.8	40.5	38.7	36.9	35.7
48.0	60.0	57.6	55.2	52.2	49.2	47.4	45.6	44.4	43.2	40.8	39.0	37.2	36.0
48.2	—	58.0	55.7	52.6	49.6	47.8	46.0	44.8	43.6	41.1	39.3	37.5	36.3
48.4	—	58.6	56.1	53.1	50.0	48.2	46.4	45.1	43.9	41.5	39.6	37.8	36.6
48.6	—	59.0	56.6	53.5	50.4	48.6	46.7	45.5	44.3	41.8	40.0	38.1	36.9
48.8	—	59.5	57.1	54.0	50.9	49.0	47.1	45.9	44.6	42.2	40.3	38.4	37.2
49.0	—	60.0	57.5	54.4	51.3	49.4	47.5	46.2	45.0	42.5	40.6	38.8	37.5
49.2	—	—	58.0	54.8	51.7	49.8	47.9	46.6	45.4	42.8	41.0	39.1	37.8
49.4	—	—	58.5	55.3	52.1	50.2	48.3	47.1	45.8	43.2	41.3	39.4	38.2
49.6	—	—	58.9	55.7	52.5	50.6	48.7	47.4	46.2	43.6	41.7	39.7	38.5
49.8	—	—	59.4	56.2	53.0	51.0	49.1	47.8	46.5	43.9	42.0	40.1	38.8
50.0	—	—	59.9	56.7	53.4	51.4	49.5	48.2	46.9	44.3	42.3	40.4	39.1
50.2	—	—	60.0	57.1	53.8	51.9	49.9	48.5	47.2	44.6	42.6	40.7	39.4
50.4	—	—	—	57.6	54.3	52.3	50.3	49.0	47.7	45.0	43.0	41.0	39.7
50.6	—	—	—	58.0	54.7	52.7	50.7	49.4	48.0	45.4	43.4	41.4	40.0
50.8	—	—	—	58.5	55.1	53.1	51.1	49.8	48.4	45.7	43.7	41.7	40.3
51.0	—	—	—	59.0	55.6	53.5	51.5	50.1	48.8	46.1	44.1	42.0	40.7
51.2	—	—	—	59.4	56.0	54.0	51.9	50.5	49.2	46.4	44.4	42.3	41.0
51.4	—	—	—	59.9	56.4	54.4	52.3	50.9	49.6	46.8	44.7	42.7	41.3
51.6	—	—	—	60.0	56.9	54.8	52.7	51.3	50.0	47.2	45.1	43.0	41.6
51.8	—	—	—	—	57.3	55.2	53.1	51.7	50.3	47.5	45.4	43.3	41.8
52.0	—	—	—	—	57.8	55.7	53.6	52.1	50.7	47.9	45.8	43.7	42.3

续上表

平均回弹值 R_m	测区混凝土强度换算值 $f_{cu,i}^c$ (MPa)											
	平均碳化深度值 d_m (mm)											
	0.0	0.5	1.0	1.5	2.0	2.5	3.0	3.5	4.0	4.5	5.0	5.5	≥6
52.2	—	—	—	—	58.2	56.1	54.0	52.5	51.1	48.3	46.2	44.0	42.6
52.4	—	—	—	—	58.7	56.5	54.4	53.0	51.5	48.7	46.5	44.4	43.0
52.6	—	—	—	—	59.1	57.0	54.8	53.4	51.9	49.0	46.9	44.7	43.3
52.8	—	—	—	—	59.6	57.4	55.2	53.8	52.3	49.4	47.3	45.1	43.6
53.0	—	—	—	—	60.0	57.8	55.6	54.2	52.7	49.8	47.6	45.4	43.9
53.2	—	—	—	—	—	58.3	56.1	54.6	53.1	50.2	48.0	45.8	44.3
53.4	—	—	—	—	—	58.7	56.5	55.0	53.5	50.5	48.3	46.1	44.6
53.6	—	—	—	—	—	59.2	56.9	55.4	53.9	50.9	48.7	46.4	44.9
53.8	—	—	—	—	—	59.6	57.3	55.8	54.3	51.3	49.0	46.8	45.3
54.0	—	—	—	—	—	60.0	57.8	56.3	54.7	51.7	49.4	47.1	45.6
54.2	—	—	—	—	—	—	58.2	56.7	55.1	52.1	49.8	47.5	46.0
54.4	—	—	—	—	—	—	58.6	57.1	55.6	52.5	50.2	47.9	46.3
54.6	—	—	—	—	—	—	59.1	57.5	56.0	52.9	50.5	48.2	46.6
54.8	—	—	—	—	—	—	59.5	57.9	56.4	53.2	50.9	48.5	47.0
55.0	—	—	—	—	—	—	59.9	58.4	56.8	53.6	51.3	48.9	47.3
55.2	—	—	—	—	—	60.0	58.8	57.2	54.0	51.6	49.3	47.7
55.4	—	—	—	—	—	—	—	59.2	57.6	54.4	52.0	49.6	48.0
55.6	—	—	—	—	—	—	—	59.7	58.0	54.8	52.4	50.0	48.4
55.8	—	—	—	—	—	—	—	60.0	58.5	55.2	52.8	50.3	48.7
56.0	—	—	—	—	—	—	—	—	58.9	55.6	53.2	50.7	49.1
56.2	—	—	—	—	—	—	—	—	59.3	56.0	53.5	51.1	49.4
56.4	—	—	—	—	—	—	—	—	59.7	56.4	53.9	51.4	49.8
56.6	—	—	—	—	—	—	—	—	60.0	56.8	54.3	51.8	50.1
56.8	—	—	—	—	—	—	—	—	—	57.2	54.7	52.2	50.5
57.0	—	—	—	—	—	—	—	—	—	57.6	55.1	52.5	50.8
57.2	—	—	—	—	—	—	—	—	—	58.0	55.5	52.9	51.2
57.4	—	—	—	—	—	—	—	—	—	58.4	55.9	53.3	51.6
57.6	—	—	—	—	—	—	—	—	—	58.9	56.3	53.7	51.9
57.8	—	—	—	—	—	—	—	—	—	59.3	56.7	54.0	52.3
58.0	—	—	—	—	—	—	—	—	—	59.7	57.0	54.4	52.7
58.2	—	—	—	—	—	—	—	—	—	60.0	57.4	54.8	53.0
58.4	—	—	—	—	—	—	—	—	—	—	57.8	55.2	53.4
58.6	—	—	—	—	—	—	—	—	—	—	58.2	55.6	53.8
58.8	—	—	—	—	—	—	—	—	—	—	58.6	55.9	54.1

续上表

平均回弹值 R_m	测区混凝土强度换算值 $f_{cu,i}^c$ (MPa)												
	平均碳化深度值 d_m (mm)												
	0.0	0.5	1.0	1.5	2.0	2.5	3.0	3.5	4.0	4.5	5.0	5.5	≥6
59.0	—	—	—	—	—	—	—	—	—	—	59.0	56.3	54.5
59.2	—	—	—	—	—	—	—	—	—	—	59.4	56.7	54.9
59.4	—	—	—	—	—	—	—	—	—	—	59.8	57.1	55.2
59.6	—	—	—	—	—	—	—	—	—	—	60.0	57.5	55.6
59.8	—	—	—	—	—	—	—	—	—	—	—	57.9	56.0
60.0	—	—	—	—	—	—	—	—	—	—	—	58.3	56.4

注：表中未注明的测区混凝土强度换算值为小于 10 MPa 或大于 60MPa。

（2）由各测区的混凝土强度换算值可计算得出结构或构件混凝土强度平均值，但测区数等于或大于 10 时，还应计算强度标准差。平均值及标准差按式（8-38）和式（8-39）计算：

$$mf_{cu}^c = \frac{\sum_{i=1}^{n} f_{cu,i}^c}{n} \tag{8-38}$$

$$sf_{cu}^c = \sqrt{\frac{\sum_{i=1}^{n}(f_{cu,i}^c)^2 - n(mf_{cu}^c)^2}{n-1}} \tag{8-39}$$

式中：mf_{cu}^c——结构或构件测区混凝土强度换算值的平均值（MPa），精确至 0.1MPa；

n——对于单个检测的构件，取一个构件的测区数，对批量检测的构件，取被抽检构件测区数之和；

sf_{cu}^c——结构或构件测区混凝土强度换算值的标准差（MPa），精确至 0.01MPa。

（3）构件的现龄期混凝土强度推定值 $f_{cu,e}$ 应按下列方法确定：

①当该构件测区数少于 10 个时，应按式（8-40）确定：

$$f_{cu,e} = f_{cu,min}^c \tag{8-40}$$

式中：$f_{cu,min}^c$——构件中最小的测区混凝土强度换算值。

②当构件的测区强度值中出现小于 10.0MPa 的值时，应按式（8-41）确定：

$$f_{cu,e} < 10.0(MPa) \tag{8-41}$$

③当构件测区数不少于 10 个时，应按式（8-42）计算：

$$f_{cu,e} = m_{f_{cu}} - 1.645 S_{f_{cu}} \tag{8-42}$$

④当批量检测时，应按式（8-43）计算：

$$f_{cu,e} = m_{f_{cu}} - k S_{f_{cu}} \tag{8-43}$$

式中：k——推定系数，宜取 1.645，当需要推定强度区间时，可按国家现行有关标准的规定取值。

对按批量检测的构件，当某批构件混凝土强度标准差出现下列情况之一时，该批构件应全部按单个构件检测：

①当该批构件混凝土强度平均值小于 25MPa、$S_{f_{cu}}$ 大于 4.5MPa 时。

②当该批构件混凝土强度平均值不小于 25MPa 且不大于 60MPa、$S_{f_{cu}}$ 大于 5.5MPa 时。

第五节　桥梁支座和伸缩装置检测

桥梁支座是连接桥梁上部结构和下部结构的重要部件,其主要功能是将上部结构承受的各种荷载传递给墩台,并适应上部结构由于荷载、温度变化、混凝土收缩等产生的变形(水平位移及转角),使上部结构的实际受力情况符合设计要求。

桥梁支座包括钢支座、钢筋混凝土支座和橡胶支座等。随着化学工业的发展,橡胶支座的应用越来越广泛,目前,橡胶支座已实现产品的标准化、系列化,成为我国桥梁支座的主导产品,新建的公路桥梁中,几乎全部使用橡胶支座。

一、桥梁支座安装检测

(一)基本要求

(1)支座的材料、规格和质量必须满足设计和有关规范的要求,经验收合格后方可安装。

(2)支座底板调平砂浆性能应符合设计要求,灌注密实,不得留有空洞。

(3)支座上下各部件纵轴线必须对正。当安装时温度与设计要求不同时,应通过计算设置支座顺桥向预偏量。

(4)支座不得发生偏歪、不均匀受力和脱空现象。滑动面上的四氟滑板和不锈钢板不得有划痕、碰伤等,位置应正确,安装前必须涂上硅脂油。

(二)实测项目

见表8-26。

支座安装实测项目　　表8-26

项次	检查项目		规定值或允许偏差	检查方法和频率	权值
1△	支座中心与主梁中心线偏位(mm)		2	经纬仪、钢尺:每支座	3
2	支座顺桥向偏位(mm)		10	经纬仪或拉线检查:每支座	2
3△	支座高程(mm)		符合设计要求;设计未规定时:±5	水准仪:每支座	3
4	支座四角高差(mm)	承压力≤500kN	1	水准仪:每支座	2
		承压力>500kN	2		

(三)外观鉴定

支座表面应保持清洁,支座附近的杂物及灰尘应清除,不符合要求时必须进行处理,并减1~3分。

二、板式橡胶支座的构造

板式橡胶支座(图8-30)通常由若干层橡胶片和薄钢板组成,各层橡胶与钢板之间经加压硫化牢固地黏结成一体。支座在竖直荷载作用下,嵌入橡胶片之间的钢板将约束橡胶的侧向膨胀,使垂直变形相应减小,极大地提高支座的竖向刚度,而支座的水平位移仅与支座橡胶的净厚有关。为防止薄钢板锈蚀,在板式橡胶支座的上、下面及四周均有橡胶保护层。

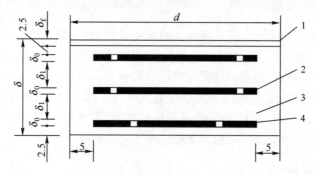

图 8-30　板式橡胶支座结构(尺寸单位:mm)
1-四氟滑板;2-钢板;3-橡胶片;4-钢板打孔位置

三、板式橡胶支座的力学性能检测

1. 抗压弹性模量

通过中心受压试验,得出应力—应变曲线,即可求出板式橡胶支座的抗压弹性模量。在中心受压的情况下,当压应力不大时,橡胶支座的应力应变呈非线性变化,随着荷载逐步加大,橡胶支座的应力应变将呈线性变化,卸载后变形基本上可恢复,橡胶支座抗压弹性模量就是根据直线确定的,其试验步骤为:

(1)将试样置于压力机的承载板上,对准中心,加载至压应力为 1.0MPa,在承载板四角对称安置 4 只百分表。

(2)进行预压。将压应力缓缓增至[σ],持荷 5min,然后卸载至压应力为 1.0MPa,记录百分表初始值,预压 3 次。

(3)正式加载。每一加载循环自 $\sigma_1 = 1.0$MPa 开始,每级压应力增加 1.0MPa,持荷 3min,读取百分表读数,至[σ]为止,然后卸载至压应力为 1.0MPa,10min 后进行下一加载循环。加载过程连续进行 3 次。

(4)以承载板四角所测得的变化值的平均值,作为各级荷载下试样的累积压缩变形 Δc,按试样橡胶层的总厚度 δ_i 求出各级试验荷载作用下,试样的累积压缩应变 ε_i。试样的抗压弹性模量按式(8-44)计算:

$$E = \frac{\sum\limits_{i}^{k}(\sigma_i - \overline{\sigma})^2}{\sum\limits_{i}^{k}(\sigma_i - \overline{\sigma})\varepsilon_i} \tag{8-44}$$

式中:σ_i——第 i 级试验压应力(MPa);

$\overline{\sigma}$——试验压应力的算术平均值(MPa);

ε_i——第 i 级试验荷载作用下的累积压缩应变值;

E——试样的抗压弹性模量(MPa)。

对于矩形橡胶支座,$i = 5$,$k = 10$;

对于圆形橡胶支座,$i=5,k=12.5$。

每一块试样的抗压弹性模量 E 为 3 次加载过程所得的 3 个结果的算术平均值。但单项结果与算术平均值之间的偏差不应大于算术平均值的 10%,否则该试样应重新试验 1 次。

2. 抗剪弹性模量

(1)剪切试验设备如图 8-31 所示,抗剪弹性模量应按下列步骤进行测定:

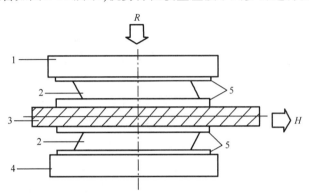

图 8-31 剪切试验设备图
1-上承载板;2-支座试样;3-中间钢拉板;4-下承载板;5-防滑摩擦板

①在试验机的承载板上,应使支座顺其短边方向受剪,将试样及中间钢拉板按双剪组合配置好,使试样和中间钢拉板的对称轴和试验机承载板的中心轴处在同一垂面上,精度应小于 1% 的试件短边尺寸。为防止出现打滑现象,应在上下承载板和中间钢拉板上粘贴高摩擦板,以确保试验的准确性。

②将压应力以 0.03~0.04MPa/s 的速率连续地增至平均压应力,绘制应力—时间图,并在整个抗剪试验过程中保持压应力不变。

③调整试验机的剪切试验机构,使水平油缸、负荷传感器的轴线和中间钢拉板的对称轴重合。

④预加水平力。以 0.02~0.03MPa/s 的速率连续施加水平剪应力至剪应力 $\tau=1.0$MPa,持荷 5min,然后以连续均匀的速度卸载至剪应力为 0.1MPa,持荷 5min,绘制应力—应变图。预载 3 次。

⑤正式加载。每一加载循环自 $\tau=0.1$MPa 开始,每级剪应力增加 0.1MPa,持荷 1min,采集支座变形数据,至 $\tau=1.0$MPa 为止,绘制的应力—应变图应呈线性关系,然后以连续均匀的速度卸载至剪应力为 0.1MPa。10min 后进行下一循环试验。加载过程应连续进行 3 次。

⑥将各级水平荷载作用下位移传感器所测得的试样累积水平剪切变形 Δ_s,按试样橡胶层的总厚度 t_e 求出在各级试验荷载作用下试样的累积剪切应变,$\gamma_i = \Delta_s/t_e$。

试样的实测抗剪弹性模量应按式(8-45)计算:

$$G_1 = \frac{\tau_{1.0} - \tau_{0.3}}{\gamma_{1.0} - \gamma_{0.3}} \tag{8-45}$$

式中:G_1——试样的实测抗剪弹性模量计算值,精确至 1%(MPa);
$\tau_{1.0}$、$\gamma_{1.0}$——第 1.0MPa 级试验荷载下的剪应力和累积剪切应变值(MPa);
$\tau_{0.3}$、$\gamma_{0.3}$——第 0.3MPa 级试验荷载下的剪应力和累积剪切应变值(MPa)。

(2)结果。

每对检验支座所组成试样的综合抗剪弹性模量 G_1,为该对试件 3 次加载所得到的 3 个结果的算术平均值。但各单项结果与算术平均值之间的偏差应不大于算术平均值的 3%,否则应对该试样重新复核试验 1 次,如果仍超过 3%,应请试验机生产厂专业人员对试验机进行检修和检定,合格后再重新进行试验。

3. 抗剪黏结性能试验

整体支座抗剪黏结性能试验方法与抗剪弹性模量试验方法相同,将压应力以 0.03 ~ 0.04MPa/s 的速率连续地增至平均压应力 σ,绘制应力—时间图,并在整个试验过程中保持不变。然后以 0.002 ~ 0.003MPa/s 的速率连续施加水平力,当剪应力达到 2MPa,持荷 5min 后,水平力以连续均匀的速度连续卸载,在加、卸载过程中绘制应力—应变图。试验中随时观察试件受力状态及变化情况,检查水平力卸载后试样是否完好无损。

4. 抗剪老化试验

将试样置于老化箱内,在 70℃ ±2℃ 温度下经 72h 后取出,将试样在标准温度 23℃ ±5℃ 下停放 48h,再在标准试验室温度下进行剪切试验,试验与标准抗剪弹性模量试验方法步骤相同。老化后抗剪弹性模量 G_2 的计算方法与标准抗剪弹性模量计算方法相同。

5. 摩擦系数试验

(1)摩擦系数应按下列步骤进行试验(图 8-32):

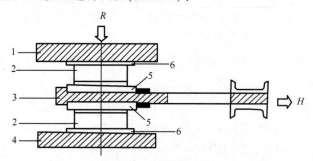

图 8-32 摩擦系数试验设备图

1-试验机上承载板;2-四氟滑板支座试样;3-中间钢拉板;4-试验机下承载板;5-不锈钢板试样;6-防滑摩擦板

①将四氟滑板支座与不锈钢板试样按规定摆放,对准试验机承载板中心位置,精度应小于 1% 的试件短边尺寸。试验时应将四氟滑板试样的储油槽内注满 5201-2 硅脂油。

②将压应力以 0.03 ~ 0.04MPa/s 的速率连续地增至平均压应力 σ,绘制应力—时间图,并在整个摩擦系数试验过程中保持不变。其预压时间为 1h。

③以 0.002 ~ 0.003MPa/s 的速率连续地施加水平力,直至不锈钢板与四氟滑板试样接触面间发生滑动为止,记录此时的水平剪应力作为初始值。试验过程应连续进行 3 次。

(2)摩擦系数应按下列公式计算:

$$\mu_f = \frac{\tau}{\sigma} \tag{8-46}$$

$$\tau = \frac{H}{A_0} \tag{8-47}$$

$$\sigma = \frac{R}{A_0} \qquad (8\text{-}48)$$

式中:μ_f——四氟滑板与不锈钢板表面的摩擦系数,精确至 0.01;

τ——接触面发生滑动时的平均剪应力(MPa);

σ——支座的平均压应力(MPa);

H——支座承受的最大不平力(kN);

R——支座最大承压力(kN);

A_0——支座有效承压面积(mm^2)。

(3)结果。

每对试样的摩擦系数为 3 次试验结果的算术平均值。

6. 转角试验

1)试验原理

施加压应力至平均压应力 σ,则试样产生垂直压缩变形;用千斤顶对中间工字梁施加一个向上的力 P,工字梁产生转动,上下试样边缘产生压缩及回弹两个相反变形。由转动产生的支座边缘的变形必须小于由垂直荷载和强制转动共同影响产生的压缩变形(图 8-33 和图 8-34)。

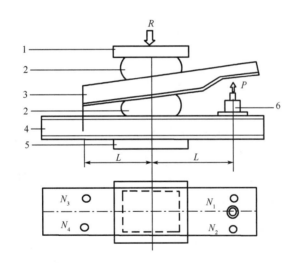

图 8-33 转角试验设备

1-加压设备上承载板;2-支座;3-假想梁体;4-承载板;5-加压设备下承载板;6-千斤顶;$N_1 \sim N_4$-位移计测点

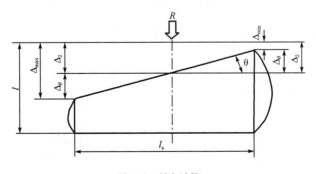

图 8-34 转角计算

2)试验步骤

(1)试样按图 8-33 的规定摆放,对准中心位置,精度应小于1%的试件短边尺寸。在距试样中心处,安装使梁产生转动用的千斤顶和测力计,并在承载梁(或板)四角对称安置 4 只高精度位移传感器(精度 0.001mm)。

(2)预压。将压应力以 0.03~0.04MPa/s 的速率连续地增至平均压应力 σ,绘制应力—时间图,维持 5min,然后以连续均匀的速率卸载至压应力为 1.0MPa,如此反复 3 遍。检查传感器是否灵敏准确。

(3)加载。将压应力按照抗压弹性模量试验要求增至 σ,采集支座变形数据,绘制应力—应变图,并在整个试验过程中维持 σ 不变。用千斤顶对中间工字梁施加一个向上的力 P,使其达到预期转角的正切值(偏差不大于5%),停 5min 后,记录千斤顶力 P 及传感器的数值。

3)计算

(1)实测转角的正切值应按式(8-49)计算:

$$\tan\theta = \frac{\Delta_1^2 + \Delta_3^4}{2L} \quad (8\text{-}49)$$

式中:$\tan\theta$——试样实测转角的正切值;
Δ_1^2——传感器 N_1、N_2 处的变形平均值(mm);
Δ_3^4——传感器 N_3、N_4 处的变形平均值(mm);
L——转动力臂。

(2)各种转角下,由于垂直承压力和转动共同影响产生的压缩变形值应按式(8-50)计算:

$$\Delta_2 = \Delta_c - \Delta_1 \quad (8\text{-}50)$$

式中:Δ_c——支座最大承压力 R 时试样累积压缩变形值(mm);
Δ_1——转动试验时,试样中心平均回弹变形值(mm);
Δ_2——垂直承压力和转动共同影响下试样中心处产生的压缩变形值(mm)。

(3)各种转角下,试样边缘换算变形值应按式(8-51)计算:

$$\Delta_\theta = \tan\theta \cdot \frac{l_a}{2} \quad (8\text{-}51)$$

式中:Δ_θ——实测转角产生的变形值(mm);
l_a——矩形支座试样的短边尺寸(mm),圆形支座采用直径 d(mm)。

(4)各种转角下,支座边缘最大、最小变形值应按下列公式计算:

$$\Delta_{\max} = \Delta_2 + \Delta_\theta \quad (8\text{-}52)$$

$$\Delta_{\min} = \Delta_2 - \Delta_\theta \quad (8\text{-}53)$$

7. 极限抗压强度试验

极限抗压强度试验应按下列步骤进行:

(1)将试样放置在试验机的承载板上,上下承载板与支座接触面不得有油污,对准中心位置,精度应小于1%的试件短边尺寸。

(2)以 0.1MPa/s 的速率连续地加载至试样极限抗压强度 R_u 不小于 70MPa 为止,绘制应力—时间图,并随时观察试样受力状态及变化情况,以及试样是否完好无损。

8. 判定规则

(1)实测抗压弹性模量 E_1、抗剪弹性模量 G_1、试样老化后的抗剪弹性模量 G_2 和四氟滑板试样与不锈钢板的摩擦系数应满足成品支座力学性能要求。

(2)支座在承受不小于70MPa的压应力时,橡胶层未被挤坏,中间层钢板未断裂,四氟板与橡胶未发生剥离,则试样的抗压强度满足要求。

(3)支座在两倍剪应力作用下,橡胶层未被剪坏,中间层钢板未断裂错位,卸载后,支座变形恢复正常,认为试样抗剪黏结性能满足要求。

(4)试样的容许转角正切值,混凝土、钢筋混凝土桥在1/300,钢桥在1/500时,试样边缘最小变形值大于或等于零,则试样容许转角满足要求。

(5)三块(或三对)试样中,有两块(或两对)不能满足要求时,则认为该批产品不合格。若有一块(或一对)试样不能满足要求,则应从该批产品中随机再取双倍试样对不合格项目进行复验,若仍有一项不合格,则判定该批产品不合格。

四、伸缩装置检测

(一)桥梁伸缩装置的作用及种类

桥梁伸缩装置的作用是满足桥梁上部结构变形的需要并能使车辆平稳通过桥面。伸缩装置根据伸缩体结构的不同,主要分为以下四类:

1. 纯橡胶式伸缩装置

伸缩体完全由橡胶组成的(包括高度不大于50mm的异形钢梁与密封橡胶带组成单缝)称为纯橡胶式伸缩装置。适用于伸缩量不大于60mm的公路桥梁工程。

2. 板式伸缩装置

伸缩体由橡胶、钢板或角钢硫化为一体的称为板式伸缩装置,适用于伸缩量小于60mm的公路桥梁工程,不适用于高速公路桥梁工程。

3. 组合式伸缩装置

伸缩体由橡胶板和钢托板组合而成的称为组合式伸缩装置,适用于伸缩量不大于120mm的公路桥梁工程,不适用于高速公路桥梁工程。

4. 模数式伸缩装置

伸缩体由异型钢梁与单元橡胶密封带组合而成的称为模数式伸缩装置,适用于伸缩量为80~1200mm的公路桥梁工程。

(二)伸缩装置成品力学性能试验

1. 伸缩装置拉伸、压缩时的水平摩阻力及变位均匀性

桥梁伸缩装置在最大拉伸、压缩时的水平摩阻力大小及变位均匀性,是衡量伸缩装置好坏、伸缩机构设计是否合理灵活的重要技术指标。

试验时,首先在试验段两端和中间做出明显标记;按照已选定的预紧力把各组支座预紧固

定好;用千斤顶将伸缩装置试件拉伸到最大伸缩量位置;用标定过的卡尺准确测定标记处的总宽和每条缝隙宽度的初始值;经过核对后分级加载,往返预拉预压后进行正式试验。正式加载时,记录各级荷载的大小,量测伸缩装置两端总宽和每条缝隙宽度变化值。

2. 伸缩装置横向、纵向及竖向相对错位试验

桥梁结构在受力过程中,由于构造及环境影响,常产生不对称变形,要求伸缩装置能够吸收三个方向的变形,同时也能适应加工组装及施工等产生的误差。

(1)纵向错位试验。

试验时,使试件在4m范围两端产生80mm的差值,伸缩装置形成扇形张开,然后固定锚固箱,进行拉伸、压缩试验,实测摩阻力大小和变位均匀性数值。

(2)竖向错位试验。

桥梁由于支座沉降及安装误差等会使伸缩装置产生竖向错位。试验时,将试验段一侧位移控制箱放松后用千斤顶将其顶高,垫入楔形垫块,使两侧位移控制箱形成5%的高差,再将位移控制箱固定,进行拉伸、压缩试验,测定摩阻力大小和变位均匀性。

(3)横向错位试验。

将试验段一侧位移控制箱放松,用水平千斤顶对放松的位移控制箱施加水平力,使其横梁倾斜角度达到2.5°后固定位移控制箱,再进行拉伸压缩试验,实测拉压过程中摩阻力大小和变位均匀性。

3. 中梁、横梁截面应力和垂直变形试验

将伸缩装置拉伸到最大伸缩量,在中梁上模拟公路—Ⅰ级荷载压力分级进行加载测试,中梁及横梁应力用电阻应变片进行测试,垂直变形用百分表测试。

4. 最大水平制动力时,中梁变位、连动机构应力测试

最大水平制动力试验,主要模拟公路—Ⅰ级荷载在伸缩装置一根中梁上紧急制动时,测试中梁水平变位值和连动机构应力。试验时,用两个水平千斤顶模拟两个车轮在伸缩装置处于最大拉伸状态时,在中梁的支承横梁跨间中点施加水平制动力;在中梁两端安装百分表,测试中梁变位;在连动机构上粘贴应变片,测试其应力。

【本章小结】

1. 地基容许承载力的确定要考虑两方面的要求,即基础沉降量不超过容许值和保证地基有足够的稳定性。测定方法有野外荷载试验法和贯入试验法等。

2. 混凝土钻孔灌注桩属隐蔽工程,为了保证桩基础的安全可靠,必须加强对桩质量的控制和检测。灌注桩完整性的检测方法有钻芯检验法、振动检验法、超声脉冲检验法及射线法等。

3. 混凝土无损检测技术是指在不破坏混凝土结构的条件下,在混凝土结构原位上对其强度或缺陷进行直接定量检测。常用的无损检测方法有回弹法和超声回弹综合法等。

4. 桥梁支座是连接桥梁上部结构和下部结构的重要部件,目前用得最多的是橡胶支座。伸缩装置分纯橡胶式伸缩装置、板式伸缩装置、组合式伸缩装置及模数式伸缩装置四类。

【思考题】

1. 测定地基容许承载力的方法有哪些？
2. 如何用现场荷载试验绘制的 P-S 关系曲线确定地基容许承载力？
3. 简述钻孔灌注桩质量检测的项目与方法。
4. 泥浆性能指标有哪些？如何检测？
5. 混凝土与钢筋混凝土结构质量检测的项目有哪些？如何确定检测频率？
6. 叙述水泥浆的检测项目与检测方法。
7. 什么是无破损检测方法？简述回弹法测定混凝土抗压强度的原理。
8. 锚具与连接器的检验项目与技术要求有哪些？
9. 为什么要进行油压千斤顶的校验？
10. 板式橡胶支座的力学性能有哪些？如何检测？

第九章
隧道工程试验检测

我国山地、丘陵和高原面积约占国土总面积的69%。随着交通运输事业的迅速发展,公路建设的规模日益扩大,设计施工技术达到新的水平,公路隧道建设不仅在山区和丘陵地区公路建设中,而且在东部江河桥隧跨越方案比选中,日益引起人们重视,并得到很大发展。公路隧道是一种特殊的工程结构物,具有以下特点:

1. 断面大

一般来说,公路隧道与铁路隧道、矿山地下巷道相比断面较大,双车道公路隧道的断面面积可达 $80m^2$。因此,公路隧道围岩受扰动范围较大,其轮廓对围岩块体的不利切割增多,围岩内的拉伸区与塑性区加大,导致施工难度增大。

2. 形状扁平

在满足使用功能和施工安全的前提下,尽可能降低工程造价是隧道设计的基本要求。由于公路隧道的建筑界限基本上是一个宽度大于高度的截角矩形断面,在设计开挖断面、衬砌结构时,总是在保证施工安全和结构长期稳定条件下,尽量围绕建筑界限设计开挖断面和净断面,因此,公路隧道的断面常为形状扁平的马蹄形。

3. 需要运营通风

机动车辆通过隧道时,要不断地向隧道内排放废气,对于较长及特长隧道,自然风和交通风对隧道内空气的置换作用相对较小,如不采取措施,隧道内有害气体浓度逐渐升高,能见度降低,会影响驾乘人员的身体健康和行车安全。因此,必须根据隧道的具体条件,采用适当的通风方式,将新鲜空气送入隧道,稀释有害气体,使其浓度降至安全指标以内。

4. 需要运营照明

高速行驶的车辆在白天接近并穿过隧道时,行车环境要经历一个"亮—暗—亮"的变化过程,为了减轻通过隧道时驾驶员的生理和心理压力,消除车辆进洞时的黑框或黑洞效应,以及出洞时的眩光现象,从有利于行车安全的角度出发,高等级公路上的隧道一般都需根据具体情况,设置合理有效的照明。

5. 防水要求高

在高等级公路上,车辆行驶速度较快,如果隧道出现渗漏或路面涌水,则会造成路面湿滑,不利于行车安全。此外,长期或大量的渗漏水,还会对隧道内的机电设备、动力及通信线路构成威胁,因此,对隧道的防排水有严格的要求。

由于公路隧道工程数量的增加和建设速度的加快,加之公路隧道的上述特点及设计、施工等方面的原因,公路隧道容易出现质量问题,常见的有隧道渗漏、衬砌开裂、限界受侵、衬砌结构同围岩结合不密实、通风照明不良等。为保证公路隧道的质量,必须加强试验检测工作。本章学习隧道工程的试验检测技术。

第一节　公路隧道检测内容

一、概述

公路隧道的建造是百年大计,检测技术作为质量管理的重要手段越来越为人们所重视。公路隧道检测技术涉及面广,内容很多。除了运营环境的检测内容与方法对各类隧道都通用外,由于施工方法的不同,山岭隧道、水下沉埋隧道和软土盾构隧道在检测内容与方法上差别很大。目前我国修建的公路隧道绝大多数为山岭隧道,本章着重介绍山岭隧道的检测技术。

按隧道的修建过程进行划分,检测主要包括材料质量检测、超前支护与预加固围岩施工质量检测、开挖质量检测、初期支护施工质量检测、防排水质量检测、施工监控量测、混凝土衬砌质量检测、通风检测、照明检测等。也可按材料检测、施工检测、环境检测等内容分类。

二、隧道工程的检测内容

1. 材料检测

只有用合格的原材料才能修建出合格的公路隧道。在隧道工程的常用原材料中,衬砌材料属土建工程的通用材料。支护材料包括锚杆、喷射混凝土和钢构件等。锚杆杆体材质、锚固方式、杆体结构和托板形式等种类繁多,特性各异,分别适用于不同的工程条件;喷射混凝土有干喷、湿喷之分,为了获取较好的力学特性和工程特性,还添加各种外加剂。隧道防水材料包括注浆材料、高分子合成卷材、排水管和防水混凝土等。隧道工程常用原材料的检测见第二章。

2. 施工检测

施工检测包括施工质量检测和施工监控量测两个方面。

1) 施工质量检测

公路隧道工程上出现的种种质量问题,绝大部分都是在施工过程中埋下了质量隐患,如渗漏水、衬砌开裂和限界受侵等,因此必须对施工过程进行质量检测,内容包括超前支护及预加固、开挖、初期支护、防排水和衬砌混凝土质量检测等。

在浅埋、严重偏压、岩溶、流泥地段、砂土层、砂砾石层、自稳性差的软弱破碎地层以及大面积淋水或涌水地段进行施工时,由于隧道在开挖后自稳时间小于完成支护所需时间,或由于初期支护的强度不能满足围岩稳定的要求等原因,可能产生坍塌、冒顶等工程事故,影响施工安全,延误工期,费工费料,危害极大。为避免上述情况,必须在隧道开挖前或开挖过程中采用辅助施工方法增强隧道围岩稳定。因此,做好辅助施工措施的质量检查工作也是至关重要的。

爆破成形好坏对后续工序的质量影响极大,目前检测爆破成形质量的技术发展很快,已开始使用隧道断面仪来及时检测爆破成型质量,该仪器可以迅速测取爆破后隧道断面轮廓,并将其与设计开挖断面比较,从而得知隧道的超欠挖情况。应用隧道断面仪还可监测锚喷隧道围岩的变形情况。

支护质量主要指锚杆安装质量、喷射混凝土质量和钢构件质量。对于锚杆,施工质量检测的内容有锚杆的间排距、锚杆的长度、锚杆的方向、注浆式锚杆的注满度、锚杆的抗拔力等。对于喷射混凝土,施工中应主要检测其强度、厚度和平整度。对于钢构件,则要检测构件的规格与节间连接、架间距、构件与围岩的接触情况以及与锚杆的连接。此外,对支护背后的回填密实度也要进行探测。

衬砌混凝土质量检测包括衬砌的几何尺寸、衬砌混凝土强度、混凝土的完整性、混凝土裂缝、衬砌背后的回填密度和衬砌内部钢架、钢筋分布等检测。其中外观尺寸用直尺量测,混凝土强度及其完整性则需用无损探测技术完成,混凝土裂缝可用塞尺等简单方法检测,衬砌背后的回填密实度可采用地质雷达法和钻孔法检测。

2) 施工监控量测

施工监控量测是施工安全的保障措施,也是优化结构受力、降低材料消耗的重要手段。量测的基本内容有隧道围岩变形、支护受力和衬砌受力。利用隧道断面仪可迅速测定隧道周边的变形。围岩内部的位移,目前常用机械式多点位移计量测。锚杆受力可用钢筋计量测,喷射混凝土、钢构件和衬砌受力可用混凝土应变计、表面应变计等量测。将量测结果输入计算机,计算机便可根据反算力学模型,推求围岩中的应力场和位移场,据此推断围岩的稳定状态,调整支护或衬砌设计参数。如此反复,使支护与衬砌设计参数与围岩条件相协调,使施工方案不断优化。

3. 环境检测

环境检测分为施工环境检测和运营环境检测。施工环境检测的主要任务是检测施工过程中隧道内的粉尘和有害气体。运营环境检测包括通风、照明和噪声等。其中通风检测相对比较复杂,检测内容较多,主要有 CO_2 浓度、烟尘浓度和风速等,受来往车辆的影响不易获得准确的数据。照明检测技术较为先进,采用车载照度仪、亮度仪,只要随车从隧道通过一趟,隧道内各区段的照明情况便可查清。噪声的检测也比较简单,用噪声计可直接数显隧道内噪声

第二节 开挖质量检测

开挖是控制隧道施工工期和造价的关键工序。超挖过多,不仅因出渣量和衬砌量增多而提高工程造价,而且由于局部超挖会产生应力集中问题,影响围岩稳定性;而欠挖则直接影响到衬砌厚度,使工程质量和安全产生隐患,所以必须保证开挖质量,为围岩的稳定和安全支护创造良好条件。

隧道开挖质量的评定包含两项内容:一是检测开挖断面的规整度,二是超欠挖控制。对于规整度,一般采用目测的方法进行评定;对于超欠挖,则需要通过对大量实测开挖断面数据的计算分析,才能做出正确的评价。其实质就是要准确地测出隧道开挖的实际轮廓线,并将它与设计轮廓线纳入同一坐标体系中比较,从而从数量上获悉超挖和欠挖的大小和部位,及时指导下一步的施工。

一、开挖质量检测项目

1. 基本要求

(1)不良地质段开挖前应做好预加固、预支护。

(2)当前方地质出现变化迹象或接近围岩分界线时,必须用地质雷达、超前小导坑、超前探孔等方法先探明隧道的工程地质和水文地质情况,方可进行开挖。

(3)应严格控制欠挖。当石质坚硬完整且岩石抗压强度大于30MPa并确认不影响衬砌结构稳定和强度时,允许岩石个别凸出部分(每$1m^2$不大于$0.1m^2$)凸入衬砌断面,锚喷支护时凸入不大于30mm,衬砌时不大于50mm,拱脚、墙脚以上1m内严禁欠挖。

(4)开挖轮廓要预留支撑沉落量及变形量,并利用量测反馈信息及时调整。

(5)隧道爆破开挖时应严格控制爆破震动。

(6)洞身开挖在清除浮石后应及时进行初喷支护。

2. 实测项目

见表9-1。

洞身开挖实测项目　　　　表9-1

项次	检查项目		规定值或允许偏差	检查方法和频率	权值
1	拱部超挖(mm)	破碎岩、软土等(Ⅰ、Ⅱ类围岩)	平均100,最大150	激光断面仪:每20m抽一个断面,测点间距≤1m	3
		中硬岩、软岩(Ⅲ、Ⅳ、Ⅴ类围岩)	平均150,最大250		
		硬岩(Ⅵ类围岩)	平均100,最大200		
2	边墙超挖(mm)	每侧	+100,-0		2
		全宽	+200,-0		
3	仰拱、隧底超挖(mm)		平均100,最大250	水准仪:每20m检查3处	1

3. 外观鉴定

洞顶无浮石。不符合要求时每处减 1 分并及时清除。

二、超欠挖测定方法

(一)直接测量法

1. 测量方法

在二次衬砌立模后,以内模为参照物,从内模量至围岩壁的数据 l 加上内净空 R_1 即为开挖断面数据。量测时,钢尺尽量与内模垂直,如图 9-1 所示。

量测段数的划分:自一侧盖板顶至拱顶均分为 9 段,两侧共 18 段,19 个量测数据,编号分别为 $A_1 \sim A_{19}$,如图 9-2 所示。隧道内每隔 5m(10m)测量一个开挖断面,且断面里程尾数最好为 0 或 5,如 K26 + 125、K29 + 130,这样既有一定的规律性,能全面反映情况,又便于资料的管理与查阅。

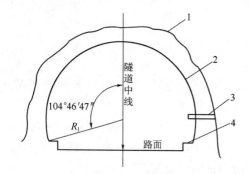 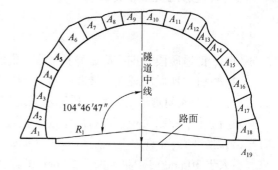

图 9-1 以内模为参照物直接测量法　　　　图 9-2 量测段数的划分
1-岩壁(开挖轮廓线);2-内模;3-钢尺;4-盖板顶

2. 开挖质量评价

隧道开挖质量不能以某一个开挖断面为标准进行评价,而应通过某一长度段内所有的实测数据的综合计算分析来评价。

通常以 50m(或 100m)长、围岩类别相同段落的开挖实测数据作为一个分析群,则这一分析群内共有 11(50/5 + 1)个断面,11 × 19 = 209 个数据。通过对这 209 个实测数据的综合计算,再与设计要求进行比较分析,可对这 50m 的开挖质量做出评价。

(二)直角坐标法

1. 测量原理

用经纬仪测量被测开挖断面各变化点的水平角及竖直角,并已知置镜点与被测断面的距离、置镜点仪器高程、被测断面开挖底板高程,以开挖底板高程点为坐标原点,建立直角坐标,利用立体几何原理,计算出各测点距坐标原点的纵横坐标,按一定的比例画出断面图形,并同设计断面比较得到开挖断面的超欠挖情况,如图 9-3 所示。

2.测量方法

(1)仪器:经纬仪一台,水平仪一台,激光打点仪一台,钢尺、塔台。

(2)方法:将激光打点仪置于被测断面,照准隧道或线路中线方向,拨90°角固定水平盘,使各测点处于同一断面上,利用其发出的激光束照准被测开挖断面各变化点,同时距被测断面一定距离设置经纬仪,用以测量激光打点仪照准各点的水平角及竖直角(在照准隧道或线路中线方向时,可将水平度盘置为0或记下水平读数)。用水平仪测量经纬仪的高程,用钢尺量两置镜的距离。

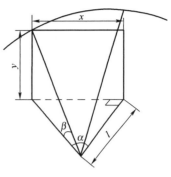

图 9-3 直角坐标法测量原理

3.数据计算

$$x = l \cdot \tan(\alpha - \alpha_0) \tag{9-1}$$

$$y = \frac{L}{\cos(\alpha - \alpha_0)} \cdot \tan\beta + 经纬仪的高程 - 开挖断面底板高程 \tag{9-2}$$

式中:x——断面水平方向坐标;

y——断面竖直方向坐标;

l——两置镜的距离;

α——水平角读数;

α_0——水平角中线方向初始角读数;

β——竖直角读数。

(三)激光断面仪法

激光断面仪法属于极坐标法。以某物理方向(如水平方向)为起算方向,按一定间距(角度或距离)依次测定仪器旋转中心与实际开挖轮廓线的交点之间的矢径(距离)及该矢径与水平方向的夹角,将这些矢径端点依次相连即可获得实际开挖的轮廓线。通过洞内的施工控制导线可以获得断面仪的定点定向数据,利用计算软件自动完成实际开挖轮廓线与设计开挖轮廓线的空间三维匹配,最后输出图形,并可输出各测点与相应设计开挖轮廓线之间的超欠挖值(距离、面积)。如果沿隧道轴向按一定间隔测量数个断面,还可算得实际开挖方量、超挖方量及欠挖方量。用断面仪测量实际开挖面的轮廓线的优点在于不需要合作目标(反射棱镜),而且量测精度满足现代施工测量的要求。

用激光断面仪进行测量,断面仪可以放置于隧道中任何适合于测量的位置,扫描断面的过程(测量记录)可以自动完成。所测的每点均由断面仪发出的一束十分醒目的单色可见红色激光指示,而且人工可随时加以干预。如果测量一个直径10m的断面轮廓线,每隔25cm测一个点,则需测量126个点,需时约为5min。如果在断面仪自动扫描断面的测量过程中,发现轮廓线上的某特征点漏测,还可以随时用断面仪配置的手持式控制器发出一个停止命令(按一个键),然后用控制键操纵断面仪测距头返回欲测的特征点,完成该点的测量后继续扫描下去。除此以外,在自动测量过程中,测点之间的间距还可以根据断面轮廓线的实际凸凹形状,随时动态地加以修正。

目前在隧道施工中,激光断面仪不仅可应用于开挖断面质量的控制,还可应用于初期支护(喷射混凝土)、二次衬砌断面轮廓和厚度的检测。

第三节 支护施工质量检测

支护是指隧道开挖后,用于控制围岩变形及防止坍塌所采取的工程技术措施,其类型有锚杆支护、喷射混凝土支护、喷射混凝土与钢筋网联合支护等。初期支护的类型及参数应根据围岩的性质及状态、地下水情况、隧道净空尺寸及其埋深等条件决定。

一、锚杆支护质量检测

锚杆是用机械方法或黏结方法将一定长度的杆体(通常多用钢筋)锚固在围岩预先钻好的锚杆孔内,由于锚杆具有"悬吊作用""组合梁作用"和"加固拱作用"等而使围岩得到加固。

(一)基本要求

(1)锚杆的材质、类型、质量、规格、数量和性能必须符合设计和规范的要求。
(2)锚杆插入孔内的长度不得短于设计长度的95%。
(3)砂浆锚杆和注浆锚杆的灌浆强度应不小于设计和规范要求,锚杆孔内灌浆应密实饱满。
(4)锚杆垫板应满足设计要求,垫板应紧贴围岩,围岩不平时要用M10砂浆填平。
(5)锚杆应垂直于开挖轮廓线布设。对沉积岩,锚杆应尽量垂直于岩层面。

(二)实测项目

见表9-2。

锚杆支护实测项目 表9-2

项次	检查项目	规定值或允许偏差	检查方法和频率	权值
1	锚杆数量(根)	不小于设计值	按分项工程统计	3
2	锚杆拔力(kN)	28d拔力平均值≥设计值,最小拔力≥0.9设计值	按锚杆数1%且不小于3根做拔力试验	2
3	孔位(mm)	±15	尺量:检查锚杆数的10%	2
4	钻孔深度(mm)	±50	尺量:检查锚杆数的10%	2
5	孔径(mm)	砂浆锚杆:大于杆体直径+15;其他锚杆:符合设计要求	尺量:检查锚杆数的10%	2
6	锚杆垫板	与岩面紧贴	检查锚杆数的10%	1

(三)外观鉴定

钻孔方向应尽量与围岩和岩层主要结构面垂直,锚杆垫板与岩面紧贴。不符合要求时减1~3分。

(四)检测方法

1. 锚杆拉拔力测试

锚杆拉拔力指锚杆能够承受的最大拉力,它是锚杆材料、加工和施工安装质量的综合反映,是锚杆质量检测的一项基本内容。

1)拉拔设备

拉拔设备包括中空千斤顶、手动油压泵、油压表及千分表。

2)测试方法

(1)根据试验目的,在隧道围岩指定部位钻锚杆孔。孔深在正常深度的基础上稍作调整,以便锚杆外露长度大些,保证千斤顶的安装;或采用正常孔深,将待测锚杆加长,从而为千斤顶安装提供空间。

(2)按照正常的安装工艺安装待测锚杆。用砂浆将锚杆口部抹平,以便支放承压垫板。

(3)根据锚杆的种类和试验目的确定拉拔时间。

(4)在锚杆尾部加上垫板,套上中空千斤顶,将锚杆外端与千斤顶内缸固定在一起,并装设位移量测设备与仪器,如图9-4所示。

(5)通过手动油压泵加压,从油压表读取油压,根据活塞面积换算锚杆承受的拉拔力。视需要从千分表读取锚杆尾部的位移,绘制锚杆拉力—位移曲线。

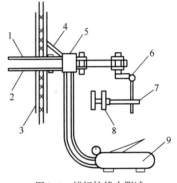

图9-4 锚杆拉拔力测试
1-锚杆;2-充填砂浆;3-喷射混凝土;4-反力板;5-油压千斤顶;6-千分表;7-固定梁;8-支座;9-油压泵

3)注意事项

(1)安装拉拔设备时,应使千斤顶与锚杆同心,避免偏心受拉。

(2)加载应匀速,一般以10kN/min的速率增加。

(3)如无特殊需要,可不做破坏性试验,拉拔到设计拉力即停止加载,但用中空千斤顶进行锚杆拉拔试验,一般都要求做破坏性试验,测取锚杆的最大承载力。一方面可检验锚杆的施工质量,另一方面为调整设计参数提供依据。

(4)千斤顶应固定牢靠,并有必要的安全防护措施。

2. 锚杆位置检测

钻孔前应根据设计要求定出孔位,做出标记。施工时可根据围岩壁面的具体情况,允许孔位偏差±15mm。检查时应特别注意对锚杆间距与排距的尺量。间距与排距是锚杆设计与施工的重要参数之一。

3. 钻孔深度检测

适宜的钻孔深度是保证锚杆锚固质量的前提。钻孔深度可用带有刻度的塑料管或木棍等插孔量测。

4. 孔径与孔形检测

目前为了降低能耗和提高钻进速度,钻孔直径有逐渐缩小的趋势。但对于砂浆锚杆来说,孔径过小会减小锚杆杆体包裹砂浆层的厚度,影响锚杆的锚固力及其耐久性。所以,检查时,对砂浆锚杆应尺量钻孔直径,孔径大于杆体直径15mm时,可认为孔径符合要求。为了便于锚杆安装,钻孔还应圆而直。

二、喷射混凝土质量检测

喷射混凝土是用压缩空气将掺有速凝剂的混凝土拌和料,通过混凝土喷射机高速喷射到岩面上形成混凝土层,喷层凝固后具有"支撑作用""填补作用""黏结作用"和"封闭作用",从而使围岩得到加固,围岩自身的强度得到保护。实际工程中常将锚杆与喷射混凝土结合使用,统称锚喷支护。

(一)基本要求

(1)材料必须满足规范和设计要求。

(2)喷射前要检查开挖断面的质量,处理好超欠挖。

(3)喷射前,岩面必须清洁。

(4)喷射混凝土支护应与围岩紧密黏结,结合牢固,喷层厚度应符合要求,不能有空洞,喷层内不容许添加片石和木板等杂物,必要时应进行黏结力测试。喷射混凝土严禁挂模喷射,受喷面必须是原岩面。

(5)支护前应做好排水设施,对渗漏水孔洞、缝隙应采取引排、堵水措施,保证喷射混凝土的质量。

(6)采用钢纤维喷射混凝土时,钢纤维抗拉强度不得低于380MPa,且不得有油渍及明显的锈蚀。

(二)实测项目

见表9-3。

喷射混凝土支护实测项目 表9-3

项次	检查项目	规定值或允许偏差	检查方法和频率	权值
1	喷射混凝土强度(MPa)	在合格标准内	按《公路工程质量检验评定标准 第一册 土建工程》(JTG F80/1—2004)附录E检查	3
2	喷层厚度(mm)	平均厚度≥设计厚度;检查点的60%≥设计厚度;最小厚度≥0.5设计厚度,且≥50	凿孔法或雷达检测仪:每10m检查一个断面,每个断面从拱顶中线起每3m检查一点	2
3	空洞检测	无空洞,无杂物	凿孔或雷达检测仪:每10m检查一个断面,每个断面从拱顶中线起每3m检查一点	2

(三)外观鉴定

无漏喷、离鼓、裂缝、钢筋网外露现象。不符合要求时减 2~5 分并返工处理。

(四)检测方法

1.喷射混凝土强度检测方法

喷射混凝土强度包括抗压强度、抗剪强度、黏结强度等。其中,抗压强度是表示喷射混凝土物理力学性能及耐久性的一个综合指标,工程实际中常用它作为检测喷射混凝土质量的重要指标。

1)检查试块的制作方法

(1)喷大板块切割法。

在施工的同时,将混凝土喷射在 45cm×35cm×12cm(可制成 6 块)或 45cm×20cm×12cm(可制成 3 块)的模型内,当混凝土达到一定强度后,加工成 10cm×10cm×10cm 的立方体试块,在标准条件下养护至 28d 进行试验。

(2)凿方切割法。

在具有一定强度的支护上,用凿岩机打密排钻孔,取出长约 35cm、宽约 15cm 的混凝土块,加工成 10cm×10cm×10cm 的立方体试块,在标准条件下养护至 28d 进行试验。

2)喷射混凝土抗压强度合格判定

试块的数量:隧道(两车道)每 10 延米至少在拱顶和边墙各取一组试样,材料和配合比变更时另取一组,每组至少取 3 个试块进行试验。

(1)同批(指同一配合比)试块的抗压强度平均值,不低于设计强度或 C20。

(2)任意一组试块抗压强度平均值不得低于设计强度的 80%。

(3)同批试块为 3~5 组时,低于设计强度的试块组数不得多于 1 组;试块为 6~16 组时,不得多于 2 组;17 组以上时,不得多于总组数的 15%。

(4)检查不合格时,应查明原因并采取措施,可用加厚喷层或增设锚杆的办法予以补强。

2.喷射混凝土厚度检测

喷射混凝土厚度指混凝土喷层至隧道围岩接触界面间的距离。施工中保证喷射混凝土的厚度是保证喷射混凝土质量的前提条件,所以厚度也是喷射混凝土质量检验的一个重要指标。

1)检查方法和数量

喷层厚度可以用凿孔、激光断面仪或光带摄影等方法检查。凿孔检查时,宜在混凝土喷后 8h 以内用短钎将孔凿出,发现厚度不够时可及时补喷加厚。采用凿岩机钻眼,若因喷射混凝土与围岩黏结紧密,颜色接近较难辨认喷射层厚度,可用酚酞试液涂抹孔壁,碱性混凝土即呈现红色。

检查断面的数量为每 10 延米至少检查一个断面,再从拱顶中线起每隔 2m 凿孔检查一个点。

2)喷射厚度合格判定

每个断面拱、墙分别统计,全部检查孔处喷层厚度应有 60% 以上不小于设计厚度,平均厚度不得小于设计厚度,最小厚度不应小于设计厚度的 1/2。在软弱破碎围岩地段,喷层厚度不应小于设计规定的最小厚度。钢筋网喷射混凝土的厚度不应小于6cm。

当发现喷射混凝土表面有裂缝、脱落、露筋、渗漏水情况时,应予修补,凿除重喷或进行整治。

3. 喷射混凝土与围岩黏结强度试验

1)检查试块的制作方法

(1)成型试验法。

在模型内放置面积为10cm×10cm×5cm且表面粗糙度近似于实际情况的岩块,用喷射混凝土掩埋。在混凝土达到一定强度后,加工成10cm×10cm×10cm的立方体试块,在标准条件下养护至28d,用劈裂法进行试验。

(2)直接拉拔法。

在围岩表面预先设置带有丝扣和加力板的拉杆,用喷射混凝土将加力板埋入,喷层厚度约10cm,试件面积约30cm×30cm(周围多余部分应予清除)。经28d养护,进行拉拔试验。

2)强度标准

喷射混凝土与岩石的黏结力,Ⅳ类以上围岩不低于0.8MPa,Ⅲ类围岩不低于0.5MPa。

4. 喷射混凝土粉尘、回弹检查

(1)作为施工工艺,这两项工作应经常进行,以工艺标准来促进质量的提高。

(2)《公路隧道施工技术规范》(JTG F60—2009)规定:回弹率应予以控制,拱部不超过40%,边墙不超过30%,挂钢筋网后,回弹率限制可放宽5%。应尽量采用经过验证的新技术,减少回弹率,回弹物不得重新用作喷射混凝土材料。

(3)减少粉尘和回弹的措施有:

①严格控制喷射机工作风压。

②合理选择喷射混凝土配合比;适当减小集料的最大粒径,使砂石料具有一定的含水率,呈现潮湿状。

③掌握好喷头处的用水量,提高喷射作业操作熟练程度和技术水平。

④采用湿喷工艺,添加外加剂。

⑤采用双水环喷头。

⑥应保持喷射机密封板的平整、不漏风,并调节好密封板的压力,松紧适宜。

⑦应加强喷射的照明、通风。

⑧采用模喷混凝土。

第四节 施工监控量测

隧道开挖过程中应用各种类型的仪表和工具,对围岩和支护、衬砌的力学行为以及它们之间的力学关系进行量测和观察,并对其稳定性进行评价,统称为监控量测。通过监控量测,可以检测隧道施工阶段和营运阶段围岩变化情况及支护结构的稳定程度,预见事故和险情,以便调整和修改支护结构。监控量测是保证工程质量的重要措施,也是判断围岩和衬砌是否稳定、保证施工安全、指导施工顺序、进行施工管理、提供设计信息的主要手段。

施工监控量测的主要任务是:确保施工安全;预测和确认隧道围岩最终稳定时间,以指导施工顺序和确定做二次衬砌的时间;根据隧道开挖后所获得的量测信息,进行综合分析,检验和修正施工预设计;积累资料,作为其他工程设计与施工的参考资料。

一、量测要求

(1)快速埋设测点。测点一般是开挖后埋设的,为尽早获得围岩开挖初始阶段的变形动态,测点应紧靠工作面快速埋设,尽早量测。一般设置在距开挖工作面2m范围内,在开挖后24h内,并在下次爆破前测取初读数。

(2)每一次量测数据所需时间应尽可能短。

(3)测试元件应具有良好的防振、防冲击波能力。

(4)测试数据应准确可靠。

(5)测试数据直观,不必复杂计算即可直接应用。

(6)测试元件在埋设后能长期有效工作。

(7)测试元件应有足够的精度。

二、量测项目与方法

施工监控量测的项目包括必测项目和选测项目,应根据隧道工程地质条件、围岩类别、围岩应力分布情况、隧道跨度、埋深、工程性质、开挖方法、支护类型等因素确定。隧道现场监控量测项目及方法如表9-4所示,表中1~4项为必测项目,5~11项为选测项目。

隧道现场监控量测项目及量测方法　　表9-4

序号	项目名称	方法及工具	布置	量测间隔时间			
				1~15d	16d~1个月	1~3个月	大于3个月
1	地质和支护状况观察	岩性、结构面产状及支护裂缝观察或描述、地质罗盘等	开挖后及初期支护后进行	每次爆破后进行			
2	周边位移	各种类型收敛计	每10~50m一个断面,每断面2~3对测点	1~2次/d	1次/2d	1~2次/周	1~3次/月
3	拱顶下沉	水平仪、水准尺、钢尺或测杆	每10~50m一个断面	1~2次/d	1次/2d	1~2次/周	1~3次/月
4	锚杆或锚索内力及抗拔力	各类电测锚杆、锚杆测力计及拉拔器	每10m一个断面,每个断面至少做3根锚杆	—	—	—	—
5	地表下沉	水平仪、水准尺	每5~50m一个断面,每断面至少7个测点,每隧道至少两个断面;中线每5~20m一个测点	开挖面距量测断面前后<2B时,1~2次/d;开挖面距量测断面前后<5B时,1次/2d;开挖面距量测断面前后>5B时,1次/周			

续上表

序号	项目名称	方法及工具	布置	量测间隔时间			
				1~15d	16d~1个月	1~3个月	大于3个月
6	围岩体内位移（洞内设点）	洞内钻孔中安设单点、多点杆式或钢丝式位移计	每5~100m一个断面，每断面2~11个测点	1~2次/d	1次/2d	1~2次/周	1~3次/月
7	围岩体内位移（地表设点）	地面钻孔中安设各类位移计	每代表性地段一个断面，每断面3~5个钻孔	同地表下沉要求			
8	围岩压力及两层支护间压力	各种类型压力盒	每代表性地段一个断面，每断面宜为15~20个测点	1~2次/d	1次/2d	1~2次/周	1~3次/月
9	钢支撑内力及外力	支柱压力计或其他测力计	每10榀钢拱支撑一对测力计	1~2次/d	1次/2d	1~2次/周	1~3次/月
10	支护、衬砌内应力、表面应力及裂缝量测	各类混凝土应变计、应力计、测缝计及表面应力解除法	每代表性地段一个断面，每断面宜为11个测点	1~2次/d	1次/2d	1~2次/周	1~3次/月
11	围岩弹性波测试	各种声波仪及配套探头	在有代表性地段设置	—	—	—	—

注：B 为隧道开挖宽度。

三、围岩周边位移量测

隧道开挖后，围岩向坑道方向的位移是围岩动态的显著表现，最能反映出围岩或围岩与支护的稳定性。

隧道内壁面两点连线方向的位移之和称为"收敛"，此项量测称"收敛量测"。收敛值为两次量测的距离之差。

收敛量测是隧道施工监控量测的重要项目，收敛值是最基本的量测数据，必须量测准确，计算无误。

（一）量测目的

周边位移是隧道围岩应力状态变化最直观的反映，通过周边位移量测可以达到以下目的：
(1)根据变形速率判定围岩稳定程度和二次衬砌施作的合理时机。
(2)指导现场施工。

（二）量测设计

收敛量测的设计包括仪器选择、断面间距、量测频率、测线布置、量测点埋设时间等内容。设计的依据为地质条件、地压分布、隧道埋深、开挖方法、施工进度、断面收敛速度等因素。

1．量测断面间距及测点数量

根据围岩类别、隧道埋深及开挖方法等按表9-5确定量测断面间距及测点数量，收敛测线的布置形式见图9-5。

量测断面间距和每断面测点数量　　　　　　表9-5

围岩类别	断面间距(m)	每断面测点数量	
		净空变化	拱顶下沉
Ⅰ、Ⅱ	5～10	1或2条基线	1～3点
Ⅲ	10～30	1条基线	1点
Ⅳ	30～50	1条基线	1点

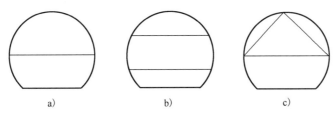

图9-5　隧道周边位移量测测线布置
a)一条水平基线；b)两条水平基线；c)三条基线

2.量测频率

量测频率可根据位移速度和量测断面距开挖面距离,分别按表9-6和表9-7确定。当按表9-6和表9-7选择量测频率出现较大差异时,宜取量测频率较高者作为实施的量测频率。

量测频率(按位移速度)　　　　　　表9-6

位移速度(mm/d)	量测频率	位移速度(mm/d)	量测频率
≥5	2次/d	0.2～0.5	1次/3d
1～5	1次/d	<0.2	1次/7d
0.5～1	1次/2～3d		

量测频率(按距开挖面距离)　　　　　　表9-7

量测断面距开挖面距离(m)	量测频率	量测断面距开挖面距离(m)	量测频率
(0～1)B	2次/d	(2～5)B	1次/(2～3)d
(1～2)B	1次/d	>5B	1次/7d

注：B为隧道开挖宽度。

量测作业应持续到变形基本稳定后2～3周后结束。对于膨胀性和挤压性围岩,位移长期没有减缓趋势时,应适当延长量测时间。

3.量测点埋设时间

初期监控测点埋设时间是一个重要因素。一般情况下,测点距开挖工作面应小于2m。测点埋设后,第一次量测时间应在上次爆破后24h内,并在下次爆破前进行。第一次量测的初读数是关键性数据,应反复测读,当连续量测3次的误差$R \leq 0.18mm$时(R根据收敛计而异),才能确定为初读数。

(三)量测仪器

量测仪器采用机械式收敛计或数显式收敛计。

(四)测试原理

仪器安装后,利用转动张力摇柄使机头移动,机头移到位后将尺孔挂上,并用压尺簧片将尺带压住,然后顺时针转动张力摇柄,使机头向后移动即开始加载,加载到位后,张力指针对准圆点标记,此时应用手抖动一下尺带,再观察指针是否仍回到准确位置。如有偏离,应重复操作,直到指针总能回到准确位置为止。精确加载后,读取读数窗内数据,完成一次读数。每次观测至少完成3次读数,取其平均值为该次观测读数值。

测试中读得初始读数 X_0;间隔时间 t 后,用同样的方法可读得 t 时刻的值 X_t,则 t 时刻的周边收敛值 U_t 即为两次的读数差。即

$$U_t = L_0 - L_t + X_{t1} - X_{t0}$$

式中: L_0——初读数时所用尺孔刻度值;

L_t—— t 时刻时所用尺孔刻度值;

X_{t1}—— t 时刻时经温度修正后的读数值, $X_{t1} = X_t + \varepsilon_t$;

X_{t0}——初读数时经温度修正后的读数值, $X_{t0} = X_0 + \varepsilon_{t0}$;

X_t—— t 时刻量测时读数值;

X_0——初始时刻读数值;

ε_t——温度修正值:

$$\varepsilon_t = \alpha(T_0 - T)L$$

α——钢尺线膨胀系数;

T_0——鉴定钢尺的标准温度, $T_0 = 20℃$;

T——每次量测时的平均气温;

L——钢尺长度。

(五)原始记录和量测资料整理

1. 量测原始记录

量测原始记录应呈表格形式,注明断面编号、测点设置时间,列出量测内容并填写具体量测值,表中应留备注栏,以便记录施工情况,最后应有量测和记录人员的签名。

2. 量测资料整理

每次量测后,需将原始记录及时整理成正式记录。对每一量测断面内的每一条测线,整理后的量测资料应包括:

(1)原始记录表及实际测点布置图。

(2)位移随时间以及开挖面距离的变化图。

(3)位移速度、位移加速度随时间以及开挖面距离的变化图。

还应同时记入开挖、喷射混凝土、锚杆施工工序和时间,并将位移警戒线和极限值计算出来。

当收敛值在 3~6 个月后还在发展时,一个月后的位移图可用单对数坐标表示。

每日的记录汇入日报表,整理的图表应及时进行数据处理并指导施工,最后汇入工程竣工档案中。

四、拱顶下沉量测

拱顶是隧道周边上的一个特殊点,挠度最大,位移情况具有较强的代表性。隧道拱顶内壁的绝对下沉量称为拱顶下沉值,单位时间内拱顶下沉值称为拱顶下沉速度。拱顶下沉量测也属位移量测,对于埋深较浅、固结程度低的地层,水平成层的场合,这项量测比收敛量测更为重要,其量测数据是确认围岩的稳定性,判断支护效果,指导施工工序,预防拱顶崩塌,保证施工质量和安全的最基本的资料。

1. 量测方法

对于浅埋隧道,可由地面钻孔,用挠度计或其他仪表测定拱顶相对地面不动点的位移值。对于深埋隧道,可用拱顶变位计,将钢尺或收敛计挂在拱顶点作为标尺,后视点可设在稳定衬砌上,用水平仪进行观测。

2. 量测要求

(1) 观测基准点应设在距离观测点 3 倍洞径以外的稳定点处。
(2) 拱顶下沉量测的断面间距、量测频率、初读数的测取等同收敛量测。
(3) 每个断面布置 1~3 个测点,测点设在拱顶中心或其附近。
(4) 量测精度为 ±1mm。
(5) 量测时间应延续到拱顶下沉稳定后。一般来说,拱顶下沉量的历时变化在开挖后大致呈直线增加,一直到距开挖面 1~3 倍隧道直径处,之后下沉发展变慢、坡率变缓、渐近稳定。当有底鼓时,可按拱顶下沉法量测。

3. 量测仪器

多采用精密水准仪,较先进的是激光隧道围岩位移实时监测仪。

4. 原始记录和量测资料积累

量测的原始记录与收敛量测相同,用下沉量、下沉速度与时间的关系图表示。
拱顶下沉值主要用于确认围岩的稳定性,尤其是事先预报拱顶崩塌。

五、地表下沉量测

1. 量测目的

浅埋隧道和隧道的洞口段通常位于软弱、破碎、自稳时间较短的围岩中,若施工方法不妥,极易发生冒顶塌方或地表有害沉降,当地表有建筑物时会危及其安全。浅埋隧道开挖时可能会引起地层沉陷而波及地表,因此,对浅埋隧道的施工进行地表下沉量测是十分重要的,特别对于城市隧道,地表下沉量测具有特殊的意义。目前,我国铁路部门已将地表下沉量测列为隧道监控量测中的必测项目,量测目的在于了解以下内容:

(1) 地表下沉范围、量值。
(2) 地表及地中下沉随工作面推进的规律。
(3) 地表及地中下沉稳定的时间。

2. 量测仪器及方法

一般用精密水准仪量测,量测精度 ±1mm。

隧道浅埋段地表下沉量测宜与洞内净空变化和拱顶下沉量测在同一个横断面内进行。当地表有建筑物时,应在建筑物周围增设地表下沉观测点。横向布置间距范围为2~5m;布置7~11个测点,隧道中线附近密些,远离隧道中线处疏些。

3. 量测频率

地表下沉量测应从开挖工作面前方,隧道埋深与开挖高度之和处开始,直到衬砌结构封闭,下沉基本停止时为止。

量测频率应与拱顶下沉和周边位移量测频率相同。

4. 原始记录和量测资料积累

原始记录表可参考收敛或拱顶下沉记录表,但注意在整理资料时,应将纵向下沉—时间曲线和横向下沉—时间曲线分别做出。

六、混凝土应力量测

混凝土应力量测包括喷射混凝土和二次衬砌模筑混凝土应力量测,其目的是了解混凝土层的变形特性以及混凝土的应力状态;掌握喷层所受应力的大小,判断喷射混凝土层的稳定状况;判断支护结构长期使用的可靠性以及安全程度;检验二次衬砌设计的合理性;积累资料。

1. 量测仪器与方法

混凝土应力量测包括初期支护喷射混凝土应力和二次衬砌模筑混凝土应力量测,将量测元件(装置)直接安装于喷层或二次衬砌中,在围岩逐渐变形过程中由不受力状态逐渐过渡到受力状态。为了使量测数据能直接反映混凝土层的变形状态和受力的大小,要求量测元件材质的弹性模量应与混凝土层的弹性模量相近,从而不致引起混凝土层应力的异常分布,以免量测出的应力(应变)失真,影响评价效果。

目前,用于量测混凝土应力的方法主要有应力(应变)计量测法和应变砖量测法。

(1) 应力(应变)计量测法。

混凝土应变计是量测混凝土应力的常用仪器,量测时将应变计埋入混凝土层内,通过钢弦频率测定仪测出应变计受力后的振动频率,然后从事先标定出的频率—应变曲线上求出作用在混凝土层上的应变,然后再转求应力。

(2) 应变砖量测法。

应变砖量测法,也称电阻量测法。所谓应变砖,实质上是由电阻应变片,外加银箔防护做成的银箔应变计,再用混凝土材料制成(50~120)mm×40mm×25mm的长方体(外壳形如砖),由于可测出应变量,故名应变砖。

量测时应变砖直接埋入混凝土内,混凝土在围岩应力的作用下,由不受力状态逐渐过渡到受力状态,应变砖也随着产生应力,由于应变砖和混凝土基本上是同类材料,埋入混凝土的应变砖不会引起应力的异常变化,所以应变砖可直接反映混凝土层的变形与受力的大小,这是应变砖量测较其他量测方法较优之处。

采用电阻应变仪量测出应变砖应变量的大小,然后从事先标定出的应变砖的应力—应变曲线上可求出混凝土层所受应力的大小。

2. 测试断面布置

混凝土应力量测布置在纵断面上应与其他的选测项目的布置基本相同,一般布设在有代表性的围岩段,在横断面上除了要与锚杆受力量测测孔相对应布设外,还要在有代表性的部位布设测点,在实际量测中通常有 3 测点、6 测点、9 测点等多种布置形式。在二次衬砌内布设时,一般应在衬砌的内外两侧进行布置,有时也可在仰拱上布置一些测点。

3. 混凝土应力量测及频率

测定混凝土应力时,不论采用哪一种量测法,均应根据现场的具体情况及量测要求,定期进行量测。每次对每一应力、应变计的量测应不少于 3 次,力求量测数据可靠、准确。取其量测的平均值作为当次的数据,并做好记录。量测频率与其他选测项目量测频率相同。

对量测数据应绘制混凝土应力随开挖面变化的关系曲线,以便掌握试验断面处混凝土应力随开挖工作面前进距离变化的关系;此外,还应绘制混凝土应力随时间变化的关系曲线,以便掌握量测断面处不同喷层混凝土应力随时间变化的关系。

【本章小结】

1. 公路隧道的检测内容包括材料检测、施工检测和环境检测。
2. 开挖质量的好坏,直接影响围岩的稳定性和安全性,超欠挖的测定方法有直接测量法、直角坐标法、三维近景摄影法等。支护的类型有锚杆支护、喷射混凝土支护、喷射混凝土与钢筋网联合支护等,支护的类型及参数应根据围岩的性质及状态、地下水情况等条件确定。监控量测是保证隧道工程质量的有效措施,收敛量测和拱顶位移量测是隧道施工监控量测的重要项目。

【思考题】

1. 公路隧道具有哪些特点?
2. 公路隧道常见的质量问题有哪些?
3. 公路隧道检测内容有哪些?
4. 隧道施工中超欠挖有何危害?测量超欠挖的方法有哪些?
5. 简述锚杆拉拔力的测试方法。
6. 喷射混凝土主要质量指标有哪些?
7. 简述喷射混凝土强度检测方法。
8. 简述喷射混凝土厚度检测方法。
9. 怎样测试喷射混凝土与围岩的黏结强度?
10. 施工监控量测的任务是什么?
11. 何谓收敛量测?量测的成果怎样整理?

第十章

交通工程设施质量检测

现代化的公路必须具有完善的管理体制和与之配套的交通工程设施,才能确保车辆有效地使用公路,达到车辆行驶安全、快速、舒适、经济的目的。为确保行车安全,降低车辆发生事故时的破坏程度,高速公路必须配置安全、通信和监控等设施,其目的是诱导交通,规范行车,提高道路服务水平。经过30多年的努力,目前,我国对公路交通工程设施的研究已经在规划、设计、施工、制造、管理、科研等方面取得了很大进步,在交通安全设施方面已探索出一套适合我国国情的设计、制造、施工规范;在高速公路监控、通信、收费系统与实施方面,对控制方式、收费制式、设备的布置,以及对管理软件及硬件设备的开发等已经进入了实用阶段。

交通工程设施试验检测技术是一门正在发展中的技术,随着交通工程设施的技术标准、规范、检测与验收手段的补充与完善,材料性能的改善与开发,交通工程设施试验检测技术将逐步适应现代公路交通发展的需要。本章学习交通工程设施的试验检测方法。

第一节 交通工程设施

一、交通工程设施构成

交通工程设施由交通安全设施和机电设施两大部分组成。交通安全设施由护栏、交通标志、标线、视线诱导设施、隔离设施、防眩设施等组成,机电设施由通信、监控、收费、供配电照明等设施系统组成。其综合作用是向道路使用者提供有关路况的各种信息,传递交通管理者对驾乘人员提出的各种警告、指令、指导及采取的安全措施,诱导车辆安全、高效行驶,同时通过监控、通信系统等的设置,交通管理者能及时了解道路使用状况,快速处理交通问题。

(一)交通安全设施

1. 护栏

护栏是设置于高速公路两侧及中央分隔带之内,用以防止车辆驶出公路或闯入对向车道的设施,其作用是一旦车辆失控发生事故,可使其对乘客的伤害及对车辆的破坏降低到最低限度,使车辆恢复正常行驶,同时防撞护栏对驾驶员具有视线诱导的作用。中央分隔带上的防撞护栏是连续的,而道路两侧的护栏仅在路外有深沟、陡坡或有设施的地方设置。护栏必须坚固,能经受碰撞,以最大限度地减少车辆损失和恢复行车,而且要经济、美观,以及有良好的视线诱导性。

防撞护栏有三种基本类型:刚性护栏、柔性护栏和半刚性护栏。刚性护栏多用混凝土或石料制成墙式,其特点是防止车辆驶出路外的效果比较好,抗腐蚀性好,但乘客的安全性及视觉的舒适性较差,有较强的行驶压迫感,适用于沿海及炎热潮湿地区;柔性护栏如钢导轨、钢缆等,具有一定的弹性,既能拦挡车辆,又能对车辆冲撞起缓冲作用;半刚性护栏具有一定的刚性和柔性,目前应用最广泛的波形梁钢护栏就是其中一种。

2. 交通标志、标线

道路交通标志是显示交通法规及道路信息的图形符号,它可使交通法规得到形象、简明、具体的表达,同时还表达了难以用文字描述的内容。其作用如下:

(1)提供交通信息,起到道路语言作用。
(2)指挥控制交通,保障交通安全。
(3)指路导向,提高行车效率,是交通管理部门执法的依据。

交通标志和标线是车辆行驶的指南,是保证车辆安全行驶及道路畅通的必要的交通设施。交通标志根据其作用不同分为警告标志、禁令标志、指示标志、指路标志、旅游区标志、道路施工安全标志和辅助标志七种。为了区别各种标志表达的内容,实现交通标志的清晰易见及良好的认读性,其形状有正三角形、长方形、正方形、圆形等,并且配以不同的颜色,强调其不同的作用。为了给夜间行车提供方便,要求标志板上应用反光材料。标志牌的尺寸大小应保证驾驶人员在一定视距内能清晰识别其图案、文字和符号,且文字、符号大小应满足视认距离。视认距离与行车速度及标志大小有关,不同等级道路所要求视认距离不同,其标志牌尺寸及文字、符号的大小也不同。

道路交通标线是由不同颜色的线条、符号、箭头、文字、立面、标记、突起路标和路边线轮廓标等所组成,常敷设或漆画于路面及构造物上。它作为一种交通管理设施,起引导交通与保障交通安全的作用,具有强制性、服务性和诱导性。交通标线主要采用黄色和白色两种颜色,要求涂在地面上能形成醒目的地面标线,并且有一定耐磨性和耐溶剂性。为适应夜间行车,路面标线宜用反光涂料,对于需特别强调的路段,可增设反光突起路标,以警示驾乘人员,保证夜间行车安全。

3. 视线诱导设施

为防止在雾、雨天气及夜间行驶时驾驶员因看不清道路标线,而致使汽车失去方向,一般在高速公路中央分隔带两侧及道路的两侧每隔一定距离设置视线诱导设施。视线诱导设施能将车头灯光反射出十分醒目的橘黄色的光,使驾驶员容易看清道路的行进方向。目前广泛使用的线形诱导设施有轮廓标、突起路标、线形诱导标及分合流诱导标。

4. 隔离设施

用于封闭高速公路的设施,以防止行人、牲畜或野生动物进入高速公路,一般在道路用地边缘设置成金属网或刺钢丝网等。

5. 防眩设施

设于中央分隔带,夜间行车时,可防止对向来车灯光对驾驶员造成眩目的人工构造物,通常采用植树防眩、百叶板式或金属网式防眩栅等方法,设置高度一般为 $1.4\sim1.7m$。

(二)通信系统

公路通信系统随高速公路建设应运而生,运行可靠、操作灵活、维护方便的通信系统为高速公路管理提供了有效、完整的服务。通信系统的设置主要是为了确保高速公路系统内部的语音、数据、图像信息能准确、及时地传输,以满足运营管理对其的通信需求。高速公路通信系统由综合业务交换、通信传输、移动通信及紧急电话四个部分组成。

(三)监控系统

监控系统是利用电子技术和计算机及其网络系统,从事高速公路管理,对道路安全、交通状况等进行实时的监视和控制,从而使其达到"安全、高速、舒适、方便、环保"的目标。监控系统一般由信息采集子系统、信息处理子系统及信息提供子系统组成。

(四)收费系统

收费系统涉及机械工程、电子工程、通信工程、自动控制工程、计算机应用工程、交通工程等学科,是一个较为复杂的综合系统。按收费形式分类有均一式、开放式、封闭式、混合式;按人工参与程度分类有人工式、半自动式、全自动式;按通行卡方式分类有穿孔卡式、磁卡式、IC卡式、电子标签式。目前,半自动IC卡收费系统应用比较广泛。

半自动收费系统主要由中心计算机系统、分中心计算机系统、收费站控制机、收费车道设备、计算和连接网络组成。全自动收费系统一般采用射频识别系统辅以自动车型识别技术组成。

随着高速公路网的形成和交通量的增长,为了提高收费服务水平和有效地进行道路管理,不停车电子收费(ETC)系统是将来收费系统的发展趋势。

(五)供配电照明系统

高速公路供配电照明系统是交通机电设施的重要组成内容之一,供配电照明系统是高速公路附属工程配套设施,其目的在于确保高速公路机电设备的用电安全、合理和可靠性,满足高速公路管理部门生产、生活的需要,确保高速公路安全、畅通、经济、快速和舒适等综合效益最大限度地发挥,实现高速公路运营与管理过程的现代化。其系统主要由高低压供配电系统、线路敷设、备用电源系统、道路照明系统、隧道配电照明系统、防雷系统、接地系统组成。

二、交通工程设施检测内容

交通工程设施是确保高速公路实现其高速、经济、安全、舒适功能的必要条件,交通工程设施的各项功能能否充分发挥作用,取决于交通安全设施、监控系统、通信系统的质量及性能,其质量及性能的优劣直接关系到高速公路的效能,若其设置不当或质量不佳,都会存在交通安全隐患,将会给国家和人民生命财产造成损失,因此,交通工程设施、设备的质量是至关重要的。交通工程设施检测的目的是确保交通工程设施、设备产品质量及施工质量合格,以保证交通安全和实现现代化的交通管理。

交通工程检测主要是测试施工过程中所使用的产品质量是否合格,以及产品安装后是否满足设计文件及规范要求。由于其检测内容涉及的行业及部门较多,检测试验必须以国家技术标准、行业技术标准、设计文件等为依据。

交通工程检测内容涵盖了形成交通工程设施的产品、设备及施工安装。这些产品、设备的生产涉及各个行业,其质量既要满足行业规范标准的要求,同时又必须适应公路使用效果的需要。交通工程设施必须进行物理与化学试验并对工艺、产品性能、使用效果及施工质量进行测定。其各项设施的主要检测项目如图10-1所示。

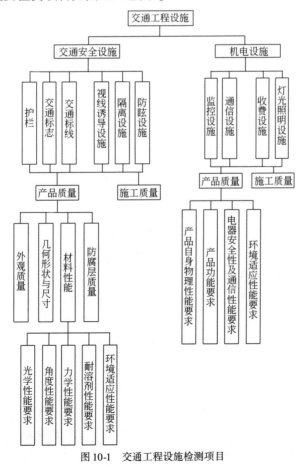

图 10-1　交通工程设施检测项目

第二节　交通安全设施质量检验抽样及判定

一、一般规定

(一)抽样原则

(1)抽样时,遵循科学、经济的原则。
(2)抽出样本的质量特性,应能代表检验批的质量。
(3)通过对样本的检验做出检验批是否可以被接收的结论,使错判和漏判的概率都达到最小。
(4)用最少的费用、时间和人力做出科学的判定,具有可操作性。

(二)检验的分类

按照检验目的和检验实施主体将公路交通安全设施抽样检验分为:
(1)工厂验收检验(简称工厂验收):由订货方在产品生产地组织实施。
(2)工地抽查验收检验(简称工地抽验):由监理方在产品到达工地后、安装前组织实施。
(3)国家或行业组织的监督抽查检验(简称监督抽查):由国家或交通建设主管部门组织有资质的质量监督检测机构,在产品生产工厂、流通领域、工地安装现场以及安装后的工程上进行。

(三)三种检验的相互关系

工厂验收在供货方检验合格的批中抽样,工地抽验在工厂验收合格的批中抽样,监督抽查可在任何时间、地点对产品进行抽样。

(四)检验中缺陷(不合格)的分类与处置

1.分类及有缺陷产品的处置

公路交通安全设施有缺陷的产品分为 A、B、C 三类。
(1)A 类:主要质量特性不符合产品技术标准要求,应无条件拒收。
(2)B 类:外观有较明显缺陷,其他质量特性符合产品技术标准的要求,经订货方同意后,可以修复的应予以降价、降级使用。
(3)C 类:外观有轻微缺陷,其他质量特性符合产品技术标准的要求,经订货方同意后,可以修复的一般予以接收。
产品标准或合同中允许的缺陷不在上述三类缺陷之内。

2.不合格批的处置

在工厂验收时出现不合格批,应予拒收。经订货方同意,供货方可以对该不合格批进行100%的检验,剔除所有缺陷品后重新组批提交检验。

在工地抽验时出现不合格批,供货方需对不合格批进行100%检验,剔除所有缺陷品后方可使用。考虑经济和工期等因素,经业主和监理工程师同意,对剔除的B类和C类缺陷品应修复后降级使用,对A类缺陷品不得使用并应当场销毁。

在监督抽查中没有通过的批,由监督部门按照国家监督抽查有关规定处置。

(五)抽样标准的选用

(1)在工厂验收时,采用《计数抽样检验程序》(GB/T 2828),并规定 $AQL=1.0$。

(2)在工地抽验时,采用《计数抽样检验程序》(GB/T 2828),并规定 $AQL=4.0$。

(3)在验收检验中,当供货方不能提供批的质量信息时,应做孤立批处理,按《计数抽样检验程序 第2部分:按极限质量LQ检索的孤立批检验抽样方案》(GB/T 2828.2—2008)的规定执行。

(4)对路面标线涂料和玻璃珠等散粒料或液体进行检验时,按《色漆、清漆和色漆与清漆用原材料取样》(GB/T 3186—2016)的规定执行。

(5)监督抽查时,当批量≤250时,采用《计数抽样检验程序 第11部分:小总体声称质量水平的评定程序》(GB/T 2828.11—2008);当批量>250时,采用《计数抽样检验程序 第4部分:声称质量水平的评定程序》(GB/T 2828.4—2008)。

(6)批的形成与批量大小。通常每个检验批应由同型号、同等级、同种类(尺寸、特性、成分等),且生产工艺、条件和时间基本相同的单位产品组成。批量的大小与施工标段、施工企业及供货单位有关,划分批量应充分考虑上述因素,不同供货单位的产品不能组成同一个批次。

(7)质量特性(检验项目)。质量特性应与产品技术标准一致,公路交通安全设施的质量特性应不少于《公路交通安全设施质量检验抽样方法》(JT/T 495—2014)规定的项目,订货方可以附加其他技术要求。

二、抽样检验程序

(一)采用《计数抽样检验程序》(GB/T 2828)

1. 一般程序

(1)确定单位产品的质量特性。
(2)确定接收质量限。
(3)确定检验水平。
(4)规定检验严格程度。
(5)按上述关于批的选择组成批并提交。
(6)确定抽样方案。
(7)抽取样本。
(8)检验样本。
(9)判断批质量是否合格。

(10)批检验后的处置。

2. 实施细则

(1)接收质量限 AQL:指百单位产品的不合格品数。工厂验收时,$AQL \leq 1.0$;工地抽验时,$AQL \leq 4.0$。

(2)检验水平:一般检验水平Ⅱ。

(3)严格程度:本标准直接采用正常检验。

(4)抽样方案:按一次抽样方案。

(5)样本数与合格判定数组:特殊样本数和特殊合格判定数按《公路交通安全设施质量检验抽样方法》(JT/T 495—2014)的规定执行,其他检验项目根据接收质量限和其他相关信息,查《计数抽样检验程序》(GB/T 2828)的有关表格,得到样本数及合格判定数组,常用数据见表10-1。

一次抽样、一般检验水平Ⅱ、正常检验时的样本数及判定数组　　表10-1

批量	$AQL=1.0$		$AQL=4.0$	
	样本数	判定组数$[A_c、R_e]$	样本数	判定组数$[A_c、R_e]$
1~8	2	[0,1]	2	[0,1]
9~15	3	[0,1]	3	[0,1]
16~25	5	[0,1]	5	[0,1]
26~50	8	[0,1]	8	[1,2]
51~90	13	[0,1]	13	[1,2]
91~150	20	[0,1]	20	[2,3]
151~280	32	[1,2]	32	[3,4]
281~500	50	[1,2]	50	[5,6]
501~1 200	80	[2,3]	80	[7,8]
1 201~3 200	125	[3,4]	125	[10,11]
3 201~10 000	200	[5,6]	200	[14,15]
10 001~35 000	315	[7,8]	315	[21,22]

(6)抽取样本:用《随机数的产生及其在产品质量抽样检验中的应用程序》(GB/T 10111—2008)所规定的方法在待检批中进行简单随机抽样,也可视情况采用其他随机抽样方法。

(7)检验样本:对抽出的样本按《公路交通安全设施质量检验抽样方法》(JT/T 495—2014)规定的检验项目,按相应产品技术标准中的检验方法及样品是否合格的判别准则,逐一检验样本中每一个样品,统计出被检样本中的不合格品数 A。

(8)判断受检批是否合格:当检验样本中的不合格品数 $A \leq A_c$,并且相关不合格数不大于《公路交通安全设施质量检验抽样方法》(JT/T 495—2014)中特殊合格判定数 A_s 时,则判断该批为合格批;否则,为不合格批。

（二）采用《计数抽样检验程序 第 2 部分：按极限质量 LQ 检索的孤立批检验抽样方案》(GB/T 2822.2—2008)

1. 一般程序
(1)确定单位产品的质量特性。
(2)确定极限质量水平。
(3)确定检验水平。
(4)按上述关于批的选择组成批并提交。
(5)确定抽样方案。
(6)抽取样本。
(7)检验样本。
(8)判断批质量是否合格。
(9)批检验后的处置。

2. 实施细则
(1)极限质量水平 LQ：工厂验收时，$LQ=2$；工地抽验时，$LQ=5$。
(2)检验水平：一般检验水平Ⅲ。
(3)抽样方案：一次抽样方案。
(4)样本数 n 和合格判定数组 $[A_c、R_e]$：当 $LQ=2$ 时，判定数组按表 10-2 的规定取；当 $LQ=5$ 时，判定数组按表 10-3 的规定取。

孤立批 $LQ=2$ 时的抽样方案　　　　表 10-2

批量 N	样本数 n	判定组数 $[A_c、R_e]$
201~3 200	200	[1,2]
3 201~10 000	315	[3,4]
10 001~35 000	500	[5,6]

注：$N≤200$ 时的批，全部检验。

孤立批 $LQ=5$ 时的抽样方案　　　　表 10-3

批量 N	样本数 n	判定组数 $[A_c、R_e]$
81~500	80	[1,2]
501~1 200	125	[3,4]
1 201~3 200	200	[5,6]
>3 200	315	[10,11]

注：$N≤81$ 时的批，全部检验。

(5)抽取样本：用《随机数的产生及其在质量抽样检验中的应用程序》(GB/T 10111—2008)所规定的方法在待检批中进行简单随机抽样，也可视情况采用其他随机抽样方法。
(6)检验样本：对抽出的样本按《公路交通安全设施质量检验抽样方法》(JT/T 495—2014)规定的检验项目，按相应产品技术标准中的检验方法及样品是否合格的判别准则，逐一检验样本中每一个样品,统计出被检样本中的不合格品数 A。

(7)判断受检批是否合格:当不合格品数 $A \leqslant A_c$,并且相关不合格数不大于《公路交通安全设施质量检验抽样方法》(JT/T 495—2014)中特殊合格判定数 A_s 时,判该孤立批为合格批;否则,为不合格批。

(三)采用《计数抽样检验程序 第11部分:小总体声称质量水平的评定程序》(GB/T 2828.11—2008)

1. 监督抽查的一般程序

(1)确定监督总体。
(2)确定单位产品的质量特性。
(3)确定监督质量水平。
(4)确定监督检验等级。
(5)确定抽样方案。
(6)抽取样本。
(7)检验样本。
(8)判断监督总体是否通过。
(9)监督检验后的处置。

2. 实施细则

(1)确定监督总体。

根据监督的需要确定监督总体。监督总体中的产品可以是同厂家、同型号、同一生产周期生产的产品,也可是不同厂家、不同生产周期生产的同类产品。

(2)监督质量水平 D_0。

工厂监督抽查时 $D_0 = 2.0$,即用监督总体中的不合格品数是否超过了2个的抽样方案;

工地监督抽查时 $D_0 = 5.0$,即用监督总体中的不合格品数是否超过了5个的抽样方案。

(3)检验等级。

选用第二监督检验等级,即不合格判定数 $R_e = 2$。

(4)样本数。

特殊样本数和特殊合格判定数按《公路交通安全设施质量检验抽样方法》(JT/T 495—2014)的规定执行,对其他性能指标的样本根据批量大小和监督质量水平 D_0 查表10-4可得出样本数 n。

第二监督检验等级抽样方案 表10-4

批量 N		10	15	20	25	30	35	40	45	50	60	70	80
样本数 n	$D_0 = 2.0$	3	4	5	6	7	8	9	10	11	14	16	18
	$D_0 = 5.0$	2	2	2	2	3	3	3	4	4	5	6	6
批量 N		90	100	110	120	130	140	150	170	190	210	230	250
样本数 n	$D_0 = 2.0$	19	21	25	25	30	30	35	35	40	45	50	60
	$D_0 = 5.0$	7	8	9	10	10	11	12	13	15	16	18	19

(5)抽取样本

用《随机数的产生及其在质量抽样检验中的应用程序》(GB/T 10111—2008)所规定的方法在整个监督总体中进行简单随机抽样,也可视情况采用其他随机抽样方法。

(6)检验样本

对《公路交通安全设施质量检验抽样方法》(JT/T 495—2014)规定的检验项目,按相关的产品技术标准中规定的检验方法及样品是否合格的判别准则,逐一检验样品中的每一个样品,统计出被检样本中的不合格品数 A。

(7)判断受检批是否通过监督抽查

当检验样本中的不合格品数 A 小于检验等级中规定的不合格判定数 R_e,并且相关不合格数不大于《公路交通安全设施质量检验抽样方法》(JT/T 495—2014)中特殊合格判定数 A_s 时,判该监督总体为通过监督抽查;当 $A \geqslant R_e$ 时,判该监督总体为不通过。

(四)采用《计数抽样检验程序 第4部分:声称质量水平的评定程序》(GB/T 2828.4—2008)

1. 监督抽查的一般程序
(1)确定监督总体。
(2)确定单位产品的质量特性。
(3)确定监督质量水平,即监督批中允许的不合格品数。
(4)确定错判风险。
(5)确定抽样方案。
(6)抽取样本。
(7)检验样本。
(8)判断监督总体是否通过。
(9)监督检验后的处置。

2. 实施细则
(1)确定监督总体。

根据监督的需要确定监督总体。样本应在监督总体中随机抽取,总体量一般大于250,且总体量与样本量之比大于10。

(2)监督质量水平 P_0。

在工厂监督抽查时,$P_0 = 1\%$;在工地监督抽查时,$P_0 = 5\%$。

(3)错误风险。

取 $\alpha = 0.05$。

(4)样本数 n 与不合格判定数 R_e。

样本数 n 按批量的 1.0% 取,当 n 取值为非整数时,进位到整数。当样本数 $n \leqslant 50$ 时,按表10-5取 R_e 值。

不合格判定数 R_e 表10-5

样本数	n	3~10	11~31	32~44	45~48	49~50
不合格判定数	$P_0 = 1\%$	1	2	2	2	3
	$P_0 = 5\%$	2	4	5	6	6

当 $n > 50$ 时,按式(10-1)试算不合格判定数 R_e:

$$2[\sqrt{(1-p_0)R_e} - \sqrt{(n-R_e+1)p_0}] = 1.64 \tag{10-1}$$

当 R_e 的值使式(10-1)左边的值最接近 1.64 时,此值即作为不合格判定数。

(5)抽取样本。

用《随机数的产生及其在产品质量抽样检验中的应用程序》(GB/T 10111—2008)所规定的方法在整个监督总体中进行简单随机抽样,也可视情况采用其他随机抽样方法。

(6)检验样本。

对《公路交通安全设施质量检验抽样方法》(JT/T 495—2014)规定的检验项目,按相关的产品技术标准中规定的检验方法及样品是否合格的判别准则,逐一检验样本中的每一个样品,统计出被检样本中的不合格品数 A。

(7)判断监督总体是否可通过监督抽查。

当检验样本中的不合格品数 A 小于规定的不合格判定数 R_e,并且相关不合格数不大于《公路交通安全设施质量检验抽样方法》(JT/T 495—2014)中特殊合格判定数 A_s 时,判该监督总体通过监督抽查;当 $A \geq R_e$ 时,判该监督总体没有通过监督抽查。

第三节 交通安全设施施工质量检测

一、护栏检测

护栏是道路安全设施的重要组成部分,对行车安全起着重要作用。公路上使用的护栏按路段可分为一般路段防撞护栏和桥梁护栏;按设置位置可分为路侧护栏和中央分隔带护栏。路侧护栏设置在公路路肩上,目的是防止失控车辆越出路外,避免碰撞路边其他设施。中央分隔带护栏设置于公路中央分隔带内,目的是防止车辆穿越中央分隔带闯入对向车道,并保护分隔带内的构造物。

护栏能够降低交通事故严重程度的主要原因是通过碰撞吸收车辆的能量,不同类型结构的护栏,其防撞性能不同。

(一)波形梁钢护栏

1. 基本要求

(1)波形梁护栏产品应符合《公路波形梁钢护栏》(JT/T 281—2007)和《公路三波形梁钢护栏》(JT/T 457—2007)的规定。

(2)护栏立柱、波形梁、防阻块及托架的安装应符合设计和施工的要求。

(3)为保证护栏的整体强度,路肩和中央分隔带的土基压实度应不小于设计值;达不到压实度要求的路段不应进行护栏立柱打入施工;石方路段和挡土墙上的护栏立柱的埋深及基础处理应符合设计要求。

(4)波形梁护栏的端头处理及桥梁护栏过渡段的处理应符合设计要求。

2. 实测项目

见表 10-6。

波形梁钢护栏实测项目　　　　表 10-6

项次	检查项目	规定值或允许偏差	检查方法和频率	权值
1	波形梁板基底金属厚度(mm)	±0.16	板厚千分尺;抽检5%	2
2	立柱壁厚(mm)	4.5±0.25	测厚仪、千分尺;抽检5%	2
3	镀(涂)层厚度(μm)	符合设计要求	测厚仪;抽检10%	2
4	拼接螺栓(45号钢)抗拉强度(MPa)	≥600	抽样做拉力试验;每批3组	1
5	立柱埋入深度	符合设计要求	过程检查,直尺;抽检10%	1
6	立柱外边缘距路肩边线距离(mm)	±20	直尺;抽检10%	1
7	立柱中距(mm)	±50	钢卷尺;抽检10%	1
8	立柱竖直度(mm/m)	±10	垂线、直尺;抽检10%	2
9	横梁中心高度(mm)	±20	直尺;抽检10%	2
10	护栏直顺度(mm/m)	±5	拉线、尺量;抽检10%	2

3. 外观鉴定

（1）焊接钢管的焊缝应平整,无焊渣、突起;构件镀锌层表面应均匀完整、颜色一致,表面具有实用性光滑,不得有流挂、滴瘤或多余结块;构件镀铝层表面应连续,不得有明显影响外观质量的熔渣、色泽暗淡及假浸、漏浸等缺陷;镀件表面应无漏镀、露铁、擦痕等缺陷;构件涂塑层应均匀光滑、连续,无肉眼可分辨的小孔、空间、孔隙、裂缝、脱皮及其他有害缺陷。不符合要求时,每处减 2 分。

（2）直线段护栏不得有明显的凹凸、起伏现象,曲线段护栏应圆滑顺畅,与线形协调一致,中央分隔带开口端头护栏的抛物线形应与设计图相符。不符合要求时,每处减 2 分。

（3）波形梁板搭接方向应正确,搭接平顺,垫圈齐备,螺栓紧固。不符合要求时,每处减 2 分。

（4）防阻块、托架、端头的安装应与设计图相符,安装到位,不得有明显变形、扭转、倾斜。不符合要求时,每处减 2 分。

（5）波形梁板和立柱不得现场焊割和钻孔。不符合要求时,每处减 2 分。

（6）立柱及柱帽安装牢固,其顶部应无明显塌边、变形、开裂等缺陷。不符合要求时,每处减 2 分。

4. 检验方法

（1）波形梁厚度检验。

在去除两端后各 500mm 范围,在板每边任取三点,用板厚千分尺(量程为 25mm,精度为 0.01mm)量取,取平均值,扣除镀锌(镀铝)层厚度后,得到其厚度。

（2）立柱壁厚检验。

用卡尺(精度为 0.02mm)在立柱两端各量取 3 次,取平均值(共 6 个值)。如立柱已打入,且柱帽不易取下,应采用超声波测厚仪测量,在立柱的 3 个方向的不同高度各量取 3 次,取平均值,扣除镀锌(镀铝)层厚度后,得到其厚度。

（3）镀层厚度检验。

①热浸镀锌层厚度检验。采用测厚仪(量程为1 200μm,精度为1μm)测量锌层厚度,在波形梁板、立柱及其他构件表面(板的正反面)各测4个点。

②热浸镀铝层厚度检验方法同热浸镀锌层厚度检验。

(4)拼接螺栓抗拉强度检验。检查拼接螺栓抗拉强度测试记录。如无测试记录则应当抽样做拉力试验,每批3组,每组3个。拉力试验应在持有CMA标志的国家计量认证单位完成。

(5)立柱埋入深度检验。

检查施工记录和现场勘查相结合。应注意检查立柱在现场被锯短、重新打孔的地方。对立柱埋深有疑问时,应开挖检查。

(6)立柱外边缘距路肩边线的距离检验。

路侧护栏在土路肩上的位置,应保证其立柱外边缘到路肩边线的距离,该距离是由规范及设计图规定的。在测量时应先确定边线的正确位置,用直尺或钢卷尺(精度0.5mm)测量。

(7)立柱中距检验。

立柱中距的准确,能保证护栏板安装到位。用钢卷尺(量程5 000mm,精度0.5mm)量立柱中距,抽检10%,每处量2次,取平均值。

(8)立柱竖直度检验。

用吊垂线和直尺(精度0.5mm)测量立柱的竖直度。用垂线对照立柱的竖直度,固定垂线,量取立柱偏离垂线的距离及其对应的立柱长,每处测量3次,计算竖直度后取平均值。

(9)横梁中心高度检验。

护栏横梁(波形梁)中心高度是指护栏板与立柱连接螺栓中心到路面的高度。在检验时应注意护栏线形与纵断线形一致,凡发现线形不一致的地方,均有可能是护栏中心高度有问题的地方。首先确定地面高的基准点,然后用直尺(精度0.5mm)测量从路面到连接螺栓中心的距离。

(10)护栏直顺度检验。

直线段护栏不允许有明显的凹凸现象,在200m的直线上,三点应成一线;曲线段护栏应与线形协调一致,护栏应圆滑顺畅;中央分隔带开口端头护栏的抛物线形应与设计图相符。

(二)混凝土护栏

1.基本要求

(1)混凝土所用的水泥、砂、石、水及外掺剂的质量、规格必须符合有关规范的要求,按规定的配合比施工。

(2)混凝土护栏预制块件在吊装、运输、安装过程中,不得断裂。

(3)各混凝土护栏块件之间、护栏与基础之间的连接应符合设计要求。

(4)混凝土护栏块件标准段、混凝土护栏起终点及其他开口处的混凝土护栏块件的几何尺寸应符合设计要求。

(5)混凝土护栏的地基强度、埋入深度应符合设计要求。

(6)混凝土护栏块件的损边、掉角长度每处不得超过20mm,否则应予及时修补。

2.实测项目

见表10-7。

混凝土护栏实测项目 表10-7

项次	检查项目		规定值或允许偏差	检查方法和频率	权值
1	护栏混凝土强度(MPa)		在合格标准内	按《公路工程质量检验评定标准 第一册 土建工程》(JTG F80/1—2004)附录D方法检查	2
2	地基压实度(%)		符合设计要求	现场检查	1
3	护栏断面尺寸(mm)	高度	±10	直尺、钢卷尺;抽检10%	1
		顶宽	±5		
		底宽	±5		
4	基础平整度(mm)		10	水平尺;检查100%	1
5	轴线横向偏移(mm)		±20或符合设计要求	直尺、钢卷尺;抽检10%	2
6	基础厚度(mm)		±10%H	过程检查,直尺;检查100%	1

3. 外观鉴定

(1)混凝土护栏块件之间的错位应不大于5mm。不符合要求时,每处减2分。

(2)混凝土护栏外观、色泽均匀一致,表面的蜂窝、麻面、裂缝、脱皮等缺陷面积不得超过该面面积的0.5%,深度不得超过10mm。不符合要求时,每处减2分。

(3)护栏线形适顺,直线段不允许有明显的凹凸现象,曲线段护栏应圆滑顺畅,与线形协调一致;中央分隔带开口端头护栏尺寸应与设计图相符。不符合要求时,每处减2分。

4. 检验方法

(1)护栏混凝土强度检验。

检查施工记录。

(2)地基压实度检验。

检查施工记录和现场勘查相结合,如发现混凝土护栏有下沉迹象,应采取适当补救措施。

(3)护栏断面尺寸检验。

混凝土护栏高度指其底部到护栏顶部的垂直距离,检查时用直尺、钢卷尺(精度0.5mm)测量。在护栏顶部水平放置一直尺,量直尺底面至护栏底部的高度,每节护栏在不同断面各量3次高度,取平均值。

用直尺、钢卷尺(精度0.5mm)量护栏顶部、底部宽度,在不同断面量3次,取平均值。

(4)基础平整度检验。

用水平尺在相互垂直的两个不同方向,分别量取3个断面进行检验,取平均值。

(5)护栏轴线横向偏位检验。

中央混凝土护栏的横向偏位检验,应先确定道路中心线的正确位置,然后测量护栏中心线偏离道路中心线的距离。

路侧混凝土护栏的横向偏位检验,应先确定道路边缘线的正确位置,然后测量护栏外边线与道路边缘线的偏离距离。

(6)基础厚度检验。

检查施工记录。

(三)缆索护栏

1. 基本要求

(1)缆索性能、缆索直径、单丝直径、构造(3股7芯)、锚具及其镀锌质量应符合设计与施工规范的要求,缆索抗拉强度、镀锌质量必须经抽检,合格后方可使用。

(2)张拉前应标定拉力测定计。

(3)立柱埋深不得小于设计值;采用挖埋法施工,立柱埋入土中时,回填土应分层(每层厚度不超过100mm)夯实;立柱埋入混凝土中时,基础混凝土的几何尺寸、强度等应符合设计要求。

(4)立柱壁厚、外径、长度不得小于设计要求。

(5)采用打入法施工时,立柱顶部不应出现明显变形、倾斜、扭曲或卷边等现象。

2. 实测项目

见表10-8。

缆索护栏实测项目 表10-8

项次	检查项目	规定值或允许偏差	检查方法和频率	权值
1	缆索直径(mm)	18±0.5	卡尺:抽检10%	1
	单丝直径(mm)	2.86 +0.10, −0.02		
2	初拉力(kN)	±5%	过程检查,张拉力:抽检10%	2
3	最下一根缆索的高度(mm)	±20	直尺:抽检10%	1
4	立柱壁厚(mm)	±0.10	千分尺:抽检10%	2
5	立柱埋入深度	符合设计要求	过程检查:抽检10%	1
6	立柱竖直度(mm/m)	±10	垂线、直尺:抽检10%	2
7	立柱中距(mm)	±50	直尺:抽检10%	1
8	镀锌层厚度(μm)	立柱≥85 索端锚具≥50 紧固件≥50 镀锌钢丝≥33	测厚仪:抽检10%	2
9	混凝土基础尺寸	符合设计要求	过程检查,直尺:检查100%	1
10	混凝土强度	在合格标准内	基础施工同时做试件,每个工作班1组(3件),检查试件的强度,检查100%	2

3. 外观鉴定

(1)金属构件表面不得有气泡、剥落、漏镀及划痕等表面缺陷。不符合要求时,每处减2分。

(2)直线段护栏没有明显的凹凸现象,曲线段护栏圆滑顺畅。不符合要求时,每处减2分。

(3)索端锚具、托架、索夹螺栓应安装到位、固定牢固;托架编号和组合应与缆索护栏的类别相适应;上下托架位置正确,中央分隔带缆索护栏的托架应两边对称。不符合要求时,每处减2分。

4. 检验方法

(1)缆索直径及单丝直径检验。

用游标卡尺(量程150mm,分辨率0.02mm)测量缆索直径及单丝直径,量3个断面,取平均值。

(2)初张检验。

检查钢绳张拉记录及检查现场缆索的张紧程度。如对缆索的张紧程度有怀疑,可根据张力与挠度的关系进行检查。

(3)最下一根缆索安装高度的检验。

最下一根缆索安装高度是指缆索护栏最下一根缆索的中心至路面高度。用直尺(量程500mm,精度0.5mm)在跨中测量最下一根缆索的中心至路面的距离,量取3次,取平均值。

(4)立柱壁厚检验。

用游标卡尺(量程150mm,分辨率0.02mm)在立柱两端各测量3个方向,取平均值,在扣除镀锌(镀铝)层厚度后,得到其厚度值。

(5)立柱埋入深度检验。

端部立柱的埋深,应应检查施工记录。中间立柱的埋深,除检查施工记录外,还应注意打入困难路段的立柱施工情况,注意是否有打不下去而用气焊割断立柱,重新烧孔装托架的情况。

(6)立柱竖直度检验。

方法同护栏立柱的检验。

(7)立柱中距检验。

用钢卷尺(量程5 000mm,精度0.5mm)量立柱中距,每处量3跨,取平均值。

(8)缆索护栏锌(铝)层厚度检验。

缆索护栏立柱、索端锚具的锌(铝)层厚度检验,采用测厚仪(量程1 200μm,精度1μm)测量锌(铝)层厚度,在立柱的表面不同部位上测4个点,取平均值。

缆索护栏钢丝的锌(铝)层厚度检验,应当采用测钢丝的专用设备[涂层厚度测厚仪(量程400μm,精度1μm)]测量锌(铝)层厚度,在钢丝的不同断面上测4点,取平均值。

(9)混凝土基础尺寸检验。

用钢卷尺(量程5 000mm,精度0.5mm)抽检端部立柱基础平面尺寸,如缺乏基础施工原始记录,可开挖检查混凝土基础深度,基础尺寸的允许偏差为±50mm。如对施工记录有怀疑,可采取措施实地测量。

(10)混凝土基础强度检验。

检查施工记录,混凝土基础强度应在合格范围内。

二、交通标志、标线检测

道路交通标志是用图形符号、颜色和文字向交通参与者传递特定信息,用以管理道路交通的安全设施。一般设置在路旁或道路的上方,使交通参与者获得确切的道路交通情报,从而达到交通的安全、畅通、迅速、低公害和节约能源的目标。

道路交通标线是由标划于路面上的各种线条、箭头、文字、立面标记、突起路标和轮廓标等构成的一种交通安全设施,它可与交通标志配合使用,也可单独使用,道路交通标线的作用主要有:实行分道行驶,通过在道路上标划交通标线,实现人和车分离,机动车和非机动车分离,快车和慢车分离,从而保证车辆、行人各行其道,提高道路通行能力和减少交通事故;渠化交叉路口的交通流,通过在平面交叉路口施划交通标线,引导不同类型、不同速度和不同方向的车流沿着划定的路线各行其道,以改善交叉路口的通行条件,减少交通阻塞和交通事故;指示和预告驾驶员和行人通过标划的交通标线所规定的含义,预知道路情况,明确自己使用和通行道路的权利与方法,当其与交通标志或交通信号配合使用时,还能提高驾驶员的注意力;为守法和执法者提供法律依据。

道路交通标志、标线是依据交通法规及国家有关标准制定的,是交通法规的重要组成部分,具有严肃的法律地位,同时还是处理交通事故和纠纷的法律依据。

(一)交通标志

1. 基本要求

(1)交通标志的制作应符合《道路交通标志和标线》(GB 5768—2016)和《公路交通标志板及支撑件》(GB/T 23827—2009)的规定。

(2)交通标志在运输、安装过程中不应损坏标志面及金属构件的镀层。

(3)标志的位置、数量及安装角度应符合设计要求。

(4)大型标志的地基承载力应符合设计要求。大型标志柱、梁的焊接部分应符合钢结构焊接规范的质量要求,无裂缝、未熔合、夹渣等缺陷。

(5)标志板安装后应平整,夜间在车灯照射下,标志板底色和字符应清晰明亮,颜色均匀,不应出现明暗不均的现象,不能影响标志的认读。

(6)交通标志施工完成后,标志板面应无任何裂缝和划痕;金属构件镀锌面的损坏面积不超过构件表面的0.1%;地基承载力应满足设计要求。

2. 实测项目

见表10-9。

交通标志安装实测项目 表10-9

项次	检查项目	规定值或允许偏差	检查方法和频率	权值
1	标志板外形尺寸(mm)	±5,当边长尺寸大于1.2m时,允许偏差为边长的±0.5%;三角形内角应为60°±5°	钢卷尺、万能角尺、卡尺:检查100%	1
	标志底板厚度(mm)	不小于设计要求		
2	标志汉字、数字、拉丁字的字体及尺寸(mm)	应符合规定字体,基本字高不小于设计	字体与标准字体对照,字高用钢卷尺:检查10%	1
3	标志面反光膜等级及逆反射系数($cd \cdot lx^{-1} \cdot m^{-2}$)	反光膜等级符合设计,逆反射系数值不低于《公路交通标志板》(JT/T 279—2004)规定	反光膜等级用目测初定;便携式测定仪:检查100%	2

续上表

项次	检查项目	规定值或允许偏差	检查方法和频率	权值
4	标志板下缘至路面净空高度及标志板内侧距路肩边缘距离(mm)	-100,0	直尺、水平尺或经纬仪:检查100%	1
5	立柱竖直度(mm/m)	±3	垂线、直尺:检查100%	1
6	标志金属构件镀层厚(μm)	标志柱、横梁≥78 紧固件≥50	测厚仪:检查100%	2
7	标志基础尺寸(mm)	-50,+100	钢尺、直尺:检查100%	1
8	基础混凝土强度(MPa)	在合格标准内	基础施工同时做试件,每处1组(3件):检查100%	1

3. 外观鉴定

(1)标志板安装后应平整,夜间在车灯照射下,标志板底色和字符应清晰明亮,颜色均匀,不应出现明暗不均的现象,不能影响标志的认读。标志板有明显明暗不均匀现象时,每一标志减2分。

(2)标志在粘贴底膜时,横向不宜有拼接,竖向拼接时,上膜须压接下膜,压接宽度不应小于5mm。当采用平接时,其间隙不应超过1mm。距标志板边缘50mm之内,不得有接缝。不符合要求时,每处减2分。

(3)标志金属构件镀层应均匀、颜色一致,不允许有流挂、滴瘤或多余结块,镀件表面应无漏镀、露铁等缺陷。不符合要求时,每一构件减2分。

4. 检查方法

(1)标志板外形尺寸检验。

标志板外形尺寸检验,应在标志板运抵工地,但尚未安装前进行。根据标志板的形状尺寸及外观要求,用分辨率为1mm的钢卷尺、万能角尺检查。

(2)标志字体尺寸检验。

目测检查标志汉字、数字、英文的字体,是否符合标准规定。全线标志字体应统一。

标志字符尺寸应用分辨率为1mm的钢尺量测,字高与字宽相等,其允许偏差为±5mm。

(3)标志面反光膜等级及逆反射系数检验。

目测检查标志面反光膜等级。标志板所用反光膜应与设计文件规定的等级相符。可对照《道路交通标志和标线》(GB 5768—2016)附录A参考色样的反光膜等级进行核对,判定采用的反光膜等级与设计文件规定的等级是否相符。

反光膜的逆反射系数可用试样与标准样板对比的测量方法和仪器进行测试。其标准样板应定期到计量检定单位标定。

(4)标志板下缘至路面净空高度及标志板内缘距路边缘距离检验。

标志板下缘至路面净空高度检验主要针对悬臂和门架标志。净空高度要考虑标志结构的挠度、路面加铺的余量等因素,因此,标志的净空高度应比公路建筑限界的净高还要高。净空高度以路面为基点测量与标志下缘的竖直距离。净空高度可用钢卷尺或直尺测量,也可用经纬仪配合测量。路侧标志用水平尺、直尺测量。

保证标志板内缘与路肩边缘线的水平距离,是为了不使标志的任何部分侵入公路建筑净空,也是为了防止靠边行驶的车辆磕碰标志板。应不小于国标规定的侧向余宽:在《道路交通标志和标线》(GB 5768—2016)标准中规定此距离$S \geqslant 25cm$。因此,可从路侧标志板内缘挂垂线,测量从垂线到道路边缘线的距离。

(5)标志柱竖直度检验。

标志柱竖直度可用垂线和直尺测量,也可用经纬仪测量。标志柱竖直度的允许偏差为±3mm/m。

(6)标志金属构件防腐质量检验。

标志金属构件包括薄钢板、立柱、横梁、门架、法兰盘及紧固件等。防腐处理方法有镀锌、镀铝、镀锌(铝)后涂塑、涂塑等。若采用热浸镀锌,薄钢板、立柱、横梁、门架、法兰盘等的镀锌量为$600g/m^2$,相当于锌层厚度为$85\mu m$,紧固件的镀锌量为$350g/m^2$,相当于锌层厚度为$50\mu m$。镀锌构件表面应具有均匀完整的镀层,颜色一致,表面具有实用性光泽。不允许有流挂、滴瘤或多余结块。镀件表面应无漏镀、露铁等缺陷。

用涂层厚度仪,在标志立柱、横梁、门架、法兰盘及紧固件等构件表面测量,每一构件的上、中、下断面表面测4点,取平均值。

(7)标志基础尺寸检验。

检验标志基础尺寸可检查施工记录,用钢卷尺抽检基础平面尺寸,如对基础埋深有疑问,应开挖检查。基础尺寸的允许偏差为±50mm。基础混凝土表面应平整,修饰光洁,不应有蜂窝、麻面。

(8)混凝土强度检验。

检查试验记录。评价标志基础混凝土的抗压强度,以标准养护28d龄期,边长15cm的立方体试件为准,可用非统计方法按下述条件进行评定:

$$R_n \geqslant 1.15R \tag{10-2}$$

$$R_{min} \geqslant 0.95R \tag{10-3}$$

式中:n——同批混凝土试件组数;

R_n——同批n组试件抗压强度的平均值(MPa);

R——混凝土设计强度(MPa);

R_{min}——n组试件中强度最低一组的值(MPa)。

(二)交通标线

1. 基本要求

(1)标线涂料应符合《路面标线涂料》(JT/T 280—2004)的规定。

(2)路面标线喷涂前应仔细清洁路面,保证表面干燥,无起灰现象。

(3)路面标线的颜色、形状和设置位置应符合《道路交通标志和标线》(GB 5768—2016)的规定和设计要求。

2. 实测项目

见表10-10。

路面标线实测项目　　　　　　　　表10-10

项次	检测项目	确定值或允许偏差	检查仪具和频率	权值
1	标线线段长度(mm)	6 000　　±50	钢卷尺:抽检10%	1
		4 000　　±10		
		3 000　　±30		
		1 000~2 000　　±20		
2	标线宽度(mm)	400~450　　+15,0	钢尺:抽检10%	1
		150~200　　+8,0		
		100　　+5,0		
3	标线厚度(mm)	常温型(0.12~0.4)　　-0.03~+0.10	湿膜厚度计、干膜用水平尺、塞尺或卡尺:抽检10%	2
		加热型(0.20~0.4)　　-0.05~+0.15		
		热熔型(1.0~4.50)　　-0.10~+0.50		
4	标线纵向间距(mm)	9 000　　±45	钢卷尺:抽检10%	1
		6 000　　±30		
		4 000　　±20		
		3 000　　±15		
5	标线横向偏位(mm)	±30	钢卷尺:抽检10%	1
6	标线剥落面积	剥落面积占检查总面积0~3%	4倍放大镜;目测检查	1
7	反光标线逆反射系数($mcd \cdot lx^{-1} \cdot m^{-2}$)	白色标线≥150 黄色标线≥100	反光标线逆反射系数测量仪:抽检10%	2

3. 外观鉴定

(1)标线施工污染路面应及时清理,每处污染面积不得超过$10cm^2$。不符合要求时,每处减1分。

(2)标线线形应流畅,与道路线形相协调,曲线应圆滑,不允许出现折线。不符合要求时,每处减2分。

(3)反光表面玻璃珠应撒布均匀,附着牢靠,反光均匀。不符合要求时,每处减2分。

(4)标线表面不应出现网状裂纹、断裂裂缝、起泡现象。不符合要求时,每处减1分。

4. 检查方法

1)标线线段长度检验

(1)检查的标线包括纵向标线、横向标线等各种中心虚线、车道分界线。检查时应按线段长度分别进行。

(2)用钢卷尺(精度0.5mm)测量各种线段,每处测量(各种线段)3次,取平均值。

2)标线宽度检验

(1)检查的标线包括纵向标线、横向标线、其他标线。检查对应按线段宽度分别进行。

(2)用量程为500mm(精度0.5mm)的钢直尺,选择标线清晰、边缘整齐的地方,取垂直方向量取宽度,每处测量3次,取平均值。

3)标线涂膜厚度检验

(1)湿膜厚度检验。在标线施工现场,用湿膜厚度计直接测定标线湿膜厚度。

(2)干膜厚度检验。在标线施工现场,把马口铁板设置在将要划线的地方,画线车以正常行驶速度进行喷涂,待干燥后,从铁板上取下标线,用卡尺测量厚度。

4)标线纵向间距检验

(1)检查的标线包括纵向标线、横向标线等各种中心虚线,车道分界线。检查时应按线段空当长度分别进行。

(2)用钢卷尺(精度0.5mm),测量各种线段空当长度,随机选定路段后,每种标线抽取三段空当长度测量,取平均值。

5)标线横向偏位检验

(1)检查的标线主要是纵向标线,包括中心线、车道分界线、边缘线等。

(2)用钢卷尺(精度0.5mm)测量道路横断面上各标线的位置。确定参照点(道路中心或边缘线的位置),随机选定路段后,测量各种标线在道路横断面上的正确位置。

6)标线剥落面积检验

(1)首先要对全路标线质量进行初查,认为标线质量存在一定问题的路段,可作为检验的重点路段。

(2)随机划定标线30m长路段,仔细检查标线剥落面积,计算占总检查面积的百分比。

7)反光标线逆反射系数检验

(1)在反光标线逆反射系数测定前,应对全路标线进行夜间反光效果的初评,记录认为反光效果不佳、不均匀的路段,作为白天逆反射系数测定的重点路段。

(2)夜间评判反光效果不好的路段,用反光标线逆反射系数测定仪进行现场测定。在被测路段的标线上安放测定仪,仪器与行车方向平行。安排5个测量点,每点分别读取3次数值,取平均值。

三、视线诱导设施检测

(一)轮廓标

1. 基本要求

(1)轮廓标的结构、技术性能应符合《轮廓标》(GB/T 24970—2010)的规定。

(2)轮廓标的布设应按《公路交通安全设施施工技术规范》(JTG F71—2006)的规定或按设计图进行。

(3)柱式轮廓标的基础混凝土强度、基础尺寸应符合设计要求。

(4)柱式轮廓标应安装牢固,逆反射材料表面与行车方向垂直,色度性能和光度性能与设计相符。

2. 实测项目

见表10-11。

轮廓标实测项目　　　　　　　　　　　　　　表 10-11

项次	检查项目	规定值或允许偏差	检查方法和频率	权值
1	柱式轮廓标尺寸（mm）	三角形断面底边允许偏差为 ±5,三角形高允许偏差为 ±5,柱式轮廓标的总长允许偏差为 ±10	钢尺:抽检 10%	1
2	安装角度(°)	0~5	花杆、十字架、卷尺,万能角尺:抽检 10%	1
3	反射器中心高度（mm）	±20	直尺:抽检 10%	1
4	反射器外形尺寸（mm）	±5	卡尺、直尺:抽检 10%	2
5	光度性能	在合格标准内	检查检测报告	2

3. 外观鉴定

(1) 轮廓标不应有明显的划伤、裂纹、损边、掉角等缺陷。表面应平整光滑,无明显凹痕或变形。不符合要求时,每处减 2 分。

(2) 轮廓标应安装牢固,线形顺畅,防盗防破坏。不符合要求时,每处减 2 分。

(3) 柱式轮廓标的垂直度不超过 ±8mm/m。不符合要求时,每处减 2 分。

4. 检验方法

1) 轮廓标柱体尺寸检验

柱体轮廓标断面尺寸,使用直尺(量程 200mm,精度 0.5mm)测量边长和高。

2) 安装角度检验

(1) 柱式轮廓标安装角度检验。在道路土路肩内边线上,用花杆、十字架确定行进的纵向线(交通流方向)。通过 B 点做交通流的垂直线,用万能角尺测量 α 角,应在规定范围内,如图 10-2 所示。

(2) 护栏上轮廓标安装角度检验。在道路土路肩内边线上,用花杆、十字架确定行进的纵向线(交通流方向),通过轮廓标 B 点做交通流的垂直线,用万能角尺测量 α 角,应在规定范围内,如图 10-3 所示。

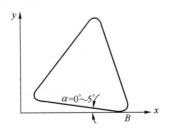
图 10-2　柱式轮廓标安装角度

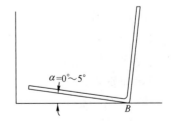
图 10-3　护栏上轮廓标安装角度

3) 纵向间距检验

用钢卷尺(精度 1mm)测量轮廓标的纵向间距,应符合规范规定或满足设计要求。

4)反射器中心高度检验

首先确定地面高度为基点,从基点用钢卷尺(精度1mm)量柱式轮廓标反射器顶面高度,减去90mm,即为反射器(柱式轮廓标)的中心高度。

护栏轮廓标的反射器为梯形,应先用钢卷尺(精度1mm)量出护栏连接螺栓的中心位置,作为反射器中心,然后用钢卷尺量取从地面基点至反射器中心的高度。

5)反射器外形尺寸检验

用卡尺、直尺量取长方形、梯形或圆形反射器的外形尺寸。

6)光度性能检测

检查检测报告。

(二)突起路标

1. 基本要求

(1)突起路标产品应符合《突起路标》(GB/T 24725—2009)的规定。

(2)突起路标的布设及其颜色应符合《道路交通标志和标线》(GB 5768—2016)的规定或符合设计要求。

(3)突起路标与地面的黏结应牢固、耐久、能经受汽车轮胎的冲击而不会脱落。黏结剂的颜色应与路面一致。

(4)突起路标应在干燥、清洁路面,并经测量定位后施工。

2. 实测项目

见表10-12。

突起路标实测项目 表10-12

项次	检查项目	规定值或允许偏差	检查方法和频率	权值
1	安装角度(°)	±5	角尺:抽检10%	1
2	纵向间距(mm)	±50	钢卷尺:抽检10%	1
3	损坏及脱落个数	<0.5%	检查损坏及脱落个数:抽检30%	2
4	横向偏位(mm)	±50	钢卷尺:抽检10%	2
5	承受压力(kN)	>160	检查测试记录	1
6	光度性能	在规定范围内	检查测试报告	2

3. 外观鉴定

突起路标的外观鉴定应符合下列要求:

(1)突起路标外观应美观,尺寸符合有关规范要求,表面光滑,不得有尖角、毛刺存在,表面无明显的划伤、裂纹。不符合要求时,每处减2分。

(2)突起路标纵向安装应呈直线,不得出现折线。曲线段的突起路标应与道路曲线相吻合,线形圆滑、顺畅。不符合要求时,每处减2分。

(3)突起路标黏结剂不得造成路面污染。不符合要求时,每处减2分。

4. 检验方法

(1)安装角度检验。

突起路标的安装角度应以道路纵向标线为基准,在正常情况下,突起路标带反光片的边线垂直于纵向标线,工程中可用万能角尺(量程0~320°,分辨率为2′)测量突起路标的安装角度。

(2)纵向间距检验。

用钢卷尺(精度1mm)测量突起路标的纵向间距,每处量3次,取平均值。

(3)损坏及脱落个数检验。

目测检验突起路标损坏及脱落数量,以抽查路段范围内突起路标总数为基数,计算在该路段内突起路标损坏及脱落数量占基数的百分比。

(4)横向偏位检验。

用钢卷尺(精度0.5mm)测量道路横断面上突起路标的位置,确定参照点(道路中心或边缘线的位置),与设计图比较。

(5)突起路标抗压强度检验。

检查测试记录。

(6)光度性能检验。

检查测试报告。

(三)线形诱导标、分合流诱导标检测

线形诱导标、分合流诱导标的检测同交通标志。

四、隔离设施(隔离栅和防落网)检测

隔离封闭设施是防止人或动物随意进入或横穿汽车专用公路,防止非法占用公路用地的人工构造物。隔离封闭设施可有效地排除横向干扰,避免由此产生的交通延误或交通事故,从而保障高速公路和一级公路快速、舒适、安全地运行。

隔离封闭设施包括设置于公路路基两侧用地界线边缘上的隔离栅和设置于上跨公路主线的分离式立交桥或人行天桥两侧的防护网。

1. 基本要求

(1)隔离栅和防落网用的材料规格及防腐处理应符合《隔离栅》(GB/T 26941—2011)及设计和施工规范的规定。

(2)用金属网制作的隔离栅和防落网,安装后要求网面平整,无明显翘曲现象,刺铁丝的中心垂度小于15mm。

(3)防落网应网孔均匀,结构牢固,围封严实。

(4)金属立柱弯曲度超过8mm/m,有明显变形、卷边、划痕等缺陷者,以及混凝土立柱折断者均不得使用。

(5)立柱埋深应符合设计要求;立柱与基础、立柱与网之间的连接应稳固;混凝土基础强度应不小于设计要求。

(6)隔离栅起终点应符合端头围封的设计要求。

2. 实测项目

见表10-13。

隔离栅和防落网实测项目　　　　　　　　　　　　　　　　表 10-13

项次	检查项目	规定值或允许偏差	检查方法和频率	权值
1	高度(mm)	±15	钢卷尺:每 100 根测 2 根	1
2	镀(涂)层厚度(μm)	符合设计要求	测厚仪:抽检 5%	2
3	立柱埋深	符合设计要求	直尺:过程检查,抽检 10%	2
4	网面平整度(mm)	±2	直尺、塞尺:抽检 5%	2
5	立柱中距(mm)	±30	钢卷尺:每 100 根测 2 根	1
6	混凝土强度(MPa)	在合格标准内	基础施工同时做试件,每工作班作 1 组(3 件),检查试件的强度,抽检 10%	2
7	立柱竖直度(mm/m)	±8	垂线、直尺:每 100 根测 2 根	1

3. 外观鉴定

(1)电焊网不得脱焊、虚焊。不符合要求时,每处减 2 分。

(2)镀锌层表面应具有均匀完整的锌层,颜色一致,表面具有实用性光滑,不允许有流挂、滴瘤或多余结块;镀件表面应无漏镀、露铁等缺陷。涂塑层应均匀、光滑、连续,无肉眼可分辨的小孔、空间、孔隙、裂缝、脱皮及其他缺陷。不符合要求时,每处减 2 分。

(3)混凝土立柱应密实平整,无裂缝、翘曲、蜂窝、麻面等缺陷。不符合要求时,每处减 2 分。

(4)有框架的隔离网和防落网,网片应与框架焊牢,网片拉紧;整网铺设的隔离栅,端柱应与网连接牢靠,网面平整绷紧;刺铁丝间距应符合设计要求,刺线平直,绷紧。不符合要求时,每处减 2 分。

(5)隔离栅安装位置应符合设计规定,安装线形整体顺畅并与地形相协调,围封严实,安装牢固。不符合要求时,每处减 2 分。

4. 检验方法

(1)隔离栅、防落网高度检验。

隔离栅、防落网高度是指从路面到隔离栅、防落网顶的总高度。用钢卷尺(精度 0.5mm)测量从路面到网顶的高度,每处量取 3 次,取平均值。

(2)镀(涂)层厚度检验。

用镀层测厚仪(量程为 1 200μm,精度 1μm)分别测量金属立柱、斜撑的镀(涂)层厚度,各构件每处在不同断面测量 4 次,取平均值。

用涂层测厚仪(量程为 400μm,精度 0.1μm)测量网丝的涂层厚度,在不同断面上测量 4 次,取平均值。

(3)混凝土柱埋深检验。

立柱埋深查施工记录,如有疑问,必要时可开挖检查,用皮尺量计,每处量取 3 次,计算平均值。

(4)网面平整度检验。

用 2m 直尺紧靠在网面上,在网面上移动,检查网面凹陷处与直尺的最大间隙,用塞尺量取,取最大值。

(5)立柱中距检验。

立体间距用皮尺量计,每 100 根测 2 根,目测检查立柱纵向线形,不得出现参差不齐的现象。柱顶应平顺,不得出现高低不平的情况。

(6)混凝土强度检验。

在基础施工同时做试件,每工作班做一组(3 件),检查试件强度,抽检 10%。

(7)立柱竖直度。

用垂线和直尺测量立柱的竖直度,每 100 根测 2 根。

五、防眩设施检测

防眩设施是指设置在道路中央分隔带上用于消除汽车前照灯夜间眩光影响的道路交通安全设施。防眩设施按构造可分为三类:防眩板、防眩网及植树(间距型、密集型)。目前大多数公路以设置防眩板为主。

1. 基本要求

(1)防眩设施的材质、镀锌量应符合《防眩设施》(GB/T 24718—2009)及设计和施工规范的要求。

(2)防眩设施整体应与路线线形一致,美观大方,结构合理。

(3)防眩设施的几何尺寸及遮光角应符合设计要求。

(4)平面弯曲度不得超过板长的 0.3%。

(5)防眩设施安装牢固。

2. 实测项目

见表 10-14。

防眩设施实测项目　　表 10-14

项次	检查项目	规定值或允许偏差	检查方法和频率	权值
1	安装高度(mm)	±10	钢卷尺;抽检 5%	2
2	镀(涂)层厚度	符合设计要求	涂层测厚仪;抽检 5%	1
3	防眩板宽度(mm)	±5	直尺;抽检 5%	1
4	防眩板设置间距(mm)	±10	钢卷尺;抽检 10%	1
5	竖直度(mm/m)	±5	垂线、直尺;抽检 10%	1
6	直顺度(mm/m)	±8	拉线、直尺;抽检 10%	2

3. 外观鉴定

(1)防眩板表面不得有气泡、裂纹、疤痕、端面分层等缺陷。不符合要求时,每处减 2 分。

(2)防眩设施应色泽均匀。不符合要求时,每处减 2 分。

4. 检验方法

(1)防眩设施安装相对高度检验。

防眩设施安装相对高度是指从路面到防眩板顶的总高度。首先确定地面高度作为基点,从基点用钢卷尺(量程 3 000mm,精度 0.5mm)量取总高度。每处量 3 次,取平均值。

(2)防眩设施镀(涂)层厚度检验。

防眩设施镀(涂)层厚度应满足设计要求,用涂层测厚仪(量程1 200μm,精度为1μm)测量防眩金属构件各部分的镀(涂)层厚度,各构件每处在不同断面测3次,取平均值。

(3)防眩板宽度检验。

用直尺(量程500mm,精度为0.5mm)在防眩板上、中、下部位量取板宽,取平均值。

(4)防眩板设置间距检验。

用钢卷尺(量程5 000mm,精度0.5mm)测量防眩板中到中间距。每处量3次,取平均值。

(5)防眩板竖直度检验。

用垂线和直尺(精度0.5mm)测量防眩板的竖直度。用垂线对照防眩板侧边,从防眩板顶面固定垂线,量取防眩板偏离垂线的距离。

(6)防眩板安装直顺度检验。

在道路直线段,先确定道路中线的位置和防眩板中心线的位置,将10m拉线分别固定在防眩板两端中心线位置,用直尺(精度0.5mm)垂量防眩板偏离中心线的距离;在道路曲线段,防眩板应与道路线形协调一致,防眩板线形应圆滑顺畅。

【本章小结】

1. 交通工程设施是确保高速公路实现其高速、经济、安全、舒适功能的必要条件,交通工程设施检测的目的是确保交通工程设施、设备产品质量及施工质量合格,以保证交通安全和实现现代化的交通管理。

2. 交通安全设施质量抽样检验分为工厂验收、工地抽检和监督抽查三种,分别采用不同的标准进行抽样检验。

3. 交通工程设施由交通安全设施和机电设施两大部分组成。交通安全设施包括护栏、交通标志、标线、视线诱导设施、隔离设施、防眩设施等。本章主要学习交通安全设施的质量要求、检测项目和质量检验方法。

【思考题】

1. 交通工程设施的组成和作用是什么?
2. 交通安全设施抽样检验分哪几类?分别采用什么抽样标准?
3. 交通安全设施检验中的不合格批如何处置?
4. 交通安全设施种类有哪些?分别起什么作用?
5. 护栏的形式包括哪些?
6. 如何进行护栏的质量检验?

7. 如何进行交通标志、交通标线的质量检验？
8. 轮廓标的检测项目有哪些？如何检测？
9. 突起路标的检测项目有哪些？如何检测？
10. 隔离栅施工质量检测项目有哪些？如何检测？
11. 防眩设施施工质量实测项目有哪些？如何检测？

附录1 正态分布概率系数表

正态分布概率系数 $\left(\int_{k_q}^{\infty}\frac{1}{\sqrt{2\pi}}e^{\frac{x^2}{2}}dx=\beta\right)$

附表1-1

k_q	0.00	0.01	0.02	0.03	0.04	0.05	0.06	0.07	0.08	0.09
0.0	0.500 0	0.496 0	0.492 0	0.488 0	0.484 0	0.480 1	0.476 1	0.472 1	0.468 1	0.464 1
0.1	0.460 2	0.456 2	0.452 2	0.448 3	0.444 3	0.440 4	0.436 4	0.432 5	0.428 6	0.424 7
0.2	0.420 7	0.416 8	0.412 9	0.409 0	0.405 2	0.401 3	0.397 4	0.393 6	0.389 7	0.385 9
0.3	0.382 1	0.378 3	0.374 5	0.370 7	0.366 9	0.363 2	0.359 4	0.355 7	0.352 0	0.348 3
0.4	0.344 6	0.340 9	0.337 2	0.333 6	0.330 0	0.326 4	0.322 8	0.319 2	0.315 6	0.312 1
0.5	0.308 5	0.305 0	0.301 5	0.298 1	0.294 6	0.291 2	0.287 7	0.284 3	0.281	0.277 6
0.6	0.274 3	0.270 9	0.267 6	0.264 3	0.261 1	0.257 8	0.254 6	0.251 4	0.248 3	0.245 1
0.7	0.242 0	0.238 9	0.235 8	0.232 7	0.229 7	0.226 6	0.223 6	0.220 6	0.217 7	0.214 8
0.8	0.211 9	0.209 0	0.206 1	0.203 3	0.200 5	0.197 7	0.194 9	0.192 2	0.189 4	0.186 7
0.9	0.184 1	0.181 4	0.178 8	0.176 2	0.173 6	0.171 1	0.168 5	0.166 0	0.163 5	0.161 1
1.0	0.158 7	0.156 2	0.153 9	0.151 5	0.294 6	0.146 9	0.144 6	0.142 3	0.140 1	0.137 9
1.1	0.135 7	0.133 5	0.131 4	0.129 2	0.261 1	0.125 1	0.123 0	0.121 0	0.119 0	0.117 0
1.2	0.115 1	0.113 1	0.111 2	0.109 3	0.229 7	0.105 6	0.103 8	0.102 0	0.100 3	0.098 5
1.3	0.096 8	0.095 1	0.093 4	0.091 8	0.200 5	0.088 5	0.086 9	0.085 3	0.083 8	0.082 3
1.4	0.080 8	0.079 3	0.077 8	0.076 4	0.173 6	0.073 5	0.072 2	0.070 8	0.069 4	0.068 1
1.5	0.066 8	0.065 5	0.064 3	0.063 0	0.149 2	0.060 6	0.059 4	0.058 2	0.057 0	0.055 9
1.6	0.054 8	0.053 7	0.052 6	0.05 16	0.127 1	0.049 5	0.048 5	0.047 5	0.046 5	0.045 5
1.7	0.044 6	0.043 6	0.042 7	0.041 8	0.107 5	0.040 1	0.039 2	0.038 4	0.037 5	0.036 7
1.8	0.035 9	0.035 2	0.034 4	0.033 6	0.090 1	0.032 2	0.031 4	0.030 7	0.030 0	0.029 4
1.9	0.028 7	0.028 1	0.027 4	0.026 8	0.074 9	0.025 6	0.025 0	0.024 4	0.023 8	0.023 3
2.0	0.022 8	0.022 2	0.021 7	0.021 2	0.061 8	0.020 2	0.019 7	0.019 2	0.018 8	0.018 3
2.1	0.017 9	0.017 4	0.017 0	0.016 6	0.050 5	0.015 8	0.015 4	0.015 0	0.014 6	0.014 3
2.2	0.013 9	0.013 6	0.013 2	0.012 9	0.040 9	0.012 2	0.011 9	0.011 6	0.011 3	0.011 0
2.3	0.010 7	0.013 1	0.010 2	0.009 9	0.032 9	0.009 4	0.009 1	0.008 9	0.008 7	0.008 4
2.4	0.008 2	0.008 0	0.007 8	0.007 5	0.026 1	0.007 1	0.006 9	0.006 8	0.006 6	0.006 4
2.5	0.006 2	0.006 0	0.005 9	0.005 7	0.020 7	0.005 4	0.005 2	0.005 1	0.004 9	0.004 8

续上表

k_q	0.00	0.01	0.02	0.03	0.04	0.05	0.06	0.07	0.08	0.09
2.6	0.004 7	0.004 5	0.004 4	0.004 3	0.016 2	0.004 0	0.003 9	0.003 8	0.003 7	0.003 6
2.7	0.003 5	0.003 4	0.003 3	0.003 2	0.012 6	0.003 0	0.002 9	0.002 8	0.002 7	0.002 6
2.8	0.002 6	0.002 5	0.002 4	0.002 3	0.009 6	0.002 2	0.002 1	0.002 1	0.002 0	0.001 9
2.9	0.001 9	0.001 8	0.001 8	0.001 7	0.007 3	0.001 6	0.001 5	0.001 5	0.001 4	0.001 4

k_q	0.0	0.1	0.2	0.3	0.4	0.5	0.6	0.7	0.8	0.9
3.0	0.001 35	$0.0^3 96\ 8$	$0.0^3 68\ 7$	$0.0^3 48\ 3$	$0.0^3 33\ 7$	$0.0^3 23\ 3$	$0.0^3 15\ 9$	$0.0^3 10\ 8$	$0.0^3 72\ 3$	$0.0^3 48\ 1$
4.0	$0.0^4 31\ 7$	$0.0^4 20\ 7$	$0.0^4 13\ 3$	$0.0^5 85\ 4$	$0.0^5 54\ 1$	$0.0^5 34\ 0$	$0.0^5 21\ 1$	$0.0^5 13\ 0$	$0.0^6 79\ 3$	$0.0^6 47\ 9$
5.0	$0.0^6 28\ 7$	$0.0^6 17\ 0$	$0.0^7 99\ 6$	$0.0^7 57\ 9$	$0.0^7 33\ 3$	$0.0^7 19\ 0$	$0.0^7 10\ 7$	$0.0^8 59\ 9$	$0.0^8 33\ 2$	$0.0^8 18\ 2$
6.0	$0.0^9 87\ 0$	$0.0^9 53\ 0$	$0.0^9 28\ 2$	$0.0^9 14\ 9$	$0.0^{10} 77\ 7$	$0.0^{10} 40\ 2$	$0.0^{10} 20\ 6$	$0.0^{10} 10\ 4$	$0.0^{11} 25\ 3$	$0.0^{11} 26\ 0$

注：1. 表中数字为 β。

2. $0.0^3 968$ 为 $0.000\ 968$。

附录2 t分布概率系数表

t分布概率系数 附表2-1

n	双边置信水平			单边置信水平		
	99%	95%	90%	99%	95%	90%
	$t_{0.995}/\sqrt{n}$	$t_{0.975}/\sqrt{n}$	$t_{0.95}/\sqrt{n}$	$t_{0.995}/\sqrt{n}$	$t_{0.975}/\sqrt{n}$	$t_{0.95}/\sqrt{n}$
2	45.012	8.985	4.465	22.501	4.465	2.176
3	5.73	2.484	1.686	4.201	1.686	1.089
4	2.921	1.591	1.177	2.27	1.177	0.819
5	2.059	1.242	0.953	1.676	0.953	0.686
6	1.646	1.049	0.823	1.374	0.823	0.603
7	1.401	0.925	0.734	1.188	0.734	0.544
8	1.237	0.836	0.670	1.060	0.670	0.500
9	1.118	0.769	0.620	0.966	0.620	0.466
10	1.028	0.715	0.580	0.892	0.580	0.437
11	0.955	0.672	0.546	0.833	0.546	0.414
12	0.897	0.635	0.518	0.785	0.518	0.393
13	0.847	0.604	0.494	0.744	0.494	0.376
14	0.805	0.577	0.473	0.708	0.473	0.361
15	0.769	0.554	0.455	0.678	0.455	0.347
16	0.737	0.533	0.438	0.651	0.438	0.335
17	0.708	0.514	0.423	0.626	0.423	0.324
18	0.683	0.497	0.410	0.605	0.41	0.314
19	0.660	0.482	0.398	0.586	0.398	0.305
20	0.640	0.468	0.387	0.568	0.387	0.297
21	0.621	0.455	0.376	0.552	0.376	0.289
22	0.604	0.443	0.367	0.537	0.367	0.282
23	0.588	0.432	0.358	0.523	0.358	0.275
24	0.573	0.422	0.350	0.510	0.350	0.269
25	0.559	0.413	0.342	0.498	0.342	0.264
26	0.547	0.404	0.335	0.487	0.335	0.258
27	0.535	0.396	0.328	0.477	0.328	0.253

续上表

n	双边置信水平			单边置信水平		
	99%	95%	90%	99%	95%	90%
	$t_{0.995}/\sqrt{n}$	$t_{0.975}$	$t_{0.95}/\sqrt{n}$	$t_{0.995}/\sqrt{n}$	$t_{0.975}$	$t_{0.95}/\sqrt{n}$
28	0.524	0.388	0.322	0.467	0.322	0.248
29	0.513	0.38	0.316	0.458	0.316	0.244
30	0.503	0.373	0.310	0.449	0.310	0.239
40	0.428	0.320	0.266	0.383	0.266	0.206
50	0.380	0.284	0.237	0.340	0.237	0.184
60	0.344	0.258	0.216	0.308	0.216	0.167
70	0.318	0.238	0.199	0.285	0.199	0.155
80	0.297	0.223	0.186	0.266	0.186	0.145
90	0.278	0.209	0.175	0.249	0.175	0.136
100	0.263	0.198	0.166	0.236	0.166	0.129

附录3 相关系数检验表(r_β)

相关系数检验(r_β)　　　　　　　　　　　　　附表 3-1

$n-2$	显著性水平 β		$n-2$	显著性水平 β	
	0.01	0.05		0.01	0.05
1	1.000	0.997	22	0.515	0.404
2	0.990	0.950	23	0.505	0.396
3	0.959	0.878	24	0.496	0.388
4	0.917	0.811	25	0.487	0.381
5	0.874	0.754	26	0.478	0.374
6	0.834	0.707	27	0.470	0.367
7	0.798	0.666	28	0.463	0.361
8	0.765	0.632	29	0.456	0.355
9	0.735	0.602	30	0.449	0.349
10	0.708	0.576	31	0.418	0.325
11	0.684	0.553	32	0.393	0.304
12	0.661	0.532	33	0.372	0.288
13	0.641	0.514	34	0.354	0.273
14	0.623	0.497	35	0.325	0.250
15	0.606	0.482	36	0.302	0.232
16	0.590	0.468	37	0.283	0.217
17	0.575	0.456	38	0.267	0.205
18	0.561	0.444	39	0.254	0.195
19	0.549	0.433	40	0.181	0.138
20	0.537	0.423	41	0.148	0.113
21	0.526	0.413	42	0.128	0.098

附录4 一般取样的随机数表

一般取样的随机数 附表4-1

栏号1			栏号2			栏号3			栏号4			栏号5		
A	B	C	A	B	C	A	B	C	A	B	C	A	B	C
15	0.033	0.578	05	0.048	0.879	21	0.013	0.22	18	0.089	0.716	17	0.024	0.863
21	0.101	0.300	17	0.074	0.156	30	0.036	0.853	10	0.102	0.330	24	0.06	0.032
23	0.129	0.916	18	0.102	0.190	10	0.052	0.746	14	0.111	0.925	26	0.074	0.639
30	0.158	0.434	06	0.105	0.257	25	0.061	0.954	28	0.127	0.840	07	0.167	0.512
24	0.177	0.397	28	0.179	0.447	29	0.062	0.507	24	0.132	0.271	28	0.194	0.776
11	0.202	0.271	26	0.187	0.844	18	0.087	0.887	19	0.285	0.899	03	0.219	0.166
16	0.204	0.012	04	0.188	0.482	24	0.405	0.849	01	0.326	0.037	29	0.264	0.284
08	0.208	0.418	02	0.028	0.577	07	0.139	0.159	30	0.334	0.938	11	0.282	0.262
19	0.211	0.798	03	0.214	0.402	01	0.175	0.647	22	0.405	0.295	14	0.379	0.994
29	0.233	0.07	07	0.245	0.080	23	0.196	0.873	05	0.421	0.282	13	0.394	0.405
07	0.260	0.073	15	0.248	0.831	26	0.24	0.981	13	0.451	0.212	06	0.41	0.157
17	0.262	0.308	29	0.261	0.037	14	0.255	0.374	02	0.461	0.023	15	0.438	0.700
25	0.271	0.18	30	0.302	0.883	06	0.31	0.043	06	0.487	0.539	22	0.453	0.635
06	0.302	0.672	21	0.318	0.088	11	0.316	0.653	08	0.497	0.396	21	0.472	0.824
01	0.409	0.406	11	0.376	0.936	13	0.324	0.585	25	0.503	0.893	05	0.488	0.118
13	0.507	0.693	14	0.43	0.814	12	351	0.275	15	0.594	0.603	01	0.526	0.222
02	0.575	0.654	27	0.438	0.676	20	0.371	0.535	27	0.62	0.894	12	0.561	0.960
18	0.591	0.318	08	0.467	0.205	08	0.409	0.495	21	0.629	0.841	08	0.652	0.508
20	0.610	0.821	09	0.474	0.138	16	0.455	0.740	17	0.691	0.583	18	0.668	0.271
12	0.631	0.597	10	0.492	0.474	03	0.494	0.929	09	0.708	0.689	30	0.736	0.634
27	0.651	0.281	13	0.498	0.892	27	0.543	0.387	07	0.709	0.012	02	0.763	0.253
04	0.661	0.953	19	0.511	0.520	17	0.625	0.171	11	0.714	0.049	23	0.804	0.140
22	0.692	0.089	23	0.591	0.770	02	0.699	0.073	23	0.72	0.695	25	0.828	0.425
05	0.779	0.346	20	0.604	0.730	19	0.702	0.934	03	0.748	0.413	10	0.843	0.627
09	0.787	0.173	24	0.654	0.330	22	0.816	0.802	20	0.781	0.603	16	0.858	0.849
10	0.818	0.837	12	0.728	0.523	04	0.838	0.166	26	0.83	0.384	04	0.903	0.327
14	0.905	0.631	16	0.753	0.344	15	0.604	0.116	04	0.843	0.002	09	0.912	0.382
26	0.912	0.376	01	0.806	0.134	28	0.969	0.742	12	0.884	0.582	27	0.935	0.162
28	0.920	0.163	22	0.878	0.884	09	0.974	0.046	29	0.926	0.700	20	0.97	0.582
03	0.945	0.140	25	0.939	0.162	05	0.977	0.494	16	0.951	0.601	19	0.975	0.327

续上表

栏号6			栏号7			栏号8			栏号9			栏号10		
A	B	C	A	B	C	A	B	C	A	B	C	A	B	C
30	0.030	0.901	12	0.029	0.386	09	0.042	0.071	14	0.061	0.935	26	0.038	0.023
21	0.096	0.198	18	0.112	0.284	17	0.141	0.411	02	0.065	0.097	30	0.066	0.371
10	0.100	0.161	20	0.114	0.848	02	0.143	0.221	03	0.094	0.228	27	0.073	0.876
29	0.133	0.388	03	0.121	0.656	05	0.162	0.899	16	0.122	0.945	09	0.095	0.568
24	0.138	0.062	13	0.178	0.640	03	0.285	0.016	18	0.156	0.430	05	0.18	0.741
20	0.168	0.564	22	0.209	0.421	28	0.291	0.034	25	0.193	0.496	12	0.200	0.851
22	0.232	0.953	16	0.221	0.311	08	0.369	0.557	24	0.224	0.672	13	0.259	0.327
14	0.259	0.217	29	0.235	0.356	01	0.436	0.386	10	0.225	0.223	21	0.264	0.681
01	0.275	0.195	28	0.254	0.941	20	0.45	0.289	09	0.233	0.338	17	0.283	0.645
06	0.277	0.475	11	0.287	0.199	18	0.455	0.789	20	0.290	0.120	23	0.363	0.063
02	0.296	0.497	02	0.336	0.992	23	0.488	0.715	01	0.297	0.242	20	0.364	0.366
27	0.311	0.144	15	0.393	0.488	14	0.498	0.276	11	0.337	0.760	16	0.395	0.363
05	0.351	0.141	19	0.437	0.655	15	0.503	0.342	19	0.389	0.064	02	0.423	0.540
17	0.370	0.811	24	0.466	0.773	04	0.515	0.693	13	0.411	0.474	08	0.432	0.736
09	0.388	0.484	14	0.531	0.014	16	0.532	0.112	30	0.447	0.893	10	0.475	0.468
04	0.410	0.073	09	0.562	0.678	22	0.557	0.357	22	0.478	0.321	03	0.508	0.774
25	0.471	0.530	06	0.601	0.675	11	0.559	0.620	29	0.481	0.993	01	0.601	0.417
13	0.4866	0.779	10	0.612	0.859	12	0.65	0.216	27	0.562	0.403	22	0.687	0.917
15	0.515	0.867	26	0.673	0.112	21	0.672	0.320	04	0.566	0.179	29	0.697	0.862
23	0.567	0.798	23	0.738	0.770	13	0.709	0.770	08	0.603	0.758	11	0.701	0.605
11	0.618	0.502	21	0.753	0.614	07	0.745	0.687	15	0.632	0.927	07	0.728	0.498
28	0.636	0.148	30	0.758	0.851	30	0.78	0.285	06	0.707	0.107	14	0.745	0.679
26	0.650	0.741	27	0.765	0.563	19	0.845	0.097	28	0.737	0.161	24	0.819	0.444
16	0.711	0.508	07	0.78	0.534	26	0.846	0.366	17	0.846	0.130	15	0.840	0.823
19	0.778	0.812	04	0.818	0.187	29	0.861	0.307	07	0.874	0.491	25	0.863	0.568
07	0.804	0.675	17	0.837	0.353	25	0.906	0.874	05	0.88	0.828	06	0.878	0.215
08	0.806	0.952	05	0.854	0.818	24	0.919	0.809	23	0.931	0.659	18	0.930	0.601
18	0.841	0.414	01	0.867	0.133	10	0.952	0.555	26	0.96	0.365	04	0.954	0.827
12	0.918	0.114	08	0.915	0.538	03	0.961	0.504	21	0.978	0.194	28	0.963	0.004
03	0.992	0.399	25	0.975	0.584	27	0.969	0.811	12	0.982	0.183	19	0.988	0.020

续上表

栏号11			栏号12			栏号13			栏号14			栏号15		
A	B	C	A	B	C	A	B	C	A	B	C	A	B	C
27	0.074	0.779	16	0.078	0.987	03	0.033	0.091	26	0.035	0.175	15	0.023	0.979
06	0.084	0.396	23	0.087	0.056	07	0.047	0.391	17	0.089	0.363	11	0.118	0.465
24	0.098	0.524	17	0.096	0.076	28	0.064	0.113	10	0.149	0.681	04	0.134	0.712
10	0.133	0.919	04	0.153	0.163	12	0.066	0.360	28	0.238	0.075	01	0.139	0.230
15	0.187	0.079	10	0.254	0.834	26	0.076	0.552	13	0.244	0.767	16	0.145	0.122
17	0.227	0.767	06	0.284	0.628	30	0.087	0.101	24	0.262	0.366	20	0.165	0.520
20	0.236	0.571	12	0.305	0.616	02	0.127	0.187	08	0.264	0.651	06	0.185	0.480
01	0.245	0.988	25	0.319	0.901	06	0.144	0.068	18	0.285	0.311	09	0.211	0.316
04	0.317	0.291	01	0.320	0.212	25	0.202	0.674	02	0.340	0.131	14	0.248	0.348
29	0.350	0.911	08	0.416	0.372	01	0.247	0.025	29	0.353	0.478	25	0.249	0.890
26	0.380	0.104	13	0.432	0.556	23	0.253	0.323	06	0.359	0.270	13	0.252	0.577
28	0.425	0.864	02	0.489	0.827	24	0.320	0.651	30	0.387	0.248	30	0.273	0.088
22	0.487	0.526	29	0.050	0.787	10	0.328	0.365	14	0.362	0.694	18	0.277	0.689
05	0.552	0.571	15	0.518	0.717	27	0.338	0.412	03	0.408	0.077	22	0.372	0.958
14	0.564	0.357	28	0.524	0.998	13	0.356	0.991	27	0.440	0.280	10	0.461	0.075
11	0.572	0.030	03	0.542	0.352	16	0.401	0.792	22	0.461	0.830	28	0.519	0.536
21	0.594	0.197	19	0.585	0.462	17	0.423	0.117	16	0.527	0.003	17	0.520	0.090
09	0.607	0.524	05	0.695	0.111	21	0.481	0.838	20	0.531	0.486	03	0.523	0.519
19	0.650	0.572	07	0.733	0.838	08	0.560	0.401	25	0.678	0.360	26	0.573	0.502
18	0.664	0.101	11	0.744	0.948	19	0.564	0.190	21	0.725	0.014	19	0.634	0.206
25	0.674	0.428	18	0.793	0.748	05	0.571	0.054	05	0.787	0.595	24	0.635	0.810
02	0.697	0.674	27	0.802	0.967	18	0.587	0.584	15	0.801	0.927	21	0.679	0.841
03	0.767	0.928	21	0.826	0.487	15	0.604	0.145	12	0.836	0.294	27	0.712	0.368
16	0.809	0.529	24	0.835	0.832	11	0.641	0.298	04	0.854	0.982	05	0.780	0.497
30	0.838	0.294	26	0.855	0.142	22	0.672	0.156	11	0.884	0.928	23	0.861	0.106
13	0.845	0.470	14	0.861	0.462	20	0.674	0.887	19	0.886	0.832	12	0.865	0.377
08	0.855	0.524	20	0.874	0.625	14	0.752	0.881	07	0.929	0.932	29	0.882	0.635
07	0.867	0.718	30	0.929	0.056	09	0.774	0.560	09	0.932	0.206	08	0.902	0.020
12	0.881	0.722	09	0.935	0.582	29	0.921	0.752	01	0.970	0.692	04	0.951	0.482
23	0.937	0.872	22	0.947	0.797	04	0.959	0.099	23	0.973	0.082	02	0.977	0.172

续上表

栏号16			栏号17			栏号18			栏号19			栏号20		
A	B	C	A	B	C	A	B	C	A	B	C	A	B	C
19	0.620	0.588	13	0.045	0.004	25	0.027	0.290	12	0.052	0.075	20	0.030	0.881
25	0.0810	0.218	18	0.086	0.878	06	0.057	0.571	30	0.075	0.493	12	0.034	0.291
09	0.131	0.295	26	0.126	0.990	26	0.059	0.026	28	0.120	0.341	22	0.043	0.893
18	0.136	0.381	12	0.128	0.661	07	0.105	0.176	27	0.145	0.689	28	0.143	0.073
05	0.147	0.864	30	0.146	0.337	18	0.107	0.358	02	0.209	0.957	03	0.150	0.937
12	0.158	0.365	05	0.169	0.470	22	0.128	0.827	26	0.272	0.818	04	0.154	0.867
28	0.214	0.184	21	0.244	0.433	23	0.156	0.440	22	0.299	0.317	19	0.158	0.359
14	0.215	0.757	23	0.270	0.849	15	0.171	0.157	18	0.306	0.475	29	0.304	0.615
13	0.224	0.846	25	0.274	0.407	08	0.220	0.097	20	0.311	0.653	06	0.369	0.633
15	0.227	0.809	10	0.290	0.925	20	0.252	0.066	15	0.348	0.156	18	0.390	0.536
11	0.280	0.898	01	0.323	0.490	04	0.268	0.576	16	0.381	0.710	17	0.403	0.392
01	0.331	0.925	24	0.352	0.291	14	0.275	0.302	01	0.411	0.607	23	0.404	0.182
10	0.339	0.992	15	0.361	0.155	11	0.297	0.589	13	0.417	0.715	01	0.415	0.457
30	0.417	0.787	29	0.374	0.882	01	0.358	0.305	21	0.472	0.484	07	0.437	0.393
08	0.439	0.921	08	0.432	0.139	09	0.412	0.089	04	0.478	0.885	24	0.446	0.546
20	0.472	0.484	04	0.467	0.266	16	0.429	0.834	25	0.479	0.080	26	0.485	0.768
24	0.498	0.712	22	0.508	0.880	10	0.491	0.203	11	0.566	0.104	15	0.511	0.313
04	0.516	0.396	27	0.632	0.191	28	0.542	0.306	10	0.576	0.859	10	0.517	0.290
03	0.548	0.688	16	0.661	0.836	12	0.563	0.091	29	0.665	0.397	30	0.556	0.853
23	0.597	0.508	19	0.675	0.629	02	0.593	0.321	19	0.739	0.298	25	0.561	0.837
21	0.681	0.114	14	0.680	0.890	30	0.692	0.198	14	0.748	0.759	09	0.574	0.699
02	0.736	0.298	28	0.714	0.508	19	0.705	0.445	08	0.758	0.919	13	0.613	0.762
29	0.792	0.038	06	0.719	0.441	24	0.709	0.717	07	0.798	0.183	11	0.698	0.783
22	0.829	0.324	09	0.735	0.040	13	0.820	0.739	23	0.834	0.647	14	0.715	0.179
17	0.834	0.647	17	0.741	0.906	05	0.848	0.866	06	0.837	0.978	16	0.770	0.128
16	0.909	0.608	11	0.747	0.205	27	0.867	0.633	03	0.849	0.964	08	0.815	0.385
06	0.914	0.420	20	0.850	0.047	03	0.883	0.333	24	0.851	0.109	05	0.827	0.490
27	0.958	0.356	02	0.859	0.356	17	0.900	0.443	05	0.859	0.835	21	0.885	0.999
26	0.981	0.976	07	0.870	0.612	21	0.914	0.483	17	0.863	0.220	02	0.958	0.177
07	0.983	0.624	03	0.916	0.463	29	0.950	0.753	09	0.883	0.147	27	0.961	0.980

464

续上表

栏号21			栏号22			栏号23			栏号24			栏号25		
A	B	C	A	B	C	A	B	C	A	B	C	A	B	C
01	0.010	0.094	12	0.051	0.032	26	0.051	0.187	08	0.015	0.521	02	0.039	0.005
10	0.014	0.639	11	0.068	0.980	03	0.530	0.256	16	0.068	0.994	16	0.061	0.599
09	0.032	0.346	17	0.089	0.309	29	0.100	0.159	11	0.118	0.400	26	0.068	0.054
06	0.093	0.180	01	0.091	0.371	13	0.100	0.465	21	0.124	0.565	11	0.073	0.812
15	0.151	0.012	10	0.100	0.709	24	0.110	0.316	18	0.153	0.158	07	0.123	0.649
16	0.185	0.455	30	0.121	0.744	18	0.114	0.300	17	0.190	0.159	05	0.126	0.658
07	0.227	0.277	02	0.166	0.056	11	0.123	0.208	26	0.192	0.676	14	0.161	0.189
0.1	0.304	0.400	23	0.179	0.529	09	0.138	0.182	01	0.237	0.030	18	0.166	0.040
30	0.316	0.074	21	0.187	0.051	06	0.194	0.115	12	0.283	0.077	28	0.248	0.171
18	0.328	0.799	22	0.205	0.543	22	0.234	0.480	03	0.286	0.318	06	0.255	0.117
20	0.352	0.288	28	0.230	0.688	20	0.274	0.107	10	0.317	0.734	15	0.261	0.928
26	0.371	0.216	19	0.243	0.001	21	0.331	0.292	05	0.337	0.844	10	0.301	0.811
19	0.448	0.754	27	0.267	0.990	08	0.346	0.085	25	0.441	0.336	24	0.363	0.025
13	0.487	0.598	15	0.283	0.440	27	0.382	0.979	27	0.469	0.786	22	0.378	0.792
12	0.543	0.640	16	0.352	0.089	07	0.387	0.865	24	0.473	0.237	27	0.389	0.959
24	0.550	0.038	03	0.377	0.648	28	0.411	0.776	20	0.475	0.761	19	0.420	0.557
03	0.604	0.780	06	0.397	0.769	16	0.444	0.999	06	0.557	0.001	21	0.467	0.943
22	0.621	0.930	09	0.409	0.428	04	0.515	0.993	07	0.610	0.238	17	0.494	0.225
21	0.629	0.154	14	0.465	0.406	17	0.518	0.827	09	0.617	0.041	09	0.620	0.081
11	0.634	0.908	13	0.499	0.651	05	0.539	62.0	13	0.641	0.6489	30	0.623	0.106
05	0.696	0.459	04	0.539	0.972	02	0.623	0.271	22	0.664	0.291	03	0.625	0.777
23	0.710	0.078	18	0.560	0.747	30	0.637	0.374	04	0.668	0.856	08	0.651	0.790
29	0.726	0.585	26	0.575	0.892	14	0.714	0.364	19	0.717	0.232	12	0.715	0.599
17	0.749	0.916	29	0.756	0.712	15	0.730	0.107	02	0.776	0.504	23	0.782	0.093
04	0.802	0.186	20	0.760	0.920	19	0.771	0.552	29	0.797	0.548	20	0.810	0.371
14	0.835	0.319	05	0.847	0.925	23	0.780	0.662	14	0.823	0.223	01	0.841	0.726
08	0.870	0.546	25	0.872	0.891	10	0.924	0.888	23	0.848	0.264	29	0.862	0.009
28	0.871	0.539	24	0.874	0.135	12	0.929	0.204	30	0.892	0.817	25	0.891	0.873
25	0.971	0.369	08	0.911	0.215	01	0.937	0.714	28	0.943	0.190	04	0.917	0.264
27	0.984	0.252	07	0.946	0.065	25	0.974	0.398	15	0.975	0.962	13	0.958	0.990

续上表

栏号26			栏号27			栏号28		
A	B	C	A	B	C	A	B	C
16	0.026	0.102	21	0.05	0.952	29	0.042	0.039
01	0.033	0.886	17	0.085	0.403	07	0.105	0.293
04	0.088	0.686	10	0.141	0.624	25	0.115	0.420
22	0.090	0.602	05	0.154	0.157	09	0.126	0.612
13	0.114	0.614	06	0.164	0.841	10	0.205	0.144
20	0.136	0.576	07	0.197	0.013	03	0.210	0.054
05	0.158	0.228	16	0.215	0.363	23	0.234	0.533
10	0.216	0.565	08	0.222	0.520	13	0.266	0.799
02	0.233	0.61	13	0.269	0.477	20	0.305	0.603
07	0.278	0.537	02	0.288	0.012	15	0.372	0.223
30	0.405	0.273	25	0.333	0.633	26	0.385	0.111
06	0.421	0.807	28	0.348	0.710	30	0.422	0.315
12	0.426	0.583	20	0.362	0.961	17	0.453	0.783
08	0.471	0.708	14	0.511	0.989	02	0.460	0.916
18	0.473	0.738	26	0.540	0.903	27	0.467	0.841
19	0.510	0.207	27	0.587	0.643	14	0.483	0.095
03	0.512	0.329	12	0.603	0.745	12	0.507	0.375
15	0.640	0.329	29	0.619	0.895	28	0.509	0.748
09	0.665	0.354	23	0.623	0.333	21	0.583	0.804
14	0.68	0.884	22	0.629	0.076	22	0.587	0.993
26	0.703	0.622	18	0.670	0.904	16	0.689	0.339
29	0.739	0.394	11	0.711	0.253	06	0.727	0.298
25	0.759	0.386	01	0.79	0.392	04	0.731	0.814
24	0.803	0.602	04	0.813	0.611	08	0.807	0.983
27	0.842	0.491	19	0.843	0.732	15	0.833	0.757
21	0.87	0.435	03	0.844	0.511	19	0.896	0.464
28	0.906	0.367	30	0.858	0.289	18	0.916	0.384
23	0.948	0.367	09	0.929	0.199	01	0.948	0.610
11	0.956	0.142	24	0.931	0.263	11	0.976	0.799
17	0.993	0.989	15	0.939	0.947	24	0.978	0.633

参 考 文 献

[1] 中华人民共和国行业标准.JTG B01—2014　公路工程技术标准[S].北京:人民交通出版社股份有限公司,2014.
[2] 中华人民共和国行业标准.JTG F80/1—2004　公路工程质量检验评定标准[S].北京:人民交通出版社,2004.
[3] 中华人民共和国行业标准.JTG E60—2008　公路路基路面现场测试规程[S].北京:人民交通出版社,2008.
[4] 中华人民共和国行业标准.JTG F40—2004　公路沥青路面施工技术规范[S].北京:人民交通出版社,2004.
[5] 中华人民共和国行业标准.JTJ D50—2006　公路沥青路面设计规范[S].北京:人民交通出版社,2006.
[6] 中华人民共和国行业标准.JTG F10—2006　公路路基施工技术规范[S].北京:人民交通出版社,2006.
[7] 中华人民共和国行业推荐性标准.JTG/T F20—2015　公路路面基层施工技术细则[S].北京:人民交通出版社股份有限公司,2015.
[8] 中华人民共和国行业标准.JTG D40—2011　公路水泥混凝土路面设计规范[S].北京:人民交通出版社,2011.
[9] 中华人民共和国行业推荐性标准.JTG/T F30—2014　公路水泥混凝土路面施工技术细则[S].北京:人民交通出版社,2014.
[10] 中华人民共和国行业标准.JTG E41—2005　公路工程岩石试验规程[S].北京:人民交通出版社,2005.
[11] 中华人民共和国行业标准.JTG E42—2005　公路工程集料试验规程[S].北京:人民交通出版社,2005.
[12] 中华人民共和国行业标准.JTG E50—2006　公路工程土工合成材料试验规程[S].北京:人民交通出版社,2006.
[13] 中华人民共和国行业标准.JTG E51—2009　公路工程无机结合料稳定材料试验规程[S].北京:人民交通出版社,2009.
[14] 中华人民共和国行业标准.JTG E40—2007　公路土工试验规程[S].北京:人民交通出版社,2007.
[15] 中华人民共和国国家推荐性标准.GB/T 1346—2011　水泥标准稠度用水量、凝结时间、安定性检验方法[S].北京:中国标准出版社,2011.
[16] 中华人民共和国国家推荐性标准.GB/T 17671—1999　水泥胶砂强度检验方法(ISO法)[S].北京:中国标准出版社,1999.
[17] 中华人民共和国行业推荐性标准.JGJ/T 98—2010　砌筑砂浆配合比设计规程[S].北京:中国建筑工业出版社,2010.
[18] 中华人民共和国行业标准.JTG E30—2005　公路工程水泥及水泥混凝土试验工程[S].北京:人民交通出版社,2005.
[19] 中华人民共和国行业标准.JTG D70—2004　公路隧道设计规范[S].北京:人民交通出

版社,2004.

[20] 中华人民共和国行业标准.JTG F60—2009 公路隧道施工技术规范[S].北京:人民交通出版社,2009.

[21] 中华人民共和国行业标准.JTG E20—2011 公路工程沥青及沥青混合料试验规程[S].北京:人民交通出版社,2011.

[22] 中华人民共和国行业推荐性标准.JT/T 495—2004 公路交通安全设施质量检验抽样及判定[S].北京:人民交通出版社,2004.

[23] 中华人民共和国行业推荐性标准.JT/T 281—2007 公路波形梁钢护栏[S].北京:人民交通出版社,2007.

[24] 中华人民共和国国家标准.GB 5768—2009 道路交通标志和标线[S].北京:中国标准出版社,2009.

[25] 中华人民共和国国家推荐性标准.GB/T 8077—2012 混凝土外加剂匀质性试验方法[S].北京:中国标准出版社,2012.

[26] 李宇峙,邵腊庚.路基路面工程检测技术[M].北京:人民交通出版社,2003.

[27] 卞国炎.公路施工试验与检测[M].北京:人民交通出版社,2004.

[28] 张超,郑南翔,王建设.路基路面试验检测技术[M].北京:人民交通出版社,2004.

[29] 徐培华,陈忠达.路基路面试验检测技术[M].北京:人民交通出版社,2000.

[30] 黎霞,李宇峙.路基路面工程试验[M].北京:人民交通出版社,1999.

[31] 邓学钧.路基路面工程[M].北京:人民交通出版社,2001.

[32] 陈晓明.道路材料[M].北京:人民交通出版社,2005.

[33] 申爱琴.道路工程材料[M].北京:人民交通出版社,2010.

[34] 姜志青.道路建筑材料[M].北京:人民交通出版社股份有限公司,2015.

[35] 李立寒,张南鹭.道路建筑材料[M].北京:人民交通出版社,2006.

[36] 邓学均,黄晓明.路面设计原理与方法[M].北京:人民交通出版社,2001.

[37] 沙庆林.高等级公路半刚性基层沥青路面[M].北京:人民交通出版社,1999.

[38] 刘中林,田文,史建方,等.高等级公路沥青混凝土路面新技术[M].北京:人民交通出版社,2004.

[39] 杨文渊,钱绍武.公路工程质检工程师手册,路基、路面工程手册[M].北京:人民交通出版社,2005.

[40] 袁聚云,等.土工试验与原位测试[M].上海:同济大学出版社,2004.

[41] 王建军,韩荣良.交通工程设施试验检测技术[M].北京:人民交通出版社,2004.

[42] 陈建勋,马建秦.隧道工程试验检测技术[M].北京:人民交通出版社,2005.

[43] 陈红.交通工程设施试验检测技术[M].北京:人民交通出版社,2000.

[44] 李峻利.交通工程设施设计[M].北京:人民交通出版社,2001.

[45] 申爱琴.水泥与水泥混凝土[M].北京:人民交通出版社,2004.

[46] 姚祖康.道路路基和路面工程[M].上海:同济大学出版社,1994.

[47] 乔志琴.道路材料学习指导[M].北京:人民交通出版社,2006.

[48] 沙庆林.公路压实与压实标准[M].北京:人民交通出版社,1999.

[49] 高大钊,袁聚云.土质学与土力学[M].北京:人民交通出版社,2003.

[50] 赵特伟.试验数据的整理与分析[M].北京:中国铁道出版社,1981.
[51] 罗骐先.桩基工程检测手册[M].北京:人民交通出版社,2004.
[52] 沈金安.改性沥青与SMA路面[M].北京:人民交通出版社,1999.
[53] 郝培文.沥青路面施工与维修技术[M].北京:人民交通出版社,2001.
[54] 张应立.现代混凝土配合比设计手册[M].北京:人民交通出版社,2002.
[55] 徐培华,王安玲.公路工程混合料配合比设计与试验技术[M].北京:人民交通出版社,2002.
[56] 刘自明.桥梁工程检测手册[M].北京:人民交通出版社,2002.
[57] 李宇峙,秦仁杰.工程质量监理[M].北京:人民交通出版社,1999.